"考古中国"重大项目　甲编第001号

金沙遗址

——祭祀区发掘报告

③

成都文物考古研究院
成都金沙遗址博物馆　编著

文物出版社

Excavation Report on the Sacrifice Zone of the Jinsha Site

(III)

By

Chengdu Institute of Cultural Relics and Archaeology

Chengdu Jinsha Museum

Cultural Relics Press

（一三）第 15 层出土遗物

该层出土遗物有陶器、玉器和石器，数量和种类均较为丰富，计有陶片 3849 片及 1 件玉器和 11 件石器。陶器以夹砂陶为大宗，占 96.78%。夹砂陶中灰黑陶占 64.05%，灰褐陶占 13.99%，灰黄陶占 12.56%，灰陶占 5.59%，黄褐陶占 2.82%，红褐陶占 0.99%；泥质陶中灰黑陶占 62.90%，灰褐陶占 20.97%，灰黄陶占 9.68%，灰陶占 2.42%，黄褐陶占 3.22%，红陶占 0.81%。夹砂陶中纹饰陶片占 15.54%，以细线纹、粗绳纹、凹弦纹为主，分别占 58.89%、30.40% 和 7.25%，另有少量刻划纹、镂孔，极少量云雷纹、凸棱纹、压印纹和细绳纹；泥质陶中纹饰陶片占 29.03%，以凹弦纹和细线纹为多，分别占 50.00% 和 38.89%，另有极少量凸棱纹、细绳纹、刻划纹（表五二）。陶片可辨器形有尖底杯、小平底罐、瓮形器、敛口罐、矮领罐、束颈罐、盆、缸、瓮、桶形器、觚形器、盉形器、器盖、器纽、器座、袋足、豆盘、豆柄等。玉器种类仅有绿松石珠。石器种类有璋、锛、璧等。

表五二　中区第 15 层陶片统计表

纹饰 \ 陶色 \ 陶质	夹砂陶						小计	百分比（%）	泥质陶						小计	百分比（%）
	灰黑	灰	红褐	灰褐	黄褐	灰黄			灰黑	灰	灰黄	灰褐	红	黄褐		
素面	1943	198	34	428	96	447	3146	84.46	51	2	11	19	1	4	88	70.97
细绳纹					1		1	0.03	1						1	0.81
粗绳纹	116	4		35	7	14	176	4.72								
云雷纹	2						2	0.05								
凹弦纹	28	2	2	4	1	5	42	1.13	10	1	1	6			18	14.51
凸棱纹						1	1	0.03	1			1			2	1.61
刻划纹	7	1					8	0.21	1						1	0.81
镂孔	1	3	1	1		1	7	0.19								
细线纹	288			53			341	9.15	14						14	11.29
压印纹	1						1	0.03								
小计	2386	208	37	521	105	468	3725		78	3	12	26	1	4	124	
百分比（%）	64.05	5.59	0.99	13.99	2.82	12.56		100.00	62.90	2.42	9.68	20.97	0.81	3.22		100.00
合计	3849															

（1）陶器

181 件。

尖底杯　1 件。Ba 型 II 式。

标本 I T7307⑮：528，泥质灰黑陶。口径 9、残高 4 厘米（图六〇九，1）。

小平底罐　11 件。

Ab 型 II 式　1 件。

标本 I T7407⑮：487，夹砂灰黑陶。方唇。口径 15、肩径 17.4、残高 7.2 厘米（图六〇九，7）。

Ad 型 I 式　8 件。

标本 I T7307⑮：583，夹砂灰黑陶。方唇。口径 15.8、肩径 18.6、底径 4.5、高 10 厘米（图六〇九，2；彩版一四二，3）。

标本 I T7307⑮：584，夹砂灰黑陶。方唇。口径 15.9、肩径 18.9、底径 4.6、高 9.7 厘米（图六〇九，3）。

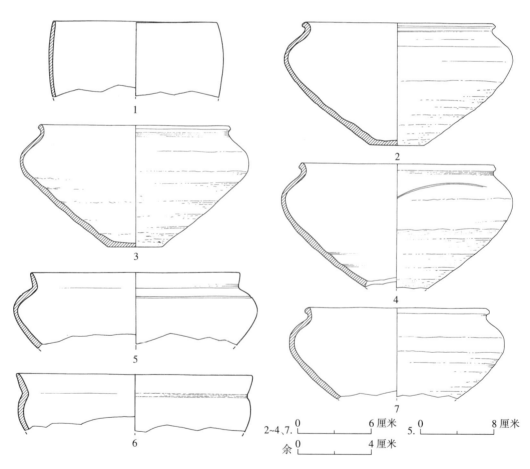

图六〇九　中区第 15 层出土陶器

1. Ba 型 II 式尖底杯（I T7307⑮：528）　2~4. Ad 型 I 式小平底罐（I T7307⑮：583、I T7307⑮：584、I T7307⑮：362）　5. Bc 型 I 式小平底罐（I T7407⑮：314）　6. Cb 型 I 式小平底罐（I T7407⑮：564）　7. Ab 型 II 式小平底罐（I T7407⑮：487）

标本ⅠT7307⑮：362，夹砂灰黑陶。方唇。肩部饰一道划纹。口径16、肩径18.6、残高9.8厘米（图六〇九，4）。

Bc型Ⅰ式　1件。

标本ⅠT7407⑮：314，夹砂灰黑陶。尖唇。肩部饰一周凹弦纹。口径23、肩径26.8、残高7.6厘米（图六〇九，5）。

Cb型Ⅰ式　1件。

标本ⅠT7407⑮：564，泥质灰褐陶。尖圆唇。口径13、残高3厘米（图六〇九，6）。

瓮形器　26件。

Ca型　3件。

标本ⅠT7407⑮：455，夹砂灰黄陶。方唇。口径34、残高5.8厘米（图六一〇，1）。

标本ⅠT7407⑮：460，夹砂灰黑陶。沿面凹，方唇。口径30、残高7厘米（图六一〇，2）。

Cb型　6件。

标本ⅠT7307⑮：274，夹砂灰褐陶。沿面凹，方唇。口径30、残高6.5厘米（图六一〇，3）。

Da型　2件。

标本ⅠT7407⑮：441，夹砂灰褐陶。沿面凹，方唇。口径30、残高8.4厘米（图六一〇，4）。

标本ⅠT7307⑮：349，夹砂灰黑陶。沿面凹，方唇。口径24、残高9.7厘米（图六一〇，5）。

Db型　7件。

标本ⅠT7307⑮：328，夹砂灰黑陶。方唇。口径26、残高10.5厘米（图六一〇，6）。

标本ⅠT7307⑮：269，夹砂灰黑陶。方唇。口径26、残高5厘米（图六一〇，7）。

标本ⅠT7307⑮：350，夹砂灰黑陶。方唇。口径26、残高5.3厘米（图六一〇，8）。

Eb型　8件。

标本ⅠT7307⑮：273，夹砂灰黄陶。方唇。口径32、残高8.5厘米（图六一〇，9）。

标本ⅠT7407⑮：307，夹砂灰黑陶。沿面凹，方唇。口径44、残高11.5厘米（图六一〇，10）。

标本ⅠT7307⑮：275，夹砂灰黄陶。方唇。口径32、残高19.3厘米（图六一〇，11）。

敛口罐　2件。

Aa型Ⅱ式　1件。

标本ⅠT7407⑮：938，夹砂灰黄陶。圆唇。口径30、残高8.4厘米（图六一一，13）。

Ba型　1件。

标本ⅠT7307⑮：235，夹砂灰黄陶。沿面凹，方唇。口径36、残高7.3厘米（图六一一，15）。

矮领罐　1件。D型Ⅱ式。

标本ⅠT7307⑮：587，夹砂灰黄陶。折沿，圆唇。口径14、残高5.4厘米（图六一一，16）。

束颈罐　18件。

Aa型　3件。

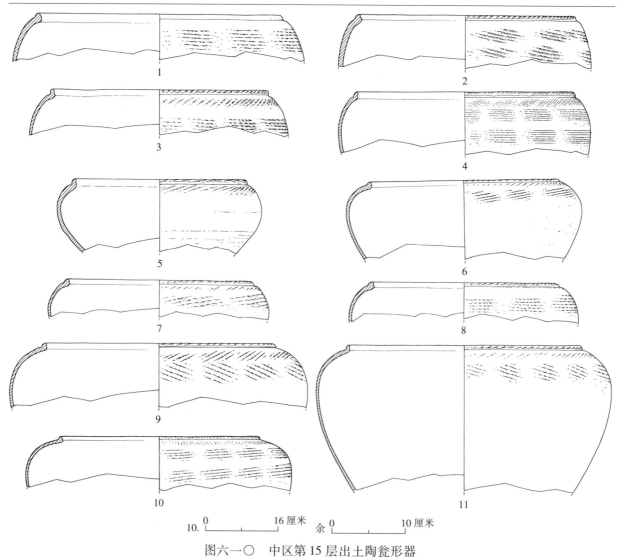

图六一〇　中区第15层出土陶瓮形器

1、2. Ca 型（Ⅰ T7407⑮：455、Ⅰ T7407⑮：460）　　3. Cb 型（Ⅰ T7307⑮：274）　　4、5. Da 型（Ⅰ T7407⑮：441、Ⅰ T7307⑮：349）　　6～8. Db 型（Ⅰ T7307⑮：328、Ⅰ T7307⑮：269、Ⅰ T7307⑮：350）　　9～11. Eb 型（Ⅰ T7307⑮：273、Ⅰ T7407⑮：307、Ⅰ T7307⑮：275）

标本Ⅰ T7407⑮：450，夹砂灰黄陶。方唇。唇部和肩部压印绳纹。口径29、残高6厘米（图六一一，1）。

标本Ⅰ T7307⑮：324，夹砂灰黑陶。方唇。肩部饰交错绳纹。口径20、肩径28.3、残高6.2厘米（图六一一，4）。

Ab 型Ⅰ式　1件。

标本Ⅰ T7407⑮：302，夹砂灰黑陶。方唇。肩部饰交错绳纹和一周凹弦纹。口径18、肩径22.3、残高5.7厘米（图六一一，2）。

Ab 型Ⅱ式　1件。

标本Ⅰ T7307⑮：251，夹砂灰黑陶。方唇。肩部饰横向绳纹和一周凹弦纹。口径15、肩径18.8、残高6.6厘米（图六一一，5）。

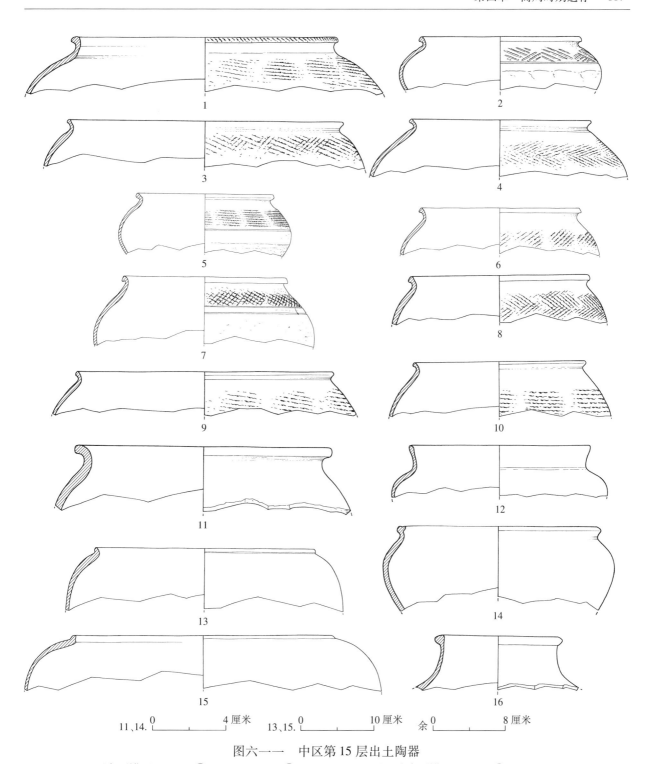

图六一一　中区第 15 层出土陶器

1、4. Aa 型束颈罐（ⅠT7407⑮：450、ⅠT7307⑮：324）　2. Ab 型Ⅰ式束颈罐（ⅠT7407⑮：302）　3、8. Ac 型Ⅰ式束颈罐（ⅠT7307⑮：321、ⅠT7407⑮：453）　5. Ab 型Ⅱ式束颈罐（ⅠT7307⑮：251）　6、7. Ac 型Ⅱ式束颈罐（ⅠT7407⑮：448、ⅠT7407⑮：317）　9. Ad 型Ⅰ式束颈罐（ⅠT7407⑮：463）　10. Ad 型Ⅱ式束颈罐（ⅠT7407⑮：438）　11. Bb 型束颈罐（ⅠT7307⑮：183）　12. Bc 型Ⅱ式束颈罐（ⅠT7407⑮：418）　13. Aa 型Ⅱ式敛口罐（ⅠT7407⑮：938）　14. Ca 型Ⅱ式束颈罐（ⅠT7307⑮：588）　15. Ba 型敛口罐（ⅠT7307⑮：235）　16. D 型Ⅱ式矮领罐（ⅠT7307⑮：587）

Ac 型 I 式　2 件。

标本 I T7307⑮：321，夹砂灰黑陶。方唇。肩部饰交错绳纹。口径 30、残高 4.7 厘米（图六一一，3）。

标本 I T7407⑮：453，夹砂灰黑陶。方唇。肩部饰交错绳纹。口径 20、肩径 24.2、残高 5.1 厘米（图六一一，8）。

Ac 型 II 式　3 件。

标本 I T7407⑮：448，夹砂灰黄陶。方唇。口径 18、残高 4.9 厘米（图六一一，6）。

标本 I T7407⑮：317，夹砂灰黑陶。方唇。肩部饰交错绳纹和两周凹弦纹。口径 18、肩径 24、残高 7.4 厘米（图六一一，7）。

Ad 型 I 式　1 件。

标本 I T7407⑮：463，夹砂灰陶。方唇。肩部饰绳纹。口径 28、残高 4.6 厘米（图六一一，9）。

Ad 型 II 式　3 件。

标本 I T7407⑮：438，夹砂灰黑陶。方唇。肩部饰绳纹。口径 19、残高 5.7 厘米（图六一一，10）。

Bb 型　1 件。

标本 I T7307⑮：183，夹砂灰黑陶。圆唇。口径 14、残高 3.5 厘米（图六一一，11）。

Bc 型 II 式　1 件。

标本 I T7407⑮：418，夹砂灰黑陶，圆唇。口径 20、残高 5.4 厘米（图六一一，12）。

Ca 型 II 式　2 件。

标本 I T7307⑮：588，夹砂灰黑陶。沿面凹，方唇。口径 11.2、肩径 12.9、残高 4.5 厘米（图六一一，14）。

盆　27 件。

Ac 型　13 件。

标本 I T7407⑮：336，夹砂灰黑陶。卷沿，方唇。唇部及腹部压印绳纹。口径 54、残高 7 厘米（图六一二，1）。

标本 I T7407⑮：327，夹砂灰黑陶。折沿，方唇。唇部压印绳纹。口径 58、残高 8.3 厘米（图六一二，2）。

标本 I T7407⑮：332，夹砂灰黑陶。折沿，方唇。沿面压印绳纹。口径 58.3、残高 7.6 厘米（图六一二，3）。

标本 I T7307⑮：348，夹砂灰黑陶。沿外侧及腹部饰绳纹。口径 56、残高 8 厘米（图六一二，4）。

Af 型　1 件。

标本 I T7407⑮：799，夹砂灰黑陶。折沿，尖圆唇。口径 54、残高 7.9 厘米（图六一二，5）。

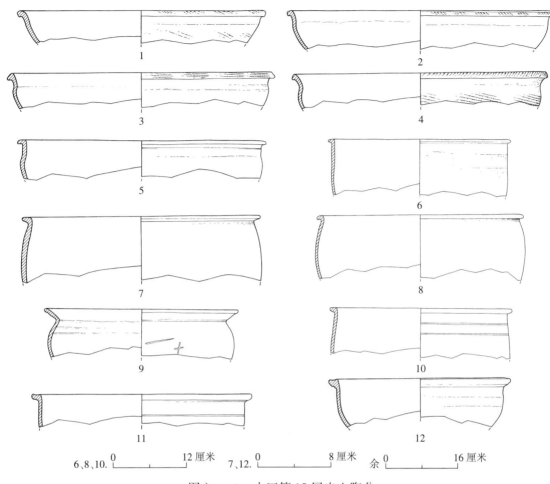

图六一二 中区第15层出土陶盆

1~4. Ac 型（ⅠT7407⑮：336、ⅠT7407⑮：327、ⅠT7407⑮：332、ⅠT7307⑮：348） 5. Af 型（ⅠT7407⑮：799） 6. Bb 型（ⅠT7407⑮：542） 7~9. Ca 型（ⅠT7407⑮：393、ⅠT7307⑮：315、ⅠT7307⑮：365） 10. Cc 型（ⅠT7307⑮：311） 11. D 型（ⅠT7307⑮：300） 12. Cd 型（ⅠT7407⑮：456）

Bb 型 2 件。

标本ⅠT7407⑮：542，夹砂灰黑陶。平卷沿，圆唇。口径30、残高9.2厘米（图六一二，6）。

Ca 型 5 件。

标本ⅠT7407⑮：393，夹砂灰黄陶。平卷沿，尖唇。口径26、残高7.3厘米（图六一二，7）。

标本ⅠT7307⑮：315，夹砂灰黑陶。平卷沿，圆唇。口径34、残高10.5厘米（图六一二，8）。

标本ⅠT7307⑮：365，夹砂灰黑陶。圆唇。腹部饰一条斜向和十字刻划纹。口径42.4、残高10.5厘米（图六一二，9）。

Cc 型 4 件。

标本ⅠT7307⑮：311，夹砂灰黑陶。平折沿，圆唇。口径30、残高8厘米（图六一二，10）。

Cd 型 1 件。

标本ⅠT7407⑮：456，夹砂灰黄陶。折沿，沿面微凹，圆唇。口径20、残高5.2厘米（图六一二，12）。

D 型 1 件。

标本ⅠT7307⑮：300，夹砂灰黄陶。折沿，沿面微凹。腹部饰一周凹弦纹。口径 48、残高 6.6 厘米（图六一二，11）。

瓮 5 件。

Aa 型 2 件。

标本ⅠT7307⑮：313，夹砂灰黄陶。圆唇。口径 60、残高 10.5 厘米（图六一三，1）。

Cd 型Ⅰ式 3 件。

标本ⅠT7307⑮：342，夹砂灰黑陶。圆唇。口径 42、残高 14.4 厘米（图六一三，2）。

缸 3 件。

B 型 2 件。

标本ⅠT7307⑮：314，夹砂灰黄陶。折沿。沿面压印绳纹。口径 66、残高 10.2 厘米（图六一三，3）。

Cb 型 1 件。

标本ⅠT7407⑮：642，夹砂灰黑陶。平折沿，尖唇。口径 60、残高 8.5 厘米（图六一三，4）。

桶形器 3 件。

A 型 2 件。

标本ⅠT7307⑮：480，夹砂灰陶。方唇。口径 28、残高 8.1 厘米（图六一三，5）。

Ba 型 1 件。

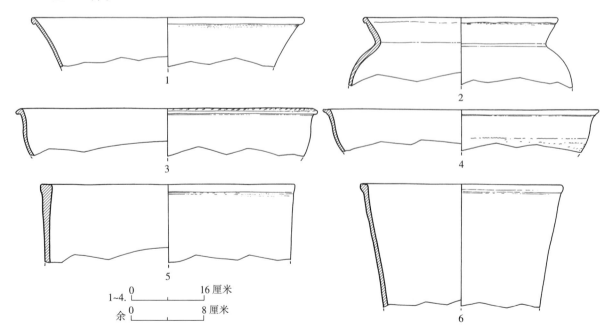

图六一三 中区第 15 层出土陶器

1. Aa 型瓮（ⅠT7307⑮：313） 2. Cd 型Ⅰ式瓮（ⅠT7307⑮：342） 3. B 型缸（ⅠT7307⑮：314） 4. Cb 型缸（ⅠT7407⑮：642） 5. A 型桶形器（ⅠT7307⑮：480） 6. Ba 型桶形器（ⅠT7407⑮：729）

标本ⅠT7407⑮：729，夹砂灰黑陶。方唇。口径22、残高13.3厘米（图六一三，6）。

觚形器　2件。C型。

标本ⅠT7307⑮：394，夹砂灰褐陶。底径4、残高7厘米（图六一四，7）。

标本ⅠT7407⑮：816，夹砂灰褐陶。底径3.8、残高7.2厘米（图六一四，8）。

盔形器　2件。

标本ⅠT7407⑮：854，夹砂灰黑陶。残高11厘米（图六一四，10）。

异形器　1件。

标本ⅠT7407⑮：853，夹砂灰黑陶。器壁厚，质地极硬。残长20.5、残高7.5厘米（图六一四，9）。

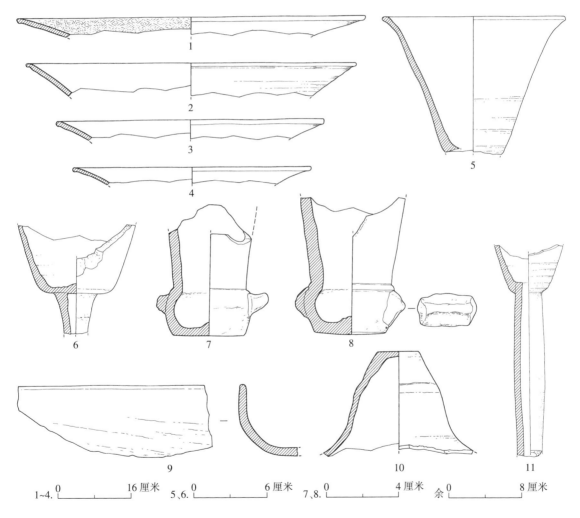

图六一四　中区第15层出土陶器

1、3. Da 型豆盘（ⅠT7307⑮：32、ⅠT7307⑮：236）　2、4. Db 型豆盘（ⅠT7407⑮：539、ⅠT7407⑮：403）　5、6、11. Bc 型豆盘（ⅠT7307⑮：519、ⅠT7407⑮：364、ⅠT7307⑮：533）　7、8. C 型觚形器（ⅠT7307⑮：394、ⅠT7407⑮：816）　9. 异形器（ⅠT7407⑮：853）　10. 盔形器（ⅠT7407⑮：854）

豆盘　18件。

Bc型　3件。

标本ⅠT7407⑮：364，泥质灰黑陶。残高8.6厘米（图六一四，6）。

标本ⅠT7307⑮：519，夹砂灰黑陶。口径15、残高11厘米（图六一四，5）。

标本ⅠT7307⑮：533，泥质灰黑陶。残高22.4厘米（图六一四，11）。

Da型　6件。

标本ⅠT7307⑮：32，夹砂灰黑陶。方唇。内壁饰云雷纹。口径76、残高4厘米（图六一四，1）。

标本ⅠT7307⑮：236，夹砂灰黑陶。圆唇。口径58、残高4厘米（图六一四，3）。

Db型　9件。

标本ⅠT7407⑮：539，夹砂灰黑陶。圆唇。口径72、残高7厘米（图六一四，2）。

标本ⅠT7407⑮：403，夹砂灰黄陶。圆唇。口径52、残高3.5厘米（图六一四，4）。

豆柄　36件。

Aa型　31件。

标本ⅠT7407⑮：359，泥质灰黑陶。柄部饰刻划纹和两周凹弦纹。圈足径15、残高15.5厘米（图六一五，6）。

标本ⅠT7407⑮：368，泥质灰黑陶。柄部饰两周凹弦纹。残高17.6厘米（图六一五，7）。

Ab型　4件。

标本ⅠT7307⑮：532，泥质灰黑陶。残高18.5厘米（图六一五，8）。

标本ⅠT7407⑮：367，泥质灰黑陶。残高30.7厘米（图六一五，9）。

Ba型　1件。

标本ⅠT7307⑮：522，夹砂灰黑陶。残高17.1厘米（图六一五，5）。

器盖　2件。

Aa型　1件。

标本ⅠT7307⑮：336，泥质灰黑陶。圆唇。纽径3.6、口径17、高4.9厘米（图六一五，1）。

D型　1件。

标本ⅠT7307⑮：351，夹砂灰黑陶。圆唇。口径25、高4厘米（图六一五，2）。

器纽　3件。Ba型。

标本ⅠT7307⑮：576，夹砂灰黑陶。纽径5.2、残高3.3厘米（图六一五，3）。

标本ⅠT7407⑮：926，夹砂灰黑陶。纽径5、残高4厘米（图六一五，4）。

器座　2件。E型。

标本ⅠT7407⑮：728，夹砂灰黑陶。卷沿，圆唇。下径28、残高7.7厘米（图六一五，10）。

器底　15件。

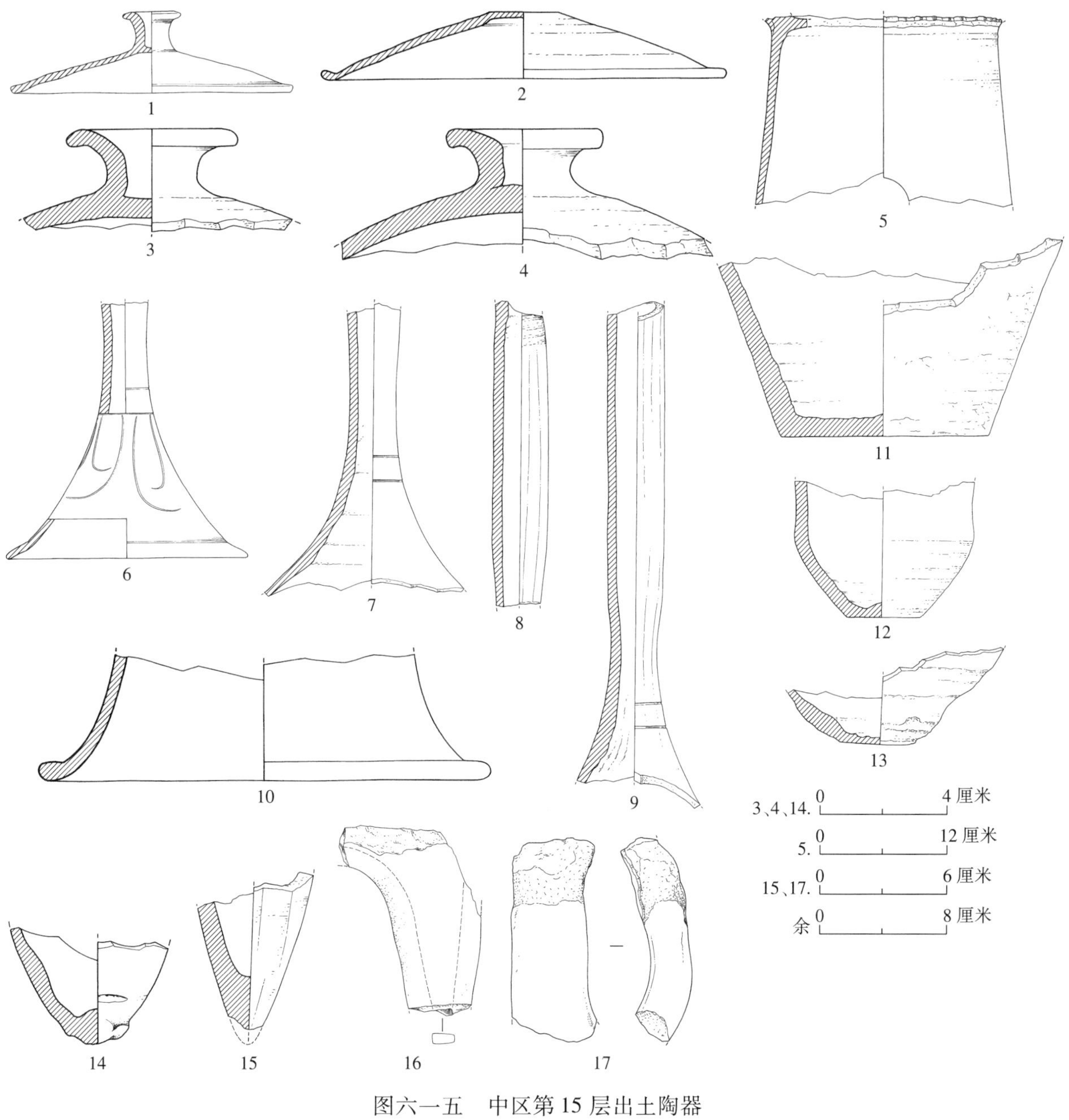

图六一五　中区第 15 层出土陶器

1. Aa 型器盖（ⅠT7307⑮：336）　2. D 型器盖（ⅠT7307⑮：351）　3、4. Ba 型器纽（ⅠT7307⑮：576、ⅠT7407⑮：926）　5. Ba 型豆柄（ⅠT7307⑮：522）　6、7. Aa 型豆柄（ⅠT7407⑮：359、ⅠT7407⑮：368）　8、9. Ab 型豆柄（ⅠT7307⑮：532、ⅠT7407⑮：367）　10. E 型器座（ⅠT7407⑮：728）　11. Aa 型器底（ⅠT7407⑮：600）　12、13. Ac 型器底（ⅠT7306⑮：2、ⅠT7307⑮：521）　14. Db 型器底（ⅠT7307⑮：526）　15. Ab 型袋足（ⅠT7307⑮：498）　16. B 型袋足（ⅠT7407⑮：963）　17. 鋬耳（ⅠT7307⑮：421）

Aa 型　2 件。

标本ⅠT7407⑮：600，夹砂灰黑陶。底径 13、残高 11.9 厘米（图六一五，11）。

Ac 型　11 件。

标本ⅠT7306⑮：2，夹砂灰黑陶。底径 4.5、残高 8.5 厘米（图六一五，12）。

标本 I T7307⑮:521，夹砂灰黑陶。底径4.8、残高6.1厘米（图六一五，13）。

Db 型　2件。

标本 I T7307⑮:526，夹砂灰陶。残高3.5厘米（图六一五，14）。

袋足　2件。

Ab 型　1件。

标本 I T7307⑮:498，夹砂灰黑陶。残高7.3厘米（图六一五，15）。

B 型　1件。

标本 I T7407⑮:963，夹砂灰黑陶。最小径4.4、最大径5.5、残高11.8厘米（图六一五，16）。

鋬耳　1件。

标本 I T7307⑮:421，夹砂灰黑陶。宽3.6、残高9.2厘米（图六一五，17）。

（2）玉器

1件。

绿松石珠　1件。

标本 I T7307⑮:7，管状，表面有残损。表面打磨，孔对钻。直径0.3、孔径0.1、高0.4厘米，重0.1克（图六一六，4）。

（3）石器

11件。

石璋半成品　1件。A 型。

标本 I T7407⑮:286，灰色。牙部和柄部均未成型。器表、两侧及刃部打磨平整，底端保留自然断面。长18.5、宽6.6、厚3厘米（图六一六，6）。

锛　1件。Bb 型。

标本 I T7307⑮:28，黑色。整器打磨光滑，锋部锐利。长4、宽3.1、厚1.3厘米（图六一六，3）。

璧　1件。Ba 型。

标本 I T7306⑮:8，仅存半边。平面呈圆环形。表面打磨，孔单面钻通。环面较宽。直径4.8、孔径1.6、厚1.9厘米，重38.3克（图六一六，5）。

石璧坯料　8件。

A 型　2件。

标本 I T7407⑮:38，灰黑色。破裂面及轮边粗磨。直径8.8、厚1.1厘米（图六一六，7）。

标本 I T7307⑮:21，灰黑色。破裂面及轮边未经打磨，周缘较薄，中部较厚。直径9.3、厚1.5厘米（图六一六，8）。

B 型　2件。

标本 I T7306⑮:5，仅存半边。平面呈圆形。表面打磨，孔管钻痕迹明显，但未钻通。环面较

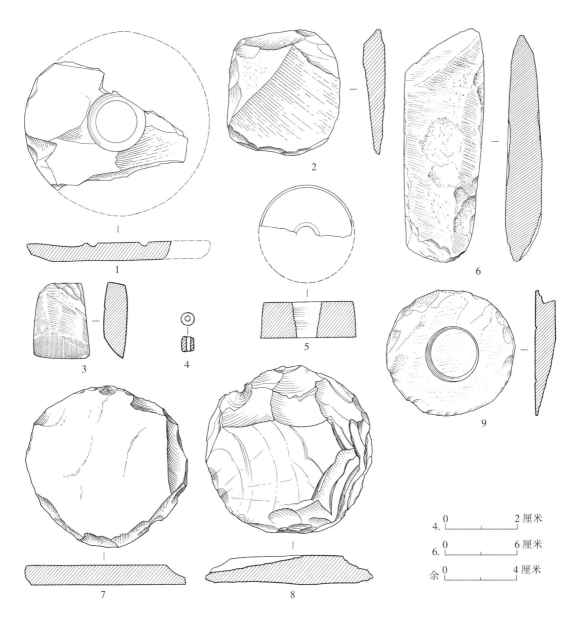

图六一六　中区第 15 层出土玉、石器

1、9. B 型石璧坯料（ⅠT7306⑮：5、ⅠT7407⑮：176）　　2. D 型石璧坯料（ⅠT7306⑮：6）　　3. Bb 型石锛（ⅠT7307
⑮：28）　　4. 绿松石珠（ⅠT7307⑮：7）　　5. Ba 型石璧（ⅠT7306⑮：8）　　6. A 型石璋半成品（ⅠT7407⑮：286）
7、8. A 型石璧坯料（ⅠT7407⑮：38、ⅠT7307⑮：21）

宽。直径 10.1、孔径 2.8、厚 1 厘米，重 60.8 克（图六一六，1；彩版一四二，4）。

标本ⅠT7407⑮：176，平面呈圆形，环面及轮边打磨精细，孔管钻痕迹明显，但未钻通。环面
较宽。直径 6.6、孔径 2.8、厚 1.1 厘米（图六一六，9）。

D 型　4 件。

标本ⅠT7306⑮：6，平面呈圆角方形。边缘较薄。长 6.7、宽 6、厚 1.1 厘米，重 49.4 克（图
六一六，2）。

（一四）　第 14 层出土遗物

该层出土遗物有陶器、玉器和石器，计有陶片 1249 片、石器 12 件。陶器以夹砂陶为大宗，占 98.40%。夹砂陶中灰黑陶占 65.91%，灰黄陶占 10.74%，灰陶占 6.91%，灰褐陶占 6.51%，黄褐陶占 6.43%，红褐陶占 3.50%；泥质陶中灰黄陶占 45.00%，灰黑陶占 30.00%，灰褐陶占 20.00%，黄褐陶占 5.00%。夹砂陶中纹饰陶片占 14.00%，以细线纹、细绳纹和凹弦纹为多，分别占 66.28%、18.02% 和 9.88%，另有极少量镂孔、刻划纹、戳印纹和云雷纹；泥质陶中仅有 2 片凹弦纹和 2 片镂孔（表五三）。陶片可辨器形有小平底罐、瓮形器、敛口罐、高领罐、束颈罐、瓮、盆、桶形器、豆盘、豆柄、器纽、纺轮等。石器种类有石璋半成品、石璧半成品、石璧坯料。

表五三　中区第 14 层陶片统计表

陶质陶色纹饰	夹砂陶						小计	百分比（%）	泥质陶				小计	百分比（%）
	灰黑	灰	红褐	灰褐	黄褐	灰黄			灰黑	灰黄	灰褐	黄褐		
素面	679	84	32	63	69	130	1057	86.01	4	8	3	1	16	80.00
细绳纹	20	1	2	4	4		31	2.52						
云雷纹	1						1	0.08						
凹弦纹	11		6				17	1.38	2				2	10.00
刻划纹	2						2	0.16						
镂孔	5			1			6	0.49		1	1		2	10.00
细线纹	92		3	11	6	2	114	9.28						
戳印纹				1			1	0.08						
小计	810	85	43	80	79	132	1229		6	9	4	1	20	
百分比（%）	65.91	6.91	3.50	6.51	6.43	10.74		100.00	30.00	45.00	20.00	5.00		100.00
合计	1249													

（1）陶器

46 件。

小平底罐　7 件。

Aa 型Ⅱ式　2 件。

标本ⅠT7308⑭：52，夹砂灰褐陶。圆唇。口径 15.4、肩径 18.6、残高 3.6 厘米（图六一七，1）。

Ad 型Ⅱ式　1 件。

标本ⅠT7407⑭：264，夹砂灰黑陶。方唇。口径 15、肩径 17、残高 2.8 厘米（图六一七，2）。

Ba 型Ⅱ式　1 件。

标本ⅠT7308⑭：105，夹砂灰黑陶。圆唇。口径 13、肩径 13.6、残高 3.6 厘米（图六一七，3）。

Bc 型Ⅰ式　2 件。

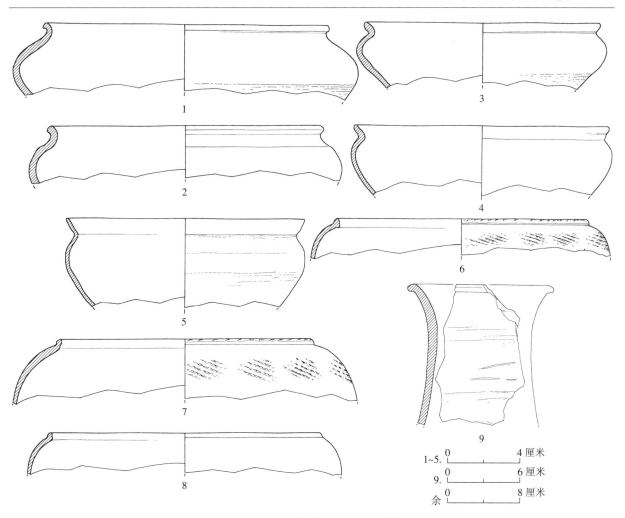

图六一七　中区第 14 层出土陶器

1. Aa 型 Ⅱ 式小平底罐（ⅠT7308⑭：52）　2. Ad 型 Ⅱ 式小平底罐（ⅠT7407⑭：264）　3. Ba 型 Ⅱ 式小平底罐（Ⅰ T7308⑭：105）　4. Ca 型 Ⅰ 式小平底罐（ⅠT7407⑭：181）　5. Bc 型 Ⅰ 式小平底罐（ⅠT7407⑭：222）　6. Da 型瓮形器（ⅠT7308⑭：28）　7. Eb 型瓮形器（ⅠT7407⑭：270）　8. Ab 型敛口罐（ⅠT7308⑭：29）　9. Fa 型 Ⅰ 式高领罐（ⅠT7407⑭：266）

标本 ⅠT7407⑭：222，夹砂灰黑陶。尖唇。口径 13、残高 4.7 厘米（图六一七，5）。

Ca 型 Ⅰ 式　1 件。

标本 ⅠT7407⑭：181，泥质灰黑陶。尖圆唇。口径 14、肩径 14.6、残高 3.7 厘米（图六一七，4）。

瓮形器　5 件。

Da 型　2 件。

标本 ⅠT7308⑭：28，夹砂灰黑陶。方唇。口径 28、残高 3.8 厘米（图六一七，6）。

Eb 型　3 件。

标本 ⅠT7407⑭：270，夹砂灰褐陶。沿面凹，方唇。口径 28、残高 6.6 厘米（图六一七，7）。

敛口罐　3 件。Ab 型。

标本ⅠT7308⑭：29，夹砂灰黑陶。方唇。口径30、残高4.6厘米（图六一七，8）。

高领罐　1件。Fa型Ⅰ式。

标本ⅠT7407⑭：266，夹砂黄褐陶。卷沿，圆唇。残高11.2厘米（图六一七，9）。

束颈罐　1件。Ad型Ⅱ式。

标本ⅠT7407⑭：191，夹砂灰黄陶。方唇。肩部饰交错绳纹。口径17、残高2.3厘米（图六一八，1）。

瓮　2件。

Aa型　1件。

标本ⅠT7308⑭：40，夹砂灰黄陶。圆唇。口径52、残高4.5厘米（图六一八，2）。

Bb型　1件。

标本ⅠT7308⑭：38，夹砂灰黄陶。方唇。肩部饰交错细绳纹。口径34、残高6.7厘米（图六一八，3）。

盆　2件。

Bb型　1件。

标本ⅠT7407⑭：210，夹砂灰黑陶。平卷沿，圆唇。口径32、残高4.5厘米（图六一八，6）。

Cb型　1件。

标本ⅠT7407⑭：186，夹砂灰黑陶。平折沿，圆唇。口径50.4、残高8.6厘米（图六一八，7）。

桶形器　2件。

Ba型　1件。

标本ⅠT7307⑭：80，夹砂灰黄陶。方唇。口径34、残高10厘米（图六一八，8）。

Bb型　1件。

标本ⅠT7308⑭：39，夹砂灰黑陶。圆唇。口径32、残高9厘米（图六一八，9）。

豆盘　8件。

Da型　5件。

标本ⅠT7308⑭：27，夹砂灰黑陶。圆唇。口径52、残高4厘米（图六一八，4）。

Db型　3件。

标本ⅠT7308⑭：31，夹砂灰黑陶。方唇。口径52、残高3.2厘米（图六一八，5）。

豆柄　8件。

Aa型　7件。

标本ⅠT7308⑭：36，夹砂灰黑陶。残高20.6厘米（图六一九，1）。

标本ⅠT7308⑭：37，泥质灰黑陶。残高17.1厘米（图六一九，2）。

Ac型　1件。

标本ⅠT7407⑭：254，夹砂灰黑陶。饰四道镂孔。残高8厘米（图六一九，4）。

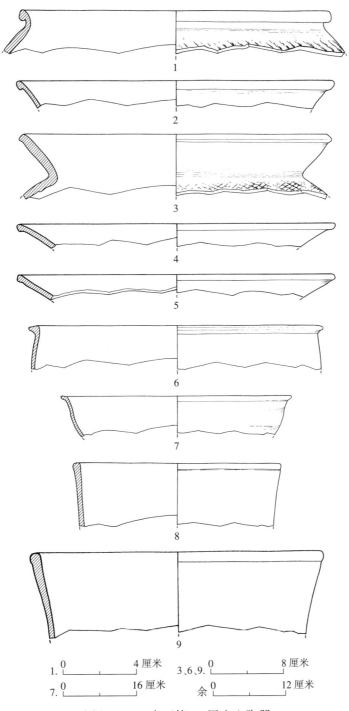

图六一八 中区第14层出土陶器

1. Ad 型Ⅱ式束颈罐（ⅠT7407⑭：191） 2. Aa 型瓮（ⅠT7308⑭：40） 3. Bb 型瓮（ⅠT7308⑭：38）
4. Da 型豆盘（ⅠT7308⑭：27） 5. Db 型豆盘（ⅠT7308⑭：31） 6. Bb 型盆（ⅠT7407⑭：210） 7. Cb 型盆（ⅠT7407⑭：186） 8. Ba 型桶形器（ⅠT7307⑭：80） 9. Bb 型桶形器（ⅠT7308⑭：39）

器纽 1 件。Ba 型。

标本ⅠT7407⑭：168，夹砂灰黑陶。纽径4.8、残高3.2厘米（图六一九，3）。

器底 5 件。

Ab 型　4 件。

标本ⅠT7407⑭：148，夹砂灰黑陶。底径 9、残高 2.9 厘米（图六一九，5）。

标本ⅠT7308⑭：47，夹砂灰黑陶。底径 7、残高 5.2 厘米（图六一九，6）。

Db 型　1 件。

标本ⅠT7407⑭：167，夹砂灰黑陶。残高 3.5 厘米（图六一九，7）。

纺轮　1 件。C 型。

标本ⅠT7407⑭：273，泥质灰褐陶。直径 3.4、孔径 0.4、厚 1.3 厘米（图六一九，8）。

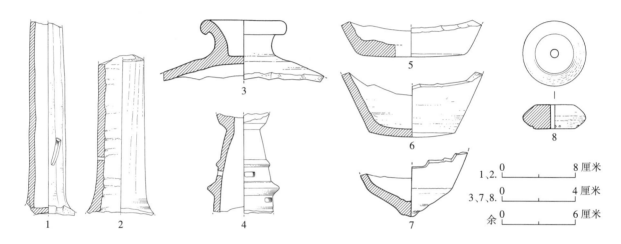

图六一九　中区第 14 层出土陶器

1、2. Aa 型豆柄（ⅠT7308⑭：36、ⅠT7308⑭：37）　3. Ba 型器纽（ⅠT7407⑭：168）　4. Ac 型豆柄（ⅠT7407⑭：254）　5、6. Ab 型器底（ⅠT7407⑭：148、ⅠT7308⑭：47）　7. Db 型器底（ⅠT7407⑭：167）　8. C 型纺轮（ⅠT7407⑭：273）

（2）石器

12 件。

石璋半成品　2 件。Ba 型。

标本ⅠT7308⑭：6，灰色。牙部和柄部均残，刃部、两侧及器表打磨平整，底端保留自然断面。器表饰三周细线纹。残长 18.9、宽 6.3、厚 1.7 厘米（图六二〇，7）。

标本ⅠT7308⑭：8，灰色。刃部和柄部均残，两侧及器表打磨平整。长 25、宽 8.8、厚 1.1 厘米（图六二〇，8）。

石璧坯料　9 件。

A 型　8 件。

标本ⅠT7307⑭：4，灰黑色。平面呈圆形。中部鼓凸，边缘较薄。直径 10.3、厚 1.8 厘米，重 150.2 克（图六二〇，1）。

标本ⅠT7407⑭：67，黑色。破裂面及轮边未经打磨。直径 8.8、厚 1.4 厘米（图六二〇，2）。

标本ⅠT7407⑭：71，灰黑色。破裂面及轮边未经打磨。直径 14.3、厚 1.5 厘米（图六二〇，3）。

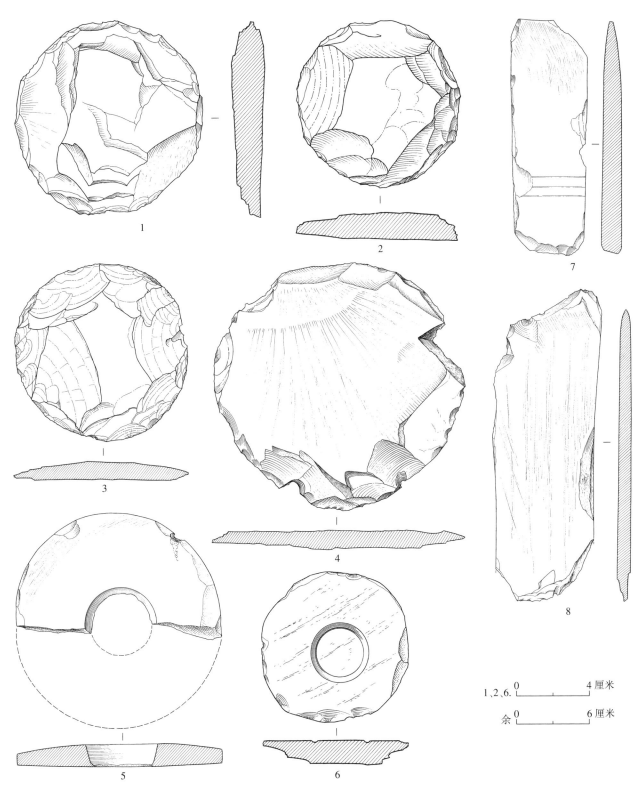

图六二〇   中区第 14 层出土玉、石器

1~4. A 型石璧坯料（ⅠT7307⑭：4、ⅠT7407⑭：67、ⅠT7407⑭：71、ⅠT7308⑭：12）   5. A 型石璧半成品
（ⅠT7308⑭：2）   6. B 型石璧坯料（ⅠT7407⑭：94）   7、8. Ba 型石璋半成品（ⅠT7308⑭：6、ⅠT7308⑭：8）

标本Ⅰ T7308⑭：12，灰色。破裂面及轮边未经打磨。直径20.8、厚1.5厘米（图六二〇，4）。

B型　1件。

标本Ⅰ T7407⑭：94，从卵石上打下的一块，破裂面粗磨，另一面保持自然光面。顶部留有管钻痕迹，未钻通。周缘较薄，中部略厚。直径8.2、孔径3.3、厚1.2厘米（图六二〇，6）。

石璧半成品　1件。A型。

标本Ⅰ T7308⑭：2，黑色。孔壁留有管钻痕迹。环面及轮边打磨精细。直径17、孔径5.8、厚1.8厘米（图六二〇，5）。

（一五）第13层下遗迹及出土遗物

开口于该层下有1处祭祀遗迹L25（见附表二），简述如下。

L25

位于Ⅰ T7307东南部及Ⅰ T7407西南部，部分叠压于Ⅰ T7306北隔梁下并延伸至Ⅰ T7306东北，其东南部未发掘。开口于第13层下，打破第14层。平面形状大致呈椭圆形，直壁，平底。长径5.45、短径4.4、深0.65米。坑内填土为灰黑色砂黏土，夹黄黏土，填土类似于五花土。内含少量灰烬和零星烧土颗粒，包含大量陶片和石器。底部较为板结，形成一个坑底踩踏面，为人工加工形成。坑内出土遗物以石器为主，有石璧坯料35件、石璋半成品2件、陶器16件（图六二一；彩版一四二，5）。

（1）陶器

16件。

小平底罐　4件。Aa型Ⅰ式。

标本L25：82，夹砂灰黑陶。方唇。腹部饰凹弦纹。口径16、肩径19、残高6.3厘米（图六二二，1）。

瓮形器　1件。Eb型。

标本L25：74，夹砂灰黑陶。沿面凹，方唇。唇部压印绳纹。口径26、残高2.5厘米（图六二二，2）。

盆　1件。Ac型。

标本L25：89，夹砂灰黑陶。折沿。唇部压印绳纹。口径60、残高9.7厘米（图六二二，3）。

盔形器　2件。

标本L25：93，夹砂灰黑陶。圆唇。口径16、残高10.5厘米（图六二二，4）。

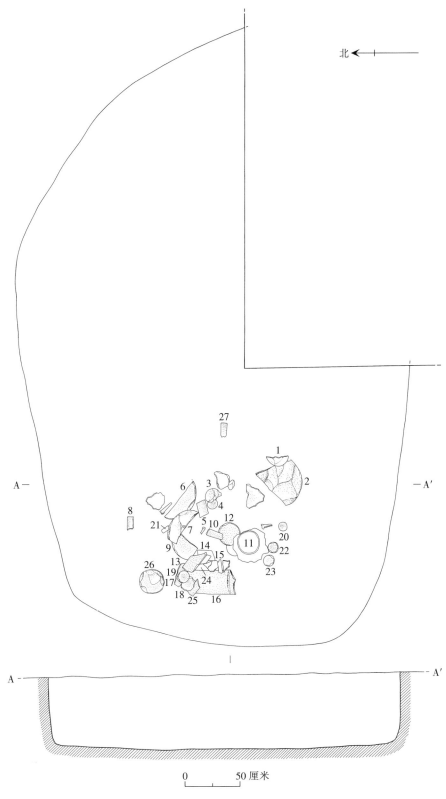

图六二一 中区 L25 平、剖面图

1~7、9、12、17~19、22、23、26. 石璧坯料 8、10、13~16、21、24、25、27. 石璋半成品 11. 陶器底 20. 象牙

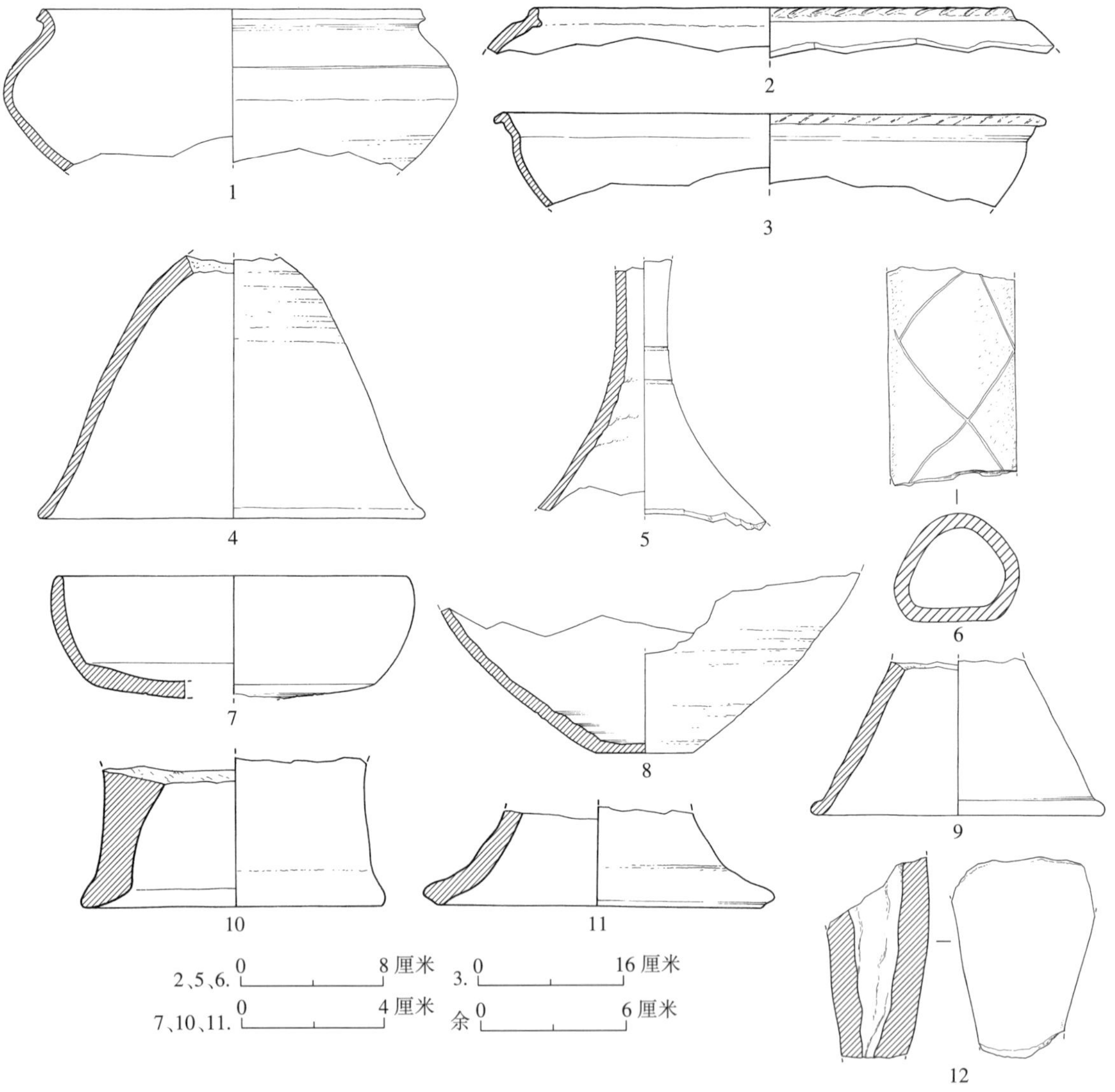

图六二二　中区 L25 出土陶器

1. Aa 型 I 式小平底罐（L25：82）　2. Eb 型瓮形器（L25：74）　3. Ac 型盆（L25：89）　4. 盔形器（L25：93）
5. Aa 型豆柄（L25：107）　6. 异形器（L25：92）　7. E 型豆盘（L25：75）　8. Ac 型器底（L25：94）　9. Ab 型圈足（L25：86）　10、11. Bb 型圈足（L25：84、L25：88）　12. Aa 型袋足（L25：79）

豆盘　1 件。E 型。

标本 L25：75，夹砂灰黑陶。圆唇。底部饰两周凹弦纹。口径 10、残高 3.2 厘米（图六二二，7）。

豆柄　1 件。Aa 型。

标本 L25：107，泥质灰黑陶。近圈足处饰两周凹弦纹。残高 13.5 厘米（图六二二，5）。

异形器　1 件。

标本 L25：92，夹砂灰黑陶。剖面略呈圆角三角形。外壁饰刻划纹。直径 6.8、残高 11.8 厘米（图六二二，6）。

器底　1 件。Ac 型。

标本 L25∶94，夹砂灰黑陶。底径 4、残高 7.2 厘米（图六二二，8）。

圈足　3 件。

Ab 型　1 件。

标本 L25∶86，夹砂灰黑陶。圈足径 12、残高 6.3 厘米（图六二二，9）。

Bb 型　2 件。

标本 L25∶84，夹砂灰褐陶。圈足径 8、残高 4 厘米（图六二二，10）。

标本 L25∶88，夹砂灰陶。圈足径 9.8、残高 2.7 厘米（图六二二，11）。

袋足　1 件。Aa 型。

标本 L25∶79，夹砂灰黑陶。残高 8 厘米（图六二二，12）。

（2）石器

53 件。器形可辨识的有 37 件。

石璋半成品　2 件。

Ba 型　1 件。

标本 L25∶27，褐色，器表有大量锈斑，器体较窄，器表、两侧、刃部打磨光滑，底端保留自然断面。长 18.5、宽 5.5～6.2、厚 1.2 厘米（图六二三，1）。

C 型　1 件。

标本 L25∶24，黑色，器表有大量锈斑。器体宽大，下部残。整器打磨较为光滑。器表刻划杂乱交错弧线纹。残长 13.6、宽 8.7、厚 1.1 厘米（图六二三，2）。

石璧坯料　35 件。A 型。

标本 L25∶41，灰黑色。剖裂面及轮边未经打磨。周缘较薄，中部略厚。直径 6.3、厚 1.6 厘米（图六二三，4）。

标本 L25∶32，黑色。剖裂面及轮边未经打磨。周缘较薄，中部略厚。直径 9.6、厚 1 厘米（图六二三，3）。

（一六）第 13 层出土遗物

该层出土遗物有陶器、玉器和石器，计有陶片 807 片和石器 5 件。陶器以夹砂陶为主，占 88.60%。夹砂陶中灰黑陶占 61.82%，灰黄陶占 16.50%，灰陶占 3.78%，灰褐陶占 10.91%，黄褐陶占 2.38%，红褐陶占 4.61%；泥质陶中灰黄陶占 18.48%，灰黑陶占 51.09%，灰褐陶占 26.08%，灰陶占 2.17%，青灰陶和黄褐陶各占 1.09%。夹砂陶中纹饰陶片仅占 10.63%，以细线纹、凹弦纹和粗绳纹为主，分别占 61.84%、18.42% 和 15.79%，另有少量戳印纹、乳丁纹和附加堆纹；泥质陶中纹饰陶片仅有凹弦纹 3 片、戳印纹 2 片及刻划纹、细线纹各 1 片（表五四）。陶片可辨器形有小平底罐、瓮形器、敛口罐、束颈罐、瓮、缸、桶形器、盆形器、器纽、器底、

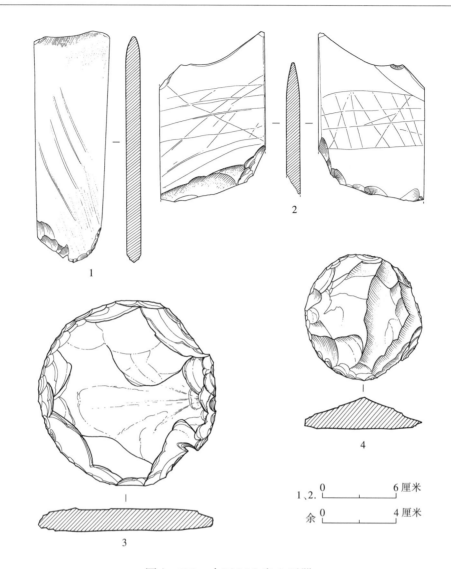

图六二三　中区 L25 出土石器

1. Ba 型石璋半成品（L25：27）　2. C 型石璋半成品（L25：24）　3、4. A 型石璧坯料（L25：32、L25：41）

豆盘、豆柄等。玉器种类有玉璋残件。石器种类有石璋半成品、石璧坯料。

（1）陶器

21 件。

小平底罐　2 件。

Ad 型Ⅱ式　1 件。

标本ⅠT7308⑬：60，夹砂灰黑陶。方唇。口径 14、肩径 15.4、残高 4.2 厘米（图六二四，1）。

Ba 型Ⅱ式　1 件。

标本ⅠT7306⑬：31，夹砂灰黑陶。圆唇。口径 11.5、肩径 11.9、残高 3.3 厘米（图六二四，4）。

表五四 中区第13层陶片统计表

陶质 陶色 纹饰	夹砂陶						小计	百分比 (%)	泥质陶						小计	百分比 (%)
	灰黑	灰	红褐	灰褐	黄褐	灰黄			灰黑	灰	灰黄	灰褐	青灰	黄褐		
素面	385	27	32	64	14	117	639	89.37	45	2	14	22	1	1	85	92.39
粗绳纹	7			5			12	1.68								
凹弦纹	6			4	3	1	14	1.96			3				3	3.26
刻划纹												1			1	1.09
细线纹	41		1	5			47	6.57				1			1	1.09
戳印纹	1						1	0.14	2						2	2.17
乳丁纹	1						1	0.14								
附加堆纹	1						1	0.14								
小计	442	27	33	78	17	118	715		47	2	17	24	1	1	92	
百分比（%）	61.82	3.78	4.61	10.91	2.38	16.50		100.00	51.09	2.17	18.48	26.08	1.09	1.09		100.00
合计	807															

瓮形器 1件。Eb 型。

标本ⅠT7306⑬：29，夹砂灰褐陶。圆唇，高领。领部饰两周凹弦纹。口径 30、残高 13 厘米（图六二四，8）。

敛口罐 1件。Ab 型。

标本ⅠT7308⑬：127，夹砂灰黑陶。方唇。口径 26、残高 4.7 厘米（图六二四，3）。

束颈罐 3件。

Ab 型Ⅱ式 1件。

标本ⅠT7308⑬：1，夹砂灰黑陶。圆唇。肩部饰横向绳纹。口径 14、肩径 16.7、残高 4.2 厘米（图六二四，6）。

Ad 型Ⅰ式 1件。

标本ⅠT7308⑬：116，夹砂灰褐陶。方唇。肩部饰交错绳纹。口径 34、残高 4 厘米（图六二四，5）。

Bc 型Ⅱ式 1件。

标本ⅠT7306⑬：28，夹砂灰黑陶。方唇。口径 16、残高 2.7 厘米（图六二四，7）。

壶 1件。Aa 型。

标本ⅠT7308⑬：119，夹砂灰黑陶。圆唇。口径 11.6、残高 4.5 厘米（图六二四，10）。

瓮 3件。

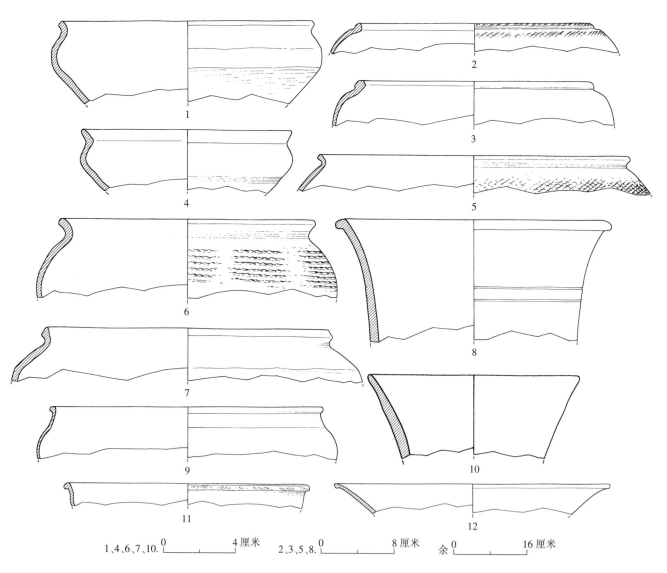

图六二四　中区第 13 层出土陶器

1. Ad 型 Ⅱ 式小平底罐（ⅠT7308⑬：60）　2. Bb 型瓮（ⅠT7308⑬：128）　3. Ab 型敛口罐（ⅠT7308⑬：127）　4. Ba 型
Ⅱ 式小平底罐（ⅠT7306⑬：31）　5. Ad 型 Ⅰ 式束颈罐（ⅠT7308⑬：116）　6. Ab 型 Ⅱ 式束颈罐（ⅠT7308⑬：1）　7. Bc
型 Ⅱ 式束颈罐（ⅠT7306⑬：28）　8. Eb 型瓮形器（ⅠT7306⑬：29）　9. Cd 型 Ⅱ 式瓮（ⅠT7308⑬：120）　10. Aa 型壶
（ⅠT7308⑬：119）　11. B 型缸（ⅠT7308⑬：73）　12. Aa 型瓮（ⅠT7308⑬：77）

Aa 型　1 件。

标本 ⅠT7308⑬：77，夹砂灰黑陶。圆唇。口径 60.4、残高 6.4 厘米（图六二四，12）。

Bb 型　1 件。

标本 ⅠT7308⑬：128，夹砂灰黑陶。方唇。口径 26、残高 3 厘米（图六二四，2）。

Cd 型 Ⅱ 式　1 件。

标本 ⅠT7308⑬：120，夹砂灰黄陶。圆唇。口径 60、残高 11 厘米（图六二四，9）。

缸　1 件。B 型。

标本ⅠT7308⑬:73，夹砂灰黑陶。折沿。唇部压印绳纹。口径54、残高5厘米（图六二四，11）。

盔形器 1件。

标本ⅠT7308⑬:76，夹砂灰黑陶。圆唇。口径15、残高7.8厘米（图六二五，1）。

桶形器 1件。Cb型。

标本ⅠT7308⑬:125，夹砂灰黑陶。方唇。口径28、残高14厘米（图六二五，2）。

豆盘 1件。Bb型。

标本ⅠT7308⑬:71，夹砂灰黑陶。残高5.3厘米（图六二五，4）。

豆柄 1件。Aa型。

标本ⅠT7306⑬:36，夹砂灰黑陶。残高8厘米（图六二五，5）。

器纽 1件。Ba型。

标本ⅠT7306⑬:35，夹砂灰黄陶。纽径3、残高2.3厘米（图六二五，3）。

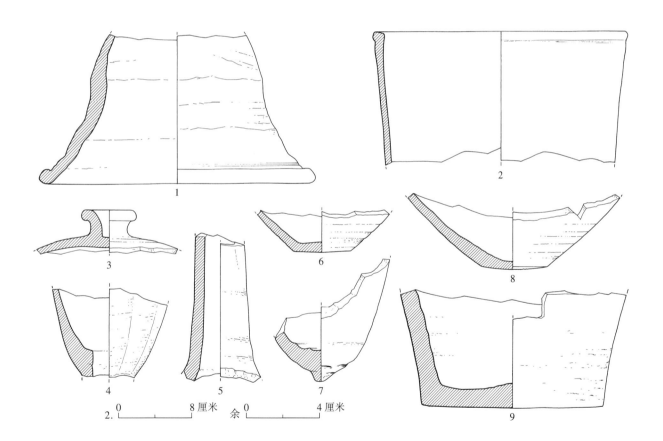

图六二五　中区第13层出土陶器

1. 盔形器（ⅠT7308⑬:76） 2. Cb型桶形器（ⅠT7308⑬:125） 3. Ba型器纽（ⅠT7306⑬:35） 4. Bb型豆盘（ⅠT7308⑬:71） 5. Aa型豆柄（ⅠT7306⑬:36） 6. Ea型器底（ⅠT7306⑬:32） 7. Db型器底（ⅠT7306⑬:16） 8. Ac型器底（ⅠT7308⑬:54） 9. Aa型器底（ⅠT7308⑬:126）

器底　4 件。

Aa 型　1 件。

标本 I T7308⑬ : 126，夹砂灰黑陶。底径 10、残高 6.3 厘米（图六二五，9）。

Ac 型　1 件。

标本 I T7308⑬ : 54，夹砂灰黑陶。底径 3.7、残高 4 厘米（图六二五，8）。

Ea 型　1 件。

标本 I T7306⑬ : 32，夹砂灰黑陶。底径 3.3、残高 2.3 厘米（图六二五，6）。

Db 型　1 件。

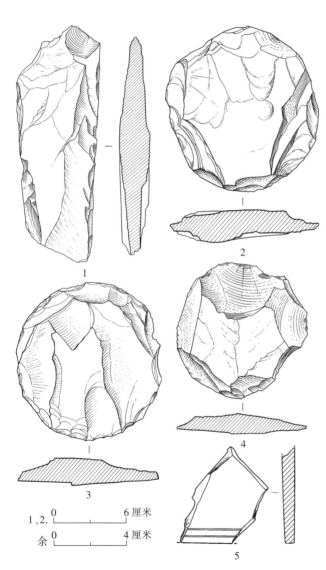

图六二六　中区第 13 层出土玉、石器
1. Ba 型石璋半成品（I T7306⑬ : 3）　2~4. A 型石璧坯料
（I T7306⑬ : 2、I T7308⑬ : 20、I T7407⑬ : 1）　5. 玉璋残件
（I T7307⑬ : 2）

标本 I T7306⑬ : 16，泥质灰黑陶。底部有两道戳痕。残高 6.5 厘米（图六二五，7）。

（2）玉器

1 件。

玉璋残件　1 件。

标本 I T7307⑬ : 2，灰白色，夹红、黄色沁斑。仅存内部末端残片。表面磨光，双面平整。近末端有两道阴刻平行线纹。残长 4.8、残宽 5.1、厚 0.7 厘米，重 23.4 克（图六二六，5）。

（3）石器

5 件。

石璋半成品　1 件。Ba 型。

标本 I T7306⑬ : 3，黑色。仅本体大致打制成型。器表、两侧及底端保留自然断面，凹凸不平。刃部打磨粗糙。残长 18.8、宽 6.8、厚 2.5 厘米（图六二六，1）。

石璧坯料　4 件。A 型。

标本 I T7306⑬ : 2，黑色。从卵石上打下的一块，剖裂面未经打磨、凹凸不平，另一面保持自然光面。周缘较薄、中部略厚。直径 13.1、厚 2.4 厘米（图六二六，2）。

标本 I T7308⑬ : 20，灰黑色。剖裂面及轮边未经打磨，器表凹凸不平，周缘较薄，中部略厚。直径8、厚1.4厘米（图六二六，3）。

标本ⅠT7407⑬：1，黑色。剖裂面及轮边未经打磨，器表凹凸不平，周缘较薄，中部略厚。直径7.1、厚1.2厘米（图六二六，4）。

（一七）　第12层出土遗物

该层出土遗物有陶器和石器，计有陶片354片和石器1件。陶器以夹砂陶为主，占80.51%。夹砂陶中灰黑陶占59.30%，灰黄陶占17.19%，红褐陶占8.07%，灰褐陶占7.37%，黄褐陶占5.26%，灰陶占2.81%；泥质陶中黄褐陶占66.67%，灰黑陶占13.04%，灰黄陶占11.59%，灰陶占5.80%，灰褐陶占2.90%。夹砂陶中纹饰陶片仅占8.42%，以细线和凹弦纹为主，分别占70.83%和16.67%，另有极少量细绳纹、网格纹和乳丁纹；泥质陶中纹饰陶片占11.60%，仅见细线纹和凹弦纹，分别占37.50%和62.50%（表五五）。陶片可辨器形有小平底罐、矮领罐、束颈罐、器盖、器纽、器底等。石器种类仅有石璧坯料。

表五五　中区第12层陶片统计表

陶质/陶色/纹饰	夹砂陶						小计	百分比（%）	泥质陶					小计	百分比（%）
	灰黑	灰	红褐	灰褐	黄褐	灰黄			灰黑	灰	灰黄	灰褐	黄褐		
素面	153	7	20	19	13	49	261	91.58	5	4	5	1	46	61	88.40
细绳纹	1						1	0.35							
凹弦纹		1		1	2		4	1.40	2		3			5	7.25
细线纹	13		3	1			17	5.97	2			1		3	4.35
网格纹	1						1	0.35							
乳丁纹	1						1	0.35							
小计	169	8	23	21	15	49	285		9	4	8	2	46	69	
百分比（%）	59.30	2.81	8.07	7.37	5.26	17.19		100.00	13.04	5.80	11.59	2.90	66.67		100.00
合计	354														

（1）陶器

9件。

小平底罐　3件。

Bc型Ⅱ式　1件。

标本ⅠT7407⑫：48，夹砂灰黑陶。尖唇。口径14、肩径14.2、残高5.7厘米（图六二七，1）。

Be型Ⅰ式　2件。

标本ⅠT7407⑫：49，夹砂灰黑陶。尖唇。口径13.5、肩径14.1、残高2.3厘米（图六二七，2）。

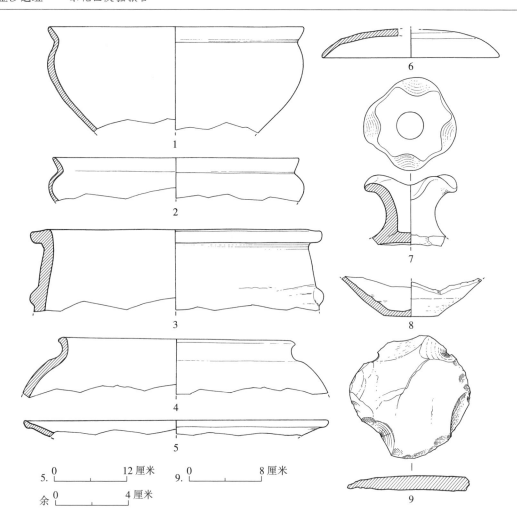

图六二七　中区第 12 层出土器物

1. Bc 型 II 式陶小平底罐（Ⅰ T7407⑫：48）　　2. Be 型 I 式陶小平底罐（Ⅰ T7407⑫：49）　　3. D 型 II 式陶矮领罐（Ⅰ T7407⑫：71）　　4. Ba 型陶束颈罐（Ⅰ T7407⑫：22）　　5. Cb 型陶豆盘（Ⅰ T7407⑫：29）　　6. Ba 型陶器盖（Ⅰ T7407⑫：36）　　7. F 型陶器纽（Ⅰ T7407⑫：34）　　8. Ea 型陶器底（Ⅰ T7407⑫：33）　　9. A 型石璧坯料（Ⅰ T7407⑫：5）

矮领罐　1 件。D 型 II 式。

标本 Ⅰ T7407⑫：71，夹砂灰黑陶。卷沿，尖圆唇。口径 16、残高 4.3 厘米（图六二七，3）。

束颈罐　1 件。Ba 型。

标本 Ⅰ T7407⑫：22，夹砂灰黄陶。方唇。口径 13、残高 3.2 厘米（图六二七，4）。

豆盘　1 件。Cb 型。

标本 Ⅰ T7407⑫：29，夹砂灰黑陶。口径 50、残高 2.8 厘米（图六二七，5）。

器盖　1 件。Ba 型。

标本 Ⅰ T7407⑫：36，夹砂灰黑陶。圆唇。口径 9.6、残高 1.5 厘米（图六二七，6）。

器纽　1 件。F 型。

标本 Ⅰ T7407⑫：34，夹砂灰黑陶。残高 3.7 厘米（图六二七，7）。

器底 1件。Ea型。

标本ⅠT7407⑫:33，夹砂灰黑陶。底径3、残高2.3厘米（图六二七，8）。

（2）石器

1件。

石璧坯料 1件。A型。

标本ⅠT7407⑫:5，黑色。破裂面及轮边未经打磨。直径12.4、厚1.4厘米（图六二七，9）。

（一八）第11层出土遗物

该层出土遗物有陶器、玉器、石器、铜器和金器，数量和种类均较为丰富，计有陶片7835片、玉器1件、石器4件、铜器1件和金器2件。陶器以夹砂陶为主，占86.33%。夹砂陶中灰黑陶占61.93%，灰黄陶占17.06%，灰褐陶占11.03%，红褐陶占5.80%，黄褐陶占2.88%，灰陶占1.30%；泥质陶中灰褐陶占44.44%，灰黑陶占31.84%，灰黄陶占16.25%，灰陶占3.74%，

表五六　中区第11层陶片统计表

陶质\陶色\纹饰	夹砂陶						小计	百分比(%)	泥质陶						小计	百分比(%)
	灰黑	灰	红褐	灰褐	黄褐	灰黄			灰黑	灰	灰黄	灰褐	红	黄褐		
素面	2775	88	321	625	169	1060	5038	74.48	275	40	160	346	20	12	853	79.65
粗绳纹	213		10	29	4	41	297	4.39								
凹弦纹	198		9	29	19	29	284	4.20	8		1	12		3	24	2.24
凸棱纹									2					1	3	0.28
镂孔	2		1				3	0.04	1		1	1			3	0.28
细线纹	995		50	63	2	23	1133	16.75	54		9	115	1	2	181	16.90
网格纹	1						1	0.02								
戳印纹	1		1				2	0.03								
瓦棱纹	2						2	0.03	1		1				2	0.19
乳丁纹	1				1		2	0.03						1	1	0.09
附加堆纹	1				1		2	0.03								
圆圈纹											2	2			4	0.37
小计	4189	88	392	746	195	1154	6764		341	40	174	476	21	19	1071	
百分比(%)	61.93	1.30	5.80	11.03	2.88	17.06		100.00	31.84	3.74	16.25	44.44	1.96	1.77		100.00
合计	7835															

红陶占 1.96%，黄褐陶占 1.77%。夹砂陶中纹饰陶片占 25.52%，以细线纹、粗绳纹和凹弦纹为主，分别占 65.64%、17.21% 和 16.45%，另有极少量镂孔、乳丁纹、瓦棱纹、附加堆纹等；泥质陶中纹饰陶片占 20.35%，以细线纹和凹弦纹为主，分别占 83.03% 和 11.01%，另有极少量圆圈纹、镂孔、瓦棱纹等（表五六）。陶片可辨器形有尖底盏、小平底罐、瓮形器、敛口罐、高领罐、矮领罐、束颈罐、壶、盆、瓮、器盖、器纽、器底、盉、豆盘、豆柄等。玉器种类有凿、珠。石器种类有斧、锛、石璧坯料。铜器仅见 1 件残片。金器仅见残片。

（1）陶器

111 件。

尖底盏　2 件。Aa 型 II 式。

标本 I T7309⑪：249，夹砂灰黑陶。尖圆唇。口径 12、残高 3.3 厘米（图六二八，1）。

小平底罐　17 件。

Ab 型 I 式　1 件。

标本 I T7309⑪：501，夹砂灰黄陶。方唇。口径 15、残高 2.6 厘米（图六二八，2）。

Ad 型 II 式　1 件。

标本 I T7309⑪：397，夹砂灰黑陶。圆唇。口径 15.4、肩径 16.4、残高 4.5 厘米（图六二八，3）。

Ba 型 II 式　2 件。

标本 I T7309⑪：25，夹砂灰黑陶。尖唇。口径 12.5、肩径 13.4、底径 3.5、高 7.3 厘米（图六二八，6）。

Bc 型 II 式　5 件。

标本 I T7309⑪：251，夹砂灰黑陶。尖唇。口径 14、残高 4.5 厘米（图六二八，4）。

标本 I T7309⑪：1616，夹砂灰黑陶。尖唇。口径 13、底径 2.8、高 7.6 厘米（图六二八，5）。

Bc 型 III 式　2 件。

标本 I T7309⑪：1615，泥质灰黄陶。尖唇。口径 9.6、肩径 10.2、底径 2.2、高 6.5 厘米（图六二八，10；彩版一四三，1）。

Bd 型　1 件。

标本 I T7309⑪：24，夹砂灰黑陶。尖唇。口径 13、底径 2.5、高 9.3 厘米（图六二八，7）。

Be 型 II 式　2 件。

标本 I T7309⑪：28，夹砂灰黑陶。尖唇。口径 11、底径 2.3、高 7.2 厘米（图六二八，9；彩版一四三，2）。

Cb 型 I 式　3 件。

标本 I T7309⑪：1617，泥质灰黑陶。尖唇。口径 12.5、肩径 12.7、底径 2.9、高 8.8 厘米

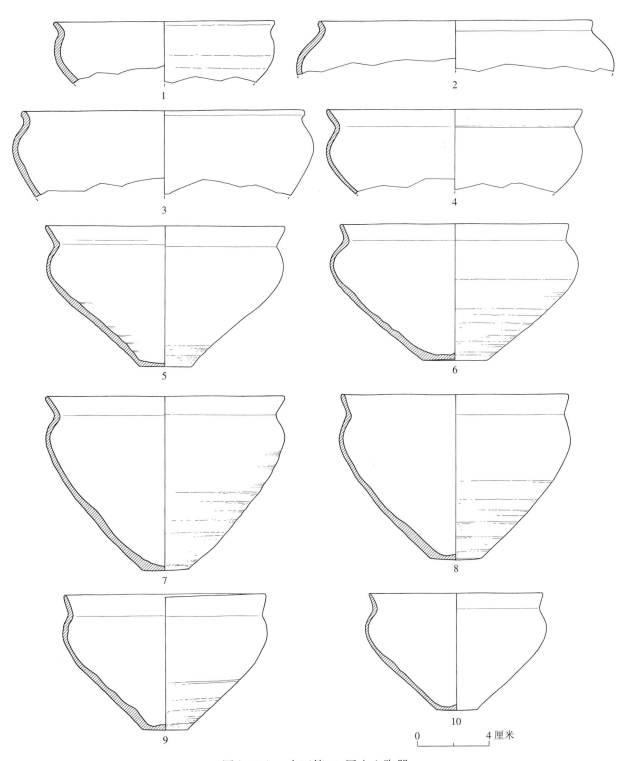

图六二八　中区第 11 层出土陶器

1. Aa 型 II 式尖底盏（I T7309⑪：249）　2. Ab 型 I 式小平底罐（I T7309⑪：501）　3. Ad 型 II 式小平底罐（I T7309⑪：397）　4、5. Bc 型 II 式小平底罐（I T7309⑪：251、I T7309⑪：1616）　6. Ba 型 II 式小平底罐（I T7309⑪：25）
7. Bd 型小平底罐（I T7309⑪：24）　8. Cb 型 I 式小平底罐（I T7309⑪：1617）　9. Be 型 II 式小平底罐（I T7309⑪：28）　10. Bc 型 III 式小平底罐（I T7309⑪：1615）

（图六二八，8）。

瓮形器 5件。Db型。

标本ⅠT7309⑪：797，夹砂灰褐陶。圆唇。口径24、残高8.3厘米（图六二九，1）。

标本ⅠT7309⑪：787，夹砂灰黑陶。方唇。口径40、残高5.8厘米（图六二九，2）。

标本ⅠT7309⑪：653，夹砂灰黑陶。沿面凹，方唇。口径42、残高5厘米（图六二九，3）。

敛口罐 4件。

Aa型Ⅱ式 1件。

标本ⅠT7309⑪：460，夹砂灰黑陶。方唇。口径28、残高2.6厘米（图六二九，4）。

Ab型 2件。

标本ⅠT7309⑪：980，夹砂灰黑陶。方唇。口径26、残高5.2厘米（图六二九，5）。

Bb型 1件。

标本ⅠT7309⑪：418，夹砂灰褐陶。方唇。肩部饰两周凹弦纹。口径26、残高4厘米（图六二九，6）。

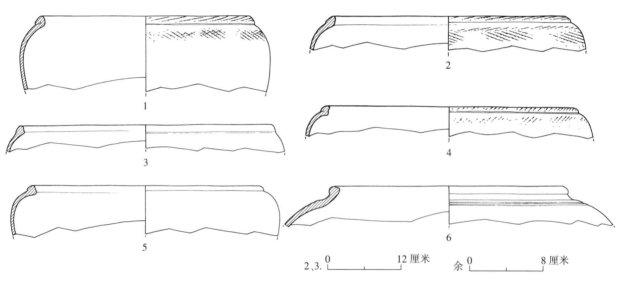

图六二九　中区第11层出土陶器

1~3. Db型瓮形器（ⅠT7309⑪：797、ⅠT7309⑪：787、ⅠT7309⑪：653）　4. Aa型Ⅱ式敛口罐（ⅠT7309⑪：460）
5. Ab型敛口罐（ⅠT7309⑪：980）　6. Bb型敛口罐（ⅠT7309⑪：418）

高领罐 15件。

Aa型Ⅲ式 4件。

标本ⅠT7309⑪：1614，夹砂灰黑陶。卷沿，尖圆唇。领部饰一周凹弦纹。口径14、残高5.9厘米（图六三○，1）。

Ab型Ⅱ式 1件。

标本ⅠT7309⑪：796，夹砂灰褐陶。折沿，尖圆唇。领部饰两周凹弦纹。口径12、残高9.8厘米（图六三○，3）。

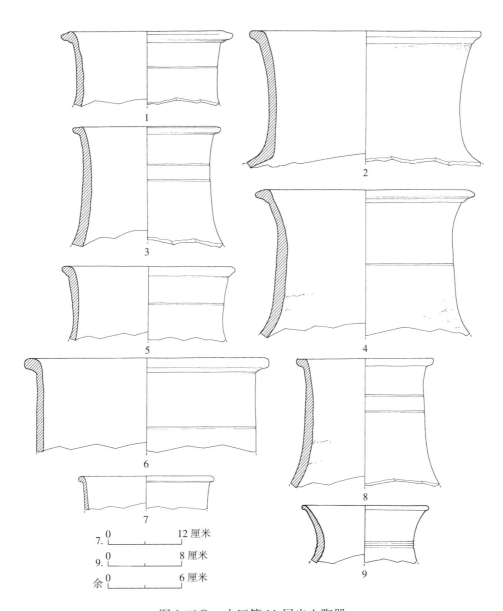

图六三〇 中区第 11 层出土陶器

1. Aa 型Ⅲ式高领罐（ⅠT7309⑪:1614） 2. C 型Ⅰ式高领罐（ⅠT7309⑪:794） 3. Ab 型Ⅱ式高领罐
（ⅠT7309⑪:796） 4. Fa 型Ⅰ式高领罐（ⅠT7309⑪:1604） 5. C 型Ⅱ式高领罐（ⅠT7309⑪:778） 6. D 型
高领罐（ⅠT7309⑪:552） 7. Fa 型Ⅱ式高领罐（ⅠT7309⑪:977） 8. Fb 型Ⅰ式高领罐（ⅠT7309⑪:795）
9. C 型Ⅰ式矮领罐（ⅠT7309⑪:1599）

C 型Ⅰ式 3 件。

标本 ⅠT7309⑪:794，夹砂灰褐陶。平卷沿，圆唇。口径 19、残高 10.4 厘米（图六三〇，2）。

C 型Ⅱ式 1 件。

标本 ⅠT7309⑪:778，夹砂灰褐陶。平卷沿，尖圆唇。领部饰一周凹弦纹。口径 14、残高 6
厘米（图六三〇，5）。

D 型 1 件。

标本 I T7309⑪：552，夹砂灰黄陶。卷沿，圆唇。领部饰一周凹弦纹。口径 20、残高 7.5 厘米（图六三〇，6）。

Fa 型 I 式 3 件。

标本 I T7309⑪：1604，夹砂灰黑陶。平卷沿，尖圆唇。领部饰一周凹弦纹。口径 18、残高 11.8 厘米（图六三〇，4）。

Fa 型 II 式 1 件。

标本 I T7309⑪：977，夹砂灰黑陶。卷沿，圆唇。口径 22、残高 5.2 厘米（图六三〇，7）。

Fb 型 I 式 1 件。

标本 I T7309⑪：795，夹砂灰黄陶。卷沿，圆唇。领部饰两周凹弦纹。口径 11.3、残高 10.3 厘米（图六三〇，8）。

矮领罐 1 件。C 型 I 式。

标本 I T7309⑪：1599，夹砂灰黑陶。卷沿，圆唇。领部饰两周凹弦纹。口径 14、残高 6.2 厘米（图六三〇，9）。

束颈罐 28 件。

Aa 型 8 件。

标本 I T7309⑪：448，夹砂灰黑陶。方唇。肩部饰绳纹。口径 32、肩径 43.1、残高 8 厘米（图六三一，1）。

标本 I T7309⑪：648，夹砂灰黑陶。方唇。肩部饰斜向绳纹。口径 20、残高 4 厘米（图六三一，2）。

标本 I T7309⑪：789，夹砂灰黑陶。方唇。肩部饰交错绳纹。口径 30、残高 6.1 厘米（图六三一，3）。

Ab 型 II 式 12 件。

标本 I T7309⑪：1612，夹砂灰黑陶。方唇。肩部饰斜向绳纹和一周凹弦纹。口径 16.3、残高 5.2 厘米（图六三一，4）。

标本 I T7309⑪：658，夹砂灰黑陶。方唇。肩部饰斜向绳纹和一周凹弦纹。口径 16、肩径 21.2、残高 6.8 厘米（图六三一，5）。

标本 I T7309⑪：665，夹砂灰黑陶。方唇。肩部饰斜向绳纹和一周凹弦纹。口径 18、肩径 23.8、残高 6.8 厘米（图六三一，6）。

标本 I T7309⑪：628，夹砂灰黑陶。方唇。肩部饰斜向绳纹和一周凹弦纹。口径 14、肩径 18.6、残高 5 厘米（图六三一，7）。

Ae 型 I 式 4 件。

标本 I T7309⑪：458，夹砂灰黄陶。方唇。肩部饰斜向绳纹。口径 28、肩径 36.8、残高 6.5 厘米（图六三一，8）。

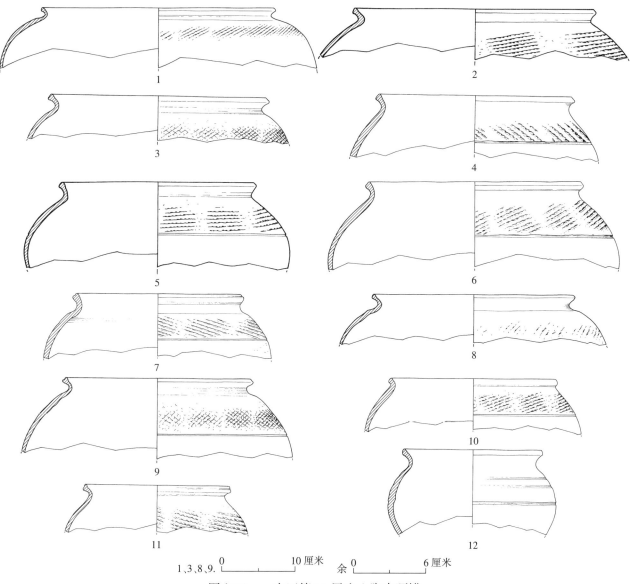

图六三一　中区第 11 层出土陶束颈罐

1～3. Aa 型（ⅠT7309⑪：448、ⅠT7309⑪：648、ⅠT7309⑪：789）　4～7. Ab 型Ⅱ式（ⅠT7309⑪：1612、ⅠT7309⑪：658、ⅠT7309⑪：665、ⅠT7309⑪：628）　8、9. Ae 型Ⅰ式（ⅠT7309⑪：458、ⅠT7309⑪：790）　10、11. Af 型（ⅠT7309⑪：516、ⅠT7309⑪：959）　12. Bc 型Ⅰ式（ⅠT7309⑪：784）

标本ⅠT7309⑪：790，夹砂灰黑陶。方唇。肩部饰成组交错绳纹和一周凹弦纹。口径 26、肩径 37、残高 10.6 厘米（图六三一，9）。

Af 型　2 件。

标本ⅠT7309⑪：516，夹砂灰黑陶。圆唇。肩部饰斜向绳纹和一周凹弦纹。口径 14、残高 4.2 厘米（图六三一，10）。

标本ⅠT7309⑪：959，夹砂灰黑陶。方唇。肩部饰斜向绳纹。口径 12、残高 4 厘米（图六三一，11）。

Bc 型Ⅰ式　2 件。

标本ⅠT7309⑪：784，夹砂灰黑陶。圆唇。肩部饰凹弦纹。口径11.6、肩径14、残高6.8厘米（图六三一，12）。

壶　1件。Ad型。

标本ⅠT7309⑪：1336，泥质灰黑陶。圆唇。沿下饰乳丁纹。口径12、残高5.1厘米（图六三二，1）。

盆　13件。

Ac型　5件。

标本ⅠT7309⑪：459，夹砂灰黑陶。卷沿，方唇。唇部压印绳纹。口径40、残高9.5厘米（图六三二，2）。

标本ⅠT7309⑪：659，夹砂灰黑陶。卷沿，圆唇。唇部压印绳纹。口径56、残高5.5厘米（图六三二，3）。

Ae型　1件。

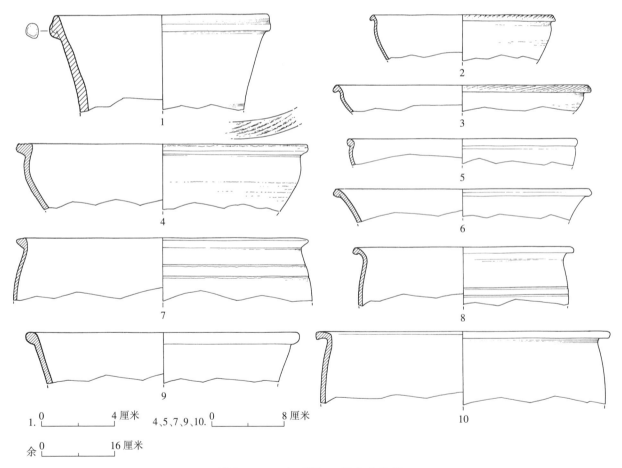

图六三二　中区第11层出土陶器

1. Ad型壶（ⅠT7309⑪：1336）　　2、3. Ac型盆（ⅠT7309⑪：459、ⅠT7309⑪：659）　　4. Ae型盆（ⅠT7309⑪：982）　　5. Cd型盆（ⅠT7309⑪：914）　　6. Bb型瓮（ⅠT7309⑪：261）　　7. Ea型Ⅱ式盆（ⅠT7309⑪：447）　8. F型盆（ⅠT7309⑪：798）　　9. Ba型瓮（ⅠT7309⑪：979）　　10. Cc型盆（ⅠT7309⑪：300）

标本ⅠT7309⑪：982，夹砂灰黑陶。平折沿，圆唇。沿面压印绳纹。口径32、残高7.2厘米（图六三二，4）。

Cc型　2件。

标本ⅠT7309⑪：300，夹砂灰黑陶。仰折沿，方唇。口径32、残高8厘米（图六三二，10）。

Cd型　1件。

标本ⅠT7309⑪：914，夹砂灰黑陶。圆唇。口径25、残高2.8厘米（图六三二，5）。

Ea型Ⅱ式　2件。

标本ⅠT7309⑪：447，夹砂灰黄陶。平卷沿，尖圆唇。腹部饰两周凹弦纹。口径32、残高6.6厘米（图六三二，7）。

F型　2件。

标本ⅠT7309⑪：798，夹砂灰黑陶。卷沿，圆唇。腹部饰两周凹弦纹。口径48.2、残高12.6厘米（图六三二，8）。

瓮　3件。

Ba型　2件。

标本ⅠT7309⑪：979，夹砂灰黑陶。圆唇。口径30、残高5.4厘米（图六三二，9）。

Bb型　1件。

标本ⅠT7309⑪：261，夹砂灰黑陶。方唇。口径56、残高6.4厘米（图六三二，6）。

盉　1件。B型。

标本ⅠT7309⑪：19，夹砂灰黑陶。短流，带鋬手，足部较为矮胖。腹部饰两周凹弦纹。足长15、足径5.4、残高33厘米（图六三三，1；彩版一四三，3）。

豆盘　3件。

Ba型　1件。

标本ⅠT7309⑪：712，夹砂灰黑陶。残高6厘米（图六三三，13）。

Bb型　1件。

标本ⅠT7309⑪：1556，夹砂灰黑陶。残高6.2厘米（图六三三，11）。

Bc型　1件。

标本ⅠT7309⑪：714，夹砂灰黑陶。残高6.3厘米（图六三三，12）。

豆柄　3件。

Aa型　2件。

标本ⅠT7309⑪：34，夹砂灰黑陶。圈足径15.5、残高19厘米（图六三三，15）。

Ab型　1件。

标本ⅠT7309⑪：1170，泥质灰黄陶。残高13.8厘米（图六三三，14）。

器盖　2件。

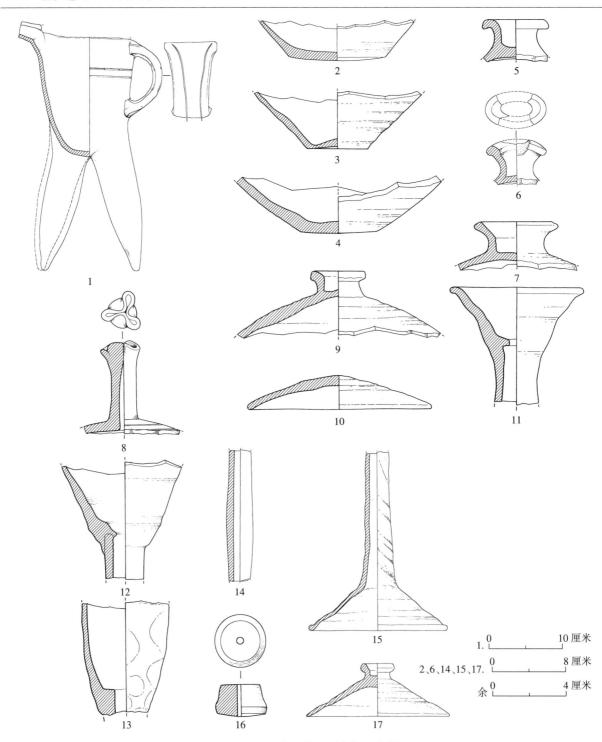

图六三三　中区第 11 层出土陶器

1. B 型盉（ⅠT7309⑪：19）　2. Aa 型器底（ⅠT7309⑪：1611）　3、4. Ac 型器底（ⅠT7309⑪：1165、

ⅠT7309⑪：652）　5. Bb 型器纽（ⅠT7309⑪：1533）　6. Da 型Ⅱ式器纽（ⅠT7309⑪：1415）　7. Bc 型器纽

（ⅠT7309⑪：1534）　8. F 型器纽（ⅠT7309⑪：1331）　9. Ba 型器纽（ⅠT7309⑪：655）　10. Bb 型器盖

（ⅠT7309⑪：1650）　11. Bb 型豆盘（ⅠT7309⑪：1556）　12. Bc 型豆盘（ⅠT7309⑪：714）　13. Ba 型豆盘

（ⅠT7309⑪：712）　14. Ab 型豆柄（ⅠT7309⑪：1170）　15. Aa 型豆柄（ⅠT7309⑪：34）　16. A 型纺轮

（ⅠT7309⑪：45）　17. Aa 型器盖（ⅠT7309⑪：29）

Aa 型　1 件。

标本ⅠT7309⑪：29，夹砂灰黑陶。纽径 3.7、口径 15.5、高 5.6 厘米（图六三三，17）。

Bb 型　1 件。

标本ⅠT7309⑪：1650，夹砂灰黑陶。圆唇。口径 10、高 1.8 厘米（图六三三，10）。

器纽　7 件。

Ba 型　2 件。

标本ⅠT7309⑪：655，夹砂灰黑陶。纽径 3、残高 3.5 厘米（图六三三，9）。

Bb 型　2 件。

标本ⅠT7309⑪：1533，夹砂灰黑陶。纽径 3.6、残高 2.2 厘米（图六三三，5）。

Bc 型　1 件。

标本ⅠT7309⑪：1534，夹砂灰黑陶。纽径 4.6、残高 2.6 厘米（图六三三，7）。

Da 型Ⅱ式　1 件。

标本ⅠT7309⑪：1415，夹砂灰黑陶。纽径 6.6、残高 4.8 厘米（图六三三，6）。

F 型　1 件。

标本ⅠT7309⑪：1331，泥质灰黑陶。纽径 2.1、残高 5 厘米（图六三三，8）。

器底　5 件。

Aa 型　2 件。

标本ⅠT7309⑪：1611，夹砂灰黑陶。底径 10.5、残高 4 厘米（图六三三，2）。

Ac 型　3 件。

标本ⅠT7309⑪：1165，夹砂灰黑陶。底径 3.3、残高 3.1 厘米（图六三三，3）。

标本ⅠT7309⑪：652，夹砂灰黑陶。底径 4、残高 3.1 厘米（图六三三，4）。

纺轮　1 件。A 型。

标本ⅠT7309⑪：45，泥质灰黑陶。直径 2.8、孔径 0.3、厚 1.7 厘米（图六三三，16）。

（2）玉器

1 件。

凿　1 件。Cb 型。

标本ⅠT7307⑪：1，灰白色，夹黑色、红色沁斑。表面磨光，一侧边附近有一道切割形成的凹槽。顶部呈斜面，平面呈上小下大的等腰梯形，断面近长方形，一侧较厚。侧边平直，单面平刃。长 14.9、宽 2.7、厚 0.8 厘米，重 59.3 克（图六三四，1；彩版一四三，4、5）。

（3）石器

4 件。

斧　1 件。Ab 型。

标本ⅠT7309⑪：38，器表、两侧及刃部打磨平整，顶端保留自然断面。刃部锐利。长 7.8、宽 2.8、厚 1.7 厘米（图六三四，2）。

锛　1 件。Aa 型。

标本ⅠT7309⑪：4，顶部和一侧边残断。表面磨光。侧边平直，单面平刃。残长 4.9、宽 2.5、厚 1.3 厘米，重 27.2 克（图六三四，3）。

石璧坯料　2 件。A 型。

标本ⅠT7309⑪：37，灰色。从卵石上打下的一块，剖裂面粗磨，另一面保持自然光面。周缘较薄，中部略厚。直径 7.4、厚 1.2 厘米（图六三四，6）。

标本ⅠT7306⑪：3，灰黑色。剖裂面粗磨，另一面保持自然光面。周缘较薄，中部略厚。直径 12.4、厚 1.6 厘米（图六三四，7）。

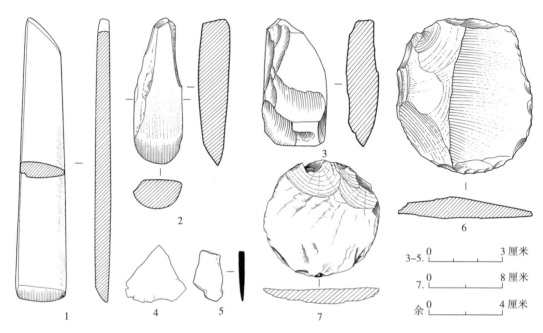

图六三四　中区第 11 层出土器物

1. Cb 型玉凿（ⅠT7307⑪：1）　2. Ab 型石斧（ⅠT7309⑪：38）　3. Aa 型石锛（ⅠT7309⑪：4）　4. 金器残片（ⅠT7309⑪：1－2）　5. 铜器残片（ⅠT7309⑪：7）　6、7. A 型石璧坯料（ⅠT7309⑪：37、ⅠT7306⑪：3）

（4）铜器

1 件。

铜器残片　1 件。

标本ⅠT7309⑪：7，残片平面形状不规则，较薄。残长 1.8、残宽 1.2、厚 0.3 厘米，重 2.5 克（图六三四，5）。

（5）金器

2 件。

金器残片　2 件。

标本ⅠT7309⑪：1－2，平面近三角形。三边较平直，一边曲折。表面有褶皱。极薄。长2.5、宽2.1厘米（图六三四，4）。

（一九）　第10层出土遗物

该层出土遗物有陶器、玉器和石器，计有陶片2873片、玉器2件和石器5件。陶器以夹砂陶为主，占81.27%。夹砂陶中灰黑陶占54.95%，灰黄陶占17.64%，灰褐陶占15.72%，红褐陶占5.22%，灰陶占3.25%，黄褐陶占3.21%；泥质陶中灰褐陶占36.62%，灰黑陶占25.28%，灰黄陶占28.44%，灰陶占5.95%，红陶占2.23%，黄褐陶占1.49%。夹砂陶中纹饰陶片达48.09%，以细线纹、粗绳纹和凹弦纹为主，分别占81.39%、8.55%和8.28%，另有少量凸棱纹、刻划纹，极少量戳印纹、网格纹、镂孔和乳丁纹；泥质陶中纹饰陶片达46.47%，以细线纹和凹弦纹为主，分别占90.80%和5.60%，另有极少量凸棱纹、刻划纹和圆圈纹等（表五七）。陶片可辨器形有尖底盏、小平底罐、瓮形器、高领罐、束颈罐、盆、器盖、器纽、纺轮、器底、盂、豆盘、豆柄等。玉器种类有绿松石珠、玉器残片。石器种类仅有斧。

（1）陶器

44件。

表五七　中区第10层陶片统计表

纹饰	夹砂陶						小计	百分比（%）	泥质陶						小计	百分比（%）
陶色	灰黑	灰	红褐	黄褐	黄褐	灰黄			灰黑	灰	灰黄	灰褐	红	黄褐		
素面	578	69	76	128	60	301	1212	51.91	57	18	90	110	7	6	288	53.53
细绳纹	1					1	2	0.09								
粗绳纹	77		2	7	2	8	96	4.11								
凹弦纹	59		7	8	2	17	93	3.98	7	1	1	4		1	14	2.60
凸棱纹	3	1		2		3	9	0.39			4	2			6	1.12
刻划纹	4						4	0.17			1		1		2	0.37
镂孔	1						1	0.04								
细线纹	559	5	37	221	10	82	914	39.14	71	13	57	81	4	1	227	42.19
网格纹	1						1	0.04								
戳印纹				1	1		2	0.09								
乳丁纹		1					1	0.04								
圆圈纹											1				1	0.19
小计	1283	76	122	367	75	412	2335		136	32	153	197	12	8	538	
百分比（%）	54.95	3.25	5.22	15.72	3.21	17.64		100.00	25.28	5.95	28.44	36.62	2.23	1.49		100.00
合计	2873															

尖底盏 1件。Aa 型 I 式。

标本 I T7309⑩：12，泥质灰黑陶。尖圆唇。近底处饰细弦纹。口径 12、高 5 厘米（图六三五，7）。

小平底罐 10件，其中完整器5件。

Ad 型 II 式 1件。

标本 I T7309⑩：13，夹砂灰黑陶。方唇。口径 14.5、肩径 16.7、底径 4.5、高 9 厘米（图六三五，1；彩版一四四，1）。

Bb 型 2件。

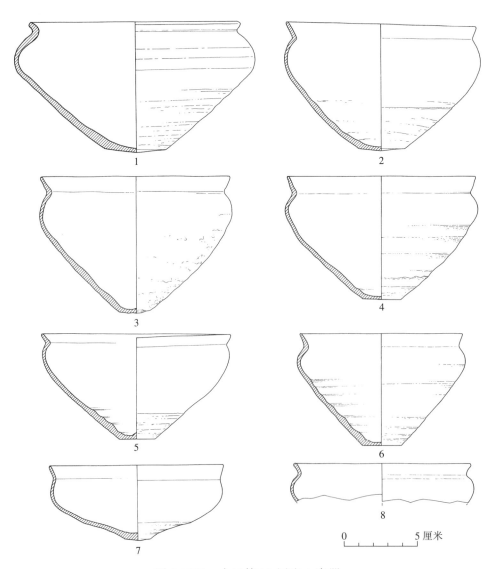

图六三五　中区第 10 层出土陶器
1. Ad 型 II 式小平底罐（I T7309⑩：13）　2～4. Bc 型 II 式小平底罐（I T7309⑩：14、I T7309⑩：3、
I T7309⑩：17）　5. Be 型 II 式小平底罐（I T7309⑩：16）　6. Ca 型 II 式小平底罐（I T7309⑩：11）
7. Aa 型 I 式尖底盏（I T7309⑩：12）　8. Bb 型小平底罐（I T7309⑩：258）

标本ⅠT7309⑩：258，夹砂灰黑陶。圆唇。口径12、肩径12.4、残高2.5厘米（图六三五，8）。

Bc型Ⅱ式 5件。

标本ⅠT7309⑩：14，夹砂灰黑陶。圆唇。口径13、肩径13.6、底径3.2、高8.9厘米（图六三五，2）。

标本ⅠT7309⑩：3，夹砂灰黄陶。圆唇。口径13、肩径13.2、底径2.5、高9.3厘米（图六三五，3）。

标本ⅠT7309⑩：17，夹砂灰黑陶。圆唇。口径12.9、肩径13.1、底径2.6、高8.2厘米（图六三五，4）。

Be型Ⅱ式 1件。

标本ⅠT7309⑩：16，夹砂灰黑陶。尖唇。口径13、底径2.5、高7厘米（图六三五，5；彩版一四四，2）。

Ca型Ⅱ式 1件。

标本ⅠT7309⑩：11，泥质灰黑陶。尖唇。口径11、肩径11.6、底径2.6、高7.4厘米（图六三五，6）。

瓮形器 3件。

Da型 1件。

标本ⅠT7309⑩：280，夹砂灰黑陶。沿面凹，方唇。口径22、残高2厘米（图六三六，1）。

Db型 2件。

标本ⅠT7309⑩：307，夹砂灰黑陶。方唇。口径40、残高4.5厘米（图六三六，6）。

高领罐 5件。

Ab型Ⅱ式 2件。

标本ⅠT7309⑩：300，夹砂灰黑陶。平卷沿，尖圆唇。口径16、残高6厘米（图六三六，9）。

D型 2件。

标本ⅠT7309⑩：304，夹砂灰黑陶。翻卷沿，方唇。口径22、残高5.4厘米（图六三六，7）。

Fa型Ⅱ式 1件。

标本ⅠT7309⑩：404，夹砂灰黑陶。卷沿，圆唇。口径14、残高3.9厘米（图六三六，8）。

束颈罐 11件。

Aa型 1件。

标本ⅠT7309⑩：447，夹砂灰黑陶。方唇。肩部饰交错绳纹和一周凹弦纹。口径14、残高5.7厘米（图六三七，1）。

Ad型Ⅰ式 2件。

标本ⅠT7309⑩：184，夹砂灰黑陶。方唇。肩部饰成组交错绳纹。口径32、残高7.6厘米（图六三七，5）。

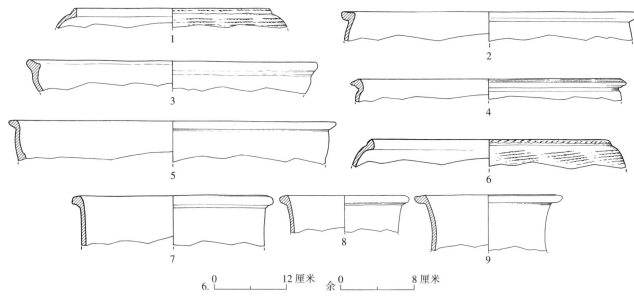

图六三六　中区第10层出土陶器

1. Da 型瓮形器（ⅠT7309⑩：280）　　2. Cc 型盆（ⅠT7309⑩：436）　　3、5. Cd 型盆（ⅠT7309⑩：172、ⅠT7309⑩：313）　4. Ac 型盆（ⅠT7309⑩：279）　6. Db 型瓮形器（ⅠT7309⑩：307）　7. D 型高领罐（ⅠT7309⑩：304）　8. Fa 型Ⅱ式高领罐（ⅠT7309⑩：404）　9. Ab 型Ⅱ式高领罐（ⅠT7309⑩：300）

Ae 型Ⅰ式　1件。

标本ⅠT7309⑩：15，夹砂灰黑陶。方唇。肩部饰斜向绳纹和一周凹弦纹。口径20、肩径29、残高8.5厘米（图六三七，2）。

Ae 型Ⅱ式　3件。

标本ⅠT7309⑩：157，夹砂灰黑陶。方唇。肩部压印绳纹。口径12、肩径13.4、残高3.5厘米（图六三七，4）。

Bc 型Ⅰ式　1件。

标本ⅠT7309⑩：183，夹砂灰黑陶。仰折沿，圆唇。口径34、残高7.1厘米（图六三七，3）。

Ca 型Ⅰ式　1件。

标本ⅠT7309⑩：8，夹砂灰黑陶。方唇。口径13.2、肩径15.4、残高13.8厘米（图六三七，8）。

Cb 型　1件。

标本ⅠT7309⑩：496，夹砂灰黄陶。方唇。肩部饰一周凹弦纹。口径18、残高2.9厘米（图六三七，6）。

Db 型　1件。

标本ⅠT7309⑩：424，夹砂灰黑陶。圆唇。口径32、残高4.3厘米（图六三七，7）。

盆　4件。

Ac 型　1件。

标本ⅠT7309⑩：279，夹砂灰黑陶。方唇。唇部压印绳纹。口径30、残高2.3厘米（图

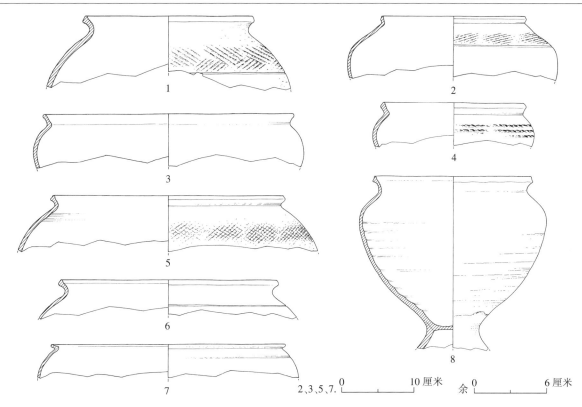

图六三七　中区第10层出土陶束颈罐

1. Aa 型（ⅠT7309⑩：447）　2. Ae 型Ⅰ式（ⅠT7309⑩：15）　3. Bc 型Ⅰ式（ⅠT7309⑩：183）　4. Ae 型Ⅱ式（ⅠT7309⑩：157）　5. Ad 型Ⅰ式（ⅠT7309⑩：184）　6. Cb 型（ⅠT7309⑩：496）　7. Db 型（ⅠT7309⑩：424）　8. Ca 型Ⅰ式（ⅠT7309⑩：8）

六三六，4）。

Cc 型　1 件。

标本ⅠT7309⑩：436，夹砂灰黄陶。平卷沿，圆唇。口径 32、残高 3.1 厘米（图六三六，2）。

Cd 型　2 件。

标本ⅠT7309⑩：313，外壁夹砂灰黑陶，内壁泥质灰黑陶。平卷沿，圆唇。口径 36、残高 4.5 厘米（图六三六，5）。

标本ⅠT7309⑩：172，夹砂灰黑陶。方唇。口径 32、残高 3 厘米（图六三六，3）。

盉　1 件。A 型。

标本ⅠT7309⑩：18，夹砂灰黄陶。器身较为瘦长，呈杯状。器流位于口部，腹部饰两周凹弦纹。足径 4.3、残高 17.9 厘米（图六三八，10）。

豆柄　3 件。

Aa 型　1 件。

标本ⅠT7309⑩：492，夹砂灰黑陶。残高 10.3 厘米（图六三八，7）。

Ab 型　2 件。

标本ⅠT7309⑩：102，泥质灰黑陶。残高 12.4 厘米（图六三八，6）。

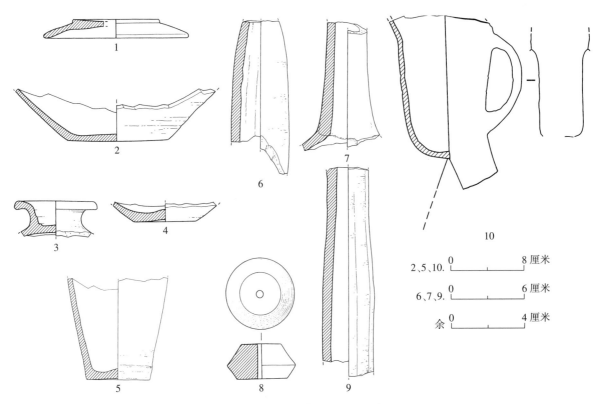

图六三八　中区第 10 层出土陶器

1. Bc 型器盖（ⅠT7309⑩：165）　2. Aa 型器底（ⅠT7309⑩：497）　3. Ba 型器纽（ⅠT7309⑩：144）　4. Ac 型器底（ⅠT7309⑩：86）　5. Ab 型器底（ⅠT7309⑩：9）　6、9. Ab 型豆柄（ⅠT7309⑩：102、ⅠT7309⑩：311）　7. Aa 型豆柄（ⅠT7309⑩：492）　8. A 型纺轮（ⅠT7309⑩：1）　10. A 型盉（ⅠT7309⑩：18）

标本ⅠT7309⑩：311，夹砂灰黑陶。残高16.7厘米（图六三八，9）。

器盖　1件。Bc 型。

标本ⅠT7309⑩：165，夹砂灰黑陶。圆唇。口径8、高1厘米（图六三八，1）。

器纽　1件。Ba 型。

标本ⅠT7309⑩：144，夹砂灰黑陶。纽径4.5、残高1.8厘米（图六三八，3）。

器底　3件。

Aa 型　1件。

标本ⅠT7309⑩：497，夹砂灰黑陶。底径11、残高5.5厘米（图六三八，2）。

Ab 型　1件。

标本ⅠT7309⑩：9，夹砂灰褐陶。底径7、残高11厘米（图六三八，5）。

Ac 型　1件。

标本ⅠT7309⑩：86，泥质灰黑陶。底径3.5、残高1厘米（图六三八，4）。

纺轮　1件。A 型。

标本ⅠT7309⑩：1，泥质灰黑陶。直径3.8、孔径0.3、厚1.8厘米（图六三八，8）。

（2）玉器

2 件。

玉器残片　1 件。

标本 I T7306⑩：1，表面磨光，刃部有三处较规整的半圆形钻孔。残片平面呈尖锥状，扁平。一侧边开刃。器形不明。残长 7.9、残宽 2.5、厚 0.7 厘米，重 18 克（图六三九，1；彩版一四四，3）。

绿松石珠　1 件。

标本 I T7309⑩：2，平面呈管状。表面有残损。表面打磨，孔对钻。直径 0.9、孔径 0.2、高 1.4 厘米，重 1.6 克（图六三九，3）。

（3）石器

5 件。

斧　5 件。C 型。

标本 I T7308⑩：6，刃部有使用痕迹，制作粗糙。平面呈长方形。顶部保留自然面，中部微鼓，侧边薄且较直，单面平刃。长 9.5、宽 9、厚 1.4 厘米，重 158.9 克（图六三九，2；彩版一四四，4）。

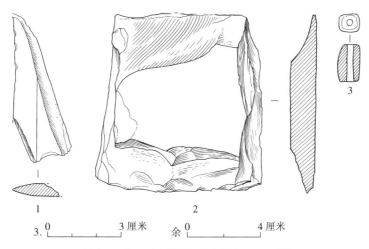

图六三九　中区第 10 层出土玉、石器

1. 玉器残片（ I T7306⑩：1）　2. C 型石斧（ I T7308⑩：6）　3. 绿松石珠（ I T7309⑩：2）

（二〇）第 9 层下遗迹及出土遗物

该层下仅见 5 个坑状堆积编号为 H7041～H7045（见附表二），不见礼仪性堆积。

1. H7041

位于 I T7307 西北角，部分压于 I T7207 东隔梁之下。开口于第 9 层下，打破第 12、13、14

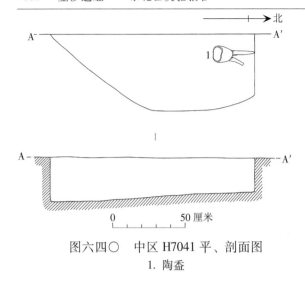

图六四〇　中区 H7041 平、剖面图
1. 陶盉

层。坑口平面形状呈不规则状。坑内填土为浅黄色砂黏土，质地紧密。直壁，平底。长 1.4、宽 0.51、深 0.25～0.3 米。包含物仅见 1 件残陶盉（图六四〇）。

陶器

1 件。

盉　1 件。A 型。

标本 H7041：1，夹砂灰黑陶。口残，流上翘。腹部饰一周凹弦纹。足长 17、足径 3.9、残高 24.7 厘米（图六四一，5）。

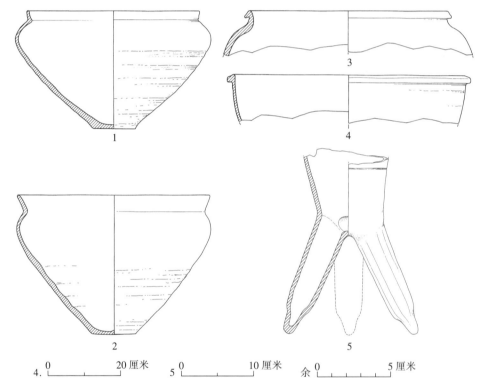

图六四一　中区 H7041、H7042 出土陶器
1. Ba 型 Ⅱ 式小平底罐（H7042：2）　2. Be 型 Ⅰ 式小平底罐（H7042：5）　3. Bb 型束颈罐（H7042：23）　4. Ea 型缸（H7042：43）　5. A 型盉（H7041：1）

2. H7042

位于 Ⅰ T7308 东北角，北部、东部进入隔梁下，未扩方清理。开口于第 9 层下，打破第 12、13、14 层。坑口平面形状呈不规则状。坑内填土为浅黄色砂黏土，质地紧密。弧壁，底部缓平。长 1.21、宽 0.84、深 0.15 米。包含物仅见少量碎陶片，器形可辨有小平底罐、束颈罐、缸（图

六四二；彩版一四五，1）。

陶器

4 件。

小平底罐 2 件。

Ba 型Ⅱ式 1 件。

标本 H7042：2，夹砂灰黑陶。口微敛，尖唇。口径 11.9、肩径 13.1、底径 3、高 7.8 厘米（图六四一，1）。

Be 型Ⅰ式 1 件。

标本 H7042：5，夹砂灰黄陶。尖唇。口径 13.2、肩径 13.2、底径 3、高 9.3 厘米（图六四一，2；彩版一四五，3）。

束颈罐 1 件。Bb 型。

标本 H7042：23，夹砂灰黑陶。方唇。口径 14、残高 2.6 厘米（图六四一，3）。

缸 1 件。Ea 型。

标本 H7042：43，夹砂灰黑陶。折沿。口径 66、残高 13.3 厘米（图六四一，4）。

3. H7043

位于ⅠT7407 中部略偏东。开口于第 9 层下，打破第 12、13、14 层。坑口平面形状呈圆形。坑内填土为浅黄色砂黏土，质地紧密。弧壁，底部缓平。直径 1.25、深 0.25 米。包含物仅见少量碎陶片，器形可辨有小平底罐、束颈罐（图六四三）。

陶器

9 件。

小平底罐 3 件。

Ad 型Ⅱ式 1 件。

标本 H7043：118，夹砂灰黑陶。方唇。口径 16、肩径 18.6、残高 8 厘米（图六四四，1）。

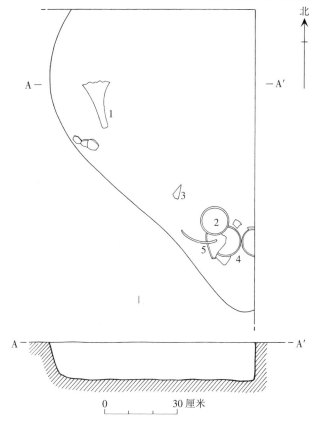

图六四二 中区 H7042 平、剖面图
1. 陶豆柄 2、4、5. 陶小平底罐 3. 石残片

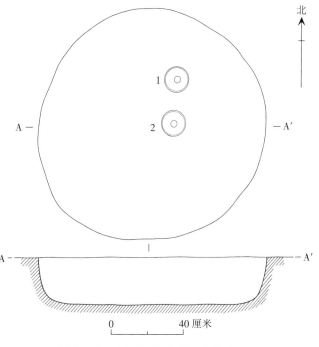

图六四三 中区 H7043 平、剖面图
1、2. 陶小平底罐

Bb 型　1 件。

标本 H7043：120，夹砂灰黑陶。方唇。口径 12、肩径 14.7、残高 6.6 厘米（图六四四，2）。

Bc 型Ⅲ式　1 件。

标本 H7043：5，夹砂灰黑陶。尖圆唇。口径 11.8、肩径 12.6、底径 2.5、高 7.7 厘米（图六四四，3；彩版一四四，5）。

束颈罐　6 件。

Aa 型　1 件。

标本 H7043：60，夹砂灰黑陶。方唇。肩部压印绳纹。口径 20、残高 5.8 厘米（图六四四，4）。

Ab 型Ⅱ式　3 件。

标本 H7043：65，夹砂灰黑陶。方唇。肩部饰交错绳纹和两周凹弦纹。口径 23、肩径 28.2、残高 7.2 厘米（图六四四，5）。

标本 H7043：63，夹砂灰黑陶。方唇。肩部饰交错绳纹。口径 20、肩径 25.6、残高 6 厘米

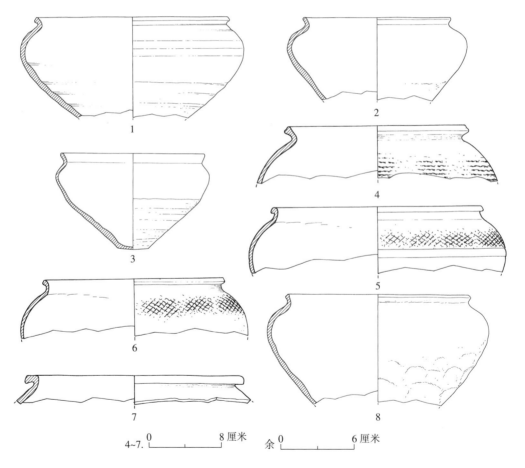

图六四四　中区 H7043 出土陶器

1. Ad 型Ⅱ式小平底罐（H7043：118）　2. Bb 型小平底罐（H7043：120）　3. Bc 型Ⅲ式小平底罐（H7043：5）　4. Aa 型束颈罐（H7043：60）　5、6. Ab 型Ⅱ式束颈罐（H7043：65、H7043：63）　7. Cd 型束颈罐（H7043：236）　8. Ca 型Ⅱ式束颈罐（H7043：119）

（图六四四，6）。

Ca 型Ⅱ式　1 件。

标本 H7043：119，夹砂灰黑陶。方唇。口径
15、肩径 18.1、残高 8.9 厘米（图六四四，8）。

Cd 型　1 件。

标本 H7043：236，夹砂灰黑陶。方唇。口
径 24、残高 3 厘米（图六四四，7）。

4. H7044

位于ⅠT7407 北部，部分压于ⅠT7407 北
隔梁之下。开口于第 9 层下，打破第 12、13、
14 层。坑口平面形状呈不规则椭圆状。坑内填
土为浅黄色砂黏土，质地紧密。近直壁，斜坡
状底部，高差大。长 0.97、宽 0.8、深 0.05 ~
0.1 米。包含物仅见少量碎陶片，器形可辨有小
平底罐、束颈罐（图六四五；彩版一四五，2）。

陶器

4 件。

小平底罐　2 件。

Ba 型Ⅱ式　1 件。

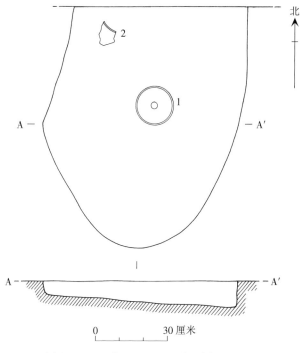

图六四五　中区 H7044 平、剖面图
1. 陶小平底罐　2. 陶束颈罐

标本 H7044：2，夹砂灰黑陶。尖圆唇。口径 12、肩径 12.6、残高 3.4 厘米（图六四六，1）。

Bc 型Ⅱ式　1 件。

标本 H7044：5，夹砂灰黑陶。尖圆唇。口径 12、残高 3.3 厘米（图六四六，2）。

束颈罐　2 件。

Ad 型Ⅱ式　1 件。

标本 H7044：4，夹砂灰黑陶。方唇。肩部饰交错绳纹。口径 18.6、残高 3.7 厘米
（图六四六，4）。

Cd 型　1 件。

标本 H7044：1，夹砂灰黑陶。方唇。口径 14、残高 2.3 厘米（图六四六，3）。

5. H7045

位于ⅠT7407 东南角，东部和南部进入ⅠT7407 东隔梁和ⅠT7307 北隔梁之下，未扩方清理。
开口于第 9 层下，打破第 12、13、14 层。坑口平面形状呈勺子状。坑内填土为浅黄色砂黏土，质地

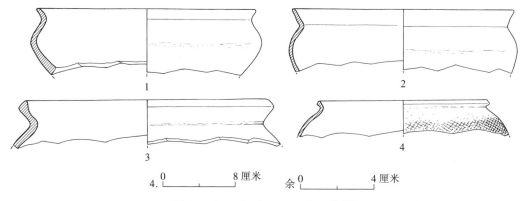

图六四六　中区 H7044 出土陶器

1. Ba 型Ⅱ式小平底罐（H7044:2）　2. Bc 型Ⅱ式小平底罐（H7044:5）　3. Cd 型束颈罐（H7044:1）
4. Ad 型Ⅱ式束颈罐（H7044:4）

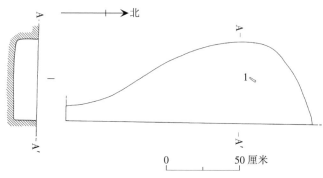

图六四七　中区 H7045 平、剖面图
1. 石器残片

紧密。近直壁，平底。长 1.7、宽 0.55、深 0.17 米。包含物未见文化遗物（图六四七）。

（二一）第 9 层出土遗物

该层出土遗物有陶器、石器和金器，数量相对较少，计有陶片 410 片、石器 1 件和金器 1 件。陶器以夹砂陶为主，占 81.71%。夹砂陶中灰黑陶占 61.49%，灰褐陶占 17.61%，灰黄陶占 14.93%，灰陶占 3.28%，红褐陶占 2.69%；泥质陶中灰褐陶占 45.34%，灰黄陶占 26.67%，灰黑陶占 25.33%，灰陶和红陶各占 1.33%。夹砂陶中纹饰陶片占 15.82%，纹饰仅见细线纹、粗绳纹和凹弦纹，分别占 64.15%、24.53%、11.32%；泥质陶中纹饰陶片占 21.33%，以细线纹和凹弦纹为主，各占 43.75%，另有极少量粗绳纹和凸棱纹（表五八）。陶片可辨器形有尖底盏、小平底罐、瓮形器、高领罐、矮领罐、簋形器、豆柄等。石器种类仅有石璧坯料。金器仅见残片。

（1）陶器

7 件。

尖底盏　1 件。Bd 型Ⅱ式。

标本ⅠT7407⑨:6，夹砂灰黑陶。圆唇。口径 20、残高 2.6 厘米（图六四八，1）。

表五八 中区第9层陶片统计表

陶质\纹饰\陶色	夹砂陶					小计	百分比（%）	泥质陶					小计	百分比（%）
	灰黑	灰	红褐	灰褐	灰黄			灰黑	灰	灰黄	灰褐	红		
素面	167	11	7	49	48	282	84.18	19	1	14	25		59	78.67
粗绳纹	9		4			13	3.88					1	1	1.33
凹弦纹	5		1			6	1.79			6	1		7	9.34
凸棱纹											1		1	1.33
细线纹	25		1	6	2	34	10.15				7		7	9.33
小计	206	11	9	59	50	335		19	1	20	34	1	75	
百分比（%）	61.49	3.28	2.69	17.61	14.93		100.00	25.33	1.33	26.67	45.34	1.33		100.00
合计	410													

小平底罐 1件。Ca 型 Ⅱ 式。

标本 Ⅰ T7308⑨：23，夹砂灰黑陶。尖唇。口径11.5、肩径11.9、残高3.3厘米（图六四八，3）。

瓮形器 1件。Db 型。

标本 Ⅰ T7308⑨：54，夹砂灰黄陶。圆唇。口径24、残高2厘米（图六四八，7）。

高领罐 1件。Aa 型 Ⅱ 式。

标本 Ⅰ T7308⑨：53，夹砂灰黑陶。卷沿，圆唇。口径16、残高3.1厘米（图六四八，2）。

矮领罐 1件。B 型 Ⅱ 式。

标本 Ⅰ T7308⑨：56，夹砂灰黑陶。卷沿，圆唇。口径20、残高4.6厘米（图六四八，5）。

簋形器 1件。Aa 型 Ⅱ 式。

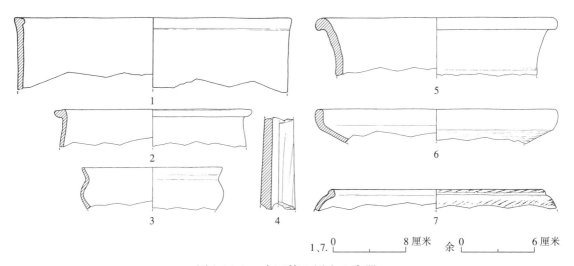

图六四八 中区第9层出土陶器

1. Aa 型 Ⅱ 式簋形器（Ⅰ T7407⑨：8） 2. Aa 型 Ⅱ 式高领罐（Ⅰ T7308⑨：53） 3. Ca 型 Ⅱ 式小平底罐（Ⅰ T7308⑨：23） 4. Aa 型豆柄（Ⅰ T7308⑨：49） 5. B 型 Ⅱ 式矮领罐（Ⅰ T7308⑨：56） 6. Bd 型 Ⅱ 式尖底盏（Ⅰ T7407⑨：6） 7. Db 型瓮形器（Ⅰ T7308⑨：54）

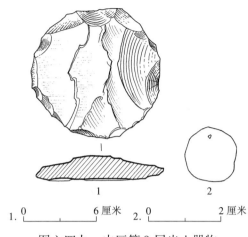

图六四九　中区第9层出土器物
1. A型石璧坯料（ⅠT7308⑨:1）
2. 金器残片（ⅠT7309⑨:1）

标本ⅠT7407⑨:8，夹砂灰黑陶。沿面平。口径30、残高7.8厘米（图六四八，1）。

豆柄　1件。Aa型。

标本ⅠT7308⑨:49，夹砂灰黑陶。残高7.3厘米（图六四八，4）。

（2）石器

1件。

石璧坯料　1件。A型。

标本ⅠT7308⑨:1，灰黑色。剖裂面及轮边未经打磨。直径10.9、厚2厘米（图六四九，1）。

（3）金器

金器残片　1件。

标本ⅠT7309⑨:1，平面近圆形。器身平整，器物边缘有一小三角形穿孔，体极薄。直径1.4厘米（图六四九，2）。

（二二）第8层出土遗物

该层出土遗物有陶器、玉器、石器和铜器，数量较少，计有陶片220片、玉器1件、石器2件和铜器1件。陶器以夹砂陶为主，占85.45%。夹砂陶中灰黑陶占71.81%，灰黄陶占17.55%，灰褐陶占4.26%，黄褐陶占3.19%，红褐陶占2.66%，灰陶占0.53%；泥质陶中灰黑陶和灰褐陶各占34.38%，灰黄陶占21.87%，黄褐陶占6.25%，灰陶占3.12%。夹砂陶中纹饰陶片仅占7.45%，以细线纹和粗绳纹为主，分别占71.43%和21.43%，另有极少量凹弦纹；泥质陶中仅有2片戳印纹（表五九）。陶片可辨器形仅有器底。玉器仅有美石。石器仅见石璧坯料。铜器种类为铜削形器。

表五九　中区第8层陶片统计表

陶质 陶色 纹饰	夹砂陶						小计	百分比（%）	泥质陶					小计	百分比（%）
	灰黑	灰	红褐	灰褐	黄褐	灰黄			灰黑	灰	灰黄	灰褐	黄褐		
素面	124	1	5	8	6	30	174	92.55	9	1	7	11	2	30	93.75
粗绳纹	2					1	3	1.60							
凹弦纹						1	1	0.53							
细线纹	9					1	10	5.32							
戳印纹									2					2	6.25
小计	135	1	5	8	6	33	188		11	1	7	11	2	32	
百分比（%）	71.81	0.53	2.66	4.26	3.19	17.55		100.00	34.38	3.12	21.87	34.38	6.25		100.00
合计	220														

（1）陶器

1件。

器底　1件。Aa 型。

标本Ⅰ T7407⑧：19，夹砂灰黑陶。底径 14、残高 6.7 厘米（图六五〇，8）。

（2）玉器

1件。

美石　1件。

标本Ⅰ T7407⑧：2，斜长石，橙黄色。平面呈圆角长方形，石身较厚。长 3.9、宽 2、厚 1.6 厘米，重 20.9 克（图六五〇，5；彩版一四六，1）。

（3）石器

2件。

石璧坯料　2件。A 型。

标本Ⅰ T7407⑧：3，黑色。剖裂面及轮边未经打磨。直径 11.6、厚 1.5 厘米（图六五〇，9）。

（4）铜器

1件。

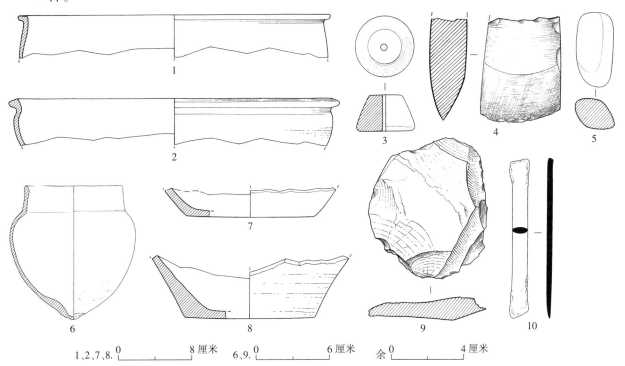

图六五〇　中区第 7、8 层出土器物

1. Cc 型陶盆（Ⅰ T7307⑦：13）　2. Ac 型陶盆（Ⅰ T7307⑦：19）　3. A 型陶纺轮（Ⅰ T7407⑦：2）　4. A 型玉斧（Ⅰ T7407⑦：3）　5. 美石（Ⅰ T7407⑧：2）　6. B 型Ⅱ式陶尖底罐（Ⅰ T7309⑦：2）　7. Aa 型陶器底（Ⅰ T7307⑦：22）　8. Aa 型陶器底（Ⅰ T7407⑧：19）　9. A 型石璧坯料（Ⅰ T7407⑧：3）　10. 铜削形器（Ⅰ T7407⑧：1）

削形器　1件。

标本Ⅰ T7407⑧：1，平面呈长方形，器身扁长。顶部稍宽，侧边平直且较薄。斜刃。长8.3、宽0.8、厚0.3厘米，重8.4克（图六五〇，10；彩版一四六，2）。

（二三）第7层出土遗物

该层出土遗物有陶器、玉器、石器和铜器，数量较少，计有陶片718片、玉器15件、石器1件和铜器1件。陶器以夹砂陶为主，占91.92%。夹砂陶中灰黑陶占66.82%，灰褐陶占14.85%，灰黄陶占8.33%，红褐陶占6.36%，黄褐陶占3.03%，灰陶占0.61%；泥质陶中灰黑陶占50.00%，灰黄陶占43.11%，灰褐陶占5.17%，灰陶占1.72%。夹砂陶中纹饰陶片占20.45%，以细线纹、粗绳纹和凹弦纹为主，分别占72.59%、11.85%和11.11%，另有极少量压印纹、戳印纹、细绳纹和乳丁纹；泥质陶中纹饰陶片占31.03%，以戳印纹、细线纹和凸棱纹为主，分别占44.44%、27.78%和22.22%，另有极少量镂孔（表六〇）。陶片可辨器形有尖底罐、盆、纺轮、器底。玉器种类有璜、玦等。石器种类有锛。铜器种类有镞。

（1）陶器　5件。

尖底罐　1件。B型Ⅱ式。

标本Ⅰ T7309⑦：2，夹砂灰黑陶。尖圆唇。口径8、肩径9.7、高10.6厘米（图六五〇，6；彩版一四六，3）。

表六〇　中区第7层陶片统计表

纹饰（陶质陶色）	夹砂陶						小计	百分比(%)	泥质陶				小计	百分比(%)
	灰黑	灰	红褐	灰褐	黄褐	灰黄			灰黑	灰	灰黄	灰褐		
素面	356	4	36	66	11	52	525	79.55	16	1	21	2	40	68.97
细绳纹	1						1	0.15						
粗绳纹	6		3	4	3		16	2.43						
凹弦纹	10		1	1	2	1	15	2.27						
凸棱纹									4				4	6.90
镂孔											1		1	1.72
细线纹	66		2	26	3	1	98	14.85	1		3	1	5	8.62
压印纹				1	1		2	0.30						
戳印纹	2						2	0.30	8				8	13.79
乳丁纹				1			1	0.15						
小计	441	4	42	98	20	55	660		29	1	25	3	58	
百分比（%）	66.82	0.61	6.36	14.85	3.03	8.33		100.00	50.00	1.72	43.11	5.17		100.00
合计	718													

盆 2件。

Ac 型 1件。

标本Ⅰ T7307⑦：19，夹砂灰黑陶。方唇。唇部压印绳纹。口径36、残高4.9厘米（图六五〇，2）。

Cc 型 1件。

标本Ⅰ T7307⑦：13，夹砂灰黑陶。平折沿，圆唇。口径34、残高4.6厘米（图六五〇，1）。

纺轮 1件。A 型。

标本Ⅰ T7307⑦：2，泥质灰褐陶。直径3.2、孔径0.2、厚1.9厘米（图六五〇，3）。

器底 1件。Aa 型。

标本Ⅰ T7307⑦：22，夹砂灰黑陶。底径14、残高3厘米（图六五〇，7）。

（2）玉器

15件。

斧 1件。A 型。

标本Ⅰ T7407⑦：3，血红色，杂有灰白色、黑色沁斑。顶端残、器表两侧、刃部打磨极为精细，刃部有明显使用痕迹。残长5.7、宽4.5、厚2.1厘米（图六五〇，4；彩版一四七，1~5）。

璜 1件。

标本Ⅰ T7407⑦：1，灰白色，夹黑色、红色、黄色沁斑。仅存半边，尾部残断。表面磨光，孔对钻后修整。平面呈圆环形。环面较窄。环面呈鱼形，头部略大，嘴唇外翘，近口处环面中央有一圆形穿孔作目，桃形腮。背、腹部均有鳍。背鳍共十一片，以阴线刻槽隔开；腹鳍共两片，一前一后，均呈平行四边形。鱼身无鳞片。内缘处双面起平凸唇。直径9.1、孔径5.2、厚0.4厘米，重16.9克（图六五一，1；彩版一四八，1、2）。

玦 1件。

标本Ⅰ T7407⑦：9，青色。仅存一段。表面磨光，孔对钻。平面呈圆环形，环面略窄。外缘呈凸脊面。残长2.2、环面宽0.5、厚0.2厘米，重0.4克（图六五一，2）。

美石 6件。

标本Ⅰ T7407⑦：6，斜长石，青绿色。一角有残损。平面呈圆角方形，石身较厚。一边略内凹。长5.8、宽4.7、厚1.6厘米，重78.7克（图六五一，5；彩版一四六，4）。

标本Ⅰ T7407⑦：4，斜长石，红色，夹黄色斑纹。平面呈水滴状，石身较厚。长5.4、宽2.9、厚2厘米，重44.6克（图六五一，6；彩版一四六，5）。

磨石 6件。

标本Ⅰ T7308⑦：1-2，灰色。平面形状不规则。长4、宽2.9、厚1.8厘米（图六五一，7）。

标本Ⅰ T7308⑦：1-3，黄色，杂白色、黑色沁斑。平面形状不规则。长5.1、宽2.4、厚1.9厘米（图六五一，8）。

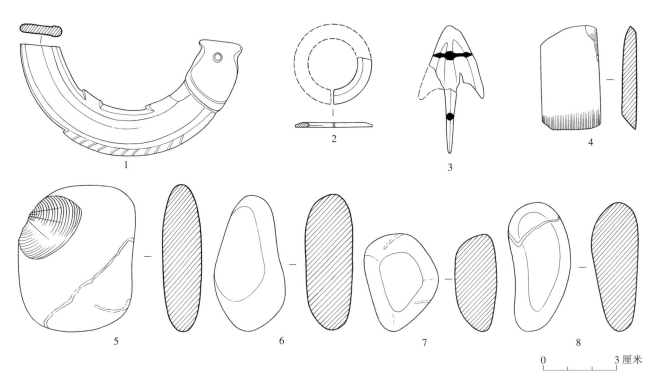

图六五一 中区第7层出土器物

1. 玉璜（ⅠT7407⑦：1） 2. 玉玦（ⅠT7407⑦：9） 3. Bc型铜镞（ⅠT7307⑦：1） 4. Aa型石锛（ⅠT7407⑦：2）
5、6. 美石（ⅠT7407⑦：6、ⅠT7407⑦：4） 7、8. 磨石（ⅠT7308⑦：1－2、ⅠT7308⑦：1－3）

（3）石器

1件。

锛 1件。Aa型。

标本ⅠT7407⑦：2，平面近长方形，表面磨光，顶部呈凸脊面，侧边平直，双面平刃。长4.1、宽2.4、厚0.6厘米，重12克（图六五一，4；彩版一四六，6）。

（4）铜器

1件。

镞 1件。Bc型。

标本ⅠT7307⑦：1，尖圆锋，双翼外撇，中脊凸起，长铤。长5、宽2.2、厚0.5厘米，重5.6克（图六五一，3；彩版一四六，7）。

（二四）第6层出土遗物

该层出土遗物有陶器、玉器和铜器，数量较少，计有陶片240片、玉器15件和铜器1件。陶器以夹砂陶为主，占86.25%。夹砂陶中灰黑陶占62.32%，灰褐陶占17.87%，红褐陶占14.01%，灰黄陶占5.80%；泥质陶中灰黄陶占69.70%，灰黑陶占30.30%。夹砂陶中纹饰陶片占23.19%，以细线纹、戳印纹和凹弦纹为主，分别占58.33%、14.58%和14.58%，另有极少量压印纹和粗绳纹；泥质陶中纹饰陶片占 54.55%，以细线纹和戳印纹为多，分别占 66.67% 和 27.78%，另有极少量凹弦纹（表六一）。陶片可辨器形有敛口罐、绳纹圜底罐、釜等。玉器种类有玉圭、绿松石珠和美石。铜器仅见 1 件残片。

表六一　中区第 6 层陶片统计表

纹饰 \ 陶色 \ 陶质	夹砂陶				小计	百分比（%）	泥质陶		小计	百分比（%）
	灰黑	红褐	灰褐	灰黄			灰黑	灰黄		
素面	91	24	34	10	159	76.81	5	10	15	45.46
粗绳纹	2		1		3	1.45				
凹弦纹	3	4			7	3.38		1	1	3.03
细线纹	26			2	28	13.53	2	10	12	36.36
压印纹		1	2		3	1.45				
戳印纹	7				7	3.38	3	2	5	15.15
小计	129	29	37	12	207		10	23	33	
百分比（%）	62.32	14.01	17.87	5.80		100.00	30.30	69.70		100.00
合计	240									

（1）陶器

11 件。

敛口罐　6 件。

Bb 型　2 件。

标本 Ⅰ T7306⑥：64，夹砂灰黄陶。圆唇。口径 20、残高 3.5 厘米（图六五二，1）。

Bc 型　2 件。

标本 Ⅰ T7306⑥：29，夹砂灰黑陶。方唇。口径 20、残高 3 厘米（图六五二，3）。

Ca 型Ⅱ式　1 件。

标本 Ⅰ T7306⑥：71，夹砂灰黑陶。沿面凹，方唇。口径 28、残高 4.7 厘米（图六五二，2）。

Cc 型Ⅱ式　1 件。

标本 Ⅰ T7306⑥：67，夹砂灰褐陶。沿面有凹槽，方唇。口径 22、残高 3.2 厘米（图六五二，4）。

绳纹圜底罐　2 件。Cc 型。

标本 Ⅰ T7306⑥：76，夹砂灰黑陶。折沿，尖圆唇。肩部饰竖向粗绳纹。口径 28、残高 8.5 厘米（图六五二，5）。

标本 Ⅰ T7306⑥：75，夹砂灰褐陶。折沿，圆唇。肩部饰竖向粗绳纹。口径 26、残高 6.6 厘米（图六五二，6）。

瓮　2 件。Da 型Ⅰ式。

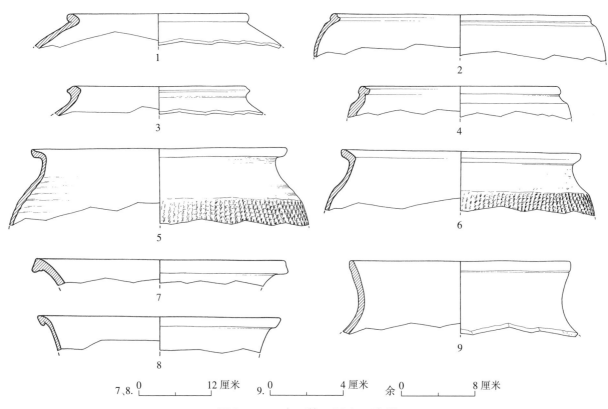

图六五二　中区第 6 层出土陶器

1. Bb 型敛口罐（ⅠT7306⑥：64）　2. Ca 型Ⅱ式敛口罐（ⅠT7306⑥：71）　3. Bc 型敛口罐（ⅠT7306⑥：29）
4. Cc 型Ⅱ式敛口罐（ⅠT7306⑥：67）　5、6. Cc 型绳纹圜底罐（ⅠT7306⑥：76、ⅠT7306⑥：75）　7、8. Da 型
Ⅰ式瓮（ⅠT7306⑥：50、ⅠT7306⑥：74）　9. B 型釜（ⅠT7306⑥：57）

标本ⅠT7306⑥：50，夹砂灰黑陶。方唇。口径 42、残高 3.5 厘米（图六五二，7）。

标本ⅠT7306⑥：74，夹砂灰褐陶。圆唇。口径 40、残高 6 厘米（图六五二，8）。

釜　1 件。B 型。

标本ⅠT7306⑥：57，夹砂灰黑陶。尖圆唇。口径 12、残高 4 厘米（图六五二，9）。

（2）玉器

15 件。

圭　1 件。C 型。

标本ⅠT7306⑥：2，灰白色，夹黑、红色沁斑。内部末端残断。表面磨光。援部较短，平面呈长方形。单面平刃，刃口较钝，侧边平直，中部有三组各两道阴刻平行线纹。援本部较窄，与上部分隔明显。本部起阑，共有三个齿突组，自上而下分别有二、二、一组齿突，各有五、三、三道阴刻平行线纹。长方形内。残长 9.2、宽 3.7、厚 0.6 厘米，重 41.4 克（图六五三，1；彩版一四八，3）。

绿松石珠　1 件。

标本ⅠT7306⑥：13，平面呈管状。表面有残损。表面打磨，孔对钻。直径 0.8、孔径 0.2、高

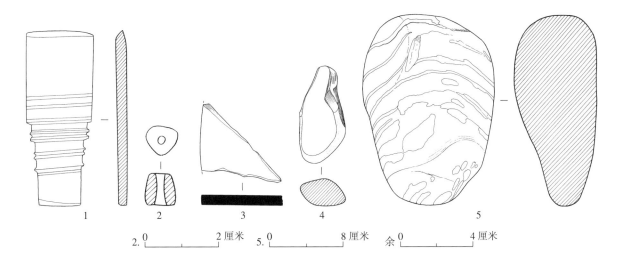

图六五三 中区第 6 层出土器物

1. C 型玉圭（ⅠT7306⑥：2） 2. 绿松石珠（ⅠT7306⑥：13） 3. 铜器残片（ⅠT7307⑥：1） 4、5. 美石
（ⅠT7306⑥：10、ⅠT7407⑥：1）

0.9 厘米，重 0.9 克（图六五三，2）。

美石 13 件。

标本 ⅠT7306⑥：10，斜长石，灰白色。表面有残损。平面呈水滴状，石身扁平。长 5.2、宽 2.5、厚 1.5 厘米，重 15.2 克（图六五三，4）。

标本 ⅠT7407⑥：1，斜长石，暗红色，夹黄色斑纹。平面近椭圆形。一端较扁。长 20.5、宽 13.7、厚 9.2 厘米，重 3953.6 克（图六五三，5）。

（3）铜器

铜器残片 1 件。

标本 ⅠT7307⑥：1，残片平面呈三角形，扁平。侧边平直。器形不明。残长 4.4、残宽 4.2、厚 0.5 厘米，重 29.7 克（图六五三，3；彩版一四七，6）。

二 分 期

依据层位叠压或打破关系以及器物组合差异，将该区商周时期堆积分为连续发展的四期（表六二）。

第一期遗存包括第 23、24、29 层及 L26。分早、晚两段。

早段遗存包括第 29 层。出土陶片较少，可辨器形有 Da、Ea 型瓮形器，Cd 型盆，小平底罐（可能属于 Aa 型Ⅰ式罐），Cc 型豆盘，Aa 型豆柄。不见尖底器。

晚段遗存包括第 23、24 层及 L26。陶器有 Ab 型Ⅰ式、Ad 型Ⅰ式、Ad 型Ⅱ式小平底罐，Aa 型Ⅰ式、Fa 型Ⅰ式高领罐，Aa、Ab 型Ⅰ式、Ac 型Ⅱ式、Ca 型Ⅱ式束颈罐，Aa 型壶，Ac 型盆，Aa、Ab、Cd 型Ⅰ式瓮，Ea、Eb 型瓮形器，A、Ba 型桶形器，Da 型豆盘，Aa、Ab、Ac、Ba、

表六二　中区典型陶器分期表

期	段	单位	小平底罐 Aa	Ab	Ad	Ba	Bc	Bd	Be	Ca	Cb	高领罐 Aa	Ab	C	Fa	Fb	瓮 Cb	Cd	束颈罐 Ab	Ac	Ad	Ae	Bc	Ca	敛口罐 Aa	Bc	Ca	Cc	Db	尖底盏 Aa	Bb	Bd	尖底杯 Ba	B	矮领罐 B	C	D	尖底罐 B	绳纹圆底罐 Cc	簸形器 Aa	釜 B
一期	早段	29层			I II																																				
一期	晚段	24层		I	I							I			I					I II																					
一期	晚段	L26		I													I																								
一期	晚段	23层																I						II																	
二期	一段	22层			I										II					I																					
二期	一段	L24			I		II					I								I II																					
二期	一段	21层										I								I																					
二期	一段	20层																																							
二期	一段	19层	I		II		I					I			I					I									∨												
二期	二段	18层							I	I	I	I		I	I		I				I								∨	III			II		II						
二期	三段	17层		I					I			I		I	I	I II	I				I	I							∨												
二期	三段	16层	II	II				I											I II	I II		II							∨		II										
二期	三段	15层		II	I		I			I		I		I	I			I	I II	I II III	I II	I		II	II								II			II	II				
二期	三段	14层	II	II	II	I	I								I							II		II																	
二期	三段	L25	I	I		I																																			

续表六二

期段	单位	小平底罐									高领罐					瓮		束颈罐						敛口罐					尖底盏			尖底杯	矮领罐			尖底罐	绳纹圆底罐	簋形器	釜
		Aa	Ab	Ad	Ba	Bc	Bd	Be	Ca	Cb	Aa	Ab	C	Fa	Fb	Cb	Cd	Ab	Ac	Ad	Ae	Bc	Ca	Aa	Bc	Ca	Cc	Db	Aa	Bb	Bd	Ba	B	C	D	B	Cc	Aa	B
二期 四段	13层			II	II												II			I		II																	
	12层					II		I																											II				
	11层		I	II	II	II III	✓				I III	III II	I II	I I	I		II	II		I	I	I	II	II					II					I					
	10层			II		II		I	II			II	II	II						I II	I II	I							I										
	H7042			II	II			I											II																				
	H7043					III											II	II					II																
	H7044					II																																	
三期	9层								II		II																				II	II						II	
四期	8层																																						
	7层																																			II			
	6层																								✓		II	II									✓		✓

Bb 型豆柄。不见尖底杯、尖底盏，绳纹器发达，多见 A 型小平底罐。

第二期遗存包括第 10~22 层及 L24、L25、H7041~H7045。依据器物组合关系和发展演变关系，分为连续发展的四段。

第一段遗存包括 19~22 层及 L24。陶器有 Ad 型Ⅰ式、Ad 型Ⅱ式小平底罐，Fa 型Ⅱ式高领罐，Db、Eb 型瓮形器，Aa、Ac 型Ⅰ式、Ac 型Ⅱ式束颈罐，Aa、Ec、F 型盆，Ab 型瓮，A、Ba、Bb 型桶形器，Ba、Cc、Da 型豆盘，Aa 型豆柄。素面束颈罐不见，粗柄豆形器多见。

第二段遗存包括第 18 层。陶器有 Ab 型尖底杯，Aa 型Ⅰ式、Bc 型Ⅱ式、Be 型Ⅰ式小平底罐，Aa、Ea 型瓮形器，Bb、Db 型敛口罐，Aa 型Ⅰ式、Fa 型Ⅰ式高领罐，Ac 型Ⅰ式、Be 型束颈罐，Ab、Ad 型壶，Bb 型盆，Ab 型瓮，Ca、Ea、Ec 型缸，A 型桶形器，Da 型豆盘、Aa 型豆柄。不见尖底盏，出现 A 型尖底杯。

第三段遗存包括第 14~17 层及 L25。陶器有 Aa 型Ⅰ式、Aa 型Ⅱ式、Ab 型Ⅰ式、Ab 型Ⅱ式、Ad 型Ⅰ式、Ad 型Ⅱ式、Ba 型Ⅱ式、Bc 型Ⅰ式、Be 型Ⅰ式、Ca 型Ⅰ式、Cb 型Ⅰ式小平底罐，Aa 型Ⅰ式、D、E、Fa 型Ⅰ式、Fb 型Ⅰ式、Fb 型Ⅱ式高领罐，Ab、Ac、Ad、Bb 型壶，Aa、Ab、Ba、Bb、Ca、Cb 型Ⅰ式、Cd 型Ⅰ式瓮，Ac、Af、Ba、Bb、Ca、Cb、Cc、Cd、D、Ea 型Ⅱ式、F 型盆，B、Cb 型缸，Ca、Cb、Da、Db、Eb 型瓮形器，Aa、Ab 型Ⅰ式、Ab 型Ⅱ式、Ac 型Ⅰ式、Ac 型Ⅱ式、Ad 型Ⅰ式、Ad 型Ⅱ式、Bb、Bc 型Ⅱ式、Ca 型Ⅱ式、Db 型束颈罐，Aa 型Ⅱ式、Ab、Ba、Db 型敛口罐，Aa 型Ⅲ式、Bb 型Ⅱ式尖底盏，Ba 型Ⅱ式尖底杯，B 型Ⅱ式、D 型Ⅱ式矮领罐，C 型瓠形器，A、Ba、Bb 型桶形器，Bc、Da、Db、E 型豆盘，Aa、Ab、Ac、Ba 型豆柄。A 型豆柄较多，新出现 C 型小平底罐，B 型尖底杯发达，不见 A 型尖底杯，束颈罐绳纹发达。

第四段遗存包括第 10~13 层及开口于第 9 层下的 H7041~H7045。陶器有 Ab 型Ⅰ式、Ad 型Ⅱ式、Ba 型Ⅱ式、Bb、Bc 型Ⅱ式、Bc 型Ⅲ式、Bd、Be 型Ⅰ式、Be 型Ⅱ式、Ca 型Ⅱ式、Cb 型Ⅰ式小平底罐，Aa 型Ⅲ式、Ab 型Ⅱ式、C 型Ⅰ式、C 型Ⅱ式、D、Fa 型Ⅰ式、Fa 型Ⅱ式、Fb 型Ⅰ式高领罐，Aa、Ad 型壶，Aa、Ba、Bb、Cd 型Ⅱ式瓮，B、Ea 型缸，Ac、Ae、Cc、Cd、Ea 型Ⅱ式、F 型盆，Cb 型桶形器，Da、Db、Eb 型瓮形器，Aa 型Ⅱ式、Ab、Bb 型敛口罐，Aa、Ab 型Ⅱ式、Ad 型Ⅰ式、Ad 型Ⅱ式、Ae 型Ⅰ式、Ae 型Ⅱ式、Af、Ba、Bb、Bc 型Ⅰ式、Bc 型Ⅱ式、Ca 型Ⅰ式、Ca 型Ⅱ式、Cb、Cd、Db 型束颈罐，Aa 型Ⅰ式、Aa 型Ⅱ式尖底盏，C 型Ⅰ式、D 型Ⅱ式矮领罐，Ba、Bb、Bc、Cb 型豆盘，Aa、Ab 型豆柄。不见簋形器、绳纹圜底罐、釜、D 型瓮，A 型束颈罐和小平底罐较多。

第三期遗存包括第 9 层。陶器有 Bd 型Ⅱ式尖底盏，Ca 型Ⅱ式（或 Aa 型尖底盏）小平底罐，Db 型瓮形器，Aa 型Ⅱ式高领罐，B 型Ⅱ式矮领罐，Aa 型Ⅱ式簋形器，Aa 型豆柄。新出现簋形器，不见圜底罐、釜、尖底杯。

第四期遗存包括第 6、7、8 层。陶器有 B 型Ⅱ式尖底罐，Ac、Cc 型盆，Bb、Bc、Ca 型Ⅱ式、Cc 型Ⅱ式敛口罐，Da 型Ⅰ式瓮，Cc 型绳纹圜底罐，B 型釜。

第四节　东区商周时期遗存及分期

一　地层、遗迹及出土遗物

东区共计发现 26 处商周时期祭祀遗迹（附表三）。商周遗存出土遗物极为丰富，以陶器为主，另有玉器、铜器、石器，数量相对较少。共计出土陶片 68597 片，陶质分为夹砂陶和泥质陶，以夹砂陶为多，占 78.94%。夹砂陶陶色以灰黑陶为多，占 72.44%，灰黄陶占 12.67%，灰褐陶占 9.95%，红褐陶占 1.91%，灰陶占 0.99%，黄褐陶占 2.04%。以素面居多，饰纹饰者仅占 12.48%，以细线纹、粗绳纹、凹弦纹、戳印纹为主，分别占 31.14%、47.27%、9.90%、3.57%。泥质陶中以灰黑陶为多，占 56.80%，灰黄陶占 26.18%，灰陶占 4.54%，灰褐陶占 11.19%，黄褐陶占 0.84%，青灰陶占 0.06%，红褐陶占 0.39%。以素面为主，饰纹饰者仅占 4.58%，以细线纹、凹弦纹、戳印纹、凸棱纹为主，分别占 55.52%、10.14%、19.36%、6.20%，另有极少量刻划纹、圆圈纹、镂孔、细绳纹、粗绳纹、瓦棱纹、乳丁纹等（表六三）。陶器可辨器形主要有尖底杯、尖底盏、尖底罐、小平底罐、高领罐、敛口罐、束颈罐、盆、缸、瓮等。玉器种类有斧、锛、戈、钺、凿、琮、璧、璋、环、镯等。铜器种类有戈、斧、凿、锥形器、挂饰、璧、镯、镞、铃、圆角方孔形器、铜立人像、眼睛形器、眼泡、虎、鸟、牛首等。石器种类有璋、斧、锛、凿、矛、圭、柱形石器、璧、石璧半成品、石璧坯料、石琮半成品、石磬、石虎、石蛇、跪坐人像、多璜联璧等。

（一）第 20c 层出土遗物

该层出土遗物仅有陶器，数量极少，共出土 20 片陶片。陶器均为夹砂陶，素面，其中灰黑陶占 45.00%，灰黄陶占 30.00%，灰褐陶占 25.00%（表六四）。可辨器形仅有器底。

陶器

1 件。

器底　1 件。Ac 型。

标本 Ⅰ T8003㉑c∶2，夹砂灰黑陶。底径 5.9、残高 1.8 厘米（图六五四，2）。

（二）第 20a 层出土遗物

石器

1 件。

虎　1 件。A 型。

标本 Ⅰ T8003㉑a∶1，整器呈灰色。虎头和颈较虎身大。从正面看虎口呈方形，四角无犬齿，上、下颌无门齿。从侧面看虎口呈半椭圆形。虎额的两侧未阴刻胡须，其后阴刻两个"目"字形眼和半月形卷云耳。石虎右前肢残损一块。长 15.2、宽 5~5.5、高 11.2 厘米（图六五四，1）。

表六三　东区商周时期地层陶片统计表

纹饰 \ 陶质·陶色	夹砂陶								泥质陶								
	灰黑	灰	红褐	灰褐	黄褐	灰黄	小计	百分比(%)	灰黑	灰	灰黄	灰褐	青灰	红褐	黄褐	小计	百分比(%)
素面	34350	515	881	4395	892	6360	47393	87.52	7782	628	3685	1508	7	55	119	13784	95.43
细绳纹	85		6	19	3	4	117	0.22	1		1					2	0.01
粗绳纹	2125	6	110	604	139	211	3195	5.90	5	8	16	9			3	41	0.28
重菱纹	53	1		3	1	3	61	0.11									
回弦纹	511	6	6	57	27	62	669	1.24	42	4	11	10				67	0.46
凸棱纹	43		3	4	1	20	71	0.13	18	2	11	10				41	0.28
刻划纹	8			2		3	13	0.02	1	1	1	1				4	0.03
镂孔	3		2		1	1	7	0.01	2		1	2				5	0.04
细线纹	1640	5	27	281	31	121	2105	3.89	241	8	41	74	1	2		367	2.54
压印纹	107	1		11		5	124	0.23									
网格纹	34				1	2	37	0.07									
戳印纹	218		1	8		14	241	0.44	111	4	11	2				128	0.89
瓦棱纹	10			2		33	45	0.08		1	1					2	0.01
乳丁纹	14	1		1	6	5	27	0.05			1					1	0.01
方格纹	15			1			16	0.03									
云雷纹	9					17	26	0.05									
附加堆纹	2	1				1	4	0.01									
圆圈纹	1						1	0.00	2		1					3	0.02
小计	39228	536	1036	5388	1102	6862	54152	100.00	8205	656	3781	1616	8	57	122	14445	100.00
百分比(%)	72.44	0.99	1.91	9.95	2.04	12.67			56.80	4.54	26.18	11.19	0.06	0.39	0.84		
合计																68597	

表六四　东区第20c层陶片统计表

陶质 陶色 纹饰	夹砂陶			小计	百分比（%）
	灰黑	灰褐	灰黄		
素面	9	5	6	20	100.00
小计	9	5	6	20	
百分比（%）	45.00	25.00	30.00		100.00
合计	20				

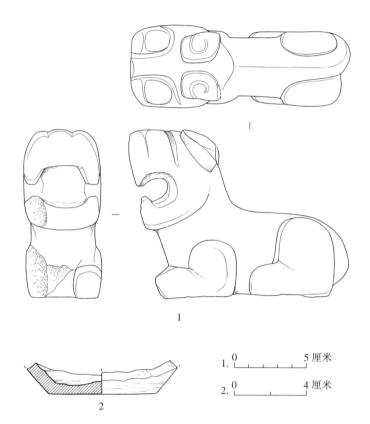

图六五四　东区第20a、20c层出土器物
1. A型石虎（ⅠT8003㉑a:1）　2. Ac型陶器底（ⅠT8003㉑c:2）

（三）第13层下遗迹及出土遗物

开口于该层下有1处祭祀遗迹，为L17，叠压于L17之下有L19（见附表三）。简述如下。

1. L19

位于ⅠT8204北隔梁下，局部分布于ⅠT8205南部，其东部、南部被机挖沟破坏。叠压于L17之下，堆积残存形状呈长方形，直壁，平底。南北残长1.55、东西残宽1.2、深0.32米。遗物逐

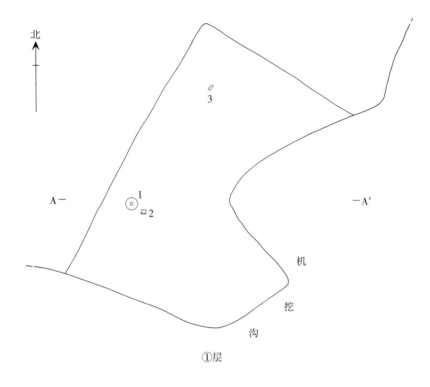

①层

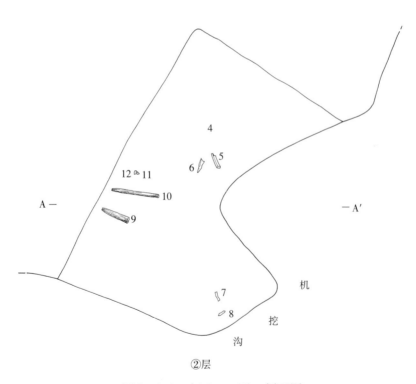

②层

图六五五　东区 L19 平、剖面图

1. 石璧　2. 陶小平底罐　3、5~8、11~14. 象牙残片　4. 石料　9、10. 木器　15. 兽骨　16. 石蛇　17. 石跪坐人像　18、19. 石虎　20~22. 石虎尾　23~29、32、33. 石璧　30、31. 木条

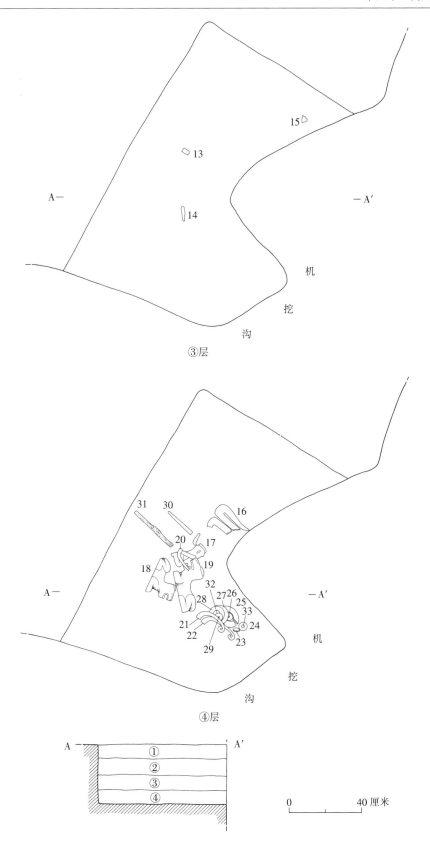

③层

④层

层叠压摆放，可分四层。每层内填土差别不大，均为纯净灰色沙土，夹杂少量红黄色斑点。第1层器物包括1件石璧、1件陶小平底罐、1件象牙残片；第2层出土遗物9件，包括6件象牙残片、1件石料、2件木器（朽木条）；第3层出土遗物包括2件象牙残片、1件兽骨；第4层出土遗物共计18件，包括16件石器，其中9件石璧、2件石虎、3件石虎尾、1件石蛇、1件石跪坐人像（图六五五；彩版一四九）。

（1）陶器

1件。

小平底罐　1件。Ab型Ⅰ式。

标本L19：2，夹砂灰黑陶。侈口，方唇，圆鼓肩。残高3.8厘米（图六五六，11）。

（2）石器

18件。

璧　10件。

Ab型　4件。

标本L19：32，仅存半边。表面打磨，孔单面钻通。平面呈圆环形。环面略宽。外径10.9、孔径4.9、厚0.9厘米，重66.7克（图六五六，1；彩版一五〇，1）。

标本L19：27，灰黑色。环面及轮边打磨精细，环面较窄。直径10.4、孔径5.3、厚0.8厘米（图六五六，2；彩版一五〇，2）。

标本L19：25，黄褐色。环面及轮边打磨精细，环面较窄。直径11、孔径5.3、厚0.9厘米（图六五六，3；彩版一五〇，3）。

标本L19：28，黑褐色。环面及轮边打磨精细，环面较窄。直径9.2、孔径4.8、厚0.8厘米（图六五六，4；彩版一五〇，4）。

Bb型　2件。

标本L19：1，表面磨光，孔单面钻通。平面呈圆环形，较厚。环面较宽，孔偏向一侧。外径6.1、孔径1.6、厚1.2厘米，重93.3克（图六五六，5；彩版一五〇，5）。

标本L19：26，灰色。打磨精细，孔单面钻通，环面较宽。直径4、孔径1.3、厚0.9厘米（图六五六，6；彩版一五〇，6）。

C型　4件。

标本L19：33，仅存半边。表面打磨，孔单面钻通。平面呈圆环形。环面较窄。外径3.8、孔径1.2、厚0.8厘米，重22.6克（图六五六，7；彩版一五一，1、2）。

标本L19：24，灰色。环面及轮边打磨精细，孔单面钻通，环面较宽。直径4.8、孔径1、厚0.8厘米（图六五六，8；彩版一五一，3）。

标本L19：23，灰色。环面及轮边打磨精细，孔单面钻通，环面较宽。直径4.5、孔径1.3、厚1厘米（图六五六，9；彩版一五一，4）。

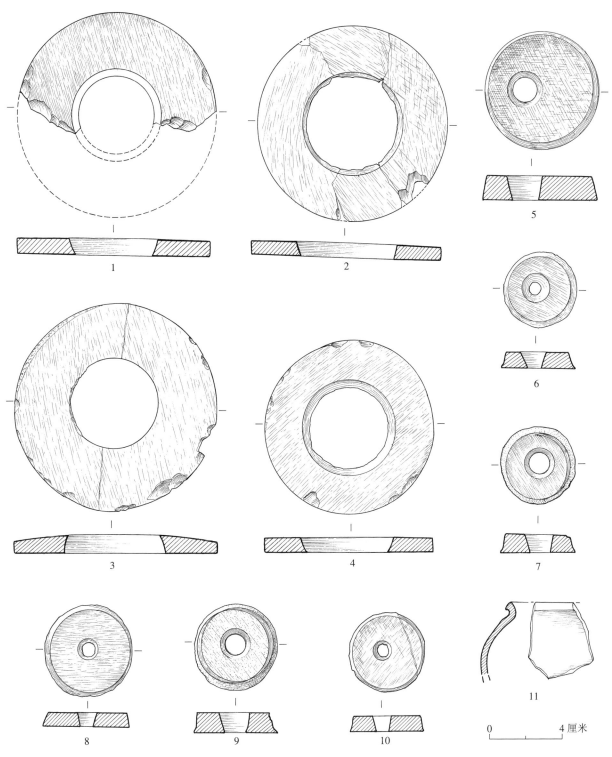

图六五六 东区 L19 出土器物

1~4. Ab 型石璧（L19：32、L19：27、L19：25、L19：28） 5、6. Bb 型石璧（L19：1、L19：26）
7~10. C 型石璧（L19：33、L19：24、L19：23、L19：29） 11. Ab 型 I 式陶小平底罐（L19：2）

标本 L19：29，黑色。环面及轮边打磨精细，孔单面钻通，环面较宽。直径 4、孔径 0.8、厚 0.8 厘米（图六五六，10；彩版一五一，5）。

跪坐人像　1 件。C 型。

标本 L19：17，人像全身锈斑较多，头大身小，人物尖鼻、短颈、圆肩、平胸，身体微前倾，头颅上仰，面部表情祥和。人物眼睛、口、身后及头顶发式、背部交叉处捆绑绳索均以阴线刻划。圆眼，左右对称，嘴仅用一条阴线表示，耳垂双面钻孔，孔均未钻通，手指十指刻划齐全，两手掌间有分界线。高 18.8 厘米（图六五七；彩版一五二、一五三）。

虎　2 件。A 型。

标本 L19：19，器呈灰色，石质风化严重。尾巴缺失，耳朵右侧下齿、右前腿及左后腿局部残缺，器身还有多处细小残损。石虎大嘴张开呈半椭圆形，嘴的四角各有一颗犬齿，嘴的四周有两道阴线刻纹。弧边菱形立眼，眼珠未刻划。直鼻，鼻翼两侧分别有两道阴线纹作胡须。脑后双耳作杏仁状且向内卷。嘴内壁及双耳均涂有朱砂。长 22.3、宽 7.3、高 14.96 厘米（图六五八，1；彩版一五四、一五五）。

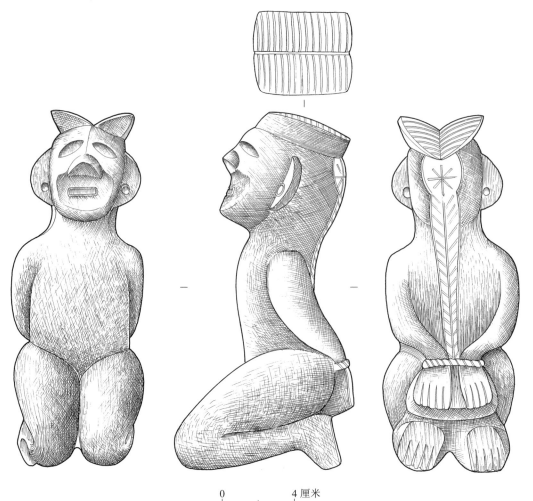

0　　　　　4 厘米

图六五七　东区 L19 出土 C 型石跪坐人像（L19：17）

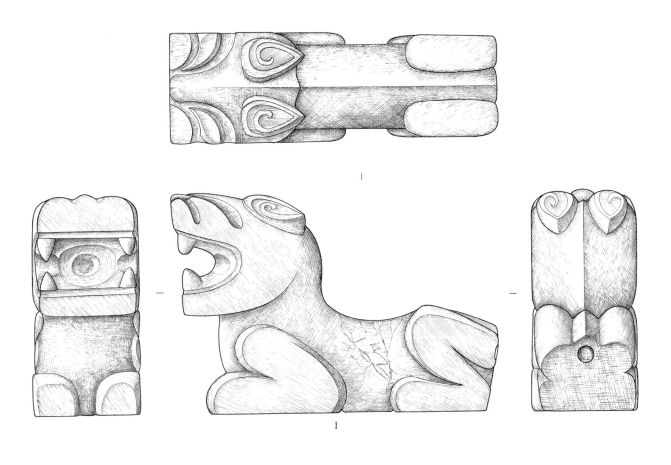

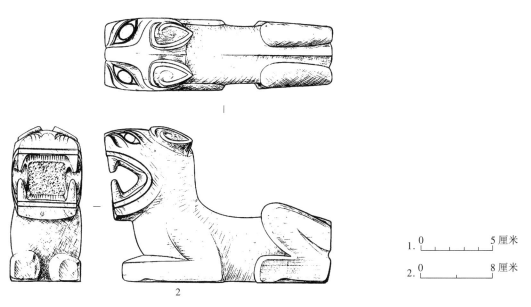

1. 0 _____ 5 厘米

2. 0 _____ 8 厘米

图六五八　东区 L19 出土 A 型石虎

1. L19∶19　2. L19∶18

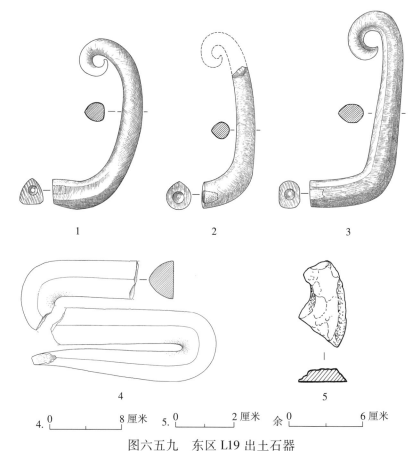

图六五九　东区 L19 出土石器

1~3. 石虎尾（L19：21、L19：20、L19：22）　4. A 型石蛇（L19：16）　5. 石料（L19：4）

标本 L19：18，器呈灰色，石质风化严重。尾巴缺失，耳朵右侧下齿、右前腿及左后腿局部残缺，器身还有多处细小残损。石虎大嘴张开，从侧面看呈半椭圆形，嘴内壁有朱砂，嘴的四角各有一颗犬齿，嘴的四周有两道阴线刻纹。弧边菱形立眼。脑后双耳作杏仁状且向内卷。长 24.5、宽 7.97、高 16.64 厘米（图六五八，2；彩版一五六、一五七）。

虎尾　3 件。

标本 L19：21，灰色。打磨呈三角形，打磨痕迹明显。尾稍上扬、卷曲。长 16.4 厘米（图六五九，1）。

标本 L19：20，灰色。打磨呈圆形，打磨痕迹明显。尾稍残缺。残长 13.7 厘米（图六五九，2）。

标本 L19：22，灰色。打磨呈圆角方形，打磨痕迹明显。尾稍卷曲。长 18.9 厘米（图六五九，3）。

蛇　1 件。A 型。

标本 L19：16，残存两段。平面呈"S"形，横剖面呈半圆形。蛇头、蛇尾残断。蛇身一面平直，一面隆起，至蛇尾处逐渐变窄。残长 54.5、宽 11.1、高 2.7 厘米（图六五九，4；彩版一五一，6）。

石料　1 件。

标本 L19：4，残长 2.8、残宽 1.5、厚 0.5 厘米（图六五九，5）。

（3）骨器

7 件。仅 1 件可辨识。

条形器　1 件。

标本 L19：30，残朽无法提取。

2. L17

位于 I T8204 北隔梁下，仅局部分布于 I T8205 南部。东部、南部被机挖沟破坏，南部及东部大量器物还叠压于机挖沟剖面上。开口于第 13 层下，打破第 14 层。堆积残存部分平面形状呈扇形，直壁，平底。口部半径约 1.1、底部半径约 1、深 0.45 米。坑内遗物叠压摆放，可分三层，每层内填土差别不大，均为纯净灰色沙土，夹杂少量红黄色斑点。第 1 层遗物为 6 件象牙；第 2 层遗物为 9 件象牙；第 3 层遗物为 13 件象牙（图六六〇；彩版一五八、一五九）。

（四）第 13 层出土遗物

该层出土遗物有陶器、玉器、石器和金器，数量较少，计有陶片 57 片、玉器 2 件、石器 1 件和金器 1 件。陶器以夹砂陶为主，占 87.72%。夹砂陶中灰黑陶占 82.00%，灰陶占 10.00%，灰黄陶占 8.00%；泥质陶中灰黑陶占 57.14%，灰褐陶占 28.57%，灰陶占 14.29%。夹砂陶中纹饰陶片较少，仅有 3 片细线纹、2 片粗绳纹和 1 片凹弦纹；泥质陶均为素面（表六五）。陶器可辨器形有敛口罐、器底、豆盘、豆柄。玉器种类有绿松石珠。石器种类有石锛残片。金器仅见金箔残片，器形不可辨。

表六五　东区第 13 层陶片统计表

陶质 陶色 纹饰	夹砂陶			小计	百分比（%）	泥质陶			小计	百分比（%）
	灰黑	灰	灰黄			灰黑	灰	灰褐		
素面	35	5	4	44	88.00	4	1	2	7	100.00
粗绳纹	2			2	4.00					
凹弦纹	1			1	2.00					
细线纹	3			3	6.00					
小计	41	5	4	50		4	1	2	7	
百分比（%）	82.00	10.00	8.00	100.00		57.14	14.29	28.57		100.00
合计	57									

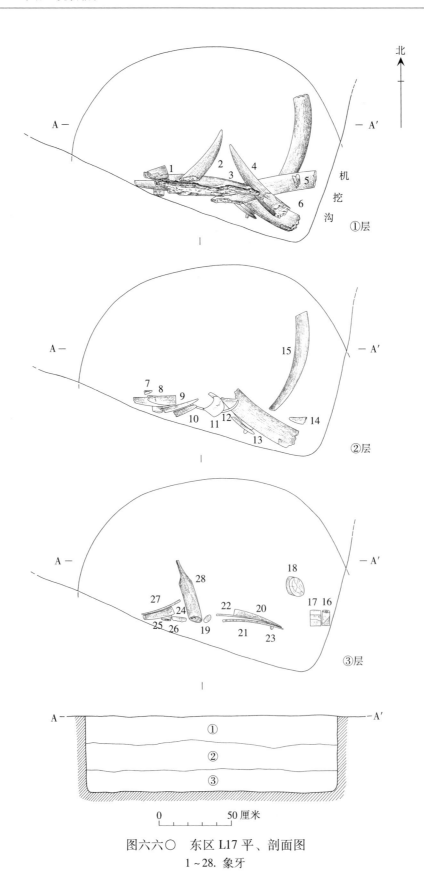

图六六〇　东区 L17 平、剖面图
1~28. 象牙

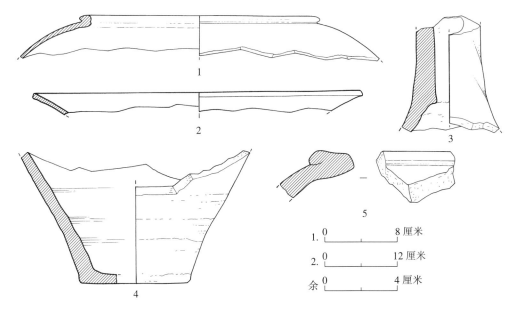

图六六一　东区第 13 层出土陶器

1、5. Bb 型敛口罐（ⅠT8404⑬：13、ⅠT8404⑬：2）　2. Da 型豆盘（ⅠT8404⑬：3）　3. Aa 型豆柄
（ⅠT8404⑬：11）　4. B 型器底（ⅠT8404⑬：10）

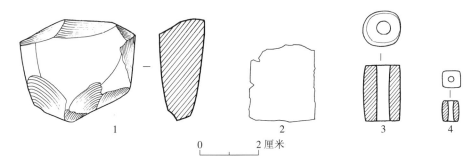

图六六二　东区第 13 层出土器物

1. 石锛残片（ⅠT8405⑬：1）　2. 金器残片（ⅠT8302⑬：1）　3、4. 绿松石珠（ⅠT8302⑬：2、ⅠT8302⑬：3）

（1）陶器

5 件。

敛口罐　2 件。Bb 型。

标本ⅠT8404⑬：13，夹砂灰黑陶。方唇。口径 26、残高 4.6 厘米（图六六一，1）。

标本ⅠT8404⑬：2，夹砂灰黑陶。方唇。残高 2.7 厘米（图六六一，5）。

豆盘　1 件。Da 型。

标本ⅠT8404⑬：3，夹砂灰黑陶。方唇。口径 54、残高 3 厘米（图六六一，2）。

豆柄　1 件。Aa 型。

标本ⅠT8404⑬：11，夹砂灰黑陶。残高 6.2 厘米（图六六一，3）。

器底　1 件。B 型。

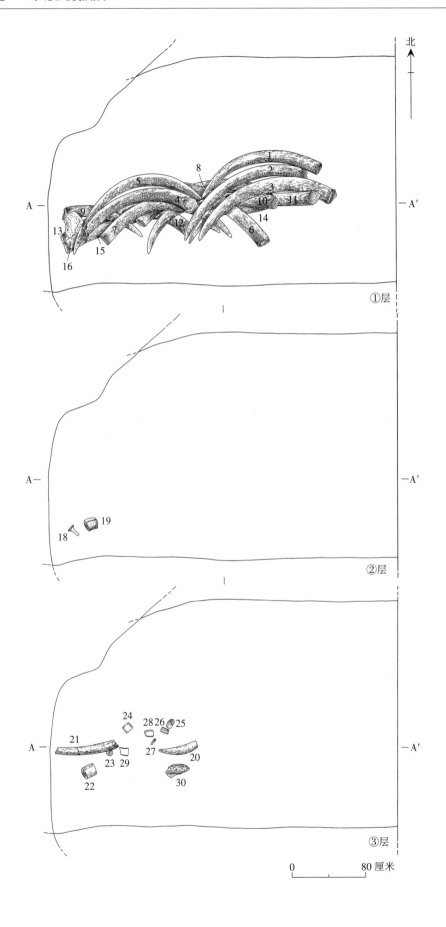

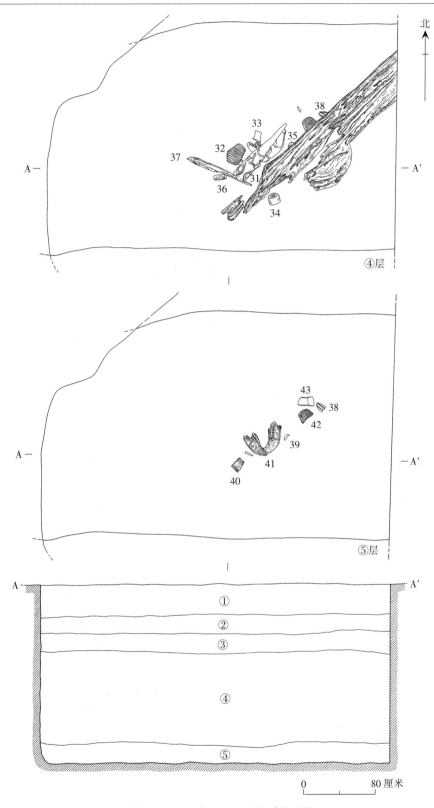

图六六三 东区 L11 平、剖面图

1~10、12~16、19~21. 象牙 11. 镶嵌玉片漆器 17. 玉珠 18. 陶豆柄 22、24~29、34、35、40、41. 圆柱
象牙器 23. 圆饼状象牙器 30、33. 象牙残片 31. 木胎虎头漆器 32、42. 大象臼齿 36、37. 木头 38. 玉矛
39. 骨头 43. 陶片（17 已提取）

标本ⅠT8404⑬:10，夹砂灰黑陶。底径6、残高6.9厘米（图六六一，4）。

（2）玉器

2件。

绿松石珠 2件。

标本ⅠT8302⑬:2，管状，表面磨光，孔对钻。直径1.3、孔径0.4、高1.9厘米（图六六二，3；彩版一四七，7）。

标本ⅠT8302⑬:3，管状，表面磨光，孔对钻。直径0.6、孔径0.1、高0.7厘米（图六六二，4）。

（3）石器

1件。

石锛残片 1件。

标本ⅠT8405⑬:1，仅存顶部残块。表面磨光，平面呈上小下大的等腰梯形。顶部保留自然面，一侧边平直。残长3.2、宽3.9、厚1.5厘米，重32.4克（图六六二，1）。

（4）金器

1件。

金器残片 1件。

标本ⅠT8302⑬:1，平面近长方形。极薄。长2.5、宽2.2厘米（图六六二，2）。

（五）第12层下遗迹及出土遗物

开口于该层下有祭祀遗迹1个，为L11（见附表三），分述如下。

L11

位于ⅠT8304北部，部分叠压于ⅠT8304北隔梁下，北部及东部上部被机挖沟破坏。开口于第12层下，距地表2.5米，堆置于古河道中淤沙之上。堆积平面形状呈不规则形，直壁，平底。东西长3.85、南北宽2.4、遗物堆积厚达1.9米。坑内填土为灰色沙土，极为疏松。遗物堆积较为集中，绝大部分叠压摆放，器物摆放从上至下可分5层，依据器物质料差异大致分为上下两层，上层以象牙为主，下层多为其他器物。共出土遗物43件。包括象牙18根，均较为完整，镶嵌玉片漆器1件、木胎虎头漆器1件、大象臼齿2件、象骨1件、圆柱象牙器10件、圆饼状象牙器1件、象牙残片2件、玉珠1件、陶豆柄1件、玉矛1件、木头2件、陶片2件（图六六三；彩版一六〇至一六二）。

（1）玉器

1件。

矛 1件。Aa型。

标本L11:38，仅存叶上部。中部有一道炭烧附着痕迹。表面磨光，制作精细。宽叶，锋尖呈平刃状，无脊，侧刃较利。残长 9.5、宽 6.8、厚 0.9 厘米，重 52.3 克（图六六四，1；彩版一六六，1）。

（2）漆木器

2 件。

镶嵌玉片漆器　1 件。

L11：11，原本应为一木器，木质部分已不存，仅存表面的漆器和绿松石装饰的局部。该器以红色漆绘出纹样主体，再以黑色漆勾勒纹样边缘，在空隙处填以绿松石，非常华丽。残缺的部分类似兽面纹的造型，其中眼睛部分较为明显，口部似露出牙齿，周围以勾卷、方折的线条来表示躯体等部位。残长 15、残宽 7.2 厘米（图六六四，4；彩版一六三）。

木胎虎头漆器　1 件。

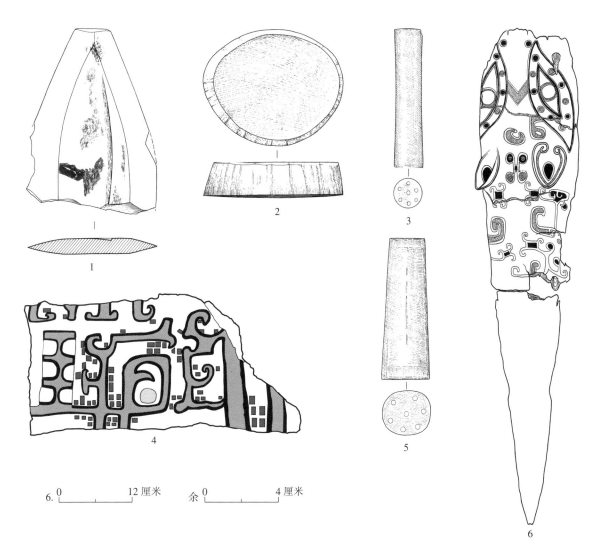

图六六四　东区 L11 出土器物

1. Aa 型玉矛（L11：38）　2. 圆饼状象牙器（L11：23）　3、5. 圆柱象牙器（L11：27、L11：41）
4. 镶嵌玉片漆器（L11：11）　6. 木胎虎头漆器（L11：31）

标本 L11：31，木胎质地，系用半圆木雕刻而成；尾部呈锥状，下部掏空呈凹槽未贯穿，耳部下部木头纵置未穿。头部、颈部饰有漆绘，尾部未见装饰。头部刻成虎头，耳部呈浅浮雕状，上涂有朱砂，周缘有黑漆；背部饰有黑漆涂朱兽面纹；两眼阴刻而成，圆框外饰有一圈圆圈纹，并涂有黑漆；涂朱菱形眼眶，墨彩眼珠。两眼之间凸脊为鼻梁，鼻梁下端为张开的嘴。整器背部以上饰漆涂朱，虎头惟妙惟肖，下部掏槽，可能为装饰于某物上的构件，犹如后世儿童所带虎头帽。通长约78、通宽约16.5、厚约5.5厘米（图六六四，6；彩版一六四、一六五）。

（3）象牙器

11件。

圆柱象牙器   10件。

标本 L11：27，长7.4、直径1.5~1.6厘米（图六六四，3）。

标本 L11：41，长7.5、直径2~2.7厘米（图六六四，5）。

圆饼状象牙器   1件。

标本 L11：23，长径7.6、短径6.2、厚1.9厘米（图六六四，2）。

（六）第 12 层出土遗物

该层出土遗物有陶器、玉器、石器、铜器和骨角器，数量较少，计有陶片31片、玉器4件、石器1件、铜器2件和骨器1件。陶器除1件泥质陶外均为夹砂陶，夹砂陶中灰黑陶占93.33%，灰褐陶占6.67%，仅有1片粗绳纹（表六六）。陶片均较碎，器形均不可辨。玉器种类有琮、珠、绿松石片、磨石，石器、铜器均为残片，骨器有骨凿。

表六六   东区第12层陶片统计表

纹饰 \ 陶色 \ 陶质	夹砂陶				泥质陶		
	灰黑	灰褐	小计	百分比（%）	灰褐	小计	百分比（%）
素面	27	2	29	96.67	1	1	100.00
粗绳纹	1		1	3.33			
小计	28	2	30		1	1	
百分比（%）	93.33	6.67		100.00	100.00		100.00
合计			31				

（1）玉器

4件。

琮   1件。Bb 型。

标本 ⅠT8404⑫：1，宽6.2、孔径3.2、高5.4厘米（图六六五，1）。

玉珠   1件。

标本 ⅠT8404⑫：2，平面呈扁筒状。表面磨光，孔对钻。长径1、孔径0.3、高1.1厘米（图

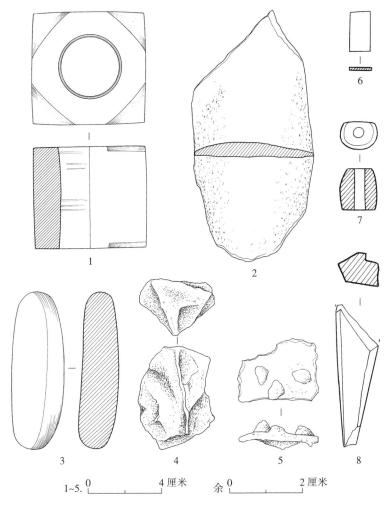

图六六五　东区第 12 层出土器物

1. Bb 型玉琮（ⅠT8404⑫：1）　2. 石器残片（ⅠT8404⑫：5）　3. 磨石（ⅠT8404⑫：7）　4、5. 铜器残片
（ⅠT8407⑫：1、ⅠT8405⑫：1）　6. 绿松石片（ⅠT8304⑫：1-1）　7. 玉珠（ⅠT8404⑫：2）　8. 骨凿（ⅠT8404⑫：6）

六六五，7）。

绿松石片　1 件 68 片。

标本ⅠT8304⑫：1，平面呈长方形，表面均磨制。标本ⅠT8304⑫：1-1，长 1.1、宽 0.6 厘米（图六六五，6；彩版一六六，2）。

磨石　1 件。

标本ⅠT8404⑫：7，淡黄色砂岩。平面呈半椭圆形，石身扁平。长 8.3、宽 2.8、厚 2 厘米，重 78.3 克（图六六五，3）。

（2）石器

1 件。

石器残片　1 件。

标本ⅠT8404⑫：5，平面呈椭圆形，器身较厚。疑为半成品，表面磨制。长 13.2、宽 6.4、厚

0.7厘米，重68.9克（图六六五，2）。

（3）铜器

2件。

铜器残片 2件。

标本ⅠT8407⑫：1，顶部残断，变形较严重。平面呈铲形。底端平面呈弧形，扁平，另一端中部有凸脊延伸至底部。器形不明。残长5.5、宽4、厚2.6厘米，重85.2克（图六六五，4）。

标本ⅠT8405⑫：1，仅存半边。平面形状不规则，器身略厚，一面残存三个乳突。残长3.2、宽4.5、厚1.2厘米，重25克（图六六五，5；彩版一六六，3）。

（4）骨器

1件。

凿 1件。

标本ⅠT8404⑫：6，仅存一残片。一面磨光。平面呈三角形，断面近四边形。残长3.7、残宽1.2、厚0.7厘米，重2.4克（图六六五，8）。

（七）第11层出土遗物

该层出土遗物有陶器、石器和象牙，计有陶片311片、石器3件和骨器2件。陶器以夹砂陶为主，占83.92%。夹砂陶中灰黑陶占72.41%，灰黄陶占14.56%，灰褐陶占6.13%，黄褐陶占4.21%，红褐陶占1.92%，灰陶占0.77%；泥质陶中灰黑陶占96.00%，灰黄陶占4.00%。夹砂陶中纹饰陶片占15.33%，以粗绳纹和细线纹为主，分别占85.00%和10.00%，另有极少量凹弦纹和乳丁纹；泥质陶均为素面（表六七）。陶片可辨器形有敛口罐、盆、器纽。石器种类有璧、石片等。

（1）陶器

4件。

表六七 东区第11层陶片统计表

陶质 陶色 纹饰	夹砂陶						小计	百分比（%）	泥质陶		小计	百分比（%）
	灰黑	灰	红褐	灰褐	黄褐	灰黄			灰黑	灰黄		
素面	159	2	3	13	11	33	221	84.68	48	2	50	100.00
粗绳纹	25		2	3		4	34	13.03				
凹弦纹				1			1	0.38				
细线纹	4						4	1.53				
乳丁纹	1						1	0.38				
小计	189	2	5	16	11	38	261		48	2	50	
百分比（%）	72.41	0.77	1.92	6.13	4.21	14.56		100.00	96.00	4.00		100.00
合计	311											

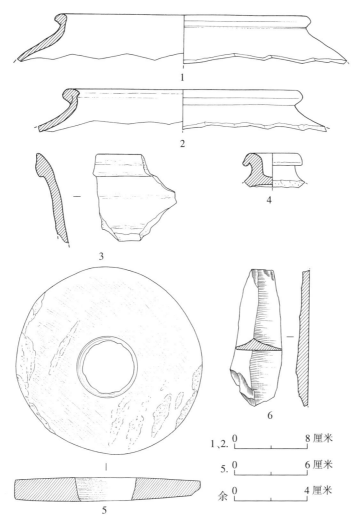

图六六六　东区第 11 层出土器物

1、2. Bd 型陶敛口罐（ⅠT8304⑪:45、ⅠT8304⑪:44）　3. F 型陶盆（ⅠT8304⑪:8）　4. A 型陶器纽
（ⅠT8404⑪:2）　5. Aa 型石璧（ⅠT8205⑪:3）　6. 石片（ⅠT8304⑪:1）

敛口罐　2 件。Bd 型。

标本ⅠT8304⑪:45，夹砂灰黑陶。圆唇。口径 28、残高 5.1 厘米（图六六六，1）。

标本ⅠT8304⑪:44，夹砂灰黑陶。圆唇。口径 26、残高 4.4 厘米（图六六六，2）。

盆　1 件。F 型。

标本ⅠT8304⑪:8，夹砂灰黑陶。方唇。残高 4.7 厘米（图六六六，3）。

器纽　1 件。A 型。

标本ⅠT8404⑪:2，夹砂灰黑陶。纽径 3.3、残高 1.7 厘米（图六六六，4）。

（2）石器

3 件。

璧　1 件。Aa 型。

标本ⅠT8205⑪：3，平面呈圆环状。表面磨光，有些地方较粗糙。环面宽于孔径。单面钻孔。器身厚薄不均。直径15.1、孔径5、厚1.9厘米（图六六六，5；彩版一六六，5、6）。

石片 2件。

标本ⅠT8304⑪：1，为石叶剥片。平面呈长条状。一面保留自然面，一面有剥离痕迹。长7.3、宽2.4、厚0.6厘米，重11.6克（图六六六，6；彩版一六六，4）。

（3）骨器

2件。为象牙，保护状态中无法绘图。

（八）第10层下遗迹及出土遗物

开口于该层下有2个祭祀遗迹，分别为L15、L16（图六六七；见附表三），分述如下（由于

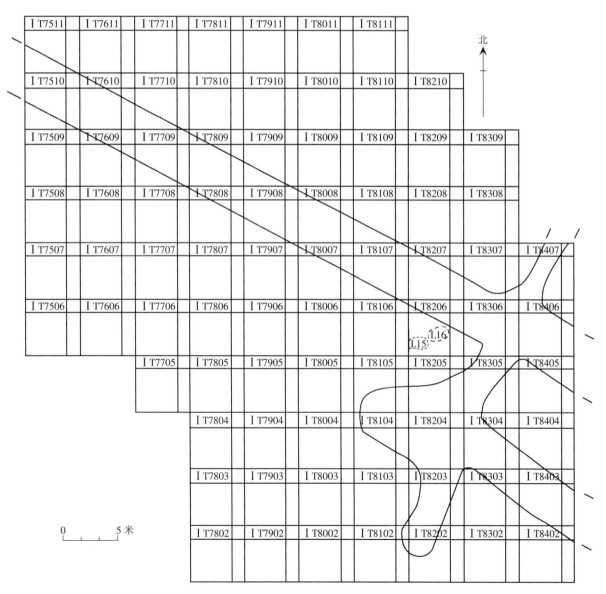

图六六七 东区第10层下遗迹平面分布图

这两个堆积中出土遗物均为象牙器，目前均处于保护状态中，无法提取绘图和照相，下文仅介绍现场堆积情况）。

1. L15

位于 I T8206 西南部，开口于第 10 层下，遗物堆置于第 11 层层表。堆积平面形状呈不规则形，直壁，平底。东西长 1.8、南北宽 1.1、遗物堆积厚 0.4 米。堆积内填土与第 10 层同，象牙器上有一薄层沙土包裹。堆积内出土遗物几乎全为象牙和象牙器，摆放无规律，共计出土 25 件象牙（图六六八；彩版一六七，1）。

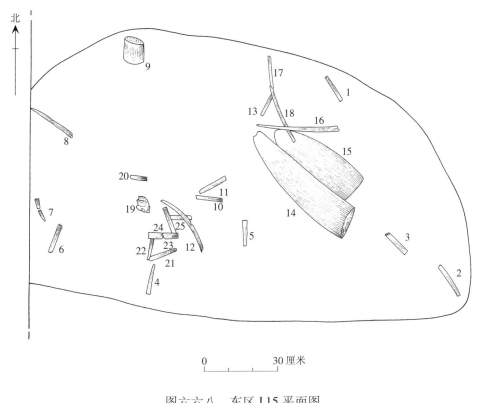

图六六八 东区 L15 平面图
1~25. 象牙

2. L16

位于 I T8206 东部，开口于第 10 层下，遗物堆置于第 11 层层表。堆积平面形状近椭圆形。长径 1.8、短径 1.65、遗物堆积厚 0.3 米。堆积内填土为青灰沙土，夹杂黄黏土，与第 11 层土质、土色相近，象牙周边由一层厚 0.03 米灰沙土区隔。堆积内出土遗物包括 11 件象牙尖及 6 件圆饼状象牙器。象牙尖有磨制痕迹，叠叠放置，尖部朝向南，饼形象牙器放置在象牙尖的北部，平放或斜放（图六六九；彩版一六七，2）。

北

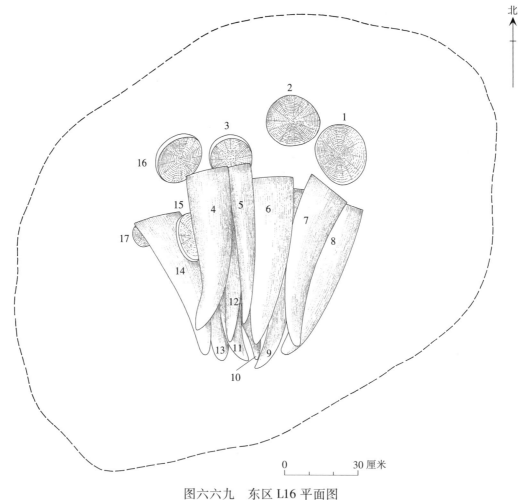

0   30 厘米

图六六九　东区 L16 平面图
1～3、15～17. 圆饼状象牙器　4～14. 象牙

（九）第 10 层出土遗物

该层出土遗物有陶器、玉器、石器、铜器和金器，数量和种类均较为丰富，其中陶片计有 1272 片、玉器 75 件、石器 4 件、铜器 19 件、金器 10 件。陶器以夹砂陶为主，占 74.14%。夹砂陶中灰黑陶占 71.69%，灰黄陶占 14.42%，灰褐陶占 9.44%，红褐陶占 2.65%，灰陶占 0.95%，黄褐陶占 0.85%；泥质陶中灰黑陶占 68.69%，灰黄陶占 14.89%，灰褐陶占 12.46%，灰陶占 2.74%，青灰陶和黄褐陶各占 0.61%。夹砂陶中纹饰陶片占 13.47%，以细线纹、粗绳纹、凹弦纹为主，分别占 60.63%、18.90% 和 15.75%，另有极少量细绳纹、凸棱纹和戳印纹；泥质陶中纹饰陶片占 10.64%，纹饰仅见细线纹和凸棱纹，分别占 94.29% 和 5.71%（表六八）。陶片可辨器形有尖底杯、尖底盏、小平底罐、敛口罐、矮领罐、束颈罐、盆、器座、豆盘、豆柄等。玉器种类有璋、凿、璧、环、镯、矛等。石器种类有斧、璧。铜器种类有锥形器、璧、挂饰、圆角方孔形器、圈足等。金器种类为鱼形金箔饰、金器残片。

表六八　东区第10层陶片统计表

陶质纹饰	夹砂陶						小计	百分比（%）	泥质陶						小计	百分比（%）
	灰黑	灰	红褐	灰褐	黄褐	灰黄			灰黑	灰	灰黄	灰褐	青灰	黄褐		
素面	580	9	25	80	6	116	816	86.53	202	9	46	33	2	2	294	89.36
细绳纹	4						4	0.42								
粗绳纹	17			3		4	24	2.54								
凹弦纹	14					6	20	2.12								
凸棱纹				1			1	0.11	2						2	0.61
细线纹	60			5	2	10	77	8.17	22		3	8			33	10.03
戳印纹	1						1	0.11								
小计	676	9	25	89	8	136	943		226	9	49	41	2	2	329	
百分比（%）	71.69	0.95	2.65	9.44	0.85	14.42		100.00	68.69	2.74	14.89	12.46	0.61	0.61		100.00
合计	1272															

（1）陶器

27件。

尖底杯　1件。Ba型Ⅰ式。

标本ⅠT8107⑩：3，泥质灰黑陶。侈口，尖唇。口径10.1、残高3.8厘米（图六七〇，1）。

尖底盏　1件。Bb型Ⅰ式。

标本ⅠT8206⑩：58，夹砂灰黑陶。圆唇。口径12.5、肩径12.9、高5厘米（图六七〇，2）。

小平底罐　5件。

Aa型Ⅱ式　1件。

标本ⅠT8106⑩：3，夹砂灰黑陶。圆唇。口径16、肩径18.4、残高7厘米（图六七〇，3）。

Ab型Ⅱ式　2件。

标本ⅠT8106⑩：57，夹砂灰黑陶。方唇。肩部饰竖向绳纹。口径16、肩径18.6、残高4.5厘米（图六七〇，4）。

Bc型Ⅰ式　1件。

标本ⅠT8405⑩：78，夹砂灰黑陶。尖唇。口径14.4、肩径14.8、残高2.6厘米（图六七〇，9）。

Ca型Ⅱ式　1件。

标本ⅠT8107⑩：13，泥质灰黑陶。尖唇。口径11、肩径11.6、底径2.5、高7.4厘米（图六七〇，7）。

敛口罐　3件。

Ab型　1件。

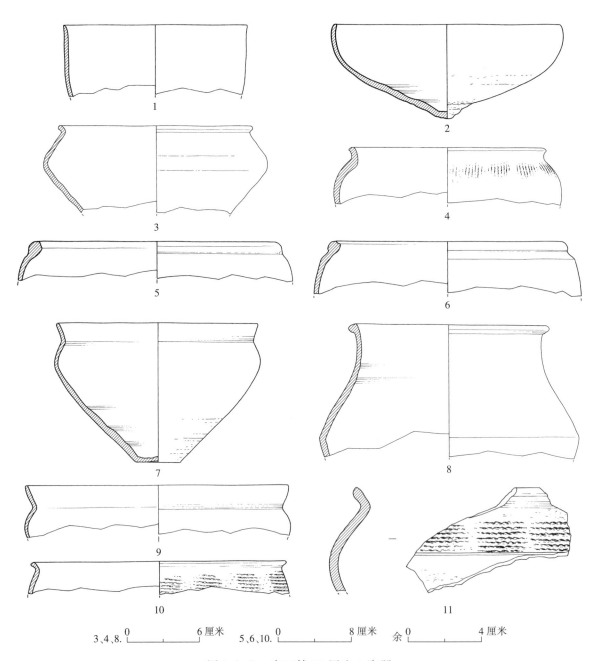

3、4、8. 0 ⌊___⌋ 6厘米   5、6、10. 0 ⌊___⌋ 8厘米   余 0 ⌊___⌋ 4厘米

图六七〇　东区第10层出土陶器

1. Ba 型 Ⅰ 式尖底杯（ⅠT8107⑩：3）　2. Bb 型 Ⅰ 式尖底盏（ⅠT8206⑩：58）　3. Aa 型 Ⅱ 式小平底罐（ⅠT8106⑩：3）
4. Ab 型 Ⅱ 式小平底罐（ⅠT8106⑩：57）　5. Ab 型敛口罐（ⅠT8404⑩：9）　6. Ca 型 Ⅱ 式敛口罐（ⅠT8405⑩：12）
7. Ca 型 Ⅱ 式小平底罐（ⅠT8107⑩：13）　8. F 型矮领罐（ⅠT8106⑩：2）　9. Bc 型 Ⅰ 式小平底罐（ⅠT8405⑩：78）
10. Ad 型 Ⅰ 式束颈罐（ⅠT8106⑩：26）　11. Ab 型 Ⅰ 式束颈罐（ⅠT8106⑩：53）

标本 ⅠT8404⑩：9，夹砂灰黄陶。方唇。口径26、残高4.2厘米（图六七〇，5）。

Ca 型 Ⅱ 式　2件。

标本 ⅠT8405⑩：12，夹砂灰黑陶。沿面有凹槽，方唇。口径26、残高5.4厘米（图六七〇，6）。

矮领罐　1件。F 型。

标本ⅠT8106⑩：2，夹砂灰黑陶。器形较小。平卷沿，圆唇，折肩。口径16.4、残高10.4厘米（图六七〇，8）。

束颈罐 3件。

Ab型Ⅰ式 2件。

标本ⅠT8106⑩：53，夹砂灰黑陶。方唇。肩部饰成组横向绳纹和一周凹弦纹。残高5.5厘米（图六七〇，11）。

Ad型Ⅰ式 1件。

标本ⅠT8106⑩：26，夹砂灰黑陶。尖唇。肩部饰横向绳纹。口径28、残高3.5厘米（图六七〇，10）。

盆 4件。

Cc型 2件。

标本ⅠT8405⑩：74，夹砂灰黄陶。平卷沿，圆唇。腹部饰一周凹弦纹。口径28、残高3.8厘米（图六七一，1）。

标本ⅠT8405⑩：72，夹砂灰黑陶。卷沿，沿面微凹。腹部饰一周凹弦纹。口径46、残高5.3厘米（图六七一，2）。

Cd型 1件。

标本ⅠT8106⑩：49，夹砂灰黑陶。平卷沿，圆唇。沿面压印绳纹。口径34、残高3.6厘米（图六七一，3）。

F型 1件。

标本ⅠT8405⑩：18，夹砂灰黑陶。卷沿，圆唇。口径32、残高3.5厘米（图六七一，4）。

豆盘 1件。Ba型。

标本ⅠT8106⑩：4，泥质灰黄陶。残高6.8厘米（图六七一，10）。

豆柄 2件。Aa型。

标本ⅠT8205⑩：16，夹砂灰黄陶。圈足径15.5、残高18厘米（图六七一，11）。

器座 1件。Ca型。

标本ⅠT8404⑩：2，夹砂灰黑陶。外斜卷沿，圆唇。下径22、残高10.5厘米（图六七一，5）。

器底 5件。

Aa型 1件。

标本ⅠT8405⑩：73，夹砂灰黑陶。底径12、残高5.5厘米（图六七一，6）。

Ac型 1件。

标本ⅠT8106⑩：5，夹砂灰黄陶。底径5.6、残高18.3厘米（图六七一，8）。疑为陶瓶器底。

Ed型Ⅰ式 2件。

标本ⅠT8106⑩：29，泥质灰黑陶。下腹部有旋痕。底径1.7、残高2.7厘米（图六七一，7）。

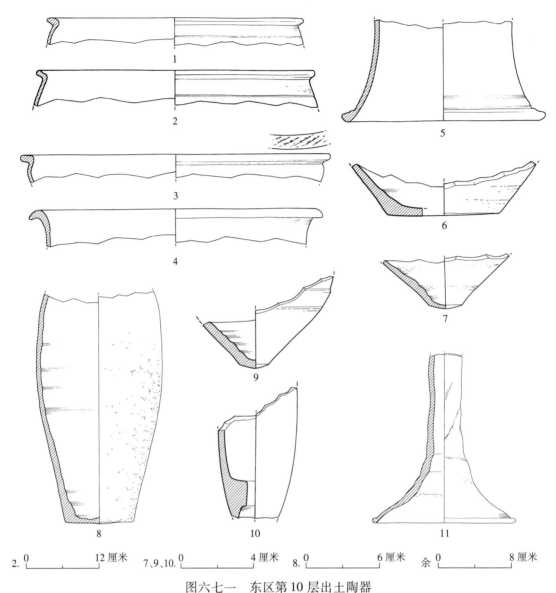

图六七一　东区第 10 层出土陶器

1、2. Cc 型盆（ⅠT8405⑩：74、ⅠT8405⑩：72）　3. Cd 型盆（ⅠT8106⑩：49）　4. F 型盆（ⅠT8405⑩：18）　5. Ca 型器座（ⅠT8404⑩：2）　6. Aa 型器底（ⅠT8405⑩：73）　7. Ed 型Ⅰ式器底（ⅠT8106⑩：29）　8. Ac 型器底（ⅠT8106⑩：5）　9. Ed 型Ⅱ式器底（ⅠT8205⑩：18）　10. Ba 型豆盘（ⅠT8106⑩：4）　11. Aa 型豆柄（ⅠT8205⑩：16）

Ed 型Ⅱ式　1 件。

标本ⅠT8205⑩：18，泥质灰黑陶。下腹部有旋痕。底径 1.5、残高 4.8 厘米（图六七一，9）。

（2）玉器

75 件。

玉矛残片　1 件。

标本ⅠT8305⑩：17，牙黄色。仅存末端，平面近梯形。骹部平直，器身两面中间为凹槽，两侧边缘呈锋刃状。残长 4.3、宽 4.1、厚 0.5 厘米（图六七二，7）。

璋　16 件。Ea 型。

标本ⅠT8206⑩：12，青色。平面呈长条形。表面磨光。两侧平直。器身扁平，刃部略宽，长方形柄，柄较器身窄。柄部有一双面钻穿孔。双阑。凹弧刃，刃尖一高一低。长5.4、宽1.4、厚0.1厘米（图六七二，1；彩版一六八，1）。

标本ⅠT8206⑩：18，青色，有白色、黄褐色沁斑，不透明。短方形柄，中部有一圆形穿。双阑，斜凹弧形刃。长5.07、宽1.35、厚0.26厘米（彩版一六八，2）。

标本ⅠT8206⑩：22，墨色，有成片的黄色沁斑，不透明。短方形柄，中部有一圆形穿。双阑，斜凹弧形刃。长5.27、宽1.2、厚0.16厘米（彩版一六八，3）。

标本ⅠT8105⑩：5，青色。平面呈长条形。表面磨光。两侧平直。器身扁平，刃部略宽，长方形柄，柄较器身窄。柄部有一双面钻穿孔。双阑，主阑呈齿突状。凹弧刃。长5.3、宽1.6、厚0.2厘米（图六七二，2；彩版一六八，4）。

标本ⅠT8206⑩：27，灰黑色。平面呈长条形。表面磨光。两侧平直。器身扁平，刃部略宽，长方形柄，柄较器身窄。柄部有一双面钻穿孔。双阑。凹弧刃。长5.3、宽1.4、厚0.1厘米（图六七二，3）。

标本ⅠT8405⑩：6，青色。平面呈长条形。表面磨光。两侧平直。器身扁平，刃部略宽，长方形柄，柄较器身窄。柄部有一双面钻穿孔。双阑。凹弧刃。长5.2、宽1.4、厚0.2厘米（图六七二，4；彩版一六八，5）。

标本ⅠT8405⑩：5，青色。平面呈长条形。表面磨光。两侧平直。器身扁平，刃部略宽，长方

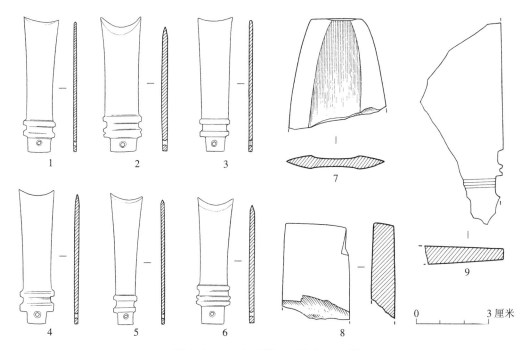

图六七二　东区第10层出土玉器

1~6. Ea型玉璋（ⅠT8206⑩：12、ⅠT8105⑩：5、ⅠT8206⑩：27、ⅠT8405⑩：6、ⅠT8405⑩：5、ⅠT8206⑩：25）

7. 玉矛残片（ⅠT8305⑩：17）　　8. 玉凿残片（ⅠT8405⑩：1）　　9. 玉璋残片（ⅠT8206⑩：15）

形柄，柄较器身窄。柄部有一双面钻穿孔。双阑。凹弧刃。长5.1、宽1.3、厚0.2厘米（图六七二，5）。

标本ⅠT8206⑩：25，青色。平面呈长条形。表面磨光。两侧平直。器身扁平，刃部略宽，长方形柄，柄较器身窄。柄部有一双面钻穿孔。双阑。凹弧刃。长4.9、宽1.4、厚0.2厘米（图六七二，6；彩版一六八，6）。

玉璋残片　3件。

标本ⅠT8206⑩：15，青黑色。平面形状不规则。表面磨光。器物边缘有一齿突，器面上刻划有四条平行直线纹。残长8、残宽3.4、厚0.7厘米（图六七二，9；彩版一六八，7）。

凿　1件。Ba型。

标本ⅠT8106⑩：12，青色，夹褐色沁斑。顶端略有残缺，弧刃锋利，整器打磨精细。长7.5、宽2.8、厚1厘米（彩版一六八，8）。

玉凿残片　3件。

标本ⅠT8405⑩：1，灰白色，夹红色沁斑。仅存顶部残块。表面磨光。平面呈上小下大的等腰梯形，断面呈长方形。顶部呈平面，侧边平直。残长3.7、宽2.7、厚0.9厘米，重18克（图六七二，8；彩版一六九，6）。

璧　3件。

Ba型　1件。

标本ⅠT8106⑩：11，白色，杂黄色沁斑，部分有冰裂痕迹。平面呈椭圆形，环面有多处细纹。整器打磨精细。孔径较小，环面较宽。长径6.4、短径5.1、厚0.6厘米（图六七三，1；彩版一六九，4）。

Bc型　2件。

标本ⅠT8206⑩：13，墨色，杂有白色沁斑。器孔较小，环面较宽。环外沿等距分布有四组凸起的牙饰，牙饰呈顺时针方向旋转，一牙上有三个齿状突起。整器制作规整，打磨精细。直径3.4、孔径0.6、厚0.2厘米（图六七三，5）。

标本ⅠT8305⑩：4，灰白色。环面留有研磨痕迹。平面不规整，牙不凸出。整器制作规整精细。直径2.5、孔径0.3、厚0.32厘米（彩版一六九，5）。

环　5件。

Aa型　4件。

标本ⅠT8206⑩：20，牙黄色，夹褐色沁斑。残存一半。表面磨光。环面较窄，孔径大，单面钻孔。外径7.5、内径5.3、厚0.3厘米（图六七三，3；彩版一六九，1）。

Ab型　1件。

标本ⅠT8206⑩：1，牙黄色。仅存一段。表面磨光。环面较窄，孔径大，单面钻孔。外径8.2、内径6.5、残长5.8、厚0.2厘米（图六七三，4；彩版一六九，2）。

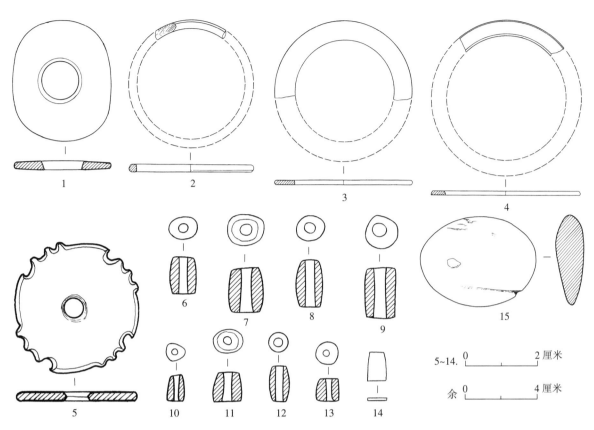

图六七三　东区第 10 层出土玉器

1. Ba 型玉璧（ⅠT8106⑩：11）　2. Aa 型玉镯（ⅠT8206⑩：30）　3. Aa 型玉环（ⅠT8206⑩：20）　4. Ab 型玉环
（ⅠT8206⑩：1）　5. Bc 型玉璧（ⅠT8206⑩：13）　6 ~ 13. 绿松石珠（ⅠT8206⑩：29 - 8、ⅠT8405⑩：7 - 2、
ⅠT8206⑩：29 - 10、ⅠT8206⑩：17 - 7、ⅠT8305⑩：8、ⅠT8405⑩：7 - 1、ⅠT8206⑩：17 - 1、ⅠT8206⑩：29 - 1）
14. 绿松石残片（ⅠT8206⑩：31）　15. 美石（ⅠT8305⑩：6）

镯　1 件。Aa 型。

标本ⅠT8206⑩：30，牙白色，夹黄色沁斑。仅存一段。表面磨光。环面窄，孔径大，单面钻孔。外径 6.8、内径 5.8、残长 3.8、厚 0.4 厘米（图六七三，2）。

绿松石珠　34 件。

标本ⅠT8206⑩：29 - 8，表面磨光，孔对钻。中部略鼓，管状。直径 0.7、孔径 0.2、高 1 厘米（图六七三，6）。

标本ⅠT8405⑩：7 - 1，表面有残损。表面打磨，孔对钻。扁筒状。长径 0.7、孔径 0.26、高 0.8 厘米，重 1.4 克（图六七三，11；彩版一六九，7）。

标本ⅠT8206⑩：29 - 10，表面磨光，孔对钻。中部略鼓，管状。直径 0.76、孔径 0.28、高 1.27 厘米（图六七三，8；彩版一六九，8）。

标本ⅠT8206⑩：17 - 7，表面磨光，孔对钻。中部略鼓，圆柱状。直径 0.8、孔径 0.3、高 1.4 厘米（图六七三，9；彩版一六九，9）。

标本ⅠT8305⑩：8，表面磨光，孔对钻。扁管状。整体器形相对偏小，俯视呈三角形。直径

0.5、孔径0.1、高0.7厘米（图六七三，10）。

标本ⅠT8405⑩：7－2，表面有残损。表面打磨，孔对钻。扁筒状。长径1、孔径0.3、高1.2厘米（图六七三，7；彩版一六九，10）。

标本ⅠT8206⑩：17－1，表面磨光，孔对钻。中部外鼓，圆柱状。直径0.6、孔径0.2、高1厘米（图六七三，12）。

标本ⅠT8206⑩：29－1，表面磨光，孔对钻。中部略鼓，圆柱状。直径0.6、孔径0.1、高0.6厘米（图六七三，13）。

绿松石残片　6件。

标本ⅠT8206⑩：31，平面近长方形。表面磨光。长0.8、宽0.5、厚0.1厘米（图六七三，14；彩版一六九，11）。

美石　2件。

标本ⅠT8305⑩：6，平面呈椭圆形。长径6.4、短径4.8、厚1.5厘米（图六七三，15；彩版一六九，3）。

（3）石器

4件。

斧　1件。Ba型。

标本ⅠT8205⑩：2，黑色。器表、两侧、刃部打磨粗糙。顶端保留自然断面。刃部有明显使用擦刮痕迹。长10.5~12.2、宽9.1、厚2.8厘米（图六七四，4）。

璧　2件。

Aa型　1件。

标本ⅠT8304⑩：1，仅存半边。孔单面钻通。平面呈圆环形。环面宽，由内向外渐薄。直径16.5、孔径5.5、厚1.9厘米，重209.6克（图六七四，3）。

Ba型　1件。

标本ⅠT8104⑩：11，长径6.5、孔径2、厚0.7厘米（图六七四，1）。

石璧坯料　1件。A型。

标本ⅠT8107⑩：1，片岩。边缘有剥离石片的痕迹，水浸痕迹较重。平面近椭圆形。长径7.3、短径6.4、厚1.2厘米，重64.1克（图六七四，2）。

（4）铜器

19件。

锥形器　1件。Aa型。

标本ⅠT8206⑩：5，平面呈尖条形，中部宽，两端窄，中间有脊直达两端，横剖面呈"V"字形。长11、宽1.8、厚0.2厘米（图六七五，6）。

挂饰　1件。D型。

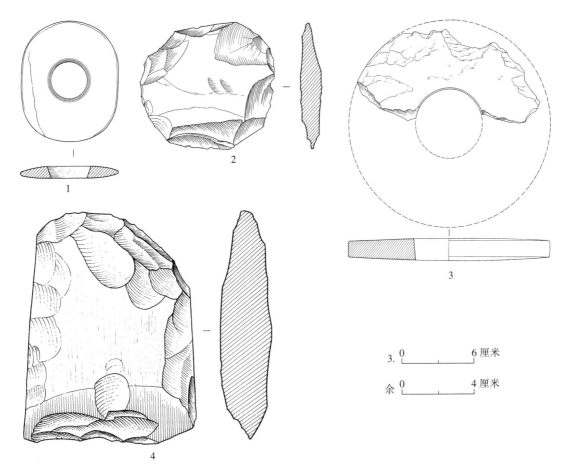

图六七四　东区第 10 层出土石器

1. Ba 型石璧（ⅠT8104⑩：11）　　2. A 型石璧坯料（ⅠT8107⑩：1）　　3. Aa 型石璧（ⅠT8304⑩：1）　　4. Ba 型石斧（ⅠT8205⑩：2）

标本ⅠT8405⑩：2，平面呈圆角长方形，上部略窄。顶部有环形纽。中部一面凸起，一面凹下。长 5.5、宽 3、厚 0.4 厘米，重 13.8 克（图六七五，4；彩版一七〇，1、2）。

璧　1 件。Ba 型。

标本ⅠT8105⑩：1，仅存一段。平面呈圆环形。环面较宽。残长 4.2、环面宽 1.7、厚 0.2 厘米，重 4.1 克（图六七五，5；彩版一七〇，3）。

圆角方孔形器　5 件。

Aa 型Ⅰ式　2 件。

标本ⅠT8206⑩：8，平面呈圆角梯形。中有一长方形穿孔，孔壁一面上凸成领。领呈上小下大的覆斗形。长 6.7、宽 5.1、孔长 2、孔宽 1.9、领高 1.2 厘米（图六七五，1；彩版一七〇，4、5）。

标本ⅠT8206⑩：7，平面呈圆角梯形。中有一长方形穿孔，孔壁一面上凸成领。领呈上小下大的覆斗形。长 6.3、宽 5.1、孔长 1.6、孔宽 1.4、领高 1.3 厘米（图六七五，2；彩版一七〇，6）。

Aa 型Ⅱ式　1 件。

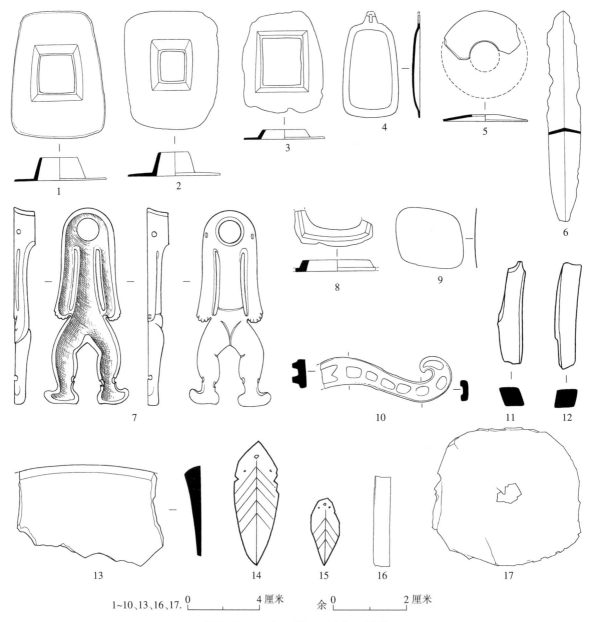

图六七五　东区第 10 层出土器物

1、2. Aa 型 I 式铜圆角方孔形器（ⅠT8206⑩：8、ⅠT8206⑩：7）　3. Ac 型铜圆角方孔形器（ⅠT8305⑩：1）　4. D 型铜挂饰（ⅠT8405⑩：2）　5. Ba 型铜璧（ⅠT8105⑩：1）　6. Aa 型铜锥形器（ⅠT8206⑩：5）　7. 铜立人像（ⅠT8206⑩：2）　8. Aa 型 II 式铜圆角方孔形器（ⅠT8305⑩：2）　9. 不规则铜片（ⅠT8405⑩：8－1）　10. 铜虎尾（ⅠT8205⑩：1）　11、12. 铜器残片（ⅠT8405⑩：3－1、ⅠT8405⑩：3－2）　13. B 型铜圈足残片（ⅠT8305⑩：5）　14. Aa 型 I 式鱼形金箔饰（ⅠT8206⑩：24－2）　15. B 型鱼形金箔饰（ⅠT8206⑩：24－1）　16、17. 金器残片（ⅠT8305⑩：9、ⅠT8306⑩：1）

标本ⅠT8305⑩：2，仅残存一小段。长 4.4、高 0.5 厘米（图六七五，8）。

Ac 型　2 件。

标本ⅠT8305⑩：1，平面形状不规则。边缘残损。中有一长方形穿孔，孔壁一面上凸成领。领呈上小下大的覆斗形。长 5.4、宽 4.4、孔长 2.5、孔宽 2、领高 0.5 厘米（图六七五，3；彩版一七一，1）。

不规则铜片　2件。

标本ⅠT8405⑩：8－1，平面略呈长方形。素面，一面光滑，一面粗糙。长3.6、宽3.2厘米（图六七五，9；彩版一七一，2）。

立人像　1件。

标本ⅠT8206⑩：2，手臂和左大腿、左脚有较大面积锈蚀，右手臂锈蚀。人物造型抽象，为后背形象，人体比例极不协调，中空。头部用一圆孔表示，双手下垂，长度夸张；下身短粗，双脚弯曲上翘外张，粗壮有力，未刻划手指及脚趾；胯部刻划清晰。肩部左右各有一对称圆形穿孔，下肢有两个对称圆形穿孔。整器制作规整精细。可能是装饰附件。高10.35厘米（图六七五，7；彩版一七二）。

虎尾　1件。

标本ⅠT8205⑩：1，平面呈钩状。上宽下窄。器身有一串形状不规则的凹槽，尾部上方形凹孔，可能原以绿松石片填充。仅存一段。残长7.2、宽1.5、厚0.8厘米（图六七五，10；彩版一七一，4、5）。

铜器残片　7件。

标本ⅠT8405⑩：3－1，仅存三段残块，平面呈长方形，断面呈菱形。残长2.7、宽0.5、厚0.5厘米，重9.1克（图六七五，11）。

标本ⅠT8405⑩：3－2，平面呈长方形，断面呈菱形。残长2.8、宽0.5、厚0.5厘米（图六七五，12）。

圈足残片　1件。B型。

标本ⅠT8305⑩：5，平面形状不规则。上宽下窄，似器物口沿。残长8、残宽5.1、厚0.9厘米（图六七五，13；彩版一七一，3）。

（5）金器

10件。

鱼形金箔饰　3件。

Aa型Ⅰ式　1件。

标本ⅠT8206⑩：24－2，平面呈柳叶形。极薄。上端有一圆形小穿孔，两侧各錾刻一小点。器身錾刻鱼刺纹。长3.3、宽1.2厘米（图六七五，14）。

B型　2件。

标本ⅠT8206⑩：24－1，平面呈柳叶形。上端有一圆形小穿孔，两侧各錾刻一小点。器身錾刻鱼刺纹。长1.8、宽0.8厘米（图六七五，15）。

金器残片　7件。

标本ⅠT8305⑩：9，平面呈条带状。长4.7、宽0.9厘米（图六七五，16）。

标本 Ⅰ T8306⑩：1，平面近圆形。器身中部有一穿孔。直径 7.8 厘米（图六七五，17；彩版一七一，6、7）。

（一〇）第 9b 层出土遗物

该层出土遗物有陶器、玉器、石器、铜器和金器，数量和种类均较为丰富，其中有陶片 882 片、玉器 8 件、石器 1 件、铜器 3 件和金器 8 件。陶器以夹砂陶为主，占 80.16%。夹砂陶中灰黑陶占 67.33%，灰黄陶占 19.09%，灰褐陶占 8.20%，黄褐陶占 3.40%，红褐陶占 1.13%，灰陶占 0.85%；泥质陶中灰黑陶占 54.28%，灰黄陶占 22.86%，灰陶占 15.43%，灰褐陶占 4.57%，黄褐陶占 2.86%。夹砂陶中纹饰陶片仅占 6.93%，包括粗绳纹、细线纹、凹弦纹和压印纹，分别占 38.77%、30.61%、24.50% 和 6.12%；泥质陶中纹饰陶片仅占 5.71%，包括粗绳纹、凹弦纹和镂孔，分别占 50.00%、30.00% 和 20.00%（表六九）。陶片可辨器形有敛口罐、束颈罐、高领罐、瓮、盆、豆柄等。玉器种类有剑、璋、环、箍形器、绿松石珠等。石器种类有石琮半成品。铜器种类有圆角方孔形器、铜器残片。金器均为残片，器形不可辨。

表六九　东区第 9b 层陶片统计表

陶质 / 色 / 纹饰	夹砂陶						小计	百分比（%）	泥质陶					小计	百分比（%）
	灰黑	灰	红褐	灰褐	黄褐	灰黄			灰黑	灰	灰黄	灰褐	黄褐		
素面	437	6	6	55	21	133	658	93.07	92	25	38	7	3	165	94.29
粗绳纹	12		2	2	3		19	2.69		2	1		2	5	2.86
凹弦纹	10					2	12	1.70			1	1		2	1.14
镂孔									3					3	1.71
细线纹	15						15	2.12							
压印纹	2			1			3	0.42							
小计	476	6	8	58	24	135	707		95	27	40	8	5	175	
百分比（%）	67.33	0.85	1.13	8.20	3.40	19.09		100.00	54.28	15.43	22.86	4.57	2.86		100.00
合计	882														

（1）陶器

8 件。

敛口罐　1 件。Ca 型 Ⅰ 式。

标本 Ⅰ T8106⑨b：36，夹砂灰黑陶。方唇。口径 24、残高 2.6 厘米（图六七六，1）。

束颈罐　2 件。

Ac 型 Ⅰ 式　1 件。

标本 Ⅰ T8106⑨b：32，夹砂灰黑陶。方唇。口径 28、残高 3.4 厘米（图六七六，2）。

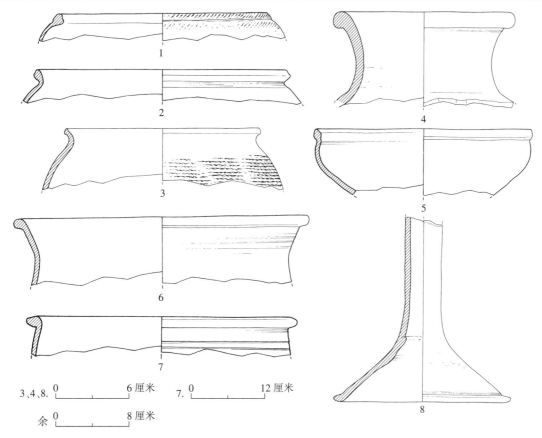

图六七六 东区第9b层出土陶器

1. Ca 型 I 式敛口罐（ⅠT8106⑨b：36） 2. Ac 型 I 式束颈罐（ⅠT8106⑨b：32） 3. Af 型束颈罐（ⅠT8106⑨b：33）
4. Fa 型 I 式高领罐（ⅠT8406⑨b：1） 5. Ec 型盆（ⅠT8406⑨b：3） 6. Bb 型瓮（ⅠT8406⑨b：2） 7. Cc 型盆
（ⅠT8106⑨b：31） 8. Aa 型豆柄（ⅠT8106⑨b：38）

Af 型 1 件。

标本ⅠT8106⑨b：33，夹砂灰黑陶。方唇。肩部饰横向绳纹。口径 16、残高 4.7 厘米（图六七六，3）。

高领罐 1 件。Fa 型 I 式。

标本ⅠT8406⑨b：1，夹砂灰黑陶。平卷沿，圆唇。口径 15、残高 7.5 厘米（图六七六，4）。

瓮 1 件。Bb 型。

标本ⅠT8406⑨b：2，夹砂灰黑陶。圆唇。口径 32、残高 7 厘米（图六七六，6）。

盆 2 件。

Cc 型 1 件。

标本ⅠT8106⑨b：31，夹砂灰黑陶。卷沿。腹部饰两周凹弦纹。口径 44、残高 5.7 厘米（图六七六，7）。

Ec 型 1 件。

标本ⅠT8406⑨b：3，夹砂灰黑陶。方唇。口径 24、残高 6.8 厘米（图六七六，5）。

豆柄　1件。Aa 型。

标本 I T8106⑨b：38，夹砂灰黑陶。圈足径 14.7、残高 14.7 厘米（图六七六，8）。

（2）玉器

8件。

剑　1件。

标本 I T8106⑨b：13，残长 14.3、宽 2.1、厚 0.7 厘米（图六七七，10）。

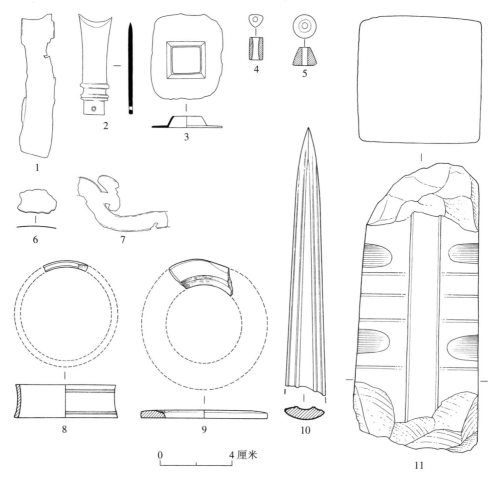

图六七七　东区第9b层出土器物

1、7. 金器残片（ I T8106⑨b：2、 I T8106⑨b：1-3）　2. Ea 型玉璋（ I T8106⑨b：7）　3. Aa 型 I 式铜圆角方孔形器
（ I T8407⑨b：5）　4、5. 绿松石珠（ I T8006⑨b：20、 I T8106⑨b：23）　6. 铜器残片（ I T8106⑨b：11）　8. Aa 型玉
箍形器（ I T8106⑨b：30-2）　9. Ab 型玉环（ I T8106⑨b：30-1）　10. 玉剑（ I T8106⑨b：13）　11. B 型Ⅲ式石琮
半成品（ I T8106⑨b：14）

璋　2件。Ea 型。

标本 I T8106⑨b：7，青黑色。表面磨光。平面呈长条形。两侧平直。器身扁平，刃部略宽，
长方形柄，柄较器身窄。柄部有一双面钻穿孔。双阑，主阑为齿突状。凹弧刃，刃尖一高一低。
长 5.3、宽 1.8、厚 0.2 厘米（图六七七，2）。

环　1件。Ab 型。

标本ⅠT8106⑨b∶30-1，器表有紫色、淡黄色、黑色沁斑，色彩斑斓。整器打磨光滑。外径7.2、内径4.2、厚0.4厘米（图六七七，9）。

箍形器　1件。Aa型。

标本ⅠT8106⑨b∶30-2，墨绿色，夹紫色沁斑。仅存一段。表面磨光，孔对钻后修整。器呈环柱体，环面很窄。方唇，束腰。直径5.5~5.7、高1.8、厚0.2厘米（图六七七，8）。

绿松石珠　3件。

标本ⅠT8106⑨b∶23，平面呈梯形，横剖面呈圆形。上窄下宽。表面磨光，孔对钻。直径0.6~1.2、孔径0.3、高1厘米（图六七七，5）。

标本ⅠT8006⑨b∶20，平面呈管状，横剖面呈不规则圆形。表面磨光，孔对钻。直径0.8、孔径0.2、高1.2厘米（图六七七，4）。

（3）石器

1件。

石琮半成品　1件。B型Ⅲ式。

标本ⅠT8106⑨b∶14，灰黄色。顶端、底端保留自然断面，器表打磨平整。全器分三节，每节角面阴刻一组横向平行凹槽刻纹，每组三条刻纹间距等齐划分，这些直线刻纹平直规整，线条纤细流畅；柱体四壁中轴有两条平行的竖槽刻纹。一道横向刻纹延伸至竖向槽刻纹之间，通过横向凹槽刻纹与竖向凹槽刻纹的相交点，可判断是先施刻横向凹槽刻纹，再施刻竖向凹槽刻纹。节与节之间转角处均用减地法打磨有半月形崩缺。长6.8、宽6.7、残高15.3厘米（图六七七，11；彩版一七三）。

（4）铜器

3件。

圆角方孔形器　1件。Aa型Ⅰ式。

标本ⅠT8407⑨b∶5，长4.6、宽4、孔径1.5、领高0.7厘米（图六七七，3）。

铜器残片　2件。

标本ⅠT8106⑨b∶11，残长1.8、宽1.1、厚0.05厘米（图六七七，6）。

（5）金器

8件。

金器残片　8件。

标本ⅠT8106⑨b∶1-3，平面形状不规则。器身有残损。残长5、宽3厘米（图六七七，7）。

标本ⅠT8106⑨b∶2，平面近长条状。器身有残损。长7.6、宽1.8厘米（图六七七，1）。

（一）　第9a层下遗迹及出土遗物

开口于该层下有6处祭祀遗迹，为L13、L14、L21~L23、L65（图六七八；见附表三）。分述

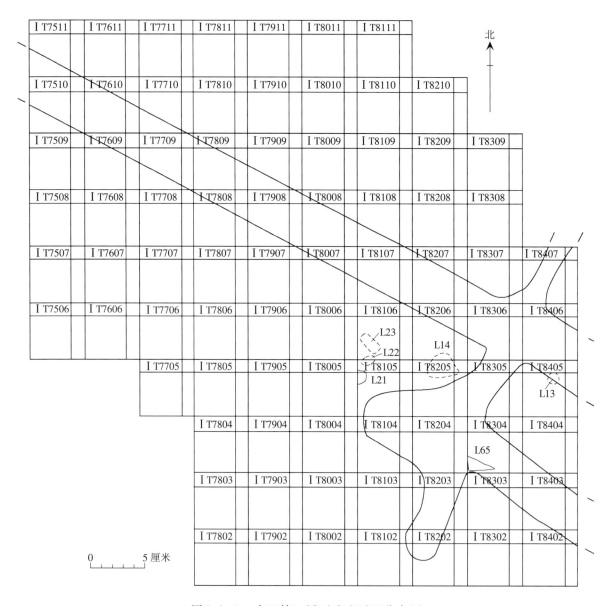

图六七八　东区第9层下遗迹平面分布图

如下。

1. L13

位于ⅠT8405北部，北部上部被机挖沟打破。开口于第9a层下，打破第10层。平面形状呈圆形，弧壁，坡状底。直径1.08、深0.12～0.25米。坑壁周围有一周木胎器的痕迹，且有朱砂出现，推测是一件木胎漆器的容器，木胎漆器外用铜条包箍，以便加固；坑的大小根据容器的大小挖掘。漆器已朽，坑内填土可分三层，第1层为黄褐色土，质地紧密，略带黏性；第2层为灰黄褐斑土，质地疏松，含沙较重；第3层为灰色土，质地疏松，略带黏性。坑内遗物原应放置于漆器内，共有7件铜器及1件金器（图六七九A；彩版一七四，1）。

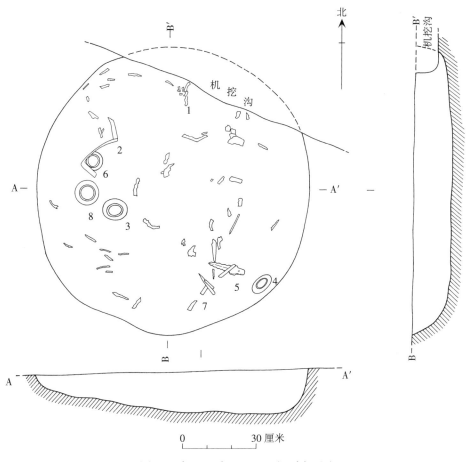

图六七九 A　东区 L13 平、剖面图
1. 人面形金器　2、7. 铜器残片　3、4、6、8. 铜璧　5. 铜戈

（1）铜器

7 件。

戈　1 件。Aa 型。

标本 L13∶5，平面呈十字形，援呈细长的等腰三角形。长方形内。本部两端出阑。本部正中有一圆形穿孔。凸出的中脊从穿孔处延伸到锋尖。锋部缓收。援部两侧各有七个齿状尖凸。器身有锈蚀。通长 19.6、内长 3.3、内宽 1、厚 0.3 厘米（图六七九 B，2；彩版一七四，2）。

璧　4 件。

Ac 型Ⅰ式　2 件。

标本 L13∶6，平面呈圆环形。孔径大于环面宽。孔缘双面凸出于环面形成领，孔壁及凸起的领呈三角形。直径 8.4、孔径 5.3、领高 1.1 厘米（图六七九 B，3；彩版一七四，3）。

标本 L13∶8，平面呈圆环形。孔径大于环面宽。孔缘双面凸出于环面形成领。孔壁有三个齿尖状突起。直径 8.3、孔径 5.3、领高 1 厘米（图六七九 B，4；彩版一七四，4）。

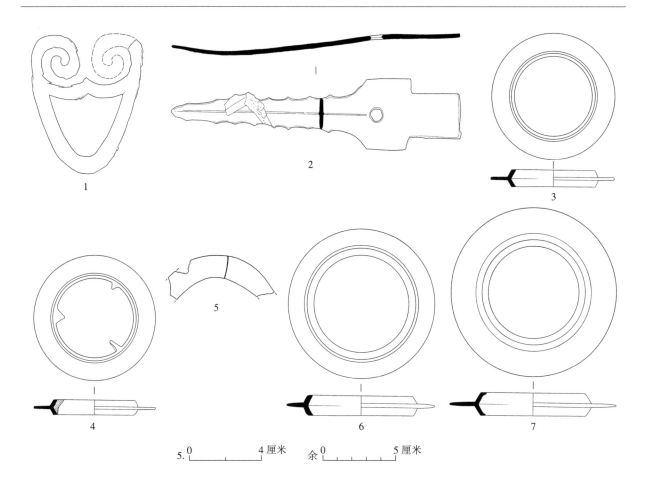

图六七九 B　东区 L13 出土器物

1. 人面形金器（L13：1）　2. Aa 型铜戈（L13：5）　3、4. Ac 型Ⅰ式铜璧（L13：6、L13：8）　5. 铜器残片（L13：7）
6、7. Ac 型Ⅱ式铜璧（L13：3、L13：4）

Ac 型Ⅱ式　2 件。

标本 L13：3，平面呈圆环形。孔径大于环面宽。孔缘双面凸出于环面形成领，孔壁及凸起的领呈三角形。直径 9.8、孔径 6.3、领高 1.3 厘米（图六七九 B，6；彩版一七四，5）。

标本 L13：4，平面呈圆环形。孔径大于环面宽。孔缘双面凸出于环面形成领。直径 11.1、孔径 6、领高 1.5 厘米（图六七九 B，7；彩版一七四，6）。

铜器残片　2 件。

标本 L13：7，平面呈环形，器形不明。残长 5.8、宽 1.2 厘米（图六七九 B，5）。

（2）金器

1 件。

人面形器　1 件。

标本 L13：1，器物似一略有变形的人面。人面仅刻划出眼睛、嘴。右侧眼部残断。长 9.3、宽 7.5 厘米（图六七九 B，1；彩版一七五，1、2）。

2. L14

位于ⅠT8205北部，叠压于北隔梁延伸至ⅠT8206南部。开口于第9a层下，打破第10层。该堆积距地表1.75米，平面形状呈不规则形，直壁，平底。东西最长3、南北最宽2.66、深0.83米。坑内填土为黄褐色黏砂土，质地紧密，黏性较强。填土按遗物堆积顺序可分六层，各层填土一致。出土遗物有陶器、金器、铜器、玉器、石器、象牙器，共计432件，以绿松石珠最多，其次是小牙璋，少许象牙残块，另外象牙上发现有涂朱现象（图六八〇；彩版一七五，3；彩版一七六、一七七）。

（1）陶器

1件。

小平底罐　1件。Ca型Ⅰ式。

标本L14：385，泥质灰黑陶。尖唇。口径14、残高5厘米（图六八一）。

（2）玉器

386件。

璋　57件。质地多为青黑色玉质。

Ea型　54件。

标本L14：51，平面呈长条形。表面磨光。两侧平直。器身扁平，刃部略宽，长方形柄，柄较器身窄。柄部有一双面钻穿孔。双阑。凹弧刃，刃尖一高一低。长5、宽1.3、厚0.1厘米（图六八二，1；彩版一七八，1、2）。

标本L14：316，平面呈长条形。表面磨光。两侧平直。器身扁平，刃部略宽，长方形柄，柄较器身窄。柄部有一双面钻穿孔。三阑。凹弧刃，刃尖一高一低。长5、宽1.1、厚0.2厘米（图六八二，2）。

标本L14：323，平面呈长条形。表面磨光。两侧平直。器身扁平，刃部略宽，长方形柄，柄较器身窄。柄部有一双面钻穿孔。双阑。凹弧刃，刃尖一高一低。长5.1、宽1.2、厚0.2厘米（图六八二，3）。

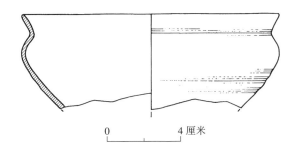

图六八一　东区L14出土Ca型Ⅰ式陶小平底罐（L14：385）

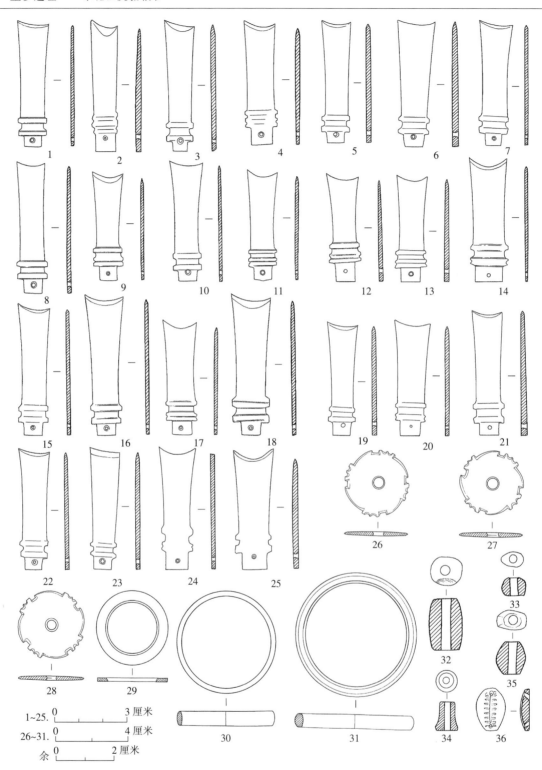

图六八二　东区 L14 出土玉器

1～23. Ea 型玉璋（L14：51、L14：316、L14：323、L14：184、L14：61、L14：63、L14：97、L14：171、L14：174、L14：177、L14：180、L14：185、L14：248、L14：256、L14：260、L14：261、L14：314、L14：315、L14：317、L14：319、L14：320、L14：321、L14：322）　24、25. Eb 型玉璋（L14：93、L14：175）　26～28. Bc 型玉璧（L14：172、L14：263、L14：264）　29. Ab 型玉环（L14：82）　30. Aa 型玉镯（L14：78）　31. Ab 型玉镯（L14：84）　32～35. 绿松石珠（L14：113、L14：215、L14：378、L14：148）　36. 玉海贝佩饰（L14：86）

标本 L14∶184，平面呈长条形。表面磨光。两侧平直。器身扁平，刃部略宽，长方形柄，柄较器身窄。柄部有一双面钻穿孔。三阑。凹弧刃，刃尖一高一低。长 5、宽 1.1、厚 0.2 厘米（图六八二，4；彩版一七八，3）。

标本 L14∶26，灰白色，有黄色沁斑，不透明。短方形柄，中部有一穿孔，单面钻。双阑，凹弧形刃。长 5.22、宽 1.28、厚 0.16 厘米（彩版一七八，4）。

标本 L14∶61，青色，有黄色、白色沁斑，不透明。短方形柄，中部有一穿孔，单面钻。双阑，凹弧形刃。长 5、宽 1.32、厚 0.23 厘米（图六八二，5；彩版一七八，5）。

标本 L14∶63，灰白色，有黄色沁斑，不透明。短方形柄，中部有一穿孔，单面钻。双阑，器身略呈梯形，凹弧形刃。长 5.05、宽 1.52、厚 0.27 厘米（图六八二，6；彩版一七八，6）。

标本 L14∶94，灰白色，有黄、绿色沁斑，不透明。短方形柄，中部有一穿孔，单面钻。双阑，阑与身之间有圆弧形凹陷分隔，凹弧形刃。长 4.7、宽 1.13、厚 0.13 厘米（彩版一七八，7）。

标本 L14∶97，青色，有黄、白色沁斑，不透明。短方形柄，中部有一穿孔，单面钻。双阑，凹弧形刃。长 5.25、宽 1.37、厚 0.13 厘米（图六八二，7；彩版一七八，8）。

标本 L14∶171，青白色，有白色、黄、褐色沁斑，不透明。短方形柄，中部有一穿孔，单面钻。双阑，凹弧形刃。长 5.28、宽 1.22、厚 0.16 厘米（图六八二，8；彩版一七八，9）。

标本 L14∶174，青色，有白色、黄、褐色沁斑，不透明。短方形柄，中部有一穿孔，单面钻。双阑，主阑似反向凸出的兽首，凹弧形刃。长 4.86、宽 1.39、厚 0.18 厘米（图六八二，9；彩版一七九，1、2）。

标本 L14∶177，青色，有白色沁斑，不透明。短方形柄，中部有一穿孔，单面钻。双阑，凹弧形刃。长 5.15、宽 1.4、厚 0.12 厘米（图六八二，10；彩版一七九，3）。

标本 L14∶180，黄色，有白、褐色沁斑，不透明。短方形柄，中部有一穿孔，单面钻。双阑，主阑为凸出的双兽首，凹弧形刃。长 4.9、宽 1.35、厚 0.18 厘米（图六八二，11；彩版一七九，4）。

标本 L14∶183，墨色，有白色沁斑，不透明。短方形柄，中部有一穿孔，单面钻。双阑，凹弧形刃。长 5.16、宽 1.36、厚 0.22 厘米（彩版一七九，5）。

标本 L14∶185，黄色，有大量白色点状沁斑，不透明。短方形柄，中部有一穿孔，单面钻。双阑，主阑为凸出的双兽首，斜凹弧形刃。长 4.92、宽 1.51、厚 0.24 厘米（图六八二，12；彩版一七九，6）。

标本 L14∶248，黄色，有大量白色点状沁斑，不透明。短方形柄，中部有一穿孔，单面钻。双阑，主阑为凸出的双兽首，斜凹弧形刃。长 4.76、宽 1.4、厚 0.2 厘米（图六八二，13；彩版一七九，7）。

标本 L14∶256，墨色，有白色沁斑，不透明。短方形柄，中部有一穿孔，单面钻。双阑，主阑为凸出的简化双兽首，斜凹弧形刃。长 5、宽 1.58、厚 0.25 厘米（图六八二；14；彩版一七九，8）。

标本 L14：260，墨色，有黄色、白色沁斑，不透明。短方形柄，中部有一穿孔，单面钻。双阑，凹弧形刃。器身近阑处有一墨书方形符号。长 5.34、宽 1.26、厚 0.14 厘米（图六八二，15；彩版一七九，9）。

标本 L14：261，青灰色，有白色树枝状沁斑，不透明。短方形柄，中部有一穿孔，单面钻。双阑，凹弧形刃。长 5.31、宽 1.45、厚 0.13 厘米（图六八二，16；彩版一八〇，1）。

标本 L14：314，青色，有白色、黄褐色沁斑，不透明。短方形柄，中部有一穿孔，单面钻。双阑，主阑为凸出的简化双兽首，斜凹弧形刃。长 4.68、宽 1.5、厚 0.2 厘米（图六八二，17；彩版一八〇，2）。

标本 L14：315，青灰色，有白色树枝状沁斑，不透明。短方形柄，中部有一穿孔，单面钻。双阑，凹弧形刃。长 5.33、宽 1.55、厚 0.18 厘米（图六八二；18；彩版一八〇，3）。

标本 L14：317，墨色，有白色沁斑，不透明。短方形柄，中部有一穿孔，单面钻。双阑，凹弧形刃。长 4.59、宽 1.4、厚 0.23 厘米（图六八二，19；彩版一八〇，4）。

标本 L14：319，青色，有白色、黄褐色沁斑，不透明。短方形柄，中部有一穿孔，单面钻。双阑，主阑为凸出的简化双兽首，斜凹弧形刃。长 4.6、宽 1.55、厚 0.24 厘米（图六八二，20；彩版一八〇，5）。

标本 L14：320，青色，有大量点状沁斑，不透明。短方形柄，中部有一穿孔，单面钻。双阑，间距较大，斜凹弧形刃。长 5.1、宽 1.27、厚 0.22 厘米（图六八二，21；彩版一八〇，6）。

标本 L14：321，青色，夹白色沁斑，不透明。短方形柄，中部有一穿孔，单面钻。双阑，斜凹弧形刃。长 4.94、宽 1.44、厚 0.22 厘米（图六八二，22；彩版一八〇，7）。

标本 L14：322，青色，夹白色树枝状沁斑，不透明。短方形柄，中部有一穿孔，单面钻。双阑，斜凹弧形刃。长 5.07、宽 1.23、厚 0.23 厘米（图六八二，23；彩版一八〇，8）。

标本 L14：323，墨色，夹少量黄色沁斑，不透明。短方形柄，中部有一穿孔，单面钻。双阑，斜凹弧形刃。长 5.17、宽 1.2、厚 0.15 厘米（彩版一八〇，9）。

Eb 型　3 件。

标本 L14：93，平面呈长条形。表面磨光。两侧平直。器身扁平，刃部略宽，长方形柄，柄较器身窄。柄部有一双面钻穿孔。无阑，仅有凸齿。凹弧刃，刃尖一高一低。长 4.95、宽 1.59、厚 0.25 厘米（图六八二，24；彩版一八一，1）。

标本 L14：175，平面呈长条形。表面磨光。两侧平直。器身扁平，刃部略宽，长方形柄，柄较器身窄。柄部有一双面钻穿孔。无阑，仅有凸齿。凹弧刃，刃尖高度相差不大。长 5.2、宽 1.5、厚 0.2 厘米（图六八二，25；彩版一八一，2）。

璧　4 件。Bc 型。

标本 L14：172，平面呈圆形。中间有圆孔。孔径较小，环面宽。环面上留有管钻痕迹，外沿等距分布有四组凸起的齿饰，每一牙上有三个齿状突起。直径 3.46、孔径 0.46、厚 0.23 厘米（图六八二，26；彩版一八一，3）。

标本 L14：194，平面呈圆形。中间有圆孔。孔径较小，环面宽。环面上留有管钻痕迹，外沿等距分布有四组凸起的齿饰，每一牙上有两个齿状突起。直径 3.4、孔径 0.3、厚 0.2 厘米（彩版一八一，4）。

标本 L14：263，灰色，不透明，器表有大量褐色片状和白色条状沁斑。器孔径较小，环面较宽。环外沿分布有四组凸起的牙饰，每一牙上有三个齿状突起。直径 3.42、孔径 0.55、厚 0.27 厘米（图六八二，27）。

标本 L14：264，灰色，不透明，器表有褐色片状和白色条状沁斑。器孔径较小，环面较宽。环外沿分布有四组凸起的牙饰，每一牙上有三个齿状突起。直径 3.58、孔径 0.54、厚 0.24 厘米（图六八二，28）。

环　6 件。Ab 型。

标本 L14：82，平面呈圆环形。表面磨光，打磨规整。单面钻孔，孔径较大。外径 4、内径 2.7、厚 0.2 厘米（图六八二，29；彩版一八一，5）。

镯　8 件。

Aa 型　7 件。

标本 L14：78，平面呈圆环形。剖面呈椭圆形。表面磨光。双面钻孔，孔径较大。外径 5.4、内径 4.9、厚 0.3 厘米（图六八二，30；彩版一八一，6、7）。

Ab 型　1 件。

标本 L14：84，平面呈圆环形。剖面呈橄榄球形。表面磨光。双面钻孔，孔径较大。外径 6.5、内径 5.4、厚 0.45 厘米（图六八二，31；彩版一八一，8）。

玉珠　1 件。

标本 L14：36，灰绿色。表面无光泽，有切割痕迹，孔对钻。喇叭形管状。直径 1.2 ~ 1.5、孔径 1.5 ~ 1.7、高 1.8 厘米（彩版一八一，9）。

绿松石珠　308 件。

标本 L14：113，表面磨光，孔对钻。中部略鼓，平面呈扁筒状。直径 1、孔径 0.3、高 1.5 厘米（图六八二，32）。

标本 L14：215，表面磨光，孔对钻。中部略鼓，平面呈扁筒状。长径 0.7、孔径 0.2、高 0.5 厘米（图六八二，33）。

标本 L14：378，表面磨光，孔对钻。中部略鼓，平面呈台阶状。直径 0.8、孔径 0.2、高 1.1 厘米（图六八二，34）。

标本 L14：148，表面磨光，孔对钻。中部略鼓，平面呈扁筒状。长径 0.9、孔径 0.25、高 1 厘米（图六八二，35）。

玉海贝佩饰 1 件。

标本 L14：86，透闪石软玉。乳白色，器表夹杂少量黄色沁斑，其余部分玉质较纯。器身正面呈弧形，背面平直。两侧边圆滑，器中部有一纵向沟槽，沟槽两侧又精琢出对称排列的九道浅凹槽，沟槽顶端有一系挂绳用的小穿孔。长 1.4、宽 1 厘米（图六八二，36；彩版一八二，1、2）。

美石 1 件。

标本 L14：77，白色斜长石，夹黑、红、黄色斑块。平面呈椭圆形，体较厚。长 3.5、宽 2.9、厚 1.9 厘米，重 34.6 克（彩版一八二，6）。

（3）石器

3 件。

斧 1 件。Aa 型。

标本 L14：92，灰黑色。平面近长方形，刃端略宽。表面打磨。顶部保留自然面，侧边平直，弧刃。长 13.6、宽 5.6、厚 2 厘米，重 286 克（图六八三，1；彩版一八二，3）。

凿 1 件。A 型。

标本 L14：313，灰白色。平面呈长方形，断面呈椭圆形。顶部残断，侧边平直，弧刃。残长 13.9、宽 1.5、厚 1.3 厘米，重 47.8 克（图六八三，2；彩版一八二，4）。

簪 1 件。

标本 L14：96，顶部残断。表面磨光。平面呈尖锥形，断面呈六边形。残长 6.2、宽 0.4、厚 0.3 厘米，重 4.2 克（彩版一八二，5）

（4）铜器

4 件。

璧 1 件。Ba 型。

标本 L14：330，一小段残失。平面呈圆环形，形体较小。环面较窄。直径 0.7、厚 0.1 厘米，重 0.2 克（彩版一八二，7）。

铜器残片 3 件。

标本 L14：79，残片平面近椭圆形，较薄。器形不明。长 6、宽 5.66 厘米，重 3.2 克（图六八三，3；彩版一八二，8）。

标本 L14：199，残片平面呈不规则形。器形不明（彩版一八二，9）。

（5）金器

39 件。

圆形金箔饰 17 件。B 型。

标本 L14：59，平面近圆形。器身有一小穿孔。直径 1.2 厘米（图六八三，4；彩版一八三，7）。

鱼形金箔饰 6 件。Aa 型 I 式。

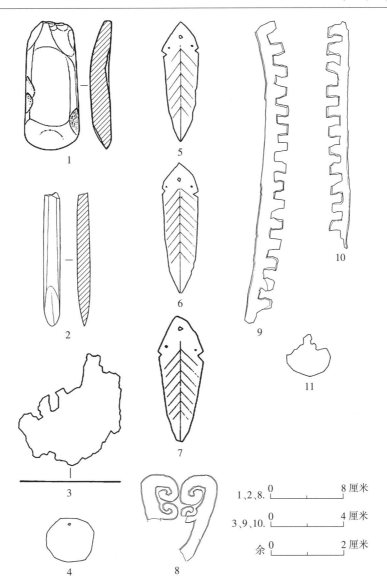

图六八三　东区 L14 出土器物

1. Aa 型石斧（L14：92）　2. A 型石凿（L14：313）　3. 铜器残片（L14：79）　4. B 型圆形金箔饰（L14：59）　5~7. Aa 型 I 式鱼形金箔饰（L14：28、L14：272、L14：166）　8. 人面形器（L14：56）　9、10. 锯齿形金饰（L14：81－1、L14：81－2）　11. 金器残片（L14：269）

　　标本 L14：28，平面呈柳叶形。上端有一圆形小穿孔，两侧各錾刻一小点。器身錾刻鱼刺纹。长 3.2、宽 1 厘米（图六八三，5；彩版一八三，1、2）。

　　标本 L14：272，平面呈柳叶形。头部为三角形，眼睛为一近圆形穿孔，眼睛后方的头部上下各有一圆形穿孔，弧肩，尾端为三角形。近头端宽，近尾端窄。身上錾刻有鱼刺纹。器表有多处褶皱，嘴部和头部上下各有一处残缺。长 3.53、宽 1、厚 0.01 厘米（图六八三，6；彩版一八三，3、4）。

　　标本 L14：166，平面呈柳叶形。头部为三角形，眼睛为一近圆形穿孔，眼睛后方的头部上下各有一圆形穿孔。近头端宽，近尾端窄。身上錾刻有鱼刺纹。器表有多处褶皱，尾部略有残损。

长 3.31、宽 1.22 厘米（图六八三，7；彩版一八三，5、6）。

人面形器 1 件。

标本 L14：56，平面形状不规则。器物似一略有变形的人面，人面上近眼睛、嘴形状较为清楚。一侧嘴角残损。残长 9、宽 8 厘米（图六八三，8；彩版一八四，1、2）。

锯齿形金饰 2 件。

标本 L14：81 - 1，器身有十五个齿突。长 16、宽 0.6 厘米（图六八三，9；彩版一八四，3）。

标本 L14：81 - 2，器身有十一个齿突。长 12.1、宽 0.5 厘米（图六八三，10；彩版一八四，4）。

金器残片 13 件。

标本 L14：269，平面呈不规则形。长 1.2 厘米（图六八三，11；彩版一八三，8）。

标本 L14：53，平面呈长条状。长 4.4、宽 1.4 厘米（彩版一八三，9）。

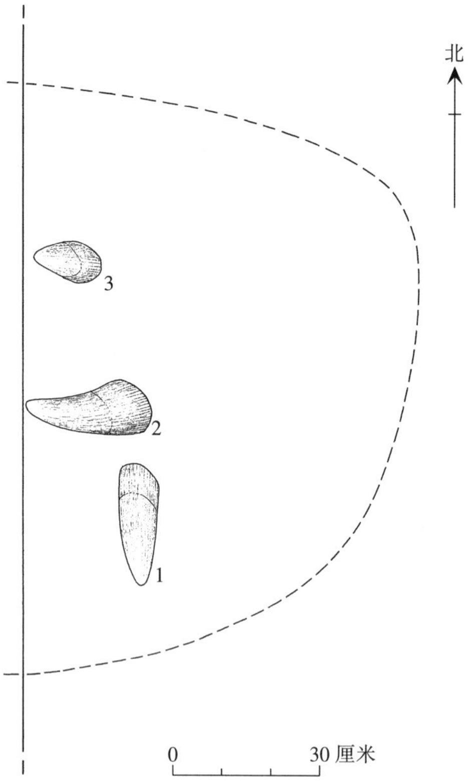

图六八四　东区 L21 平面图
1~3. 象牙

3. L21

位于 I T8105 西北角，部分叠压于其北壁、西壁下，东部被 D2 打破。开口于第 9a 层下，遗物堆置于第 10 层层表之上。堆积平面形状大致呈圆形，斜坡状堆积。直径 1.17、遗物堆积厚 0~0.5 米。坑内填土为黄褐色砂黏土，结构疏松。出土遗物仅为 3 件象牙（图六八四；彩版一八五）。

4. L22

位于 I T8106 南部，部分叠压于 I T8105 北隔梁下，东部、南部被 D3、D4 打破。平面形状呈不规则椭圆形，斜壁，平底。口长径 1.3、短径 0.7 米，底部长径 1.1、短径 0.35 米，深 0.3 米。坑内填土为黄褐色砂黏土，结构疏松。出土遗物包括 4 件象牙及 1 件残石器（图六八五；彩版一八六，1）。

5. L23

位于 I T8106 西部。开口于第 9a 层下，遗物堆置于第 10 层层表之上。堆积平面形状呈长方形。长 1.7、宽 0.8、遗物堆积厚 0.1 米。堆积内填土为黄褐色砂黏土，结构疏松。出土遗物共计 13 件，包括玉璋 2 件、玉珠 6 件、鱼形金箔饰 1 件、金器残片 1 件、石璧坯料 1 件、陶器 2 件

（图六八六；彩版一八六，2）。

（1）陶器

2件。

器盖　2件。Bb型。

标本L23∶11，夹砂灰黑陶。方唇。口径14.2、高3.3厘米（图六八七，1）。

标本L23∶13，夹砂灰黑陶。口径13.1、残高2.6厘米（图六八七，2）。

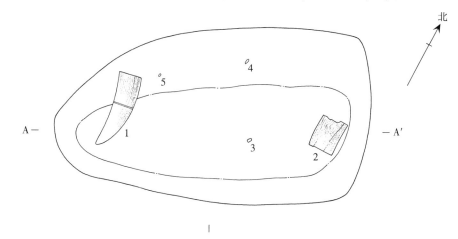

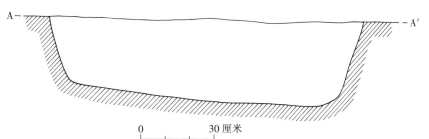

图六八五　东区L22平、剖面图

1~3、5. 象牙　4. 石器残片

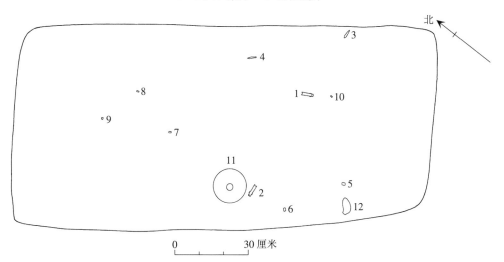

图六八六　东区L23平面图

1、2. 玉璋　6~10. 玉珠　3~5. 金箔　11. 陶器盖　12. 石片

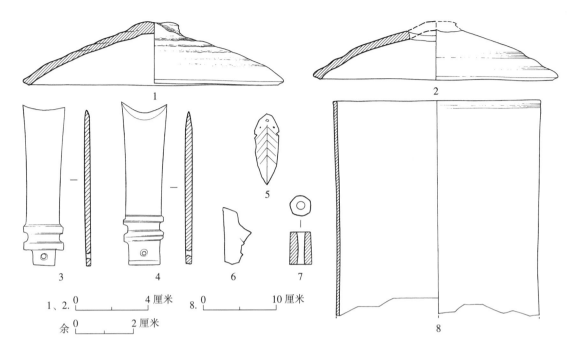

图六八七　东区 L23、L65 出土器物

1、2. Bb 型陶器盖（L23：11、L23：13）　　3、4. Ea 型玉璋（L23：1、L23：2）　　5. Aa 型 I 式鱼形金箔饰（L23：3）
6. 金器残片（L23：4）　　7. 玉珠（L23：6）　　8. A 型陶桶形器（L65：1）

（2）玉器

8 件。

璋　2 件。Ea 型。

标本 L23：1，平面呈长条形。表面磨光。两侧平直。器身扁平，刃部略宽，长方形柄，柄较器身窄。柄部有一双面钻穿孔。双阑。凹弧刃，刃尖一高一低。长 5.2、宽 1.4、厚 0.2 厘米（图六八七，3；彩版一八七，1、2）。

标本 L23：2，平面呈长条形。表面磨光。两侧平直。器身扁平，刃部略宽，长方形柄，柄较器身窄。柄部有一双面钻穿孔。双阑。凹弧刃，刃尖一高一低。长 5.5、宽 1.5、厚 0.25 厘米（图六八七，4；彩版一八七，3）。

玉珠　6 件。

标本 L23：6，平面呈长方形，管状。表面磨光，孔对钻。长 1.1、宽 0.8、孔径 0.2、高 0.9 厘米（图六八七，7）。

（3）石器

1 件。

石璧坯料　1 件。A 型。

标本 L23：12，平面近圆形。中部凸起，边缘较薄。直径 6.8、厚 0.8 厘米，重 59.2 克（彩版一八七，4）。

（4）金器

2件。

鱼形金箔饰　1件。Aa型Ⅰ式。

标本L23：3，平面呈柳叶形。上端有一圆形小穿孔，两侧各錾刻一小点。器身錾刻鱼刺纹。长2.3、宽0.8厘米（图六八七，5；彩版一八七，5、6）。

金器残片　1件。

标本L23：4，平面形状不规则。长1.9、宽0.9厘米（图六八七，6）。

6. L65

位于ⅠT8304西南部，其西部、北部均被机挖沟破坏。开口于第9a层下，打破第10层。为象牙堆积，坑内出土了大量象牙，象牙交错叠放，几无填土。坑内填土为黄灰色黏土，质地紧密。坑内有一个长长的凸土印，经过比对，土印处推测为1件较大的玉璋。该象牙坑出于保护需要，未做进一步清理。东西残长5.6、南北残宽3、深1.4米（图六八八；彩版一八八）。

陶器

1件。

桶形器　1件。A型

标本L65：1，夹砂灰褐陶。方唇。口径28.4、残高28厘米（图六八七，8）。

（一二）第9a层出土遗物

该层出土遗物有陶器、玉器、石器、铜器、金器、骨角器，数量和种类均极为丰富，计有陶片9321片、玉器196件、石器35件、铜器23件、金器50件和骨角器2件。陶器以夹砂陶为主，占58.07%。夹砂陶中灰黑陶占66.01%，灰黄陶占20.41%，灰褐陶占8.48%，灰陶占2.66%，黄褐陶占1.87%，红褐陶占0.57%；泥质陶中灰黑陶占51.64%，灰黄陶占30.83%，灰褐陶占11.62%，灰陶占4.48%，黄褐陶占1.30%，红陶占0.13%。夹砂陶中纹饰陶片仅占4.45%，以细线纹、凹弦纹、粗绳纹和压印纹为主，分别占44.81%、21.16%、19.92%和5.81%，另有极少量重菱纹、细绳纹、网格纹、戳印纹等；泥质陶中纹饰陶片仅占1.57%，以细线纹、重菱纹为主，分别占61.29%和25.81%，另有极少量凹弦纹、镂孔、瓦棱纹和圆圈纹（表七〇）。陶片可辨器形有尖底杯、尖底盏、尖底罐、小平底罐、瓮形器、敛口罐、高领罐、矮领罐、束颈罐、缸、瓮、桶形器、器纽、纺轮、盆形器、豆盘、豆柄等。玉器种类有矛、璋、凿、璧、环、镯、箍形器、绿松石珠等。石器种类有璋、斧、锛、球、璧、纺轮、戈等。铜器种类有人头、戈、镞、锥形器、璧、圆角方孔形器、桃形板、眼睛形器等。金器种类有鱼形金箔饰、圆形金箔饰、条形金饰等。骨角器种类有珠、骨饰品等。

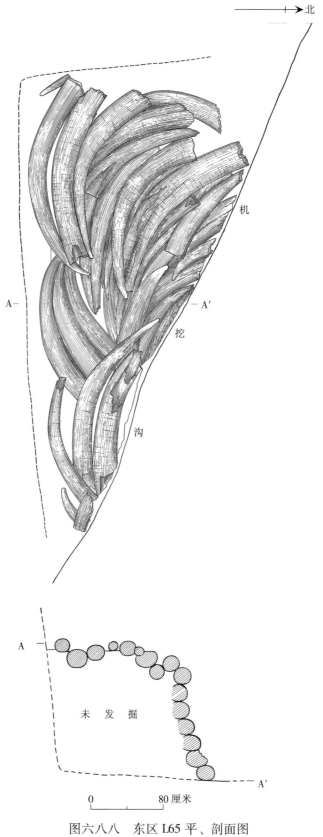

北

机

挖

沟

A

A'

未　发　掘

A

A'

0　　　　80厘米

图六八八　东区 L65 平、剖面图

表七〇　东区第9a层陶片统计表

陶质 陶色 纹饰	夹砂陶						小计	百分比（%）	泥质陶						小计	百分比（%）
	灰黑	灰	红褐	灰褐	黄褐	灰黄			灰黑	灰	灰黄	灰褐	红	黄褐		
素面	3402	142	28	429	93	1078	5172	95.55	1974	169	1200	448	4	51	3846	98.41
细绳纹	4						4	0.07								
粗绳纹	30		1	12	3	2	48	0.89								
重菱纹	2					2	4	0.07	7	3	2	4			16	0.41
凹弦纹	30	1		7	4	9	51	0.94	1		1				2	0.05
凸棱纹	1	1					2	0.04								
镂孔									1		1	1			3	0.08
细线纹	87		2	10	1	8	108	1.99	35		1	1	1		38	0.97
压印纹	11					3	14	0.26								
网格纹	2						2	0.04								
戳印纹	2						2	0.04								
瓦棱纹	1			1		3	5	0.09		1					1	0.03
方格纹	1						1	0.02								
圆圈纹											2				2	0.05
小计	3573	144	31	459	101	1105	5413		2018	175	1205	454	5	51	3908	
百分比（%）	66.01	2.66	0.57	8.48	1.87	20.41		100.00	51.64	4.48	30.83	11.62	0.13	1.30		100.00
合计	9321															

（1）陶器

105件。

尖底杯　14件。

Aa型Ⅰ式　2件。

标本ⅠT8006⑨a：1，泥质灰黑陶。尖唇。下腹饰细弦纹。口径12.1、底径2.3、高9.3厘米（图六八九，1）。

Ba型Ⅱ式　3件。

标本ⅠT8007⑨a：324，泥质灰黄陶。尖唇。口径9.4、高约13.8厘米（图六八九，3）。

标本ⅠT8105⑨a：26，泥质灰黑陶。尖唇，小平底。下腹饰细弦纹。口径9.2、底径1.4、高15.3厘米（图六八九，4）。

Bb型Ⅰ式　5件。

标本ⅠT8105⑨a：36，泥质灰黑陶。小平底。下腹饰细弦纹。口径13.5、底径2、高18厘米（图六八九，5）。

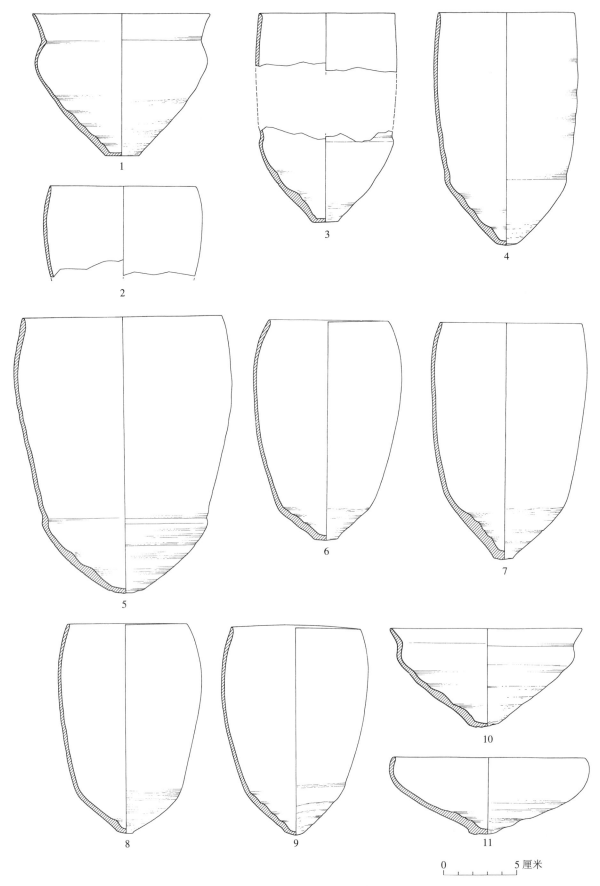

图六八九　东区第 9a 层出土陶器

1. Aa 型 I 式尖底杯（I T8006⑨a：1）　　2、8、9. Bb 型 II 式尖底杯（I T8105⑨a：27、I T8106⑨a：70、I T8106⑨a：76）

3、4. Ba 型 II 式尖底杯（I T8007⑨a：324、I T8105⑨a：26）　　5～7. Bb 型 I 式尖底杯（I T8105⑨a：36、I T8106⑨a：94、I T8106⑨a：91）　　10. Ad 型尖底盏（I T8105⑨a：40）　　11. Ba 型 II 式尖底盏（I T8106⑨a：80）

标本ⅠT8106⑨a：94，泥质灰黑陶。尖唇。近底部饰细弦纹。口径8.2、底径1.4、高14.6厘米（图六八九，6）。

标本ⅠT8106⑨a：91，泥质灰黑陶。尖圆唇。近底部饰细弦纹。口径9.6、底径1.2、高15.7厘米（图六八九，7）。

Bb型Ⅱ式　4件。

标本ⅠT8106⑨a：70，上腹泥质灰黄陶，下腹泥质灰黑陶。尖圆唇，尖底。近底部饰细弦纹。口径8.3、高13.9厘米（图六八九，8）。

标本ⅠT8106⑨a：76，泥质灰黑陶。尖唇，尖底。近底部饰细弦纹。口径9、高13.8厘米（图六八九，9）。

标本ⅠT8105⑨a：27，泥质灰黑陶。口径10、残高6厘米（图六八九，2）。

尖底盏　2件。

Ad型　1件。

标本ⅠT8105⑨a：40，夹砂灰黑陶。圆唇。口径12.8、肩径12、高6.6厘米（图六八九，10）。

Ba型Ⅱ式　1件。

标本ⅠT8106⑨a：80，夹砂灰黑陶。圆唇。口径12.6、肩径13.6、高5.2厘米（图六八九，11）。

尖底罐　1件。B型Ⅰ式。

标本ⅠT8006⑨a：76，夹砂灰黄陶。尖圆唇。口径7.2、肩径10.8、高10厘米（图六九〇，1）。

小平底罐　5件。

Ad型Ⅱ式　1件。

标本ⅠT8007⑨a：325，夹砂灰黑陶。方唇。肩部饰两道划纹。口径16、肩径17.6、残高7厘米（图六九〇，2）。

Ba型Ⅱ式　1件。

标本ⅠT8106⑨a：84，夹砂灰黑陶。尖唇。口径11.3、肩径12、底径3.3、高7.5厘米（图六九〇，3）。

Bc型Ⅰ式　1件。

标本ⅠT7911⑨a：1，夹砂灰黑陶。尖唇。口径12.5、肩径12.8、底径2.6、高9.4厘米（图六九〇，4）。

Ca型Ⅰ式　2件。

标本ⅠT8007⑨a：110，泥质灰黑陶。尖唇。口径14、肩径13.8、残高3.9厘米（图六九〇，5）。

标本ⅠT8006⑨a：2，夹砂灰黄陶。尖唇。口径12.1、肩径12.2、底径2.4、高7.2厘米（图六九〇，6）。

瓮形器　3件。

Ca型　1件。

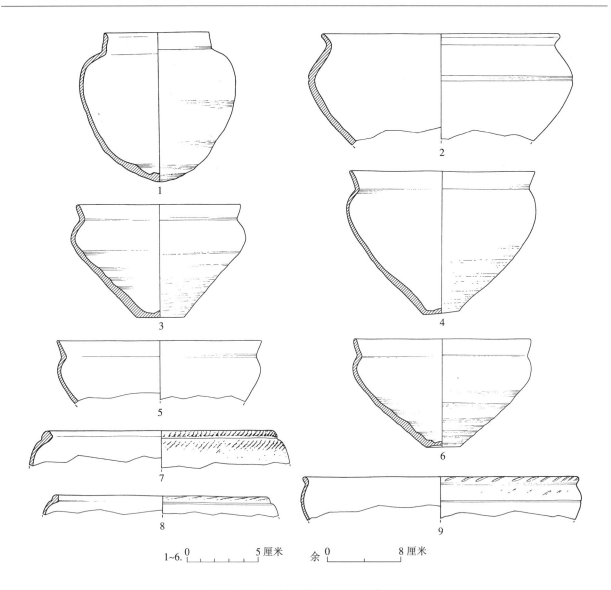

图六九〇　东区第9a层出土陶器

1. B 型 I 式尖底罐（I T8006⑨a：76）　2. Ad 型 II 式小平底罐（I T8007⑨a：325）　3. Ba 型 II 式小平底罐（I T8106⑨a：84）　4. Bc 型 I 式小平底罐（I T7911⑨a：1）　5、6. Ca 型 I 式小平底罐（I T8007⑨a：110、I T8006⑨a：2）　7. Ca 型瓮形器（I T8106⑨a：222）　8. Da 型瓮形器（I T8405⑨a：4）　9. Db 型瓮形器（I T8105⑨a：100）

标本 I T8106⑨a：222，夹砂灰黑陶。方唇。通体饰绳纹。口径 26、残高 3.4 厘米（图六九〇，7）。

Da 型　1 件。

标本 I T8405⑨a：4，夹砂灰黑陶。方唇。唇部饰绳纹。口径 24、残高 1.9 厘米（图六九〇，8）。

Db 型　1 件。

标本 I T8105⑨a：100，夹砂灰黑陶。方唇。唇部饰绳纹，肩部饰一周凹弦纹。口径 30、残高 4.5 厘米（图六九〇，9）。

敛口罐　2 件。

Aa 型 II 式　1 件。

标本 I T8405⑨a：22，夹砂灰黑陶。沿面有凹槽，方唇。口径 23、残高 2.4 厘米（图六九一，10）。

Bb 型　1 件。

标本 IV T7805⑨a：1，夹砂灰黑陶。圆唇。残高 2.5 厘米（图六九一，11）。

高领罐　18 件。

C 型 I 式　4 件。

标本 I T8105⑨a：240，夹砂灰褐陶。平折沿，圆唇。口径 17、残高 4.7 厘米（图六九一，2）。

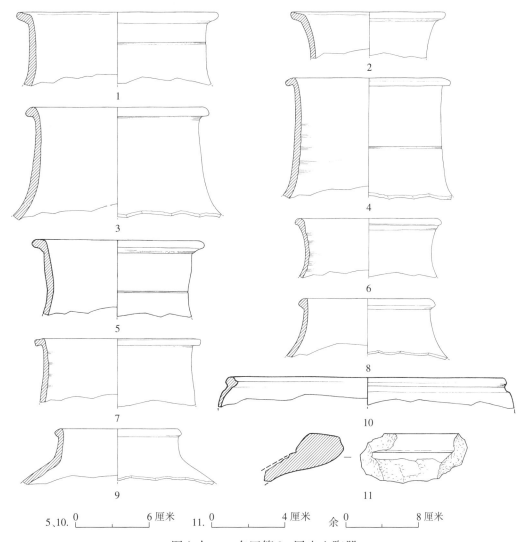

5、10. ⊢—— 0　　　　6 厘米　　11. ⊢—— 0　　　4 厘米　　余 ⊢—— 0　　　8 厘米

图六九一　东区第 9a 层出土陶器

1、2. C 型 I 式高领罐（I T8106⑨a：544、I T8105⑨a：240）　3、5. Fa 型 I 式高领罐（I T8007⑨a：233、I T8106⑨a：543）　4、7. Fb 型 I 式高领罐（I T8106⑨a：128、I T8105⑨a：235）　6. Fa 型 II 式高领罐（I T8105⑨a：232）　8. A 型 I 式矮领罐（I T8106⑨a：496）　9. A 型 II 式矮领罐（I T8106⑨a：524）　10. Aa 型 II 式敛口罐（I T8405⑨a：22）　11. Bb 型敛口罐（IV T7805⑨a：1）

标本 I T8106⑨a：544，夹砂灰黑陶。平折沿，圆唇。领部饰一周凹弦纹。口径 22、残高 7.8 厘米（图六九一，1）。

Fa 型 I 式　10 件。

标本 I T8007⑨a：233，夹砂灰黄陶。翻卷沿，圆唇。口径 20、残高 11.7 厘米（图六九一，3）。

标本 I T8106⑨a：543，夹砂灰黑陶。圆唇。领部饰一周凹弦纹。口径 14、残高 6.1 厘米（图六九一，5）。

Fa 型 II 式　2 件。

标本 I T8105⑨a：232，夹砂灰黑陶。平卷沿，圆唇。口径 16、残高 6.4 厘米（图六九一，6）。

Fb 型 I 式　2 件。

标本 I T8106⑨a：128，夹砂灰黑陶。斜折沿，圆唇。领部饰一周凹弦纹。口径 18、残高 13 厘米（图六九一，4）。

标本 I T8105⑨a：235，夹砂灰黑陶。平卷沿，圆唇。口径 18、残高 7.3 厘米（图六九一，7）。

矮领罐　2 件。

A 型 I 式　1 件。

标本 I T8106⑨a：496，夹砂灰黄陶。外斜折沿，圆唇。口径 15、残高 6.5 厘米（图六九一，8）。

A 型 II 式　1 件。

标本 I T8106⑨a：524，夹砂灰黑陶。外斜折沿，圆唇。口径 14、残高 5.6 厘米（图六九一，9）。

束颈罐　14 件。

Aa 型　3 件。

标本 I T8106⑨a：224，夹砂灰黑陶。方唇。肩部饰交错绳纹。口径 28、残高 3.2 厘米（图六九二，1）。

Ab 型 I 式　2 件。

标本 I T8006⑨a：3，夹砂灰黑陶。方唇。肩部饰横向绳纹和一周凹槽。口径 14、残高 8.5 厘米（图六九二，3）。

Ae 型 I 式　8 件。

标本 I T8105⑨a：101，夹砂灰黑陶。方唇。肩部饰横向绳纹和一周凹弦纹。口径 16、残高 6.1 厘米（图六九二，4）。

标本 I T8007⑨a：293，夹砂灰黑陶。方唇。肩部饰横向绳纹和一周凹弦纹。口径 13、残高 4 厘米（图六九二，2）。

标本 I T8405⑨a：27，夹砂灰黑陶。方唇。肩部饰横向绳纹和一周凹弦纹。口径 17.9、残高 5.4 厘米（图六九二，5）。

Ca 型 II 式　1 件。

标本 I T8304⑨a：32，夹砂灰黑陶。方唇。口径 15、残高 5.3 厘米（图六九二，6）。

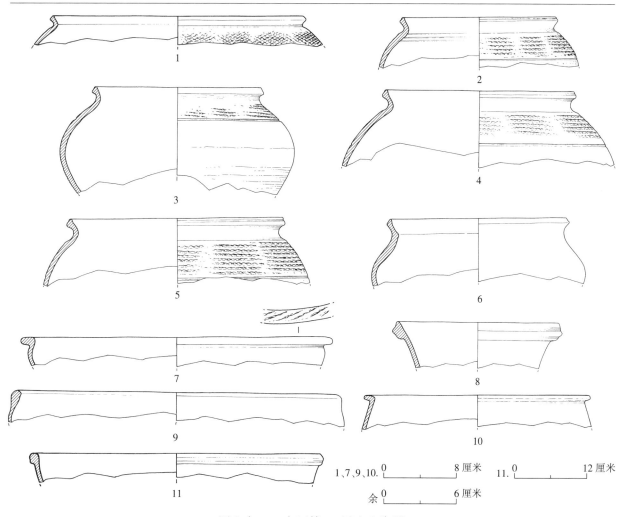

图六九二 东区第 9a 层出土陶器

1. Aa 型束颈罐（ⅠT8106⑨a：224） 2、4、5. Ae 型Ⅰ式束颈罐（ⅠT8007⑨a：293、ⅠT8105⑨a：101、ⅠT8405⑨a：27） 3. Ab 型Ⅰ式束颈罐（ⅠT8006⑨a：3） 6. Ca 型Ⅱ式束颈罐（ⅠT8304⑨a：32）
7. Cd 型盆（ⅠT8106⑨a：81） 8. Ad 型壶（ⅠT8007⑨a：317） 9. Eb 型盆（ⅠT8105⑨a：103）
10. Cc 型盆（ⅠT8007⑨a：308） 11. Ec 型盆（ⅠT8106⑨a：491）

壶 1 件。Ad 型。

标本ⅠT8007⑨a：317，夹砂灰黑陶。圆唇。口径 14、残高 3.6 厘米（图六九二，8）。

盆 4 件。

Cc 型 1 件。

标本ⅠT8007⑨a：308，夹砂灰黑陶。平折沿，圆唇。口径 25、残高 3.4 厘米（图六九二，10）。

Cd 型 1 件。

标本ⅠT8106⑨a：81，夹砂灰黑陶。平卷沿，圆唇。沿面压印绳纹。口径 34、残高 3 厘米（图六九二，7）。

Eb 型 1 件。

标本ⅠT8105⑨a：103，夹砂灰黑陶。圆唇。口径 36、残高 3 厘米（图六九二，9）。

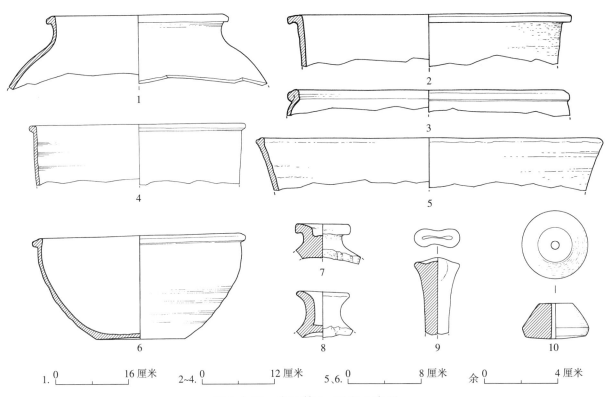

图六九三　东区第9a层出土陶器

1. Cd 型Ⅰ式瓮（ⅠT8106⑨a：495）　2. Aa 型Ⅰ式缸（ⅠT7908⑨a：37）　3. B 型缸（ⅠT8006⑨a：71）　4. Ba 型桶形器（ⅠT8105⑨a：242）　5. Cb 型桶形器（ⅠT8106⑨a：529）　6. B 型盆形器（ⅠT8106⑨a：85）　7. Ba 型器纽（ⅠT8007⑨a：295）　8. C 型器纽（ⅠT8106⑨a：532）　9. Da 型Ⅰ式器纽（ⅠT8106⑨a：355）　10. C 型纺轮（ⅠT8205⑨a：19）

Ec 型　1 件。

标本ⅠT8106⑨a：491，夹砂灰黑陶。卷沿。口径48、残高4.2厘米（图六九二，11）。

瓮　1 件。Cd 型Ⅰ式。

标本ⅠT8106⑨a：495，夹砂灰黄陶。方唇。口径40、残高15.4厘米（图六九三，1）。

缸　2 件。

Aa 型Ⅰ式　1 件。

标本ⅠT7908⑨a：37，夹砂灰黑陶。折沿。口径46.5、残高8.3厘米（图六九三，2）。

B 型　1 件。

标本ⅠT8006⑨a：71，夹砂灰黑陶。方唇。口径46、残高3.8厘米（图六九三，3）。

桶形器　2 件。

Ba 型　1 件。

标本ⅠT8105⑨a：242，夹砂灰黄陶。圆唇。口径36、残高9.8厘米（图六九三，4）。

Cb 型　1 件。

标本ⅠT8106⑨a：529，夹砂灰黑陶。方唇。口径38、残高5.4厘米（图六九三，5）。

盆形器　1 件。B 型。

标本ⅠT8106⑨a：85，夹砂灰黑陶。方唇。口径 23.5、底径 10、高 11.4 厘米（图六九三，6；彩版一八九，1）。

圈足豆　1 件。

标本ⅠT8007⑨a：1，夹砂灰黄陶。圈足中部饰两周凹槽和一条形镂孔。口径 22、圈足径 12、高 15 厘米（图六九四，1；彩版一八九，2）。

豆盘　4 件。Db 型。

标本ⅠT8106⑨a：226，夹砂灰黑陶。圆唇。口径 50、残高 3.5 厘米（图六九四，12）。

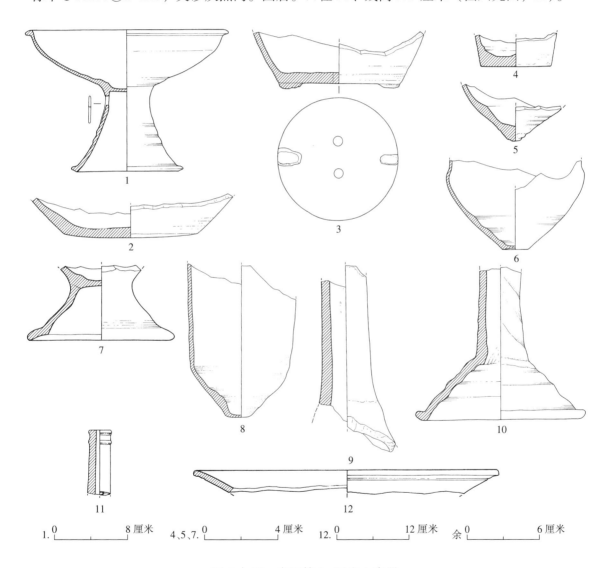

图六九四　东区第 9a 层出土陶器

1. 圈足豆（ⅠT8007⑨a：1）　2. Aa 型器底（ⅠT8105⑨a：237）　3. B 型器底（ⅠT8106⑨a：510）　4. Ac 型器底（ⅠT8007⑨a：307）　5. Db 型器底（ⅠT8007⑨a：109）　6. Eb 型器底（ⅠT8106⑨a：514）　7. Bb 型圈足（ⅠT8106⑨a：542）　8. Ec 型器底（ⅠT8106⑨a：199）　9. Aa 型豆柄（ⅠT8105⑨a：241）　10. Ad 型豆柄（ⅠT8105⑨a：63）　11. 器流（ⅠT8206⑨a：12）　12. Db 型豆盘（ⅠT8106⑨a：226）

豆柄　8件。

Aa 型　7件。

标本 I T8105⑨a：241，夹砂灰黑陶。残高14.8厘米（图六九四，9）。

Ad 型　1件。

标本 I T8105⑨a：63，夹砂灰黑陶。圈足径14、残高12.3厘米（图六九四，10）。

器纽　3件。

Ba 型　1件。

标本 I T8007⑨a：295，夹砂灰黑陶。纽径3、残高2.2厘米（图六九三，7）。

C 型　1件。

标本 I T8106⑨a：532，夹砂灰黑陶。纽径2.9、残高2.5厘米（图六九三，8）。

Da 型 I 式　1件。

标本 I T8106⑨a：355，泥质灰黑陶。纽径2.5、残高4.1厘米（图六九三，9）。

器流　1件。

标本 I T8206⑨a：12，泥质灰黑陶。管状，中间有孔贯穿，流口外有两道凸棱，后端残。直径1.8、残高5.3厘米（图六九四，11）。

器底　13件。

Aa 型　2件。

标本 I T8105⑨a：237，夹砂灰黑陶。底径11、残高3.4厘米（图六九四，2）。

Ac 型　1件。

标本 I T8007⑨a：307，夹砂灰黑陶。底径3.8、残高2厘米（图六九四，4）。

B 型　1件。

标本 I T8106⑨a：510，泥质灰黑陶。器底有两圆形及两不规则形镂孔，可能为甑底。底径9.8、残高4.2厘米（图六九四，3）。

Db 型　3件。

标本 I T8007⑨a：109，泥质灰黑陶。下腹部有旋痕。残高3厘米（图六九四，5）。

Eb 型　1件。

标本 I T8106⑨a：514，泥质灰黑陶。下腹部有旋痕。底径2.1、残高7厘米（图六九四，6）。

Ec 型　5件。

标本 T8106⑨a：199，泥质灰黄陶。下腹部有旋痕。底径1.8、残高12厘米（图六九四，8）。

圈足　2件。Bb 型。

标本 I T8106⑨a：542，夹砂灰黑陶。圈足径8、残高4厘米（图六九四，7）。

纺轮　1件。C 型。

标本 I T8205⑨a：19，泥质灰黑陶。器形低矮。下腰圆折。上径2、下径3.1、最大径3.6、孔径0.5、厚1.9厘米（图六九三，10）。

（2）玉器

196件。

镞　1件。B型。

标本ⅠT8105⑨a：1，白色，杂淡黄色沁斑，晶莹剔透。整器制作规整，打磨精细。长4.3、宽1.5、厚0.2厘米（图六九五，7；彩版一八九，3）。

剑　1件。

标本ⅠT7908⑨a：1，黄色，杂白色、褐色沁斑。长方形短柄，锋部和剑身前段缺失。整器打磨精细。残长11、宽2.7、厚0.4厘米（图六九五，9；彩版一八九，5）。

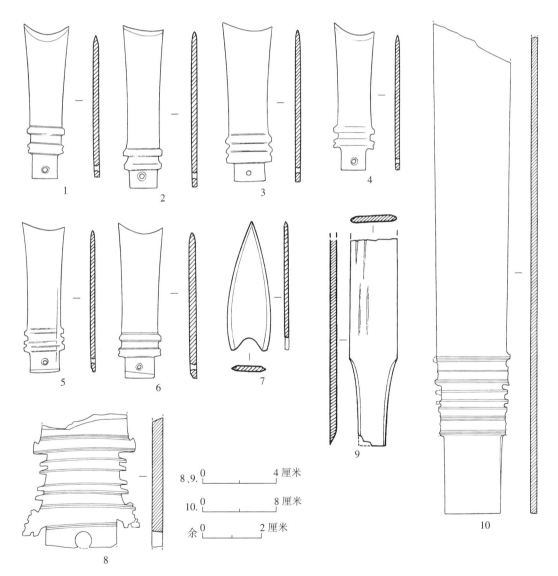

图六九五　东区第9a层出土玉器

1~6. Ea型璋（ⅠT8106⑨a：20、ⅠT8106⑨a：153、ⅠT8106⑨a：168、ⅠT8106⑨a：147、ⅠT8106⑨a：197、ⅠT8106⑨a：190）　7. B型镞（ⅠT8105⑨a：1）　8、10. 玉璋残件（ⅠT7908⑨a：33、ⅠT7908⑨a：2）　9. 剑（ⅠT7908⑨a：1）

玉矛残片　1件。

标本 I T8105⑨a：21，灰白色，玉质较差。仅存锋尖，边缘有残损。表面磨光。宽叶。锋尖缓收，边缘起脊。残长1.8、宽2.7、厚0.6厘米（彩版一八九，6）。

璋　27件。Ea型。

标本 I T8106⑨a：20，青色。平面呈长条形。表面磨光。两侧平直。器身扁平，刃部略宽，长方形柄，柄较器身窄。柄部有一双面钻穿孔。双阑，主阑为齿突状。凹弧刃，刃尖一高一低。长5.1、宽1.5、厚0.2厘米（图六九五，1）。

标本 I T8106⑨a：153，青灰色。平面呈长条形。表面磨光。两侧平直。器身扁平，刃部略宽，长方形柄，柄较器身窄。柄部有一双面钻穿孔。双阑。凹弧刃，刃尖一高一低。长5.4、宽1.3、厚0.2厘米（图六九五，2；彩版一八九，4）。

标本 I T8106⑨a：168，青色。平面呈长条形。表面磨光。两侧平直。器身扁平，刃部略宽，长方形柄，柄较器身窄。柄部有一双面钻穿孔。双阑。凹弧刃，刃尖一高一低。长5.3、宽1.6、厚0.2厘米（图六九五，3）。

标本 I T8106⑨a：147，灰色。平面呈长条形。表面磨光。两侧平直。器身扁平，刃部略宽，长方形柄，柄较器身窄。柄部有一双面钻穿孔。双阑。凹弧刃，刃尖一高一低。长4.9、宽1.4、厚0.2厘米（图六九五，4；彩版一九〇，1）。

标本 I T8106⑨a：197，青黑色，器表杂褐色锈斑。平面呈长条形。表面磨光。两侧平直。器身扁平，刃部略宽，长方形柄，柄较器身窄。柄部有一双面钻穿孔。双阑。凹弧刃，刃尖一高一低。长5、宽1.4、厚0.1厘米（图六九五，5；彩版一九〇，2）。

标本 I T8106⑨a：190，青色。平面呈长条形。表面磨光。两侧平直。器身扁平，刃部略宽，长方形柄，柄较器身窄。柄部有一双面钻穿孔。双阑。凹弧刃，刃尖一高一低。长5.1、宽1.4、厚0.2厘米（图六九五，6）。

标本 I T7908⑨a：15，青黑色，夹白色、黄褐色沁斑，不透明。短方形柄，中部有一穿孔，单面钻。双阑，主阑为凸出的简化双兽首，斜凹弧形刃。长5.21、宽1.66、厚0.33厘米（彩版一九〇，3）。

玉璋残件　17件。

标本 I T7908⑨a：2，灰白色，夹黑色、黄色、白色沁斑。刃部残断，边缘多有残损。表面磨光。援平面呈长方形，双面平，侧边平直，本部起阑，齿突残损严重，残存三组齿突，表面饰八组平行阴刻线纹，由上至下分别有三、二、三、二、二、二、三、三道。长方形内。残长52.5、宽8.5、厚0.7厘米，重634.3克（图六九五，10）。

标本 I T7908⑨a：33，青色，夹黑色、黄色、白色沁斑。仅存阑部残片。表面磨光，孔单面钻通。本部起阑，阑分主阑、附阑和阑间三部分。主阑为一张口兽首，有两组平行线纹，自下而上分别有三道；附阑有一组较大的齿突和两组平行线纹，自上而下分别有四、三道；阑间共有四组齿突，各有一组两道平行线纹。主阑下方中部有一个圆形钻孔。残长 7.1、宽 6.3、厚 0.6 厘米，重 45.4 克（图六九五，8）。

凿　4 件。

Aa 型　1 件。

标本 ⅠT8105⑨a：41，灰色。整器打磨规整，斜顶，刃部锋利。长 9.5、宽 2.47、厚 1.5 厘米（彩版一九〇，4）。

Ab 型　1 件。

标本 ⅠT8105⑨a：57，黄色。刃部残断。平面呈长条形，横剖面呈椭圆形。器身打磨平整。长 18.84、宽 2、厚 1.5 厘米（彩版一九〇，5）。

Ba 型　1 件。

标本 ⅠT8305⑨a：25，青色。平面呈长条形，横剖面呈椭圆形。器身较宽，打磨平整。两端出刃，一端为三角形尖锋，一端为双面弧形刃。长 23.5、宽 2.9、厚 1.9 厘米（图六九六，1；彩版一九〇，6、7）。

Bb 型　1 件。

标本 ⅠT8305⑨a：1，青色，夹黄色沁斑。平面呈长条形，横剖面呈椭圆形。器身较窄，打磨平整。一端出刃，双面弧形刃。顶端保留自然断面。长 19、宽 1.4、厚 0.7 厘米（图六九六，2）。

璧　9 件。

Aa 型Ⅰ式　3 件。

标本 ⅠT8205⑨a：14，墨绿色，间有灰色、黑色和淡黄色沁斑。器表打磨平整，但抛光不好，基本无光泽。平面呈中空的圆形，孔周郭凸起成领，领部直径上下略大而中央略小，作亚腰形。环上、下两面对应的同心圆半径相同。直径 11.8、孔径 6.5、领高 1.8 厘米（图六九六，3；彩版一九一，1~3）。

标本 ⅠT8205⑨a：13，黄色，夹黑色斑点。轮部边缘有一处磕伤。器表打磨平整。平面呈中空的圆形，孔周郭凸起成领，领部直径上下略大而中央略小，作亚腰形。环上、下两面对应的同心圆半径相同。直径 7.68、孔径 5.1、领高 1.36 厘米（彩版一九一，4）。

标本 ⅠT8106⑨a：103，黄色。残损严重，仅存一小段，领部不全。直径 10.7、孔径 6.2、残高 1.5 厘米（图六九六，8）。

Ab 型　1 件。

标本 ⅠT8106⑨a：74，黄褐色。平面呈中空的圆形，孔周郭凸起成领剖面呈"T"字形。直径 8.5、孔径 6.1、领高 1.1 厘米（图六九六，4）。

Ac 型　1 件。

标本 ⅠT7810⑨a：8，浅黄色。孔径较大，环面较窄，近孔缘处凸起一周，形成一小环形。整器制作精细。直径 11、孔径 5.9、领高 0.9 厘米（图六九六，7）。

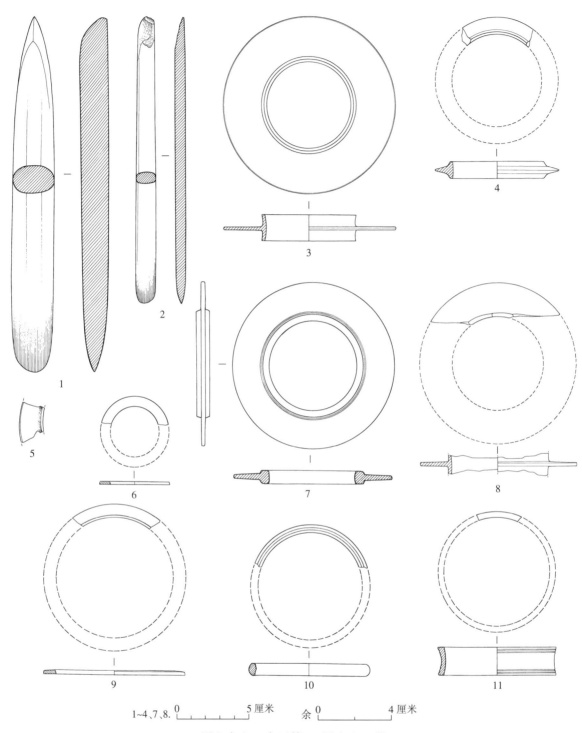

图六九六 东区第9a层出土玉器

1. Ba 型凿（ⅠT8305⑨a：25） 2. Bb 型凿（ⅠT8305⑨a：1） 3、8. Aa 型Ⅰ式璧（ⅠT8205⑨a：14、ⅠT8106⑨a：103） 4. Ab 型璧（ⅠT8106⑨a：74） 5. Af 型璧（ⅠT8106⑨a：82） 6、9. Aa 型环（ⅠT7908⑨a：24、ⅠT8205⑨a：10） 7. Ac 型璧（ⅠT7810⑨a：8） 10. Ab 型镯（ⅠT7908⑨a：25） 11. Ab 型箍形器（ⅠT8107⑨a：2）

Af 型 4 件。

标本 I T8106⑨a：82，残宽 1.3、高 0.4 厘米（图六九六，5）。

环 9 件。

Aa 型 8 件。

标本 I T7908⑨a：24，灰白色，夹黑色、黄色沁斑。仅存一段。表面磨光，孔对钻。平面呈圆环形。环面较窄，外缘呈方形面。残长 3.6、环面宽 0.6、厚 0.2 厘米，重 0.9 克（图六九六，6）。

标本 I T8205⑨a：10，浅黄色。仅存一段。表面磨光，单面钻孔。环面窄，孔径大。环面近孔缘处略凸出。外径 7.8、内径 6.4、残长 4.8、厚 0.2 厘米（图六九六，9）。

标本 I T8106⑨a：193，黄色。外径 6.67、内径 5.77、高 0.72 厘米（彩版一九一，6）。

B 型 1 件。

标本 I T8106⑨a：57，浅黄色，夹黑色沁斑。外缘有一处磕伤。单面钻孔。环面窄，孔径大。外径 2.35、内径 1.37、高 0.2 厘米（彩版一九一，5）。

镯 4 件。

Ab 型 2 件。

标本 I T7908⑨a：25，灰白色，夹黑、红色沁斑。仅存一段。表面磨光，孔对钻后修整。平面呈圆环形，断面呈纵椭圆形。环面窄。残长 6.2、环面宽 0.5、厚 0.7 厘米，重 4.3 克（图六九六，10）。

Ba 型 2 件。

标本 I T8106⑨a：173，青色，器表附着青铜锈斑。外径 4.33、内径 3.47、高 0.5 厘米（彩版一九一，7）。

标本 I T7908⑨a：6，灰白色，夹黄色沁斑。器表有风化裂纹。外径 4.27、内径 3.5、高 0.16 厘米（彩版一九一，8）。

箍形器 1 件。Ab 型。

标本 I T8107⑨a：2，灰色，夹紫色沁斑。仅存一段。表面磨光，孔对钻后修整。器呈环柱体，环面很窄。方唇，束腰。近边缘处各有一周凸弦纹。直径 6.45、高 1.5、厚 0.4 厘米，重 2.5 克（图六九六，11）。

掏雕环链 1 件。

标本 I T8105⑨a：73，紫红色，器表有黑色、黄色沁斑。系由一块玉掏雕成三个独立而又相连的环，其中一环与其他两环相连，其他两环独立不相连。长 4.98、宽 2.31、厚 0.47 厘米（彩版一九二）。

穿孔器 1 件。

标本 I T8106⑨a：53，深褐色，器表不平整，成点状坑。平面呈圆形，体量较小，中部有一小穿孔。整器制作规整。直径 2.1、孔径 0.2、厚 0.2 厘米（彩版一九三，1）。

绿松石珠　104 件。

标本 I T8005⑨a：8－2，平面呈饼状，表面磨光，孔对钻。直径 0.6、孔径 0.2、高 0.15 厘米（图六九七，4）。

标本 I T8106⑨a：22，平面呈梯形。横剖面呈圆形。上窄下宽。表面磨光，孔对钻。直径 0.7～1.2、孔径 0.4、高 1 厘米（图六九七，3）。

标本 I T8205⑨a：11－1，平面呈管状。横剖面呈椭圆形。表面磨光，孔对钻，器身中部一圈带状凸出。长 1.5、宽 1、孔长 1.1、孔宽 0.6、高 2 厘米（图六九七，5）。

标本 I T8106⑨a：108，平面呈算珠形。表面磨光，孔对钻。直径 1.6、孔径 0.3～1、高 0.9 厘米（图六九七，6）。

标本 I T8105⑨a：86，圆柱形，横剖面呈圆形。表面磨光，孔对钻，中部略外鼓。直径 0.7、孔径 0.3、高 1.1 厘米（图六九七，7）。

标本 I T8202⑨a：1，圆柱形，整器矮，横剖面呈圆形。表面磨光，孔对钻，中部略外鼓。直径 0.5、孔径 0.3、高 0.6 厘米（图六九七，8；彩版一九三，2）。

玉器残片　12 件。

标本 I T8205⑨a：15，灰白色，夹杂大量红色沁斑。平面形状不规则。仅存部分。器身打磨平整，边缘有三条同心圆圈纹。残长 4、残宽 2.7、厚 0.3 厘米（图六九七，9）。

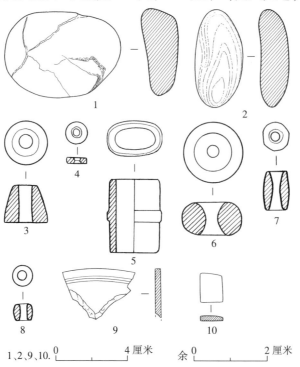

图六九七　东区第 9a 层出土玉器

1、2. 美石（I T7908⑨a：32－1、I T7908⑨a：32－2）　3～8. 绿松石珠（I T8106⑨a：22、I T8005⑨a：8－2、I T8205⑨a：11－1、I T8106⑨a：108、I T8105⑨a：86、I T8202⑨a：1）　9、10. 玉器残片（I T8205⑨a：15、I T8205⑨a：3）

标本ⅠT8205⑨a：3，灰白色。平面呈长方形。器身打磨光滑。长1.6、宽1.2、厚0.3厘米（图六九七，10）。

美石 4件。

标本ⅠT7908⑨a：32-1，黄色。整器打磨规整。长6.4、宽4.6、厚1.9厘米（图六九七，1；彩版一九三，4、5）。

标本ⅠT7908⑨a：32-2，淡黄色。整器打磨规整。长5.3、宽2.6、厚1.5厘米（图六九七，2）。

（3）石器

35件。

石璋半成品 6件。Ba型。

标本ⅠT8305⑨a：4，灰黑色斜长岩。仅存柄部，器身残损严重，柄部刻划有六条凹弦纹。残长12.6、残宽5.2、厚1厘米（图六九八，2）。

标本ⅠT8105⑨a：4，青色。底端保留自然断面，器表、两侧、刃部打磨平整，器身凹凸不平。器表饰五组细线纹，每组两条线。残长14.6、宽6、厚1.7厘米（图六九八，1）。

斧 4件。

Ab型 3件。

标本ⅠT7908⑨a：4，灰黑色。顶部有少量残损。表面磨光，顶部打磨较粗糙。平面呈上小下大的等腰梯形。顶部磨成平面，侧边较直，器身一面较平，一面中脊凸起，弧刃。长19.4、宽7.3、厚3.2厘米，重675.7克（图六九八，4；彩版一九三，6）。

标本ⅠT8305⑨a：7，黑色斜长石。平面近梯形。上窄下宽。先打制后磨制，器身有明显的打击、磨制痕迹。器身有残损。长15.1、宽5.3、厚1厘米（图六九八，3）。

标本ⅠT8005⑨a：4，灰黑色。顶端保留自然断面，器表、两侧、刃部打磨平整。残长11、宽10、厚2.5厘米（图六九八，5）。

Ba型 1件。

标本ⅠT8105⑨a：243，灰黑色。整器打磨平整，刃部有明显使用痕迹。长5、宽2.5、厚0.7厘米（图六九八，6）。

锛 2件。Aa型。

标本ⅠT8107⑨a：1，灰色，风化严重，器表有大量锈斑。整器打磨极为规整，刃部锋利。长6.3、宽3.3、厚1厘米（图六九八，7）。

标本ⅠT8106⑨a：16，灰色，风化严重。整器打磨规整，刃部锋利。长7.9、宽4.23、厚1.37厘米（彩版一九三，7）。

璧 2件。Aa型。

标本ⅠT8107⑨a：5，灰黑色。仅存一段。表面打磨，孔单面钻通。平面呈圆环形，较厚重。

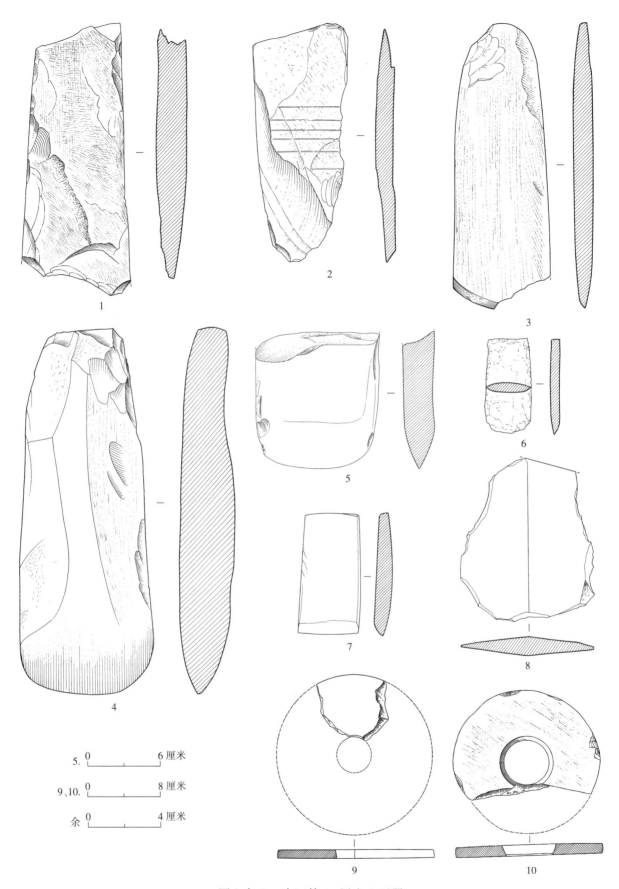

图六九八　东区第9a层出土石器

1、2. Ba 型石璋半成品（ⅠT8105⑨a：4、ⅠT8305⑨a：4）　3～5. Ab 型斧（ⅠT8305⑨a：7、ⅠT7908⑨a：4、ⅠT8005⑨a：4）　6. Ba 型斧（ⅠT8105⑨a：243）　7. Aa 型锛（ⅠT8107⑨a：1）　8. 石戈残片（ⅠT8305⑨a：9）　9、10. Aa 型璧（ⅠT8107⑨a：5、ⅠT8205⑨a：57）

环面宽，外缘呈方形面。残长 7.6、环面宽 6.7、厚 1 厘米，重 61.6 克（图六九八，9）。

标本Ⅰ T8205⑨a：57，仅存一段。表面打磨，孔单面钻通。平面呈圆环形，较厚重。环面宽，外缘呈方形面。直径 16.1、孔径 5.9、厚 1.2 厘米，重 61.6 克（图六九八，10）。

石璧坯料　1 件。A 型。

标本Ⅰ T8007⑨a：326，灰黑色。器呈圆形，周缘较薄，中部略厚，两面保留剖裂面，整器未做打磨，器表凹凸不平（彩版一九三，3）。

石球　1 件。

标本Ⅰ T8105⑨a：46，灰黑色。表面略显粗糙。直径 2.6 厘米（图六九九，5）。

纺轮　1 件。

标本Ⅰ T8205⑨a：8，黄色砂石。平面呈梯形。横剖面呈圆形。上窄下宽，器身似台阶一圈一圈增大。直径 0.9~2.3、孔径 0.3、厚 0.7 厘米（图六九九，6）。

石戈残片　18 件。

标本Ⅰ T8305⑨a：9，灰白色砂岩。仅存援部，平面形状不规则，中部有一道棱脊，打磨平整。残长 8.5、残宽 7.3、厚 1 厘米（图六九八，8）。

（4）铜器

23 件。

人头　1 件。

标本Ⅰ T8206⑨a：1，人头像圆顶，长眉，橄榄形眼，直鼻，阔口。耳分两段，呈半球形，耳垂穿孔。颈部细长，中空。人头后脑勺似乎带有一顶不规则瓜儿帽，帽顶中间有一垂直长条形凹槽，两侧还各有一近椭圆形的孔洞，顶上似另有装饰之物。高 4.5 厘米（图六九九，12；彩版一九四、一九五）。

戈　1 件。Aa 型。

标本Ⅰ T8106⑨a：18，仅存锋部，内端残。残长 5.3、宽 1.7 厘米（图六九九，7）。

镞　1 件。Bb 型。

标本Ⅰ T8105⑨a：14，铤部残断。尖锋缓收，双翼，中脊仅存在于锋尖处，脊后凹陷。残长 3.6、宽 1.3、厚 0.3 厘米，重 2.9 克（图六九九，9；彩版一九六，1）。

斧　1 件。

标本ⅣT8105⑨a：2，平顶，两侧边平直，外弧刃。整器制作较为精细。长 4.9、宽 2.4、厚 0.6 厘米（图六九九，8；彩版一九六，2）。

锥形器　1 件，型式不可辨。

标本Ⅰ T8106⑨a：170，保存较差，残碎成 10 小块，无法辨别形制。尺寸不详。

璧　2 件。Ac 型Ⅰ式。

标本Ⅰ T8005⑨a：1，平面呈圆环状。孔径大于环面宽。孔缘双面凸出于环面形成领，孔壁及

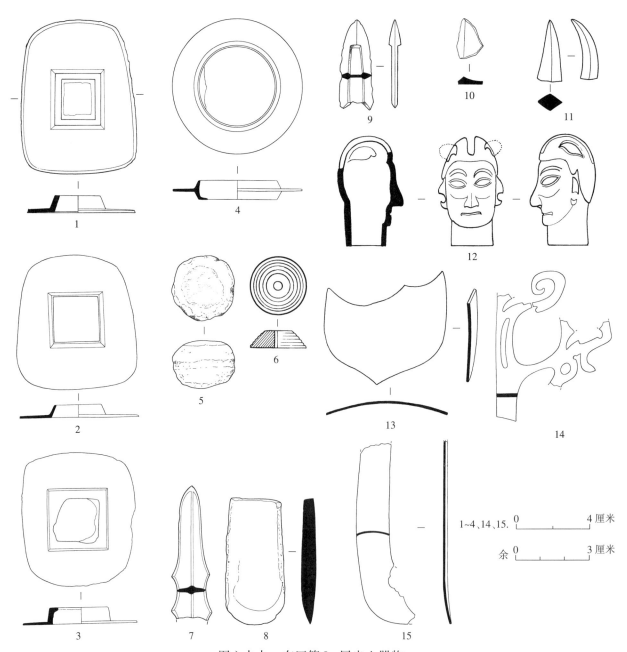

图六九九   东区第9a层出土器物

1. Aa 型 I 式铜圆角方孔形器（I T8106⑨a：19）   2. Aa 型 II 式铜圆角方孔形器（I T8304⑨a：1）   3. Ab 型铜圆角方孔形器（I T8106⑨a：105）   4. Ac 型 I 式铜璧（I T8005⑨a：1）   5. 石球（I T8105⑨a：46）   6. 石纺轮（I T8205⑨a：8）   7. Aa 型铜戈（I T8106⑨a：18）   8. 铜斧（IV T8105⑨a：2）   9. Bb 型铜镞（I T8105⑨a：14）   10、15. 铜器残片（I T8005⑨a：9、I T7908⑨a：12）   11. 铜牛角（I T8105⑨a：45）   12. 铜人头（I T8206⑨a：1）   13. B 型铜桃形板（I T7908⑨a：13）   14. 铜兽面镂孔饰品（I T7908⑨a：14）

凸起的领呈三角形，器壁不规整。直径7.2、孔径4.2、领高1厘米（图六九九，4）。

圆角方孔形器   5 件。

Aa 型 I 式   1 件。

标本 I T8106⑨a：19，平面呈圆角梯形，中有一方形穿孔，孔壁一面上凸成领。领呈上小下大的覆斗形。长 8.4、宽 6.2、孔边长 3、领高 1 厘米（图六九九，1）。

Aa 型Ⅱ式 3 件。

标本Ⅰ T8304⑨a：1，平面呈圆角梯形。中有一方形穿孔，孔壁一面上凸成领。领呈上小下大的覆斗形。长 7.1、宽 6.6、孔边长 2.4、领高 0.7 厘米（图六九九，2；彩版一九六，3~5）。

Ab 型 1 件。

标本Ⅰ T8106⑨a：105，平面近长方形。边缘有残损。穿孔呈方形，孔壁一面上凸成领。领呈上小下大的覆斗形。长 7、宽 6.2、孔长 2.4、孔宽 2.5、领高 0.9 厘米（图六九九，3）。

桃形板 1 件。B 型。

标本Ⅰ T7908⑨a：13，下端呈桃尖状，上端有两个圆弧形内凹，一深一浅。两角上翘呈锥状。长 4.4、宽 4.9、厚 0.2 厘米，重 14.5 克（图六九九，13）。

牛角 1 件。

标本Ⅰ T8105⑨a：45，根部残断。平面呈半月牙形，断面近菱形。尖端锋利。残长 2.2、宽 0.7、厚 0.7 厘米，重 2.8 克（图六九九，11）。

眼睛形器 1 件，型式不可辨。

标本Ⅰ T8106⑨a：12，风化严重，残碎成两小块，器薄成块状，无法辨别其形制，尺寸不详（彩版一九七，1）。

兽面镂孔饰品 1 件。

标本Ⅰ T7908⑨a：14，仅存两块残片，且无法拼接。器身扁平，正面光滑，背面粗糙。平面呈镂空兽面纹状，目、尾、兽身均可见。残长 8、残宽 6.3、厚 0.18 厘米，总重 8.9 克（图六九九，14）。

铜器残片 7 件。

标本Ⅰ T8005⑨a：9，平面形状不规则，疑为圈足残件。器身有一凸出外沿。残长 1.6、残宽 1.1、厚 0.3 厘米（图六九九，10）。

标本Ⅰ T7908⑨a：12，条形铜残片，较扁。正面中部微凸，背面略凹。一端出现弧形转折且残断。残长 9.6、宽 1.8、厚 0.2 厘米，重 8.8 克（图六九九，15）。

（5）金器

49 件。

三角形金器 1 件。B 型。

标本Ⅰ T8201⑨a：1，梭形。残长 6.5、宽 5.1 厘米（图七○○，3）。

条形金饰 2 件。A 型。

标本Ⅰ T8106⑨a：164，平面呈带状。长 7.3、宽 0.9 厘米（图七○○，1）。

标本Ⅰ T8106⑨a：77，平面呈带状。长 7.4、宽 1.8 厘米（图七○○，2）。

圆形金箔饰 8 件。B 型。

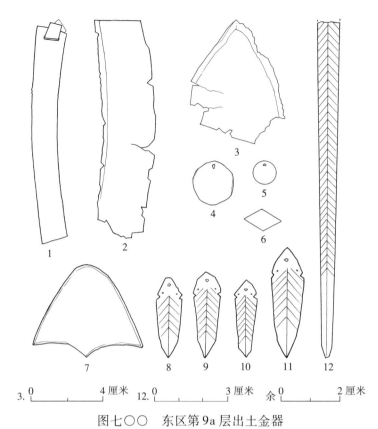

3. |0 　　　　4厘米　12.|0 　　　　3厘米　余|0 　　　2厘米

图七〇〇　东区第9a层出土金器

1、2. A型条形金饰（ⅠT8106⑨a：164、ⅠT8106⑨a：77）　3. B型三角形金器（ⅠT8201⑨a：1）　4、5. B型圆形金箔饰（ⅠT8105⑨a：20、ⅠT8106⑨a：171）　6、7. 金器残片（ⅠT8105⑨a：49、ⅠT8106⑨a：163）　8、9. Aa型Ⅰ式鱼形金箔饰（ⅠT8105⑨a：82、ⅠT8105⑨a：42）　10、11. Aa型Ⅱ式鱼形金箔饰（ⅠT8106⑨a：151、ⅠT8105⑨a：77）　12. Ab型鱼形金箔饰（ⅠT8106⑨a：7）

标本ⅠT8105⑨a：20，平面呈圆形。极薄。顶端有一小穿孔。直径1.4厘米（图七〇〇，4）。

标本ⅠT8106⑨a：171，平面呈圆形。极薄。顶端有一小穿孔。直径0.8厘米（图七〇〇，5）。

鱼形金箔饰　7件。

Aa型Ⅰ式　2件。

标本ⅠT8105⑨a：82，平面呈柳叶形，上宽下窄。顶端有一小穿孔，左右錾刻两点。器身錾刻叶脉纹。长2.7、宽0.9厘米（图七〇〇，8）。

标本ⅠT8105⑨a：42，平面呈柳叶形，上宽下窄。顶端有一小穿孔，左右錾刻两点。器身錾刻叶脉纹。长2.9、宽0.9厘米（图七〇〇，9）。

Aa型Ⅱ式　4件。

标本ⅠT8106⑨a：151，平面呈柳叶形，上宽下窄。顶端有一小穿孔，左右錾刻两点。器身錾刻叶脉纹。长2.5、宽0.8厘米（图七〇〇，10）。

标本ⅠT8105⑨a：77，平面呈柳叶形。上宽下窄。顶端有一小穿孔，左右錾刻两点。器身錾刻叶脉纹。长3.6、宽1.1厘米（图七〇〇，11）。

Ab 型　1 件。

标本 I T8106⑨a：7，平面呈长条形，上宽下窄。上端残断。器身錾刻叶脉纹。残长 13.3、宽 0.9 厘米（图七〇〇，12）。

金器残片　32 件。

标本 I T8106⑨a：163，平面呈蝙蝠状。长 3.8、宽 3.1 厘米（图七〇〇，7）。

标本 I T8105⑨a：49，平面呈菱形。长 1.3、宽 0.7 厘米（图七〇〇，6）。

（6）骨角器

2 件。

骨饰品　1 件。

标本 I T8105⑨a：2，器身多处龟裂，有开裂分层现象。长 4.6、宽 4.01、厚 0.28 厘米（彩版一九七，3、4）。

骨珠　1 件。

标本 I T8106⑨a：1，圆柱形，横剖面呈圆形，表面磨光，孔对钻，中部略外鼓。直径 0.7、孔径 0.3、高 1.1 厘米（彩版一九七，2）。

（一三）第 8d 层出土遗物

该层出土遗物有陶器和玉器，数量较少，计有陶片 31 片和玉器 6 件。陶器均为素面，以夹砂陶略多，占 51.61%。夹砂陶中灰黑陶占 87.50%，灰黄陶占 12.50%；泥质陶中均为灰黑陶（表七一）。陶片可辨器形有尖底杯、器盖、器座等。玉器种类有玉矛、绿松石珠、玛瑙珠。

表七一　东区第 8d 层陶片统计表

陶色纹饰＼陶质	夹砂陶		小计	百分比（%）	泥质陶	小计	百分比（%）
	灰黑	灰黄			灰黑		
素面	14	2	16	100.00	15	15	100.00
小计	14	2	16		15	15	
百分比（%）	87.50	12.50		100.00	100.00		100.00
合计	31						

（1）陶器

14 件。

尖底杯　1 件。Ba 型 II 式。

标本 I T8006⑧d：6，泥质灰黄陶。尖唇，小平底。口径 8.3、底径 1.5、高 14.3 厘米（图七〇一，1）。

豆柄　1 件。Aa 型。

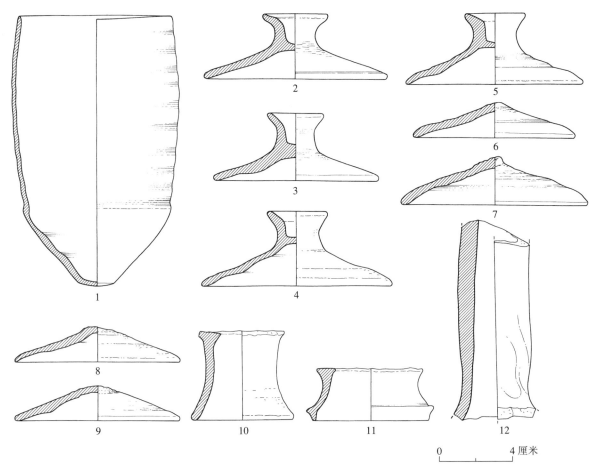

0 ————— 4 厘米

图七〇一　东区第 8d 层出土陶器

1. Ba 型 Ⅱ 式尖底杯（ⅠT8006⑧d∶6）　2～5. Aa 型器盖（ⅠT8006⑧d∶4、ⅠT8006⑧d∶8、ⅠT8006⑧d∶20、ⅠT8006⑧d∶5）　6～9. Bb 型器盖（ⅠT8006⑧d∶21、ⅠT8006⑧d∶31、ⅠT8006⑧d∶3、ⅠT8006⑧d∶18）　10、11. Ab 型 Ⅰ式器座（ⅠT8006⑧d∶32、ⅠT8006⑧d∶11）　12. Aa 型豆柄（ⅠT8006⑧d∶1）

标本 ⅠT8006⑧d∶1，夹砂灰黑陶。残高 10.5 厘米（图七〇一，12）。

器盖　9 件。

Aa 型　4 件。

标本 ⅠT8006⑧d∶4，夹砂灰黑陶。圆唇。纽径 3.5、口径 9.9、高 3.7 厘米（图七〇一，2）。

标本 ⅠT8006⑧d∶8，夹砂灰黑陶。圆唇。纽径 3.1、口径 9、高 3.6 厘米（图七〇一，3）。

标本 ⅠT8006⑧d∶20，夹砂灰黑陶。圆唇。纽径 3.3、口径 10.4、高 4 厘米（图七〇一，4）。

标本 ⅠT8006⑧d∶5，夹砂灰黑陶。圆唇。纽径 3.3、口径 9.6、高 3.9 厘米（图七〇一，5）。

Bb 型　5 件。

标本 ⅠT8006⑧d∶21，夹砂灰黑陶。圆唇。口径 8.8、高 1.9 厘米（图七〇一，6）。

标本 ⅠT8006⑧d∶31，夹砂灰黑陶。圆唇。口径 10.2、高 2.5 厘米（图七〇一，7）。

标本 ⅠT8006⑧d∶3，夹砂灰黑陶。圆唇。口径 9、高 1.9 厘米（图七〇一，8）。

标本ⅠT8006⑧d：18，夹砂灰黑陶。圆唇。口径9、高1.9厘米（图七〇一，9）。

器座　3件。Ab型Ⅰ式。

标本ⅠT8006⑧d：32，夹砂灰黑陶。上径4.7、下径5.6、残高4.8厘米（图七〇一，10）。

标本ⅠT8006⑧d：11，夹砂灰黑陶。上径5.8、下径6.8、高2.8厘米（图七〇一，11）。

（2）玉器

6件。

矛　1件。Aa型。

标本ⅠT8103⑧d：1，平面近三角形。骹部残断。锋尖平直，有边刃，无脊，底平。磨制较精。残长13.1、宽6.6、厚0.6厘米（图七〇二，1）。

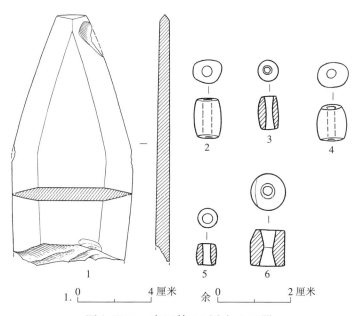

图七〇二　东区第8d层出土玉器

1. Aa型玉矛（ⅠT8103⑧d：1）　2～5. 绿松石珠（ⅠT8006⑧d：15、ⅠT8006⑧d：17、ⅠT8006⑧d：16、ⅠT8006⑧d：19）　6. 玛瑙珠（ⅠT8006⑧d：18）

绿松石珠　4件。

标本ⅠT8006⑧d：15，管状。表面打磨，孔对钻，表面有残损。直径0.6、孔径0.2、高1.1厘米，重0.7克（图七〇二，2；彩版一九七，5）。

标本ⅠT8006⑧d：17，管状。表面打磨，孔对钻。直径0.5、孔径0.2、高0.9厘米（图七〇二，3）。

标本ⅠT8006⑧d：16，管状。表面打磨，孔对钻。直径0.9、孔径0.2、高1厘米（图七〇二，4）。

标本ⅠT8006⑧d：19，管状。表面打磨，孔对钻。直径0.5、孔径0.2、高0.6厘米（图七〇二，5）。

玛瑙珠　1件。

标本ⅠT8006⑧d：18，浅黄色。筒状。表面打磨，孔对钻，表面有残损。直径0.9、孔径0.4、高 1 厘米，重 1.4 克（图七〇二，6；彩版一九七，6）。

（一四）第 8c 层出土遗物

该层出土遗物有陶器、玉器、铜器和金器，计有陶片 570 片、玉器 13 件、铜器 2 件、金器 1 件。陶器以夹砂陶略多，占 55.26%。夹砂陶中灰黑陶占 70.16%，灰黄陶占 17.14%，灰褐陶占 7.62%，灰陶占 2.22%，黄褐陶占 1.59%，红褐陶占 1.27%；泥质陶中灰黑陶占 57.26%，灰黄陶占 20.78%，灰褐陶占 16.47%，灰陶占 3.14%，红陶占 2.35%。夹砂陶中纹饰陶片占 10.79%，以细线纹、凹弦纹为主，分别占 64.71% 和 26.47%，另有极少量网格纹、粗绳纹、细绳纹。泥质陶中纹饰陶片占 8.63%，纹饰种类仅有细线纹和刻划纹，分别占 90.91% 和 9.09%（表七二）。陶片可辨器形有尖底杯、尖底盏、瓮形器、盆、器纽、器底等。玉器种类有玉海贝佩饰、绿松石珠。铜器、金器均为残片，器形不可辨。

表七二　东区第 8c 层陶片统计表

陶质 陶色 纹饰	夹砂陶						小计	百分比（%）	泥质陶					小计	百分比（%）
	灰黑	灰	红褐	灰褐	黄褐	灰黄			灰黑	灰	灰黄	灰褐	红		
素面	194	7	3	21	5	51	281	89.21	136	8	51	33	5	233	91.37
细绳纹	1						1	0.32							
粗绳纹			1				1	0.32							
凹弦纹	8					1	9	2.85							
刻划纹									1		1			2	0.79
细线纹	17			3		2	22	6.98	9		1	9	1	20	7.84
网格纹	1						1	0.32							
小计	221	7	4	24	5	54	315		146	8	53	42	6	255	
百分比（%）	70.16	2.22	1.27	7.62	1.59	17.14		100.00	57.26	3.14	20.78	16.47	2.35		100.00
合计	570														

（1）陶器

10 件。

尖底杯　1 件。Ba 型 Ⅱ 式。

标本 Ⅰ T8007⑧c：9，泥质灰黑陶。尖唇，小平底。下腹饰细弦纹。口径 9、底径 1.8、高 13.8 厘米（图七〇三，1）。

尖底盏　1 件。Ac 型 Ⅱ 式。

标本 Ⅰ T8007⑧c：64，泥质灰黑陶。尖唇。口径 14、肩径 13.4、残高 2 厘米（图七〇三，3）。

瓮形器　1 件。Aa 型。

标本 Ⅰ T8007⑧c：19，夹砂灰褐陶。方唇。口径 18、残高 1.7 厘米（图七〇三，2）。

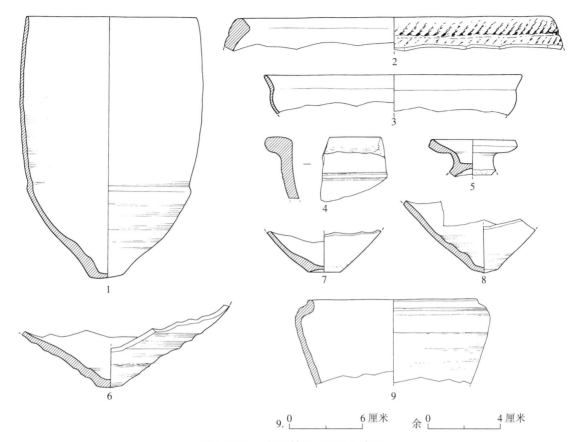

9. $\underset{0}{\rule{0pt}{0pt}}$ ___ 6厘米　余 $\underset{0}{\rule{0pt}{0pt}}$ ___ 4厘米

图七〇三　东区第8c层出土陶器

1. Ba 型 Ⅱ 式尖底杯（ⅠT8007⑧c：9）　2. Aa 型瓮形器（ⅠT8007⑧c：19）　3. Ac 型 Ⅱ 式尖底盏（ⅠT8007⑧c：64）
4. Cd 型盆（ⅠT8007⑧c：20）　5. Bc 型器纽（ⅠT8007⑧c：39）　6. Dd 型器底（ⅠT8007⑧c：10）　7. Eb 型器底
（ⅠT8007⑧c：52）　8. Ed 型 Ⅱ 式器底（ⅠT8007⑧c：49）　9. Cb 型 Ⅰ 式敛口罐（ⅠT8007⑧c：85）

敛口罐　1件。Cb 型 Ⅰ 式。

标本 ⅠT8007⑧c：85，夹砂灰黑陶。圆唇。口径14、残高6.9厘米（图七〇三，9）。

盆　1件。Cd 型。

标本 ⅠT8007⑧c：20，夹砂灰黑陶。平卷沿，圆唇。腹部饰两周凹弦纹。残高3.4厘米（图七〇三，4）。

器纽　1件。Bc 型。

标本 ⅠT8007⑧c：39，夹砂灰黑陶。方唇。纽径4.9、残高1.9厘米（图七〇三，5）。

器底　4件。

Dd 型　2件。

标本 ⅠT8007⑧c：10，夹砂灰黑陶。下腹饰螺旋纹。残高4.2厘米（图七〇三，6）。

Eb 型　1件。

标本 ⅠT8007⑧c：52，泥质灰黑陶。底径1.8、残高2厘米（图七〇三，7）。

Ed 型 Ⅱ 式　1件。

标本ⅠT8007⑧c：49，泥质灰黑陶。下腹饰细弦纹。底径1.4、残高4厘米（图七〇三，8）。

（2）玉器

13件。

玉海贝佩饰　1件。

标本ⅠT8007⑧c：3，深褐色，器表夹杂零星褐色斑点。器身正面呈弧形，背面平直。两侧面圆滑，器中部有一纵向沟槽，沟槽两侧精琢出对称排列的九道浅凹槽，沟槽两端各有一系挂绳用的小穿孔。整器小巧精致，做工精细。呈椭圆形。长径1.4、短径1.1、厚0.4厘米（图七〇四，1）。

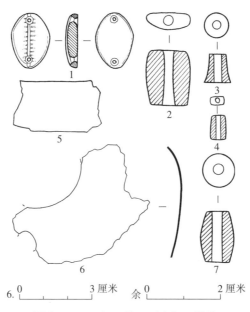

图七〇四　东区第8c层出土器物

1. 玉海贝佩饰（ⅠT8007⑧c：3）　2～4、7. 绿松石珠（ⅠT8007⑧c：4、ⅠT8007⑧c：14、ⅠT8007⑧c：17、ⅠT8007⑧c：5）　5. 金器残片（ⅠT8007⑧c：1）　6. 铜器残片（ⅠT8007⑧c：2）

绿松石珠　12件。

标本ⅠT8007⑧c：4，中部略鼓，管状。表面磨光，孔对钻。长径1.2、孔径0.2、高1.5厘米（图七〇四，2）。

标本ⅠT8007⑧c：14，上窄下宽，器身弯曲，耳珰状。表面磨光，孔对钻。直径0.7、孔径0.2、高0.8厘米（图七〇四，3）。

标本ⅠT8007⑧c：17，上窄下宽，器身弯曲，耳珰状。表面磨光，孔对钻。直径0.4、孔径0.1、高0.7厘米（图七〇四，4）。

标本ⅠT8007⑧c：5，上窄下宽，器身弯曲，耳珰状。表面磨光，孔对钻。直径1、孔径0.3、高1.4厘米（图七〇四，7）。

（3）铜器

2件。

铜器残片　2件。

标本ⅠT8007⑧c：2，较残，器表严重风化。残长5.6、宽3.4、厚0.13厘米（图七〇四，6；彩版一九七，7）。

（4）金器

金器残片　1件。

标本ⅠT8007⑧c：1，平面近长方形。长2、宽1.3厘米（图七〇四，5）。

（一五）第8b层出土遗物

该层出土遗物有陶器、玉器、石器、铜器和金器，计有陶片2016片、玉器211件、石器25件、铜器4件和金器4件。陶器以夹砂陶为主，占60.47%，夹砂陶中灰黑陶占66.12%，灰黄陶占20.43%，灰褐陶占6.56%，灰陶占2.95%，红褐陶占2.13%，黄褐陶占1.81%；泥质陶中灰黑陶占59.47%，灰褐陶占18.57%，灰黄陶占17.69%，灰陶占3.39%，红陶占0.50%，黄褐陶占0.38%。夹砂陶中纹饰陶片占13.21%，以细线纹、粗绳纹、凹弦纹为主，分别占53.42%、23.60%和15.53%，另有极少量细绳纹、压印纹、重菱纹、网格纹和乳丁纹；泥质陶中纹饰陶片占12.92%，以细线纹、凸棱纹、凹弦纹为主，分别占77.67%、9.71%和8.74%，另有极少量粗绳纹和镂孔（表七三）。陶片可辨器形有尖底杯、尖底盏、小平底罐、高领罐、矮领罐、束颈罐、壶、盆、瓮、器纽、圈足、豆柄等。玉器种类有玉璋、绿松石珠等。石器种类有斧等。铜器种类有锥形器、铃等。金器均为残片，器形不可辨。

表七三　东区第8b层陶片统计表

陶质 陶色 纹饰	夹砂陶						小计	百分比 （%）	泥质陶						小计	百分比 （%）
	灰黑	灰	红褐	灰褐	黄褐	灰黄			灰黑	灰	灰黄	灰褐	红	黄褐		
素面	669	33	24	67	22	243	1058	86.79	425	22	125	115	4	3	694	87.08
细绳纹	6			2			8	0.66								
粗绳纹	30			6		2	38	3.12	1	1		1			3	0.38
重菱纹	1						1	0.08								
凹弦纹	20	1	1	1		2	25	2.05	6		1	2			9	1.13
凸棱纹									6			4			10	1.25
镂孔												1			1	0.12
细线纹	78	1	1	4		2	86	7.06	36	4	15	25			80	10.04
压印纹	1						1	0.08								
网格纹	1						1	0.08								
乳丁纹		1					1	0.08								
小计	806	36	26	80	22	249	1219		474	27	141	148	4	3	797	
百分比（%）	66.12	2.95	2.13	6.56	1.81	20.43		100.00	59.47	3.39	17.69	18.57	0.50	0.38		100.00
合计	2016															

（1）陶器

46 件。

尖底杯　3 件。

Ab 型　1 件。

标本ⅠT8006⑧b：27，泥质灰黑陶。口径 10.5、残高 4.3 厘米（图七〇五，1）。

Bb 型Ⅱ式　2 件。

标本ⅠT8007⑧b：3，泥质陶，下腹呈灰黑色，上腹呈灰黄色。口径 9.1、底径 1.3、高 14.2 厘米（图七〇五，3）。

尖底盏　9 件。

Ab 型Ⅰ式　2 件。

标本ⅠT8007⑧b：43，夹砂灰黑陶。方唇。口径 14、肩径 14.2、高 6.9 厘米（图七〇五，2）。

标本ⅠT8007⑧b：49，夹砂灰黑陶。方唇，下腹内凹。口径 16.4、肩径 15.6、底径 2.6、高 7.2 厘米（图七〇五，4）。

Ba 型Ⅰ式　5 件。

标本ⅠT8006⑧b：2，夹砂灰黑陶。圆唇。口径 13.3、肩径 14.2、高 5.6 厘米（图七〇五，5；彩版一九八，6）。

标本ⅠT8007⑧b：23，夹砂灰黑陶。尖圆唇。口径 13、肩径 13.6、高 5.2 厘米（图七〇五，6）。

标本ⅠT8007⑧b：38，夹砂灰黑陶。圆唇。口径 12.8、肩径 13.8、高 5.4 厘米（图七〇五，7）。

标本ⅠT8007⑧b：41，夹砂灰黑陶。圆唇。口径 12.5、肩径 13.1、高 5.1 厘米（图七〇五，8）。

Ba 型Ⅱ式　1 件。

标本ⅠT8007⑧b：16，夹砂灰黑陶。尖圆唇。口径 12.5、肩径 13、高 5.1 厘米（图七〇五，9）。

Bb 型Ⅰ式　1 件。

标本ⅠT8007⑧b：15，夹砂灰黑陶。尖圆唇。口径 13.5、肩径 13.7、高 5.2 厘米（图七〇五，10）。

小平底罐　2 件。

Aa 型Ⅱ式　1 件。

标本ⅠT8007⑧b：296，夹砂灰黄陶。方唇。口径 13.9、肩径 15.3、底径 3.5、高 7.8 厘米（图七〇六，2）。

Ab 型Ⅰ式　1 件。

标本ⅠT8007⑧b：97，夹砂灰黑陶。方唇。肩部饰一周凹弦纹。口径 15、肩径 17.4、残高 4 厘米（图七〇六，1）。

敛口罐　1 件。Ba 型。

标本ⅠT8007⑧b：291，夹砂灰黄陶。沿面凹，方唇。口径 42、残高 4.2 厘米（图七〇六，3）。

高领罐　6 件。

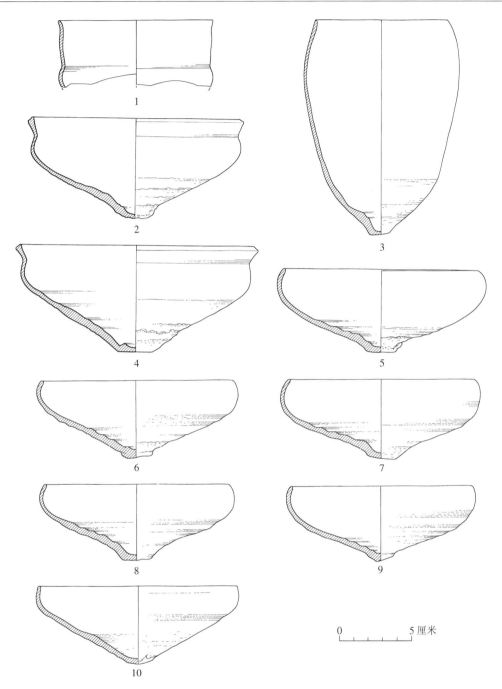

图七〇五　东区第 8b 层出土陶器

1. Ab 型尖底杯（ⅠT8006⑧b：27）　2、4. Ab 型Ⅰ式尖底盏（ⅠT8007⑧b：43、ⅠT8007⑧b：49）　3. Bb 型Ⅱ式
尖底杯（ⅠT8007⑧b：3）　5~8. Ba 型Ⅰ式尖底盏（ⅠT8006⑧b：2、ⅠT8007⑧b：23、ⅠT8007⑧b：38、ⅠT8007
⑧b：41）　9. Ba 型Ⅱ式尖底盏（ⅠT8007⑧b：16）　10. Bb 型Ⅰ式尖底盏（ⅠT8007⑧b：15）

Ab 型Ⅱ式　1 件。

标本ⅠT8007⑧b：285，夹砂灰褐陶。平折沿，圆唇。口径 20、残高 4.4 厘米（图七〇六，4）。

D 型　2 件。

标本ⅠT8007⑧b：286，夹砂灰褐陶。平折沿，圆唇。口径 18、残高 5 厘米（图七〇六，5）。

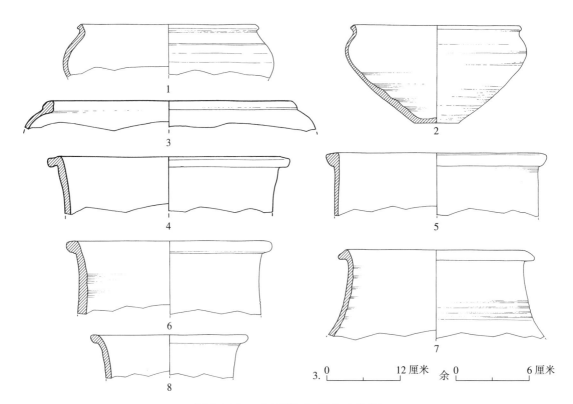

图七〇六　东区第 8b 层出土陶器

1. Ab 型 I 式小平底罐（Ⅰ T8007⑧b：97）　2. Aa 型 Ⅱ式小平底罐（Ⅰ T8007⑧b：296）　3. Ba 型敛口罐
（Ⅰ T8007⑧b：291）　4. Ab 型 Ⅱ式高领罐（Ⅰ T8007⑧b：285）　5. D 型高领罐（Ⅰ T8007⑧b：286）
6、8. Fa 型 I 式高领罐（Ⅰ T8007⑧b：94、Ⅰ T8006⑧b：37）　7. Fb 型 I 式高领罐（Ⅰ T8007⑧b：261）

Fa 型 I 式　2 件。

标本 Ⅰ T8007⑧b：94，夹砂灰黑陶。平折沿，方唇。口径 17、残高 6 厘米（图七〇六，6）。

标本 Ⅰ T8006⑧b：37，夹砂灰黑陶。卷沿，圆唇。口径 13.1、残高 3.4 厘米（图七〇六，8）。

Fb 型 I 式　1 件。

标本 Ⅰ T8007⑧b：261，夹砂灰黑陶。外斜折沿，圆唇。口径 16、残高 7.2 厘米（图七〇六，7）。

矮领罐　3 件。

A 型 Ⅱ式　1 件。

标本 Ⅰ T8007⑧b：412，夹砂灰黑陶。卷沿，圆唇。口径 18、残高 4.3 厘米（图七〇七，1）。

B 型 Ⅱ式　1 件。

标本 Ⅰ T8007⑧b：95，夹砂灰陶。平卷沿，圆唇。领部饰两周凹弦纹。口径 20、残高 5.3 厘米（图七〇七，2）。

D 型 Ⅱ式　1 件。

标本 Ⅰ T8007⑧b：287，夹砂灰黑陶。外斜折沿，方唇。口径 16、残高 3 厘米（图七〇七，3）。

束颈罐　3 件。

Ac 型 Ⅱ式　1 件。

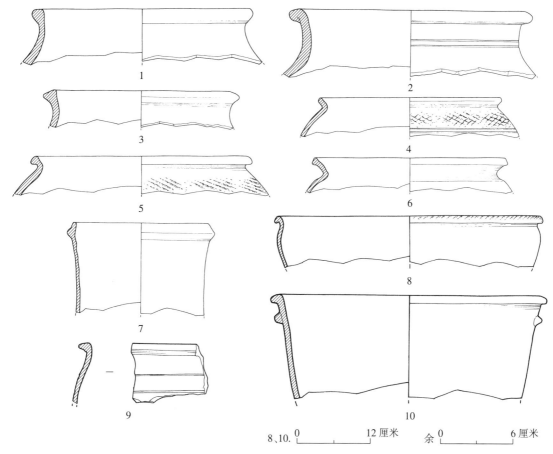

8、10. 0 ———————— 12 厘米　余 0 ———————— 6 厘米

图七○七　东区第 8b 层出土陶器

1. A 型 Ⅱ 式矮领罐（ⅠT8007⑧b：412）　2. B 型 Ⅱ 式矮领罐（ⅠT8007⑧b：95）　3. D 型 Ⅱ 式矮领罐（ⅠT8007⑧b：287）　4. Ac 型 Ⅱ 式束颈罐（ⅠT8007⑧b：300）　5. Ad 型 Ⅰ 式束颈罐（ⅠT8007⑧b：311）　6. Ba 型束颈罐（ⅠT8007⑧b：293）　7. Ab 型壶（ⅠT8007⑧b：262）　8. Ac 型盆（ⅠT8007⑧b：93）　9. Cd 型盆（ⅠT8007⑧b：100）　10. F 型盆（ⅠT8007⑧b：2）

标本 ⅠT8007⑧b：300，夹砂灰黑陶。方唇。肩部饰交错绳纹和两周凹弦纹。口径 15、残高 3.2 厘米（图七○七，4）。

Ad 型 Ⅰ 式　1 件。

标本 ⅠT8007⑧b：311，夹砂灰黄陶。方唇。肩部饰斜向绳纹。口径 18、残高 3.1 厘米（图七○七，5）。

Ba 型　1 件。

标本 ⅠT8007⑧b：293，夹砂灰黄陶。方唇。口径 16、残高 2.7 厘米（图七○七，6）。

壶　1 件。Ab 型。

标本 ⅠT8007⑧b：262，夹砂灰黑陶。圆唇。口径 12、残高 7.3 厘米（图七○七，7）。

盆　4 件。

Ac 型　1 件。

标本ⅠT8007⑧b:93，夹砂灰黑陶。方唇。唇部压印绳纹。口径44、残高8厘米（图七〇七，8）。

Cd型 1件。

标本ⅠT8007⑧b:100，夹砂灰褐陶。平卷沿，圆唇。腹部饰两周凹弦纹。残高4.9厘米（图七〇七，9）。

F型 2件。

标本ⅠT8007⑧b:2，夹砂灰黄陶。卷沿，腹部附器耳。口径46、残高16.3厘米（图七〇七，10）。

瓮 1件。Aa型。

标本ⅠT8007⑧b:284，夹砂灰黑陶，圆唇。口径56、残高7.6厘米（图七〇八，1）。

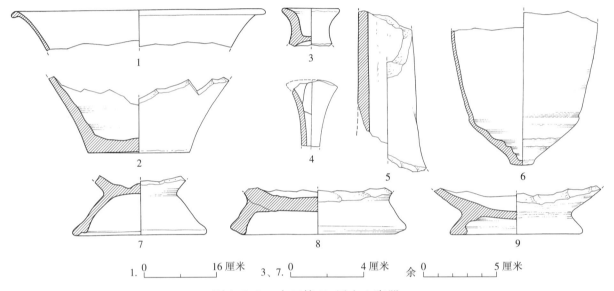

图七〇八 东区第8b层出土陶器

1. Aa型瓮（ⅠT8007⑧b:284） 2. Ab型器底（ⅠT8007⑧b:45） 3. C型器纽（ⅠT8006⑧b:20） 4. Da型Ⅰ式器纽（ⅠT8007⑧b:160） 5. Aa型豆柄（ⅠT8007⑧b:151） 6. Ec型器底（ⅠT8007⑧b:39） 7. Bb型圈足（ⅠT8007⑧b:181） 8、9. Cb型圈足（ⅠT8007⑧b:197、ⅠT8007⑧b:180）

豆柄 1件。Aa型。

标本ⅠT8007⑧b:151，泥质灰黑陶。残高11厘米（图七〇八，5）。

器纽 2件。

C型 1件。

标本ⅠT8006⑧b:20，夹砂灰黑陶。圆唇。纽径3.1、残高2厘米（图七〇八，3）。

Da型Ⅰ式 1件。

标本ⅠT8007⑧b:160，泥质灰黑陶。残高4.3厘米（图七〇八，4）。

器底 4件。

Ab型 2件。

标本ⅠT8007⑧b:45，夹砂灰黑陶。底径7、残高5厘米（图七〇八，2）。

Ec 型　2 件。

标本ⅠT8007⑧b∶39，泥质灰黄陶。底径 1.4、残高 10.2 厘米（图七〇八，6）。

圈足　6 件。

Bb 型　1 件。

标本ⅠT8007⑧b∶181，夹砂灰褐陶。圈足径 7.4、残高 3.1 厘米（图七〇八，7）。

Cb 型　5 件。

标本ⅠT8007⑧b∶180，夹砂灰黑陶。圈足径 9.1、残高 3 厘米（图七〇八，9）。

标本ⅠT8007⑧b∶197，夹砂灰黑陶。圈足径 12、残高 2.8 厘米（图七〇八，8）。

（2）玉器

211 件。

璋　1 件。Ea 型。

标本ⅠT8007⑧b∶4，表面磨光。长条形，两侧平直，器身扁平，刃部残缺。柄部一圆形穿孔，双阑，阑间斜向划痕。残长 2.7、宽 1.3、厚 0.2 厘米（图七〇九，7；彩版一九八，2）。

绿松石珠　23 件。

标本ⅠT8006⑧b∶13－1，平面呈截尖锥形，横剖面近椭圆形。表面磨光，孔对钻。器身上窄下宽。长径 0.7、孔径 0.15、高 0.5 厘米（图七〇九，6）。

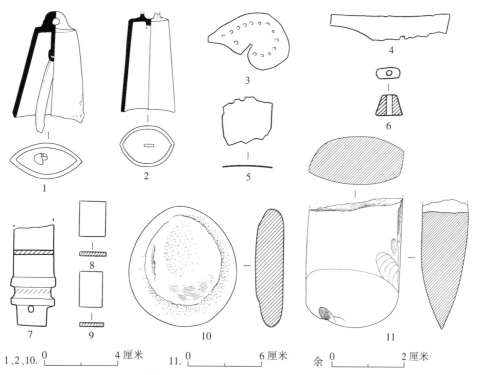

图七〇九　东区第 8b 层出土器物

1、2. Ab 型铜铃（ⅠT8103⑧b∶2、ⅠT8103⑧b∶3）　3、4. 金箔残片（ⅠT8007⑧b∶6、ⅠT8007⑧b∶7）　5. 铜器残片（ⅠT8006⑧b∶14）　6. 绿松石珠（ⅠT8006⑧b∶13－1）　7. Ea 型玉璋（ⅠT8007⑧b∶4）　8、9. 绿松石残片（ⅠT8006⑧b∶12－1、ⅠT8006⑧b∶12－2）　10. 美石（ⅠT8006⑧b∶5）　11. Aa 型石斧（ⅠT8005⑧b∶1）

绿松石残片   186 片。表面打磨。

标本 I T8006⑧b：12 – 1，平面呈长方形。长 0.9、宽 0.7 厘米（图七〇九，8）。

标本 I T8006⑧b：12 – 2，平面呈长方形。长 1、宽 0.6 厘米（图七〇九，9）。

美石   1 件。

标本 I T8006⑧b：5，灰色。平面呈椭圆形，整器打磨平整。长径 6.5、短径 5.9、厚 1.5 厘米（图七〇九，10）。

（3）石器

25 件。

斧   3 件。Aa 型。

标本 I T8005⑧b：1，平面近长方形。器身光滑，部分区域有打击痕迹，刃部有一打击点。弧刃，中锋。上端残断。残长 10.3、宽 7.7、厚 3.7 厘米（图七〇九，11）。

石片   22 件。均无法分辨器形。

（4）铜器

4 件。

锥形器   1 件。D 型。

标本 I T8105⑧b：1，上部呈圆筒状，下部呈圆锥状。中空。上端较宽。外径 2.1、长 17.5 厘米，重 224.6 克（彩版一九八，3）。

铃   2 件。Ab 型。

标本 I T8103⑧b：2，平面近梯形，横剖面呈椭圆形。顶端有一环形纽。口部内凹，有铃舌。宽 3.8、高 6、厚 0.25 厘米（图七〇九，1；彩版一九八，4）。

标本 I T8103⑧b：3，平面近梯形，横剖面呈椭圆形。顶端纽残断。口部内凹，有铃舌。宽 2.9、高 5.1、厚 0.2 厘米（图七〇九，2；彩版一九八，5）。

铜器残片   1 件。

标本 I T8006⑧b：14，平面形状不规则。一面较光滑。器形不明。残长 1.4、残宽 1.2、厚 0.1 厘米，重 0.4 克（图七〇九，5；彩版一九八，1）。

（5）金器

4 件。

金箔残片   4 件。

标本 I T8007⑧b：6，平面形状不规则。器身弯曲。外缘饰有一圈点纹。长 2.2、宽 1.5 厘米（图七〇九，3）。

标本 I T8007⑧b：7，平面形状不规则。长 3.3、宽 0.7 厘米（图七〇九，4）。

（一六）第 8a 层下遗迹及出土遗物

开口于该层下有 2 处祭祀遗迹，编号为 L20、L63（见附表三），分述如下。

1. L20

　　位于 I T8105 西南部，部分叠压于南壁及西壁下，东部被机挖沟破坏。开口于第 8a 层下，遗物堆置于第 9a 层层表。从堆积残留平面形状推测为圆形。南北残长 2.7、东西残宽 1.6、深 0.2 米。坑内填土为黄褐色砂黏土，结构疏松。出土器物仅见石器，共 13 件石斧（图七一〇；彩版一九九，1）。

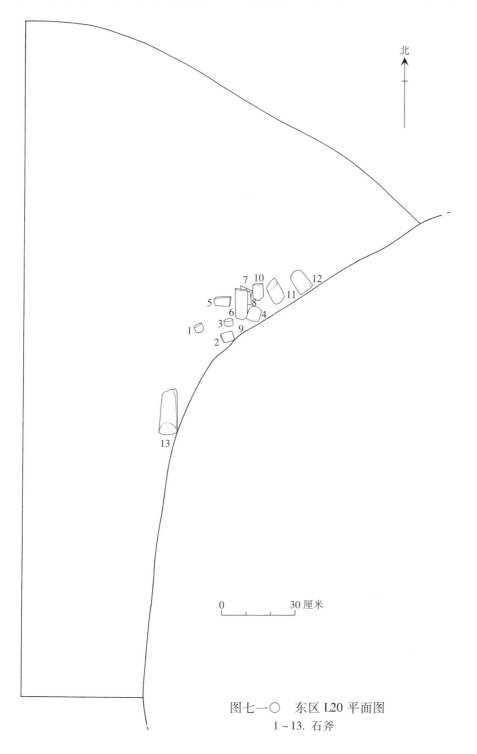

图七一〇　东区 L20 平面图
1～13. 石斧

石器　13 件。

斧　13 件。

Aa 型　10 件。

标本 L20：1 + 2，顶部残断。表面打磨。平面呈长方形，断面呈椭圆形。侧边平直，弧刃。残长 10.9、宽 4.8、厚 1.4 厘米，重 111.2 克（彩版一九九，2）。

标本 L20：3 + 9，顶部残断。表面打磨。平面呈长方形，断面呈圆角长方形。侧边平直，弧刃。残长 10.4、宽 4.4、厚 1.8 厘米，重 127.9 克（彩版一九九，3）。

Ba 型　3 件。

标本 L20：13，青色。顶端保留自然断面，器表、两侧、刃部打磨平整。长 15.6、宽 7.5、厚 3.7 厘米（图七一一，2）。

标本 L20：11，灰色。顶部残断，器表、两侧、刃部打磨平整。残长 10、宽 5、厚 2.4 厘米（图七一一，1）

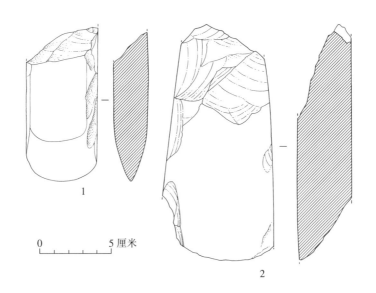

图七一一　东区 L20 出土 Ba 型石斧
1. L20：11　2. L20：13

2. L63

位于 I T7902 西北部，部分叠压于北隔梁及 I T7802 东隔梁下。开口于第 8a 层下。平面形状大致呈不规则形，东西长 3、南北最宽 1.45、深 0.26 ~ 0.4 米。坑内填土不明。出土 1 件玉璋、1 根象牙和一些陶器、美石。特别重要的是玉璋上刻划有肩扛象牙的跪坐人像（图七一二）。

肩扛象牙玉璋　1 件。

标本 L63：1，褐色。器呈平行四边形，两端斜直。器身两面分别刻有两组图案，每组图案由一向右侧跪坐的人像、两道折曲纹、三道直线纹组成。折曲纹分布于直线纹上下。人像刻划不清

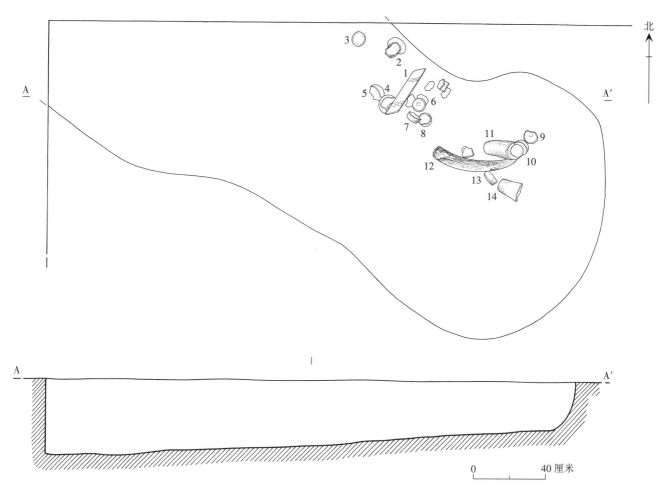

图七一二　东区 L63 平、剖面图
1. 玉璋　2～5、10. 美石　6. 陶小平底罐　7～9、11、13、14. 陶器底　12. 象牙

晰，整体似高冠高鼻，方耳方颐，椭圆形眼，身着长袍，双膝着地，左手持握，肩上扛有一象牙。长 33.1、宽 5.1、厚 1 厘米（彩版二○○、二○一）。

（一七）第 8a 层出土遗物

该层出土遗物有陶器、玉器、石器、铜器和金器，计有陶片 7383 片、玉器 490 件、石器 9 件、铜器 57 件和金器 19 件。陶器以夹砂陶为主，占 60.76%。夹砂陶中灰黑陶占 55.28%，灰黄陶占 24.97%，灰褐陶占 12.53%，红褐陶占 2.14%，黄褐陶占 2.54%，灰陶占 2.54%；泥质陶中灰黑陶占 53.64%，灰黄陶占 25.30%，灰褐陶占 15.85%，灰陶占 3.80%，黄褐陶占 1.17%，红陶占 0.17%，青灰陶占 0.07%。夹砂陶中纹饰陶片仅占 8.83%，以细线纹、凹弦纹、粗绳纹、细绳纹为主，分别占 58.84%、17.17%、15.40% 和 2.53%，另有极少量网格纹、压印纹、戳印纹、附加堆纹等；泥质陶中纹饰陶片仅占 6.35%，以细线纹、凸棱纹、凹弦纹、粗绳纹为主，分别占 76.09%、8.70%、7.61% 和 4.35%，另有极少量细绳纹、镂孔和戳印纹（表七四）。陶片可辨器

表七四　东区第 8a 层陶片统计表

纹饰 \ 陶质陶色	夹砂陶								泥质陶								
	灰黑	灰	红褐	灰褐	黄褐	灰黄	小计	百分比（%）	灰黑	灰	灰黄	灰褐	青灰	红	黄褐	小计	百分比（%）
素面	2224	108	96	497	104	1061	4090	91.17	1440	104	699	429	2	5	34	2713	93.65
细绳纹	7			1	1	1	10	0.22			1					1	0.03
粗绳纹	44	1		4	2	10	61	1.36	3		4	1				8	0.28
重菱纹	1			1			2	0.04									
凹弦纹	42	1		7	4	14	68	1.52	9	1	3	1				14	0.49
凸棱纹				1			1	0.02	4	1	6	5				16	0.55
镂孔	1				1		2	0.04	1							1	0.03
细线纹	149	3		48	2	31	233	5.20	94	4	19	23				140	4.83
压印纹	3			3			6	0.13									
网格纹	9						9	0.20									
戳印纹						2	2	0.04	3		1					4	0.14
附加堆纹	1	1					2	0.04									
小计	2480	114	96	562	114	1120	4486		1554	110	733	459	2	5	34	2897	
百分比（%）	55.28	2.54	2.14	12.53	2.54	24.97		100.00	53.64	3.80	25.30	15.85	0.07	0.17	1.17		100.00
合计												7383					

形有尖底杯、尖底盏、小平底罐、瓮形器、敛口罐、高领罐、矮领罐、束颈罐、缸、瓮、器盖、器纽、帽形器、豆盘、豆柄等。玉器种类有璋、锛、箍形器、璧、环、绿松石珠等。石器种类有石璋半成品、斧、柱形器、石璧坯料等。铜器种类有戈、镞、锥形器、铃、璧、挂饰、圆角方孔形器、鸟等。金器种类有鱼形金箔饰、圆形金箔饰等。

（1）陶器

80件。

尖底杯 2件。

Aa型Ⅱ式 1件。

标本ⅠT8006⑧a:59，夹砂灰黑陶。尖唇。口径14、残高2.2厘米（图七一三，1）。

Ca型Ⅰ式 1件。

标本ⅠT8006⑧a:146，泥质灰黑陶。口径8.5、残高4.3厘米（图七一三，2）。

尖底盏 4件。

Ab型Ⅰ式 1件。

标本ⅠT8006⑧a:23，夹砂灰黑陶。方唇。下腹内外均有螺旋纹。口径14.6、肩径14.7、底径2.1、高7.2厘米（图七一三，3）。

Ba型Ⅱ式 2件。

标本ⅠT8006⑧a:38，夹砂灰黑陶。圆唇，下腹内凹。口径14.7、肩径15.8、高6厘米（图七一三，4；彩版二○二，3）。

标本ⅠT8206⑧a:3，夹砂灰黑陶。圆唇。下腹有两道凹痕。口径12、肩径12.8、高5.2厘米（图七一三，5）。

Bb型Ⅱ式 1件。

标本ⅠT8006⑧a:42，夹砂灰黑陶。圆唇。口径13.8、肩径14.2、残高2.3厘米（图七一三，6）。

小平底罐 5件。

Aa型Ⅰ式 1件。

标本ⅠT8006⑧a:209，夹砂灰黑陶。圆唇。口径16、肩径16.4、残高4.7厘米（图七一三，8）。

Ac型 1件。

标本ⅠT8007⑧a:335，夹砂灰黑陶。尖圆唇。口径12、肩径13、残高4.2厘米（图七一三，7）。

Ca型Ⅰ式 1件。

标本ⅠT8007⑧a:59，泥质灰黑陶。尖圆唇。口径12.5、肩径12.5、残高4厘米（图七一三，9）。

Db型 2件。

标本ⅠT8006⑧a:31，夹砂灰黑陶。尖唇。口径9、肩径9.2、底径2、高6.2厘米（图七一

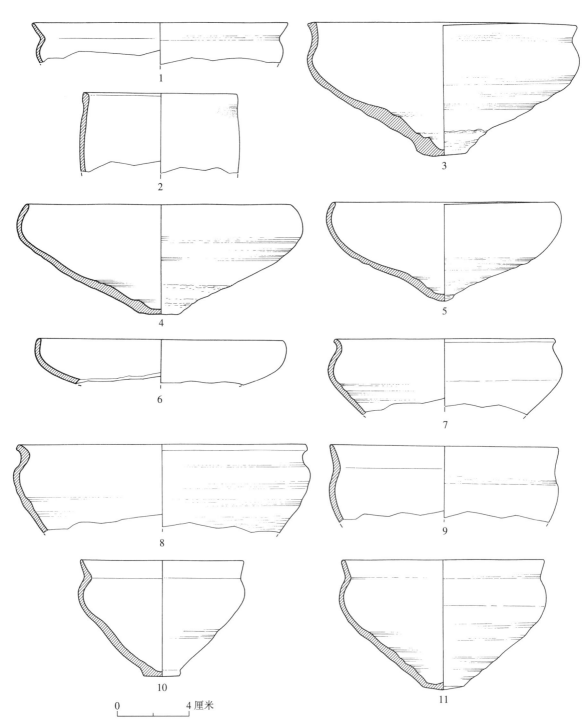

0 ____ 4厘米

图七一三　东区第8a层出土陶器

1. Aa 型Ⅱ式尖底杯（ⅠT8006⑧a：59）　2. Ca 型Ⅰ式尖底杯（ⅠT8006⑧a：146）　3. Ab 型Ⅰ式尖底盏（ⅠT8006⑧a：23）　4、5. Ba 型Ⅱ式尖底盏（ⅠT8006⑧a：38、ⅠT8206⑧a：3）　6. Bb 型Ⅱ式尖底盏（ⅠT8006⑧a：42）

7. Ac 型小平底罐（ⅠT8007⑧a：335）　8. Aa 型Ⅰ式小平底罐（ⅠT8006⑧a：209）　9. Ca 型Ⅰ式小平底罐（ⅠT8007⑧a：59）　10、11. Db 型小平底罐（ⅠT8006⑧a：31、ⅠT8205⑧a：2）

三，10；彩版二〇二，2）。

标本ⅠT8205⑧a：2，夹砂灰黑陶。尖唇。口径11、肩径11.3、底径2.3、高6.9厘米（图七一三，11）。

瓮形器　3件。

Ab型　1件。

标本ⅠT8007⑧a：404，夹砂灰褐陶。方唇。残高3.5厘米（图七一四，7）。

Da型　2件。

标本ⅠT8105⑧a：106，夹砂灰黑陶。方唇。口径26、残高4.3厘米（图七一四，6）。

敛口罐　7件。

Aa型Ⅰ式　1件。

标本ⅠT8007⑧a：425，夹砂灰褐陶。沿面凹，方唇。口径30、残高3.3厘米（图七一四，1）。

Aa型Ⅱ式　4件。

标本ⅠT8007⑧a：477，夹砂灰黑陶。方唇。口径46、残高7.8厘米（图七一四，2）。

Db型　2件。

标本ⅠT8007⑧a：412，夹砂灰黑陶。圆唇。口径30、残高6厘米（图七一四，3）。

标本ⅠT8007⑧a：325，夹砂灰黑陶。沿面凹，方唇。口径30、残高3.1厘米（图七一四，4）。

高领罐　6件。

Ab型Ⅰ式　2件。

标本ⅠT8206⑧a：9，夹砂灰黑陶。斜折沿，圆唇。上腹部饰一周凹弦纹。口径16、底径9.3、高43.5厘米（图七一四，5；彩版二〇二，1）。

C型Ⅰ式　1件。

标本ⅠT8105⑧a：70，夹砂灰褐陶。平卷沿，圆唇。口径20、残高7.2厘米（图七一四，8）。

Fa型Ⅰ式　2件。

标本ⅠT8007⑧a：340，夹砂灰黑陶。平卷沿，圆唇。口径14.5、残高8.1厘米（图七一四，9）。

Fb型Ⅰ式　1件。

标本ⅠT8006⑧a：44，夹砂灰黑陶。平卷沿，圆唇。口径18、残高6.4厘米（图七一四，10）。

矮领罐　3件。

A型Ⅱ式　2件。

标本ⅠT8006⑧a：43，夹砂灰黄陶。折沿，圆唇。口径12、残高5.7厘米（图七一五，1）。

D型Ⅱ式　1件。

标本ⅠT8305⑧a：5，夹砂灰黑陶。平卷沿，圆唇。口径14、残高3.2厘米（图七一五，3）。

束颈罐　4件。

Aa型　1件。

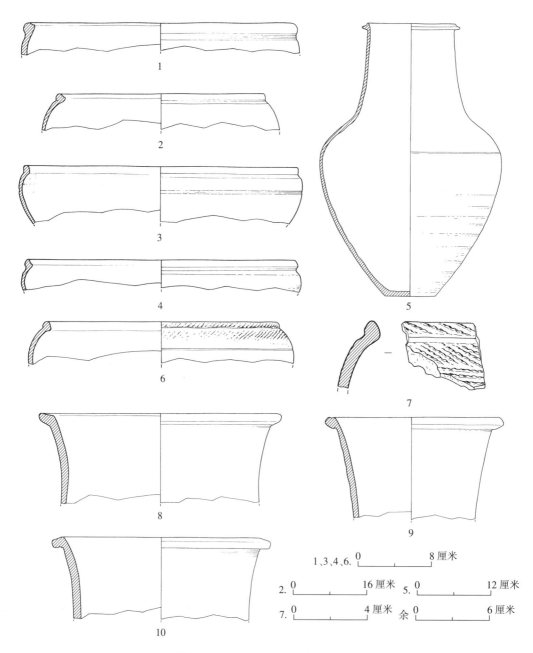

图七一四　东区第8a层出土陶器

1. Aa 型 I 式敛口罐（ I T8007⑧a：425）　　2. Aa 型 II 式敛口罐（ I T8007⑧a：477）　　3、4. Db 型敛口罐（ I T8007⑧a：412、 I T8007⑧a：325）　　5. Ab 型 I 式高领罐（ I T8206⑧a：9）　　6. Da 型瓮形器（ I T8105⑧a：106）　　7. Ab 型瓮形器（ I T8007⑧a：404）　　8. C 型 I 式高领罐（ I T8105⑧a：70）　　9. Fa 型 I 式高领罐（ I T8007⑧a：340）　　10. Fb 型 I 式高领罐（ I T8006⑧a：44）

标本 I T8105⑧a：109，夹砂灰黑陶。方唇。肩部饰斜向绳纹和一周凹弦纹。口径20、残高5.3厘米（图七一五，2）。

Bb 型　1件。

标本 I T8006⑧a：47，夹砂灰黑陶。方唇。口径12、残高3厘米（图七一五，4）。

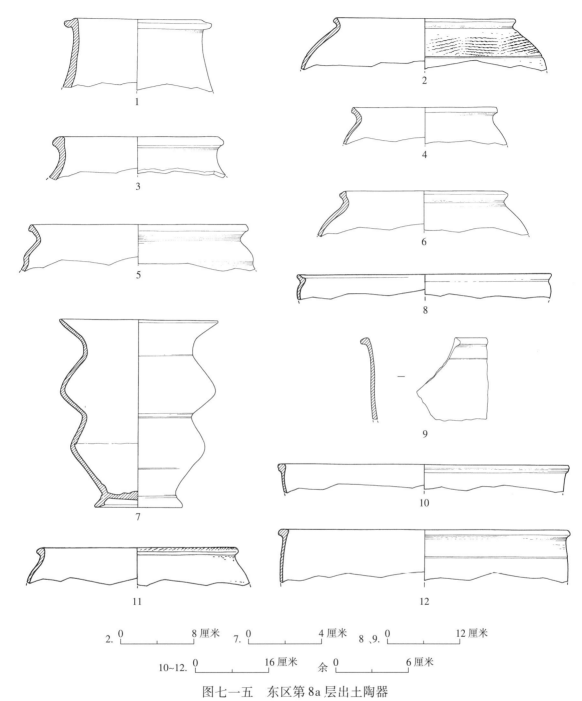

图七一五　东区第8a层出土陶器

1. A 型 Ⅱ 式矮领罐（ⅠT8006⑧a：43）　2. Aa 型束颈罐（ⅠT8105⑧a：109）　3. D 型 Ⅱ 式矮领罐（ⅠT8305⑧a：5）　4. Bb 型束颈罐（ⅠT8006⑧a：47）　5. Bd 型 Ⅱ 式束颈罐（ⅠT8007⑧a：417）　6. Ca 型 Ⅱ 式束颈罐（ⅠT8007⑧a：161）　7. 双折腹罐（ⅠT7808⑧a：1）　8. Cb 型盆（ⅠT8006⑧a：41）　9. Cc 型缸（ⅠT8006⑧a：39）　10. Ea 型缸（ⅠT8106⑧a：89）　11. Ad 型盆（ⅠT8201⑧a：14）　12. Ec 型缸（ⅠT8106⑧a：80）

Bd 型 Ⅱ 式　1 件。

标本 ⅠT8007⑧a：417，夹砂灰黑陶。方唇。口径 18、残高 3.6 厘米（图七一五，5）。

Ca 型 Ⅱ 式　1 件。

标本 I T8007⑧a：161，夹砂灰黑陶。方唇。口径 14、残高 3.5 厘米（图七一五，6）。

双折腹罐　1 件。

标本 I T7808⑧a：1，泥质灰黑陶。敞口，圆唇，束颈，腹部有两处圆鼓转折，底接圈足。口径 8.6、圈足径 4.4、高 10 厘米（图七一五，7；彩版二〇二，4）。

盆　2 件。

Ad 型　1 件。

标本 I T8201⑧a：14，夹砂灰黑陶。沿外侧饰绳纹。口径 43.6、残高 8.4 厘米（图七一五，11）。

Cb 型　1 件。

标本 I T8006⑧a：41，夹砂灰黑陶。仰折沿，沿面微凹，圆唇。口径 42.2、残高 4.1 厘米（图七一五，8）。

瓮　4 件。

Aa 型　2 件。

标本 I T8007⑧a：478，夹砂灰黄陶。圆唇。口径 45.5、残高 6.1 厘米（图七一六，1）。

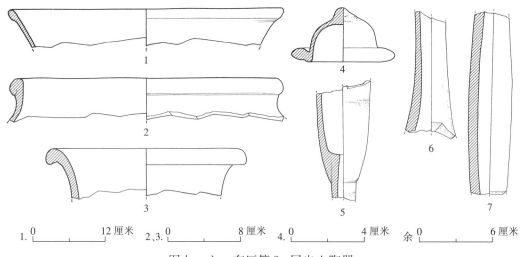

图七一六　东区第 8a 层出土陶器

1. Aa 型瓮（I T8007⑧a：478）　　2. Cb 型 II 式瓮（I T8005⑧a：88）　　3. Cd 型 II 式瓮（I T8007⑧a：10）
4. 帽形器（I T8006⑧a：6）　　5. Ba 型豆盘（I T8006⑧a：28）　　6. Aa 型豆柄（I T8007⑧a：471）　　7. Ab 型豆柄
（I T8007⑧a：112）

Cb 型 II 式　1 件。

标本 I T8005⑧a：88，夹砂灰黑陶。圆唇。口径 30、残高 4.5 厘米（图七一六，2）。

Cd 型 II 式　1 件。

标本 I T8007⑧a：10，夹砂灰黑陶。圆唇。口径 22.2、残高 5.4 厘米（图七一六，3）。

缸　3 件。

Cc 型　1 件。

标本 I T8006⑧a：39，夹砂灰陶。卷沿。残高 13.2 厘米（图七一五，9）。

Ea 型　1 件。

标本ⅠT8106⑧a∶89，夹砂灰黑陶。卷沿。口径 64、残高 5.3 厘米（图七一五，10）。

Ec 型　1 件。

标本ⅠT8106⑧a∶80，夹砂灰黑陶。折沿。腹部饰两周细线纹和一周凹弦纹。口径 64、残高 10.5 厘米（图七一五，12）。

帽形器　1 件。

标本ⅠT8006⑧a∶6，夹砂灰陶。圆唇。口径 5.6、高 2.9 厘米（图七一六，4；彩版二〇二，5）。

豆盘　3 件。Ba 型。

标本ⅠT8006⑧a∶28，夹砂灰黑陶。残高 9.6 厘米（图七一六，5）。

豆柄　7 件。

Aa 型　5 件。

标本ⅠT8007⑧a∶471，夹砂灰黑陶。残高 10 厘米（图七一六，6）。

Ab 型　2 件。

标本ⅠT8007⑧a∶112，泥质灰褐陶。残高 14.5 厘米（图七一六，7）。

器盖　4 件。

Ba 型　1 件。

标本ⅠT8105⑧a∶4，夹砂灰黑陶。方唇。口径 12.5、高 4.4 厘米（图七一七，1）。

Bb 型　2 件。

标本ⅠT8007⑧a∶26，夹砂灰黑陶。圆唇。口径 10.5、高 2.3 厘米（图七一七，2）。

标本ⅠT8006⑧a∶2，夹砂灰黑陶。圆唇。口径 10、高 2.6 厘米（图七一七，3）。

E 型　1 件。

标本ⅠT8105⑧a∶5，夹砂红褐陶。圆唇。口径 9.7、高 2.4 厘米（图七一七，4）。

器纽　1 件。A 型。

标本ⅠT8007⑧a∶304，夹砂灰黑陶。圆唇。纽径 3.3、高 1.9 厘米（图七一七，5）。

器底　14 件。

Ab 型　5 件。

标本ⅠT8105⑧a∶110，夹砂灰黑陶。底径 9.1、残高 4.9 厘米（图七一七，6）。

Ac 型　1 件。

标本ⅠT8006⑧a∶27，夹砂灰黑陶。底径 3.2、残高 6.9 厘米（图七一七，7）。

Db 型　5 件。

标本ⅠT8105⑧a∶44，泥质灰黑陶。底部有两道对称戳痕。残高 3.5 厘米（图七一七，8）。

Dc 型　2 件。

标本ⅠT8006⑧a∶179，泥质灰黑陶。底部有两道对称戳痕。残高 3.5 厘米（图七一七，9）。

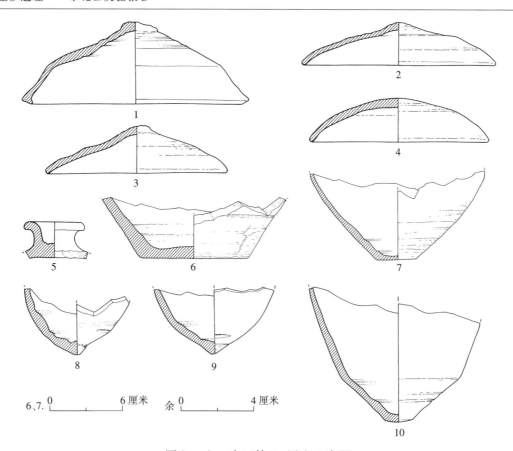

图七一七　东区第8a层出土陶器

1. Ba 型器盖（ⅠT8105⑧a：4）　2、3. Bb 型器盖（ⅠT8007⑧a：26、ⅠT8006⑧a：2）　4. E 型器盖（ⅠT8105⑧a：5）
5. A 型器纽（ⅠT8007⑧a：304）　6. Ab 型器底（ⅠT8105⑧a：110）　7. Ac 型器底（ⅠT8006⑧a：27）　8. Db 型器底
（ⅠT8105⑧a：44）　9. Dc 型器底（ⅠT8006⑧a：179）　10. Ec 型器底（ⅠT8007⑧a：32）

Ec 型　1 件。

标本ⅠT8007⑧a：32，泥质灰黄陶。底径1.5、残高7.5 厘米（图七一七，10）。

器座　2 件。

Cb 型　1 件。

标本ⅠT8106⑧a：19，夹砂灰黑陶。圈足径7.5、残高17.3 厘米（图七一八，1）。

E 型　1 件。

标本ⅠT8106⑧a：76，夹砂灰黑陶。圆唇。下径11.1、残高4.9 厘米（图七一八，2）。

圈足　1 件。Ca 型。

标本ⅠT8007⑧a：563，夹砂灰黑陶。圈足径15、残高5 厘米（图七一八，3）。

袋足　1 件。Ab 型。

标本ⅠT8206⑧a：9－1，夹砂灰黑陶。残高19.3 厘米（图七一八，4）。

錾耳　1 件。

标本ⅠT8206⑧a：9－2，夹砂灰黑陶。上腹部饰一道凹弦纹，錾手上饰刻划纹。残高13.7 厘

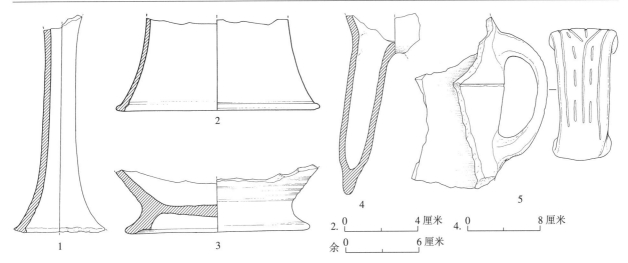

图七一八　东区第8a层出土陶器

1. Cb 型器座（ⅠT8106⑧a：19）　3. Ca 型圈足（ⅠT8007⑧a：563）　2. E 型器座（ⅠT8106⑧a：76）　4. Ab 型袋足（ⅠT8206⑧a：9－1）　5. 鏊耳（ⅠT8206⑧a：9－2）

米（图七一八，5）。

（2）玉器

490 件。

矛　1 件。Aa 型。

标本ⅠT8106⑧a：14，灰白色，不透明。器表有大量凹点，底端残。器表、刃部打磨平整，刃部有明显使用痕迹。残长 12.1、宽 7、厚 0.9 厘米（图七一九，1）。

璋　7 件。Eb 型。

标本ⅠT8007⑧a：1，青黑色。平面呈长条形。表面磨光。两侧平直。器身扁平，刃部略宽，长方形柄，柄较器身窄。柄部有一双面钻穿孔。双阑，主阑为齿突状。凹弧刃，刃尖一高一低。长 5.33、宽 1.81、厚 0.29 厘米（图七一九，4；彩版二〇三，1）。

玉璋残件　3 件。

标本ⅠT8103⑧a：2，器表带墨色、红褐色、淡黄色、白色沁斑，色彩斑斓，器表腐蚀严重，有大量锈斑。制作规整。残件平面呈长方形。残长 13.6、残宽 11.6、厚 1.9 厘米（图七一九，2；彩版二〇三，2）。

标本ⅠT8103⑧a：30，仅残存一小块，为阑部齿突。残长 4.2、宽 1.7、厚 0.4 厘米（图七一九，3）。

锛　1 件。A 型。

标本ⅠT8007⑧a：31，黄褐色，间有白色沁斑。刃部极为锋利，整器制作精细。长 5.2、宽 3.8、厚 1.3 厘米（图七一九，5；彩版二〇三，3～5）。

箍形器　3 件。

Aa 型　1 件。

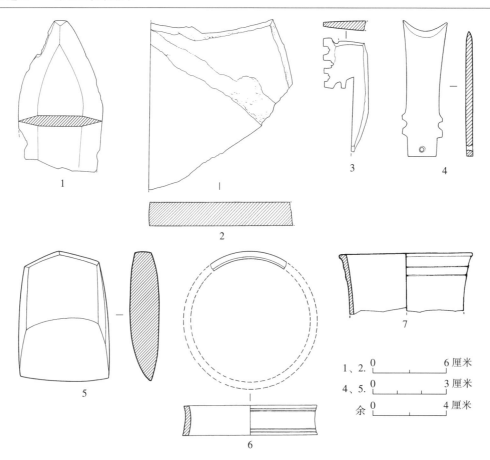

图七一九　东区第8a层出土玉器

1. Aa型矛（ⅠT8106⑧a：14）　　2、3. 玉璋残件（ⅠT8103⑧a：2、ⅠT8103⑧a：30）　4. Eb型璋（ⅠT8007⑧a：1）
5. A型锛（ⅠT8007⑧a：31）　　6. Aa型箍形器（ⅠT8007⑧a：12）　　7. Ab型箍形器（ⅠT8304⑧a：1）

标本ⅠT8007⑧a：12，器表带灰白色、褐色、黑色、淡黄色沁斑，色彩斑斓，器身粘附大量锈斑。器呈圆形，中空，上下口沿平，外侈，腰部略鼓，上、下近口沿处均有一周凹弦纹。整器打磨光滑。直径7.5、高1.7、厚0.4厘米（图七一九，6）。

Ab型　2件。

标本ⅠT8304⑧a：1，平面呈圆形，中空，上口沿平，外侈，器身中部外弧，上腰部有两道凸棱。直径7.3、残高3.3、厚0.3厘米（图七一九，7）。

璧　5件。

Ac型　1件。

标本ⅠT8103⑧a：13，仅存一段。表面磨光。孔径大于环面宽。孔缘双面凸出于环面形成领，器壁剖面呈"T"形。直径12.1、孔径6.8、残长6.2、领高1.4厘米（图七二〇，1；彩版二〇三，6）。

Ba型　4件。

标本ⅠT8205⑧a：5，青色。平面呈圆形。表面磨光。器身中部有一穿孔，单面钻孔。直径

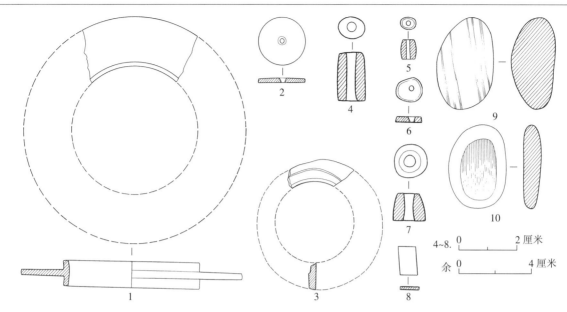

图七二〇　东区第 8a 层出土玉器

1. Ac 型玉璧（ⅠT8103⑧a：13）　2. Ba 型玉璧（ⅠT8205⑧a：5）　3. Ab 型玉环（ⅠT8006⑧a：36）　4～7. 绿松石珠
（ⅠT8006⑧a：14、ⅠT8007⑧a：19、ⅠT8006⑧a：20、ⅠT8205⑧a：3）　8. 玉器残片（ⅠT8006⑧a：33－2）　9、10. 美
石（ⅠT8006⑧a：16、ⅠT8103⑧a：21）

2.5、孔径 0.2、厚 0.2 厘米（图七二〇，2）。

环　1 件。Ab 型。

标本ⅠT8006⑧a：36，灰白色，夹黑色、红色沁斑。仅存一小段。表面磨光，孔单面钻通。平面
呈圆环形。环面较窄，外缘呈方形面。残长 3.6、环面宽 1.3、厚 0.3 厘米，重 3 克（图七二〇，3）。

绿松石珠　58 件。

标本ⅠT8006⑧a：14，表面磨光，孔对钻。管状。长径 1、孔径 0.3、高 1.6 厘米（图七二〇，4）。

标本ⅠT8007⑧a：19，表面打磨，孔单面钻通，横剖面呈椭圆形，中部鼓。长径 0.5、孔径
0.1、高 0.7 厘米（图七二〇，5）。

标本ⅠT8006⑧a：20，表面打磨，孔单面钻通，表面有残损。近圆片状。长径 0.9、短径 0.8、
孔径 0.2、高 0.2 厘米，重 0.2 克（图七二〇，6）。

标本ⅠT8205⑧a：3，白色。表面磨光，孔对钻。上窄下宽，平面呈梯形，横剖面呈圆形。直
径 1.1、孔径 0.4、高 0.9 厘米（图七二〇，7；彩版二〇三，7）。

美石　18 件。

标本ⅠT8006⑧a：16，暗绿色斜长石。平面近水滴状，石身较厚。长 4.9、宽 3.1、厚 2.4 厘
米，重 54.2 克（图七二〇，9）。

标本ⅠT8103⑧a：21，深灰色玉质。整器打磨精细，平面大致呈椭圆形。长径 4.5、短径 3.2、
厚 1 厘米（图七二〇，10）。

玉器残片　393 件。

标本ⅠT8006⑧a：33 - 2，绿松石质。表面打磨。平面呈长方形。长 0.9、宽 0.6 厘米（图七二〇，8）。

（3）石器

9 件。

石璋半成品　1 件。Ba 型。

标本ⅠT8006⑧a：30，仅存援部残片，刃尖残断。表面打磨。援平面近长方形。牙尖高度差异不大，侧边平直。残长 11.8、宽 4.7、厚 2.2 厘米，重 96 克（图七二一，1）。

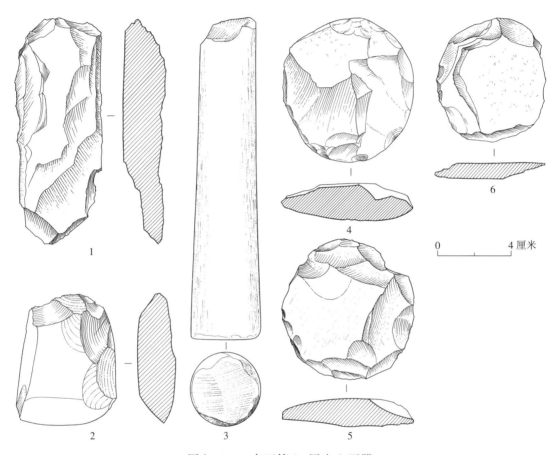

图七二一　东区第 8a 层出土石器

1. Ba 型石璋半成品（ⅠT8006⑧a：30）　2. Bb 型斧（ⅠT8005⑧a：10）　3. 柱形器（ⅣT8103⑧a：6）　4 ~ 6. A 型石璧坯料（ⅠT8006⑧a：24、ⅣT7903⑧a：2、ⅣT8005⑧a：11）

斧　3 件。Bb 型。

标本ⅠT8005⑧a：10，灰白色砂石。器表附着大量铜锈。平面形状不规则。器身有多处打击崩疤痕迹，可见同心波和放射线，部分区域磨光。弧刃，偏锋。长 7、宽 5.5、厚 2.1 厘米（图七二一，2）。

柱形器　1 件。

标本ⅣT8103⑧a：6，灰黄色。圆柱状，表面平整，一端完好，另一端残缺。残长 17.1、直径

3.1～3.9厘米（图七二一，3）。

石璧坯料 4件。A型。

标本ⅠT8006⑧a：24，灰黑色。一面经过粗略打磨。平面近圆形，较扁。中部微鼓。长7.5、宽7.1、厚1.9厘米，重111.4克（图七二一，4）。

标本ⅣT7903⑧a：2，灰黑色。粗略打磨。圆形，中部微鼓，边缘略薄。直径7.2、厚1.5厘米（图七二一，5）。

标本ⅣT8005⑧a：11，灰黑色。整器粗磨。中部厚边缘薄，剖面呈菱形。直径6.1、厚1厘米（图七二一，6）。

（4）铜器

57件。

戈 9件。

Ba型 3件。

标本ⅠT8005⑧a：13，平面呈"十"字形，援呈细长的等腰三角形。本部正中有一圆形穿孔。凸出的中脊从穿孔处延伸到锋尖。两侧有六道短横脊与中脊相交。锋部缓收。长8、宽2、厚0.2厘米（图七二二，1；彩版二〇四，1）。

Bb型 1件。

标本ⅠT7905⑧a：1，锋尖残失。平面呈"十"字形。援呈长等腰三角形，侧刃有两组连弧状齿突，中脊微凸并延伸至锋尖。本部呈圆形，中有一穿孔。方形内。残长6.4、宽1.9、厚0.3厘

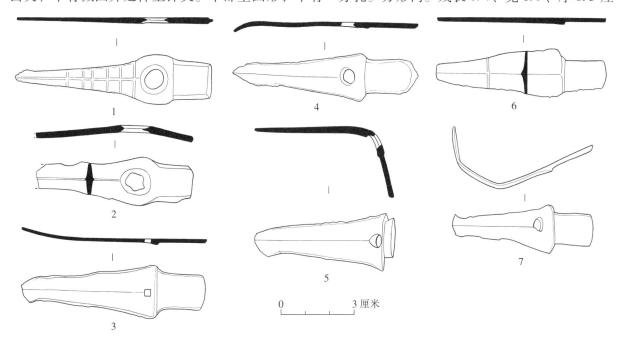

图七二二 东区第8a层出土铜戈

1. Ba型（ⅠT8005⑧a：13） 2. Bb型（ⅠT7905⑧a：1） 3～7. Cb型（ⅠT8103⑧a：24、ⅠT8103⑧a：26、ⅠT8103⑧a：25、ⅠT8103⑧a：14、ⅠT8103⑧a：18）

米，重 8.6 克（图七二二，2）。

Cb 型　5 件。

标本ⅠT8103⑧a：24，平面呈"十"字形，援呈细长的等腰三角形。本部正中有一方形穿孔。凸出的中脊从穿孔处延伸到锋尖。锋部缓收。器身有锈蚀。长 7.5、宽 2.1、厚 0.2 厘米（图七二二，3；彩版二〇四，2）。

标本ⅠT8103⑧a：26，平面呈"十"字形，援呈细长的等腰三角形。本部正中有一圆形穿孔。凸出的中脊从穿孔处延伸到锋尖。锋部缓收。器身有锈蚀。长 7.1、宽 1.9、厚 0.2 厘米（图七二二，4；彩版二〇四，3）。

标本ⅠT8103⑧a：25，平面呈"十"字形，援呈细长的等腰三角形。本部正中有一圆形穿孔。凸出的中脊从穿孔处延伸到锋尖。锋部缓收。器身有锈蚀。长 5.8、宽 2.3、厚 0.3 厘米（图七二二，5；彩版二〇四，4）。

标本ⅠT8103⑧a：14，平面呈长条形，援呈细长的等腰三角形。凸出的中脊从柄部下沿延伸到锋尖，器身中部一道短横脊与中脊相交。锋部缓收。器身有锈蚀。长 7、宽 1.9、厚 0.2 厘米（图七二二，6；彩版二〇四，5）。

标本ⅠT8103⑧a：18，平面呈"十"字形，援呈细长的等腰三角形。本部正中有一圆形穿孔。凸出的中脊从穿孔处延伸到锋尖。锋部缓收。器身有锈蚀。长 5.7、宽 1.9、厚 0.2 厘米（图七二二，7）。

镞　2 件。C 型。

标本ⅠT8205⑧a：8，平面近三角形。尖锋，双翼，无铤。器身中线两侧各有一长条形镂孔。长 4、宽 1.8、厚 0.1 厘米（图七二三，1；彩版二〇四，6）。

标本ⅠT8007⑧a：6，平面近三角形。尖锋，双翼，无铤。器身锈蚀严重，一侧翼有一处断裂。长 3.7、宽 1.81、厚 0.22 厘米（彩版二〇四，7）。

锥形器　6 件。

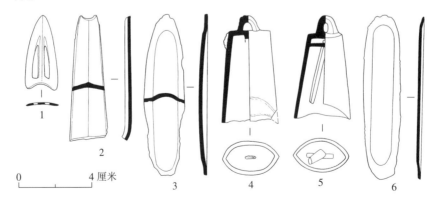

图七二三　东区第 8a 层出土铜器

1. C 型镞（ⅠT8205⑧a：8）　2. Aa 型锥形器（ⅠT8103⑧a：31）　3. Ab 型锥形器（ⅠT8103⑧a：17）　4、5. B 型铃（ⅠT8103⑧a：1、ⅠT8005⑧a：14）　6. Ac 型锥形器（ⅠT8005⑧a：4）

Aa 型　1 件。

标本ⅠT8103⑧a：31，平面近尖条形。器身上窄下宽，底部略弯曲。中部有一道棱脊。长6.5、宽2、厚0.15 厘米（图七二三，2；彩版二〇五，1）。

Ab 型　3 件。

标本ⅠT8103⑧a：17，平面近椭圆形。器身中部隆起。边缘有残损。长8.5、宽2.2、厚0.4 厘米（图七二三，3）。

Ac 型　2 件。

标本ⅠT8005⑧a：4，长8.2、宽2、厚0.1 厘米（图七二三，6；彩版二〇五，2）。

铃　2 件。B 型。

标本ⅠT8005⑧a：14，平面近梯形。横剖面呈核桃状。顶端有一环形纽。口部内凹，有铃舌。宽3、高5.4、厚0.15 厘米（图七二三，5；彩版二〇五，3）。

标本ⅠT8103⑧a：1，平面近梯形。横剖面呈核桃状。顶端有一环形纽。口部残，无铃舌。宽3.1、残高5.5、厚0.15 厘米（图七二三，4；彩版二〇五，4）。

璧　5 件。

Ab 型　1 件。

标本ⅠT8005⑧a：5，平面呈圆环形。孔径大于环面宽。孔缘双面凸出于环面形成领，孔壁及凸起的领呈三角形，器壁厚薄不均。领部一端内侧未做修整。直径6.2、孔径3.1、领高1.4 厘米（图七二四，3；彩版二〇五，5）。

Ac 型Ⅰ式　3 件。

标本ⅠT8103⑧a：3，平面呈圆环形。孔径大于环面宽。孔缘双面凸出于环面形成领，孔壁及凸起的领呈三角形，器壁剖面呈"Y"形。直径9.7、孔径5.7、领高1.5 厘米（图七二四，1；彩版二〇五，6、7）。

标本ⅠT8205⑧a：1，直径9.6、孔径5.9、领高1.2 厘米（图七二四，2；彩版二〇六，1）。

标本ⅠT7904⑧a：1，平面呈圆环形。环面窄，内缘处双面起领。直径5.6、孔径3.7、领高0.9、厚0.3 厘米，重37.24 克（图七二四，4；彩版二〇六，2）。

Ac 型Ⅱ式　1 件。

标本ⅠT8103⑧a：4，直径6.9、孔径4.3、领高0.9 厘米（图七二四，5；彩版二〇六，3）。

环形器　1 件。B 型。

标本ⅠT8006⑧a：18，外径3.3、内径2.6、厚0.2 厘米（图七二四，6）。

挂饰　4 件。

B 型　1 件。

标本ⅠT8103⑧a：15，平面呈椭圆形。器身中部隆起。两侧、底端中间各有一尖凸。顶部有一残纽。长径3.3、短径3.1、厚0.1 厘米（图七二四，7；彩版二〇六，4）。

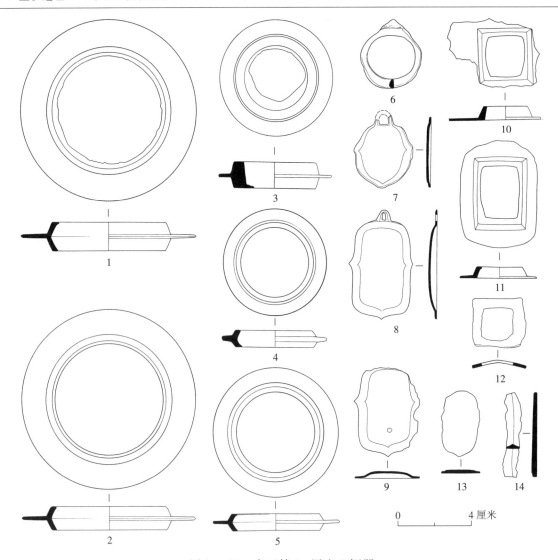

图七二四　东区第8a层出土铜器

1、2、4. Ac型Ⅰ式璧（ⅠT8103⑧a：3、ⅠT8205⑧a：1、ⅠT7904⑧a：1）　3. Ab型璧（ⅠT8005⑧a：5）
5. Ac型Ⅱ式璧（ⅠT8103⑧a：4）　6. B型环形器（ⅠT8006⑧a：18）　7. B型挂饰（ⅠT8103⑧a：15）　8、
9. D型挂饰（ⅠT8103⑧a：23、ⅠT8103⑧a：22）　10. Aa型Ⅱ式圆角方孔形器（ⅠT8205⑧a：9）　11. Ab
型圆角方孔形器（ⅠT8103⑧a：16）　12. B型圆角方孔形器（ⅠT8004⑧a：3）　13、14. 铜器残片
（ⅠT8103⑧a：29、ⅠT8103⑧a：19）

C型　1件。

标本ⅠT8105⑧a：7，器身锈蚀严重，边缘有磨蚀现象，一翼尾部残损。长4.39、宽2.85、厚0.2、纽长0.74、纽宽0.95厘米（彩版二〇六，5）。

D型　2件。

标本ⅠT8103⑧a：23，平面呈圆角长方形。器身中部隆起。两侧、底端中间各有一尖凸。顶部有一纽。长5.3、宽3.5、厚0.1厘米（图七二四，8；彩版二〇六，6）。

标本ⅠT8103⑧a：22，顶部和一角残。残长4.6、宽3.5、厚0.1厘米（图七二四，9；彩版二〇六，7）。

圆角方孔形器 5 件。

Aa 型Ⅱ式 3 件。

标本 ⅠT8205⑧a∶9，壁面残损。中部有一方形穿孔，孔壁一面上凸成领。领呈上小下大的覆斗形。残长 3.6、残宽 5、穿孔边长 2.2、领高 0.7 厘米（图七二四，10）。

Ab 型 1 件。

标本 ⅠT8103⑧a∶16，平面呈圆角长方形。中有一长方形穿孔，孔壁一面上凸成领。领呈上小下大的覆斗形。长 5.7、宽 4.2、孔长 2.8、孔宽 2.1、领高 0.6 厘米（图七二四，11）。

B 型 1 件。

标本 ⅠT8004⑧a∶3，平面呈回字形。环面较窄，中有一方形穿孔。残长 2.9、残宽 2.6、厚 0.2 厘米，重 4.1 克（图七二四，12）。

椭圆形器 1 件。

标本 ⅠT8201⑧a∶1，锈蚀严重，边缘整体锈损，边缘有一处缺失。整器制作精细。长 12.4、宽 5.9、厚 0.3 厘米（图七二五，1；彩版二〇七，1）。

人耳 1 件。

标本 ⅠT8105⑧a∶32，青铜质，为面具上人耳，仅存后端。整体略呈心形，片状，下端呈桃形，上端内凹，两角上翘呈尖三角形。器身正面中部和外缘保留有包裹痕迹，器表打磨光洁，

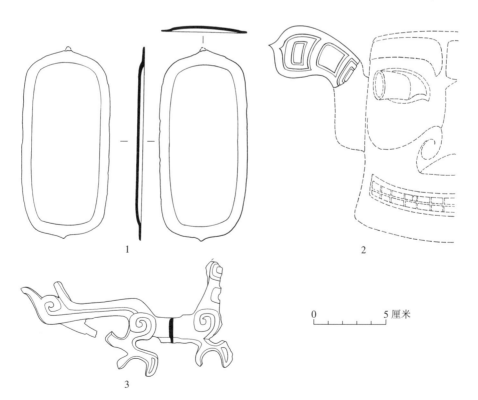

图七二五 东区第 8a 层出土铜器

1. 椭圆形器（ⅠT8201⑧a∶1） 2. 铜人耳（ⅠT8105⑧a∶32） 3. 铜鸟（ⅠT8205⑧a∶10）

显得光洁细腻，背面则较粗糙。残长6、宽3.5、厚0.6厘米（图七二五，2；彩版二〇七，3、4）。

鸟 1件。

标本ⅠT8205⑧a：10，鸟头部、颈部残断。鸟身瘦长，前后各有一卷云纹，不见双翅。尾羽折而上扬。双爪宽大，有两个趾，前爪部分残断。残长13.7、残高7厘米（图七二五，3）。

铜器残片 20件。器形均不可辨。

标本ⅠT8103⑧a：29，平面近椭圆形。器身一面平直，一面隆起。长3.5、宽2、厚0.15厘米（图七二四，13；彩版二〇七，2）。

标本ⅠT8103⑧a：19，平面近长条形。残长4.5、宽0.9、厚0.2厘米（图七二四，14）。

（5）金器

19件。

圆形金箔饰 6件。B型。

标本ⅠT8007⑧a：17，平面呈圆形。顶端有一小穿孔。直径1.3厘米（图七二六，1）。

标本ⅠT8006⑧a：25－1，平面呈圆形。顶端有一小穿孔。直径0.8厘米（图七二六，2）。

鱼形金箔饰 1件。Aa型Ⅰ式

标本ⅠT8104⑧a：1，平面呈柳叶形。极薄。上端有一圆形小穿孔。器身錾刻鱼刺纹。长2.2、宽1厘米（图七二六，3）。

金器残片 12件。

标本ⅠT8006⑧a：4，平面呈不规则状。残长3.1厘米（图七二六，4）。

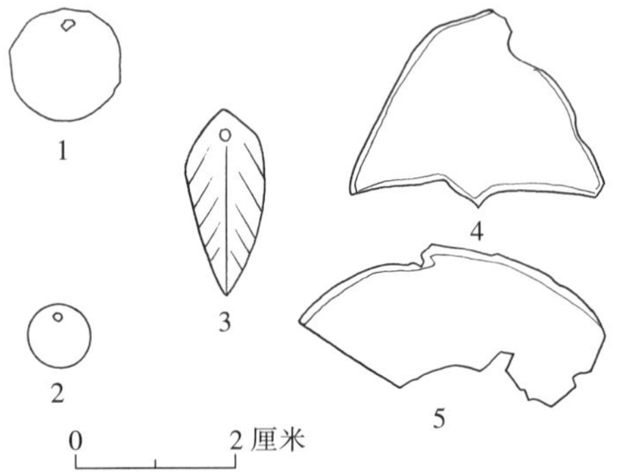

图七二六　东区第8a层出土金器
1、2.B型圆形金箔饰（ⅠT8007⑧a：17、ⅠT8006⑧a：25－1）　3.Aa型Ⅰ式鱼形金箔饰（ⅠT8104⑧a：1）　4、5.金器残片（ⅠT8006⑧a：4、ⅠT8007⑧a：5）

标本ⅠT8007⑧a：5，平面呈不规则状。残长3.8厘米（图七二六，5）。

（一八）第7层下遗迹及出土遗物

开口于该层下遗迹有5个，分别为L3、L7、L8、L12、L18（图七二七；见附表三），分述如下。

1.L3

位于发掘区南部ⅣT7803～ⅣT7805、ⅣT7903～ⅣT7905、ⅣT8003～ⅣT8005、ⅣT8103～ⅣT8105共12个探方内，部分叠压于ⅣT7906～ⅣT8106的北隔梁、ⅣT8104～ⅣT8105的东隔梁下。该堆积是东区发掘区域地势最高的礼仪性堆积。开口于第7层下，叠压第8c层上。该堆积区域缺

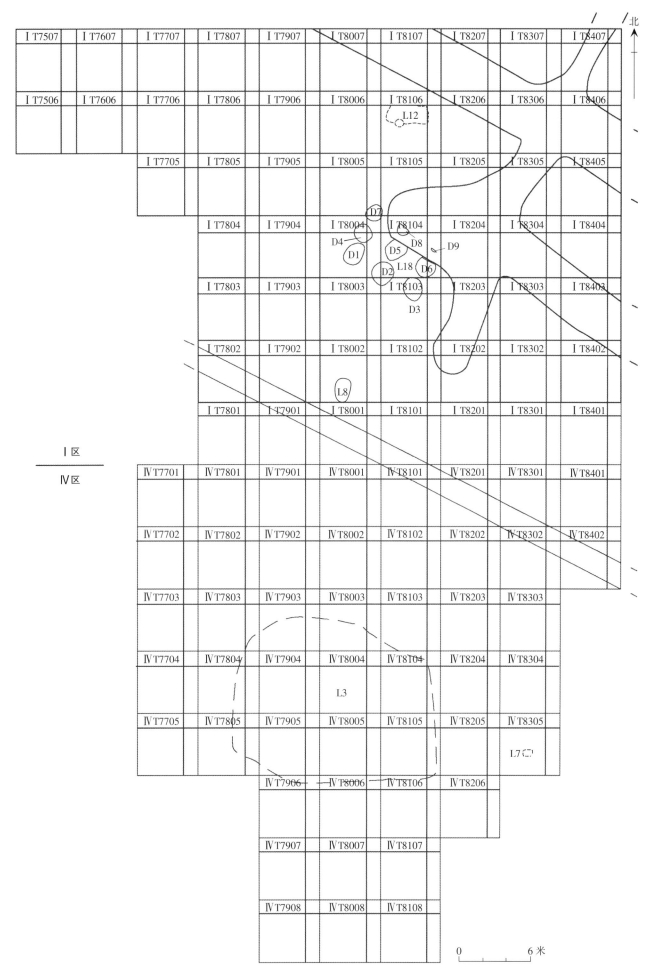

图七二七　东区第 7 层下遗迹平面分布图

失8a、8b层。堆积平面形状呈不规则形。南北最宽13.2、东西最长15.6、深0.4米。坑内堆积为斜坡堆置，主要堆积物为石璧半成品或坯料。包含物有3件玉器，包括2件绿松石珠及1件残片；4件陶器，可辨器形有小平底罐及尖底盏；石器172件，主要为石璧、石璧坯料和少量石璋半成品、石琮半成品、石圭。器物的朝向主要为西北方向。这在石璧坯料上表现得尤为明显，石璧坯料均倾斜放置，西北高，东南低，层层叠压（图七二八；彩版二○八）。

（1）玉器

3件，仅2件可辨识。

绿松石珠　2件。

标本L3:131，表面打磨，孔对钻。扁筒状，表面有残损。直径0.5、孔径0.2、高0.7厘米（彩版二○九，7）。

（2）石器

172件。

石璋半成品　30件。

A型　1件。

标本L3:56，青灰色。自射本部起下部断裂缺失。V形首端歧锋较宽而浅，刃较直，刃尖一边高，一边低。残长26、宽7.6、厚1.8厘米（彩版二○九，1）。

Ba型　2件。

标本L3:4，制作粗糙。援平面近长方形。援身中部略凸，凹弧刃，刃尖一高一低，侧边较直。器自援部起下部断裂缺失，两锋及身多处残缺，其中身一面一处凹缺。长34、宽8.4、厚2.02厘米（彩版二○九，2）。

标本L3:54，制作粗糙。器身多处残缺，最大一处贯穿器物一侧边，凹弧刃，刃尖一高一低，侧边较直。长26、宽7.6、厚1.8厘米（彩版二○九，3）。

Bb型　27件。

标本L3:48，仅存援部残块。表面打磨，制作粗糙。援平面近长方形。援身中部略凸，凹弧刃，刃尖一高一低，侧边较直。残长23.3、宽6.3、厚2厘米（图七二九，1；彩版二○九，4）。

标本L3:91，仅存援部残块。表面打磨，制作粗糙。援平面近长方形。援身中部略凸，凹弧刃，刃尖一高一低，侧边较直。残长23.5、宽7.1、厚2.6厘米（图七二九，2；彩版二○九，5）。

圭　4件。

标本L3:75，仅存援部残片。表面打磨。平面呈长方形。援身中部微凸，刃平直，侧边较直。残长17.9、宽7.5、厚1.1厘米（图七二九，3；彩版二○九，6）。

标本L3:84，仅存刃部，援残断。表面打磨。平面呈长方形。援身中部微凸，侧边较直。残

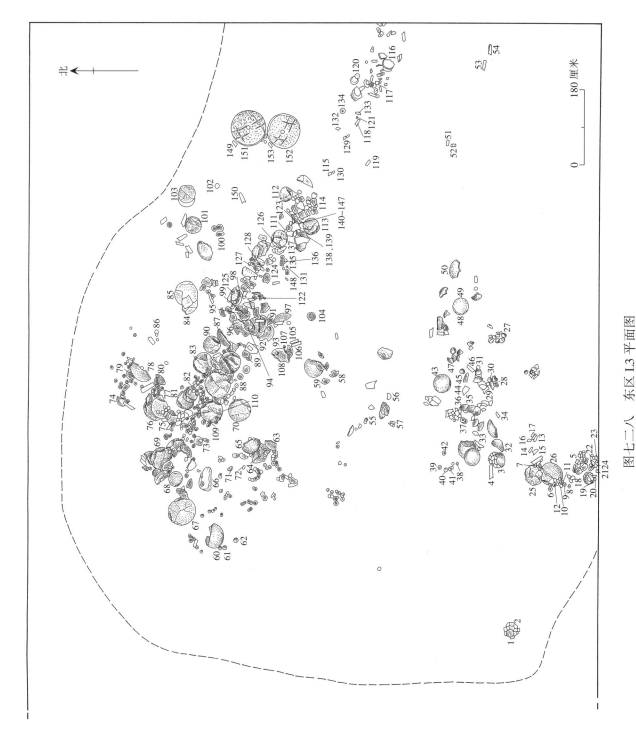

图七二八　东区 L3 平面图

1~3、6~12、18、19、21~31、34~43、47~50、52、55~74、76~83、85~90、92~117、120、121、123~128、134~149、153. 石璧坯料　4、5、13~17、20、32、33、44~46、53、54、75、84、91、118、119、122、129、130、132、133、150. 石璋半成品　51. 石琮半成品　131.绿松石珠　151、152. 石璧

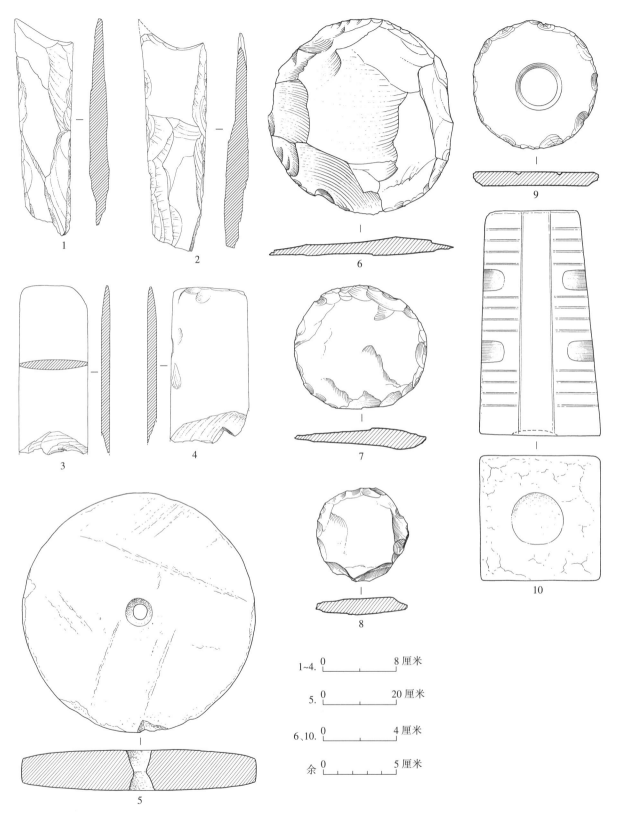

图七二九 东区 L3 出土石器

1、2. Bb 型石璋半成品（L3：48、L3：91）   3、4. 圭（L3：75、L3：84）   5. Bb 型璧（L3：1）   6 ~ 8. A 型石璧坯料（L3：109、L3：38、L3：36）   9. B 型石璧坯料（L3：153）   10. B 型 Ⅱ 式石琮半成品（L3：51）

长 16.4、宽 8.6、厚 1.2 厘米（图七二九，4；彩版二一〇，1）。

石琮半成品 2 件。B 型 Ⅱ 式。

标本 L3∶51，制作较粗糙。表面打磨，四面均有两道纵向贯通的切割凹槽。上、下底均呈正方形，纵截面呈等腰梯形。无射口。四角分三节，每节各有四道阴刻平行线纹。上底长 5.3、下底长 6.5、高 12.1 厘米（图七二九，10；彩版二一一）。

标本 L3∶151，制作较粗糙。表面打磨，四面均有两道纵向贯通的切割凹槽。上、下底均呈正方形，纵截面呈长方形。无射口。四角分三节，每节各有四道阴刻平行线纹。上底长 7.7、下底长 7.8、高 14 厘米（彩版二一〇，2）。

璧 1 件。Bb 型。

标本 L3∶1，青灰色。器形大而厚重。此器正中有带圆形穿孔的圆环，穿孔略偏向一侧，穿孔很小而环面宽。器表凹凸不平。直径 65、孔径 8、厚 9.5 厘米（图七二九，5；彩版二一〇，3）。

石璧坯料 135 件。

A 型 130 件。

标本 L3∶36，灰黑色。破裂面及轮边未经打磨。周缘较薄、中部略厚。直径 6、厚 1 厘米（图七二九，8）。

标本 L3∶38，灰黑色。破裂面及轮边未经打磨。周缘较薄、中部略厚。直径 8.7、厚 0.9 厘米（图七二九，7）。

标本 L3∶109，灰黑色。破裂面及轮边未经打磨。周缘较薄、中部略厚。直径 10.5、厚 0.9 厘米（图七二九，6）。

B 型 5 件。

标本 L3∶153，灰黑色。破裂面打磨精细、较光滑，轮边未见打磨痕迹。直径 8.6、孔径 3.1、厚 0.9 厘米（图七二九，9）。

2. L7

位于 ⅣT8305 的东部，开口于第 7 层下，打破第 8a 层。堆积平面形状呈长方形。东西长 0.7、南北宽 0.4、深 0.05 米。坑内堆积为黄灰色黏土，较为紧密。出土遗物包括 1 件大象臼齿、8 件美石及 1 件铜圆角方孔形器（图七三〇；彩版二一二，1）。

3. L12

位于 ⅠT8106 北部，南部被一电线杆洞破坏。开口于第 7 层下，打破第 8a 层。平面形状呈不规则形，直壁，平底。东西长 2.5～3.5、南北宽 1.4、深 0.18 米。坑内填土为黄褐色砂黏土，质地疏松，包含大量的象牙碎渣。共出土遗物 21 件，以玉器、铜器为主，包括 7 件玉器、7 件铜器、7 件骨角器（图七三一）。

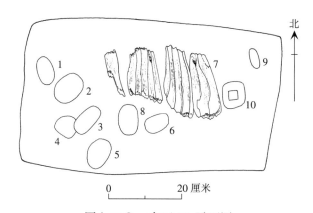

图七三〇　东区 L7 平面图
1~6、8、9. 美石　7. 象牙臼齿　10. 铜圆角方孔形器

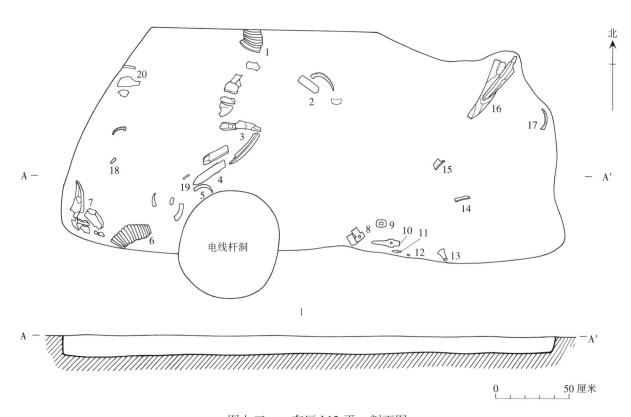

图七三一　东区 L12 平、剖面图
1、6. 象牙臼齿　2、18~20. 玉凿　3、7、16. 象牙　4、8. 玉戈　5、17. 野猪獠牙　9. 铜圆角方孔形器　10. 铜戈
11. 铜镞　12. 绿松石珠　13. 铜铃形饰　14、15. 铜器残片

（1）玉器

7 件。

戈　2 件。可辨型式者 1 件。

Ab 型　1 件。

标本 L12：4，平面近三角形。长方形内，锋部圆钝。单阑。阑部两侧各有八组凸出齿饰。援身较宽，援部近阑处有一双面钻穿孔。器身中部较厚，两边较薄。通长25.8、宽6、援长17.5、内长5.3、厚1.1厘米（图七三二，9）。

凿　4件。可辨型式者2件。

Ba型　1件。

标本L12：2，平面近长方形。一端出刃，双面弧形刃。器顶打磨平整，刃部留有纵向打磨痕迹。长14.1、宽4.8、厚2.2厘米（图七三二，8；彩版二一二，2、3）。

Bb型　1件。

标本L12：18，橙红色，夹黑色沁斑。平面近长方形。一端出刃，双面弧形刃。器顶保留自然断面，刃部留有纵向打磨痕迹。长6.7、宽1.7、厚1.2厘米（图七三二，7；彩版二一三，1、2）。

绿松石珠　1件。

标本L12：12，表面磨光，孔对钻。中部略鼓，管状。一端残断。直径0.9、孔径0.25、残高1.8厘米（图七三二，6）。

（2）铜器

7件。

戈　1件。Aa型。

标本L12：10，器身锈蚀严重，援部侧锋锈损严重，锯齿状凸起仅可见四处，缘部较宽处边缘有一处长的磕痕，援变形，成弧形卷曲。长21.5、宽4.3、厚0.4厘米（彩版二一三，3）。

镞　1件。Ba型。

标本L12：11，尖锋，后锋作尖状。中脊凸出，双翼，短铤。长5、宽1.2厘米（图七三二，1；彩版二一三，4）。

铃形饰　1件。

标本L12：13，平面呈喇叭状。上窄下宽。口沿平直，口部周围有圆形小穿孔。顶部有残损。口径6.7、高6.6、厚0.1厘米（图七三二，4；彩版二一三，5）。

挂饰　1件。E型。

标本L12：15－2，平面近椭圆形。器身一面平直，一面有五道纵向棱脊，棱脊之间面下凹。器身中间两侧各有一道短横脊，并延伸至沿外形成尖凸。顶端残断。器形可能为挂饰。残长3.7、宽2.2、厚0.1厘米（图七三二，2）。

圆角方孔形器　1件。Ab型。

标本L12：9，平面呈长方形。中有一长方形穿孔，孔壁一面上凸成领。领呈上小下大的覆斗形。边缘有残损。长5.3、宽4.8、孔长3.5、孔宽3、领高0.6厘米（图七三二，3；彩版二一三，6）。

铜器残片　2件。

标本L12：15－1，平面形状不规则。器身凹凸不平，表面装饰有兽面纹，疑似铜尊残片。铜

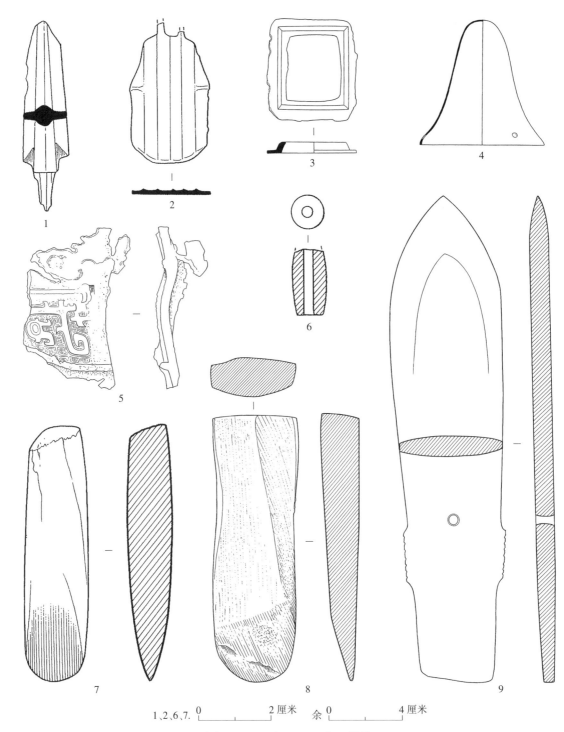

图七三二 东区 L12 出土器物

1. Ba 型铜镞（L12：11）   2. E 型铜挂饰（L12：15－2）   3. Ab 型铜圆角方孔形器（L12：9）
4. 铜铃形饰（L12：13）   5. 铜器残片（L12：15－1）   6. 绿松石珠（L12：12）   7. Bb 型玉凿
（L12：18）   8. Ba 型玉凿（L12：2）   9. Ab 型玉戈（L12：4）

片上部断茬遗留诸多铸造缺陷，可能为铸造次品。残长8.5、残宽5.4、厚0.5厘米（图七三二，5）。

（3）骨角器

7件。计有大象臼齿3件、獠牙2件、象牙片2件。尚在保护处理中。

4. L18

位于ⅠT8003、ⅠT8004、ⅠT8005、ⅠT8103、ⅠT8104五个探方内。开口于第7层下，打破第8a层。该遗存是一处由9个呈"田"字形分布的柱洞构成的建筑遗迹，方向332.83°。其中7个柱洞保存完整，另两个柱洞被机挖沟破坏，仅残存极小一部分。柱坑大体呈圆形或椭圆形，直径约1.2~1.7米。保存完好的7个柱洞大小基本一致，为圆角方形，边长约0.45、深约1.3米。从残存的D6底部遗留板灰痕迹观察，柱洞底部应铺有木板。9个柱洞的平面形制为十分规整的长方形，西北—东南向长6.24米，柱间距2.85米，西南—东北向宽4.35米，柱间距1.95米（图七三三；彩版二一四）。

D1　出土遗物主要为玉器和铜器，遗物分述如下。

（1）玉器

5件。

玉戈残片　1件。

标本D1∶6，灰白色，夹黑色、黄色、红色沁斑。仅存锋部及一侧刃尖，三角形锋。表面磨光，侧边留有切割痕迹。双面平，侧边直。残长3.6、残宽2.7、厚0.5厘米，重9.2克（图七三四，6；彩版二一五，1）。

镯　3件。

Aa型　2件。

标本D1∶3，牙白色，夹黑色、黄色沁斑。仅存一段。表面磨光，孔对钻后修整。平面呈圆环状，断面呈纵椭圆形。环面窄。外径6.2、内径5.6、厚0.6厘米，重6克（图七三四，8；彩版二一五，8）。

Ba型　1件。

标本D1∶1，灰白色，夹黑色、红色沁斑。仅存一段。表面磨光，孔对钻后修整。平面呈圆环状，断面呈纵椭圆形。环面窄。外径4.9、内径4.3、厚0.8厘米，重3.8克（图七三四，9；彩版二一五，3）。

玉器残片　1件。

标本D1∶2，灰白色，夹黑色、紫色沁斑。顶、刃均残。表面磨光。平面呈上小下大的长梯形，断面呈半圆形。侧边直。该器从形制和质地上观察，可能为B型凹刃玉凿残片。残长14.8、残宽4.8、厚1.6厘米，重262克（图七三四，2；彩版二一五，4、5）。

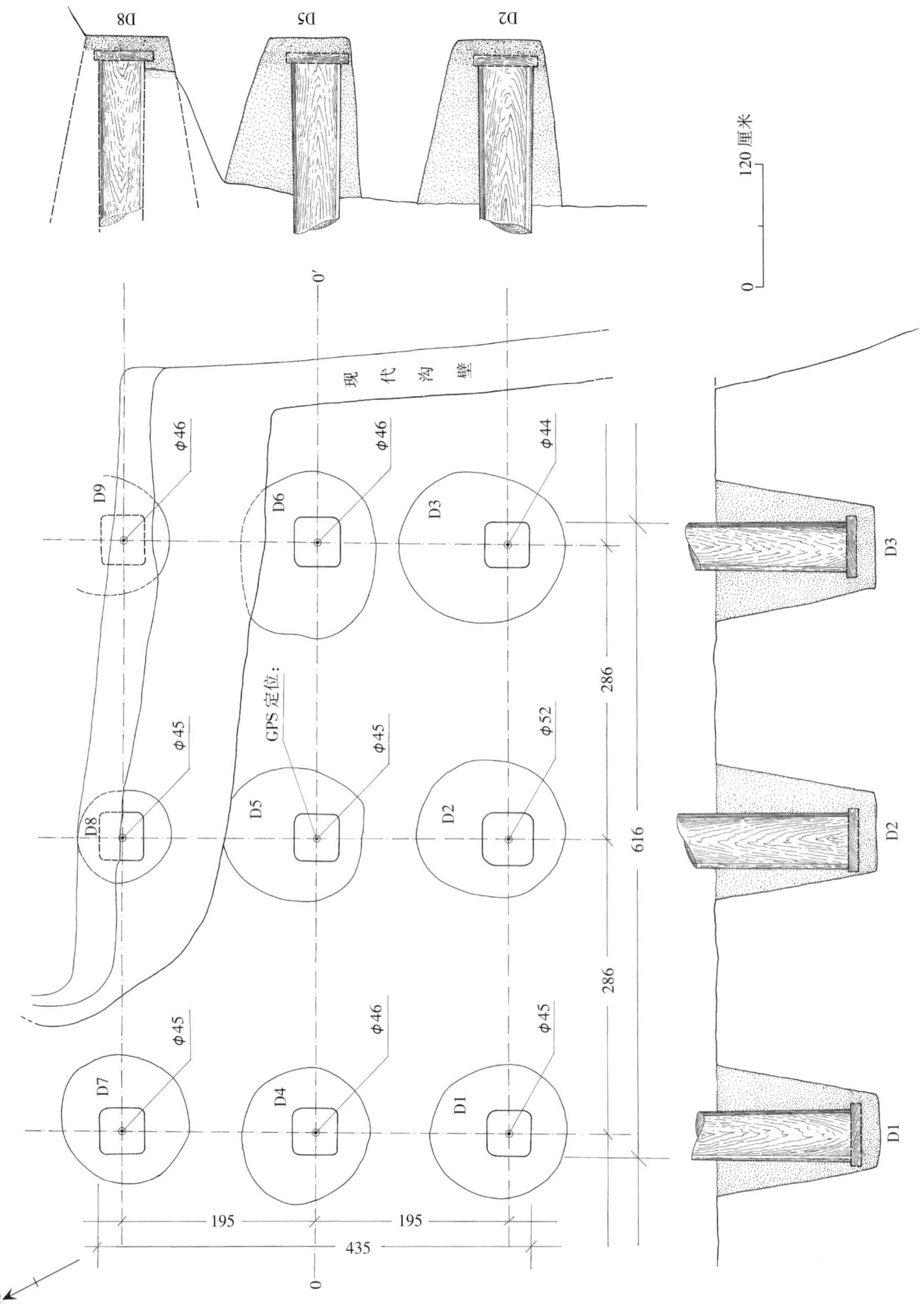

图七三三　东区 L18 平、剖面图(单位:厘米)

（2）铜器

8件。

锥形器　1件。Aa型。

标本D1∶13，两端残断，边缘多有残损。平面呈柳叶形，断面呈"V"字形。中部略宽。中脊凸起。残长11.4、残宽1.4、厚0.2厘米，重10.8克（图七三四，3；彩版二一五，6）。

铃　1件。B型。

标本D1∶10，平面近梯形。横剖面呈椭圆形。顶端有一环形纽。口部内凹，无铃舌。宽3.2、高5、厚0.25厘米（图七三四，1；彩版二一五，7）。

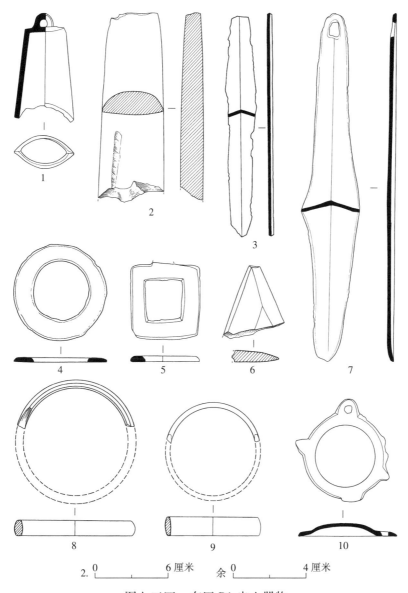

图七三四　东区D1出土器物

1. B型铜铃（D1∶10）　2. 玉器残片（D1∶2）　3. Aa型铜锥形器（D1∶13）　4. Bb型铜璧（D1∶9）　5. B型铜圆角方孔形器（D1∶4）　6. 玉戈残片（D1∶6）　7. H型铜挂饰（D1∶12）　8. Aa型玉镯（D1∶3）　9. Ba型玉镯（D1∶1）　10. A型铜挂饰（D1∶5）

璧　1件。Bb 型。

标本 D1：9，平面呈圆环状。环面较窄，孔径较大。直径 5.1、孔径 3、厚 0.2 厘米（图七三四，4）。

挂饰　4件。

A 型　3件。

标本 D1：5，平面呈圆形。顶部有环形纽。中部一面凸起，一面下凹。左、右边缘各有一三角形尖凸。一侧边缘有残损。长 5.2、宽 5.1、厚 0.1 厘米，重 25.7 克（图七三四，10；彩版二一六，1、2）。

H 型　1件。

标本 D1：12，长条形。横剖面呈"V"字形。器身中部隆起。顶端有一环形穿孔，中部两侧各有一尖凸。凸出的中脊从穿孔处一直延伸到底端。长 18.5、宽 3.2、厚 0.2 厘米（图七三四，7；彩版二一六，3、4）。

圆角方孔形器　1件。B 型。

标本 D1：4，平面呈正方形。中有一方形孔，环面较窄。边长 3.8、孔长 1.8、孔宽 1.6、厚 0.1 厘米，重 9.9 克（图七三四，5；彩版二一五，2）。

D2　出土遗物仅见玉器与铜器，遗物分述如下。

（1）玉器

11件。

凿　2件。Cb 型。

标本 D2：5，牙白色，夹黑色、红色、黄色沁斑。刃部残断。表面磨光。平面呈上小下大的梯形，断面呈梯形。顶呈斜面，侧边平直。残长 7.8、宽 1.6、厚 1.6 厘米，重 28.9 克（图七三五，7；彩版二一六，5）。

琮　1件。C 型。

标本 D2：8，器表带墨色、褐色、黄色、白色沁斑，色彩斑斓。风化严重，断裂多块。器外壁残留有切割痕迹，器表两侧有细密的打磨痕迹。短方柱体，素面，器表无节槽，矮八角射口，孔壁较厚，器表、孔壁打磨光滑。整器制作朴实、规整。长 5.2、宽 4.9、高 4.1、孔径 3.6、壁厚 1 厘米（彩版二一七）。

璧　2件。Ab 型。

标本 D2：13，灰白色。仅存十数块碎块且无法拼接。表面打磨，孔对钻，风化严重。平面呈圆环形。环面较窄，向外渐薄。内缘处双面起平凸唇。外径 7.4、内径 4.1、高 0.9 厘米，重 47.2 克（图七三五，8）。

环　2件。Aa 型。

标本 D2：4，牙白色，夹黑色、黄色沁斑。仅存一段。表面磨光，孔单面钻通。平面呈圆环

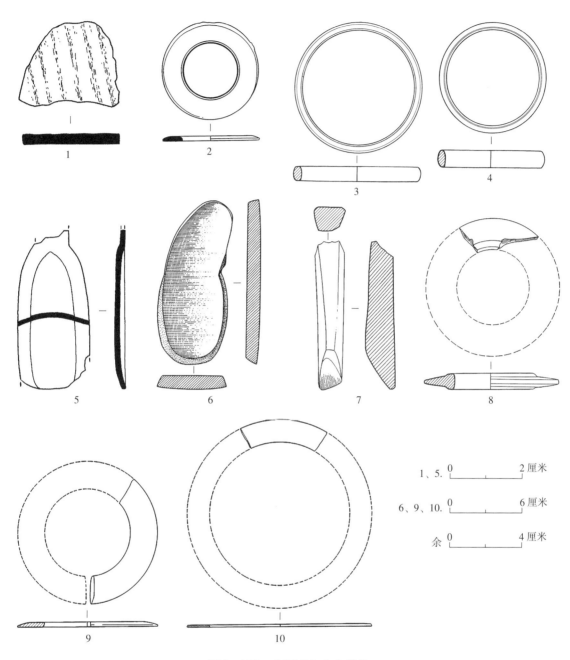

图七三五   东区 D2 出土器物

1. 铜器残片（D2：10）   2. Bb 型铜璧（D2：7）   3、4. Aa 型玉镯（D2：6、D2：9）   5. H 型铜挂饰（D2：15）   6. 玉器坯料（D2：2）   7. Cb 型玉凿（D2：5）   8. Ab 型玉璧（D2：13）   9. 玉玦（D2：1）   10. Aa 型玉环（D2：4）

形。环面较窄，外缘呈凸脊面。残长 6.9、环面宽 1.9、厚 0.2 厘米，重 3.8 克（图七三五，10；彩版二一六，6）。

镯   2 件。Aa 型。

标本 D2：6，主体为灰白色，杂淡黄色、黑色沁斑，器表有大量锈斑。平面呈圆形，环面外侧较鼓而内侧较直，器表磨光，环外侧有制作时留下的弧棱。圆周极其规整。外径 7、内径 6、高

0.7厘米（图七三五，3；彩版二一八，1）。

标本D2:9，淡黄色，间有褐色沁斑，局部地方有浸蚀痕。平面呈圆形，环面外侧较鼓而内侧较直，器表磨光，圆周极其规整。外径5.9、内径5、高0.9厘米（图七三五，4；彩版二一八，2）。

玦　1件。

标本D2:1，灰白色，夹黑色、红色沁斑。仅存一段，体量较大，近环。表面磨光，孔单面钻通，一端磨成斜面。平面呈圆环形。环面较窄，外缘处较薄呈平面。外径11.4、内径6.9、厚0.4厘米，重20.2克（图七三五，9；彩版二一六，7）。

玉器坯料　1件。

标本D2:2，灰白色。双面磨光，平面呈水滴状。器身较厚。长13.2、宽5.4、厚1.1厘米，重20.2克（图七三五，6；彩版二一八，3）。

（2）铜器

3件。

璧　1件。Bb型。

标本D2:7，平面呈圆环形。环面略窄且中部略凸。直径4.9、孔径2.7、厚0.1厘米，重17.2克（图七三五，2；彩版二一八，4）。

挂饰　1件。H型。

标本D2:15，平面呈长条形。顶部环形纽残断。中部一面凸起，一面凹下。残长3.8、宽1.7、厚0.1厘米，重4.6克（图七三五，5；彩版二一八，5）。

铜器残片　1件。

标本D2:10，残片平面呈梯形。器身扁平。器形不明。残长2.7、残宽2.2、厚0.28厘米，重7.3克（图七三五，1）。

D3　出土遗物仅见磨石和铜器，遗物分述如下。

（1）玉器

2件。

磨石　2件。

标本D3:1，青色，夹红色沁斑。表面磨光。平面呈长方形。器身较厚。长4.6、宽3.5、厚2.3厘米，重62.2克（图七三六，4；彩版二一八，6）。

（2）铜器

5件。

环形器　1件。B型。

标本D3:6，仅存一小段。断面呈三角形。内缘较厚。圆环残长2.8、环面宽0.3、厚0.2厘米，重2.9克（图七三六，3）。

铜器残片　4件。

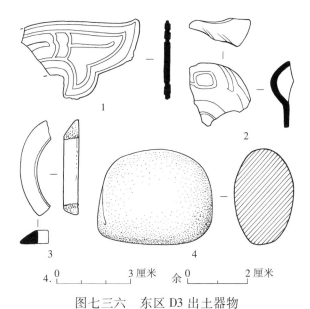

图七三六　东区 D3 出土器物

1、2. 铜器残片（D3∶4、D3∶5）　3. B 型铜环形器（D3∶6）　4. 磨石（D3∶1）

标本 D3∶4，为鸟尾残片。器身扁平。尾尖略上翘，腹下部有一向前的钩状凸出。双面均沿外缘饰一周凹弦纹，内部饰云雷纹。残长 3.7、宽 2.3、厚 0.1 厘米，重 6.3 克（图七三六，1；彩版二一八，7）。

标本 D3∶5，为鸟头残片。平面呈梯形，器身较扁。一侧一面凸起，一面凹下，其余部位呈平面。器表饰云雷纹。残长 2.2、残宽 1.8、厚 0.2 厘米，重 6.2 克（图七三六，2）。

D4　出土遗物有玉器和铜器，遗物分述如下。

（1）玉器

11 件。

戈　1 件。Ab 型。

标本 D4∶7，灰白色，夹红色沁斑。表面磨光，风化较严重。尖锋，侧刃直且较锋利；阑部有七组齿突，近阑部有一圆形穿孔，长方形内。通长 24.7、宽 7、厚 0.9 厘米，重 68.7 克（图七三七，2；彩版二一九，1）。

玉璋残片　5 件。型式不可辨。

标本 D4∶6，灰白色，夹黄色、红色沁斑。仅存一援部残片。表面磨光。中部有一道切割痕迹，上下有错缝痕迹。双面平，侧边平直。残长 20.3、宽 13.7、厚 0.3 厘米，重 239.8 克（图七三七，5；彩版二一九，4）。

玉璧残片　2 件。型式不可辨。

标本 D4∶13，灰白色，夹黑色、红色沁斑。仅存一小段外缘处残片，未见内缘。表面磨光。环面平整，外缘呈平面。环面残长 4.2、残宽 1.4、厚 0.1 厘米，重 3.6 克（图七三七，4）。

箍形器　1 件。B 型。

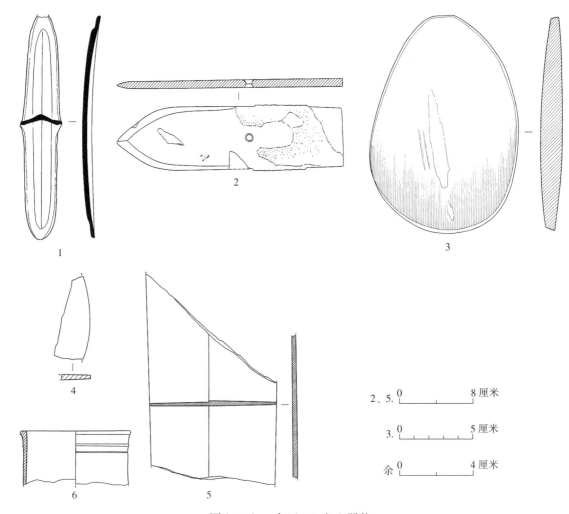

图七三七　东区 D4 出土器物

1. Aa 型铜锥形器（D4：12）　2. Ab 型玉戈（D4：7）　3. 磨石（D4：5）　4. 玉璧残片（D4：13）
5. 玉璋残片（D4：6）　6. B 型玉箍形器（D4：1）

标本 D4：1，灰白色，夹黑色、红色、黄色沁斑。仅存一小段。表面磨光，孔对钻后修整。器呈环柱体，环面很窄。口外翻，方唇，直腰。近边缘处有两周凸脊。直径 6、残高 2.9、厚 0.24 厘米，重 4.7 克（图七三七，6）。

磨石　2 件。

标本 D4：5，灰白色。表面打磨，风化较严重。平面呈椭圆形，中部略凹。此器质地、形状及风化状况同金沙遗址祭祀区外发现的随葬玉石条墓葬中玉石条同类器几乎一致①。长 14.3、宽 9.8、厚 1.3 厘米，重 154.4 克（图七三七，3；彩版二一九，5）。

（2）铜器

锥形器　1 件。Aa 型。

---

① 周志清：《古蜀文化玉匠墓管窥》，《江汉考古》2021 年第 6 期。

标本 D4：12，长条形。横剖面呈"V"字形。器身中部隆起。中部两侧各有一尖凸。凸出的中脊从顶端一直延伸到底端。顶端残断。长 11.8、宽 2.3、厚 0.2 厘米（图七三七，1）。

D5　出土遗物有玉器、铜器、金器，遗物分述如下。

（1）玉器

10 件。

玉戈残片　1 件。

标本 D5：18，灰白色，夹黑色、红色沁斑。仅存援本部至内上部。表面磨光，风化较严重。援本部残存六组齿突，长方形内。残长 8.9、宽 6.7、厚 0.7 厘米，重 59.6 克（图七三八，1）。

矛　1 件。B 型。

标本 D5：17，灰白色。骹部残失。表面磨光。窄叶。刃尖呈方形平面，边缘起脊。残长 10.6、宽 4.5、厚 0.5 厘米，重 57.3 克（图七三八，3；彩版二一九，6）。

钺　1 件。D 型。

标本 D5：19，灰色。刃部残失。表面磨光，孔单面钻通。器身扁平。顶部稍窄，钺身较宽。侧边略弧。钺身中央有一圆形钻孔。残长 12.5、宽 8.5、厚 0.6 厘米，重 201 克（图七三八，4；彩版二二○，1）。

玉璋残片　2 件。均残，型式不可辨。

标本 D5：21，灰色。仅存一援部残片。表面磨光。双面平，侧边平直。残长 4.4、残宽 4.7、厚 0.4 厘米，重 25.7 克（图七三八，6）。

凿　1 件。Ac 型。

标本 D5：2，灰白色，夹黑色、红色沁斑。顶、刃部均有残损。表面磨光。平面呈上小下大的梯形，断面呈椭圆形。侧边直。残长 5、宽 1.4、厚 1.3 厘米，重 21.9 克（图七三八，5；彩版二二○，2）。

璧　1 件。Ab 型。

标本 D5：16，淡黄色，杂深黄色、黑色沁斑，有一定的浸蚀痕，颈部中间有几处细裂纹。领口磨制圆润，孔壁、孔缘打磨光滑，整体磨制精细。直径 10.6、孔径 6、领高 1.5 厘米（图七三八，8；彩版二二○，3～5）。

玉璧残片　1 件。Ba 型。

标本 D5：5，仅存部分残片。器身刻划有带翼飞兽，鸟喙，兽首，有翼，四肢矫健，足上有利爪，呈奔跑状，整体可谓鸟与兽的结合，似西方的格里芬形象。最大块残长 12.2、残宽 3.9、厚 0.3 厘米（图七三八，7、9）。

磨石　2 件。

标本 D5：15，平面近椭圆形。一面平整，留有纵向切割磨制痕迹。长 9.7、宽 7.5、厚 1.7 厘米（图七三八，2）。

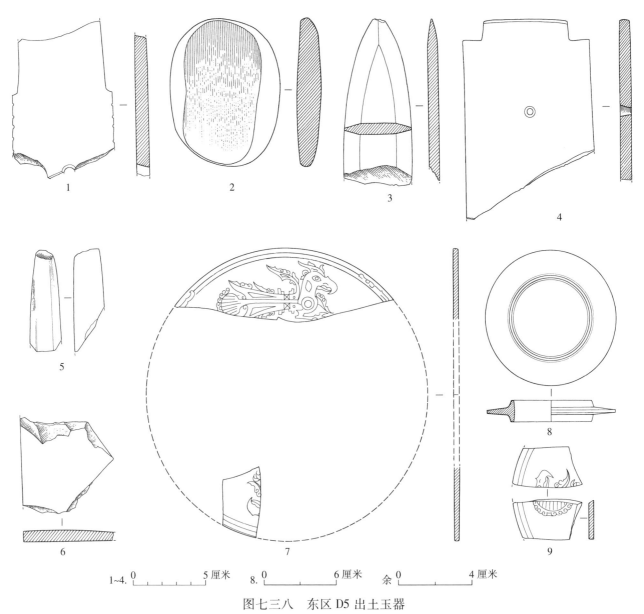

1~4. 0 ————— 5厘米　　8. 0 ————— 6厘米　　余 0 ————— 4厘米

图七三八　东区 D5 出土玉器

1. 玉戈残片（D5:18）　　2. 磨石（D5:15）　　3. B 型玉矛（D5:17）　　4. D 型玉钺（D5:19）　　5. Ac 型玉凿（D5:2）
6. 玉璋残片（D5:21）　　7、9. Ba 型玉璧残片（D5:5）　　8. Ab 型玉璧（D5:16）

（2）铜器

5 件。

戈　1 件。Cb 型。

标本 D5:6，平面呈"十"字形。援平面呈长等腰三角形，刃尖残断。侧边直，中脊凸起。长方形内略窄。残长 4.2、宽 1.7、厚 0.1 厘米，重 5.2 克（图七三九，1；彩版二一九，2）。

鸟头　1 件。

标本 D5:1，仅存头部，自颈中部断开，喙残失。外包光滑铜壳，内部质料较杂。矮冠，平面呈平行四边形，圆目，下有一心状耳垂，长颈。残长 2.2、宽 1.1、厚 0.8 厘米，重 7.3 克（图七

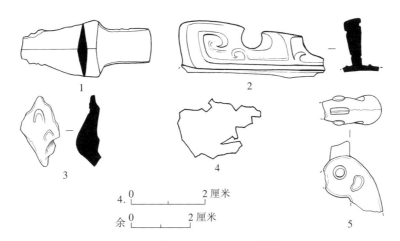

图七三九　东区 D5 出土器物

1. Cb 型铜戈（D5∶6）　2. 铜扉棱（D5∶7）　3. 铜器残片（D5∶12）　4. 金箔残片（D5∶13）　5. 铜鸟头（D5∶1）

三九，5；彩版二一九，3）。

扉棱　1件。

标本 D5∶7，器身较薄。上部为兽面纹尾状冠。表面饰兽面纹。底部为一扁平面。残长4.6、宽1.5、厚0.8厘米，重15.7克（图七三九，2；彩版二二一，1）。

铜器残片　2件。

标本 D5∶12，残片较薄。平面呈合瓦形。中部一面鼓凸，另一面凹陷。制作较规整。器形不明。残长2.1、残宽1、厚0.4厘米，重3.5克（图七三九，3）。

（3）金器

1件。

金箔残片　1件。

标本 D5∶13，平面形状不规则。极薄。长2.2、宽1.6厘米（图七三九，4）。

D6　出土遗物有玉器、铜器及金器，遗物分述如下。

（1）玉器

2件。

美石　1件。

标本 D6∶6，灰黑色斜长石。平面近圆形，器身较扁，厚薄不一，一侧略厚。长1.7、宽1.4、厚0.6厘米，重4克（图七四〇，1；彩版二二一，2）。

玉器残片　1件。

标本 D6∶1，青色，夹黄色、红色沁斑。仅存上半部残片，顶部有残损。表面磨光，有切割痕迹。平面呈长方形，断面近三角形。残长5.6、宽2.1厘米（图七四〇，3；彩版二二一，3）。

（2）铜器

4件。

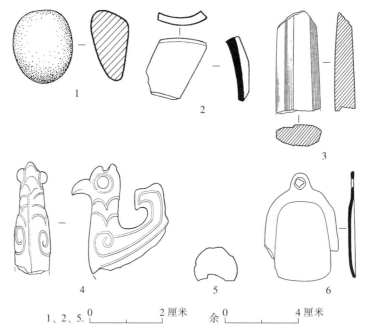

1、2、5. ├─0────────2厘米┤　　余 ├─0────────4厘米┤

图七四〇　东区 D6 出土器物

1. 美石（D6：6）　2. 铜器残片（D6：4）　3. 玉器残片（D6：1）　4. 铜鸟（D6：2）　5. 金器残片（D6：5）
6. C 型铜挂饰（D6：3）

挂饰　1件。C 型。

标本 D6：3，平面呈圆角方形。顶部环形纽残断。中部一面凸起，一面凹下。侧边下部及底部边缘残缺。残长 5.5、宽 3.7、厚 0.1 厘米，重 12.6 克（图七四〇，6；彩版二二一，8）。

鸟　1件。

标本 D6：2，器身锈蚀严重。鸟首高昂，鸟嘴略上翘，圆眼凸出，双翅未刻划，尾羽折而下垂。颈部饰草叶纹，鸟腹上饰卷曲纹，腹部以下残，推测其应是立于大型铜器上的附件。长 5.3、宽 2、残高 5.8 厘米（图七四〇，4；彩版二二二）。

铜器残片　2件。

标本 D6：4，残片平面呈长方形，断面呈圆弧形。器形不明。残长 1.5、残宽 1、厚 0.1 厘米，重 2.2 克（图七四〇，2）。

（3）金器

1件。

金器残片　1件。

标本 D6：5，平面呈残缺圆形。器身极薄。残长 1.2、宽 0.8 厘米（图七四〇，5）。

D7　出土遗物仅见少量玉器、铜器。

（1）玉器

2件。

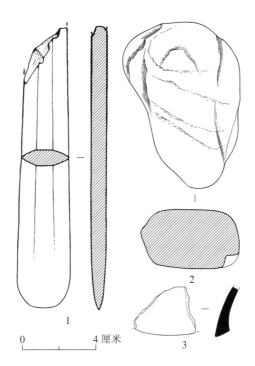

图七四一　东区 D7 出土器物

1. Ba 型玉凿（D7：3）　2. 美石（D7：1）　3. B 型铜圈足残片（D7：2）

凿 1 件。Ba 型。

标本 D7：3，青色，杂有淡黄色沁斑。顶端残、窄体，器身厚度基本相同，整器打磨规整，器表有明显的打磨痕迹。刃部打磨尖薄锋利，有明显使用痕迹。残长 14.8、宽 2.8、厚 0.9 厘米（图七四一，1；彩版二二一，4、5）。

美石 1 件。

标本 D7：1，浅橙色斜长石。平面近水滴形，器身较厚。长 8.6、宽 6、厚 3 厘米，重 259.8 克（图七四一，2；彩版二二一，7）。

（2）铜器

1 件。

圈足残片 1 件。B 型。

标本 D7：2，圈足内敛。残长 3.3、残宽 2.6、厚 0.6 厘米，重 20.6 克（图七四一，3；彩版二二一，6）。

5. L8

位于ⅠT8002 南部。坑口距地表 0.78 米，开口于第 7 层下，打破第 8a、8b 层。平面形状呈椭圆形，弧壁，坑壁略微倾斜，圜底。南北长 1.95、东西宽 1.35、深 0.48 米。坑内遗物摆放密集，依照遗物堆积形式可分 6 层，每层内填土基本一致，均为灰褐色黏砂土，结构紧密，略带黏性，夹杂少量红烧土颗粒及草木灰。第 1 层出土遗物共计 59 件，包括金器 8 件、铜器 17 件、玉器 29 件、骨器 3 件、石器 2 件。第 2 层出土遗物共计 91 件，包括金器 14 件、铜器 12 件、玉器 60 件、石器 3 件、陶器 2 件（1 陶片及 1 罐口沿）。第 3 层填土中遗物表面覆盖大量朱砂，出土遗物共计 78 件，包括金器 10 件、铜器 14 件、玉器 54 件。第 4 层填土中遗物表面覆盖大量朱砂，出土遗物共计 86 件，包括金器 20 件、铜器 24 件、玉器 40 件、骨器 1 件、石器 1 件。第 5 层填土中遗物表面覆朱砂较少，且分布于坑内两端，出土遗物共计 45 件，包括铜器 25 件、玉器 16 件、陶器 1 件（陶片）、石器 1 件，该层遗物以铜璧和玉璧为主（图七四二；彩版二二三至二二七）。第 6 层填土中未发现任何文化遗物。

L8 堆积共分 6 层。

第 1 层出土遗物

（1）玉器

29 件，其中 1 件残损严重未选作标本。

镞　2 件。A 型。

标本 L8①：21，牙白色，透明。器形较小，圆柱状铤，菱形茎，锋部极为锐利。整器打磨晶莹剔透。长 8.6、宽 1.2 厘米（图七四三，1；彩版二二八，1）。

标本 L8①：18，牙白色，透明，杂淡黄色沁斑。器形较小，圆柱状铤，菱形茎，锋部略有残缺。整器打磨晶莹剔透。残长 8.1、宽 1.2 厘米（图七四三，2；彩版二二八，2）。

璋　7 件。Ea 型。

标本 L8①：31，平面呈长条形。表面磨光。两侧平直。器身扁平，刃部略宽，长方形柄，柄较器身窄。柄部有一双面钻穿孔。双阑。刃部残。残长 3.8、宽 1.1、厚 0.2 厘米（图七四三，14）。

标本 L8①：8，主阑无齿突，阑部有阴刻弦纹，双面刃，柄部有一单面钻穿孔。通长 5.2、宽 1.4、厚 0.17 厘米（彩版二二八，3）。

标本 L8①：12，青色，夹白色沁斑，不透明。双阑，阑上刻有平行弦纹，长方形柄，中部有一单面钻穿孔。弧形刃。长 5.2、宽 1.4、厚 0.19 厘米（彩版二二八，4）。

环　6 件。Aa 型。

标本 L8①：19，平面呈圆环形。表面磨光，打磨规整。单面钻孔，孔径较大。外径 9.2、内径 7.1、厚 0.2 厘米（图七四三，5）。

标本 L8①：30，平面呈圆环形。表面磨光，打磨规整。单面钻孔，孔径较大。外径 8.3、内径 6.7、厚 0.2 厘米（图七四三，3）。

标本 L8①：24，平面呈圆环形。表面磨光，打磨规整。单面钻孔，孔径较大。外径 3.77、内径 2.65、厚 0.23 厘米（彩版二二八，5）。

镯　3 件。

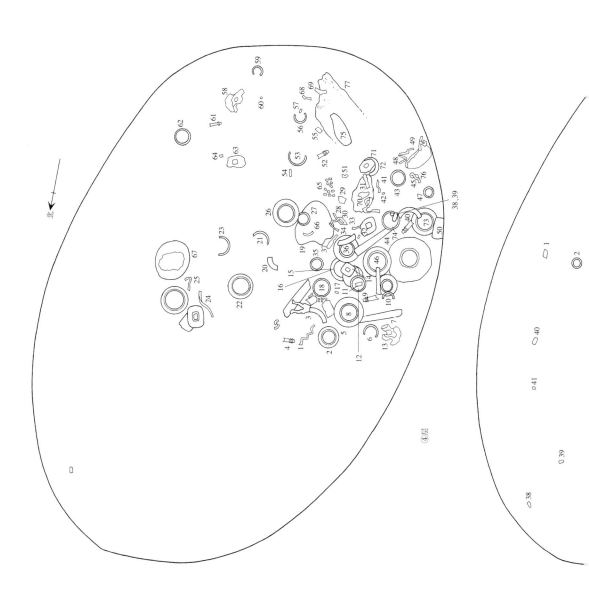

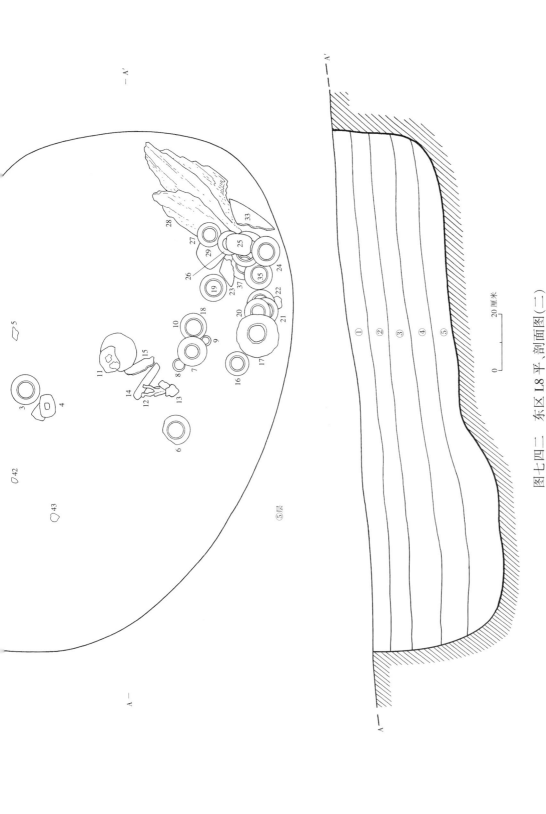

图七四二　东区 L8 平、剖面图(二)

④层:1、13、24、28、30、33、38、41、45、48、49、51、68、78. 金器　2、12、15、20. 玉璋　3、5、22、26、46、72、73. 铜璧　4、8、14、31、39、52、61. 玉璋　6、40、56. 玉环　7. 玉凿　9. 铜长条形器　10、11、18、19、21、23、27、43、47、53、59、62. 玉镯　16、32、63、71. 铜圆角方孔形器　17. 玉片　25、34、35、42、54、55、57、60、64、65. 玉珠　29、36、69、70.铜器残片　37. 玉器残片　44.铜锥形器　50、67、74.铜眼泡　58. 金面具　66.人面形金器　75.石斧　76.铜眼睛形器　77.象牙残渣(78 在 77 下)

⑤层:1. 玉璋　2、6、8. 玉镯　3、10、16、18、20、21、23、24、32~34、37. 铜璧　4、43. 铜圆角方孔形器　5、7、17、27、35、36. 玉璧　9. 玉环　11、13、15、19、41. 铜器残片　12. 铜立人像　14. 铜长条形器　22、25、29、30. 铜眼睛形器　26. 铜圆角长方形板　28、38~40. 玉片　42. 石器残片　31. 石器残片　28、38~40. 玉珠　42. 玉片(30~32 在 26 下,34 在 33 下,36 在 35 下)

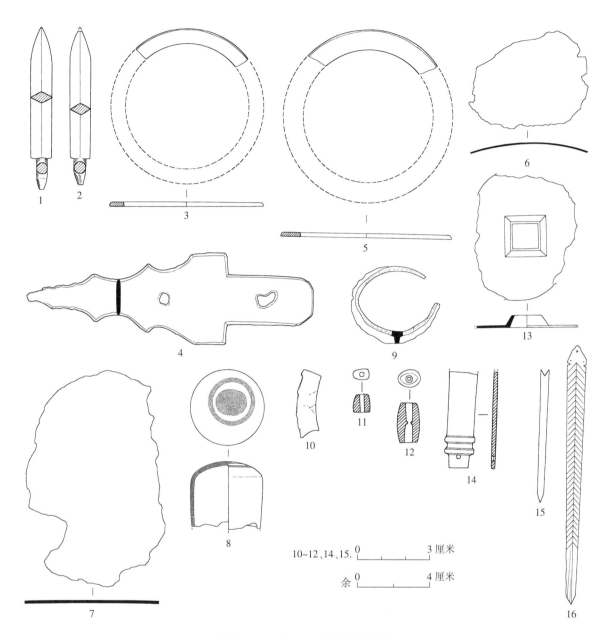

图七四三　东区 L8①层出土器物

1、2. A 型玉镞（L8①：21、L8①：18）　3、5. Aa 型玉环（L8①：30、L8①：19）　4. Ab 型铜戈（L8①：46）　6. 铜器残片（L8①：58）　7. 不规则形铜板（L8①：45）　8. A 型铜眼泡（L8①：9）　9. B 型铜环形器（L8①：32）　10. 金器残片（L8①：38）　11、12. 绿松石珠（L8①：60、L8①：33）　13. Aa 型Ⅱ式铜圆角方孔形器（L8①：28）　14. Ea 型玉璋（L8①：31）　15. 锥形金饰（L8①：40）　16. Ab 型鱼形金箔饰（L8①：15－1）

Ba 型　2 件。

标本 L8①：5，灰黄色。平面呈圆环形。表面磨光，打磨规整。单面钻孔，孔径较大。外径 4.83、内径 4.18、高 0.82 厘米（彩版二二八，6）。

标本 L8①：59，平面呈圆环形。表面磨光，打磨规整。单面钻孔，孔径较大。外径 6.67、内径 5.88、高 1 厘米（彩版二二八，7）。

C 型   1 件。

标本 L8①：20，平面呈圆环形。表面磨光，打磨规整。单面钻孔，孔径较大。外径 6.83、内径 5.8、高 0.84 厘米（彩版二二九，1）。

绿松石珠   9 件。

标本 L8①：33，表面磨光，孔对钻。中部略鼓，扁筒状。直径 0.9、孔径 0.3、高 1.6 厘米（图七四三，12；彩版二二九，2）。

标本 L8①：60，表面磨光，孔对钻。中部略鼓，扁筒状。直径 0.6、孔径 0.2、高 0.7 厘米（图七四三，11）。

玉片   1 件。

标本 L8①：53，墨绿色，不透明，中间有黄褐色沁。长条形，两头切割。长 1.07、宽 0.4、厚 0.11 厘米（彩版二二九，3）。

（2）石器

2 件。

璋   2 件。残碎。标本 L8①：2、L8①：7。

（3）铜器

17 件。

戈   1 件。Ab 型。

标本 L8①：46，器表附着大量铜锈。该器为三角形无胡直内戈。援两侧有三组齿饰，齿间距离宽而深，援本部有一圆形穿孔，柄部为长方形，较窄，柄部上有不规则形穿孔。长 15.5、宽 4.9、厚 0.3 厘米（图七四三，4；彩版二二九，7）。

环形器   2 件。B 型。

标本 L8①：32，平面呈椭圆形，边缘有残损。长径 4.9、短径 4.1 厘米（图七四三，9）。

璧   1 件。Aa 型。

标本 L8①：27，整器锈蚀严重，外缘和领部残损，有一处较大残缺。直径 7.7、孔径 5.16、领高 0.87 厘米（彩版二二九，4）。

圆角方孔形器   5 件。

Aa 型 I 式   2 件。

标本 L8①：51，平面呈长方形。中有一长方形穿孔，孔壁一面上凸成领。领呈上小下大的覆斗形。边缘有残损。长 6.94、宽 5.75、领高 0.62 厘米（彩版二二九，5）。

标本 L8①：52，平面呈长方形。中有一长方形穿孔，孔壁一面上凸成领。领呈上小下大的覆斗形。边缘有残损。长 4.5、宽 3.8、领高 0.6 厘米（彩版二二九，6）。

Aa 型 II 式   3 件。

标本 L8①：28，平面呈长方形。中有一长方形穿孔，孔壁一面上凸成领。领呈上小下大的覆斗形。边缘有残损。残长 6.6、宽 5.4、领高 0.6 厘米（图七四三，13）。

不规则形板 2 件。

标本 L8①：45，平面形状不规则。长 11.4、宽 7、厚 0.1 厘米（图七四三，7）。

人头 1 件。

标本 L8①：10，人头像圆顶，长眉，橄榄形眼，直鼻，阔口。耳分两段，呈半环形，耳垂穿孔。颈部细长，中空。人头顶部戴有瓜儿帽，帽顶中间有一长条形凹槽，两侧还各有一近椭圆形的孔洞，孔洞上各有一黑色椭圆形发髻，其材质似玉，有多处细小裂纹。宽 2.6、高 4.3 厘米（图七四四；彩版二三〇）。此器同ⅠT8206⑨a：1 铜人头如出一辙。

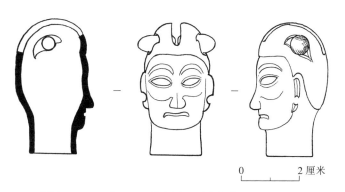

图七四四 东区 L8①层出土铜人头（L8①：10）

眼泡 1 件。A 型。

标本 L8①：9，器身锈蚀严重，下部残缺。器呈半球状，中空。弧顶，用墨绘的方式表现眼眶和眼球，眼眶位置未居正中。直径 3.9、残高 3.8 厘米（图七四三，8；彩版二三一，1、2）。

铜器残片 4 件。

标本 L8①：58，平面形状不规则。长 6.6、宽 4.9、厚 0.1 厘米（图七四三，6）。

（4）金器

8 件。

鱼形金箔饰 2 件。Ab 型。

标本 L8①：15－1，平面呈柳叶形。上端有一圆形小穿孔，两侧各錾刻一小点。器身錾刻鱼刺纹。长 13.7、宽 1 厘米（图七四三，16）。

锥形金饰 2 件。

标本 L8①：40，平面呈长条形。残长 5.3、宽 0.3 厘米（图七四三，15）。

金器残片 4 件。

标本 L8①：38，平面形状不规则。残长 2.6、宽 0.7 厘米（图七四三，10）。

（5）骨器

3 件。

象牙 2件。

标本L8①：50、54。

大象臼齿 1件。

标本L8①：56。

第2层出土遗物

（1）玉器

60件，可辨器形55件。

璋 5件。Ea型。

标本L8②：66，平面呈长条形。表面磨光。两侧平直。器身扁平，刃部略宽，长方形柄，柄较器身窄。柄部有一双面钻穿孔。双阑。凹弧刃，刃尖一高一低。长4.8、宽1.6、厚0.2厘米（图七四五，12）。

标本L8②：23，平面呈长条形。表面磨光。两侧平直。器身扁平，刃部略宽，长方形柄，柄较器身窄。柄部有一双面钻穿孔。双阑。凹弧刃，刃尖一高一低。长5.2、宽1.2、厚0.15厘米（图七四五，13）。

璧 1件。Ab型。

标本L8②：87，仅存一段。表面磨光。不见外缘。孔缘双面凸起形成领。孔径5.7、残长6.7、领高2.8厘米（图七四五，6）。

环 2件。Aa型。

标本L8②：51，仅存一段。表面磨光。环面较窄。单面钻孔。外径8.8、内径6.7、残长5.2、厚0.2厘米（图七四五，4）。

标本L8②：54，表面磨光。环面较窄。单面钻孔。外径3.6、内径2.3、厚0.2厘米（图七四五，5；彩版二三一，4）。

镯 6件。

Ab型 3件。

标本L8②：50，平面呈圆环形。表面磨光。环面窄，孔径大。孔对钻。外径6.9、内径5.7、厚0.6厘米（图七四五，1）。

标本L8②：30，平面呈圆环形。表面磨光。环面窄，孔径大。孔对钻。外径6.4、内径5.5、厚0.4厘米（图七四五，2）。

Ba型 2件。

标本L8②：29，平面呈圆环形。表面磨光。环面窄，孔径大。孔对钻。外径6.6、内径5.7、厚0.3厘米（图七四五，3）。

D型 1件。

标本L8②：90，平面呈圆环形。壁面有多处因材质缺陷形成的凹陷。外径6、内径5.2、高

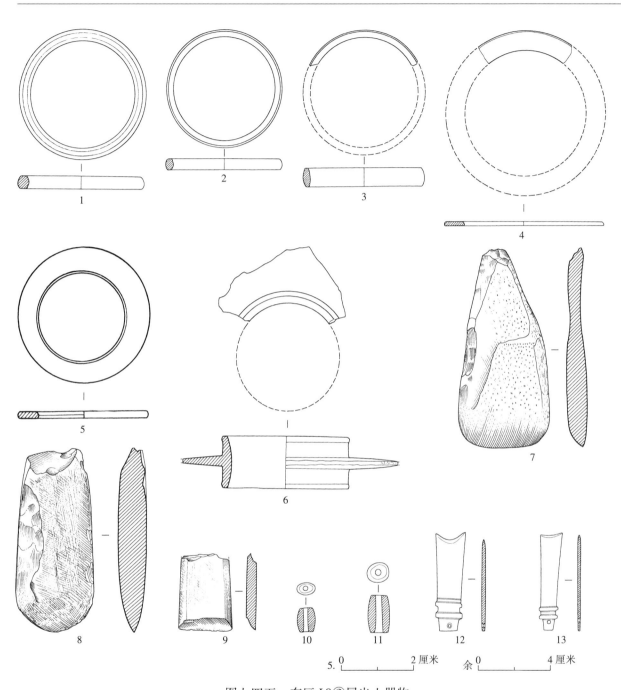

图七四五　东区 L8②层出土器物

1、2. Ab 型玉镯（L8②：50、L8②：30）　3. Ba 型玉镯（L8②：29）　4、5. Aa 型玉环（L8②：51、L8②：54）　6. Ab 型玉璧（L8②：87）　7. D 型石斧（L8②：53）　8. Aa 型石斧（L8②：69）　9. Aa 型石锛（L8②：63）　10、11. 玉珠（L8②：13、L8②：28）　12、13. Ea 型玉璋（L8②：66、L8②：23）

0.7 厘米（彩版二三一，3）。

玉珠　41 件。

标本 L8②：13，表面磨光，孔对钻。中部略鼓，扁筒状。直径 1、孔径 0.2、高 1.3 厘米（图七四五，10）。

标本 L8②：28，表面磨光，孔对钻。中部略鼓，圆柱状。直径 1.2、孔径 0.3、高 2 厘米（图七四五，11）。

标本 L8②：26，绿色。表面磨光，孔对钻。管状，下部略外撇。直径 1.3 ~ 1.5、孔径 0.5 ~ 0.7、高 1.9 厘米（彩版二三一，5）。

（2）石器

3 件。

斧　2 件。

Aa 型　1 件。

标本 L8②：69，平面近梯形。有多处打击疤痕。弧刃，中锋。器身留有打磨痕迹。长 9.5、宽 4.2、厚 1.5 厘米（图七四五，8；彩版二三一，6）。

D 型　1 件。

标本 L8②：53，平面近三角形。上窄下宽。器身凹凸不平。弧刃，偏锋。刃部留有打磨痕迹。长 10.5、宽 5、厚 1.1 厘米（图七四五，7；彩版二三一，7）。

锛　1 件。Aa 型。

标本 L8②：63，平面呈长方形。打磨光滑，两面平整。直刃，偏锋。部分残断。残长 4、宽 2.9、厚 0.5 厘米（图七四五，9；彩版二三二，1）。

（3）铜器

12 件。

璧　4 件。

Aa 型 I 式　3 件。

标本 L8②：8，平面呈圆环形。孔径大于环面宽。孔缘双面凸出于环面形成领，孔壁及凸起的领呈三角形。直径 10.7、孔径 7、领高 1.2 厘米（图七四六，1；彩版二三二，2）。

标本 L8②：10，平面呈圆环形。孔径大于环面宽。孔缘双面凸出于环面形成领，孔壁及凸起的领呈三角形。直径 10.1、孔径 6.8、领高 1 厘米（图七四六，3；彩版二三二，3）。

Aa 型 II 式　1 件。

标本 L8②：55，平面呈圆环形。孔径大于环面宽。孔缘双面凸出于环面形成领，孔壁及凸起的领呈三角形。直径 8.4、孔径 5.7、领高 1 厘米（图七四六，2）。

圆角方孔形器　7 件。

Aa 型 II 式　5 件。

标本 L8②：5，平面形状不规则。中有一长方形穿孔，孔壁一面上凸成领。领呈上小下大的覆斗形。边缘有残损。长 4.8、宽 4.5、孔边长 1.7、领高 0.6 厘米（图七四六，4）。

标本 L8②：3，平面形状不规则。中有一长方形穿孔，孔壁一面上凸成领。领呈上小下大的覆斗形。边缘有残损。长 5.2、宽 4.6、孔边长 2.3、领高 0.6 厘米（图七四六，7）。

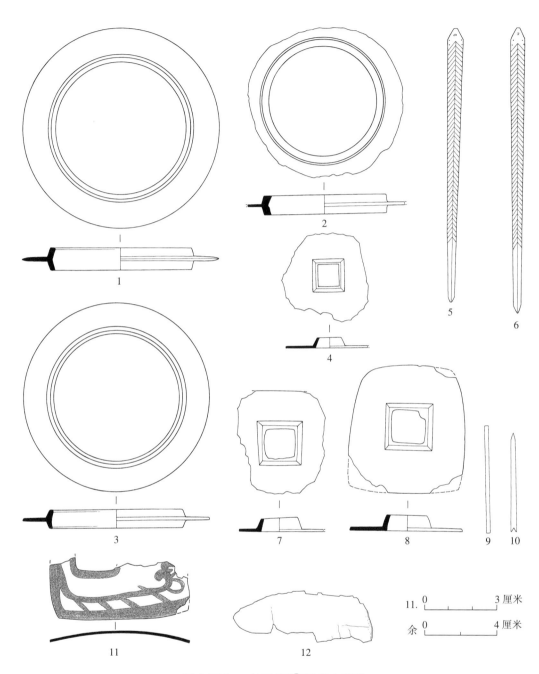

图七四六　东区 L8②层出土器物

1、3. Aa 型 Ⅰ 式铜璧（L8②:8、L8②:10）　2. Aa 型 Ⅱ 式铜璧（L8②:55）　4、7. Aa 型 Ⅱ 式铜圆角方孔形器（L8②:5、L8②:3）　5、6. Ab 型鱼形金箔饰（L8②:78、L8②:84）　8. Ab 型铜圆角方孔形器（L8②:7）　9. A 型条形金饰（L8②:79）　10. 锥形金饰（L8②:75）　11. 铜器残片（L8②:60）　12. 金器残片（L8②:77）

Ab 型　2 件。

标本 L8②:7，平面形状不规则。中有一长方形穿孔，孔壁一面上凸成领。领呈上小下大的覆斗形。边缘有残损。长 6.8、宽 6.5、孔长 2.9、孔宽 2.4、领高 0.8 厘米（图七四六，8；彩版二三二，4）。

铜器残片　1 件。

标本 L8②：60，平面形状不规则。器身中部隆起。器身表面装饰有墨绘龙纹。残长 5.6、残宽 2.5、厚 0.1 厘米（图七四六，11）。

（4）金器

14 件。

鱼形金箔饰　4 件。Ab 型。

标本 L8②：78，长条形。上宽下窄。顶端有一小穿孔，左右錾刻两点。器身錾刻鱼刺纹。长 14.5、宽 0.9 厘米（图七四六，5；彩版二三二，5、6）。

标本 L8②：84，长条形。上宽下窄。顶端有一小穿孔，左右錾刻两点。器身錾刻鱼刺纹。长 15.1、宽 0.8 厘米（图七四六，6）。

条形金饰　3 件。A 型。

标本 L8②：79，平面呈长方形。长 5.7、宽 0.2 厘米（图七四六，9）。

锥形金饰　3 件。

标本 L8②：75，锥形。器物一端为锋尖状，一端开叉。长 5.3、宽 0.3 厘米（图七四六，10）。

金器残片　4 件。

标本 L8②：77，平面形状不规则。长 7.5、宽 2.4 厘米（图七四六，12）。

第 3 层出土遗物

（1）玉器

54 件。

璋　7 件。Ea 型。

标本 L8③：45，平面呈长条形。表面磨光。两侧平直。器身扁平，刃部略宽，长方形柄，柄较器身窄。柄部有一双面钻穿孔。双阑。凹弧刃，刃尖一高一低。长 5、宽 1.3、厚 0.25 厘米（图七四七，1；彩版二三三，1、2）。

标本 L8③：38，平面呈长条形。表面磨光。两侧平直。器身扁平，刃部略宽，长方形柄，柄较器身窄。柄部有一双面钻穿孔。双阑。凹弧刃，刃尖一高一低。长 5.1、宽 1.3、厚 0.2 厘米（图七四七，2；彩版二三三，3、4）。

锛　1 件。D 型。

标本 L8③：52，平面形状不规则。横剖面呈梯形。器物多面被切割，一面为自然面。长 8.2、宽 4.2、厚 2.3 厘米（图七四七，3）。

凿　2 件。Ab 型。

标本 L8③：72，长方形。整器打磨平整。长 9.3、宽 1.7、厚 1.1 厘米（图七四七，4；彩版二三三，5、6）。

璧　1 件。Aa 型 Ⅱ 式。

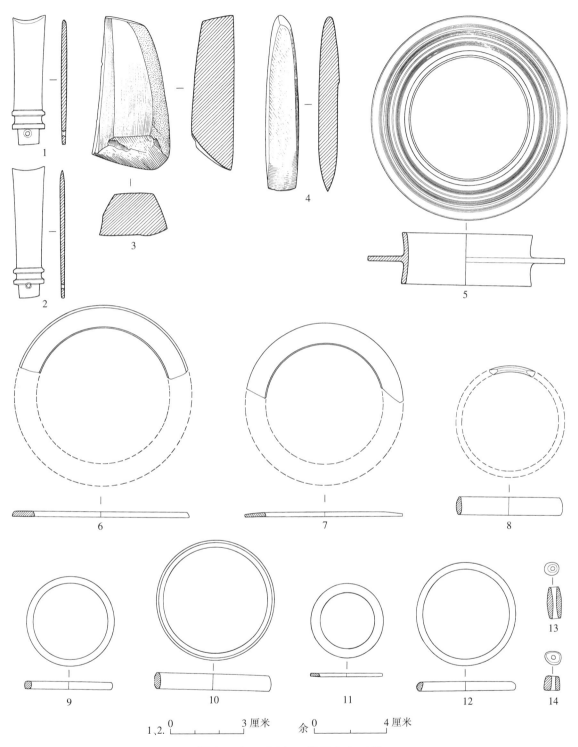

图七四七　东区 L8③层出土玉器

1、2. Ea 型玉璋（L8③:45、L8③:38）　3. D 型玉锛（L8③:52）　4. Ab 型玉凿（L8③:72）　5. Aa 型 Ⅱ 式玉璧
（L8③:7）　6、11. Ab 型玉环（L8③:15、L8③:39）　7. B 型玉环（L8③:65）　8. Bb 型玉镯（L8③:75）
9. Aa 型玉镯（L8③:60）　10. Ba 型玉镯（L8③:54）　12. D 型玉镯（L8③:66）　13、14. 绿松石珠（L8③:55、
L8③:14）

标本 L8③：7，青色，半透明，杂白色、褐色沁斑。器表边缘附着少量铜锈。孔壁圆周规整，打磨光滑，孔缘从两端凸起，形成圆筒状高领，领侈口，方唇，孔壁微束腰，环两面有四组同心圆圈纹，距离相等，疏密相间，整器光洁规整，制作工艺精湛。直径10.8、孔径6.4、厚2.8厘米（图七四七，5）。

环 6 件。

Ab 型 5 件。

标本 L8③：15，平面呈圆形，仅存一段。环面较窄。外径9.6、内径7.2、厚0.3厘米（图七四七，6）。

标本 L8③：39，平面呈圆环形。表面磨光。环面窄，孔径大。孔对钻。外径4、内径3、厚0.2厘米（图七四七，11）。

B 型 1 件。

标本 L8③：65，平面呈圆形，仅存一段。环面较窄。外径8.5、内径6.4、厚0.2厘米（图七四七，7）。

镯 11 件。

Aa 型 3 件。

标本 L8③：60，平面呈圆环形。表面磨光。环面窄，孔径大。孔对钻。外径4.8、内径4、厚0.4厘米（图七四七，9；彩版二三三，7）。

Ba 型 3 件。

标本 L8③：54，平面呈圆环形。表面磨光。环面窄，孔径大。孔对钻。外径6.4、内径5.7、高0.8厘米（图七四七，10）。

Bb 型 3 件。

标本 L8③：75，平面呈圆环形。表面磨光。环面窄，孔径大。孔对钻。外径5.9、内径5.2、高0.8厘米（图七四七，8）。

D 型 2 件。

标本 L8③：66，平面呈圆环形。表面磨光。环面窄，孔径大。孔对钻。外径5.4、内径4.7、高0.5厘米（图七四七，12；彩版二三三，8）。

绿松石珠 26 件。

标本 L8③：55，表面磨光，孔对钻。中部略鼓，管状。直径0.8、孔径0.2、高1.5厘米（图七四七，13）。

标本 L8③：14，平面呈梯形。表面磨光。上径0.7、下径0.9、孔径0.2、高0.8厘米（图七四七，14）。

（2）铜器

14 件。

长条形器　2件。A型。

标本L8③：70，平面近长方形。两端残断。器身略微隆起。较薄。残长8、宽2厘米（图七四七，7）。

璧　4件。

Ac型Ⅱ式　3件。

标本L8③：68，平面呈圆环形。孔径大于环面宽。孔缘双面凸出于环面形成领，孔壁及凸起的领呈三角形。直径9、孔径6.8、领高1厘米（图七四八，1）。

标本L8③：69，平面呈圆环形。孔径大于环面宽。孔缘双面凸出于环面形成领，孔壁及凸起的领呈三角形。直径8.9、孔径6.3、领高1厘米（图七四八，2；彩版二三四，1）。

Ad型　1件。

标本L8③：42，平面形状不规则。璧面残损。孔径大于环面宽。孔缘双面凸出于环面形成领，

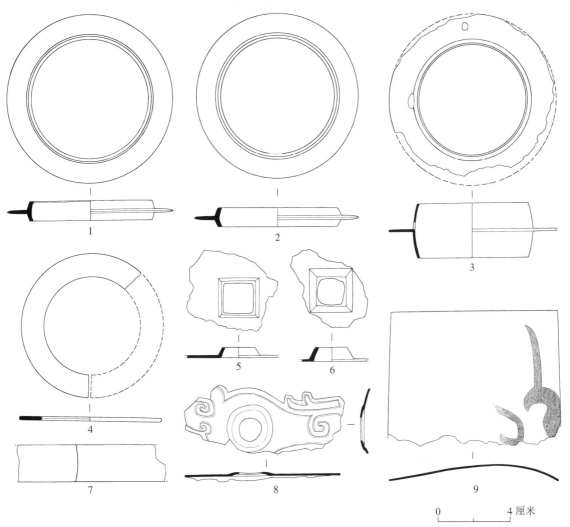

图七四八　东区L8③层出土铜器

1、2. Ac型Ⅱ式铜璧（L8③：68、L8③：69）　3. Ad型铜璧（L8③：42）　4. 铜玦（L8③：74）　5. Aa型Ⅱ式圆角方孔形器（L8③：31）　6. Ab型圆角方孔形器（L8③：30）　7. A型长条形器（L8③：70）　8、9. 铜器残片（L8③：19、L8③：27）

孔壁及凸起的领呈三角形，器壁剖面呈"Y"形。壁面有两个大小不一的穿孔。直径9.2、孔径5.9、领高2.9厘米（图七四八，3）。

圆角方孔形器　3件。

Aa 型 Ⅱ式　2件。

标本 L8③：31，平面形状不规则。壁面残损。穿孔呈方形，孔壁一面上凸成领。领呈上小下大的覆斗形。残长4.9、残宽4、穿孔边长1.6、领高0.6厘米（图七四八，5）。

Ab 型　1件。

标本 L8③：30，平面形状不规则。壁面残损。穿孔呈方形，孔壁一面上凸成领。领呈上小下大的覆斗形。残长4.1、残宽3.4、穿孔边长2.3、领高0.7厘米（图七四八，6）。

玦　1件。

标本 L8③：74，平面呈圆环形。环面上有一缺口。孔径大于环面宽。直径7.7、孔径5.2、厚0.2厘米（图七四八，4）。

铜器残片　4件。

标本 L8③：19，平面形状不规则。器身中部有一圆形穿孔，孔缘凸出。两侧有纹饰。可能为龙形器。残长8.4、宽3.4、厚0.1、孔径1.2厘米（图七四八，8）。

标本 L8③：27，平面近长方形。一端残断。器身略微隆起。装饰有墨绘纹饰。残长7、宽9.4、厚0.1厘米（图七四八，9）。

（3）金器

10件。

条形金饰　1件。A 型。

标本 L8③：3，平面呈长方形。两端残断。长11、宽0.6厘米（图七四九，6）。

金环　1件。

标本 L8③：61，平面呈圆环形。器表不太平整，局部凹陷，边缘略有残损。直径2.2、厚0.3厘米（图七四九，5；彩版二三四，2、3）。

喇叭形金饰　2件。A 型。

标本 L8③：1，器身有多处褶皱，有轻微变形。底面呈圆形，立面呈上小下大的喇叭形，周壁向下逐渐外侈。器身较高，小平顶，中空，器表做抛光处理，饰三处卷云纹，各处大小相同，间距基本一致。直径10、顶径1、高3、厚0.08厘米（图七四九，7；彩版二三五，1~3）。

标本 L8③：18，器身有多处褶皱，有轻微变形。底面呈圆形，立面呈上小下大的喇叭形，周壁向下逐渐外侈。器身较高，小平顶，中空，器表做抛光处理，饰三处卷云纹，各处大小相同，间距基本一致，其中一处略有残缺。直径10.5、顶径1、高3.2、厚0.09厘米（图七四九，8；彩版二三五，4~6）。

素面环形金饰　1件。

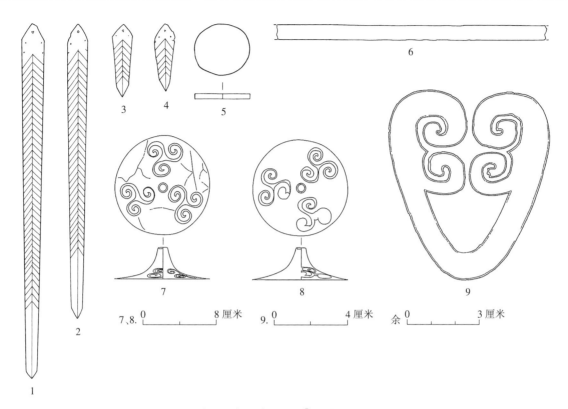

图七四九　东区L8③层出土金器

1、2. Ab 型鱼形金箔饰（L8③：51、L8③：62）　3、4. Aa 型 Ⅱ 式鱼形金箔饰（L8③：76 – 1、L8③：76 – 2）
5. 金环（L8③：61）　6. A 型条形金饰（L8③：3）　7、8. A 型喇叭形金饰（L8③：1、L8③：18）　9. 人面形器
（L8③：26）

标本 L8③：2，圆环形，环内、外缘有多处缺口，环面有两处贯穿性断裂。器身多处褶皱。外径11.2、内径8.4、厚0.02 厘米（彩版二三四，4）。

人面形器　1 件。

标本 L8③：26，整体造型似为一抽象的人面或神面。器上大下小呈心形，以宽带构成图案。其上端不封闭，两端对称向下内卷，"心"内还有两个相对上卷、两组对称卷云纹。宽8.6、高10.1、厚0.03 厘米（图七四九，9；彩版二三六）。

鱼形金箔饰　4 件。

Aa 型 Ⅱ 式　2 件。

标本 L8③：76 – 1，平面呈柳叶形。上端有一圆形小穿孔，两侧各錾刻一小点。器身錾刻鱼刺纹。长2.9、宽0.8 厘米（图七四九，3）。

标本 L8③：76 – 2，平面呈柳叶形。上端有一圆形小穿孔，两侧各錾刻一小点。器身錾刻鱼刺纹。长2.7、宽0.8 厘米（图七四九，4）。

Ab 型　2 件。

标本 L8③：51，平面呈长条形。上宽下窄。顶端有一小穿孔，左右錾刻两点。器身錾刻鱼刺纹。长 14.1、宽 0.9 厘米（图七四九，1；彩版二三四，5）。

标本 L8③:62，平面呈长条形。上宽下窄。顶端有一小穿孔，左右錾刻两点。器身錾刻鱼刺纹。长 11.7、宽 0.8 厘米（图七四九，2）。

第 4 层出土遗物

（1）玉器

40 件，可辨识器形有 38 件。

璋 7 件。Ea 型。

标本 L8④:4，平面呈长条形。表面磨光。两侧平直。器身扁平，刃部略宽，长方形柄，柄较器身窄。柄部有一双面钻穿孔。双阑。凹弧刃。长 5、宽 1.2、厚 0.1 厘米（图七五〇，9；彩版二三七，1）。

标本 L8④:52，平面呈长条形。表面磨光。两侧平直。器身扁平，刃部略宽，长方形柄，柄较器身窄。柄部有一双面钻穿孔。双阑。凹弧刃，刃尖一高一低。长 5.2、宽 1.5、厚 0.2 厘米（图七五〇，10；彩版二三七，2）。

凿 1 件。Bb 型。

标本 L8④:7，平面呈长条形。横剖面呈椭圆形。一端出刃，双面弧形刃。器身留有打磨痕迹。长 20.2、宽 2.1、厚 1.2 厘米（图七五〇，13；彩版二三七，3）。

璧 3 件。

Aa 型 Ⅱ式 1 件。

标本 L8④:2，平面呈圆环形。表面磨光。环面较窄，孔径较大，孔对钻。孔缘双面凸出形成领。领部内束。直径 8.7、孔径 5.1、领高 1 厘米（图七五〇，3；彩版二三七，4~7）。

Ac 型 1 件。

标本 L8④:12，平面呈圆环形。表面磨光。环面较窄，孔径较大，孔对钻。孔缘双面凸出形成领。横剖面呈"T"字形。直径 8.5、孔径 5.4、领高 0.9 厘米（图七五〇，2）。

Ba 型 1 件。

标本 L8④:15，平面呈圆环形。表面磨光。直径 7.7、孔径 4.9、厚 0.15 厘米（图七五〇，1）。

环 1 件。B 型。

标本 L8④:6，平面呈圆环形。表面磨光。环面窄，孔径大。单面钻孔。直径 5.47、孔径 4.82、厚 0.41 厘米（图七五〇，8）。

镯 11 件。

Aa 型 4 件。

标本 L8④:43，平面呈圆环形。表面磨光。环面窄，孔径大。孔对钻。环壁剖面呈椭圆形。外径 5.2、内径 4.6、厚 0.9 厘米（图七五〇，4；彩版二三八，1、2）。

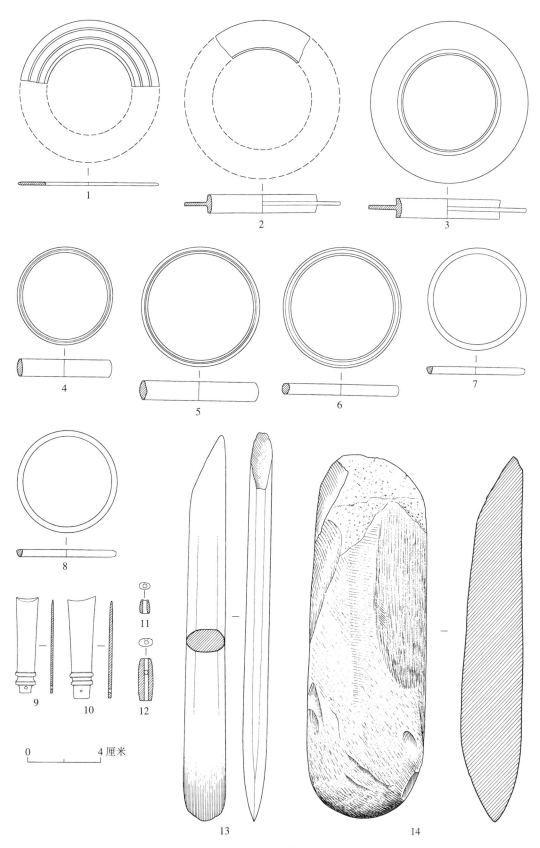

图七五〇　东区 L8④层出土器物

1. Ba 型玉璧（L8④:15）　　2. Ac 型玉璧（L8④:12）　3. Aa 型 Ⅱ式玉璧（L8④:2）　4. Aa 型玉镯（L8④:43）　5. Ab
型玉镯（L8④:18）　6. Bb 型玉镯（L8④:53）　7. C 型玉镯（L8④:79）　8. B 型玉环（L8④:6）　　9、10. Ea 型玉璋
（L8④:4、L8④:52）　11、12. 绿松石珠（L8④:57、L8④:54）　13. Bb 型玉凿（L8④:7）　　14. Ab 型石斧（L8④: 75）

Ab 型　2 件。

标本 L8④:18，平面呈圆环形。表面磨光。环面窄，孔径大。孔对钻。环壁剖面呈椭圆形。外径 6.4、内径 5.6、厚 1 厘米（图七五〇，5；彩版二三八，3、4）。

标本 L8④:11，黄色，不透明，夹杂墨色、褐色的沁斑。环面较窄。外径 6、内径 5.3、高 1.1 厘米（彩版二三八，5）。

Bb 型　1 件。

标本 L8④:53，平面呈圆环形。表面磨光。环面窄，孔径大。孔对钻。环壁剖面呈橄榄球形。外径 6.4、内径 5.7、厚 0.6 厘米（图七五〇，6）。

C 型　4 件。

标本 L8④:79，平面呈圆环形。表面磨光。环面窄，孔径大。单面钻孔。环壁剖面呈三角形。外径 5.4、内径 4.8、厚 0.4 厘米（图七五〇，7）。

绿松石珠　15 件。

标本 L8④:57，表面磨光，孔对钻。剖面呈梯形。直径 0.6、孔径 0.2、高 0.8、厚 0.3 厘米（图七五〇，11）。

标本 L8④:54，表面磨光，孔对钻。平面呈长条状，侧面有圆形穿孔。直径 0.8、孔径 0.2、高 2.2 厘米（图七五〇，12；彩版二三八，6）。

标本 L8④:55－1，表面磨光，孔对钻。中部鼓出，管状。直径 0.94、高 1.1、厚 0.96 厘米（彩版二三八，7、8）。

（2）石器

1 件。

斧　1 件。Ab 型。

标本 L8④:75，平面呈长条形。弧刃，中锋。器身留有打磨痕迹。长 19、宽 6.5、厚 3.3 厘米（图七五〇，14；彩版二三九，1、2）。

（3）铜器

24 件。

锥形器　1 件。D 型。

标本 L8④:44，长条形。上宽下窄。器物中空，管状，一端平直，一端尖锥状。器身顶部饰有一圈射鱼纹饰。纹饰中鸟、鱼首尾相对，带尾羽的弓箭穿过鸟身，箭头直抵鱼头。鱼鸟纹上面有两条平行弦纹，下面有一条弦纹。长 16.3、最大直径 2.4 厘米（图七五一；彩版二四二）。

长条形器　1 件。A 型。

标本 L8④:9，平面呈长方形。器身平整。一端残断。残长 10.2、宽 1.9、厚 0.2 厘米（图七五二，8）。

璧　7 件。

Ab 型 1 件。

标本 L8④:22，平面呈圆环形。孔径大于环面宽。孔缘双面凸出于环面形成领，孔壁竖直。直径 8.9、孔径 5.8、领高 1 厘米（图七五二，3）。

Ac 型 I 式 3 件。

标本 L8④:3，平面呈圆环形。孔径大于环面宽。孔缘双面凸出于环面形成领，孔壁及凸起的领呈三角形。直径 11.2、孔径 7.8、领高 1.5 厘米（图七五二，1）。

Ac 型 II 式 3 件。

标本 L8④:5，平面呈圆环形。孔径大于环面宽。孔缘双面凸出于环面形成领，孔壁及凸起的领呈三角形。直径 10.1、孔径 6.5、领高 1.2 厘米（图七五二，2；彩版二三九，3）。

圆角方孔形器 3 件。

Aa 型 I 式 1 件。

标本 L8④:16，平面形状不规则。壁面残损。穿孔呈长方形，孔壁一面上凸成领。领呈上小下大的覆斗形。残长 6.2、残宽 5、穿孔长 1.9、穿孔宽 1.7、领高 0.9 厘米（图七五二，10）。

Aa 型 II 式 2 件。

标本 L8④:71，平面形状不规则。壁面残损。穿孔呈正方形，孔壁一面上凸成领。领呈上小下大的覆斗形。残长 5、残宽 3.9、穿孔边长 1.9、领高 0.8 厘米（图七五二，9）。

人面形器 1 件。

标本 L8④:66，整器似一略有变形的人面，平面呈上宽下窄人脸形，作憨笑状，仅勾勒出眉毛、眼睛、嘴巴等主要特征。眉毛和眼部圆卷，嘴巴大张，鼻子不突出，下颌圆钝。器身弯曲变形，锈蚀严重。器呈桃形，下部略有残损。人面上眼睛、嘴的形象用墨绘的方式表现，眼睛用卷曲纹表现，嘴部极大，造型夸张，大致似半月形，月缺中部尖凸。长 15、宽 14.6、厚 0.13 厘米（图七五二，11；彩版二四〇、二四一）。

眼睛形器 1 件。Ba 型。

标本 L8④:76，平面形状不规则。器身中部隆起，表面有墨绘圆形眼睛。边缘弧形，残损。器较薄。残长 10.3、残宽 9 厘米（图七五二，6）。

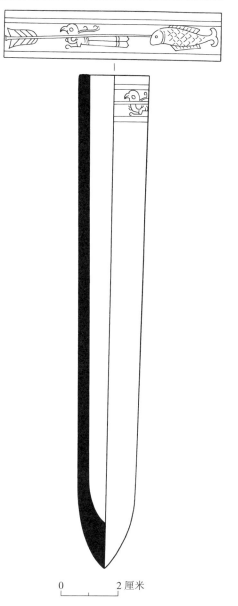

0 ____ 2 厘米

图七五一 东区 L8④层出土 D 型铜锥形器（L8④:44）

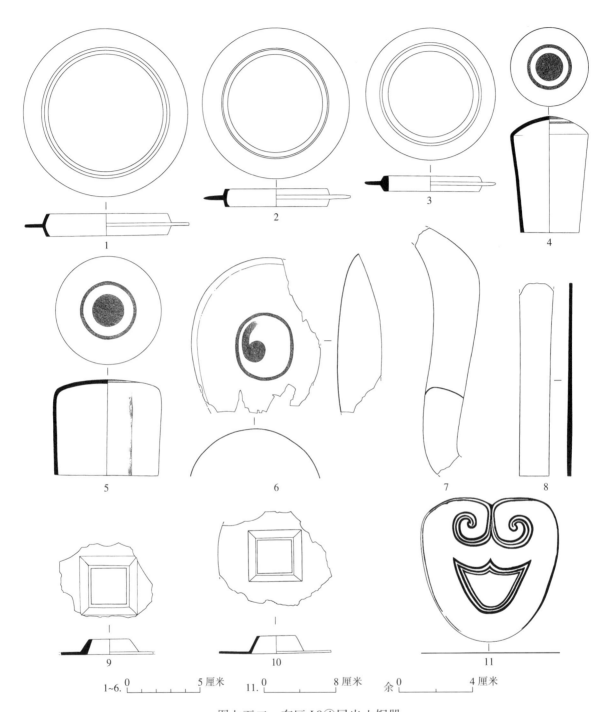

图七五二　东区L8④层出土铜器

1. Ac型Ⅰ式铜璧（L8④:3）　2. Ac型Ⅱ式铜璧（L8④:5）　3. Ab型铜璧（L8④:22）　4. A型眼泡（L8④:50）
5. B型眼泡（L8④:74）　6. Ba型眼睛形器（L8④:76）　7. 铜器残片（L8④:36-3）　8. A型长条形器（L8④:9）
9. Aa型Ⅱ式圆角方孔形器（L8④:71）　10. Aa型Ⅰ式圆角方孔形器（L8④:16）　11. 人面形器（L8④:66）

眼泡　3件。

A型　2件。

标本L8④:50，平面近梯形。上宽下窄。中空，器顶凸出。顶面有墨绘瞳孔状纹饰。最大直径5.3、高7.7、厚0.2厘米（图七五二，4；彩版二三九，4、5）。

B型　1件。

标本L8④：74，平面近长方形。中空，器顶略凸出。顶面有墨绘瞳孔状纹饰。直径7.3、高6.3、厚0.2厘米（图七五二，5；彩版二三九，6）。

铜器残片　7件。

标本L8④：36－3，平面形状不规则。器身中部隆起。两端残断。器较薄。残长13、宽2.6厘米（图七五二，7）。

（4）金器

20件。

条形金饰　5件。

A型　2件。

标本L8④：49，长条状。长11.5、宽1.7厘米（图七五三，1）。

B型　3件。

标本L8④：30，平面形状不规则。长15.5、宽6.1厘米（图七五三，5；彩版二四三，1、2）。

圆形金箔饰　1件。B型。

标本L8④：78，器呈圆形。直径0.9厘米（图七五三，8）。

素面环形金饰　1件。

标本L8④：1，长条状。器身弯曲有弧度。极薄。长26、宽0.8厘米（图七五三，7；彩版二四三，3）。

蛇纹金箔　1件。

标本L8④：13，平面呈圆角梯形。器物中心上凸，器壁内弧。器表有一圈浅槽状螺旋纹，形似蛇纹，周缘有大量不规则形穿孔。一端有残损，可能为某一器物上的装饰。长16.1、宽13.5厘米（图七五三，4；彩版二四三，4、5）。

金面具　1件。B型。

标本L8④：58，器身多处折皱变形，有多处细小裂口和残破洞，左耳下部裂口。该器为一人面罩，整体捶揲成型。方脸方颐，下颌宽直，椭圆形耳朵外展，耳郭线清晰，耳垂上有穿孔；眉毛呈弧形向下弯曲，三角形双眼，眼袋突出，半月形双眼镂空；鼻梁高挺，鼻翼与颧骨线相连，大嘴微张，镂空而成。面目形象庄重肃穆。器表作抛光处理，内壁则相对粗糙。上下高11、平面宽18、侧面宽8.05、厚0.08厘米（图七五四；彩版二四四、二四五）。

鱼形金箔饰　4件。

Aa型Ⅰ式　1件。

标本L8④：51，平面呈柳叶形，上端有一圆形小穿孔，两侧各錾刻一小点。器身錾刻鱼刺纹。长3.2、宽1.1厘米（图七五三，3；彩版二四六，1、2）。

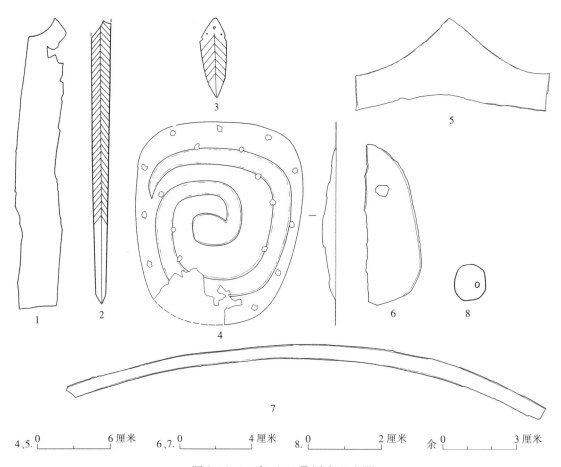

图七五三　东区 L8④层出土金器

1. A 型条形金饰（L8④∶49）　2. Ab 型鱼形金箔饰（L8④∶24－1）　3. Aa 型 I 式鱼形金箔饰（L8④∶51）　4. 蛇纹金箔（L8④∶13）　5. B 型条形金饰（L8④∶30）　6. 金器残片（L8④∶38）　7. 素面环形金饰（L8④∶1）　8. B 型圆形金箔饰（L8④∶78）

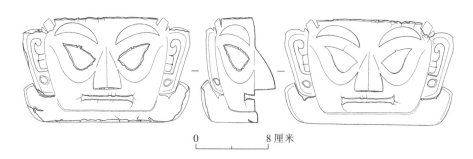

图七五四　东区 L8④层出土 B 型金面具（L8④∶58）

Ab 型　3 件。

标本 L8④∶24－1，平面呈长条形。上宽下窄。器身饰有鱼刺纹。部分残断。残长 11.3、宽 0.8 厘米（图七五三，2）。

标本 L8④∶33，平面呈长条形。头部为三角形，眼睛为一近圆形穿孔，嘴部有缺，尾部呈三角形。近头端宽，近尾端窄。器身錾刻鱼刺纹。边缘有细小缺失，器表锈蚀严重，多处折皱。长14.75、宽0.82、厚0.03厘米（彩版二四六，3）。

标本L8④：41，平面呈长条形。头部为三角形，眼睛为一近圆角三角形穿孔，尖嘴，尾部呈三角形。近头端宽，近尾端窄。器身錾刻鱼刺纹。边缘有细小缺失，器表多处锈蚀，多处折皱。近尾处有一长约0.2厘米的裂口。长14.6、宽0.85、厚0.03厘米（彩版二四六，4）。

金器残片　7件。

标本L8④：38，平面形状不规则。器身有一穿孔。长8.5、宽3厘米（图七五三，6；彩版二四六，5、6）。

第5层出土遗物

（1）玉器

16件，可辨器形有13件。

璋　1件。Ea型。

标本L8⑤：1，柄端残。体量较小，器身扁平。凹弧刃，刃尖一高一低。残长2.3、宽1.3、厚0.1厘米（图七五五，7）。

璧　4件。

Aa型Ⅰ式　1件。

标本L8⑤：17，平面呈圆环形。表面磨光。环面较宽，孔径较小，孔对钻。孔缘双面凸出形成领。直径17.9、孔径6.7、厚0.6、领高3厘米（图七五五，1）。

Aa型Ⅱ式　1件。

标本L8⑤：7，平面呈圆环形。表面磨光。环面较窄，孔径较大，孔对钻。孔缘双面凸出形成领。直径10.7、孔径5.8、厚0.3、领高1.6厘米（图七五五，2；彩版二四七，1）。

Ac型　2件。

标本L8⑤：27，平面呈圆环形。表面磨光。环面较窄，孔径较大，孔对钻。孔缘双面凸出形成领。剖面呈"T"形。直径10、孔径6、厚0.2、领高1.6厘米（图七五五，3）。

标本L8⑤：35，灰绿色，平面呈圆环形。表面磨光。环面较窄，孔径较大，孔对钻。孔缘双面凸出形成领。剖面呈"T"形。直径10.74、孔径6.48、领高2.7、厚0.34厘米（彩版二四七，2）。

镯　3件。C型。

标本L8⑤：8，平面呈圆环形。表面磨光。环面窄，孔径大。孔对钻。环面厚薄不匀。外径7.2、内径6.2、厚0.7厘米（图七五五，4；彩版二四七，3）。

标本L8⑤：2，平面呈圆环形。表面磨光。环面窄，孔径大。孔对钻。外径3.8、内径3.1、厚0.3厘米（图七五五，5）。

标本L8⑤：44，青色。器身有数道裂纹。平面呈圆环形。表面磨光。环面窄，孔径大。外径

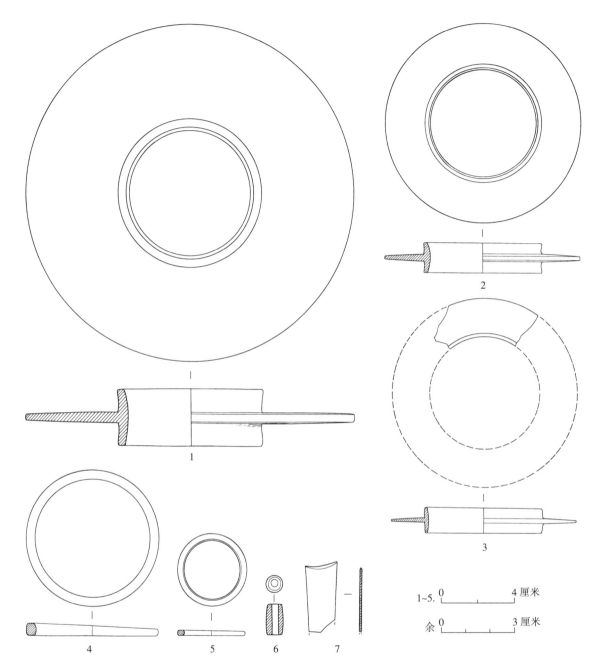

图七五五　东区L8⑤层出土玉器

1. Aa型Ⅰ式玉璧（L8⑤：17）　　2. Aa型Ⅱ式玉璧（L8⑤：7）　　3. Ac型玉璧（L8⑤：27）　　4、5. C型玉镯（L8⑤：8、L8⑤：2）　　6. 绿松石珠（L8⑤：38）　　7. Ea型玉璋（L8⑤：1）

6.7、内径5.9、厚0.6厘米（彩版二四七，4）。

环　1件。Aa型。

标本L8⑤：9，淡黄色。器身有数道裂纹。平面呈圆环形。表面磨光。环面窄，孔径大。外径3.9、内径3、厚0.3厘米（彩版二四七，5）。

绿松石珠　4件。

标本 L8⑤：38，表面磨光，孔对钻。中部略鼓，平面呈管状。直径 0.7、孔径 0.3、高 1.2、厚 0.2 厘米（图七五五，6）。

（2）铜器

25 件。

长条形器　2 件。A 型。

标本 L8⑤：14，长条形。两侧平直。器身残断。残长 9.8、宽 2.5、厚 0.1 厘米（图七五六，11）。

菱形器　1 件。

L8⑤：19，平面呈菱形。器身隆起。边缘平直。短边近边缘处有两个圆形小穿孔。残长 9.2、宽 5.4、厚 0.1 厘米（图七五六，12）。

璧　12 件。

Ab 型　1 件。

标本 L8⑤：24，平面呈圆环形。孔径大于环面宽。孔缘双面凸出于环面形成领，孔壁竖直。直径 11.6、孔径 6.2、领高 2 厘米（图七五六，1；彩版二四七，6）。

Ac 型 I 式　2 件。

标本 L8⑤：20，平面呈圆环形。孔径大于环面宽。孔缘双面凸出于环面形成领，孔壁竖直。直径 10.7、孔径 7.4、领高 1.4 厘米（图七五六，2；彩版二四八，1）。

Ac 型 II 式　9 件。

标本 L8⑤：26-1，平面呈圆环形。孔径大于环面宽。孔缘双面凸出于环面形成领，孔壁及凸起的领呈三角形。直径 9、孔径 5.8、领高 1.1 厘米（图七五六，3）。

标本 L8⑤：32，平面呈圆环形。孔径大于环面宽。孔缘双面凸出于环面形成领，孔壁及凸起的领呈三角形。直径 8.8、孔径 5.4、领高 1.8 厘米（图七五六，4；彩版二四八，2）。

标本 L8⑤：10，平面呈圆环形。孔径大于环面宽。孔缘双面凸出于环面形成领，孔壁及凸起的领呈三角形。直径 9.2、孔径 5.7、领高 1.3 厘米（图七五六，5）。

圆角方孔形器　2 件。

Aa 型 II 式　1 件。

标本 L8⑤：4，平面形状不规则。壁面残损。穿孔呈方形，孔壁一面上凸成领。领呈上小下大的覆斗形。残长 7、残宽 6、穿孔边长 2、领高 0.8 厘米（图七五六，8）。

Ac 型　1 件。

标本 L8⑤：43，平面形状不规则。壁面残损。穿孔呈方形，孔壁一面上凸成领。领呈上小下大的覆斗形。残长 4、残宽 3.4、穿孔边长 1.8、领高 0.7 厘米（图七五六，7）。

圆角长方形板　1 件。

标本 L8⑤：26-2，器呈圆角长方形，素面。长 9.8、宽 8.3、厚 0.1 厘米。为铜人头上盖板（图七五六，9）。

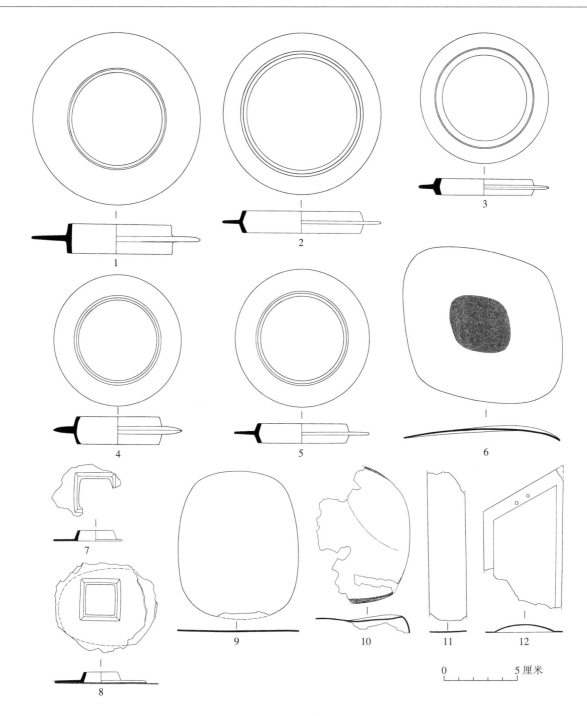

图七五六　东区 L8⑤层出土铜器

1. Ab 型璧（L8⑤：24）　2. Ac 型 I 式璧（L8⑤：20）　3～5. Ac 型 II 式璧（L8⑤：26 - 1、L8⑤：32、L8⑤：10）
6. Ba 型眼睛形器（L8⑤：30）　7. Ac 型圆角方孔形器（L8⑤：43）　8. Aa 型 II 式圆角方孔形器（L8⑤：4）　9. 圆
角长方形板（L8⑤：26 - 2）　10. Bb 型眼睛形器（L8⑤：22）　11. A 型长条形器（L8⑤：14）　12. 菱形器（L8⑤：19）

立人像　1 件。

标本 L8⑤：12，手臂、左大腿、左脚有较大面积锈蚀，右手臂锈蚀。人物造型抽象，为后背形象，人体比例极不协调，中空。头部用一圆孔表示，双手下垂，长度夸张；下身短粗，双脚弯曲上翘外张，粗壮有力，未刻画手指及脚趾；胯部刻画不清晰。肩部一侧有一圆形穿孔，下肢有两个对称圆形穿孔。整器制作规整精细。可能是装饰附件。宽 4.6、高 10.4、厚 1.4 厘米（彩版二四八，3、4）。

眼睛形器　6 件。

Ba 型　2 件。

标本 L8⑤：30，平面近菱形。器身略隆起。中部有一墨绘圆形眼睛。长 10.4、宽 10.8、厚 0.1 厘米（图七五六，6）。

Bb 型　4 件。

标本 L8⑤：22，平面近椭圆形。器身凹凸不平。残长径 9.1、短径 6.3 厘米（图七五六，10）。

（一九）第 7 层出土遗物

该层出土遗物有陶器、玉器、石器、铜器、金器和骨角器，数量和种类均极为丰富，计有陶片 26944 片、玉器 338 件、石器 43 件、铜器 245 件、金器 21 件和骨角器 2 件。陶器以夹砂陶为主，占 84.75%。夹砂陶中灰黑陶占 78.90%，灰褐陶占 8.73%，灰黄陶占 7.84%，红褐陶占 2.30%，黄褐陶占 1.75%，灰陶占 0.48%；泥质陶中灰黑陶占 60.84%，灰黄陶占 27.28%，灰褐陶占 6.43%，灰陶占 4.84%，红陶占 0.39%，黄褐陶占 0.22%。夹砂陶中纹饰陶片占 10.48%，以粗绳纹、细线纹、凹弦纹和戳印纹为主，分别占 51.25%、29.56%、7.48% 和 4.06%，另有少量细绳纹、压印纹、重菱纹，极少量乳丁纹、网格纹、方格纹、凸棱纹、刻划纹、镂孔等；泥质陶中纹饰陶片仅占 2.99%，以戳印纹、细线纹、凹弦纹为主，分别占 64.23%、14.63% 和 12.20%，另有少量凸棱纹、刻划纹和压印纹等（表七五）。陶片可辨器形有尖底杯、尖底盏、尖底罐、小平底罐、瓮形器、敛口罐、高领罐、矮领罐、束颈罐、绳纹圜底罐、盘口罐、壶、瓶、盆、瓮、缸、釜、篅形器、桶形器、盆形器、盘、豆盘、豆柄、器纽、纺轮、器座、圈足等。玉器种类有戈、矛、剑、钺、璋、斧、锛、凿、凹刃凿形器、琮、箍形器、璧、环、镯、玦、玉珠、绿松石珠、玛瑙珠、梭子形玉器、菱形玉器等。石器种类有斧、锛、凿、多璜联璧、璧、纺轮、球、虎、蛇、跪坐人像等。铜器种类有戈、镞、锥形器、长条形器、铃、箍形器、挂饰、圆角方孔形器、牌饰、鸟、蝉、牛、怪兽、罍等。金器种类有蛙形金饰、鱼形金箔饰等。骨角器仅见鹿角。

（1）陶器

230 件。

尖底杯　25 件。

Aa 型 Ⅱ 式　1 件。

标本 ⅠT8304⑦：8，泥质灰黑陶。尖唇。口径 13、残高 3.8 厘米（图七五七，13）。

Ba 型 Ⅱ 式　1 件。

表七五　东区第7层陶片统计表

陶质 陶色 纹饰	夹砂陶						小计	百分比（%）	泥质陶						小计	百分比（%）
	灰黑	灰	红褐	灰褐	黄褐	灰黄			灰黑	灰	灰黄	灰褐	红	黄褐		
素面	16119	106	456	1715	338	1709	20443	89.52	2401	195	1105	260	16	9	3986	97.01
细绳纹	46		2	9	1	2	60	0.26								
粗绳纹	917	1	49	180	34	45	1226	5.37		1	1	2			4	0.10
重菱纹	22			1		1	24	0.11								
凹弦纹	138	3	2	20	8	8	179	0.78	11		2	2			15	0.37
凸棱纹	9						9	0.04	2	1	2				5	0.12
刻划纹	3			1			4	0.02			1				1	0.02
镂孔	2						2	0.01								
细线纹	596		16	62	18	15	707	3.10	17		1				18	0.44
压印纹	53	1		1		1	56	0.25			1				1	0.02
网格纹	6			1	2		9	0.04								
戳印纹	89			2		6	97	0.42	69	2	8				79	1.92
乳丁纹	8			1		1	10	0.04								
方格纹	8			1			9	0.04								
小计	18016	111	525	1993	400	1790	22835		2500	199	1121	264	16	9	4109	
百分比（%）	78.90	0.48	2.30	8.73	1.75	7.84		100.00	60.84	4.84	27.28	6.43	0.39	0.22		100.00
合计	26944															

标本ⅠT8106⑦：450，泥质灰黄陶。小平底。口径7.9、底径1.3、高15.4厘米（图七五七，1）。

Ba型Ⅲ式　4件。

标本ⅠT8106⑦：77，泥质灰黑陶。小平底。口径8.2、底径1、高14厘米（图七五七，2）。

标本ⅠT8106⑦：451，泥质灰黄陶。小平底。口径8.3、底径1.8、高14.8厘米（图七五七，3）。

Bb型Ⅰ式　1件。

标本ⅠT8206⑦：80，泥质灰黑陶。尖底。口径8.8、高15.1厘米（图七五七，4）。

Bb型Ⅱ式　1件。

标本ⅠT8106⑦：449，泥质灰黄陶。尖底。口径8.3、高11.9厘米（图七五七，5）。

Ca型Ⅱ式　5件。

标本ⅠT7611⑦：10，夹砂灰黑陶。口径7.9、高10.8厘米（图七五七，10；彩版二四九，1）。

标本ⅠT7611⑦：11，夹砂灰黄陶。尖底。口径7.4、高8.3厘米（图七五七，11；彩版二四九，3）。

标本ⅠT7811⑦：16，夹砂灰黑陶。尖底。口径7.6、高9.3厘米（图七五七，12）。

标本ⅠT7611⑦：16，夹砂灰黑陶。口径8.2、高9.8厘米（图七五八，1）。

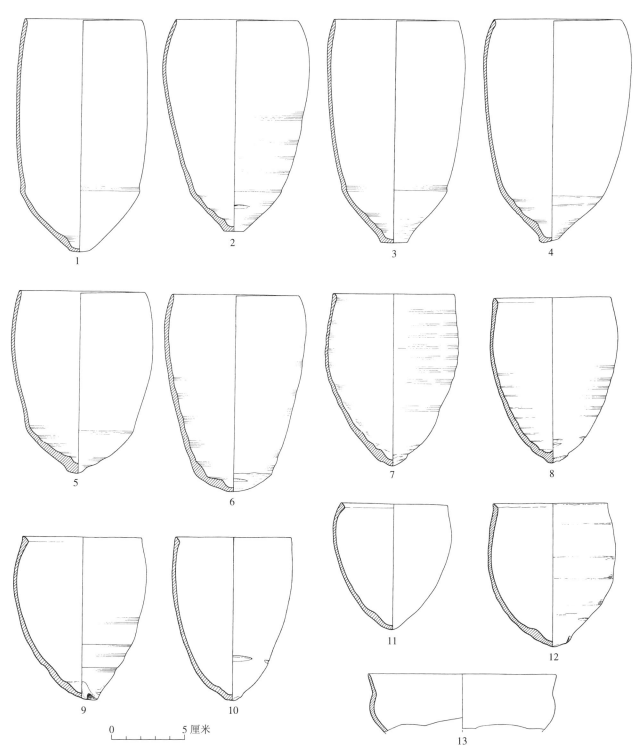

图七五七　东区第 7 层出土陶尖底杯

1. Ba 型 Ⅱ 式 （ⅠT8106⑦：450）　　2、3. Ba 型 Ⅲ 式 （ⅠT8106⑦：77、ⅠT8106⑦：451）　　4. Bb 型 Ⅰ 式 （ⅠT8206⑦：80）

5. Bb 型 Ⅱ 式 （ⅠT8106⑦：449）　　6～9. Cb 型 Ⅰ 式 （ⅠT8106⑦：22、ⅠT7805⑦：9、ⅠT7611⑦：256、ⅠT7611⑦：14）

10～12. Ca 型 Ⅱ 式 （ⅠT7611⑦：10、ⅠT7611⑦：11、ⅠT7811⑦：16）　　13. Aa 型 Ⅱ 式 （ⅠT8304⑦：8）

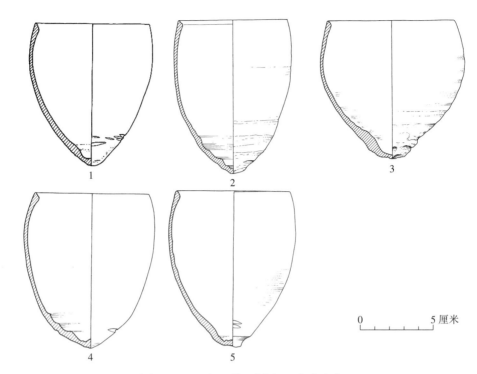

图七五八　东区第 7 层出土陶尖底杯

1、2. Ca 型 Ⅱ 式（ⅠT7611⑦：16、ⅠT8105⑦：335）　3. Da 型 Ⅰ 式（ⅠT7811⑦：12）　4、5. Db 型 Ⅰ 式
（ⅠT7611⑦：6、ⅠT7611⑦：7）

标本 ⅠT8105⑦：335，泥质灰黄陶。口径 7.4、高 10.3 厘米（图七五八，2）。

Cb 型 Ⅰ 式　9 件。

标本 ⅠT8106⑦：22，泥质灰黑陶。尖底。底部有戳痕。口径 8.7、高 13 厘米（图七五七，6）。

标本 ⅠT7805⑦：9，夹砂灰黑陶。口径 8.3、高 11.5 厘米（图七五七，7）。

标本 ⅠT7611⑦：256，夹砂灰黑陶。底部有四道对称戳痕。口径 7.7、高 11 厘米（图七五七，8）。

标本 ⅠT7611⑦：14，泥质灰黑陶。口径 8.1、高 10.8 厘米（图七五七，9；彩版二四九，2）。

Da 型 Ⅰ 式　1 件。

标本 ⅠT7811⑦：12，夹砂灰黑陶。尖底。口径 8.8、高 9.2 厘米（图七五八，3）。

Db 型 Ⅰ 式　2 件。

标本 ⅠT7611⑦：6，泥质灰黑陶。口径 7.9、高 10.3 厘米（图七五八，4）。

标本 ⅠT7611⑦：7，泥质灰黄陶。口径 7.8、高 10.4 厘米（图七五八，5）。

尖底盏　13 件。

Aa 型 Ⅱ 式　1 件。

标本 ⅠT7810⑦：476，夹砂灰黑陶。尖圆唇。口径 12.5、肩径 11.9、高 4.7 厘米（图七五九，1）。

Ba 型 Ⅱ 式　2 件。

标本 ⅠT8106⑦：76，夹砂灰黑陶。圆唇。口径 11.2、肩径 12、高 5.3 厘米（图七五九，2）。

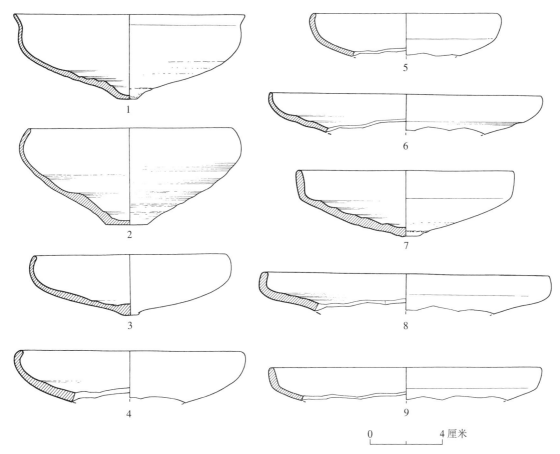

图七五九　东区第 7 层出土陶尖底盏

1. Aa 型 Ⅱ 式（ⅠT7810⑦：476）　　2. Ba 型 Ⅱ 式（ⅠT8106⑦：76）　　3、4. Ba 型 Ⅲ 式（ⅠT7611⑦：15、ⅠT7810⑦：198）
5. Bb 型 Ⅱ 式（ⅠT8105⑦：162）　6. Bb 型 Ⅲ 式（ⅠT8011⑦：103）　7. Cc 型 Ⅰ 式（ⅠT7610⑦：66）　8. Bd 型 Ⅱ 式
（ⅠT8009⑦：142）　　9. Cc 型 Ⅱ 式（ⅠT7811⑦：100）

　　Ba 型 Ⅲ 式　2 件。

　　标本ⅠT7611⑦：15，夹砂灰黑陶。圆唇。口径 10.6、肩径 11、高 3 厘米（图七五九，3）。

　　标本ⅠT7810⑦：198，夹砂灰黑陶。圆唇。口径 12.1、残高 2.8 厘米（图七五九，4）。

　　Bb 型 Ⅱ 式　1 件。

　　标本ⅠT8105⑦：162，泥质灰黑陶。圆唇。口径 10.5、肩径 10.7、残高 2.3 厘米（图七五九，5）。

　　Bb 型 Ⅲ 式　1 件。

　　标本ⅠT8011⑦：103，夹砂灰黑陶。圆唇。口径 14.8、残高 1.9 厘米（图七五九，6）。

　　Bd 型 Ⅱ 式　2 件。

　　标本ⅠT8009⑦：142，夹砂灰黑陶。圆唇。口径 16、残高 2 厘米（图七五九，8）。

　　Cc 型 Ⅰ 式　1 件。

　　标本ⅠT7610⑦：66，夹砂灰黑陶。圆唇。口径 12、高 3.5 厘米（图七五九，7）。

　　Cc 型 Ⅱ 式　3 件。

标本ⅠT7811⑦：100，夹砂灰黑陶。圆唇。口径14.8、残高1.8厘米（图七五九，9）。

尖底罐 5件。

Ab型 1件。

标本ⅠT8106⑦：448，夹砂灰黑陶。方唇。口径5、高6.7厘米（图七六〇，1）。

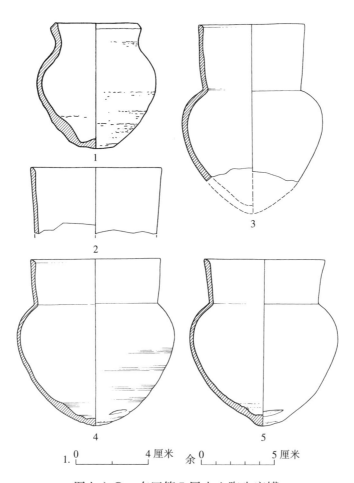

图七六〇 东区第7层出土陶尖底罐
1. Ab型（ⅠT8106⑦：448） 2、3. Cb型Ⅰ式（ⅠT8105⑦：29、ⅠT7811⑦：18）
4、5. Cb型Ⅱ式（ⅠT7805⑦：8、ⅠT7611⑦：23）

Cb型Ⅰ式 2件。

标本ⅠT8105⑦：29，夹砂灰黑陶。尖圆唇。口径9、残高4.3厘米（图七六〇，2）。

标本ⅠT7811⑦：18，夹砂灰黑陶。尖圆唇。口径7.2、肩径9.6、残高10.4厘米（图七六〇，3）。

Cb型Ⅱ式 2件。

标本ⅠT7805⑦：8，夹砂灰黄陶。尖圆唇。口径9、肩径10.7、高11厘米（图七六〇，4）。

标本ⅠT7611⑦：23，夹砂灰黑陶。尖圆唇。口径8.2、肩径10、高11厘米（图七六〇，5；彩版二四九，4）。

小平底罐 3件。

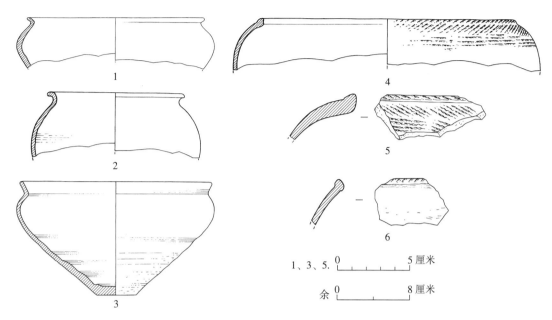

图七六一　东区第 7 层出土陶器

1、2. Ad 型 Ⅱ 式小平底罐（Ⅰ T8106⑦：249、Ⅰ T7711⑦：153）　3. Bb 型小平底罐（Ⅰ T8010⑦：156）
4、5. Da 型瓮形器（Ⅰ T7810⑦：453、Ⅰ T8205⑦：85）　6. Db 型瓮形器（Ⅰ T8201⑦：4）

Ad 型 Ⅱ 式　2 件。

标本 Ⅰ T8106⑦：249，夹砂灰黑陶。圆唇。口径 12、肩径 13.4、残高 3.2 厘米（图七六一，1）。

标本 Ⅰ T7711⑦：153，夹砂灰黑陶。口径 15.2、残高 7 厘米（图七六一，2）。

Bb 型　1 件。

标本 Ⅰ T8010⑦：156，夹砂灰黑陶。圆唇。口径 13、肩径 13.6、底径 2.7、高 7.5 厘米（图七六一，3）。

瓮形器　3 件。

Da 型　2 件。

标本 Ⅰ T7810⑦：453，夹砂灰黑陶。方唇。口径 28、残高 5.4 厘米（图七六一，4）。

标本 Ⅰ T8205⑦：85，夹砂灰黄陶。方唇。残高 2.8 厘米（图七六一，5）。

Db 型　1 件。

标本 Ⅰ T8201⑦：4，夹砂灰黑陶。方唇。沿面压印绳纹。残高 5 厘米（图七六一，6）。

敛口罐　22 件。

Aa 型 Ⅰ 式　1 件。

标本 Ⅰ T7811⑦：137，夹砂灰黑陶。方唇。口径 49.2、残高 11.1 厘米（图七六二，1）。

Aa 型 Ⅱ 式　1 件。

标本 Ⅰ T8007⑦：13，夹砂灰黑陶。方唇。口径 41.2、残高 14.2 厘米（图七六二，2）。

Ad 型　1 件。

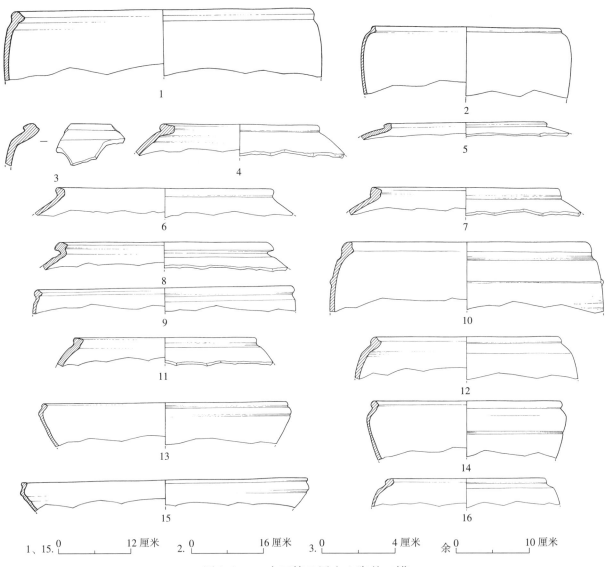

图七六二　东区第7层出土陶敛口罐

1. Aa 型 I 式（I T7811⑦：137）　　2. Aa 型 II 式（I T8007⑦：13）　　3. Ad 型（I T7811⑦：78）　　4、5. Bb 型（I T8206⑦：141、I T7811⑦：120）　　6. Bc 型（I T8010⑦：145）　　7、8. Bd 型（I T8105⑦：243、I T7810⑦：240）　　9、10. Ca 型 II 式（I T8103⑦：70、I T8206⑦：229）　　11. Cb 型 I 式（I T7810⑦：238）　　12、16. Cd 型（I T8105⑦：246、I T8206⑦：161）　　13、15. Da 型（I T7811⑦：119、I T7710⑦：183）　　14. Db 型（I T8007⑦：106）

标本 I T7811⑦：78，夹砂灰黑陶。方唇，折肩。残高2.2厘米（图七六二，3）。

Bb 型　3件。

标本 I T8206⑦：141，夹砂灰褐陶。圆唇。口径22、残高4.3厘米（图七六二，4）。

标本 I T7811⑦：120，夹砂灰黑陶。方唇。口径22、残高2厘米（图七六二，5）。

Bc 型　1件。

标本 I T8010⑦：145，夹砂灰褐陶。圆唇。口径30、残高3.7厘米（图七六二，6）。

Bd 型　5件。

标本ⅠT8105⑦：243，夹砂灰黑陶。方唇。口径 26、残高 3.8 厘米（图七六二，7）。

标本ⅠT7810⑦：240，夹砂灰黑陶。方唇。口径 30、残高 3.8 厘米（图七六二，8）。

Ca 型Ⅱ式　2 件。

标本ⅠT8103⑦：70，夹砂灰黑陶。方唇。口径 36、残高 3.2 厘米（图七六二，9）。

标本ⅠT8206⑦：229，夹砂灰褐陶。沿面有凹槽，方唇。上腹部饰一周凹弦纹和附加堆纹。口径 34、残高 9 厘米（图七六二，10）。

Cb 型Ⅰ式　1 件。

标本ⅠT7810⑦：238，夹砂灰黑陶。方唇。口径 25、残高 4.1 厘米（图七六二，11）。

Cd 型　4 件。

标本ⅠT8105⑦：246，夹砂灰黑陶。沿面有凹槽，方唇。口径 26、残高 5.7 厘米（图七六二，12）。

标本ⅠT8206⑦：161，夹砂灰褐陶。沿面有凹槽，方唇。口径 22、残高 3.6 厘米（图七六二，16）。

Da 型　2 件。

标本ⅠT7811⑦：119，夹砂灰黑陶。方唇。口径 34、残高 5.7 厘米（图七六二，13）。

标本ⅠT7710⑦：183，夹砂灰黑陶。口径 47.7、残高 4.7 厘米（图七六二，15）。

Db 型　1 件。

标本ⅠT8007⑦：106，夹砂灰黑陶。方唇。口径 26、残高 7.7 厘米（图七六二，14）。

高领罐　4 件。

Ab 型Ⅱ式　1 件。

标本ⅠT8206⑦：189，夹砂灰黑陶。斜折沿，圆唇。口径 13、残高 5.5 厘米（图七六三，1）。

C 型Ⅱ式　1 件。

标本ⅠT8105⑦：233，夹砂灰黑陶。折沿，圆唇。口径 22、残高 4 厘米（图七六三，4）。

Fa 型Ⅱ式　2 件。

标本ⅣT8202⑦：8，夹砂灰黑陶。卷沿，圆唇。口径 18.6、残高 5 厘米（图七六三，2）。

标本ⅣT8104⑦：2，夹砂灰黑陶。折沿，圆唇。领部饰两周凹弦纹。口径 17.6、残高 12.4 厘米（图七六三，3）。

矮领罐　12 件。

A 型Ⅰ式　1 件。

标本ⅠT8304⑦：47，夹砂灰黑陶。外斜卷沿，圆唇。领部饰两周凹弦纹。口径 24、残高 7.8 厘米（图七六三，5）。

A 型Ⅱ式　1 件。

标本ⅠT8303⑦：16，夹砂灰褐陶。平卷沿，圆唇。口径 17、残高 3.9 厘米（图七六三，6）。

B 型Ⅰ式　1 件。

标本ⅠT7810⑦：391，夹砂黑褐陶。方唇。口径 19.6、残高 6.6 厘米（图七六三，7）。

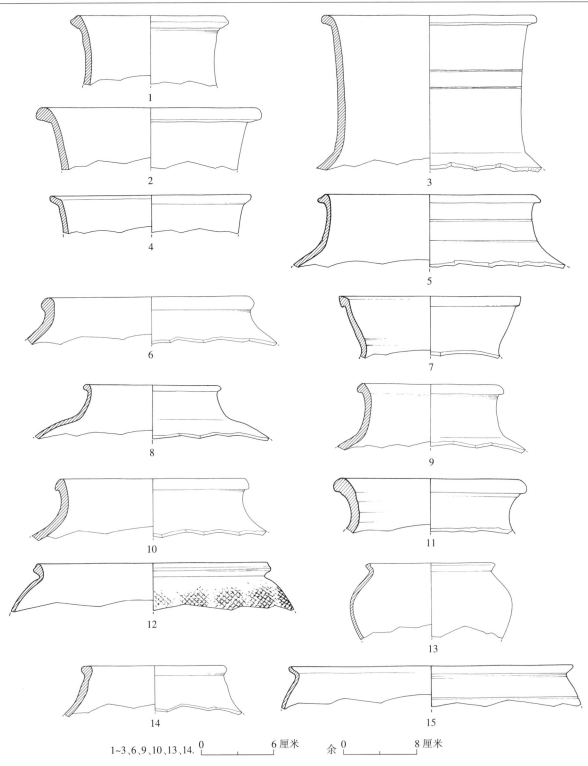

1~3、6、9、10、13、14. 0 ——— 6厘米　余 0 ——— 8厘米

图七六三　东区第7层出土陶器

1. Ab 型 Ⅱ 式高领罐（Ⅰ T8206⑦：189）　2、3. Fa 型 Ⅱ 式高领罐（Ⅳ T8202⑦：8、Ⅳ T8104⑦：2）　4. C 型 Ⅱ 式高领罐（Ⅰ T8105⑦：233）　5. A 型 Ⅰ 式矮领罐（Ⅰ T8304⑦：47）　6. A 型 Ⅱ 式矮领罐（Ⅰ T8303⑦：16）　7. B 型 Ⅰ 式矮领罐（Ⅰ T7810⑦：391）　8～10. B 型 Ⅱ 式矮领罐（Ⅰ T8206⑦：162、Ⅰ T8206⑦：157、Ⅰ T8105⑦：240）　11. C 型 Ⅰ 式矮领罐（Ⅰ T7909⑦：280）　12. Aa 型束颈罐（Ⅰ T8105⑦：315）　13. Ca 型 Ⅱ 式束颈罐（Ⅰ T8105⑦：230）　14. D 型 Ⅱ 式矮领罐（Ⅰ T8106⑦：132）　15. Bb 型束颈罐（Ⅰ T8007⑦：183）

B 型Ⅱ式　7 件。

标本ⅠT8206⑦：162，夹砂灰黄陶。外斜卷沿，圆唇。口径 15、残高 5.6 厘米（图七六三，8）。

标本ⅠT8206⑦：157，夹砂灰黄陶。外斜卷沿，圆唇。口径 12、残高 5.4 厘米（图七六三，9）。

标本ⅠT8105⑦：240，夹砂灰黑陶。外斜折沿，圆唇。口径 16、残高 4.8 厘米（图七六三，10）。

标本ⅠT8206⑦：11，夹砂灰黄陶。口径 13.8、肩径 27、底径 8.3、高 29.5 厘米（彩版二四九，5）。

C 型Ⅰ式　1 件。

标本ⅠT7909⑦：280，夹砂灰黑陶。圆唇。口径 21.2、残高 6 厘米（图七六三，11）。

D 型Ⅱ式　1 件。

标本ⅠT8106⑦：132，夹砂灰黑陶。平折沿，圆唇。口径 12、残高 3.8 厘米（图七六三，14）。

束颈罐　5 件。

Aa 型　2 件。

标本ⅠT8105⑦：315，夹砂灰黑陶。方唇。肩部饰交错绳纹。口径 26、残高 5.1 厘米（图七六三，12）。

Bb 型　1 件。

标本ⅠT8007⑦：183，夹砂灰黑陶。圆唇。肩部饰一周凹弦纹。口径 31、残高 4.3 厘米（图七六三，15）。

Ca 型Ⅱ式　2 件。

标本ⅠT8105⑦：230，夹砂灰黑陶。方唇。口径 10.5、残高 6 厘米（图七六三，13）。

绳纹圆底罐　10 件。

Aa 型　1 件。

标本ⅠT8009⑦：292，夹砂灰黑陶。平卷沿，圆唇。腹部饰竖向粗绳纹。口径 14、残高 5.2 厘米（图七六四，4）。

Ab 型　4 件。

标本ⅠT7710⑦：212，夹砂黑褐陶。卷沿，圆唇。腹部饰竖向粗绳纹。口径 24、残高 7.1 厘米（图七六四，1）。

标本ⅠT8009⑦：294，夹砂灰黑陶。平卷沿，圆唇。腹部饰竖向粗绳纹。口径 20、残高 5.2 厘米（图七六四，2）。

标本ⅠT8010⑦：158，夹砂灰黑陶。平卷沿，圆唇。腹部饰竖向粗绳纹。口径 28、残高 8.7 厘米（图七六四，3）。

B 型　2 件。

标本ⅠT8009⑦：184，夹砂灰褐陶。尖圆唇。口径 21、残高 6 厘米（图七六四，5）。

Ca 型　2 件。

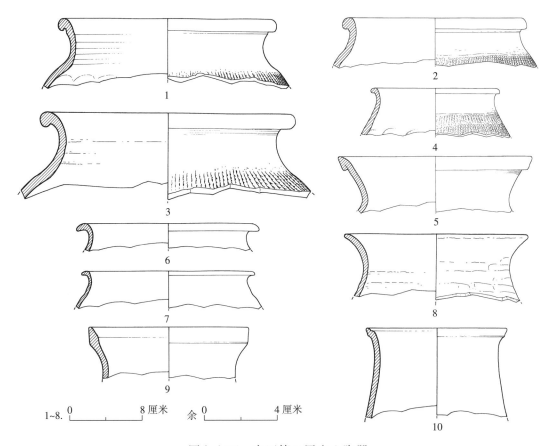

图七六四　东区第7层出土陶器

1～3. Ab 型绳纹圜底罐（ⅠT7710⑦：212、ⅠT8009⑦：294、ⅠT8010⑦：158）　4. Aa 型绳纹圜底罐（ⅠT8009⑦：292）　5. B 型绳纹圜底罐（ⅠT8009⑦：184）　6. Ca 型绳纹圜底罐（ⅠT7810⑦：376）　7. Cb 型绳纹圜底罐（ⅠT7810⑦：373）　8. A 型釜（ⅠT8105⑦：247）　9. A 型Ⅰ式盘口罐（ⅠT7810⑦：354）　10. D 型Ⅱ式长颈罐（ⅠT7810⑦：185）

标本ⅠT7810⑦：376，夹砂灰黑陶。平卷沿，圆唇。口径20、残高2.9厘米（图七六四，6）。

Cb 型　1 件。

标本ⅠT7810⑦：373，夹砂灰黄陶。平卷沿，圆唇。口径19.2、残高4厘米（图七六四，7）。

盘口罐　1 件。A 型Ⅰ式。

标本ⅠT7810⑦：354，夹砂灰黑陶。圆唇。口径8.8、残高2.7厘米（图七六四，9）。

长颈罐　1 件。D 型Ⅱ式。

标本ⅠT7810⑦：185，夹砂灰黑陶。圆唇。口径7.8、残高4.8厘米（图七六四，10）。

釜　1 件。A 型。

标本ⅠT8105⑦：247，夹砂灰褐陶。圆唇。口径20、残高7.1厘米（图七六四，8）。

壶　1 件。Bd 型。

标本ⅠT8007⑦：100，夹砂灰黑陶。平卷沿，圆唇。口径10、残高3.6厘米（图七六五，3）。

瓶　1 件。D 型。

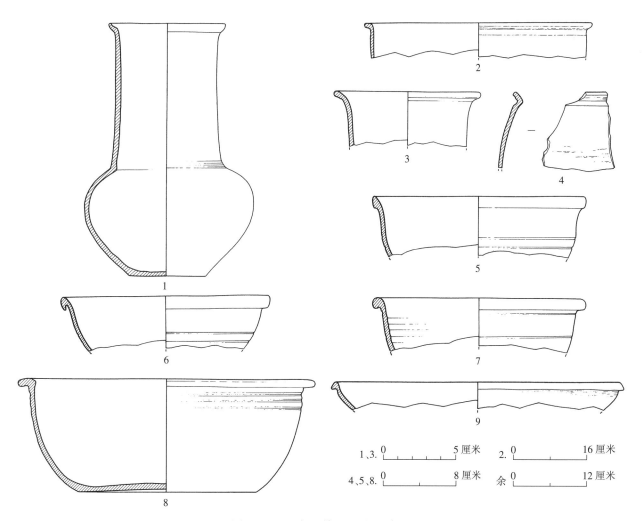

图七六五　东区第 7 层出土陶器

1. D 型瓶（ⅠT7611⑦：5）　2. Bb 型盆（ⅠT8105⑦：253）　3. Bd 型壶（ⅠT8007⑦：100）　4. Cc 型盆（ⅠT8304⑦：43）　5 ~ 7. Cb 型盆（ⅠT7810⑦：452、ⅠT7710⑦：211、ⅠT7810⑦：455）　8. Cd 型盆（ⅠT8007⑦：285）
9. Ec 型盆（ⅠT8005⑦：4）

标本ⅠT7611⑦：5，夹砂灰黑陶。折沿，尖唇。口径 7.9、腹径 11.5、底径 5.2、高 16.8 厘米（图七六五，1；彩版二五〇，1）。

盆　9 件。

Bb 型　1 件。

标本ⅠT8105⑦：253，夹砂灰黄陶。平卷沿，圆唇。口径 50、残高 7.9 厘米（图七六五，2）。

Cb 型　5 件。

标本ⅠT7810⑦：452，夹砂灰黑陶。方唇。口径 23、残高 6.5 厘米（图七六五，5）。

标本ⅠT7710⑦：211，夹砂灰黑陶。卷沿。口径 34、残高 8.8 厘米（图七六五，6）。

标本ⅠT7810⑦：455，夹砂灰黑陶。卷沿。腹部饰一周凹弦纹。口径 35、残高 8.4 厘米（图七六五，7）。

Cc 型　1 件。

标本 I T8304⑦：43，夹砂灰黑陶。仰卷沿，方唇。残高 8.4 厘米（图七六五，4）。

Cd 型　1 件。

标本 I T8007⑦：285，泥质灰黄陶。平卷沿，圆唇。腹部饰凹弦纹。口径 32.6、底径 19.5、高 12 厘米（图七六五，8；彩版二五〇，2）。

Ec 型　1 件。

标本 I T8005⑦：4，夹砂灰黑陶。折沿。口径 48、残高 4.5 厘米（图七六五，9）。

瓮　19 件。

Aa 型　1 件。

标本 Ⅳ T8003⑦：15，夹砂黄褐陶。圆唇。口径 48、残高 12.7 厘米（图七六六，5）。

Cd 型 I 式　2 件。

标本 I T7910⑦：284，夹砂灰黑陶。圆唇。口径 27、残高 6.2 厘米（图七六六，6）。

Cd 型 Ⅱ 式　6 件。

标本 I T8105⑦：249，夹砂灰黑陶。圆唇。口径 30、残高 6.2 厘米（图七六六，7）。

标本 I T8105⑦：281，夹砂灰黑陶。圆唇。口径 30、残高 4.6 厘米（图七六六，8）。

标本 I T8007⑦：172，夹砂灰褐陶。圆唇。口径 56、残高 8 厘米（图七六六，9）。

Da 型 Ⅱ 式　3 件。

标本 I T7710⑦：210，夹砂灰黑陶。方唇。口径 31、残高 6.3 厘米（图七六六，10）。

标本 Ⅳ T8005⑦：1，夹砂灰黑陶。圆唇。口径 27、残高 3.3 厘米（图七六六，11）。

Db 型 Ⅱ 式　3 件。

标本 I T7811⑦：130，夹砂灰黑陶。圆唇。口径 38、残高 4.2 厘米（图七六六，12）。

标本 I T7910⑦：311，夹砂灰黑陶。方唇。口径 43、残高 9.7 厘米（图七六六，13）。

Dd 型　3 件。

标本 I T7810⑦：230，夹砂灰黑陶。方唇。残高 5.2 厘米（图七六六，15）。

标本 I T8009⑦：188，夹砂灰黑陶。方唇。口径 30、残高 7.2 厘米（图七六六，16）。

标本 Ⅳ T8005⑦：3，夹砂灰黑陶。叠唇。口径 24、残高 6.4 厘米（图七六六，17）。

De 型 Ⅱ 式　1 件。

标本 I T7911⑦：96，夹砂黄褐陶。圆唇。口径 31、残高 3.2 厘米（图七六六，14）。

缸　8 件。

Ca 型　1 件。

标本 I T7909⑦：279，夹砂灰黑陶。卷沿。残高 5.7 厘米（图七六六，1）。

Db 型　1 件。

标本 I T8106⑦：150，夹砂灰陶。圆唇。口径 50、残高 5.7 厘米（图七六六，2）。

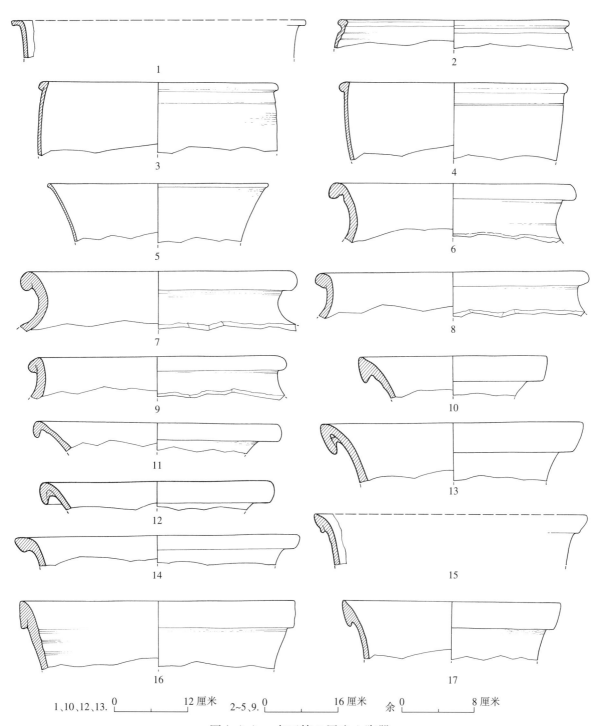

1、10、12、13. [0————————12厘米]　2~5、9. [0————————16厘米]　余 [0————————8厘米]

图七六六　东区第 7 层出土陶器

1. Ca 型缸（ⅠT7909⑦：279）　2. Db 型缸（ⅠT8106⑦：150）　3. Ea 型缸（ⅠT8205⑦：155）　4. Eb 型缸（ⅠT8106⑦：306）　5. Aa 型瓮（ⅣT8003⑦：15）　6. Cd 型 Ⅰ 式瓮（ⅠT7910⑦：284）　7~9. Cd 型 Ⅱ 式瓮（ⅠT8105⑦：249、ⅠT8105⑦：281、ⅠT8007⑦：172）　10、11. Da 型 Ⅱ 式瓮（ⅠT7710⑦：210、ⅣT8005⑦：1）　12、13. Db 型 Ⅱ 式瓮（ⅠT7811⑦：130、ⅠT7910⑦：311）　14. De 型 Ⅱ 式瓮（ⅠT7911⑦：96）　15~17. Dd 型瓮（ⅠT7810⑦：230、ⅠT8009⑦：188、ⅣT8005⑦：3）

Ea 型　5 件。

标本 I T8205⑦：155，夹砂灰黑陶。折沿。腹部饰一周凹弦纹。口径 52、残高 15.8 厘米（图七六六，3）。

Eb 型　1 件。

标本 I T8106⑦：306，夹砂灰黑陶。折沿。腹部饰一周凹弦纹。口径 50、残高 16.5 厘米（图七六六，4）。

簋形器　13 件。

Ab 型 I 式　1 件。

标本 I T8103⑦：71，夹砂灰黑陶。沿面平。口径 30、残高 7.5 厘米（图七六七，1）。

Ab 型 II 式　1 件。

标本 I T7810⑦：241，夹砂灰黑陶。沿面平。内壁有制作时留下的轮制痕迹。口径 30、残高 7.9 厘米（图七六七，2）。

Ac 型 I 式　1 件。

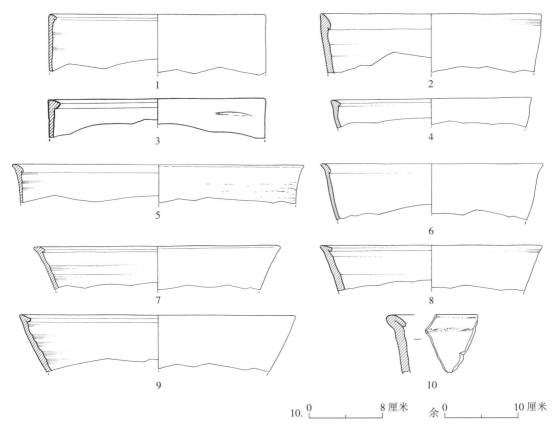

图七六七　东区第 7 层出土陶簋形器

1. Ab 型 I 式（I T8103⑦：71）　2. Ab 型 II 式（I T7810⑦：241）　3. Ac 型 I 式（I T7811⑦：124）　4. Ba 型 II 式（I T7811⑦：127）　5、10. Bb 型 I 式（I T7810⑦：393、I T7811⑦：125）　6~8. Bb 型 II 式（I T7810⑦：242、I T8105⑦：244、I T7810⑦：387）　9. C 型 I 式（I T8009⑦：181）

标本ⅠT7811⑦：124，夹砂灰黑陶。沿面弧。口径30、残高5.1厘米（图七六七，3）。

Ba型Ⅱ式　1件。

标本ⅠT7811⑦：127，夹砂灰黑陶。沿面平。口径27、残高3.6厘米（图七六七，4）。

Bb型Ⅰ式　3件。

标本ⅠT7810⑦：393，夹砂灰褐陶。沿面平。口径40、残高5厘米（图七六七，5）。

标本ⅠT7811⑦：125，夹砂灰黑陶。沿面弧。残高6.2厘米（图七六七，10）。

Bb型Ⅱ式　4件。

标本ⅠT7810⑦：242，夹砂灰黑陶。沿面凸。口径30、残高7.4厘米（图七六七，6）。

标本ⅠT8105⑦：244，夹砂灰褐陶。沿面凸。口径34、残高5.7厘米（图七六七，7）。

标本ⅠT7810⑦：387，夹砂灰黑陶。沿面凹。口径30、残高6.2厘米（图七六七，8）。

C型Ⅰ式　2件。

标本ⅠT8009⑦：181，夹砂灰黑陶。沿面弧。内壁有制作时留下的轮制痕迹。口径38、残高7.3厘米（图七六七，9）。

桶形器　2件。Cb型。

标本ⅠT8007⑦：173，夹砂灰黑陶。圆唇。口径32、残高11厘米（图七六八，1）。

盆形器　2件。

A型　1件。

标本ⅠT7810⑦：333，夹砂灰黑陶。方唇。残高4.5厘米（图七六八，2）。

Cb型　1件。

标本ⅠT8106⑦：447，夹砂灰黄陶。方唇。近口沿处饰一周凹弦纹和乳丁纹。口径11.8、底径4.8、高10.5厘米（图七六八，3）。

盘　1件。C型。

标本ⅠT8105⑦：334，夹砂红褐陶。圆唇。口径39.5、圈足径29.6、高11厘米（图七六八，5；彩版二五〇，3）。

豆盘　3件。Db型。

标本ⅣT8104⑦：1，夹砂灰黑陶。方唇。内壁近口沿处饰拍印云雷纹。口径76、残高4厘米（图七六八，7）。

豆柄　9件。Aa型。

标本ⅠT8201⑦：25，夹砂灰黑陶。残高11.7厘米（图七六八，8）。

器纽　3件。

A型　1件。

标本ⅠT8106⑦：97，夹砂灰黑陶。纽径2.5、高2.4厘米（图七六九，13）。

Ba型　1件。

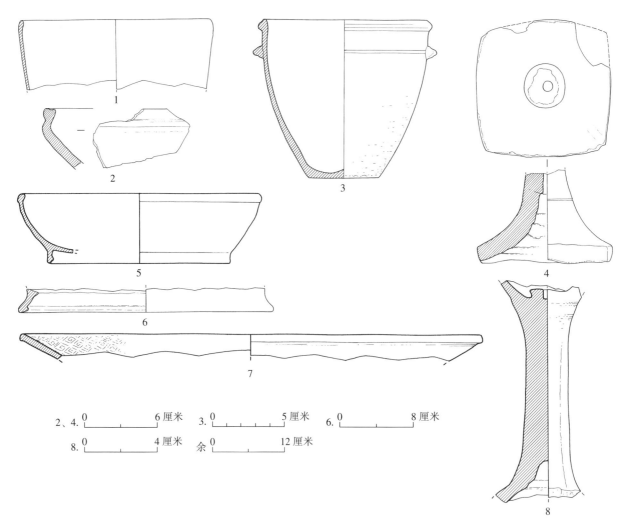

图七六八　东区第 7 层出土陶器

1. Cb 型桶形器（ⅠT8007⑦：173）　2. A 型盆形器（ⅠT7810⑦：333）　3. Cb 型盆形器（ⅠT8106⑦：447）　4. Ca 型器座（ⅠT7811⑦：244）　5. C 型盘（ⅠT8105⑦：334）　6. Ab 型Ⅱ式器座（ⅠT8105⑦：241）　7. Db 型豆盘（ⅣT8104⑦：1）　8. Aa 型豆柄（ⅠT8201⑦：25）

标本ⅠT8106⑦：321，夹砂灰黑陶。纽径 3.7、高 1.7 厘米（图七六九，14）。

Bc 型　1 件。

标本ⅠT8007⑦：120，泥质灰黑陶。纽径 3、残高 3.3 厘米（图七六九，15）。

器座　3 件。

Ab 型Ⅱ式　1 件。

标本ⅠT8105⑦：241，夹砂灰黑陶。上径 26、下径 28、残高 2.5 厘米（图七六八，6）。

Ca 型　1 件。

标本ⅠT7811⑦：244，夹砂灰黑陶。底部呈圆角方形。腰身饰一周凹弦纹。边长 11、残高 7.4 厘米（图七六八，4）。

E 型　1 件。

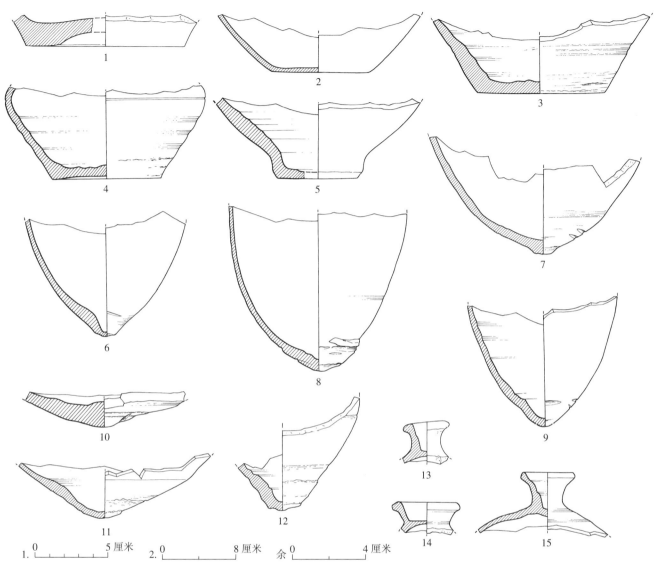

图七六九　东区第7层出土陶器

1、2. Aa 型器底（ⅠT7810⑦：324、ⅣT8003⑦：17）　　3、4. Ab 型器底（ⅠT7811⑦：10、ⅠT7810⑦：448）　　5. B 型器底（ⅠT7711⑦：234）　　6、8. Db 型器底（ⅠT7811⑦：17、ⅠT7611⑦：22）　　7. Da 型器底（ⅠT8205⑦：157）　　9. Dc 型器底（ⅠT7810⑦：447）　　10、11. Dd 型器底（ⅠT7811⑦：243、ⅠT8206⑦：74）　　12. Ed 型Ⅱ式器底（ⅠT8206⑦：222）　　13. A 型器纽（ⅠT8106⑦：97）　　14. Ba 型器纽（ⅠT8106⑦：321）　　15. Bc 型器纽（ⅠT8007⑦：120）

标本ⅠT7611⑦：257，夹砂灰黑陶。上部残，底部完整。直径12、残高23.8厘米（彩版二五〇，4）。

器底　40件。

Aa 型　6件。

标本ⅠT7810⑦：324，夹砂灰黑陶。底径11、残高2.1厘米（图七六九，1）。

标本ⅣT8003⑦：17，夹砂灰黑陶。底径11、残高6.4厘米（图七六九，2）。

Ab 型　5件。

标本 I T7811⑦:10，夹砂灰黑陶。底径 7、残高 4.1 厘米（图七六九，3）。

标本 I T7810⑦:448，夹砂灰黑陶。底径 6、残高 4.8 厘米（图七六九，4）。

B 型　1 件。

标本 I T7711⑦:234，夹砂灰黑陶。底径 4.9、残高 4.4 厘米（图七六九，5）。

Da 型　1 件。

标本 I T8205⑦:157，夹砂灰褐陶。残高 6.2 厘米（图七六九，7）。

Db 型　17 件。

标本 I T7811⑦:17，夹砂灰黑陶。残高 6.6 厘米（图七六九，6）。

标本 I T7611⑦:22，夹砂灰黑陶。底部有戳痕。残高 8.7 厘米（图七六九，8）。

Dc 型　2 件。

标本 I T7810⑦:447，夹砂灰黑陶。底部有戳痕。残高 6.8 厘米（图七六九，9）。

Dd 型　6 件。

标本 I T7811⑦:243，夹砂灰黑陶。内侧底部饰螺旋纹。残高 1.9 厘米（图七六九，10）。

标本 I T8206⑦:74，夹砂灰黑陶。残高 3.5 厘米（图七六九，11）。

Ed 型 II 式　2 件。

标本 I T8206⑦:222，泥质灰黑陶。下腹饰细弦纹。底径 1.5、残高 6 厘米（图七六九，12）。

圈足　7 件。

Ab 型　1 件。

标本 I T8005⑦:30，夹砂灰黑陶。足部饰三个圆形镂孔。残高 7.2 厘米（图七七〇，1）。

Ba 型　3 件。

标本 I T7810⑦:395，夹砂灰褐陶。圈足径 15.4、残高 5.2 厘米（图七七〇，2）。

标本 I T7810⑦:436，夹砂灰褐陶。圈足径 15.6、残高 6.1 厘米（图七七〇，3）。

标本 I T8105⑦:305，夹砂灰褐陶。圈足径 17、残高 5.8 厘米（图七七〇，4）。

Bb 型　2 件。

标本 I T8105⑦:336，夹砂灰黑陶。圈足径 7.2、残高 7.6 厘米（图七七〇，5）。

Cc 型 II 式　1 件。

标本 I T8105⑦:231，夹砂灰黑陶。圈足径 13.4、残高 1.3 厘米（图七七〇，6）。

纺轮　4 件。

Ba 型　1 件。

标本 I T7711⑦:2，泥质灰黑陶。腰部饰凹弦纹。直径 3.4、孔径 0.4、厚 1.2 厘米（图七七〇，7）。

Bb 型　1 件。

标本 I T7710⑦:2，泥质灰黑陶。腰部饰凹弦纹。直径 3、孔径 0.4、厚 1.4 厘米（图七七〇，8）。

D 型　1 件。

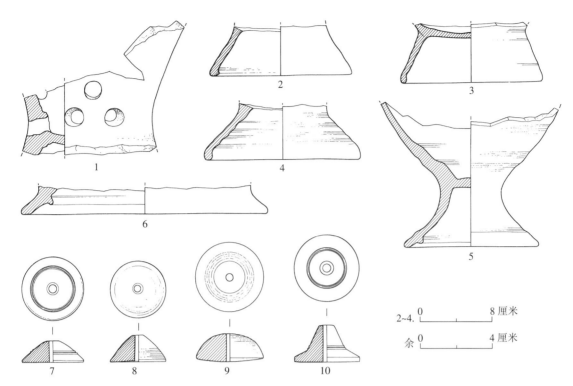

图七七〇　东区第 7 层出土陶器

1. Ab 型圈足（ⅠT8005⑦：30）　2～4. Ba 型圈足（ⅠT7810⑦：395、ⅠT7810⑦：436、ⅠT8105⑦：305）　5. Bb 型圈足（ⅠT8105⑦：336）　6. Cc 型Ⅱ式圈足（ⅠT8105⑦：231）　7. Ba 型纺轮（ⅠT7711⑦：2）　8. Bb 型纺轮（ⅠT7710⑦：2）　9. D 型纺轮（ⅠT7806⑦：11）　10. E 型纺轮（ⅠT7810⑦：2）

标本ⅠT7806⑦：11，泥质灰陶。上小底大，顶部隆起如馒头状。腰部饰六道凹弦纹。直径 3.7、孔径 0.4、厚 1.5 厘米（图七七〇，9）。

E 型　1 件。

标本ⅠT7810⑦：2，泥质灰黑陶。腰部饰凹弦纹。直径 3.5、孔径 0.4、厚 2 厘米（图七七〇，10）。

（2）玉器

338 件。

戈　7 件。

Ab 型　5 件。

标本ⅠT8405⑦：22，灰白色。一侧刃有残损。表面打磨，孔对钻，有一定程度风化。援部稍宽。尖锋，侧边平直。援本部中央有一圆形钻孔，下方起阑，共八组齿突。方形内。长 16.1、宽 5.1、厚 1 厘米，重 79.9 克（图七七一，1；彩版二五〇，5）。

标本ⅠT8007⑦：9，透闪石软玉。灰白色，不透明，器表有大量褐色沁斑。前锋呈三角形，援身较长，上下边刃较直，向前锋处缓收。器身中部较厚，边刃较薄。阑部有七枚细密整齐的齿饰，阑上部有一穿孔，阑下磨平。长 15.3、宽 4.18、厚 0.62 厘米（彩版二五一，1、2）。

Eb 型　2 件。

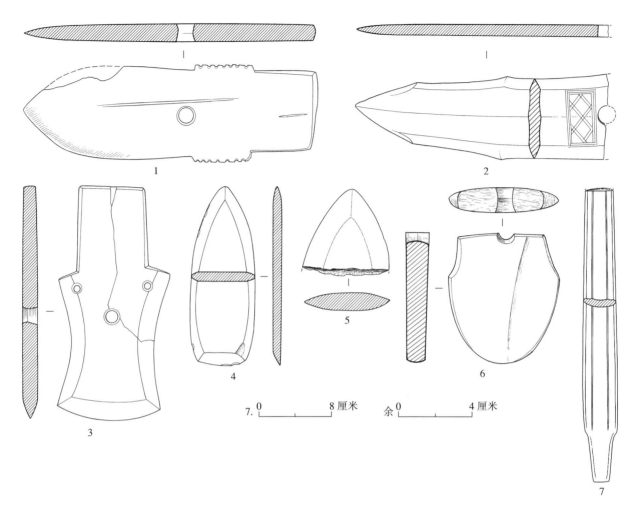

图七七一　东区第 7 层出土玉器

1. Ab 型戈（ⅠT8405⑦：22）　2. Eb 型戈（ⅠT7710⑦：10）　3. E 型钺（ⅠT7809⑦：11）　4、5. B 型矛
（ⅠT7610⑦：4、ⅠT8105⑦：90）　6. F 型钺（ⅠT7810⑦：12）　7. 剑（ⅠT8004⑦：49）

标本ⅠT7710⑦：10，灰白色，夹黑色、红色沁斑。仅存援上中部残片。表面磨光，孔单面钻通。援部较宽，尖锋急收，边刃锋利呈连弧状，残存两组尖凸。中部起脊。残片末端有一组三重阴刻方框纹，内饰两组阴刻重菱纹。中部残存半个圆孔。残长 13.9、宽 3.3～4.5、厚 0.63 厘米（图七七一，2；彩版二五〇，6）。

矛　3 件。

B 型　2 件。

标本ⅠT7610⑦：4，黄色，杂白色沁斑。整器打磨较为规整，器表保留有切割痕迹。长 9.4、宽 3.6、厚 0.5 厘米（图七七一，4；彩版二五一，3）。

标本ⅠT8105⑦：90，灰白色。仅存锋尖。表面打磨，风化严重。宽叶。锋尖缓收，边缘起脊。残长 4.6、宽 4.5、厚 0.9 厘米，重 9.8 克（图七七一，5）。

Ca 型　1 件。

标本ⅠT8206⑦：70，黄色，夹杂较多黑色斑，不透明。形状与矛接近，双面直刃，尖锋，锋利。长6.48、宽3.2、厚0.89厘米（彩版二五一，4）。

剑　1件。

标本ⅠT8004⑦：49，刃端残。横剖面呈半椭圆形，一面中部内凹，一面弧形外凸，内凹面两侧有两道长条形凹槽。剑首呈上大下小的梯形。整器制作规整。残长30.7、宽3.6厘米（图七七一，7）。

钺　2件。

E型　1件。

标本ⅠT7809⑦：11，青灰色，杂白色沁斑。长方形内、宽弧刃、弧肩，肩部下两侧边刃内弧，呈亚腰状，极为锋利。阑上有两对称圆孔，两圆孔正中近刃部方向另有一圆孔。顶端略有残损，器表有裂痕。整器打磨精细。长12.2、宽6、厚1厘米（图七七一，3；彩版二五二，1、2）。

F型　1件。

标本ⅠT7810⑦：12，青灰色，杂白色沁斑。器身呈荷包形，两面微凸，平顶，顶部正中有一管钻半圆形孔，有肩无刃，整器打磨光滑，无纹饰，器物造型朴实简洁。长6.8、宽6.1、厚1.2厘米（图七七一，6；彩版二五二，4、5）。

璋　34件。可辨型式5件，残件29件。

Ac型　1件。

标本ⅠT8206⑦：54，灰白色。仅存一侧刃尖。表面磨光。双面平，侧边直。残长10、残宽11.1、厚1.8厘米（图七七二，1）。

Cc型　2件。

标本ⅠT8004⑦：47，灰白色，夹黑色、红色沁斑。仅存援上部残块。表面磨光。援平面呈上大下小的梯形，刃呈"V"字形，叉口宽而浅。侧边平直。残长13.1、宽6.1、厚0.6厘米，重82克（图七七二，3；彩版二五二，3）。

标本ⅠT8004⑦：2，灰白色，夹黑色、红色沁斑。仅存援中部至内中部残片。表面磨光。援平面呈长方形，侧边平直，本部起阑，有七组齿突。内呈长方形，较长。残长21.5、宽6.3、厚1厘米，重181.7克（图七七二，4；彩版二五二，6、7）。

Eb型　2件。

标本ⅠT8105⑦：2，平面呈长条形。表面磨光。两侧平直。器身扁平，刃部略宽，长方形柄，柄较器身窄。柄部有一双面钻穿孔。双阑，主阑为齿突状。凹弧刃，刃尖一高一低。长5.4、宽1.7、厚0.3厘米（图七七二，2）。

斧　7件。

A型　4件。

标本ⅠT7710⑦：14，黄色，刃部有残缺。平面呈长方形。整器打磨光滑。长8、宽4.8、厚

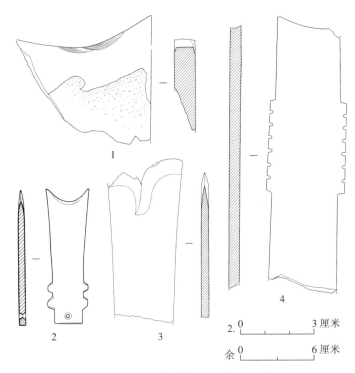

图七七二　东区第 7 层出土玉璋

1. Ac 型（ⅠT8206⑦：54）　2. Eb 型（ⅠT8105⑦：2）　3、4. Cc 型（ⅠT8004⑦：47、ⅠT8004⑦：2）

2.1 厘米（图七七三，1；彩版二五三，1、2）。

标本ⅠT7710⑦：15，深褐色，杂黄色、白色沁斑。整器打磨光滑，刃部较钝，有明显使用痕迹。长 6.4、宽 6、厚 1 厘米（图七七三，2；彩版二五三，3、4）。

标本ⅠT7809⑦：7，黄色，杂白色、青灰色沁斑。整器打磨平整，器表部分有坑点，刃部较钝，有明显使用痕迹。长 5.9、宽 3.5、厚 1.4 厘米（图七七三，3）。

C 型　1 件。

标本ⅠT8009⑦：6，表面磨光。平面呈上小下大的等腰梯形。顶部呈平面，侧边平直，器中部微鼓。长 6.3、宽 4.4、厚 1.5 厘米，重 77.1 克（图七七三，4；彩版二五三，5、6）。

D 型　2 件。

标本ⅠT7805⑦：4，黄色，杂褐色条形沁斑。整器打磨光滑，器表略有坑点，斜弧刃，器身较厚。长 5.7、宽 3.5、厚 1.9 厘米（图七七三，5；彩版二五四，1、2）。

标本ⅠT7811⑦：2，青灰色，杂白色经脉状沁斑，器表有大量锈斑。器身有三道长条形凹槽，刃部较钝。整器打磨精细，造型简洁。长 5.9、宽 6.2、厚 2 厘米（图七七三，7；彩版二五四，3、4）。

锛　8 件。

A 型　5 件。

标本ⅠT8206⑦：34，青色，夹大量红色、黑色沁斑。平面呈长方形。弧刃，中锋。两面、

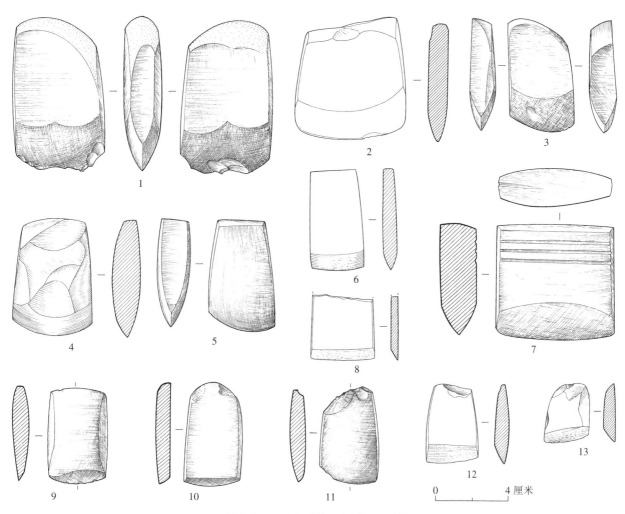

图七七三　东区第 7 层出土玉器

1 ~ 3. A 型斧（ⅠT7710⑦：14、ⅠT7710⑦：15、ⅠT7809⑦：7）　4. C 型斧（ⅠT8009⑦：6）　5、7. D 型斧（ⅠT7805⑦：4、ⅠT7811⑦：2）　6、8 ~ 11. A 型锛（ⅠT8206⑦：34、ⅠT7909⑦：8、ⅠT7610⑦：5、ⅠT7909⑦：7、ⅠT8105⑦：8）12. B 型锛（ⅠT7810⑦：14）　13. D 型锛（ⅠT7811⑦：5）

顶端平直。刃部留有打磨痕迹。长 5.3、宽 2.8、厚 0.8 厘米（图七七三，6；彩版二五四，5、6）。

标本 ⅠT7909⑦：8，灰白色，夹黑色、黄色沁斑。仅存刃部残块。表面磨光。平面呈长方形。侧边平直，单面平刃。残长 3.4、宽 3.4、厚 0.4 厘米，重 11.5 克（图七七三，8；彩版二五五，1、2）。

标本 ⅠT7610⑦：5，浅绿色，杂大量黑色、黄色沁斑，似有被焚烧的痕迹。顶端粗磨，器表、两侧、刃部打磨光滑。长 5、宽 3.1、厚 1 厘米（图七七三，9；彩版二五五，3、4）。

标本 ⅠT7909⑦：7，主体以青色、红褐色为主，杂黑色沁斑。平面大致呈长方形，弧刃，中锋，两侧平直，顶端粗磨，器表、两侧、刃部打磨光滑。长 5.5、宽 3.2、厚 0.8 厘米（图七七三，10）。

标本 I T8105⑦：8，深黄色，顶端保留自然断面，器表、两侧、刃部打磨光滑。斜弧刃，刃部有残缺，有明显使用痕迹。长5.1、宽3.2、厚0.9厘米（图七七三，11；彩版二五五，5、6）。

B 型　1件。

标本 I T7810⑦：14，青色，夹黑色、黄色沁斑。表面磨光。平面呈上小下大的等腰梯形。顶部呈凸脊面，侧边平直，单面平刃。长4.2、宽2.8、厚0.7厘米，重15.7克（图七七三，12；彩版二五六，1）。

C 型　1件。

标本 I T7811⑦：3，灰色，不透明。整体呈短长方形。顶部呈圆弧形。两侧边斜弧，一侧面与平直面相交成纵脊。平刃，刃面与平直面、侧面形成圆弧形脊。长5.05、宽3.92、厚1.27厘米（彩版二五六，2）。

D 型　1件。

标本 I T7811⑦：5，灰白色，夹红色沁斑。表面磨光。平面呈上小下大的梯形。顶部呈斜面，侧边平直，单面平刃。长3.2、宽2.4、厚0.6厘米，重8.2克（图七七三，13；彩版二五六，3）。

锛形器　4件。

A 型　2件。

标本 I T7809⑦：9，灰白色，夹黑色、黄色沁斑，玉质不精。表面磨光，一面有切割凹槽，刃部一角有切割形成的残缺。平面呈梯形。顶部呈斜面，侧边平直，单面平刃。长10.9、宽3.2、厚1.3厘米，重96.5克（图七七四，1；彩版二五六，4）。

B 型　1件。

标本 I T7906⑦：1，青色，夹黑色、黄色沁斑。表面磨光。平面呈上小下大的等腰梯形。顶部呈平面，侧边平直，器中部微凸，弧刃。长9.7、宽2.8、厚1.4厘米，重69.9克（图七七四，2；彩版二五六，5、6）。

C 型　1件。

标本 I T8206⑦：8，黄色，夹红色沁斑。宽条形，上窄下宽。一端出刃，双面弧形刃。顶端、两面平整。器身上端刻有两组平行线，每组两条线。器身右侧靠上部分有残损。长21、宽6.7、厚0.7厘米（图七七四，3；彩版二五七，1）。

凿　21件。

Aa 型　1件。

标本 I T8206⑦：37，一端出刃，单面直刃。两面平整，顶部保留自然断面。刃部有打磨痕迹。残长17.2、宽4.1、厚1.3厘米（图七七四，4；彩版二五七，2）。

Ab 型　1件。

标本 I T8206⑦：38，红褐色，夹黑色沁斑。一端出刃，单面直刃。两面平整，顶部保留自然断面。刃部有打磨痕迹。长20.5、宽2.7、厚1厘米（图七七四，5；彩版二五七，3）。

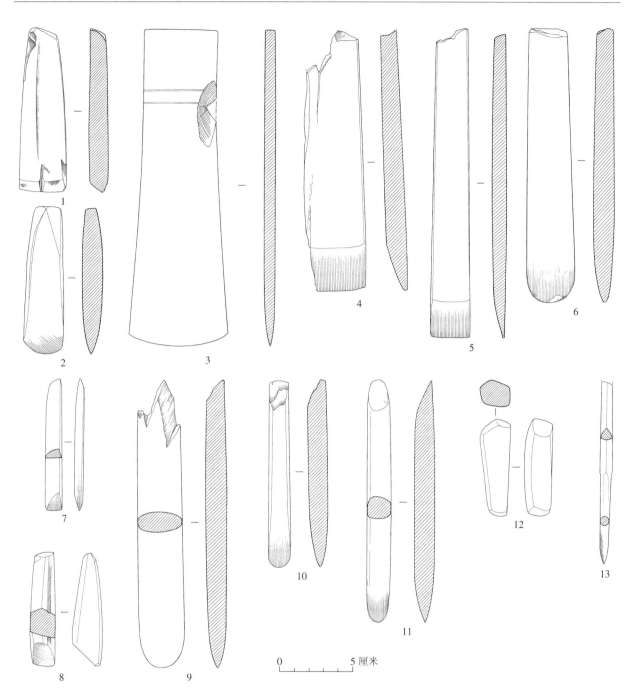

图七七四　东区第 7 层出土玉器

1. A 型锛形器（ⅠT7809⑦∶9）　　2. B 型锛形器（ⅠT7906⑦∶1）　　3. C 型锛形器（ⅠT8206⑦∶8）　　4. Aa 型凿（ⅠT8206⑦∶37）　　5. Ab 型凿（ⅠT8206⑦∶38）　　6、9. Ba 型凿（ⅠT7607⑦∶2、ⅠT8103⑦∶12）　　7. Ac 型凿（ⅠT8304⑦∶1）　　8、12. Ca 型凿（ⅠT8206⑦∶55、ⅠT7810⑦∶4）　　10、11. Bb 型凿（ⅠT7805⑦∶3、ⅠT8004⑦∶10）　　13. Cb 型凿（ⅠT8205⑦∶36）

Ac 型　1 件。

标本ⅠT8304⑦∶1，青色。表面磨光。断面呈三角形。顶部磨成斜刃状，侧边平直，一侧边较厚，平刃。长 8.7、宽 1.1、厚 0.6 厘米，重 9.9 克（图七七四，7；彩版二五七，4）。

Ba 型　4 件。

标本ⅠT7607⑦：2，灰黑色。顶部残断。表面磨光。平面呈长方形，断面呈椭圆形。侧边平直，舌形刃。残长 18.1、宽 3.3、厚 1.5 厘米，重 163.2 克（图七七四，6；彩版二五七，5、6）。

标本ⅠT8103⑦：12，顶部残断。表面磨光。平面呈长方形，断面呈椭圆形。侧边平直，舌形刃。残长 18.8、宽 3.1、厚 1.4 厘米，重 163.2 克（图七七四，9；彩版二五八，1）。

标本ⅠT8003⑦：40，灰白色。顶部残断，表面磨光。平面呈长条形，侧边平直，凹形弧刃，较具特色。长 23.2、宽 3.9、厚 1.68 厘米（彩版二五八，2）。

Bb 型　10 件。

标本ⅠT7805⑦：3，青色，夹黄色、红色沁斑。表面磨光。平面呈长方形，断面呈等腰梯形。顶部残断，侧边平直，舌形刃。残长 12.4、宽 1.5、厚 1.3 厘米，重 47.4 克（图七七四，10；彩版二五八，3、4）。

标本ⅠT8004⑦：10，灰白色，夹黑色、红色、黄色沁斑。表面磨光。平面呈长方形，断面呈圆角长方形。顶部呈斜面，侧边平直，舌形刃。长 16.1、宽 1.7、厚 1.4 厘米，重 75.6 克（图七七四，11；彩版二五八，5、6）。

标本ⅠT8003⑦：44，灰白色，夹红色、黑色沁斑。表面磨光。平面近长方形，侧边平直，弧刃，不锋利。长 14.51、宽 2.68、厚 1.16 厘米（彩版二五九，1、2）。

标本ⅠT8105⑦：36，灰白色，不透明。平面略呈锥状，顶部圆弧，弧刃，刃部较锋利。长 22.10、宽 2.0、厚 1.47 厘米（彩版二五九，3）。

标本ⅠT8105⑦：39，青色，有白色斑，不透明。平面近长方形，顶部平直，似经过修整，双面弧刃，未开刃。长 17.09、宽 3、厚 1.6 厘米（彩版二五九，5、6）。

标本ⅠT8105⑦：42，黄褐色，夹黑褐色沁斑，不透明。平面为长条形，截面近圆形，顶部残缺，双面弧刃。长 23.6、宽 1.83、厚 1.82 厘米（彩版二五九，4）。

标本ⅠT8203⑦：1，青色，有黄褐色沁斑，不透明。长条状，截面近方形，顶部残，弧刃。长 22.8、宽 2.65、厚 1.64 厘米（彩版二六〇，1）。

Ca 型　2 件。

标本ⅠT7810⑦：4，青色，夹黑色、黄色沁斑。表面磨光。平面呈棱柱状，断面呈五边形。未开刃。长 6.4、宽 1.7、厚 2 厘米，重 43.4 克（图七七四，12；彩版二六〇，2）。

标本ⅠT8206⑦：55，表面磨光。断面呈五边形。未开刃。长 7.5、宽 1.7、厚 2 厘米，重 43.4 克（图七七四，8；彩版二六〇，3、4）。

Cb 型　2 件。

标本ⅠT8205⑦：36，白色，夹大量黑色、褐色沁斑。平面呈长条形。上端横剖面呈三角形，下端横剖面呈圆形。器物上端为三棱柱状，下端为圆柱状，刃部为锥尖状。器身留有打磨痕迹。残长 12、宽 0.8 厘米（图七七四，13；彩版二六〇，5）。

凹刃凿形器　11件。

Aa 型　1件。

标本 I T8206⑦：52，透闪石软玉。灰白色，不透明，器表有黄色、黑色、褐色块状和白色丝状沁斑。整体呈短长方形。顶部微弧曲。刃口弧、有缺损。器身有一道纵向凹槽，两端收成锥状。长4.82、宽2.89、厚1.24厘米（彩版二六〇，6、7）。

Ba 型　5件。

标本 I T8003⑦：21，器表带黄色、白色、灰色、褐色沁斑，色彩斑斓。顶部略有缺损，整器制作规整，器表打磨光滑圆润。平面呈长方形，器身扁薄，斜顶，一面平直，一面外弧，直面在近刃口处内凹，凹面与直面相交处起弧形脊，单面刃尖薄，略外弧。长17.2、宽5.8、厚1.8厘米（图七七五，1；彩版二六一，1、2）。

标本 I T8206⑦：17，深红色，杂灰白色、墨色沁斑。顶部缺失，器身风化现象严重，多处浸蚀痕，多道裂纹，整器制作较为规整。平面呈长方形，平顶，一面平直，一面外弧。直面在近刃口处内凹，单面刃尖薄。长17.8、宽5.1、厚1.6厘米（图七七五，2；彩版二六一，3、4）。

标本 I T8003⑦：16，灰白色，杂墨色、淡黄色沁斑，器表有大量锈斑。顶部、刃有缺损，整器制作规整，通体打磨圆润光滑。平面呈长方形，顶部右上呈斜角，一面平直，一面外弧。直面在近刃口处内凹，凹面与直面相交处起弧形脊，单面刃尖薄。长19.9、宽6、厚1.5厘米（图七七五，3）。

标本 I T8003⑦：40，灰白色，器表附着大量锈斑。顶部残缺，器表打磨粗糙。平面呈长方形，一面平直，一面外弧。直面在近刃口处内凹，内凹刃面与直面相交处凸起两条弧形转脊线，单面刃尖薄。残长22.4、宽4.1、厚1.6厘米（图七七五，4；彩版二六二，1、2）。

Bc 型　2件。

标本 I T8005⑦：72，主体呈灰白色，杂淡黄色、深褐色沁斑。整器制作规整，器表打磨圆润光滑。平顶，一面平直，一面外弧。直面在近刃口处内凹，凹面与直面相交处起弧形脊，单面刃尖薄。长13.2、宽3.1、厚1厘米（图七七五，6）。

标本 I T8004⑦：1，器表杂红褐色、灰色、淡黄色沁斑。顶部残损，整器制作规整。平面呈长条梯形，一面平直，一面外弧。直面在近刃口处内凹，凹面与直面相交处起弧形脊，单面刃尖薄。长24、宽6.1、厚2.2厘米（图七七五，7；彩版二六二，3、4）。

Ca 型　2件。

标本 I T8003⑦：5，灰白色，玉质不精。表面磨光，风化较严重。平面呈长方形，断面呈半圆形。顶部呈平面，侧边平直，弧形凹刃。长11、宽2.8、厚1.2厘米，重29.3克（图七七五，8；彩版二六二，5）。

标本 I T8206⑦：49，牙黄色，夹红色、黑色沁斑。宽条形，上窄下宽。剖面呈半椭圆形。一面平直，一面外弧。单面凹形刃，刃沿外弧。刃沿中部有残损。器顶保留自然断面，器表粗糙。

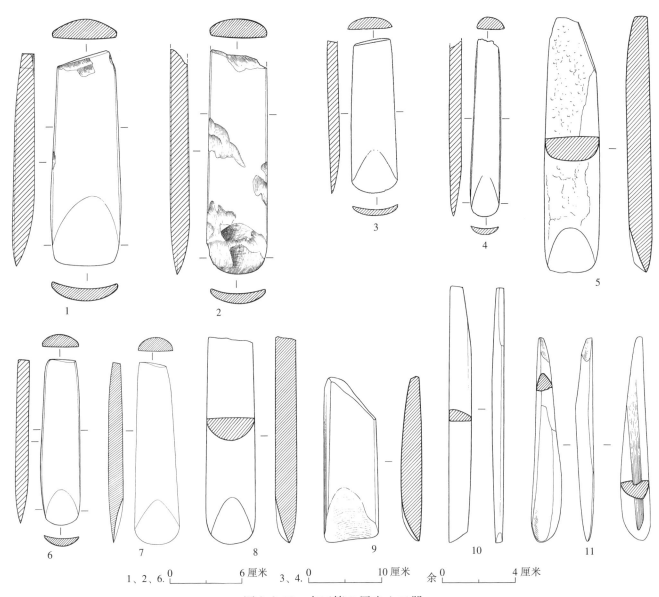

图七七五　东区第 7 层出土玉器

1~4. Ba 型凹刃凿形器（ⅠT8003⑦：21、ⅠT8206⑦：17、ⅠT8003⑦：16、ⅠT8003⑦：40）　5、8. Ca 型凹刃凿形器（ⅠT8206⑦：49、ⅠT8003⑦：5）　6、7. Bc 型凹刃凿形器（ⅠT8005⑦：72、ⅠT8004⑦：1）　9. Cb 型凹刃凿形器（ⅠT7909⑦：11）　10、11. 玉凿半成品（ⅠT8003⑦：24、ⅠT8003⑦：1）

长 13.5、宽 3、厚 1.3 厘米（图七七五，5；彩版二六二，6）。

Cb 型　1 件。

标本ⅠT7909⑦：11，青色，夹黄色沁斑。顶部残断。表面磨光，侧棱处均有切割形成的凹槽。平面呈长方形。侧边平直，弧形凹刃。残长 8.6、宽 2.9、厚 1.2 厘米，重 54 克（图七七五，9；彩版二六一，5）。

玉凿半成品　3 件。

标本ⅠT8003⑦：24，青色，夹红色沁斑。刃部残失。平面呈中部微鼓的长纺锤形，断面呈扁三角形。顶部呈平面，侧边平直。残长 13.6、宽 1.2、厚 0.7 厘米，重 21.1 克（图七七五，10；彩版二六一，6、7）。

标本 I T8003⑦：1，不规则形。上窄下宽。器身形制不规整，有打磨痕迹。长 10.8、宽 1.6、厚 1.5 厘米（图七七五，11）。

梭子形器　5 件。

标本 I T8206⑦：2，平面呈梭子形。顶端、底端、两面都有切割痕迹。长 16.9、宽 4.6、厚 1.4 厘米（图七七六，9）。

菱形器　43 件。

标本 I T7710⑦：12，灰白色透闪石，夹红色、黑色沁斑。有风化现象。表面磨光。玉料扁平，平面近平行四边形。各面均为平面。长 9.2、宽 4.5、厚 1.3 厘米，重 79 克（图七七六，8；彩版二六三，1）。

琮　5 件。Bb 型。

标本 I T8307⑦：2，灰白色，夹黄褐色沁斑。长方柱体，外方内圆。中有一孔，孔对钻。圆形射口，上下射大小相同，孔较大。器身上下端各阴刻一组平行直线纹，每组九条线。制作规整，打磨光滑。宽 7.9、高 9.3、孔径 7.2 厘米（图七七六，1）。

标本 I T8103⑦：20，灰白色，夹黑色、黄色沁斑。方柱体，外方内圆。中有一孔，孔对钻。圆形射口，上下射大小相同，孔较大。制作规整，打磨光滑。宽 8.9、高 9.1、孔径 7.9 厘米（图七七六，2；彩版二六三，2）。

标本 I T8205⑦：23，灰色，夹墨色条状、点状沁斑。器身有多处从上而下的裂纹。短方柱体，外方内圆。圆形射口，上下射大小相同，孔较大，孔壁较薄，器身上下端近射口处各阴刻一组平行直线纹，每组七条线。制作规整，造型朴实简洁。长 8.3、宽 8、高 9.4、孔径 6.7、壁厚 0.8 厘米（图七七六，3；彩版二六三，3）。

标本 I T8106⑦：8，褐色，夹墨色条状、点状沁斑。器身有多处从上而下的裂纹。短方柱体，外方内圆。圆形射口，上下射大小相同，孔较大，孔壁较薄，器身上下端近射口处各阴刻一组平行直线纹，每组七条线。制作规整，造型朴实简洁。长 5.7、宽 5.6、高 5.6、孔径 3.1、壁厚 1.6 厘米（彩版二六三，4）。

箍形器　8 件。

Aa 型　2 件。

标本 I T8004⑦：56，灰白色，夹黑色、红色沁斑。仅存半边。表面磨光，孔对钻后修整。圆筒形，束腰，上、下缘处各饰两周凹弦纹。直径 6.5、高 2.6、厚 0.3 厘米，重 3.4 克（图七七六，4）。

标本 I T8007⑦：8，灰白色，夹黑色、黄色沁斑。上下边缘有多处细小残损。表面磨光，孔对钻后修整。圆筒形，束腰，上、下缘处各饰两周凹弦纹。直径 6.33、孔径 5.59、高 3.77 厘米（彩版二六三，6）。

图七七六　东区第 7 层出土玉器

1~3. Bb 型琮（ⅠT8307⑦：2、ⅠT8103⑦：20、ⅠT8205⑦：23）　4. Aa 型箍形器（ⅠT8004⑦：56）　5. Ab 型箍形器（ⅠT8004⑦：6）　6、7. B 型箍形器（ⅠT8003⑦：18、ⅠT8003⑦：19）　8. 菱形器（ⅠT7710⑦：12）　9. 梭子形器（ⅠT8206⑦：2）

Ab 型　1 件。

标本 I T8004⑦：6，灰白色，夹黑色、红色沁斑。仅存半边。表面磨光，孔对钻后修整。圆筒形，束腰，腰部残存一周凸脊。直径 7.3、高 2.6、厚 0.4 厘米（图七七六，5；彩版二六三，7）。

B 型　5 件。

标本 I T8003⑦：18，灰白色，夹黑色、红色沁斑。仅存一小段。表面磨光，孔对钻后修整。器呈环柱体，环面很窄。残片表面有两周凸脊。残长 3.6、残宽 3.2、厚 0.3 厘米，重 5.3 克（图七七六，6）。

标本 I T8003⑦：19，灰白色，夹黑色、红色沁斑。仅存一小段。表面磨光，孔对钻后修整。器呈环柱体，环面很窄。残片表面有三周凸脊。残长 4.1、残宽 2.4、厚 0.3 厘米，重 3.7 克（图七七六，7）。

璧　26 件。

Aa 型 I 式　4 件。

标本 I T8004⑦：17，灰白色透闪石，夹黑色、红色沁斑。仅存一段。表面磨光，孔对钻后修整。平面呈圆环形。环面略窄，外缘呈方形面，内缘处双面起领。环面饰三周浅凹槽。直径 10.7、孔径 6、领厚 0.4、高 1.7 厘米，重 35.2 克（图七七七，1）。

标本 I T8206⑦：14，透闪石软玉。白色，透明。受埋藏环境影响，现器表一面大面积变为黄褐色，附着黑色沁斑，另一面局部呈黄褐色，也有一些黑色物质和土壤附着。环面、孔缘打磨光滑。直径 10.6、孔径 6.2、领高 1.7 厘米（彩版二六三，5）。

Ac 型　5 件。

标本 I T8003⑦：25，灰白色透闪石，表面呈黄色，夹黑色沁斑。仅存一段。表面磨光，孔对钻后修整，风化较严重。平面呈圆环形。环面较宽，外缘呈弧形面，内缘处双面起领。直径 12.1、孔径 5.2、领高 0.9 厘米，重 12.7 克（图七七七，2）。

标本 I T7808⑦：7，灰色透闪石。仅存半边。表面磨光，孔对钻后修整。平面呈圆环形。环面较窄，内缘处双面起领，外缘呈弧面。环面饰四周凹弦纹。直径 9、环面宽 1.7、领高 0.9 厘米，重 21.4 克（图七七七，3）。

标本 I T8003⑦：28，黄褐色，器表有大量锈斑。平面呈圆环形，剖面呈锥子形，环面较窄，尖唇，外缘呈弧形面，外缘有一对称打磨窄直面，内缘双面起领，领口磨制圆润，孔对钻，孔壁打磨光滑。整器制作规整精细。直径 6.4~6.7、孔径 4.4、领高 1.2 厘米（图七七七，11；彩版二六四，1）。

标本 I T8004⑦：61，淡黄色透闪石，夹灰黑色沁斑。平面呈圆环形，剖面呈"T"字形，环面较窄，方唇，外缘呈弧形面，内缘双面起领，领口磨制圆润，孔对钻，孔壁打磨光滑。环两面有五组浅细的同心圆圈纹，每组两条线。整器制作规整，器表打磨精细。直径 9.6、孔径 6.2、领高 1.2 厘米（图七七七，4；彩版二六四，2~4）。

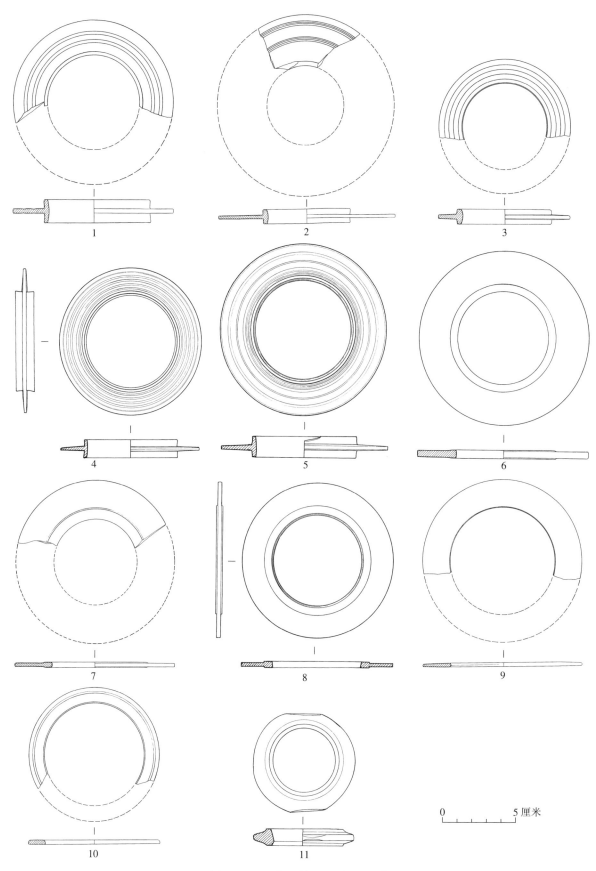

图七七七　东区第 7 层出土玉璧

1. Aa 型 I 式（ⅠT8004⑦:17）　2~5、11. Ac 型（ⅠT8003⑦:25、ⅠT7808⑦:7、ⅠT8004⑦:61、ⅠT8003⑦:48、ⅠT8003⑦:28）　6~8. Af 型（ⅠT7710⑦:11、ⅠT7810⑦:7、ⅠT7710⑦:4）　9、10. Ba 型（ⅠT7805⑦:14、ⅠT8003⑦:33）

标本ⅠT8003⑦：48，透闪石，器表带黄色、紫色、白色、墨色沁斑，色彩斑斓。平面呈圆环形，剖面呈"T"字形，环面略宽，方唇，外缘较直，内缘双面起领，领口磨制圆润，孔对钻，孔壁打磨光滑。环两面有三组浅细的同心圆圈纹，其中近领部的一组六条线，靠外缘两组每组两条线。整器制作规整，器表打磨精细。直径11.4、孔径6.5、领高1.4厘米（图七七七，5；彩版二六四，5、6）。

Af型　7件。

标本ⅠT7710⑦：11，灰白色，夹黑色、红色沁斑。表面磨光，孔单面钻通后修整。平面呈圆环形。环面较窄。外缘呈平面。直径11.6、孔径6.2、厚0.6厘米，重85.1克（图七七七，6；彩版二六五，1、2）。

标本ⅠT7810⑦：7，灰白色，夹红色、黑色沁斑。仅存一段。表面磨光，孔对钻后修整。平面呈圆环形。环面较窄，内缘处双面起平凸唇，外缘呈弧面。残长10.2、环面宽2.6、厚0.4厘米，重18.7克（图七七七，7）。

标本ⅠT7710⑦：4，灰白色，器表有大量黑色、淡黄色沁斑。孔径较大，环面较窄，近孔缘处凸起一周，形成一小环形。直径10.5、孔径5.9、厚0.5厘米（图七七七，8；彩版二六五，3）。

Ba型　8件。

标本ⅠT7805⑦：14，灰白色，夹黑色、红色、黄色沁斑。表面磨光，孔单面钻通。平面呈圆环形。环面较窄而平整，孔径较大。外缘呈凸脊面。直径10.7、孔径7.2、厚0.3厘米，重18.7克（图七七七，9）。

标本ⅠT8003⑦：33，灰白色，夹黄色沁斑。有一小段残失。表面磨光，孔对钻后修整。平面呈圆环形。环面较窄，外缘呈弧形面。直径8.9、孔径6.8、厚0.3厘米，重12.8克（图七七七，10；彩版二六五，4）。

标本ⅠT8007⑦：3，器表带黑色、青灰色、淡黄色沁斑。表面磨光，孔单面钻通，孔壁打磨光滑。平面呈圆环形，环面较窄，孔径较大，直缘，厚度较为一致。整器打磨光滑精细。直径11.7、孔径6.2、厚0.8厘米（图七七八，1）。

Bb型　1件。

标本ⅠT8103⑦：35，淡黄色透闪石，杂有少量黑色沁斑。平面呈圆形。表面磨光。两面平整。中部有一小穿孔。直径2、孔径0.1、厚0.1厘米（图七七八，3；彩版二六五，5、6）。

Bc型　1件。

标本ⅠT8206⑦：24，墨绿色，杂有灰色沁斑。局部有土锈侵蚀痕。边缘有三处凸起，平面呈璇玑状。直径5.61、孔径2.08、厚0.7厘米（图七七八，2；彩版二六六，1）。

环　6件。

Aa型　3件。

标本ⅠT8206⑦：16，红褐色，夹黄色、黑色沁斑。仅存一段，平面呈圆环状。表面磨光。环

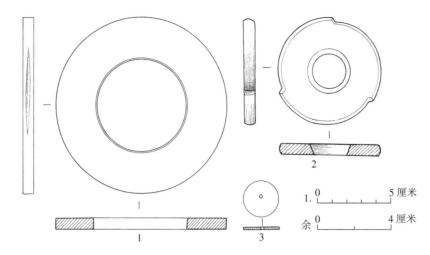

图七七八　东区第7层出土玉璧

1. Ba 型（ⅠT8007⑦：3）　2. Bc 型（ⅠT8206⑦：24）　3. Bb 型（ⅠT8103⑦：35）

面平整。孔径较大，孔对钻。外径7.5、内径5.5、厚0.3厘米（图七七九，1）。

Ab 型　1件。

标本ⅠT8304⑦：5，灰白色，夹红色、褐色沁斑。仅存一段。表面磨光，孔单面钻通。环面窄，外缘呈方形面。残长4.3、环面宽0.5、厚0.3厘米，重1.7克（图七七九，2）。

B 型　2件。

标本ⅠT7710⑦：3，青色，夹黄色、白色沁斑。仅存一段。表面磨光，孔单面钻通。平面呈圆环形。环面较窄，孔径较大。外缘较薄呈斜面。外径6.5、内径4.7、厚0.3厘米，重2.8克（图七七九，3）。

镯　10件。

Aa 型　4件。

标本ⅠT8003⑦：20，灰白色透闪石，夹黑色、黄色沁斑。仅存一小段。表面磨光，孔对钻后修整。平面呈圆环形，断面呈纵半圆形。环面窄。残长5.5、环面宽0.6、厚0.7厘米，重6.4克（图七七九，4）。

Ab 型　1件。

标本ⅠT8003⑦：41，灰白色透闪石，夹黑色、黄色沁斑。仅存一小段。表面磨光，孔对钻后经修整，风化较严重。平面呈圆环形，断面呈纵椭圆形。环面窄。残长2.1、环面宽0.7、厚0.3厘米，重0.8克（图七七九，5）。

Ba 型　4件。

标本ⅠT8005⑦：88，灰白色透闪石，夹黄色、黑色沁斑。仅存一段。表面磨光。环面极窄，双面钻孔。外径6、内径5.5、残长2.5、厚1厘米（图七七九，6）。

标本ⅠT8003⑦：29，灰白色，夹黑色、红色沁斑。表面磨光，孔对钻后修整。平面呈圆环形，

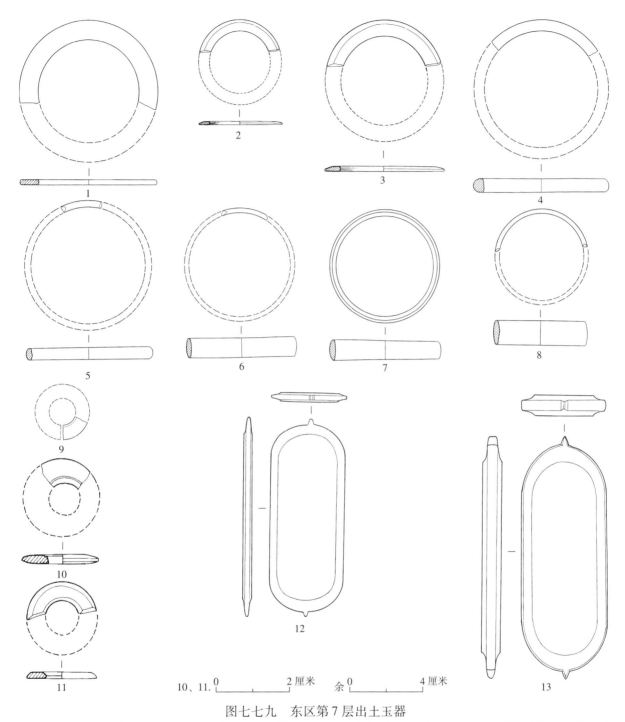

图七七九　东区第 7 层出土玉器

1. Aa 型环（ⅠT8206⑦：16）　2. Ab 型环（ⅠT8304⑦：5）　3. B 型环（ⅠT7710⑦：3）　4. Aa 型镯（ⅠT8003⑦：20）
5. Ab 型镯（ⅠT8003⑦：41）　6、7. Ba 型镯（ⅠT8005⑦：88、ⅠT8003⑦：29）　8. Bb 型镯（ⅠT8004⑦：5）　9～11.
玦（ⅠT8005⑦：20、ⅠT7809⑦：4、ⅠT7610⑦：1）　12、13. 椭圆形器（ⅠT8004⑦：4、ⅠT8103⑦：15）

断面呈纵椭圆形。环面窄。外径6.2、内径5.6、厚0.9厘米，重6.9克（图七七九，7；彩版二六六，2）。

标本ⅠT7905⑦：1，黄色，不透明，夹浅红色、黑色沁斑。环面较窄。外径4.94、内径4.43、高 0.84 厘米（彩版二六六，3、4）。

标本ⅠT8003⑦：43，灰白色，不透明，夹褐色沁斑。环面较窄。外径 6.33、内径 5.46、高 1.08 厘米（彩版二六六，5、6）。

Bb 型　1 件。

标本ⅠT8004⑦：5，牙白色，夹红色沁斑。仅存一段。表面磨光，孔对钻后修整。平面呈圆环形，断面呈纵椭圆形。环面窄。残长 5.1、环面宽 0.3、厚 1.3 厘米，重 4.7 克（图七七九，8）。

玦　3 件。

标本ⅠT8005⑦：20，白色透闪石，夹黄色沁斑。仅存一段。表面磨光。直径 3、孔径 1.4、残长 1.6 厘米（图七七九，9）。

标本ⅠT7809⑦：4，牙白色，夹黄色沁斑。仅存一段。表面打磨，孔对钻后修整。平面呈圆环形。环面略宽，由外向内渐厚，外缘呈凸脊面。残长 1.2、环面宽 0.6、厚 0.2 厘米，重 0.3 克（图七七九，10）。

标本ⅠT7610⑦：1，灰白色，夹黑色、红色沁斑。仅存一小段。表面磨光，孔对钻后修整。平面呈圆环形，环面略窄。外缘呈弧形面，内缘处双面起平凸唇。直径 1.9、孔径 0.88、厚 0.2 厘米，重 10.5 克（图七七九，11）。

椭圆形器　2 件。

标本ⅠT8004⑦：4，透闪石，器表带紫色、白色、淡黄色、黑色沁斑，色彩斑斓，附着大量锈斑。器身略有残损。平面呈椭圆形，器身扁平，两端各有一向外的尖凸，周边近缘处较器面低，素面，无使用痕迹。整器制作规整精细。长 10.3、宽 3.9、厚 0.6 厘米（图七七九，12；彩版二六七，1、2）。

标本ⅠT8103⑦：15，透闪石，器表带紫色、白色、淡黄色、灰色、黑色沁斑，色彩斑斓，附着少量锈斑。平面呈椭圆形，器身扁平，两端各有一向外的尖凸，周边近缘处较器面低，素面，无使用痕迹。整器制作规整精细。长 12.6、宽 4.7、厚 1.1 厘米（图七七九，13；彩版二六七，3、4）。

绿松石珠　79 件。

标本ⅠT8004⑦：34，表面打磨，孔对钻。扁筒状，表面有残损。直径 1.5、孔径 0.3、高 1.5、厚 1 厘米，重 3.9 克（图七八〇，1；彩版二六八，1、2）。

标本ⅠT8005⑦：54，表面磨光，孔对钻。器身中部鼓，平面呈枣核状。直径 1.6、孔径 0.25、高 2.1 厘米（图七八〇，2；彩版二六八，3、4）。

标本ⅠT8004⑦：32－1，表面打磨，孔对钻。筒状。直径 0.4、孔径 0.2、高 0.4 厘米，重 0.1 克（图七八〇，3）。

标本ⅠT8307⑦：1，表面磨光，孔对钻。管状，中部略鼓。直径 0.7、孔径 0.2、高 1.1 厘米（图七八〇，4；彩版二六八，5）。

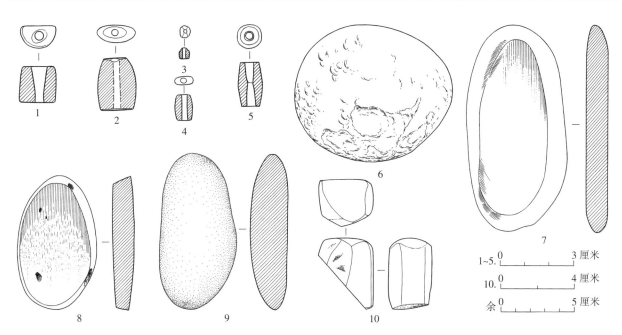

图七八〇　东区第 7 层出土玉器

1～4. 绿松石珠（ⅠT8004⑦：34、ⅠT8005⑦：54、ⅠT8004⑦：32‑1、ⅠT8307⑦：1）　5. 玛瑙珠（ⅠT8005⑦：58）

6、9、10. 美石（ⅠT8002⑦：5、ⅠT7906⑦：3、ⅠT7811⑦：7）　7、8. 磨石（ⅠT8005⑦：17、ⅠT8007⑦：2）

标本ⅠT8106⑦：14，表面磨光，孔对钻。中部略鼓，管状。长径 3.52、短径 1.96、高 4.82
厘米（彩版二六八，8～10）。

玛瑙珠　1 件。

标本ⅠT8005⑦：58，橙红色。平面呈六边形，横剖面呈圆形，表面磨光，孔对钻。直径 1、
孔径 0.3、高 1.8 厘米（图七八〇，5；彩版二六八，6、7）。

玉珠　1 件。

标本ⅠT8005⑦：64，黄褐色，有褐色沁斑。表面磨光。孔对钻。管状。直径 0.86、孔径
0.45、高 0.87 厘米（彩版二六八，11）。

玉海贝佩饰　1 件。

标本ⅣT8301⑦：2，通体为红色，质地可能为玛瑙。平面呈贝形，磨制精致。背部有一道裂
纹，正面未见刻划贝齿纹，上下各有一个单面钻圆形穿孔。长 2.14、宽 1.79、厚 0.67 厘米（彩
版二六八，12）。

坠饰　1 件。

标本ⅠT8205⑦：51，深褐色。器身多处残损。平面呈圆角长方形，顶部有一圆形单面穿孔。
长 4.22、宽 1.76、厚 1.46 厘米（彩版二六八，13）。

美石　33 件。

标本ⅠT7906⑦：3，青蓝色。平面呈椭圆形，石身较扁。长 10.2、宽 5.2、厚 2.5 厘米，重
209.4 克（图七八〇，9）。

标本Ⅰ T8002⑦：5，橙黄色斜长石。石身呈鸡蛋状，形体较大，断面近圆形。长10.6、宽9、厚7.9厘米，重103.1克（图七八〇，6；彩版二六九，1）。

标本Ⅰ T7811⑦：7，红褐色透闪石，夹淡黄色沁斑。整器打磨光滑。长4.3、宽2.5、厚2.7厘米（图七八〇，10）。

磨石　12件。

标本Ⅰ T8007⑦：2，平面呈椭圆形。两面平整，有切割痕迹。长8.8、宽5.4、厚1.5厘米（图七八〇，8）。

标本Ⅰ T8005⑦：17，牙黄色斜长石。平面呈椭圆形。两面平整，均有磨制痕迹。长13.6、宽6.8、厚1.5厘米（图七八〇，7；彩版二六九，2、3）。

瓶形器　1件。

标本Ⅰ T7809⑦：13，蛇纹石玉。器身及口部有风化现象，器身一面至底部有缺损。小平口，束颈，溜肩，鼓腹，小平底。口上两孔与颈部两孔形成斜穿。整器未掏膛，制作粗糙。口径3.49～3.93、腹径6.79、高8.08、厚4.44厘米（彩版二六九，4、5）。

（3）石器

43件。

石璋半成品　2件。

Ba型　1件。

标本Ⅳ T8303⑦：4，灰色。刃部、器表、两侧打磨平整。柄部残，牙尖略残，璋牙成型。残长9.3、宽5.4、厚1.4厘米（图七八一，1）。

C型　1件。

标本Ⅳ T8003⑦：13，青灰色。刃部、器表、两侧打磨平整，底端保留自然断面。器表饰三周细线纹。长8.8、宽4.8、厚1.3厘米（图七八一，2）。

斧　2件。

Bb型　1件。

标本Ⅰ T8009⑦：7，灰白色。表面磨光。平面呈上小下大的等腰梯形。顶部呈平面，一侧有残损，侧边平直，器中部微鼓，单面弧刃。长5.6、宽3.7、厚1.5厘米，重45.1克（图七八一，4；彩版二七〇，1）。

D型　1件。

标本Ⅰ T8206⑦：31，黑色斜长石。平面近上窄下宽的葫芦状。磨制石器。两端平直，中部厚于两端。器身有多处崩疤痕迹。长6.5、宽4.1、厚1.3厘米（图七八一，3；彩版二七〇，2）。

锛　4件。

Aa型　2件。

标本Ⅰ T7710⑦：5，青灰色。顶部残损。表面磨光。平面呈长方形。一面中部微凸，侧边平

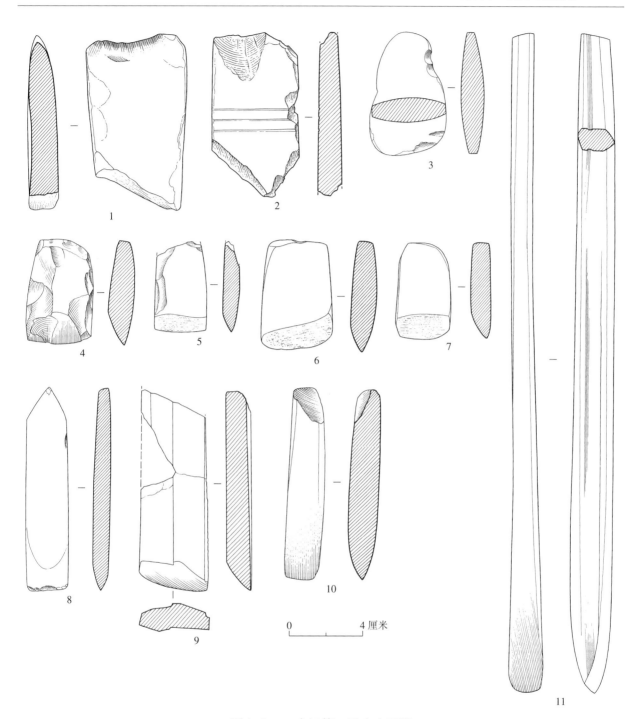

图七八一　东区第 7 层出土石器

1. Ba 型石璋半成品（ⅣT8303⑦：4）　　2. C 型石璋半成品（ⅣT8003⑦：13）　　3. D 型斧（ⅠT8206⑦：31）　　4. Bb 型斧
（ⅠT8009⑦：7）　　5. Aa 型锛（ⅠT7710⑦：5）　　6. Ba 型锛（ⅠT7911⑦：2）　　7. C 型锛（ⅠT7911⑦：3）　　8. B 型凿
（ⅠT7809⑦：10）　　9. Ca 型凿（ⅠT8011⑦：2）　　10、11. Cb 型凿（ⅠT7810⑦：11、ⅠT8205⑦：7）

直，单面平刃。残长 4.7、宽 2.8、厚 0.9 厘米，重 21.5 克（图七八一，5；彩版二七〇，3）。

Ba 型　1 件。

标本ⅠT7911⑦：2，灰色。表面打磨。平面呈等腰梯形。顶部呈平面，侧边平直，器中部微鼓，弧刃。长5.9、宽3.9、厚1.4厘米，重59.2克（图七八一，6；彩版二七〇，4）。

C型　1件。

标本ⅠT7911⑦：3，青灰色，表面磨光。平面呈椭圆形。顶部呈平面，侧边平直，器中部微鼓，单面平刃。长5、宽3、厚1.2厘米，重31.3克（图七八一，7；彩版二七〇，5）。

凿　6件。

B型　1件。

标本ⅠT7809⑦：10，灰白色。表面磨光。平面近长方形，断面呈长方形。顶部呈双斜面，侧边平直，单面凹刃。长10.6、宽2.3、厚0.9厘米，重51.6克（图七八一，8；彩版二七〇，6）。

Ca型　1件。

标本ⅠT8011⑦：2，浅灰色。仅存两块中下部残块。表面打磨，两面保留相对的切割痕迹。平面形状呈长方形。侧边平直，单面斜刃。残长10.4、残宽3.8、厚1.4厘米，重54.1克（图七八一，9）。

Cb型　4件。

标本ⅠT7810⑦：11，青灰色。顶部有少量残损。表面打磨。平面呈长方形，断面呈长方形。顶部呈平面，侧边平直，双面平刃。长10.1、宽2、厚1.7厘米，重73.4克（图七八一，10；彩版二七〇，7）。

标本ⅠT8205⑦：7，表面打磨。平面呈长方形，断面呈长方形。顶部呈平面，侧边平直，双面平刃。长34.9、宽1.8、厚2.2厘米（图七八一，11）。

多璜联璧　1件。

标本ⅠT8004⑦：55，灰色。仅存一端。表面打磨，孔对钻。残块平面呈五边形，扁平。一端有一圆形钻孔。残长8.5、宽4.3、厚0.7厘米，重37.2克（图七八二，1；彩版二七一，1）。

璧　7件。Ab型。

标本ⅠT7809⑦：2，青灰色。仅存一小段。表面粗略打磨，孔对钻后修整。平面呈圆环形。外缘呈方形面。残长4.4、环面宽2、厚0.3厘米，重3.7克（图七八二，2）。

标本ⅣT7906⑦：1，灰白色。表面粗略打磨，孔对钻后修整。平面呈圆环形。外缘呈方形面。直径11.5、孔径4.2、厚1厘米（图七八二，3）。

石璧坯料　1件。A型。

标本ⅠT8104⑦：2，灰黑色。从卵石上打下的一块，剖裂面未经打磨，另一面保持自然光面。周缘较薄、中部略厚。直径12.2、厚2厘米（图七八二，4）。

石璧半成品　1件。C型。

标本ⅠT8305⑦：17，浅黄色，夹黑色沁斑。环面残损。表面磨光。孔对钻，喇叭孔，上下孔径不一致。平面呈圆环状。孔缘单面起领，领部不平整。外径4.4、上孔径1.3、下孔径0.9、高1.2厘米（图七八二，5；彩版二七一，2）。

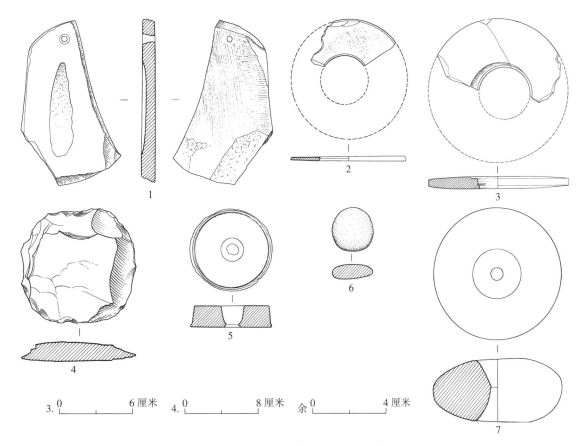

图七八二　东区第 7 层出土石器

1. 多璜联璧（ⅠT8004⑦：55）　　2、3. Ab 型璧（ⅠT7809⑦：2、ⅣT7906⑦：1）　　4. A 型石璧坯料（ⅠT8104⑦：2）
5. C 型石璧半成品（ⅠT8305⑦：17）　　6. 石球（ⅠT8203⑦：10 - 2）　　7. 纺轮（ⅠT7607⑦：4）

石球　2 件。

标本ⅠT8203⑦：10 - 2，灰色砂岩，夹黄色斑纹。平面呈圆形，剖面呈椭圆形。表面有打磨痕迹。直径 2.3、厚 0.8 厘米（图七八二，6）。

纺轮　1 件。

标本ⅠT7607⑦：4，表面粗略打磨，孔对钻后修整。平面呈圆环形，断面呈椭圆形。环面宽。直径 7.1、孔径 2.6、厚 3.5 厘米，重 191 克（图七八二，7）。

跪坐人像　1 件。C 型。

标本ⅣT8206⑦：3，头部、双手残。雕刻粗糙，双手于背部交叉处未刻划出捆绑绳子之痕迹。宽 5、残高 10.2 厘米（图七八三，1）。

虎　1 件。B 型。

标本ⅣT8206⑦：2，头部、双前肢、尾部均残。虎腿与臀部间形成一条凹槽。残长 15.3、残高 8.5 厘米（图七八三，2）。

蛇　1 件。

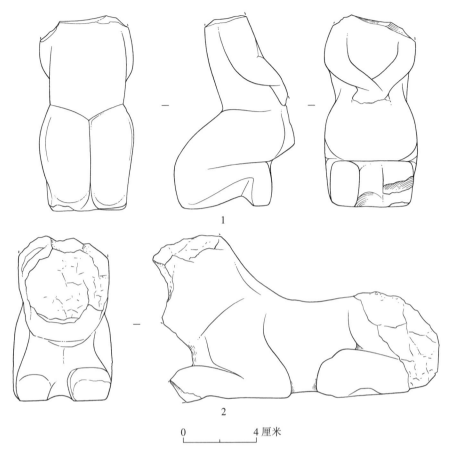

图七八三　东区第 7 层出土石器
1. C 型跪坐人像（ⅣT8206⑦：3）　　2. B 型石虎（ⅣT8206⑦：2）

标本ⅣT8206⑦：1，残碎，未能复原。

石器残片　13 件。残碎，器形不明。

（4）铜器

245 件。

戈　66 件。可辨型式的 30 件。

Aa 型　7 件。

标本ⅠT8105⑦：62，平面呈"十"字形，援呈细长的等腰三角形。锋部缓收。本部正中有一穿孔。凸起的中脊从穿孔处一直延伸到锋，有七道短横脊与中脊相交。长方形内。援部略弯曲。长 10.5、内长 1.5、内宽 1.6、厚 0.4 厘米（图七八四，1；彩版二七一，5）。

标本ⅠT8206⑦：22，平面呈"十"字形，援呈细长的等腰三角形。锋部缓收，凸起的中脊从穿孔处一直延伸到锋。援两侧有七组齿饰，等距离分布七道短横脊与中脊相交。援部略弯曲。本部两侧出阑。本部正中有一穿孔。长方形内。长 14.5、内长 2.2、内宽 1.8、厚 0.3 厘米（图七八四，2；彩版二七一，3、4）。

标本ⅠT8206⑦：48，平面呈"十"字形，援呈细长的等腰三角形。锋部缓收，凸起的中脊从

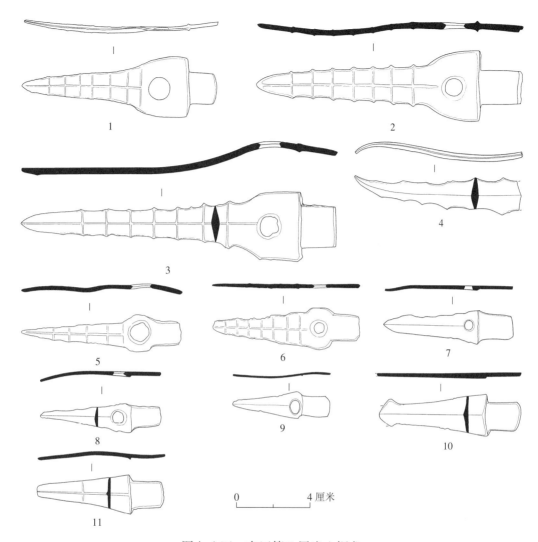

图七八四　东区第 7 层出土铜戈

1~3. Aa 型（ⅠT8105⑦：62、ⅠT8206⑦：22、ⅠT8206⑦：48）　4. Ab 型（ⅠT8207⑦：2）　5、6. Ba 型（ⅠT8005⑦：59、ⅠT8005⑦：49）　7~9. Bb 型（ⅠT8103⑦：40、ⅠT8005⑦：36、ⅠT8205⑦：10-1）　10、11. Cb 型（ⅠT8206⑦：61、ⅠT8205⑦：13）

穿孔处一直延伸到锋。援两侧有七组齿饰，等距离分布七道短横脊与中脊相交。本部两侧出阑。本部正中有一穿孔。长方形内。本部弯曲。长 17.2、内长 1.9、内宽 2.3、厚 0.3 厘米（图七八四，3；彩版二七一，6）。

Ab 型　1 件。

标本ⅠT8207⑦：2，仅存援部残片。援平面呈长等腰三角形。尖锋，侧刃呈连弧形，残存六组尖凸。中脊延伸至锋尖。残长 9.2、宽 2、厚 0.4 厘米，重 14.6 克（图七八四，4；彩版二七一，7）。

Ba 型　9 件。

标本ⅠT8005⑦：59，平面呈"十"字形。援呈细长的等腰三角形。锋部缓收。本部正中有一穿孔。凸起的中脊从穿孔处一直延伸到锋。四道短横脊与中脊相交。长8.6、内长1.7、厚0.2厘米（图七八四，5；彩版二七一，8）。

标本ⅠT8005⑦：49，平面呈"十"字形，援呈细长的等腰三角形。锋部缓收。本部正中有一穿孔。凸起的中脊从穿孔处一直延伸到锋。七道短横脊与中脊相交。长8、内长1.5、厚0.2厘米（图七八四，6；彩版二七二，1）。

标本ⅠT8003⑦：3，援呈较长的等腰三角形，本部伸出较宽的阑，援中间一较高的脊延伸至锋，七条横脊与之交叉。本部中间有一圆形穿孔。方形直内。长14.33、宽3.54、厚0.4厘米（彩版二七二，2）。

Bb型　4件。

标本ⅠT8103⑦：40，平面呈"十"字形，援呈细长的等腰三角形。锋部缓收。本部两侧出阑。本部正中有一穿孔。凸起的中脊从穿孔处一直延伸到锋。长方形内。长7.1、内长1.9、内宽1.7、厚0.2厘米（图七八四，7；彩版二七二，3）。

标本ⅠT8005⑦：36，平面呈"十"字形，援呈细长的等腰三角形。锋部缓收。本部正中有一穿孔。凸起的中脊从穿孔处一直延伸到锋。长6.5、内长1.5、厚0.2厘米（图七八四，8）。

标本ⅠT8205⑦：10-1，平面呈"十"字形，援呈细长的等腰三角形。锋部缓收。本部两侧出阑。本部正中有一穿孔。凸起的中脊从穿孔处一直延伸到锋，一道短横脊与中脊相交。长方形内。长5.3、内长1.5、内宽1.1、厚0.1厘米（图七八四，9；彩版二七二，4）。

标本ⅠT8105⑦：4，援呈细长的等腰三角形，本部有一近圆形穿。凸出的中脊从柄部下沿延伸到锋尖，器身中部一道短横脊与中脊相交。锋部缓收。长方形直内。器身严重锈蚀。长7.7、宽2.1、厚0.25厘米（彩版二七二，5）。

Cb型　9件。

标本ⅠT8206⑦：61，平面呈"十"字形，援呈细长的等腰三角形。锋部缓收，凸起的中脊从阑部一直延伸到锋，两道短横脊与中脊相交。本部两侧出阑。长方形内。援部略弯曲。长7.8、内长1.9、内宽2.2、厚0.3厘米（图七八四，10；彩版二七二，6）。

标本ⅠT8205⑦：13，平面呈"十"字形，援呈细长的等腰三角形。锋部缓收，直刃。凸起的中脊从阑部一直延伸到锋，两道短横脊与中脊相交。本部两侧出阑。长方形内。援部略弯曲。长6.9、内长1.9、内宽2.1、厚0.2厘米（图七八四，11；彩版二七二，7）。

标本ⅠT8205⑦：9，援呈三角形，中脊延伸直锋处。长方形直内。通体无穿，浇铸的铜液残留在刃部，未经打磨，不具实用功能。长7.48、宽2.03、厚0.25厘米（彩版二七二，8）。

镞　5件。

Aa型　1件。

标本ⅠT8010⑦：1，尖锋，双翼，中脊凸起，短铤。长4.7、宽1、厚0.3厘米，重5克（图七八五，1；彩版二七三，1）。

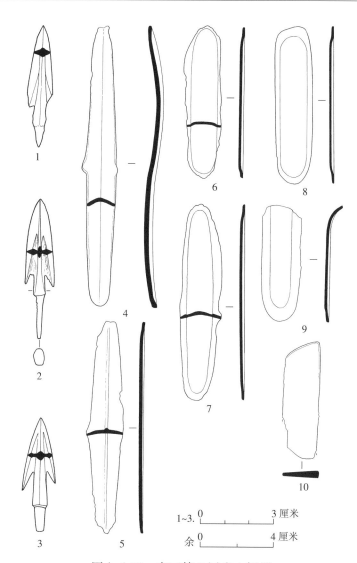

图七八五　东区第7层出土铜器

1. Aa 型镞（ⅠT8010⑦：1）　2. Ab 型镞（ⅠT7711⑦：1）　3. Ba 型镞（ⅠT7904⑦：3）　4、5. Aa 型锥形器
（ⅠT8103⑦：10、ⅠT8105⑦：66）　6、7. Ab 型锥形器（ⅠT8103⑦：1、ⅠT8005⑦：12）　8、9. Ac 型锥形器
（ⅠT8003⑦：37、ⅠT8005⑦：86）　10. A 型长条形器（ⅠT8005⑦：75）

Ab 型　2 件。

标本ⅠT7711⑦：1，柳叶形锋，双翼，中脊凸起，长铤。长 5.4、宽 1.2、厚 0.8 厘米，重 5.7 克（图七八五，2；彩版二七三，2）。

Ba 型　2 件。

标本ⅠT7904⑦：3，尖锋，双翼，中脊凸起，长铤。长 4.5、宽 1.4、厚 0.6 厘米（图七八五，3；彩版二七三，3）。

标本ⅠT8106⑦：44，尖锋，后锋呈尖状。中脊凸出，双翼，长铤。长 6.1、宽 1.68、厚 0.6 厘米（彩版二七三，4）。

锥形器　19 件。

Aa 型　10 件。

标本ⅠT8103⑦：10，平面呈尖条形。器身弯曲，中部有一道纵脊。器身两侧各有一尖凸。长 14.8、宽 1.7、厚 0.2 厘米（图七八五，4；彩版二七三，5）。

标本ⅠT8105⑦：66，平面呈尖条形。一面略微隆起。中部有一道纵脊。长 11.2、宽 2、厚 0.2 厘米（图七八五，5；彩版二七三，6）。

Ab 型　6 件。

标本ⅠT8103⑦：1，平面近长椭圆形。中部隆起。四周残损。表面附着大量泥土。长 8.1、宽 2、厚 0.1 厘米（图七八五，6；彩版二七三，7）。

标本ⅠT8005⑦：12，平面呈长椭圆形。中部隆起。长 10.4、宽 2.2、厚 0.1 厘米（图七八五，7；彩版二七三，8）。

Ac 型　3 件。

标本ⅠT8003⑦：37，平面呈鞋形，断面呈弧形。中部较宽，无中脊，外缘较薄。长 8.3、宽 2.1、厚 0.3 厘米，重 13.8 克（图七八五，8；彩版二七四，1）。

标本ⅠT8005⑦：86，平面呈鞋形，断面呈弧形。中部较宽，无中脊，外缘较薄。长 6.1、宽 2.2、厚 0.1 厘米（图七八五，9）。

长条形器　1 件。A 型。

标本ⅠT8005⑦：75，平面呈长条形。一端厚，一端薄。长 6.2、宽 2 厘米（图七八五，10）。

铃　10 件。

Aa 型　2 件。

标本ⅠT8005⑦：57，平面呈梯形。横剖面呈合瓦形。平顶上有环形纽。口部内凹，无铃舌。宽 3、高 5.6、厚 0.25 厘米（图七八六，1；彩版二七四，2）。

标本ⅠT8106⑦：24，平面呈梯形。横剖面呈合瓦形。平顶上有圆形纽。口部内凹，无铃舌。宽 3.4、高 5.8、厚 0.3 厘米（图七八六，2；彩版二七四，3）。

Ab 型　5 件。

标本ⅠT8105⑦：96，平面呈梯形。横剖面呈椭圆形。平顶上有环形纽。口部内凹，无铃舌。器身有残损。宽 3、高 5.6、厚 0.2 厘米（图七八六，3）。

标本ⅠT8005⑦：67，平面呈梯形。横剖面呈合瓦形。平顶上有环形纽。口部内凹，有铃舌。宽 3.8、高 6、厚 0.2 厘米（图七八六，4；彩版二七四，4）。

B 型　2 件。

标本ⅠT8004⑦：36，平面呈梯形。横剖面呈合瓦形。平顶上右侧有圆形纽。口部内凹，无铃舌。宽 3.3、高 6.7、厚 0.3 厘米（图七八六，5；彩版二七四，5）。

C 型　1 件。

标本ⅠT8206⑦：47，平面呈长方形。横剖面呈椭圆形。平顶上有方形纽。两侧有长条形翼。

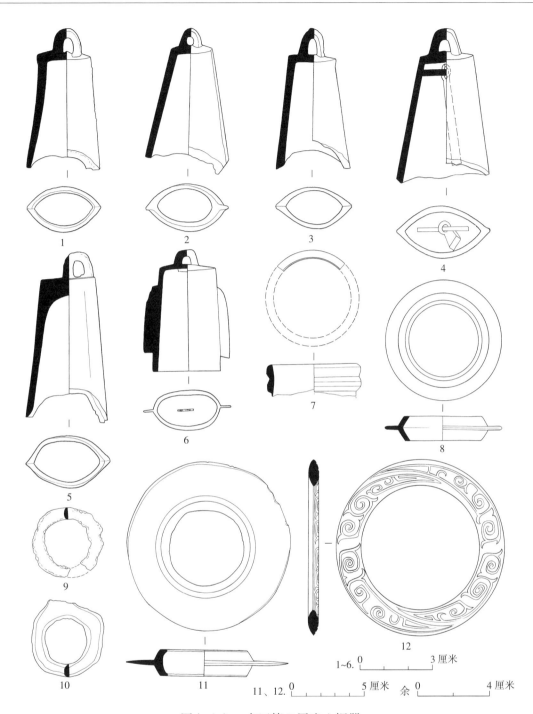

图七八六　东区第 7 层出土铜器

1、2. Aa 型铃（ⅠT8005⑦：57、ⅠT8106⑦：24）　　3、4. Ab 型铃（ⅠT8105⑦：96、ⅠT8005⑦：67）　　5. B 型铃
（ⅠT8004⑦：36）　6. C 型铃（ⅠT8206⑦：47）　7. 箍形器（ⅠT8005⑦：73）　8. Ac 型Ⅰ式璧（ⅠT8004⑦：45）
9、10、12. B 型环形器（ⅠT8005⑦：61、ⅠT8103⑦：44、ⅠT8105⑦：18）　11. Ac 型Ⅱ式璧（ⅠT8106⑦：10）

口部较平，有铃舌。宽 3.5、高 4.8、厚 0.2 厘米（图七八六，6；彩版二七四，6）。

箍形器　1 件。

标本ⅠT8005⑦：73，管状，仅存一段。器身外缘呈波浪状，先凸出再内凹再凸出。双面钻孔。

外径5.1、内径4.2、残长3.6、厚0.4厘米（图七八六，7）。

璧　5件。

Ac型Ⅰ式　2件。

标本ⅠT8004⑦：45，平面呈圆环形。孔径大于环面宽。孔缘双面凸出于环面形成领，孔壁及凸起的领呈三角形，器壁剖面呈"Y"字形。直径6.4、孔径4、领高1.3厘米（图七八六，8）。

标本ⅠT8206⑦：71，平面呈圆环形。直径9.96、孔径4.4、领高1.8厘米（彩版二七五，1）。

Ac型Ⅱ式　1件。

标本ⅠT8106⑦：10，平面呈圆环形，孔径大于环面宽。孔缘双面凸出于环面形成领，孔壁及凸起的领呈三角形，器壁剖面呈"Y"形。直径10.8、孔径5、领高1.8厘米（图七八六，11）。

Ba型　1件。

标本ⅠT8206⑦：73，表面局部风化脱落，领较高，剖面呈"Y"字形。直径10.3、孔径5.4、领高1.8厘米（彩版二七五，2）。

Bb型　1件。

标本ⅠT8106⑦：23，无领，外缘有四个凸齿，较薄，表面粗糙。直径5.24、孔径3.21、厚0.3厘米（彩版二七五，3）。

环形器　5件。B型。

标本ⅠT8005⑦：61，平面呈圆环形，横剖面呈半椭圆形。器身锈蚀严重，部分残断。外径3.8、内径2.5、厚0.2厘米（图七八六，9）。

标本ⅠT8103⑦：44，平面近圆环形。器身扁平。边缘残损。外径4、内径2.2、厚0.2厘米（图七八六，10；彩版二七五，4）。

标本ⅠT8105⑦：18，平面呈圆环形，环面较窄，横剖面呈椭圆形。正面表面装饰一周四组卷云变形鸟纹，鸟头、尾翼特征突出。背面为素面，环带中部略鼓。此类器物常见于商周青铜罍、壶的肩部，作铺首衔的环。外径11.8、内径8.2、厚0.5厘米（图七八六，12）。

挂饰　48件。可辨型式39件。

A型　14件。

标本ⅠT8004⑦：18，平面呈圆形，顶部环形纽。中部一面微鼓，一面凹陷。直径5.2、厚0.7厘米，重30.7克（图七八七，1；彩版二七五，5）。

标本ⅠT8005⑦：14，平面呈圆形。器身中部隆起。顶端有一纽。直径3.5、厚0.15厘米（图七八七，2；彩版二七五，6）。

标本ⅠT8005⑦：60，平面呈圆形。内壁和外壁均较平。外缘有四个分布较均匀的尖凸，其中一个残缺。直径5.7、厚0.5厘米（图七八七，3）。

标本ⅠT8005⑦：50，平面略呈圆形，正面中部凸起呈圆形，顶部一环形纽。素面。长5.6、宽4.5、厚0.3厘米，纽长0.9、宽1厘米（彩版二七五，7）。

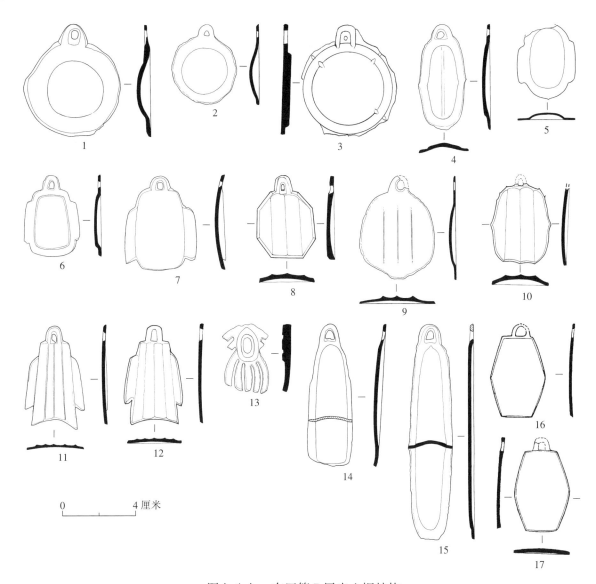

图七八七　东区第7层出土铜挂饰

1~3. A 型（ⅠT8004⑦：18、ⅠT8005⑦：14、ⅠT8005⑦：60）　4. B 型（ⅠT8105⑦：82）　5~7. C 型（ⅠT8206⑦：72、ⅠT8105⑦：87、ⅠT8005⑦：79）　8~10. E 型（ⅠT8106⑦：55、ⅠT8005⑦：80、ⅠT8206⑦：36）　11、12. F 型（ⅠT8106⑦：54、ⅠT8106⑦：32）　13. G 型（ⅠT8005⑦：5）　14、15. H 型（ⅠT8005⑦：11、ⅠT8003⑦：49）　16、17. J 型（ⅠT8004⑦：43、ⅠT8105⑦：29）

B 型　5 件。

标本ⅠT8105⑦：82，平面呈椭圆形。中部一面隆起。顶端有一环形纽。器身两侧各有一尖凸。长 5.6、宽 2.5、厚 0.2 厘米（图七八七，4；彩版二七六，1、2）。

C 型　4 件。

标本ⅠT8206⑦：72，平面呈椭圆形。中部一面隆起，两侧有长条形翼，末端中间有一尖凸。顶部纽残断。残长 3.8、宽 3.2、厚 0.1 厘米（图七八七，5）。

标本ⅠT8105⑦：87，平面近圆角梯形。一面隆起。顶端有一方形纽。器身两侧各有一条形翼。

长 4.3、宽 3、厚 0.1 厘米（图七八七，6；彩版二七六，3）。

标本 I T8005⑦：79，平面近圆角长方形。器身中部隆起。顶端有一方形纽。两侧各有一长条形翼。长 5、宽 3.9、厚 0.2 厘米（图七八七，7；彩版二七六，5、6）。

E 型　5 件。

标本 I T8106⑦：55，平面近八边形。中部一面隆起。顶端有一环形纽。中部有三道纵向脊，两脊之间略下凹。长 4.4、宽 3.1、厚 0.2 厘米（图七八七，8；彩版二七六，4）。

标本 I T8005⑦：80，平面近圆形。器身中部隆起，有三道纵向棱脊。顶端有一环形纽，纽残损。长 5.5、宽 4.1、纽径 0.4~0.5、厚 0.1 厘米（图七八七，9；彩版二七七，1）。

标本 I T8206⑦：36，正面隆起，其上有三道放射状棱脊，两侧中部向外弧起，顶端纽部残缺，两侧棱脊向下伸出，使末端形成连弧形边。长 4.1、宽 3.1、厚 0.2 厘米（图七八七，10）。

F 型　3 件。

标本 I T8106⑦：54，平面呈梯形。一面隆起。顶端有一环形纽，两侧各有一条形翼。中部有五道纵向脊，两脊之间略下凹。长 5、宽 3.2、厚 0.2 厘米（图七八七，11；彩版二七七，3、4）。

标本 I T8106⑦：32，铜铃状，平面呈梯形，两侧有双翼，顶端有一环形纽，中部有五道纵向脊，两脊间略下凹。一面隆起，一面内凹。长 5.2、宽 3.2、厚 0.2 厘米（图七八七，12；彩版二七七，7）。

G 型　1 件。

标本 I T8005⑦：5，上端左右对称各有两个短齿突。中间椭圆状，有一圈凹槽。下端有五根爪状长齿，略弯曲。可能为发饰。长 3.6、宽 2.4、厚 0.5 厘米（图七八七，13；彩版二七七，2）。

H 型　5 件。

标本 I T8005⑦：11，平面近椭圆形。器身中部隆起。顶端有一纽。长 7.5、宽 2.4、厚 0.15 厘米（图七八七，14；彩版二七七，5）。

标本 I T8003⑦：49，平面呈长椭圆形。器身中部隆起。顶端有一纽。长 11.3、宽 2.4、厚 0.15 厘米（图七八七，15）。

J 型　2 件。

标本 I T8004⑦：43，顶部环形纽已残断。平面呈六边形，器身扁平。中部一面微鼓，一面凹陷。长 4.9、宽 2.9、厚 0.2 厘米（图七八七，16；彩版二七七，6）。

标本 I T8105⑦：29，顶部环形纽已残断。平面呈六边形，器身扁平。中部一面微鼓，一面凹陷。长 4.8、宽 3、厚 0.2 厘米（图七八七，17）。

圆角方孔形器　28 件。

Aa 型 I 式　4 件。

标本 I T8105⑦：37，平面呈圆角方形。中有一方形穿孔，孔壁一面上凸成领。领呈上小下大的覆斗形。长 6.3、宽 5.5、孔长 1.9、孔宽 1.9、领高 0.7 厘米（图七八八，1；彩版二八〇，1）。

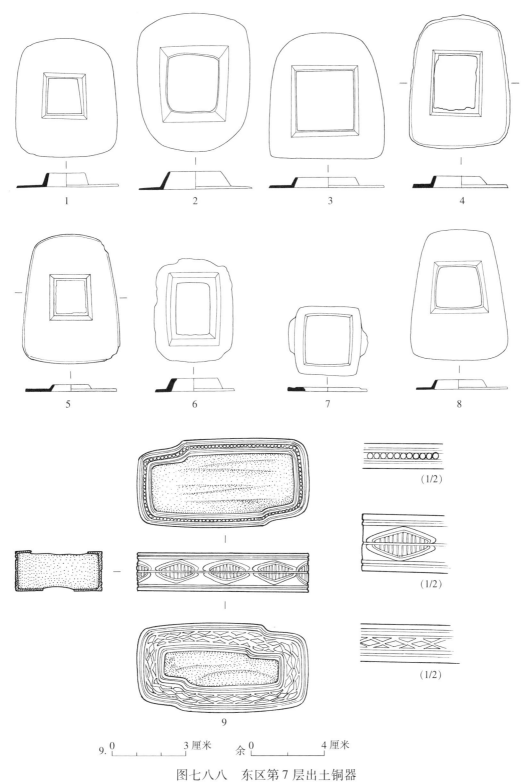

图七八八　东区第 7 层出土铜器

1、2. Aa 型 I 式圆角方孔形器（ I T8105⑦：37、 I T8106⑦：9）　　3～5、8. Aa 型 II 式圆角方孔形器（ I T8105⑦：20、
I T8205⑦：38、 I T8106⑦：47、 I T8206⑦：20）　　6. Ac 型圆角方孔形器（ I T8005⑦：83）　　7. B 型圆角方孔形器
（ I T8205⑦：14）　　9. 方形器（ I T7809⑦：5）

标本ⅠT8106⑦：9，平面呈圆角梯形。中有一方形穿孔，孔壁一面上凸成领。领呈上小下大的覆斗形。长7.4、宽6.1、孔长3、孔宽2.8、领高0.9厘米（图七八八，2；彩版二八〇，2）。

Aa型Ⅱ式　20件。

标本ⅠT8105⑦：20，平面呈圆角方形。中有一方形穿孔，孔壁一面上凸成领。领呈上小下大的覆斗形。长6.7、宽6.3、孔长3.1、孔宽3.1、领高0.5厘米（图七八八，3；彩版二八〇，3）。

标本ⅠT8205⑦：38，平面呈圆角梯形。中有一方形穿孔，孔壁一面上凸成领。领呈上小下大的覆斗形。长7.1、宽5.4、孔长2.7、孔宽2.2、领高0.5厘米（图七八八，4；彩版二八〇，4）。

标本ⅠT8106⑦：47，平面呈圆角梯形。中有一方形穿孔，孔壁一面上凸成领。领呈上小下大的覆斗形。长6.8、宽5.4、孔长1.9、孔宽1.6、领高0.4厘米（图七八八，5；彩版二八〇，5）。

标本ⅠT8206⑦：20，平面呈圆角梯形。中间方孔近似梯形，孔壁一面凸出成领，领部斜直、截面呈梯形。长6.9、宽5.4、孔长2.2、孔宽2.5、领高0.5厘米（图七八八，8；彩版二八〇，6）。

Ac型　2件。

标本ⅠT8005⑦：83，平面呈圆角长方形。中有一长方形穿孔，孔壁一面上凸成领。领呈上小下大的覆斗形，领部内凹。长5.5、宽4.3、孔长2.8、孔宽1.8、领高0.7厘米（图七八八，6）。

B型　2件。

标本ⅠT8205⑦：14，平面呈圆角方形。中有一方形穿孔，孔壁一面略微上凸。两侧各有一条形翼。长3.7、宽3.6、孔长2.6、孔宽2.4、领高0.2厘米（图七八八，7；彩版二八〇，7）。

方形器　1件。

标本ⅠT7809⑦：5，平面呈长方环形，中空，一组对角内折，断面呈长方形。周身饰满阳刻纹饰。中间填满黑色不明粒状物，上下两面纹饰不一，一面饰一周由两道凸弦纹夹连珠点纹构成的纹饰带；另一面饰一周由两道凸弦纹夹菱形纹构成的纹饰带；侧面饰一周海贝形纹。长7、宽3.6、厚1.4厘米（图七八八，9；彩版二七八、二七九）。

鸟　4件。

标本ⅠT8206⑦：46，鸟爪残断。鸟首略上昂，圆眼突出，双翅收束上翘，尾羽折而下垂。短颈上饰羽片纹，双翅上的长羽饰卷云纹。长8、高6.2厘米（图七八九，1；彩版二八一）。

标本ⅠT8205⑦：48，鸟足下部榫头缺失。喙部剥落。鸟首高昂，鸟头上翘，圆眼突出，双翅收束上翘，尾羽折而下垂。头、颈、身上饰翅羽纹及点状鳞片纹。该器应是立于大型铜器上的附件。通体打磨光滑细腻，制作较为精细。长6.3、高5.3厘米（图七八九，2；彩版二八二）。

标本ⅠT7810⑦：1，尾部、前胸有残损。器身扁平。圆头，尖喙，长颈。圆形眼和翅膀均以凸线形铸成。爪刻画较抽象，趾不明显，中部有一圆孔。宽7、高8、厚0.3厘米，重16.7克（图七八九，3；彩版二八三，4）。

标本ⅠT8105⑦：92，鸟颈部以下缺失，鸟冠局部缺失，有多处锈损现象，器表因埋藏环境已变成黑色。顶部有两菱形冠，一冠残缺，鸟首略下垂，尖圆头，圆喙，口部微开，圆眼突出。残

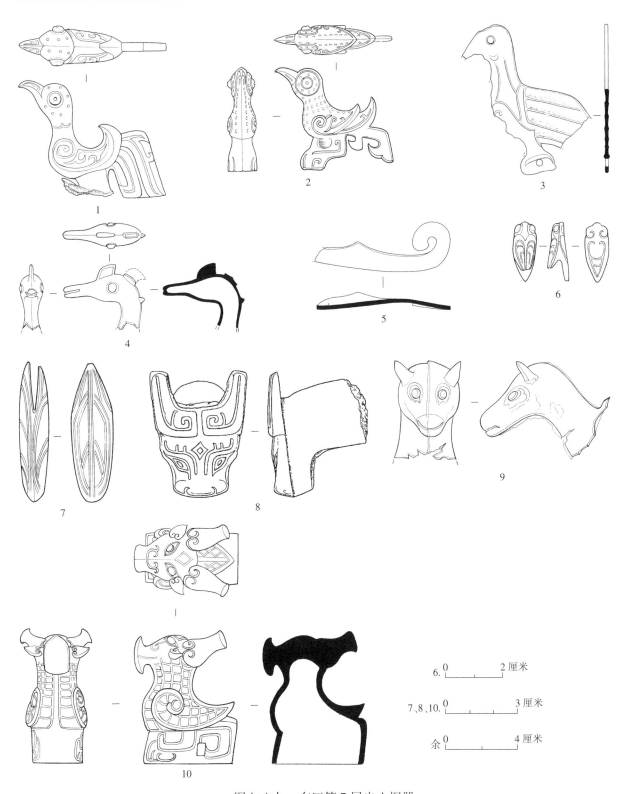

图七八九　东区第 7 层出土铜器

1~4. 鸟（ⅠT8206⑦：46、ⅠT8205⑦：48、ⅠT7810⑦：1、ⅠT8105⑦：92）　5. 虎尾（ⅠT8004⑦：24）　6、7. 蝉
（ⅠT7809⑦：1、ⅠT7809⑦：6）　8. 牛首（ⅠT8206⑦：45）　9. 灵猫（ⅠT8405⑦：16）　10. 怪兽（ⅠT8004⑦：37）

长4.1、残高3.3厘米（图七八九，4；彩版二八三，1、2）。

虎尾　1件。

标本ⅠT8004⑦：24，平面呈卷云状，较长。一侧边有锥状凸起。残长7、宽2.4、厚0.3厘米，重14.2克（图七八九，5）。

蝉　2件。

标本ⅠT7809⑦：6，尾部局部缺失，锈蚀现象严重。断面呈椭圆形。应是蝉蛹，两面均有菱形阳刻蝉纹。残长5.4、宽1.6、厚1.1厘米（图七八九，7；彩版二八三，3）。

标本ⅠT7809⑦：1，断面呈椭圆形。蝉目凸出，尾部分叉，两面均饰有卷曲阳刻蝉翼。长2.1、宽0.9、厚0.7厘米（图七八九，6）。

牛首　1件。

标本ⅠT8206⑦：45，牛角高翘，后部为空心圆柱状。角部斜直，较钝，上饰螺旋纹，额上饰菱形纹。眼圆睁，吻部发达。长4.2、宽3.1、高5厘米（图七八九，8；彩版二八四，1~3）。

灵猫　1件。

标本ⅠT8405⑦：16，耳部微翘，顶部圆尖。猫首后部为空心圆柱状。猫眼圆睁，颜面狭长，吻部突出，嘴微张，未刻划出鼻孔。该器应是大型青铜器上的立体装饰。宽3.9、高5.2厘米（图七八九，9；彩版二八五）。

怪兽　1件。

标本ⅠT8004⑦：37，造型奇特，头大身小，牛头鸟身。茸角高翘，圆角。三角形双耳向两侧耸出。额上饰菱纹，吻部发达夸张，吻部上方饰两处三角形纹，未刻划出鼻孔及嘴。周身遍饰片状鱼鳞纹，下腹上饰卷曲纹。底部为空心长方柱状，两侧均有一相互对称的方形穿孔，饰云雷纹，推测该器是立于大型铜器上的附件。长4.3、宽2.9、高5.3厘米（图七八九，10；彩版二八六、二八七）。

罍　1件。

标本ⅠT7607⑦：1，体量较小。盘口，直沿，方唇，束颈，鼓肩，斜腹内收，圈足。肩部有两个对称的环形耳，每耳两侧各有一对对称的凸起圆形涡纹。口径2、腹径2.5、底径2、高3.6厘米（图七九〇，1；彩版二八三，5）。

尊　3件。

标本ⅠT7913⑦：1，仅存部分尊腹。整体为一兽面，以方形云雷纹为底纹，其上凸出鼻梁、眼睛、兽角等部分，在角、鼻梁等部位之上也以云雷纹填充。正面凸起的鼻梁等部分，背面均凹陷，以保持整体厚度一致。纹饰制作不够精细，鼻梁左右两侧有不对称的现象。残宽18.8、残高15.7厘米（图七九〇，5；彩版二八四，4、5）。

标本ⅠT8004⑦：60，可能为铜尊腹部部分。残存部分为兽面的角，以云雷纹为底，角凸出，其上再装饰云雷纹。正面凸起位置，内壁凹陷。这件器物纹饰较规整、精细，器较为厚重。与ⅠT7913⑦：1尊制作水平有较大差异。残宽6.3、残高5.2厘米（图七九〇，2；彩版二八三，6）。

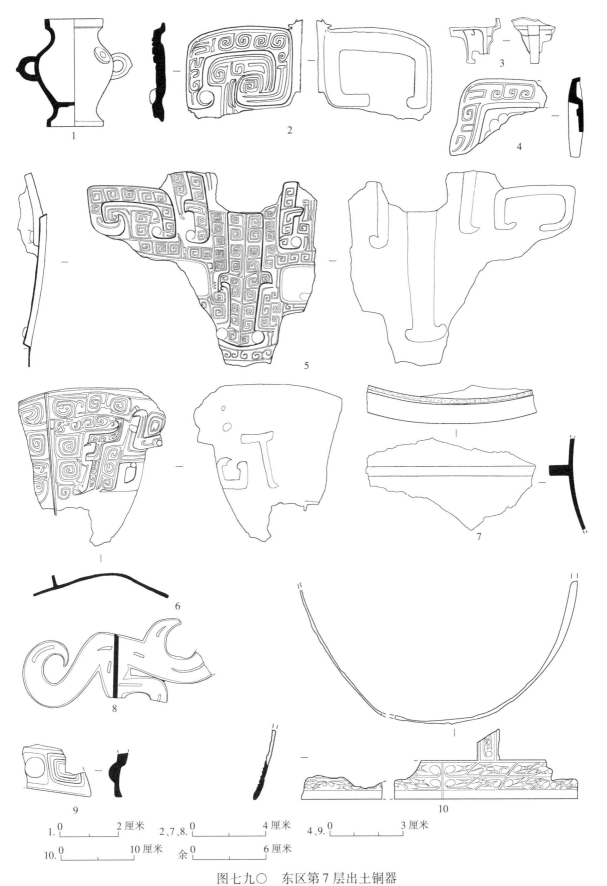

图七九〇　东区第 7 层出土铜器

1. 罍（ⅠT7607⑦:1）　2、5、6. 尊（ⅠT8004⑦:60、ⅠT7913⑦:1、ⅠT8105⑦:34）　3. 扉棱（ⅠT8106⑦:56）
4、7、9. 铜器残片（ⅠT8004⑦:59、ⅠT8205⑦:4、ⅠT8205⑦:1）　8. 牌饰（ⅠT7804⑦:1）　10. 圈足（左:ⅠT8103
⑦:11；右:ⅠT8205⑦:26）

标本ⅠT8105⑦:34，为尊圈足一部分。以不均匀的云雷纹为底，其上凸出眉、身躯等部分，兽面右侧有一扉棱分界。纹饰整体略显粗糙。外壁凸起位置内壁凹陷。残宽12.2、残高12.5厘米（图七九〇，6；彩版二八四，6）。

牌饰 2件。

标本ⅠT7804⑦:1，虎形，器身扁平。头部呈半环形，下颌较长，前端有一尖牙竖立。短身，长尾上卷，腿呈跪卧姿势，头部、尾部均有阴线刻槽。长10.1、宽4.4、厚0.2厘米，重29.4克（图七九〇，8；彩版二八八，1）。

圈足 2件。

标本ⅠT8103⑦:11、ⅠT8205⑦:26，这两件器物为某器圈足的一部分。为浅浮雕式的带状纹饰，每组纹饰由四个相同的单元构成中心对称，每个单元近似高度抽象的龙纹或云纹。局部残存向上歧出的部分，也装饰这种纹饰。这种纹饰目前还未曾发现，但接近的这类中心对称的带状云纹常见于南方地区。直径约38、残高9.2厘米（图七九〇，10；彩版二八八，3、4）。

扉棱 1件。

标本ⅠT8106⑦:56，残。可能为簋式容器耳垂下端装饰扉棱。表面有阴线的抽象线条装饰。残宽3.5、高3.8厘米（图七九〇，3；彩版二八八，2）。

铜器残片 37件。

标本ⅠT8004⑦:59，平面形状不规则。器身凹凸不平，表面饰有卷云纹。残长3.6、残宽3、厚0.3厘米（图七九〇，4；彩版二八八，5）。

标本ⅠT8205⑦:4，平面形状不规则。器物弯曲有弧度，中部有一道凸棱。残长9.4、残宽4.3、凸棱长1.1、厚0.2厘米（图七九〇，7）。

标本ⅠT8205⑦:1，仅存一段。左边形似眼睛，中部圆润突出形似眼球，右边饰重菱纹。长3.2、宽1.9、厚0.44厘米（图七九〇，9）。

（5）金器

21件。

圭形饰 1件。

标本ⅠT8106⑦:3，平面呈圭形。长5、宽1.5厘米（图七九一，3）。

菱形金箔 1件。

标本ⅠT8105⑦:73-1，平面呈菱形。长6.3、宽3.2厘米（图七九一，4）。

蛙形饰 1件。

标本ⅠT8003⑦:32，平面形状不规则。头部呈桃状，并列一对圆眼。身作亚字形，背部中间有一脊线，前后四肢相对向内弯曲，身体尾端呈尖状。脊两侧饰对称弦纹，由背脊处延伸至四肢，弦纹内饰一排连珠状乳丁纹。左边前后肢、右边后肢部分有残损。长6.6、残宽3.9厘米（图七九一，1；彩版二八八，6、7）。

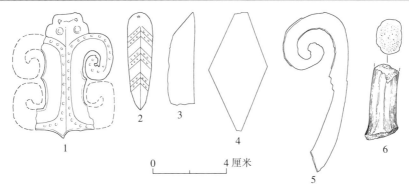

图七九一　东区第7层出土器物

1. 蛙形金饰（ⅠT8003⑦：32）　2. B 型鱼形金箔饰（ⅠT8205⑦：24）　3. 圭形金饰（ⅠT8106⑦：3）
4. 菱形金箔（ⅠT8105⑦：73－1）　5. 金器残片（ⅠT8005⑦：68）　6. 鹿角（ⅠT8105⑦：109）

鱼形金箔饰　4 件。B 型。

标本ⅠT8205⑦：24，平面呈柳叶形。顶端有一圆形小孔，中间刻有一道直线，直线两侧有三组左右对称的平行斜线纹，每组六条线，形似叶脉。每两条斜线之间有三个小圆点。长 5.2、宽 1.4 厘米（图七九一，2）。

金器残片　14 件。

标本ⅠT8005⑦：68，平面呈卷曲状。残长 8.5、宽 1 厘米（图七九一，5）。

（6）骨角器

2 件。

鹿角　2 件。

标本ⅠT8105⑦：109，仅存一段，横剖面呈椭圆形。长径 2、残高 4.2 厘米（图七九一，6）。

（二〇）第 6 层下遗迹及出土遗物

开口于该层下遗迹有 L1、L2、L4～L6、L9、L10、L62、G1（图七九二；见附表三），分述如下。

1. L1

位于ⅠT7806 南部，开口于第 6 层下，打破第 7 层，大致呈长方形，东西长 2.5、南北宽 1.2、深约 0.3 米。中间有 1 根东西向的大象牙，四周分布着 28 颗野猪獠牙（图七九三，1）。

2. L2

位于ⅠT7611～ⅠT7911、ⅠT7610～ⅠT7910、ⅠT7809、ⅠT7909 共 10 个探方内，南部被晚期机挖沟打破，西北及东北均被晚期灰沟打破。该堆积开口于第 6 层下，堆积置于第 7 层地表。第 6 层发掘完毕后，大量野猪獠牙、鹿角密集分布在近 10 个探方内的第 7 层地表。为了保护与展示，仅清理至现地面，未继续进一步发掘。现地面平面共计分布有野猪獠牙 1600 余颗、鹿角 1400

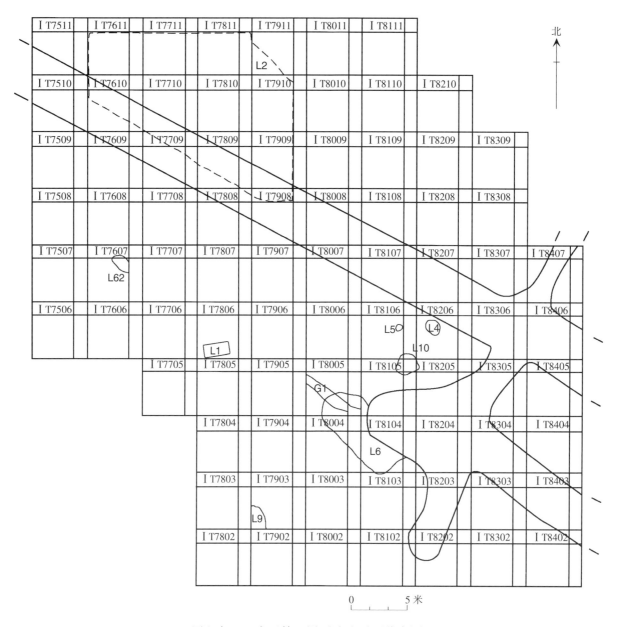

图七九二　东区第6层下遗迹平面分布图

余支、象牙1根、玉器43件、铜器7件（有铜戈、蛇头、鸟等）以及少量卵石和陶器。L2遗物均在遗迹馆，出于保护和展示需要，未提取。已提取器类有陶器、玉器、石器、铜器等，共21件（图七九三，2；图七九四；彩版二八九至二九五）。

（1）陶器

1件。

狗　1件。

标本L2∶17，夹砂红褐陶。尖头，张口，眼、鼻孔均可见。平耳用手指捏制而成。颈较长。

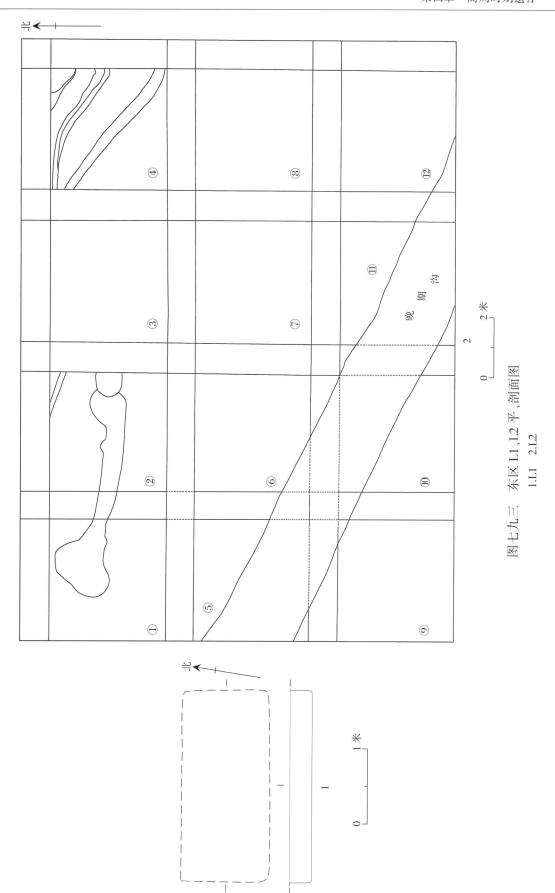

图七九三 东区 L1,L2 平、剖面图

1.L1 2.L2

身似船形，背部下陷。尾、腿均残。残长4.9、宽1.4厘米，重9.1克（图七九五，1）。

（2）玉器

14件（其中1件在展厅，2件同号）。

环　2件。B型。

标本L2：2-2，灰白色，夹黑色、红色沁斑。仅存一段。表面磨光，孔对钻后修整。平面呈圆环形。环面较窄，外缘呈方形面。残长4.4、环面宽2.3、厚0.5厘米，重8.1克（图七九五，2）。

标本L2：14，灰白色，夹褐色沁斑。仅存一段。表面磨光，孔对钻后修整。平面呈圆环形。环面较窄，外缘呈方形面。残长5.2、环面宽2.4、厚0.6厘米，重15.1克（图七九五，5）。

璧　5件。

Ad型　1件。

标本L2：2-1，灰白色，夹黑色沁斑，玉质不精。仅存一段。表面磨光，孔对钻后修整。平面呈圆环形。环面略窄，外缘呈弧形面，内缘处双面起平凸唇。直径10.1、孔径5.3、厚0.9厘米，重24.7克（图七九六，4；彩版二九六，1）。

Af型　4件。

标本L2：3，灰白色，夹红色、褐色沁斑。仅存一段。表面磨光，孔对钻后修整。平面呈圆环形。环面略宽，外缘呈弧形面，内缘处双面起平凸唇。残长6.3、环面宽3.1、厚0.4厘米，重14.9克（图七九五，3）。

标本L2：8，灰白色，夹黑色、红色沁斑。仅存一段。表面磨光，孔单面钻通。平面呈圆环形。环面略窄，外缘呈弧形面。近内、外缘处分别有两周凹弦纹。残长2.7、环面宽2.1、厚0.3厘米，重5.4克（图七九五，4）。

标本L2：19-1，灰白色，夹黑色、红色沁斑。仅存一段。表面磨光，孔对钻后修整，制作精美。平面呈圆环形。环面稍宽，外缘呈方形面，内缘处双面起平凸唇。环面饰三组各两周凹弦纹。尺寸不明（彩版二九六，2）。

标本L2：19-2，灰白色，夹黑色、红色、黄色沁斑。表面磨光，孔对钻后修整，制作精美。平面呈圆环形。环面稍窄，外缘呈弧形面，内缘处双面起平凸唇。环面饰七周凹弦纹。直径9.7、孔径5.7、厚0.4厘米，重36.7克（图七九五，6）。

锛　3件。

C型　1件。

标本L2：9，灰白色，外表呈红色，夹黄色条状沁斑。表面磨光，刃部有小块破损。平面呈上小下大的等腰梯形。顶面呈平面，侧边平直，中部微鼓，单面平刃。长4.1、宽3.1、厚0.9厘米，重19.8克（图七九五，8；彩版二九六，3）。

D型　2件。

标本L2：4，灰白色，夹黑色、红色、黄色沁斑。表面磨光。平面近长方形。顶残，一侧边平

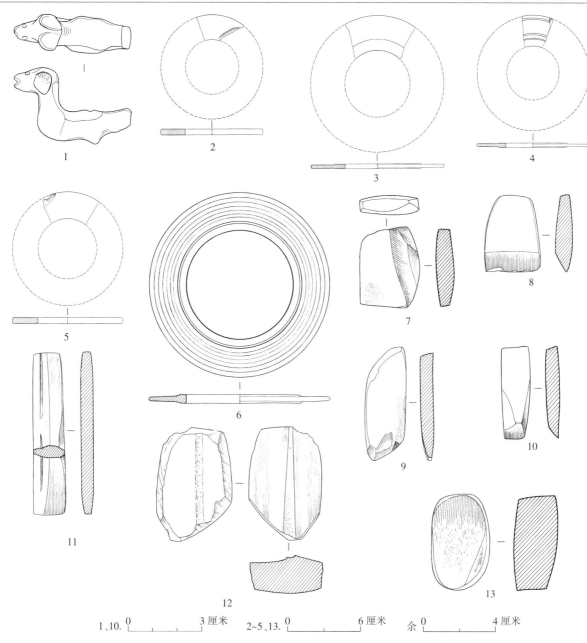

图七九五 东区 L2 出土器物

1. 陶狗（L2∶17） 2、5. B 型玉环（L2∶2－2、L2∶14） 3、4、6. Af 型玉璧（L2∶3、L2∶8、L2∶19－2） 7、9. D 型玉锛（L2∶4、L2∶18） 8. C 型玉锛（L2∶9） 10. Ac 型玉凿（L2∶10） 11. 玉凿半成品（L2∶11） 12、13. 玉料（L2∶6、L2∶7）

直，一侧边有弯折。中部鼓凸，单面平刃，刃口钝。长4.1、宽3.3、厚1厘米，重25.2克（图七九五，7；彩版二九六，4）。

标本 L2∶18，青色，夹黑色、黄色沁斑。表面磨光，未完全开刃。平面呈平行四边形。顶面呈斜面，侧边平直，单面平刃。长5.8、宽2.3、厚0.8厘米，重19.2克（图七九五，9；彩版二九六，5）。

凿 2件。

Ac 型　1 件。

标本 L2：10，灰白色。表面磨光，表面涂有朱砂。平面呈上大下小的等腰梯形，断面呈长方形。顶部保留自然面，侧边略弧，单面平刃。长 3.6、宽 1.2、厚 0.6 厘米，重 8.2 克（图七九五，10；彩版二九六，6）。

Bc 型　1 件。

标本 L2：1-3，青色，夹红色、黄色沁斑。表面打磨，制作较粗糙。形体较小，平面呈长方形，断面呈长方形。侧边平直，单面平刃。长 4.1、宽 1.1、厚 0.9 厘米，重 7.8 克（图七九六，3；彩版二九六，7）。

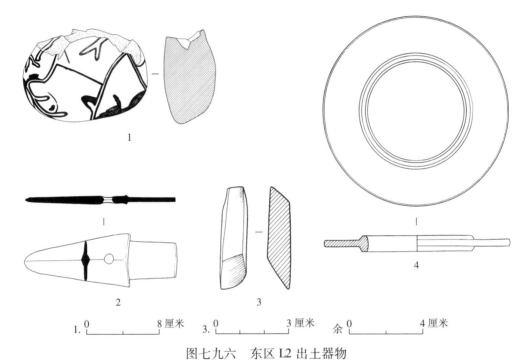

图七九六　东区 L2 出土器物

1. 奇石（L2：22-1）　2. Ca 型铜戈（L2：13）　3. Bc 型玉凿（L2：1-3）　4. Ad 型玉璧（L2：2-1）

玉凿半成品　1 件。

标本 L2：11，牙白色，夹黑色、黄色沁斑。表面磨光，一面有切割形成的凹槽。平面呈长方形，断面近椭圆形。长 8.7、宽 1.7、厚 0.7 厘米，重 22 克（图七九五，11；彩版二九六，8）。

玉料　2 件。

标本 L2：6，青色，夹黄色条纹状沁斑。表面磨光，一面有切割痕迹。平面呈椭圆形。长 6.2、宽 4.1、厚 1.9 厘米，重 87.8 克（图七九五，12）。

标本 L2：7，褐色，夹白色及黑色条纹状沁斑。表面磨光，器表有多道裂纹。一面有切割痕迹。平面呈椭圆形。长 4.8、宽 3.1、厚 2.29 厘米（图七九五，13；彩版二九七，1）。

（3）石器

4 件（其中 1 件在展厅）。

锛　2 件。

Bb 型　1 件。

标本 L2：1－2，表面磨光。平面呈上小下大的等腰梯形。顶部保留自然面，侧边平直，中部微鼓，单面弧刃。长 5.75、宽 4.3、厚 1.8 厘米，重 82.1 克（图七九七，1；彩版二九七，2）。

C 型　1 件。

标本 L2：1－1，表面磨光。平面呈长方形。顶部呈弧形面，侧边平直，中部微鼓，单面弧刃。长 5.8、宽 2.9、厚 1.1 厘米，重 35.9 克（图七九七，2；彩版二九七，4）。

凿　1 件。Ca 型。

标本 L2：5，表面磨光，表面涂有朱砂。平面呈长方形。顶残，侧边平直，凹面弧刃。疑为凹刃凿残件。长 2.9、宽 2.7、厚 1 厘米，重 24.8 克（图七九七，3；彩版二九七，6）。

奇石　1 件。

标本 L2：22，局部残缺，残存部分断为两部分。标本 L2：22－1，长 13.8、宽 10、厚 5.8 厘米（图七九六，1；彩版二九七，5）。

（4）铜器

2 件（其中 1 件在展厅）。

镞　1 件。Bb 型。

标本 L2：20，锈蚀较严重。尖锋，双翼，无脊，短铤。残长 3.3、残宽 1.1、厚 0.2 厘米，重 1.4 克（彩版二九七，3）。

戈　1 件。Ca 型。

标本 L2：13，器身锈蚀严重，援部侧锋整体轻微锈损。长 8.32、宽 2.87、厚 0.5 厘米（图七九六，2；彩版二九七，7）。

3. L6

位于 ⅠT8004、ⅠT8005、ⅠT8104、ⅠT8105 内，南部叠压于 ⅠT8103 北隔梁下，东部被现代

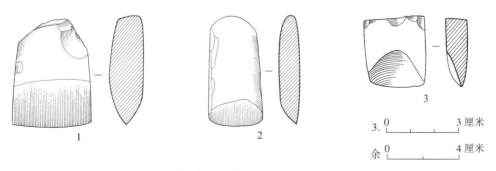

图七九七　东区 L2 出土石器
1. Bb 型锛（L2：1－2）　2. C 型锛（L2：1－1）　3. Ca 型凿（L2：5）

图七九八 A　东区 L6①层平面图

1、3. 玉璋　2、12、20、41、44、48、51. 玉器残片　4. 玉料　5、8、29、30、36、40、42. 玉凹刃凿形器
6、7、10、25、27、37、38、43、45、47. 玉凿　9、13、28、34. 磨石　11、16、21. 玉环　14. 铜角器　15、
22、54. 铜器残片　17、53. 金器残片　18、23、32、35、39、49、50. 玉镯　19、26、31、33、46、52. 玉璧
24. 玉琮

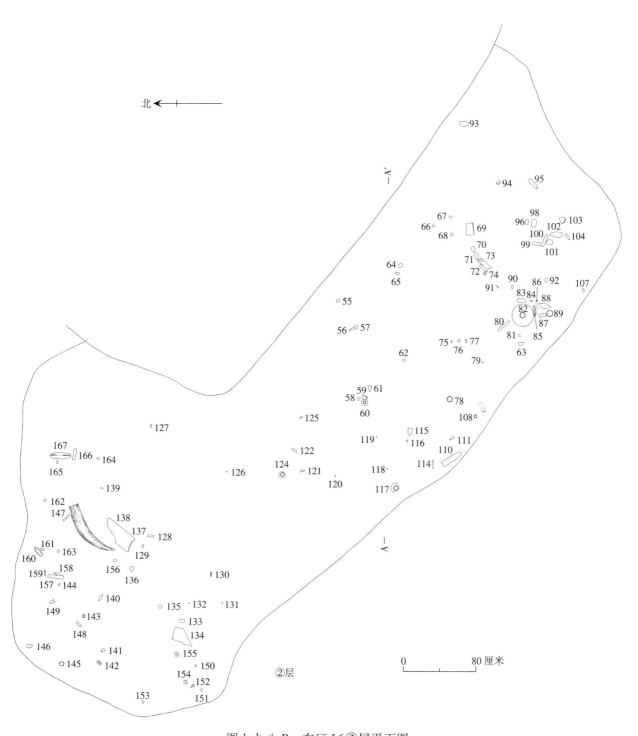

图七九八 B　东区 L6②层平面图

55、70、92、96、107、129、135、136、139、144、151、153、156、162、163. 美石　57、58、64、68、71、74、
83、101、102、158. 玉料　56、72、80、86、95、99、100、104、114、147、157、164. 玉凿　59、84、91、93、
94、111、115、120～122、127、128、130、134、150、166. 玉器残片　60～63、82、87、88、117、124、140. 玉
璧　65、97. 兽骨　66、145. 铜挂饰　67、105、106、109、112、113、116、118、119、123、131、132、137、
148、152. 铜器残片　69. 玉钺　73、110、138. 玉璋　75、78、89、108. 玉镯　76、81、90、98. 石料　77. 玉环
79. 素面环形金饰　85、133. 磨石　103. 陶片　125、126. 金器残片　141、149. 铜铃　142、155. 铜圆角方孔形
器　143. 铜璧　146. 石矛　154. 陶尖底杯　159. 铜戈　160、167. 玉戈　161. 铜鸟　165. 玉斧（97、105、106、
109、112、113、123 已提取）

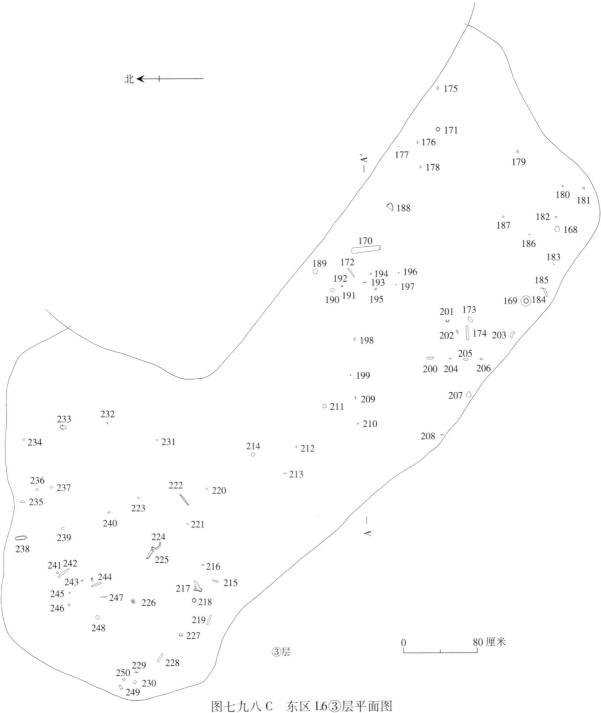

图七九八 C　东区 L6③层平面图

168. 蝉纹玉片　169、203. 玉璧　170. 玉凹刃凿形器　171、201. 玉镯　172、174、184、200、215、235. 玉凿　173. 玉锛形器　175～177、186、192、199、209. 金器残片　178～182、191、193～197、202、204、208、210、223、227、229、232、240、243、245、246、250. 铜器残片　183. 玉珠　185、212、221. 玉片　187、189、190、198、205、206、214、230、231、234、236、237. 美石　188. 石多璜联璧　207. 红烧土　211、218、241、244、248. 铜挂饰　213、217. 白齿　216、226. 铜圆角方孔形器　219、222、228、242、247. 铜锥形器　220. 圆形骨器　224. 獠牙　225. 象牙　233. 石璧坯料　238. 玉戈　239. 玉箍形器　249. 铜铃

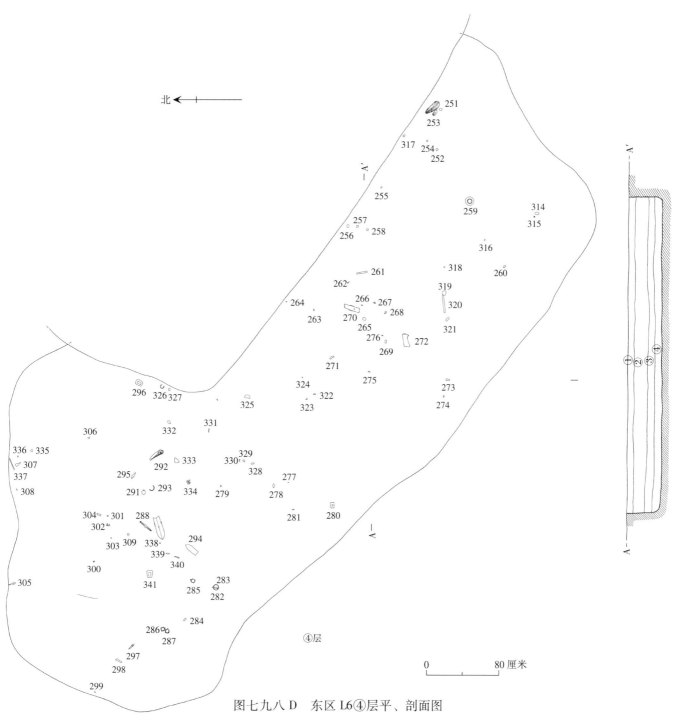

图七九八 D 东区 L6④层平、剖面图

251、252、265、278、309、318、335、336、338. 美石 253、258、262、263、271、272、279、281、284、306、307、313、317、321、322、333、334. 玉器残片 254～257、260、266～268、274～277、289、290、299～302、304、308、315、323、327、339. 铜器残片 259. 铜璧 261、282、320. 玉凿 264. 条形金饰 269、319. 玉料 270、293、294. 玉戈 273、310、331. 鱼形金箔 280、296、341. 铜圆角方孔形器 283、292. 玉镯 285～288、291、314、332. 铜挂饰 295、297、305、340. 铜戈 298、328、337. 铜锥形器 303. 玉琮残片 311. 石器残片 312、316、324、342. 玉珠 325. 石璧坯料 329. 玉矛 330. 玉璧 326. 铜环形器 (289、290、310～313 已提取)

机挖沟打破。开口于第 6 层下，打破第 7 层。平面呈不规则形，直壁，平底。西北—东南向长约 8.6、西南—东北向宽 3.9、深 0.5 米。坑内堆积可分四层，每层内填土差别极小，均为黄褐色砂黏土，土质疏松，包含较多象牙骨渣，以遗物分布密集程度差异分层，每层堆积内均出土了大量遗物。第 1 层出土遗物共 54 件，包括玉器 48 件、铜器 4 件、金箔 2 件；第 2 层出土遗物 113 件，包括玉器 77 件、铜器 24 件、石器 5 件、金器 3 件、陶器 2 件、骨器 2 件；第 3 层出土遗物 83 件，包括玉器 31 件、铜器 37 件、金器 7 件、石器 2 件、骨器 1 件、象牙 1 件、獠牙 1 件、动物牙齿 2 件、烧土 1 件；第 4 层出土遗物 92 件，包括玉器 43 件、铜器 43 件、金器 4 件、石器 2 件（图七九八；彩版二九八、二九九）。

（1）玉器

158 件。

戈 5 件。仅 2 件可辨型式。

Aa 型 1 件。

标本 L6：299，灰白色，夹褐色、红色沁斑。边缘残损较严重。表面打磨，阑部穿孔单面钻通，风化较严重。援部较窄，尖锋、宽援、方内。阑部有七组齿突。长 26.1、宽 8.18、厚 1.3 厘米（彩版三〇〇，1）。

Ab 型 1 件。

标本 L6：173，灰白色，夹黑色、红色沁斑。边缘残损较严重。表面打磨，孔单面钻通，风化较严重。援部较窄，尖锋缓收。本部有七组齿突。方形内，内后端残。残长 24.8、宽 6.5、厚 1.4 厘米，重 160 克（图七九九，1）。

矛 2 件。B 型。

标本 L6：166，灰黄色透闪石，器表附着大量锈斑。顶端有残损，整器打磨规整，锋部锐利。长 12.6、宽 4.4、厚 0.6 厘米（图七九九，2；彩版三〇〇，2）。

标本 L6：244，灰白色透闪石软玉，不透明，器表有黄色、褐色块状和灰色丝状沁斑，器表还粘附有土锈痕迹。长体。尖锋，弧形边刃，下端斜收，底端斜直。刃面与平直面交接处成脊，两刃面交接处也成脊。长 12.83、宽 4.1、厚 0.8 厘米（彩版三〇〇，3、4）。

钺 1 件。A 型。

标本 L6：75，灰白色，夹黑色、红色沁斑。顶部与一侧边残失。表面磨光，一面风化严重。平面呈长方形，器身扁平。钺身较宽。侧边平直，平刃。残长 13.2、宽 9.7、厚 2.2 厘米，重 421.3 克（图七九九，3）。

璋 1 件。Cc 型。

标本 L6：116，长方形台形阑，齿突较浅，柄部近三角形，两边出刃。长 25.5、宽 6.6、厚 0.73 厘米（彩版三〇一，1、2）。

玉璋残片 24 件。

图七九九　东区 L6 出土玉器

1. Ab 型戈（L6：173）　　2. B 型矛（L6：166）　　3. A 型钺（L6：75）　　4、6. 玉璋残片（L6：144、L6：79）　　5. Aa 型
凿（L6：163）　　7、8. Ba 型凿（L6：53、L6：101）　　9. 玉琮残件（L6：309）　　10. Ca 型凿（L6：62）　　11、12. Bb 型
凿（L6：267、L6：178）　　13. B 型斧（L6：171）　　14. D 型锛形器（L6：179）　　15. Bc 型凹刃凿形器（L6：176）

标本 L6：79，灰白色，夹黑色、红色、黄色沁斑。仅存一援本部至内上部残片。表面磨光，孔单面钻通。双面平，本部起阑。主阑有两组平行的齿突组，每组有三个齿突；附阑残损仅存三个齿突；阑间有四组齿突，中间两组各有两道阴刻平行线纹，下方一组有三道阴刻平行线纹。残长15.7、宽8.5、厚0.6厘米，重155.2克（图七九九，6；彩版三○一，3）。

标本 L6：144，灰白色，夹黑色、红色沁斑。仅存一援部残片。表面磨光，中部有切割痕迹。形体庞大。侧边平直。近本部有三组纹饰带。上方一组为三组各四道阴刻平行线纹；中间一组为两组各四道阴刻平行线纹夹四线重菱纹；下方一组为四组各四道阴刻平行线纹，平行线纹中间为多组斜向线纹。残长50.2、残宽16.8、厚0.9厘米，重1616.1克（图七九九，4）。

斧 1件。B型。

标本 L6：171，墨绿色。整器制作规整，打磨抛光精细，器表保留大量打磨痕迹。弧形顶，外弧刃较钝。长3.2、宽1.5、厚0.9厘米（图七九九，13；彩版三○一，5、6）。

锛形器 1件。D型。

标本 L6：179，平面呈椭圆形，弧刃，锋利。整器打磨精细。长7.4、宽2.9、厚0.6厘米（图七九九，14；彩版三○一，4）。

凿 22件。可辨型式21件。

Aa型 2件。

标本 L6：163，灰白色，夹红色沁斑。刃口有残损。表面磨光。平面呈上小下大的梯形，断面呈长方形。顶部呈斜面，侧边平直，单面平刃。残长17.2、宽3.5、厚1厘米，重62.1克（图七九九，5；彩版三○二，1）。

Ba型 3件。

标本 L6：53，灰白色，夹黑色、红色沁斑。中部残缺。表面磨光。断面呈椭圆形。侧边平直。残长15.4、宽2.7、厚2.1厘米，重140克（图七九九，7）。

标本 L6：101，青色，夹黑色、红色沁斑。顶部残失。表面磨光。平面呈长方形，断面呈椭圆形。侧边平直，弧刃。残长13.2、宽3.4、厚2.2厘米，重172克（图七九九，8；彩版三○二，2）。

Bb型 14件。

标本 L6：178，牙白色，夹黑色、红色、黄色沁斑。顶部残断。表面磨光，有切割痕迹。平面呈长方形，断面呈椭圆形。侧边平直，弧刃。残长12.3、宽1.4、厚1厘米，重44.1克（图七九九，12；彩版三○二，3）。

标本 L6：267，牙白色，夹黑色、黄色沁斑。表面磨光。平面与断面均呈长方形。顶部呈凸脊状，侧边平直，弧刃。残长11.6、宽1.7、厚0.7厘米，重29.9克（图七九九，11；彩版三○二，4）。

标本 L6：49，黄褐色，夹黑色沁斑，不透明。平面呈长方形，截面近圆形，顶部平直，双面弧刃。长 11.3、宽 1.41、厚 1.29 厘米（彩版三〇三，1）。

标本 L6：78，青色，夹黑色、白色等沁斑，半透明。平面近圭形，顶部残断，弧刃。长 12.85、宽 3.06、厚 1 厘米（彩版三〇三，2）。

标本 L6：86，黄褐色，夹黑色沁斑，不透明。长条状，顶部斜直，双面弧刃。长 18.2、宽 2.38、厚 1 厘米（彩版三〇三，4）。

标本 L6：92，褐色，夹黄色、黑色等沁斑，不透明。平面近长方形，顶部平直，双面弧刃。长 17.8、宽 2.24、厚 1.96 厘米（彩版三〇三，3）。

标本 L6：106，黄褐色，夹黑色沁斑，不透明。顶部切割平直，双面弧刃。长 14.86、宽 3.21、厚 0.72 厘米（彩版三〇三，6）。

标本 L6：180，灰白色，不透明。平面近长方形，弧刃，锋利。长 15.37、宽 2.28、厚 1.34 厘米（彩版三〇三，5）。

标本 L6：326，黄褐色，夹杂黑色沁斑，不透明。平面近长方形，截面近方形，顶部平直，双面弧刃。长 19.12、宽 2.14、厚 1.5 厘米（彩版三〇三，7）。

Ca 型　2 件。

标本 L6：62，灰白色，夹杂黑色沁斑。顶部有残损。表面磨光。平面呈等腰梯形，断面呈梯形。顶部呈弧面，侧边平直，未开刃。长 7.4、宽 2、厚 1.4 厘米，重 39.9 克（图七九九，10；彩版三〇三，8）。

凹刃凿形器　2 件。

Bb 型　1 件。

标本 L6：46，淡黄色，夹杂黑色、褐色沁斑。整器制作规整精细。平面呈上窄下宽的梯形。顶部残缺，下端和刃口全部残损，有一定的风化现象。单面刃尖薄，刃缘外弧。长 18.15、宽 4.25、厚 2.16 厘米（彩版三〇四，3）。

Bc 型　1 件。

标本 L6：176，淡黄色，夹杂黑色、浅紫色沁斑。整器制作规整精细。平面呈上窄下宽的梯形。平顶，一面外弧，一面平直，凹面与弧面相交处起弧形脊，单面刃尖薄，刃缘外弧。长 33.5、宽 6.3、厚 1.9 厘米（图七九九，15；彩版三〇四，1、2）。

玉琮残件　1 件。

标本 L6：309，极残。灰白色，夹杂黑色沁斑，玉质较差。表面打磨，孔对钻后修整，风化较严重。仅存一射口残片。环柱形。残长 2.1、残高 1.4 厘米（图七九九，9）。

璧　15 件。

Aa 型 Ⅱ式　1 件。

标本 L6：175，灰白色，夹杂黑色、红色、黄色沁斑。仅存一段。表面磨光，孔对钻后修整。

平面呈圆环状。外缘呈凸脊状，内缘处双面起领。直径11.2、孔径5.8、高2.1厘米（彩版三〇四，5、6）。

Ab 型　5件。

标本 L6：209，灰白色，夹杂黑色、红色、黄色沁斑。仅存一段。表面磨光，孔对钻后修整。平面呈圆环状。外缘呈凸脊状，内缘处双面起领。残长6.8、环面残宽1.7、高1.2厘米，重10.4克（图八〇〇，1）。

标本 L6：66，灰白色，夹杂黑色、红色沁斑。仅存一段。表面磨光，孔对钻。平面呈圆环状，环面略窄。外缘呈方形面，内缘处双面起矮领。直径7.6、孔径4、高1.8厘米（图八〇〇，2；彩版三〇四，4）。

Ac 型　3件。

标本 L6：52，灰白色，夹杂黑色、红色沁斑。仅存一小段。表面打磨，孔对钻后修整，风化严重。平面呈圆环状，环面略窄。外缘呈方形面，内缘处双面起领。残长6.9、环面宽2.7、高1.7厘米，重14.8克（图八〇〇，3）。

标本 L6：94，灰白色，夹红色沁斑。仅存一小段。表面磨光，孔对钻后修整。平面呈圆环状，环面宽。外缘呈方形面，内缘处双面起领。残长7.4、环面宽2.8、高1.8厘米，重11.4克（图八〇〇，4）。

标本 L6：130，淡黄色，夹杂少量白色、黑色沁斑。表面磨光，孔对钻，孔壁打磨光滑。内缘双面起领，外缘呈凸脊状。整器制作规整。直径8.5、孔径5.4、高1.1厘米（图八〇〇，5；彩版三〇五，1）。

Ad 型　3件。

标本 L6：93，灰白色，夹杂黑色、红色、黄色沁斑。仅存一段，内缘领残断。表面磨光，孔对钻后修整。平面呈圆环状，环面宽。外缘呈凸脊状，内缘处双面起领。环面饰十一组凹弦纹，自内至外分别有一、三、三、二、二、四、三、三、三、三、二条凹弦纹。残长14.9、环面宽5.5、残高0.5厘米，重46.8克（图八〇〇，6；彩版三〇五，2）。

标本 L6：336，牙白色。仅存一小段。表面磨光，孔对钻后修整。平面呈圆环状，环面较宽。外缘呈方形面，内缘处双面起矮领。残长1.6、环面宽2.3、高0.5厘米，重1.8克（图八〇〇，7）。

标本 L6：88，灰白色透闪石软玉，不透明。由于受到埋藏环境及土壤影响，出土时器表表现出阴阳两面不同的色泽效果。向上的阳面呈紫蓝色，其上布满大量黑色、白色沁斑；向下的阴面则呈浅白色，其上分布褐色条状沁斑及大量黑色点状沁斑。直径24.8、孔径6.35、领高2厘米（彩版三〇五，3）。

Ba 型　3件。

标本 L6：146，灰白色，夹杂黑色、黄色沁斑。仅存一段，内缘未见。表面磨光。平面呈圆环

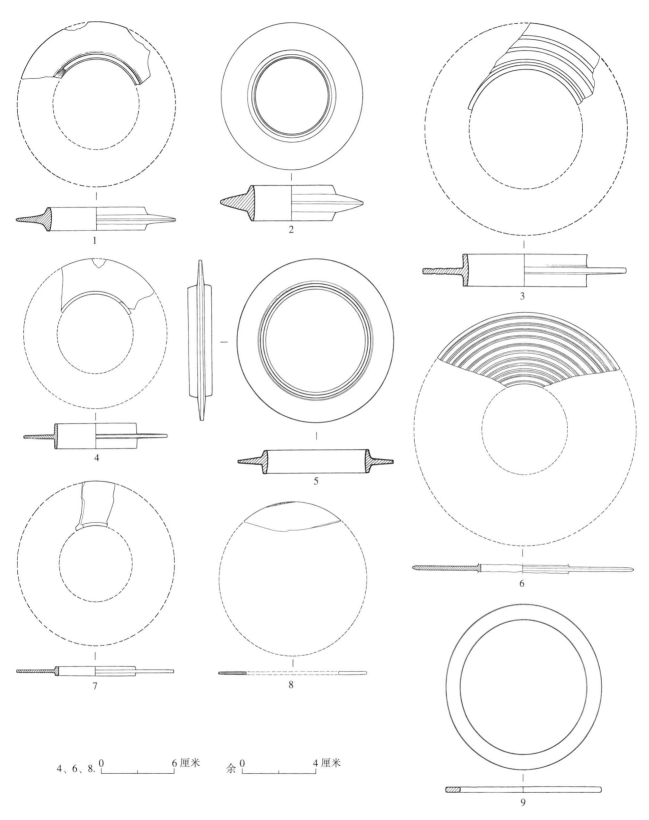

图八〇〇　东区 L6 出土玉璧

1、2. Ab 型（L6∶209、L6∶66）　3～5. Ac 型（L6∶52、L6∶94、L6∶130）　6、7. Ad 型（L6∶93、L6∶336）　8、9. Ba 型（L6∶146、L6∶58）

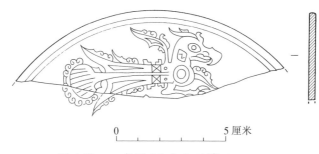

图八〇一　东区 L6 出土玉璧（L6：67）

状。外缘呈方形面。残长 7.6、环面残宽 2、厚 0.1 厘米，重 6.3 克（图八〇〇，8）。

标本 L6：67，灰白色，夹杂黑色、红色、黄色沁斑。仅存一段残片，内缘未见。表面磨光。平面呈圆环状，两面阴刻有相同的图案。近外缘处饰两周凹弦纹，器身凹弦纹内侧刻划有带翼飞兽，鸟喙，兽首，有翼。兽目圆睁，勾喙，有冠，短颈，短足，大爪，长尾。背部有长羽，尾末端呈蒲扇状。身刻有圆圈纹、叉状纹等纹饰。矫健的四肢，足上有利爪，呈奔跑状，整体可谓鸟与兽的结合，似西方的格里芬形象。残长 12.2、残宽 3.8 厘米（图八〇一；彩版三〇六，1）。

标本 L6：58，灰白色。孔径较大，环面较窄。整器制作精细，打磨光滑。器身厚度一致。直径 8.6、孔径 7、厚 0.3 厘米（图八〇〇，9）。

箍形器　5 件。

Aa 型　1 件。

标本 L6：245，灰白色。仅存一小段残片。表面磨光，孔对钻后修整。器呈环柱体，环面很窄。束腰。近顶部有两周凹弦纹。残长 3.7、宽 2.6、厚 0.3 厘米，重 6.2 克（图八〇二，1）。

Ab 型　2 件。

标本 L6：50，灰白色。仅存一段残片。表面磨光，孔对钻后修整。器呈环柱体，环面很窄。残长 3.7、宽 2.8、厚 0.4 厘米，重 6.5 克（图八〇二，2）。

B 型　2 件。

标本 L6：57，灰白色，夹杂黑色、红色沁斑。仅存腰部残片。表面磨光，孔对钻后修整。器呈环柱体。腰部饰两周凸脊。残长 5、残宽 6.8、厚 0.4 厘米，重 14.8 克（图八〇二，3）。

环　1 件。B 型。

标本 L6：83，牙白色。一小段残失。表面磨光，孔对钻。平面呈圆环状，环面较窄。外缘呈凸脊状。外径 3.6、内径 2.4、厚 0.2 厘米，重 1.9 克（图八〇二，5）。

镯　7 件。

Aa 型　6 件。

标本 L6：81，灰白色，夹杂黑色、黄色、红色沁斑。仅存一段。表面磨光，孔对钻后修整。平面呈圆环状，断面呈纵椭圆形。环面窄。残长 2.1、环面宽 0.3、厚 1 厘米，重 1.2 克（图八〇二，4）。

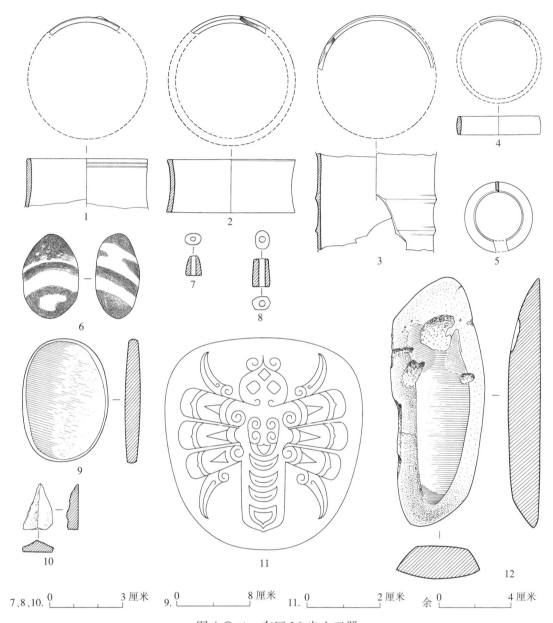

图八〇二　东区 L6 出土玉器

1. Aa 型箍形器（L6∶245）　　2. Ab 型箍形器（L6∶50）　　3. B 型箍形器（L6∶57）　　4. Aa 型镯（L6∶81）　　5. B 型环（L6∶83）　　6. 美石（L6∶342）　　7、8. 绿松石珠（L6∶2、L6∶9）　　9、12. 磨石（L6∶139、L6∶91）　　10. 玉器残片（L6∶218）　　11. 蝉纹玉片（L6∶174）

标本 L6∶289，灰白色。表面磨光，孔对钻后修整。平面呈圆环状，断面呈纵椭圆形。环面窄。外径 6.97、内径 6.31、厚 0.89 厘米（彩版三〇七，1）。

C 型　1 件。

标本 L6∶84，灰白色，夹杂黑色、黄色、红色沁斑。表面磨光，孔对钻后修整。平面呈圆环状，断面呈纵椭圆形。环面窄。外径 6.36、内径 5.32、厚 0.52 厘米（彩版三〇七，2）。

绿松石珠　11 件。

标本 L6：2，表面打磨，孔对钻，表面有残损。截尖锥形。上径 0.3、下径 0.6、孔径 0.2、高 0.8 厘米，重 0.4 克（图八〇二，7）。

标本 L6：9，表面打磨，孔对钻，表面有残损。平面呈管状。直径 0.8、孔径 0.3、高 1.2 厘米，重 1.1 克（图八〇二，8）。

美石　43 件。

标本 L6：342，平面呈椭圆形。器表有天然纹饰。长 4.5、宽 3、厚 2.4 厘米（图八〇二，6；彩版三〇七，3）。

标本 L6：237，黄色，质地纯净。器呈蛋形。长 2.02、宽 1.9、厚 1.33 厘米（彩版三〇七，4）。

标本 L6：61，褐色，夹杂黑色斑点及白色纹理。局部地方有轻微的侵蚀痕。长 6.78、宽 3.8、厚 2.84 厘米（彩版三〇七，5）。

标本 L6：98，淡黄色与白色相间，夹杂褐色斑点。两面均有切割及打磨痕迹。边缘有两处残损。长 5.22、宽 4.7、厚 1.08 厘米（彩版三〇七，6）。

磨石　9 件。

标本 L6：91，平面形状不规则，断面近梯形。表面磨光，双面磨平。长 13.3、宽 5.2、厚 1.7 厘米，重 163.8 克（图八〇二，12；彩版三〇六，2、3）。

标本 L6：139，平面呈椭圆形。器身两面磨光，有打磨、切割痕迹。长 13.2、宽 9.4、厚 1.7 厘米（图八〇二，9）。

玉器残片　7 件。

标本 L6：218，灰白色，夹杂黑色、红色沁斑。表面磨光。残片平面呈三角形，可能为玉戈援部边刃。残长 1.9、残宽 1.3、厚 0.4 厘米，重 2.3 克（图八〇二，10）。

蝉纹玉片　1 件。

标本 L6：174，紫褐色。平面呈不规则椭圆形，上宽下窄。一面采用减地技法将蝉的头、眼、翅膀、足等身体特征刻画得惟妙惟肖，头部下端刻有"蝉符"。该件器物是金沙遗址祭祀区将蝉与蝉符完美结合的艺术精品。长 5.5、宽 5.3、厚 0.5 厘米（图八〇二，11；彩版三〇八）。

（2）石器

52 件，可辨器形仅 7 件。

石矛残件　2 件。

标本 L6：152，仅存骹部。表面打磨。骹平面呈上大下小的梯形。平底，侧边锋利且直。残长 5.7、宽 3.6、厚 0.5 厘米，重 19.2 克（图八〇三，1）。

多璜联璧　3 件。

标本 L6：194，平面呈扇形。表面磨光，边缘有一圆孔，孔对钻，一面附着铜锈。残长 7.5、宽 6.2、厚 0.7 厘米，重 44.4 克（图八〇三，2）。

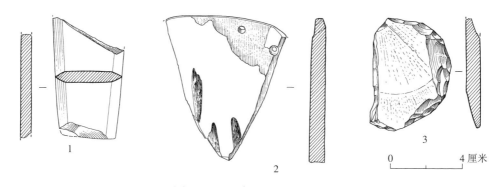

图八〇三　东区 L6 出土石器
1. 石矛残件（L6：152）　2. 多璜联璧（L6：194）　3. A 型石璧坯料（L6：331）

石璧坯料　2 件。A 型。

标本 L6：331，片岩，平面呈半圆形，器身扁平。边缘较薄。长 5.9、宽 4.3、厚 0.8 厘米，重 28.3 克（图八〇三，3）。

（3）铜器

94 件。

戈　8 件。6 件可辨型式。

Ba 型　2 件。

标本 L6：303，平面呈十字形。援平面呈长等腰三角形，尖锋，侧刃直，中脊微凸延伸至锋尖，本部呈圆形，中部有一圆形穿孔。内呈长方形。援身有三道横脊。长 8.5、宽 1.8、厚 0.2 厘米，重 7.3 克（图八〇四，1；彩版三〇九，1）。

标本 L6：311，平面呈十字形。援平面呈长等腰三角形，尖锋，侧刃直，中脊微凸延伸至锋尖，本部呈圆形，中部有一圆形穿孔。内呈长方形。援身有数道横脊。长 8.5、宽 1.8、厚 0.2 厘米（彩版三〇九，2）。

Bb 型　1 件。

标本 L6：165，平面呈十字形。援平面呈长等腰三角形，尖锋，侧刃直且留有范痕，中脊微凸延伸至锋尖，本部呈圆形，中部有一圆形穿孔。内呈长方形，较短。残长 7.5、宽 1.9、厚 0.4 厘米，重 8.1 克（图八〇四，2；彩版三〇九，3）。

Ca 型　1 件。

标本 L6：301，锋尖残断。平面呈十字形。援平面呈长等腰三角形，尖锋，侧刃直，中脊微凸延伸至锋尖。内呈长方形。残长 6.2、宽 2.5、厚 0.3 厘米，重 7.8 克（图八〇四，3）。

Cb 型　2 件。

标本 L6：346，平面呈十字形，援呈细长的等腰三角形。本部正中有一圆形穿孔。凸出的中脊从穿孔处延伸到锋尖。锋部缓收。长 8.3、宽 2、厚 0.15 厘米（图八〇四，4；彩版三〇九，4）。

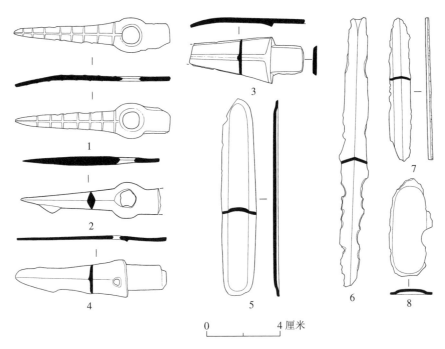

0 ————— 4厘米

图八〇四　东区 L6 出土铜器

1. Ba 型戈（L6∶303）　　2. Bb 型戈（L6∶165）　　3. Ca 型戈（L6∶301）　　4. Cb 型戈（L6∶346）　　5. Ac 型锥形器
（L6∶253）　　6、7. Aa 型锥形器（L6∶343、L6∶228）　　8. Ab 型锥形器（L6∶334）

锥形器　9 件。

Aa 型　6 件。

标本 L6∶343，边缘残损严重。平面呈柳叶形，断面呈"V"字形。中部较宽，中脊凸起。残长 14.1、残宽 1.5、厚 0.2 厘米，重 8.8 克（图八〇四，6；彩版三〇九，5）。

标本 L6∶228，平面呈椭圆形，断面呈弧形。中部略宽，无中脊。残长 7.3、残宽 1.1、厚 0.1 厘米，重 3.6 克（图八〇四，7；彩版三〇九，6）。

Ab 型　2 件。

标本 L6∶334，仅存一段，边缘残损严重。平面呈椭圆形，断面呈弧形。无中脊。残长 5.1、宽 2.4、厚 0.4 厘米，重 9.1 克（图八〇四，8）。

Ac 型　1 件。

标本 L6∶253，平面呈长椭圆形。器身隆起。长 10.4、宽 1.9、厚 0.15 厘米（图八〇四，5；彩版三〇九，7）。

铃　3 件。

Ab 型　1 件。

标本 L6∶155，纽部残缺，铃口剥落，器身有较多划痕。长 3、宽 1.7、残高 5.6 厘米（彩版三一〇，1）。

B 型　2 件。

标本 L6：255，平面呈等腰梯形，断面呈合瓦形。顶部有一环形纽，无侧翼，口内凹，无铃舌。长 4.8、宽 3.1、厚 1.7 厘米，重 62.6 克（图八〇五，1；彩版三一〇，2）。

璧　2 件。

Ab 型　1 件。

标本 L6：265，平面呈圆环形。孔径大于环面宽。孔缘双面凸出于环面形成领，孔壁及凸起的领呈三角形，器壁剖面呈"Y"形。领部内壁未经修整，有较多铸造遗留，边缘有锈蚀。直径 9.5、孔径 6.2、领高 1.4 厘米（图八〇五，2；彩版三一〇，3）。

Bc 型　1 件。

标本 L6：149，平面呈圆环形。中有一圆孔，环面较窄。直径 4.3、孔径 3.7、厚 0.1 厘米，重 4.4 克（图八〇五，3；彩版三一〇，4）。

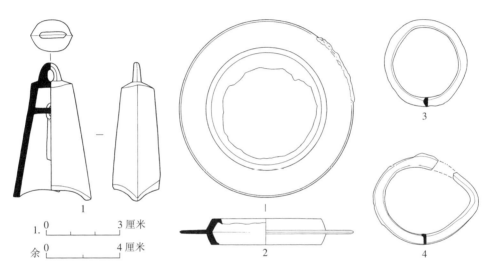

图八〇五　东区 L6 出土铜器
1. B 型铃（L6：255）　2. Ab 型璧（L6：265）　3. Bc 型璧（L6：149）　4. B 型环形器（L6：332）

环形器　1 件。B 型。

标本 L6：332，变形严重，有一小段残缺。平面呈圆环形。中有一圆孔，环面很窄，内缘处单面起矮领。外径 5.8、内径 3.9、厚 0.2 厘米，重 4.4 克（图八〇五，4；彩版三一〇，5）。

挂饰　16 件。

A 型　9 件。

标本 L6：291，平面呈圆形。器身一面平直，一面下凹。顶端有一环形纽。外缘有四个齿突。直径 4.2、厚 0.4 厘米（图八〇六，1；彩版三一〇，6）。

标本 L6：224，平面呈圆形。顶部有环形纽，中部一面下凹，一面平。周围有四个分布不均匀的尖凸。直径 3.9、厚 0.2 厘米，重 25.9 克（图八〇六，2；彩版三一一，1）。

标本 L6：254，器身锈蚀严重，边缘多处残损，顶部环形纽残断。平面呈圆形。中部一面微鼓，一面下凹。直径 3.9、厚 0.2 厘米（图八〇六，3）。

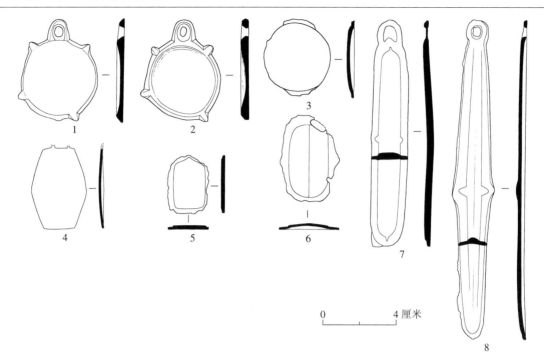

图八〇六　东区 L6 出土铜挂饰

1 ~ 3. A 型（L6：291、L6：224、L6：254）　4. J 型（L6：320）　5. C 型（L6：72）　6. D 型（L6：338）　7、8. H 型
（L6：250、L6：294）

C 型　2 件。

标本 L6：72，顶部环形纽残断，边缘残损。平面呈圆角方形。中部一面微鼓，一面平。长
3.1、宽 2.2、厚 0.3 厘米，重 4.5 克（图八〇六，5）。

D 型　1 件。

标本 L6：338，平面呈不规则长方形。器身隆起。顶部纽残断。长 4.6、宽 3.2、厚 0.2 厘米
（图八〇六，6）。

H 型　3 件。

标本 L6：250，平面呈长条形。器身隆起。顶端有一环形穿孔。长 11.9、宽 2、厚 0.3 厘米
（图八〇六，7；彩版三一一，5）。

标本 L6：294，平面呈长条形。器身隆起。顶端有一环形纽。中间两侧凸出。长 16.8、宽 2.3、
厚 0.15 厘米（图八〇六，8）。

J 型　1 件。

标本 L6：320，顶部环形纽残断，边缘残损。平面呈圆角六边形。中部一面微鼓，一面凹
下。中部有一道纵向凸脊。长 4.4、宽 3、厚 0.14 厘米，重 5.9 克（图八〇六，4；彩版三一
一，2）。

圆角方孔形器　9 件。

Aa 型 II 式　4 件。

标本 L6：161，平面呈长方形。中有一长方形穿孔，孔壁一面上凸成领。领呈上小下大的覆斗形。边缘有残损。长 5.5、宽 3.8、孔长 3.3、孔宽 2.2、领高 0.7 厘米（图八〇七，1；彩版三一一，4）。

标本 L6：286，平面呈长方形。中有一长方形穿孔，孔壁一面上凸成领。领呈上小下大的覆斗形。器物下端近领处有一穿孔。边缘有残损。长 5.9、宽 4.6、孔长 2、孔宽 1.8、领高 0.4 厘米（图八〇七，2；彩版三一一，3）。

标本 L6：347，平面呈圆角长方形，中有一长方形穿孔，孔壁一面上凸成领。领呈上小下大的覆斗形。边缘有残损。长 5.9、宽 5.2、孔长 2.9、孔宽 2.7、领高 0.4 厘米（图八〇七，3；彩版三一一，6）。

Ab 型　1 件。

标本 L6：302，断为三块。边缘有残损。平面呈上小下大的梯形。环面较宽。中部有一方形孔，孔

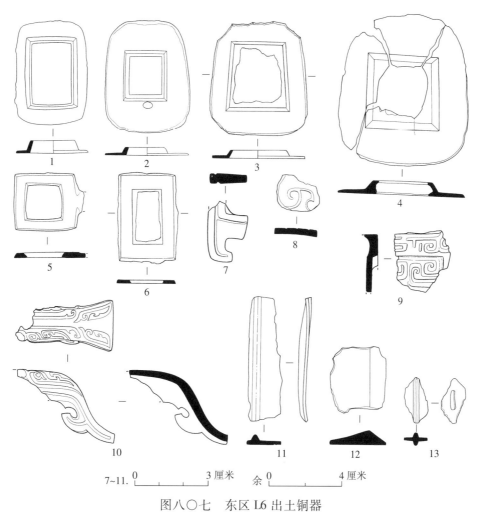

图八〇七　东区 L6 出土铜器

1～3. Aa 型Ⅱ式圆角方孔形器（L6：161、L6：286、L6：347）　4. Ab 型圆角方孔形器（L6：302）　5、6. B 型圆角方孔形器（L6：222、L6：148）　7～9、11～13. 铜器残片（L6：238、L6：261、L6：125、L6：310、L6：256、L6：111）　10. 铜鸟（L6：167）

壁上翻呈覆斗状。长8.1、宽7.1、孔长3.4、孔宽2.9、领高0.7厘米，重44.8克（图八〇七，4）。

B 型 4件。

标本 L6：222，平面呈长方形。中有一长方形孔，环面较窄。长3.8、宽2.8、孔长2.1、孔宽1.7、厚0.1厘米，重8.7克（图八〇七，5；彩版三一一，7）。

标本 L6：148，平面呈长方形。中有一长方形孔，环面较窄。长4.7、宽3.2、孔长3、孔宽1.5、厚0.1厘米，重11.5克（图八〇七，6；彩版三一二，1）。

鸟 2件。

标本 L6：167，仅存尾部，断面呈倒凹字形。外部较光滑，内侧较粗糙。尾部扁平，近尾部侧面有一回钩状突起。周身饰云雷纹。残长4.5、宽1.5、厚0.8厘米，重14.33克（图八〇七，10；彩版三一二，4）。

铜器残片 44件。

标本 L6：256，刃一端残损。形体小，器身较短，平面呈长方形，断面呈长三角形，向下渐薄。顶部呈斜面，刃微弧，两端略外撇上翘。长3.1、残宽3.2、厚0.6厘米，重28.6克（图八〇七，12）。

标本 L6：111，残损严重，仅存一段，中脊凸起。断面呈十字形。残长2.1、宽1.2、厚0.6厘米，重2.8克（图八〇七，13）。

标本 L6：238，仅存后半部残片。器身扁平。尾端上翘，且有凸起。表面沿身形铸刻一道凹槽。残长2.2、宽1.6、厚0.2厘米，重5.6克（图八〇七，7；彩版三一二，2）。

标本 L6：261，残片平面近椭圆形。残长1.8、残宽1.3、厚0.3厘米，重2.1克（图八〇七，8）。

标本 L6：310，残片平面呈长方形。表面平整。一侧边单面起脊。残长4.6、残宽1.3、厚0.15厘米，重11.2克（图八〇七，11）。

标本 L6：125，仅存一残块。边缘突起，中间凹下。边缘饰夔纹，中部饰背向的夔纹。残长2.2、宽2.2、厚0.4厘米，重5.7克（图八〇七，9；彩版三一二，3）。

（4）金器

15件。

鱼形金箔饰 1件。Ab 型。

标本 L6：337，平面呈柳叶形。极薄。上端有一圆形小穿孔，两侧各錾刻一小点。器身錾刻鱼刺纹。长5、宽0.7厘米（图八〇八，1；彩版三一二，5、6）。

条形金饰 3件。A 型。

标本 L6：270，残长21、宽1.8厘米（图八〇八，4）。

素面环形金饰 1件。

标本 L6：85，平面呈环形。残长5.4、直径10.5厘米（图八〇八，3）。

金器残片 10件。

标本 L6：205，平面形状不规则。残长3.9、宽1.2厘米（图八〇八，2）。

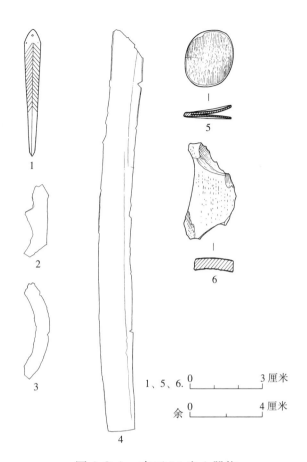

图八〇八　东区 L6 出土器物

1. Ab 型鱼形金箔饰（L6∶337）　2. 金器残片（L6∶205）　3. 素面环形金饰（L6∶85）　4. A 型条形金饰（L6∶270）
5. 圆形骨器（L6∶226）　6. 兽骨（L6∶71）

（5）骨器

4 件。

圆形器　1 件。

L6∶226，两片骨片，边缘的一部分未分离，色乌黑。表面磨光。平面近圆形，剖面呈夹子状。长 2.2、宽 1.9 厘米，重 3.8 克（图八〇八，5）。

兽骨　3 件。

标本 L6∶71，仅存一下颌骨残块。残长 3.8、宽 1.8 厘米（图八〇八，6）。

4. L4

位于ⅠT8206 西北部，开口于第 6 层下，打破第 7 层。平面呈不规则形，直壁，弧底。南北长 1.25、东西宽 1.15、深 0.15 米。坑内填土为黄褐色砂黏土，质地较疏松。遗物在坑内分布较为杂乱，在南部比较集中。出土遗物有玉器、石器等，以玉器居多，器形有戈、矛、凿、玉璋残件、玉璧、玉料、磨石等；石器有石璋半成品（图八〇九；彩版三一三）。

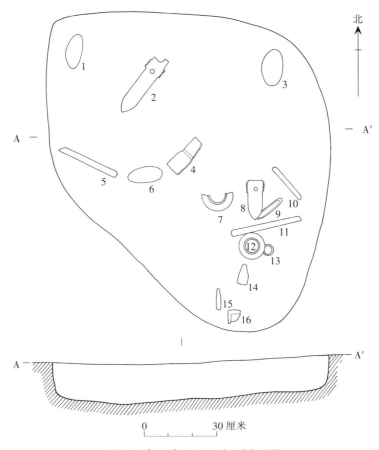

图八〇九　东区 L4 平、剖面图

1、3、6、14. 玉料　2、8. 玉戈　4. 玉璋残件　5、10、11. 玉凿　7、12. 玉璧　9. 玉矛　13. 磨石　15. 铜器残片
16. 方孔形铜器

（1）玉器

11 件。

戈　2 件。Ab 型。

标本 L4：8，灰白色，夹黄色沁斑。器身两面平整。援部较宽，长方形内。单阑，阑部有七组对称突出齿饰。援部近阑处有一穿孔，孔单面钻通。刃尖残断。残长 17.1、宽 6.1、厚 0.9 厘米（图八一〇，1；彩版三一四，3）。

标本 L4：2，青色，夹褐色沁斑。器身两面平整。援部较宽，长方形内。单阑，阑部有八组对称突出齿饰。援部近阑处有一穿孔。残损严重，由三段拼合粘接而成，表皮因风化而脱落。长 24、宽 6.4、厚 1.2 厘米（图八一〇，2；彩版三一四，1、2）。

矛　1 件。B 型。

标本 L4：9，青色，器表有大量锈斑。顶部打磨粗糙，刃部、两侧、器表打磨光滑。刃部较为锋利，有明显使用痕迹。长 12、宽 3.9、厚 0.7 厘米（图八一〇，3；彩版三一四，5、6）。

玉璋残件　1 件。

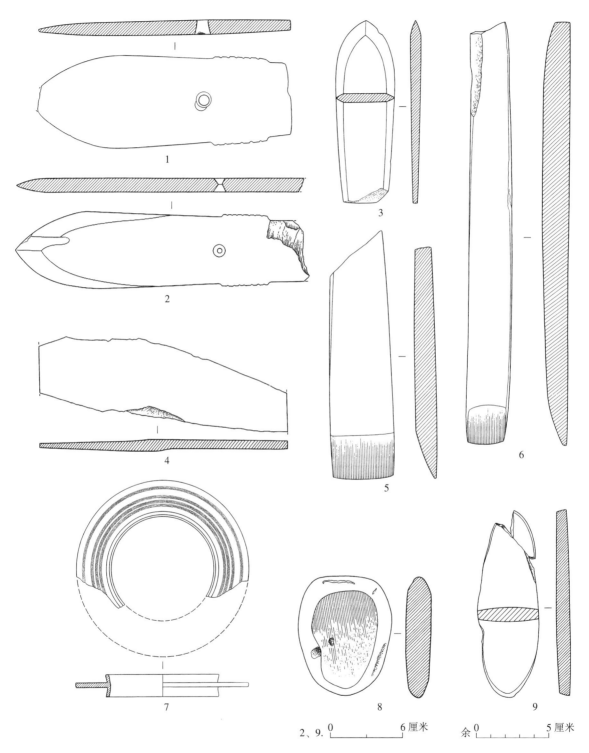

图八一〇 东区 L4 出土玉器

1、2. Ab 型玉戈（L4:8、L4:2） 3. B 型玉矛（L4:9） 4. 玉璋残件（L4:4） 5. Aa 型玉凿（L4:5）

6. Ab 型玉凿（L4:11） 7. Aa 型 I 式玉璧（L4:7） 8. 磨石（L4:13） 9. 玉料（L4:6）

标本 L4：4，灰白色，夹褐色、黄色沁斑，器表附着大量锈斑。长 16.9、宽 5.2、厚 0.8 厘米（图八一〇，4；彩版三一四，4）。

凿　3 件。

Aa 型　1 件。

标本 L4：5，一端出刃，单面直刃。两面平整，顶部保留自然断面。刃部有打磨痕迹。残长 16.4、宽 4.4、厚 1.5 厘米（图八一〇，5；彩版三一五，1、2）。

Ab 型　1 件。

标本 L4：11，一端出刃，单面直刃。两面平整，顶部保留自然断面。刃部有打磨痕迹。长 27.8、宽 3、厚 1.9 厘米（图八一〇，6；彩版三一五，3）。

Bb 型　1 件。

标本 L4：10，一端出刃，弧刃。两面平整，顶部有残损。刃部有打磨痕迹。长 21.4、宽 2.83、厚 1.95 厘米（彩版三一五，4）。

璧　2 件。

Aa 型Ⅰ式　1 件。

标本 L4：7，灰白色，夹红色、黄色、黑色沁斑。平面呈圆环形。表面磨光。环面平整。孔径较大，孔对钻。孔缘处上下凸起，形成领。环面饰有四条同心圆圈纹。小部分残断。直径 11.8、孔径 7、领高 1.5 厘米（图八一〇，7）。

Aa 型Ⅱ式　1 件。

标本 L4：12，灰白色，夹红色、黄色、黑色沁斑。平面呈圆环形。表面磨光。环面平整。孔径较大，孔对钻。孔缘处上下凸起，形成领。直径 10.49、孔径 6、领高 1.58 厘米（彩版三一五，5）。

磨石　1 件。

标本 L4：13，灰白色，器表呈黄褐色。整器打磨光滑。器身有多道细裂纹。长 7.9、宽 6.3、厚 1.7 厘米（图八一〇，8；彩版三一五，6）。

玉料　1 件。

标本 L4：6，灰白色，器表风化严重。整器打磨光滑。长 14.5、宽 5、厚 1 厘米（图八一〇，9；彩版三一五，7）。

（2）石器

石璋半成品　1 件。Bb 型。

标本 L4：150，牙尖残缺，器表边缘有多处崩疤。阑、内分界不明。长 25.5、宽 7.17、厚 1.8 厘米（彩版三一五，8）。

5. L5

位于ⅠT8106 中部偏东部，开口于第 6 层下，打破第 7 层。平面呈椭圆形，直壁，平底。长径

0.5、短径0.4、深0.1米。坑内填土为黄褐色砂黏土，质地较疏松，内含少量铜块、骨渣。出土遗物有玉器、铜器，其中玉器有凿2件、珠2件；铜器有铜璧1件、圆角方孔形器1件。该堆积遗物因保护未提取（图八一一；彩版三一六，1、2）。

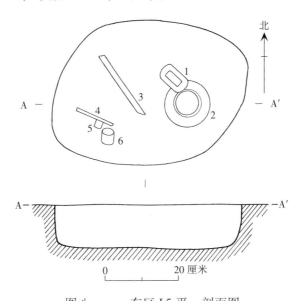

图八一一　东区L5平、剖面图
1. 铜圆角方孔形器　2. 铜璧　3、4. 玉凹刃凿形器　5、6. 玉珠

玉器

1件。

凹刃凿形器　1件。Aa型。

标本L5：1，器表带灰白色、淡黄色、红褐色、深绿色沁斑，附着大量锈斑，顶部粗磨，器身、刃部光滑，刃部有残损。平面呈长方形，平顶，一面平直，一面外弧。直面在近刃口处内凹，凹面与直面相交处起弧形脊，单面刃尖薄。长18.8、宽5.2、厚2厘米（图八一二，3；彩版三一六，3、4）。

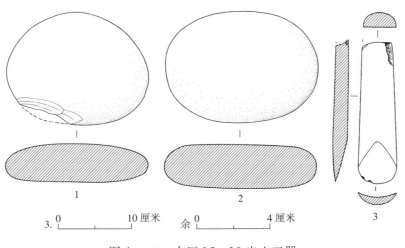

图八一二　东区L5、L9出土玉器
1、2. 美石（L9：6、L9：5）　3. Aa型凹刃凿形器（L5：1）

6. L9

位于 I T7903 西南角并延伸至西、南壁内，保存完整。开口于第 6 层下，打破第 7 层，平面呈不规则形，直壁，底部为弧底。南北长 1.88、东西宽 0.6 ~ 1.3、深 0.15 ~ 0.3 米。坑内填浅褐色土，结构紧密湿润，黏性强，夹杂大量褐色斑点、大量腐朽的象牙残骨、零星红砂石。出土遗物包括 2 件玉璋、1 件磨石、2 件圆饼状象牙器、1 件铜圆角方孔形器及 8 件美石（图八一三；彩版三一七）。

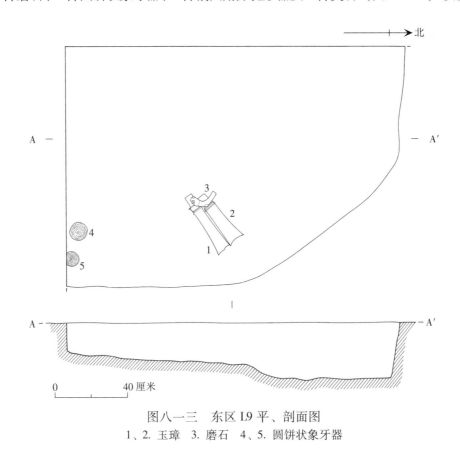

图八一三　东区 L9 平、剖面图
1、2. 玉璋　3. 磨石　4、5. 圆饼状象牙器

（1）玉器

11 件。

璋　2 件。Ab 型。

标本 L9：1，灰褐色，器表风化呈白色网状沁斑，软玉质。柄部收窄。援两侧收束明显，中部最窄，器身端刃处最宽。刃尖一高一低，内弧刃较浅，两尖端均有若干残损，单面刃有小破裂面，上端平直，不见马鞍形构造，本体与柄部之间两面有直线刻划纹组合，柄部上端靠中间有穿孔，底部平直。上宽下窄，由刃尖向柄部逐渐变厚，加工精致。长 29.8、宽 9.8、厚 1.17 厘米（彩版三一八，1、2）。

标本 L9：2，灰褐色，软玉质。柄部收窄。援两侧收束明显，中部最窄，器身端刃处最宽。刃部残缺。援部与柄部之间有刻划纹组合，柄部上端靠中间有穿孔。上宽下窄，由上而下厚度递增。

前段刃部一侧扉牙兽头折损，应是一件大型贵重的礼器。长37、宽8.3、厚0.7厘米（彩版三一九，1、2）。

磨石　1件。

标本L9：3，表面打磨。平面近长方形。侧边均呈方形面，较长边中部外弧。长8.3、宽4.2、高1厘米，重61.7克（彩版三一八，3、4）。

美石　8件。

标本L9：5，斜长石，乳白色，夹黑色斑块。双面磨平。平面呈椭圆形，石身较厚。长8.2、宽5.8、厚2.2厘米，重189.4克（图八一二，2；彩版三一九，3）。

标本L9：6，斜长石，灰黄色。一面磨平。平面呈椭圆形，石身较厚。长7.6、宽6、厚2厘米，重74.6克（图八一二，1）。

（2）铜器

1件。

圆角方孔形器　1件。Aa型Ⅰ式。

标本L9：10，平面呈圆角长方形。环面较宽。孔壁单面起领呈覆斗状。长5.6、宽5.1、孔长2.1、孔宽2厘米，重17.6克（彩版三一九，4）。

7. L10

位于ⅠT8105北部、ⅠT8106南部，部分叠压于ⅠT8205北隔梁下。开口于第6层下，打破第7层。平面呈不规则形，弧壁，平底。长径约1.9、底部直径约1.1、深0.45米。坑内填土为黄褐色砂黏土，土质疏松，较为纯净。器物分四层堆积。第1层以象牙、玉器为主，共出土7件象牙、6件玉器、1件铜器；第2层以玉器为主，共出土11件玉器、1件陶器（尖底杯）；第3层以玉器为主，共出土5件玉器、2件铜器、1件鹿角、2件陶器（1尖底盏、1尖底杯）；第4层以陶器为主，共出土3件陶器（尖底杯）、2件玉器（图八一四；彩版三二〇）。

（1）陶器

7件。

尖底杯　2件。Ca型Ⅰ式。

标本L10：40，泥质灰黄陶。口径9、残高2.9厘米（图八一五，1）。

尖底盏　1件。Ba型Ⅱ式。

标本L10：57，夹砂灰褐陶。圆唇。口径11.4、残高1.7厘米（图八一五，2）。

矮领罐　1件。D型Ⅱ式。

标本L10：63，夹砂灰黄陶。平折沿，圆唇。口径14、残高3.9厘米（图八一五，3）。

器底　3件。

Db型　2件。

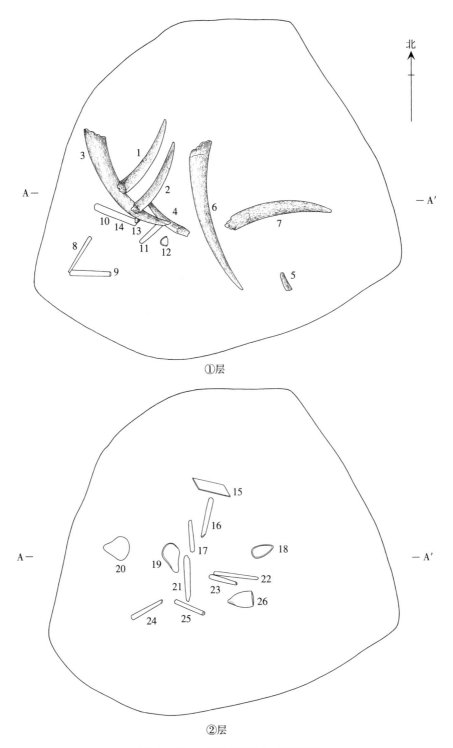

北

①层

②层

图八一四　东区 L10 平、剖面图

①层：1～7. 象牙　8、13、14. 玉凿　9、10、11. 玉凿　12. 铜挂饰
②层：15. 肩扛象牙玉璋　16、17、21～25. 玉凿　18～20、26. 玉料
③层：27. 玉凿　28. 玉料　29. 玉斧　30、31. 玉器残片　32、33. 铜戈　34. 陶尖底杯　35. 陶尖底盏　36. 鹿角
④层：37、38. 玉珠　39～41. 陶尖底杯

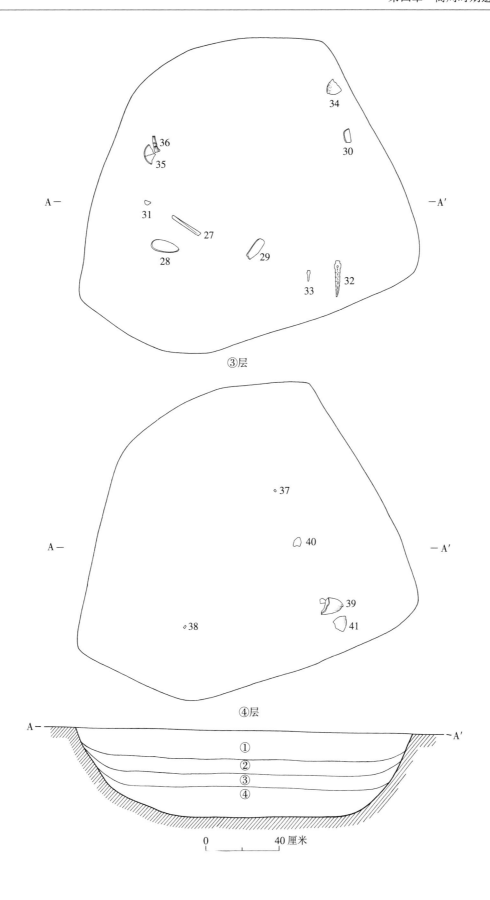

③层

④层

0　　　　40 厘米

标本 L10：45，泥质灰黑陶。残高 4.5 厘米（图八一五，4）。

Ed 型Ⅲ式　1 件。

标本 L10：41，泥质灰黑陶。底径 1.4、残高 11 厘米（图八一五，5）。

（2）铜器

3 件，可辨器形 2 件。

戈　2 件。Aa 型。

标本 L10：33，器身锈蚀严重，弯曲变形，内部一角残缺，援部有一处裂纹。该器为三角形无胡直内戈。援身较长，刃部有对称的七组锯齿，使刃口形成近连弧形的曲刃。戈锋至穿间有中脊，援末有一圆穿，柄部宽短。长 17.4、宽 3.8、厚 0.4 厘米（图八一六 A，1；彩版三二一，1、2）。

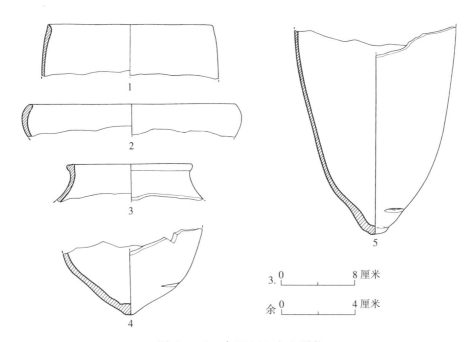

3.　0　　　　8 厘米

余　0　　　　4 厘米

图八一五　东区 L10 出土器物

1. Ca 型Ⅰ式陶尖底杯（L10：40）　2. Ba 型Ⅱ式陶尖底盏（L10：57）　3. D 型Ⅱ式陶矮领罐（L10：63）　4. Db 型陶器底（L10：45）　5. Ed 型Ⅲ式陶器底（L10：41）

（3）玉器

25 件。

斧　1 件。B 型。

标本 L10：30，青色，半透明，杂淡黄色沁斑。顶部保留自然断面，器表、两侧、刃部打磨光滑。刃部较为锋利，无明显使用痕迹。长 10、宽 5.2、厚 2.1 厘米（图八一六 B，10；彩版三二一，3、4）。

肩扛象牙玉璋　1 件。

标本 L10：16，灰白色，器表粘附大量黑色物质，并已沁入器内。器呈平行四边形，两端斜直。器身两面分别刻有两组图案，每组图案由一向右侧跪坐的人像、两道折曲纹、三道直线纹组

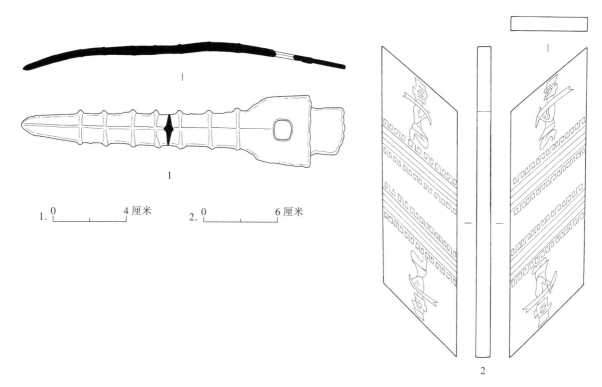

图八一六 A　东区 L10 出土器物
1. Aa 型铜戈（L10∶33）　2. 肩扛象牙玉璋（L10∶16）

成。折曲纹分布于直线纹上下。人像高冠高鼻，方耳方颐，椭圆形眼，身着长袍，双膝着地，左手持握，肩上扛有一物，此物前尖后宽，呈柱状，极似一根完整的象牙。长 18.3、宽 6.1、厚 1.1 厘米（图八一六 A，2；彩版三二二、三二三）。

凿　9 件。Bb 型。

标本 L10∶14，器表带紫色、灰白色、淡黄色沁斑，色彩斑斓。顶部保留自然断面，器表、两侧、刃部打磨光滑，刃部外弧、尖锐，无明显使用痕迹。长 19.4、宽 2.7、厚 2.1 厘米（图八一六 B，1；彩版三二四，1）。

标本 L10∶17，器表带黄色、紫色、黑色、灰白色沁斑，色彩斑斓。顶部粗磨，器表、两侧、刃部打磨光滑。器身扁平，刃部外弧、锋利。长 21.1、宽 3.2、厚 1.6 厘米（图八一六 B，2；彩版三二四，2、3）。

标本 L10∶18，黄色，杂白色、黑色沁斑。顶部断裂，器表、两侧、刃部打磨精细。刃部外弧、锋利。长 16.8、宽 3.1、厚 1.2 厘米（图八一六 B，5；彩版三二四，4）。

标本 L10∶23，青色，半透明，杂白色沁斑。整器打磨精细。器呈长条形，平顶，刃部外弧、锋利。长 24.2、宽 2、厚 1.1 厘米（图八一六 B，3；彩版三二四，5）。

标本 L10∶22，器表带黄褐色、黑色、红褐色沁斑。顶部残缺，整器打磨光滑，器身扁平，刃部外弧、锋利。长 25.2、宽 3.3、厚 1.9 厘米（图八一六 B，4）。

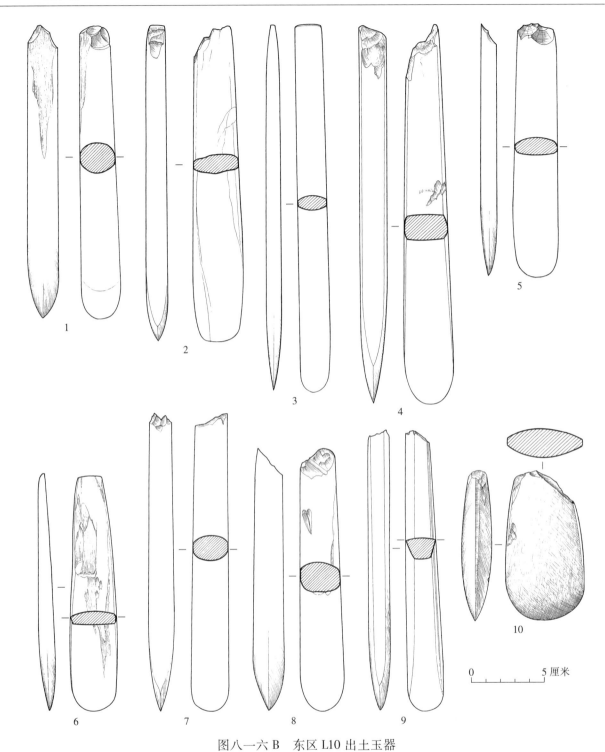

图八一六 B　东区 L10 出土玉器

1~9. Bb 型凿（L10：14、L10：17、L10：23、L10：22、L10：18、L10：24、L10：25、L10：26、L10：28）

10. B 型斧（L10：30）

标本 L10：24，灰白色，半透明，杂淡黄色沁斑，整器打磨精细。器身扁薄，平顶，刃部外弧、锋利。长 15.6、宽 3、厚 1 厘米（图八一六 B，6；彩版三二四，6）。

标本 L10：25，青色，杂淡黄色、白色沁斑，器身有多处裂纹，器表分层剥离现象严重。顶部残断，整器打磨光滑圆润，刃部外弧、尖锐。长 19.8、宽 2.7、厚 1.8 厘米（图八一六 B，7）。

标本 L10：26，器表带紫色、淡黄色、黑色沁斑。顶部缺失，多处裂纹。整器打磨光滑圆润，刃部外弧、尖锐。长 17.4、宽 3、厚 1.9 厘米（图八一六 B，8）。

标本 L10：28，青色，杂淡黄色、白色沁斑。顶部缺失，器身有多道裂纹。整器打磨光滑圆润，刃部外弧、锋利。长 18.6、宽 2.5、厚 1.4 厘米（图八一六 B，9）。

绿松石珠　8 件。

标本 L10：39，表面磨光，孔对钻。中部略鼓，平面呈管状。长径 0.8、短径 0.65、孔径 0.2、高 1.1 厘米（图八一七，8）。

标本 L10：38，表面磨光，孔对钻，中部略鼓，平面呈管状。长径 1、短径 0.7、孔径 0.2、高

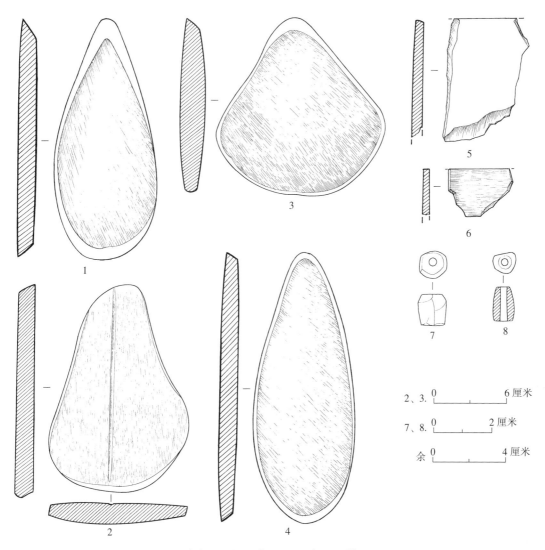

图八一七　东区 L10 出土玉器

1~4. 玉料（L10：19、L10：20、L10：21、L10：29）　5、6. 玉器残片（L10：31、L10：32）　7、8. 绿松石珠（L10：38、L10：39）

1 厘米（图八一七，7）。

玉料　4 件。

标本 L10∶19，黄色，杂红色、白色沁斑。整器打磨极为光滑精细。长 12.8、宽 5.4、厚 1.1 厘米（图八一七，1；彩版三二五，1、2）。

标本 L10∶20，青色，杂淡黄色、褐色沁斑。整器打磨光滑。长 16.7、宽 11.6、厚 1.1 厘米（图八一七，2；彩版三二五，3、4）。

标本 L10∶21，淡黄色。整器打磨光滑。长 14.1、宽 13.9、厚 2 厘米（图八一七，3）。

标本 L10∶29，器身中部有一道裂纹，边缘有一处石化现象，两处小的磕伤。长 14.5、宽 5.5、厚 1.1 厘米（图八一七，4）。

玉器残片　2 件。

标本 L10∶31，淡黄色。两面平整光滑。残长 6.5、残宽 4.4、厚 0.6 厘米（图八一七，5）。

标本 L10∶32，残长 3.6、残宽 2.6、厚 0.5 厘米（图八一七，6）。

8. L62

位于 ⅠT7607 东北部，部分叠压于北隔梁下。开口于第 6 层下，堆积置于第 7 层表。平面呈不规则形，长 1.75、宽 1、深 0.2 米。坑内填土为黄灰色黏土，质地紧密。包含物仅见 2 件石磬（图八一八 A；彩版三二六，1）。

石磬　2 件。平面近似扇形，器身近顶部有两面对钻圆孔，边缘有轻微风化现象。

标本 L62∶1，灰色。有轻微的风化现象。长 109、宽 57、厚 4 厘米（图八一八 A，1；彩版三二六，2）。

标本 L62∶2，灰色。一角残缺。长 76、宽 36.5、厚 3.5 厘米（图八一八 A，2；彩版三二七）。

9. G1

位于 ⅠT8005 探方，部分叠压于东隔梁之下，延伸至探方西北角，呈东西走向。开口于第 6 层下，打破第 7 层。平面呈带状。斜壁，底部不平。长 7.03、宽 1.27、深 0.25 米。坑内填土为黄褐色土，略含沙，土质较疏松。出土遗物有铜器、玉器、石器等，其中铜器居多，但大多保存较差无法辨别其器形，可辨别的器形有铜戈 1 件、锥形器 2 件、铜铃 1 件、挂饰 3 件、圆角长方形板 1 件。出土玉器有 6 件，其中玉璋残件 1 件、玉凿 1 件、玉琮 1 件、玉料 1 件及美石 2 件。出土石器有石条 1 件（图八一八 B；彩版三二八，1、2）。

（1）玉器

6 件。

玉璋残件　1 件。

标本 G1∶23，褐色，一面褐色、器表附着锈斑，另一面为灰色。一面全面磨平，另一面留有

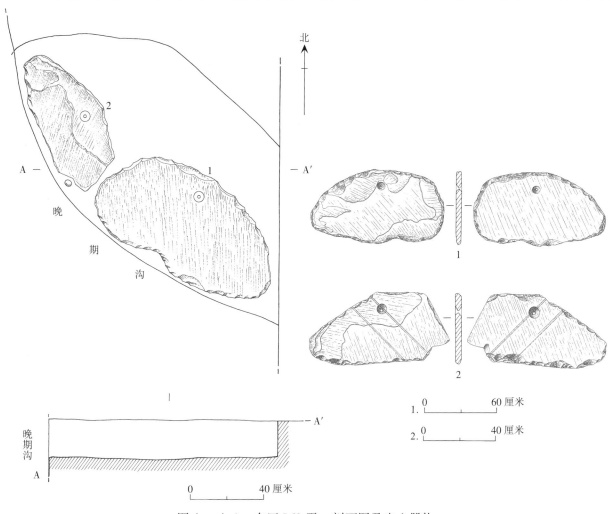

图八一八 A　东区 L62 平、剖面图及出土器物
1、2. 石磬（L62∶1、L62∶2）

一些集中分布的坑洼破裂痕。长 80.5、宽 23.5、厚 1.32 厘米（彩版三二九，1~3）。

凿　1 件。Cb 型。

标本 G1∶24，黄色，夹褐色、黑色沁斑。局部有少许微小裂纹。长 10.2、宽 2、厚 1.45 厘米（彩版三二九，6）。

琮　1 件。D 型。

标本 G1∶26，褐色，夹杂黑色、白色沁斑。器身有多处裂纹，最长一处在顶部，长 5.6 厘米；另一处在底部，长 2.1 厘米，有一定风化现象。长 7、宽 5.67、高 2.29、孔径 2.83 厘米（彩版三二八，3）。

美石　2 件。

标本 G1∶28，墨色，带白色纹理。器微残，有少许线状裂纹。长 6.2、宽 4、厚 1.15 厘米（彩版三二八，4）。

标本 G1∶27，淡黄色，夹杂褐色沁斑。局部地方有轻微的划痕。长 3.27、宽 2.7、厚 0.94 厘

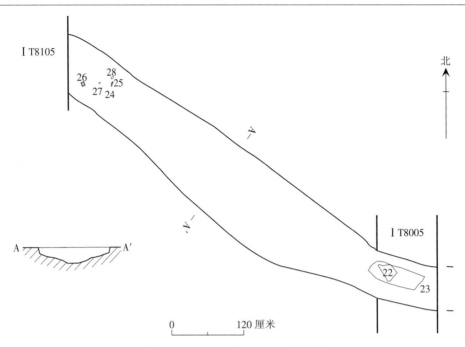

图八一八 B　东区 G1 平、剖面图

22. 石璋残片　23. 玉璋残件　24. 玉凿　25. 玉凿残片　26. 玉琮　27、28. 美石（1～21 在发掘清理过程中已提取，未在此图上表示）

米（彩版三二八，5）。

玉料　1 件。

标本 G1∶12，褐色玉，两面均有切割痕迹。器身有 4 处缺失，近顶处缺失较大。长 15.3、宽 5.9、厚 2.5 厘米（彩版三二九，4、5）。

（2）石器

石条　1 件。

标本 G1∶10，方柱形，一端已残，一端经打磨呈圆凸状。器身有数处划痕。长 12.85、宽 2.1、厚 2 厘米（彩版三三〇，1）。

（3）铜器

8 件。

戈　1 件。Ba 型。

标本 G1∶17，器身锈蚀严重，援部及内部边缘多处残缺，锋部残缺，器身卷曲变形。长 7.9、宽 2.03、厚 0.32 厘米（彩版三三〇，5）。

锥形器　2 件。

Aa 型　1 件。

标本 G1∶5，器身锈蚀严重，底端残缺。边缘有多处残损。长 13.42、宽 2、厚 0.23 厘米（彩版三三〇，2）。

Ac 型　1 件。

标本 G1：14，器身锈蚀严重，两侧边及两端有多处残损，器身略有弯曲变形。长 8.3、宽 1.66、厚 0.19 厘米（彩版三三〇，3）。

铃　1 件。Ab 型。

标本 G1：8，器身锈蚀严重，表面铜锈脱落，表面、下端两角残损，中部一侧残损。长 2.76、宽 1.43、高 5.24 厘米（彩版三三〇，4）。

挂饰　3 件。

A 型　1 件。

标本 G1：3，器身锈蚀严重，边缘多处残损，已不见齿突。纽残失。长 4.32、宽 4.09、厚 0.18 厘米（彩版三三〇，7）。

C 型　1 件。

标本 G1：13，器身锈蚀严重，一侧翼尾残损，纽残缺，器身中部有一长约 0.5 厘米的椭圆形洞。长 4.23、宽 4.02、厚 0.18 厘米（彩版三三〇，8）。

D 型　1 件。

标本 G1：21，器身锈蚀严重，边缘有多处细小残缺，纽上部残失。长 5.28、宽 3.47、厚 0.12 厘米（彩版三三〇，9）。

圆角长方形板　1 件。

标本 G1：16，器呈圆角长方形，板上有四个不规则圆形钻孔。素面。长 9.43、宽 7.62、厚 0.23 厘米（彩版三三〇，6）。

（二一）第 6 层出土遗物

该层出土遗物有陶器、玉器、石器、铜器和金器，数量和种类极为丰富，计有陶片 6376 片、94 件玉器、9 件石器、42 件铜器及 5 件金器。陶器以夹砂陶为主，占 86.18%。夹砂陶中灰黑陶占 66.99%，灰黄陶占 14.85%，灰褐陶占 13.43%，黄褐陶占 2.36%，红褐陶占 1.75%，灰陶占 0.62%；泥质陶中灰黑陶占 56.31%，灰黄陶占 24.86%，灰褐陶占 12.71%，灰陶占 5.33%，黄褐陶占 0.57%，青灰陶和红陶各占 0.11%。夹砂陶中纹饰陶片占 13.90%，以细线纹、粗绳纹、凹弦纹、戳印纹为主，分别占 42.28%、35.47%、10.99% 和 3.14%，另有少量重菱纹、细绳纹、压印纹，极少量刻划纹、网格纹、凸棱纹、镂孔、乳丁纹；泥质陶中纹饰陶片仅占 5.45%，以戳印纹、细线纹、凹弦纹为主，分别占 47.92%、27.08% 和 12.50%，另有极少量粗绳纹、刻划纹、圆圈纹和凸棱纹（表七六）。陶片可辨器形有尖底盏、尖底罐、敛口罐、矮领罐、束颈罐、盘口罐、瓶、盆、缸、瓮、釜、篦形器、盆形器、豆柄、器盖、器纽、圈足等。玉器种类有璋、锛、凿、角形器、箍形器、璧、环、镯等。石器种类有矛、斧、锛、环等。铜器种类有戈、镞、锥形器、长条形器、铃、叉形器、璧、挂饰、圆角方孔形器、眼泡、鸟、虎、鱼形器、蝉等。金器种类有鱼形金箔饰等。

表七六 东区第6层陶片统计表

纹饰 \ 陶质陶色	夹砂陶								泥质陶								
	灰黑	灰	红褐	灰褐	黄褐	灰黄	小计	百分比（%）	灰黑	灰	灰黄	灰褐	青灰	红	黄褐	小计	百分比（%）
素面	3155	33	86	576	116	765	4731	86.09	463	46	217	100	1	1	5	833	94.55
细绳纹	7	1		5			12	0.22									
粗绳纹	166		6	72	10	16	271	4.93				2				2	0.23
重菱纹	15				1		16	0.29									
凹弦纹	69			8	2	5	84	1.53	5		1					6	0.68
凸棱纹	2		1	2			5	0.09				1				1	0.11
刻划纹	5			1		1	7	0.13		1		1				2	0.23
镂孔	1			1			2	0.03									
细线纹	220		2	71	1	29	323	5.88	7		1	5				13	1.48
压印纹	12			1			13	0.24									
网格纹	6						6	0.11									
戳印纹	22		1	1			24	0.44	21			2				23	2.61
乳丁纹	1						1	0.02									
圆圈纹												1				1	0.11
小计	3681	34	96	738	130	816	5495		496	47	219	112	1	1	5	881	
百分比（%）	66.99	0.62	1.75	13.43	2.36	14.85	100.00		56.31	5.33	24.86	12.71	0.11	0.11	0.57	100.00	
合计	6376																

（1）陶器

95 件。

尖底盏　5 件。

Ba 型Ⅲ式　1 件。

标本ⅠT8407⑥：118，夹砂灰黑陶。圆唇。口径 10.5、残高 1.7 厘米（图八一九，4）。

Cc 型Ⅱ式　4 件。

标本ⅠT7809⑥：2，夹砂灰黑陶。圆唇。内侧饰螺旋纹。口径 12.4、高 4.5 厘米（图八一九，1）。

标本ⅠT7809⑥：8，夹砂灰黑陶。圆唇。口径 14.3、高 4.1 厘米（图八一九，2；彩版三三一，1）。

标本ⅠT7809⑥：6，夹砂灰黑陶。圆唇。口径 13.4、高 4.3 厘米（图八一九，3）。

尖底罐　1 件。D 型。

标本ⅠT8007⑥：3，夹砂灰黄陶。平卷沿，圆唇。口径 9.8、肩径 11.6、高 12.1 厘米（图八一九，5）。

敛口罐　11 件

Aa 型Ⅰ式　1 件。

标本ⅠT8102⑥：8，夹砂灰褐陶。方唇。腹部饰两周凹弦纹。口径 20、残高 6.3 厘米（图八一九，6）。

Bb 型　4 件。

标本ⅠT7710⑥：46，夹砂灰黑陶。圆唇。口径 20、残高 4 厘米（图八一九，7）。

标本ⅠT8407⑥：147，夹砂灰黑陶。圆唇。口径 30、残高 4.6 厘米（图八一九，8）。

标本ⅠT8407⑥：144，夹砂灰黑陶。圆唇。口径 22、残高 3.6 厘米（图八一九，9）。

Bc 型　1 件。

标本ⅠT8003⑥：21，夹砂灰褐陶。圆唇。口径 28、残高 6 厘米（图八一九，10）。

Ca 型Ⅱ式　1 件。

标本ⅠT8106⑥：52，夹砂灰黑陶，方唇。口径 30、残高 5 厘米（图八一九，11）。

Cc 型Ⅱ式　4 件。

标本ⅠT7711⑥：5，夹砂灰褐陶。沿面有凹槽，方唇。口径 26、残高 5.9 厘米（图八一九，12）。

标本ⅠT8407⑥：142，夹砂灰黑陶。沿面有凹槽，方唇。口径 26、残高 3.8 厘米（图八一九，13）。

矮领罐　2 件。D 型Ⅱ式。

标本ⅠT7706⑥：4，夹砂灰黄陶。外斜折沿，圆唇。口径 13.7、残高 4.4 厘米（图八二〇，1）。

束颈罐　1 件。Cd 型。

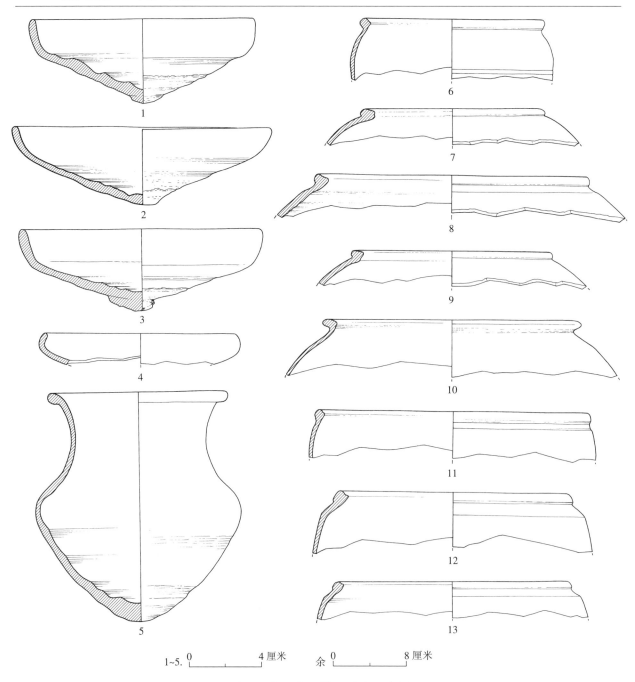

1~5.　0 ____ 4厘米　　余　0 ____ 8厘米

图八一九　东区第6层出土陶器

1~3. Cc 型Ⅱ式尖底盏（ⅠT7809⑥：2、ⅠT7809⑥：8、ⅠT7809⑥：6）　4. Ba 型Ⅲ式尖底盏（ⅠT8407⑥：118）　5. D 型尖底罐（ⅠT8007⑥：3）　6. Aa 型Ⅰ式敛口罐（ⅠT8102⑥：8）　7~9. Bb 型敛口罐（ⅠT7710⑥：46、ⅠT8407⑥：147、ⅠT8407⑥：144）　10. Bc 型敛口罐（ⅠT8003⑥：21）　11. Ca 型Ⅱ式敛口罐（ⅠT8106⑥：52）　12、13. Cc 型Ⅱ式敛口罐（ⅠT7711⑥：5、ⅠT8407⑥：142）

标本ⅠT8407⑥：145，夹砂灰黑陶。方唇。口径16、残高4.2厘米（图八二〇，2）。

盘口罐　4件。

A 型Ⅰ式。3件。

标本ⅠT7707⑥：43，夹砂灰黑陶。圆唇。腹部饰一周凹弦纹。口径11.4、腹径13.8、底径

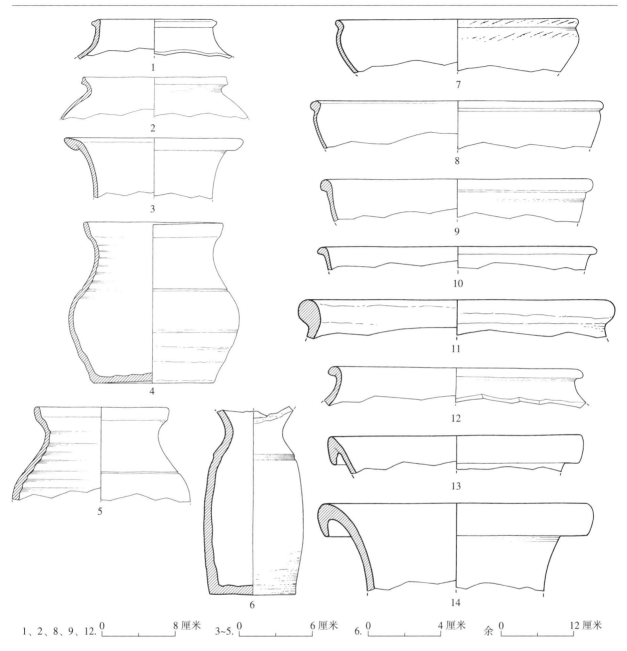

1、2、8、9、12. 0 ___ 8厘米　3~5. 0 ___ 6厘米　6. 0 ___ 4厘米　余 0 ___ 12厘米

图八二〇　东区第6层出土陶器

1. D 型 II 式矮领罐（I T7706⑥：4）　2. Cd 型束颈罐（I T8407⑥：145）　3. B 型长颈罐（I T8106⑥：25）　4. A 型 I 式盘口罐（I T7707⑥：43）　5. A 型 II 式盘口罐（IV T8401⑥：5）　6. C 型瓶（I T7609⑥：40）　7. Ac 型盆（I T8407⑥：9）　8. Ec 型盆（I T8007⑥：53）　9、10. F 型盆（I T8005⑥：54、I T8407⑥：143）　11. Cd 型 I 式瓮（I T8008⑥：16）12. Cd 型 II 式瓮（I T8005⑥：25）　13. Dd 型瓮（I T8005⑥：64）　14. Db 型 I 式瓮（I T8005⑥：67）

10、高13厘米（图八二〇，4；彩版三三一，2）。

标本 I T8106⑥：35，夹砂灰黑陶。圆唇。口径11.7、腹径13.5、底径8.5、高12.4厘米（彩版三三一，4）。

A 型 II 式。1件。

标本 IV T8401⑥：5，夹砂灰黑陶。圆唇。口径11、残高7.5厘米（图八二〇，5）。

长颈罐　1件。B型。

标本ⅠT8106⑥：25，夹砂灰黑陶。圆唇。口径14.6、残高4.8厘米（图八二〇，3）。

瓶　1件。C型。

标本ⅠT7609⑥：40，夹砂灰黑陶。腹径5.4、底径4.6、残高10厘米（图八二〇，6）。

盆　8件。

Ac型　2件。

标本ⅠT8407⑥：9，夹砂灰黑陶。仰折沿，圆唇。口径40、残高8.4厘米（图八二〇，7）。

Ec型　1件。

标本ⅠT8007⑥：53，夹砂灰黑陶。沿面凹，方唇。口径32、残高5厘米（图八二〇，8）。

F型　5件。

标本ⅠT8005⑥：54，夹砂灰褐陶。卷沿。口径30、残高4.5厘米（图八二〇，9）。

标本ⅠT8407⑥：143，夹砂灰黑陶。卷沿。口径46、残高3.3厘米（图八二〇，10）。

瓮　5件。

Cd型Ⅰ式　1件。

标本ⅠT8008⑥：16，夹砂灰黑陶。厚圆唇。口径52、残高5.8厘米（图八二〇，11）。

Cd型Ⅱ式　1件。

标本ⅠT8005⑥：25，夹砂灰黑陶。外斜卷沿，圆唇。口径28、残高3.7厘米（图八二〇，12）。

Db型Ⅰ式　1件。

标本ⅠT8005⑥：67，夹砂灰黑陶。圆唇。口径45.6、残高14厘米（图八二〇，14）。

Dd型　2件。

标本ⅠT8005⑥：64，夹砂灰黑陶。方唇。口径42、残高5.5厘米（图八二〇，13）。

缸　2件。Cc型。

标本ⅠT7708⑥：2，夹砂灰黑陶。卷沿。腹部饰有三组由三条平行瓦棱纹组成的纹饰带，每两组瓦棱纹之间阴刻一圈由八组窃曲纹组成的纹饰带，窃曲纹上下空白部位则装饰卷云纹。第三组瓦棱纹仅存上边一组，推测该器物至少存在两组纹饰带。口径76、残高42厘米（图八二一，1）。

标本ⅠT7707⑥：1，夹砂灰黑陶。圆唇。腹部饰乳丁纹。口径42.4、残高16厘米（图八二一，2）。

盆形器　1件。B型。

标本ⅠT8407⑥：127，夹砂灰黄陶。圆唇。口径20、残高3.2厘米（图八二一，3）。

釜　3件。

A型　2件。

标本ⅠT8005⑥：12，夹砂红褐陶。无沿，圆唇。腹部饰竖向细绳纹。口径15、残高7.4厘米（图八二一，4）。

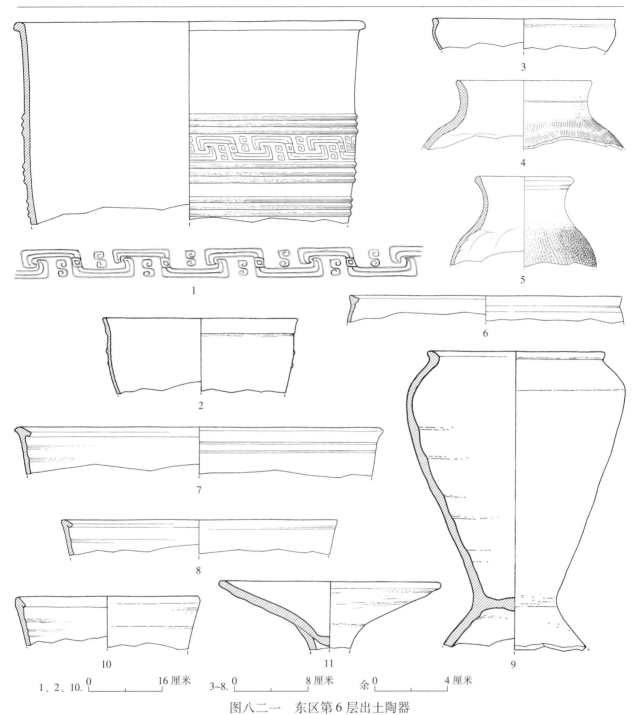

图八二一　东区第 6 层出土陶器

1、2. Cc 型缸（ⅠT7708⑥：2、ⅠT7707⑥：1）　3. B 型盆形器（ⅠT8407⑥：127）　4. A 型釜（ⅠT8005⑥：12）　5. C 型釜（ⅠT8006⑥：9）　6. Ac 型Ⅱ式簋形器（ⅠT8207⑥：57）　7、10. Bb 型Ⅰ式簋形器（ⅠT7705⑥：28、ⅠT8005⑥：23）8. Bb 型Ⅱ式簋形器（ⅠT8407⑥：136）　9. Bb 型杯（ⅠT7809⑥：11）　11. Cb 型豆盘（ⅠT8407⑥：78）

C 型　1 件。

标本ⅠT8006⑥：9，夹砂灰黑陶。无沿，圆唇。腹部饰竖向细绳纹，内壁遗留有明显的泥片贴塑痕迹。口径 11、残高 9.6 厘米（图八二一，5）。

杯　2 件。

Ba 型 1 件。

标本 I T7809⑥:33,夹砂灰黑陶。圆唇。口径 8.1、腹径 9.2、圈足径 8.5、高 12.8 厘米（彩版三三一,3）。

Bb 型 1 件。

标本 I T7809⑥:11,夹砂灰黑陶。圆唇,圈足残。口径 9.8、肩径 12、残高 15.9 厘米（图八二一,9）。

簋形器 12 件。

Ac 型 II 式 2 件。

标本 I T8207⑥:57,夹砂灰黑陶,沿面弧。口径 30、残高 2.6 厘米（图八二一,6）。

Bb 型 I 式 6 件。

标本 I T7705⑥:28,夹砂灰黑陶。沿面弧。外壁饰两周凹弦纹。口径 40、残高 5 厘米（图八二一,7）。

标本 I T8005⑥:23,夹砂灰黑陶。沿面平。内壁有制作时留下的轮制痕迹。口径 40、残高 10.8 厘米（图八二一,10）。

Bb 型 II 式 4 件。

标本 I T8407⑥:136,夹砂灰黑陶。沿面平。口径 30、残高 3.7 厘米（图八二一,8）。

豆盘 1 件。Cb 型。

标本 I T8407⑥:78,夹砂灰黑陶。圆唇。口径 12、残高 3.6 厘米（图八二一,11）。

豆柄 5 件。Aa 型。

标本 I T7609⑥:44,夹砂灰黑陶。残高 10 厘米（图八二二,9）。

器盖 1 件。Bb 型。

标本 I T8407⑥:2,夹砂灰黑陶。口径 8.6、高 1.3 厘米（图八二二,6）。

器纽 1 件。Da 型 I 式。

标本 I T7609⑥:33,泥质灰黑陶,圆唇。残高 3.6 厘米（图八二二,7）。

器底 21 件。

Aa 型 4 件。

标本 I T8005⑥:59,夹砂灰黑陶。底径 12、残高 2 厘米（图八二二,1）。

Ab 型 5 件。

标本 I T7809⑥:32,夹砂灰黑陶。底径 6.2、残高 3.3 厘米（图八二二,2）。

Db 型 12 件。

标本 I T8005⑥:22,泥质灰黑陶。残高 4.8 厘米（图八二二,8）。

标本 I T7705⑥:36,泥质灰黑陶。残高 10 厘米（图八二二,10）。

圈足 7 件。

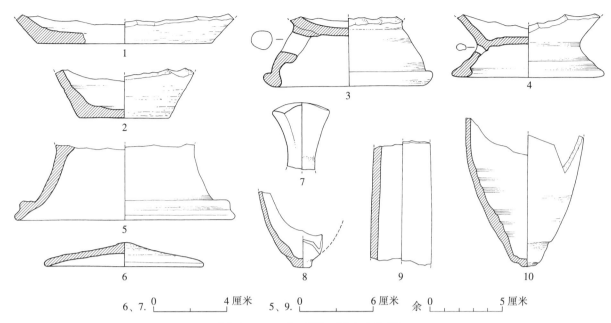

6、7. ├──────┤ 4厘米　　5、9. ├──────┤ 6厘米　　余 ├──────┤ 5厘米

图八二二　东区第6层出土陶器

1. Aa 型器底（ⅠT8005⑥：59）　　2. Ab 型器底（ⅠT7809⑥：32）　　3. Ba 型圈足（ⅠT7711⑥：1）　　4. Cb 型圈足（ⅠT8004⑥：13）　　5. Cd 型Ⅱ式圈足（ⅠT8004⑥：12）　　6. Bb 型器盖（ⅠT8407⑥：2）　　7. Da 型Ⅰ式器纽（ⅠT7609⑥：33）　　8、10. Db 型器底（ⅠT8005⑥：22、ⅠT7705⑥：36）　　9. Aa 型豆柄（ⅠT7609⑥：44）

Ba 型　1 件。

标本ⅠT7711⑥：1，夹砂灰黑陶。饰一圆形镂孔。圈足径11.4、残高4.5厘米（图八二二，3）。

Cb 型　2 件。

标本ⅠT8004⑥：13，夹砂灰黑陶，饰一圆形镂孔。圈足径10.5、残高4.1厘米（图八二二，4；彩版三三一，5）。

Cd 型Ⅱ式　4 件。

标本ⅠT8004⑥：12，夹砂灰黑陶。圈足径18、残高6厘米（图八二二，5）。

（2）玉器

94 件。

璋　2 件。D 型。均残。

标本ⅠT8104⑥：35，残存援下部及刃部。表面磨光。双面平，侧边平直。刃呈"V"形，刃口较窄而深。残长21.3、宽6.6、厚0.9厘米（图八二三，1；彩版三三一，7）。

锛　3 件。

C 型　1 件。

标本ⅠT8307⑥：5，黄色，夹黑色沁斑。表面磨光。平面呈梯形。弧刃，偏锋。刃部有缺损。长3.8、宽3.6、厚1厘米（图八二三，2；彩版三三二，1）。

D 型　2 件。

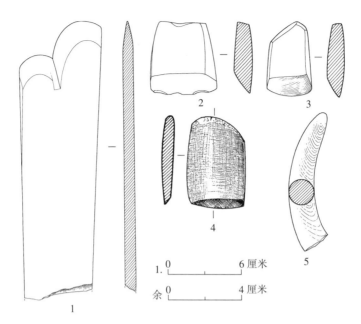

图八二三　东区第6层出土玉器

1. D型璋（ⅠT8104⑥:35）　　2. C型锛（ⅠT8307⑥:5）　　3、4. D型锛（ⅠT7807⑥:2、ⅠT7907⑥:2）　　5. 角形器（ⅠT8301⑥:7）

标本ⅠT7807⑥:2，表面打磨，中部有两道横向切割痕迹。平面近等腰梯形。顶部保留自然面，侧边直，中部鼓凸，双面平刃。长4、宽2.4、厚1厘米，重221.5克（图八二三，3）。

标本ⅠT7907⑥:2，淡黄色，杂黑色、灰色沁斑，刃部有多处细小磕伤，顶部一处残损，整器打磨规整，弧顶，单面弧刃。长4.8、宽3.1、厚0.7厘米（图八二三，4；彩版三三一，6）。

凿　14件。

Ab型　1件。

标本ⅠT8004⑥:1，灰白色，夹黑色沁斑，玉质不精。表面磨光。平面呈长方形，断面亦呈长方形。顶部呈斜面，侧边略弧，平刃。长11.9、宽1.9、厚1厘米，重46.3克（图八二四，5；彩版三三二，2）。

Ba型　5件。

标本ⅠT8103⑥:2，条形。中间厚两端薄。表面磨光。器物一端出弧刃。器身有上下方向的打磨痕迹。长11、宽3.2、厚0.7厘米（图八二四，6；彩版三三二，3）。

标本ⅠT8104⑥:25，黄褐色，夹黑色沁斑。平面呈宽条形。一端出刃，双面弧形刃。器顶保留自然断面。器身一侧留有切割痕迹，刃部有打磨痕迹。长13.5、宽3.5、厚1.3厘米（图八二四，7；彩版三三二，4、5）。

Bb型　7件。

标本ⅠT8104⑥:22，青色。平面呈窄条形，剖面近方形。一端出刃，单面弧形刃。两面平，侧边直。器顶保留自然断面，器身留有斜向切割痕迹。长18、宽1.4、厚1.2厘米（图八二四，

图八二四 东区第6层出土玉器

1、2. Bb 型凿（ⅠT8104⑥:22、ⅠT8206⑥:1） 3. Bc 型凹刃凿形器（ⅠT8104⑥:38） 4. Bb 型凹刃凿形器（ⅠT8103⑥:9） 5. Ab 型凿（ⅠT8004⑥:1） 6、7. Ba 型凿（ⅠT8103⑥:2、ⅠT8104⑥:25） 8. Ca 型凿（ⅠT8104⑥:2）

1；彩版三三二，6、7）。

标本ⅠT8206⑥:1，青色。平面呈上小下大的梯形。剖面近梯形。一端出弧刃，刃部磨损变钝。器顶保留自然剖面，器身有上下方向的打磨痕迹。长16.5、宽1.9、厚1.3厘米（图八二四，2；彩版三三三，1）。

标本ⅠT8004⑥:3，黄色，有褐色沁斑，表面磨光，顶部残。平面呈长条形，侧边平滑，圆刃，未开锋。长 14.63、宽 1.53、厚 1.3 厘米（彩版三三三，2）。

标本 Ⅰ T8104⑥：3，黄褐色，有褐色沁斑，表面磨光。平面呈条状，顶端圆弧，侧边平滑，舌形刃。长 13.95、宽 2.07、厚 1.02 厘米（彩版三三三，3）。

标本 Ⅰ T8104⑥：24，黄褐色，夹黑色沁斑。平面呈宽条形。一端出刃，双面弧形刃。器顶保留自然断面。器身一侧留有切割痕迹，刃部有打磨痕迹。长 9.86、宽 2.83、厚 1.12 厘米（彩版三三三，4）。

Ca 型　1 件。

标本 Ⅰ T8104⑥：2，平面呈窄条形。两面平整。一端出刃，双面弧形刃，刃部呈锥状，器顶残，器身保留纵向打磨痕迹。残长 6.2、宽 1.7、厚 0.9 厘米（图八二四，8；彩版三三三，5）。

凹刃凿形器　2 件。

Bb 型　1 件。

标本 Ⅰ T8103⑥：9，器表带青灰色、淡黄色、黑色、紫色沁斑，色彩斑斓。整器制作精细。平面呈上小下大的梯形，平顶，器身一面外弧，一面平直，近刃口处内凹，凹面与直面相交处呈弧形脊，刃沿薄，极为尖锐。长 24.5、宽 5.4、厚 2 厘米（图八二四，4）。

Bc 型　1 件。

标本 Ⅰ T8104⑥：38，清灰色，杂淡黄色、黑色沁斑。顶部残缺，刃口残损，两个侧边有多处细小磕伤，正面近上端有一道细裂纹，整器制作精细。平面呈长条形，平顶，器身一面外弧，一面平直，近刃口处内凹，凹面与直面相交处呈弧形脊，刃沿薄，极为尖锐。长 20、宽 4.4、厚 1.8 厘米（图八二四，3；彩版三三三，6）。

角形器　1 件。

标本 Ⅰ T8301⑥：7，牙黄色。器呈尖牙状。器身略弯曲。剖面呈圆形。内侧有加工痕迹，器形不明。长 7.3、中部直径 1.4 厘米（图八二三，5；彩版三三四，1）。

琮　4 件。

Ba 型　1 件。

标本 Ⅰ T8202⑥：3，灰白色，夹红色、褐色沁斑。长方柱体，外方内圆。中有一孔，孔对钻。圆形射口，上下射大小相同，孔较大。器身上下端各阴刻一组平行直线纹，每组十条线。制作规整，打磨光滑。宽 8.4、高 9.4、孔径 7.4 厘米（图八二五，1；彩版三三四，2）。

C 型　1 件。

标本 Ⅰ T8003⑥：3，灰白色。表面打磨，孔对钻后修整，风化严重。短方柱体，趋于正方体。圆形射口，四角不分节，素面。边长 5.8、高 5.3、孔径 3.7 厘米，重 137.2 克（图八二五，2；彩版三三四，3~5）。

D 型　2 件。

标本 Ⅰ T8003⑥：5，灰白色。表面打磨，孔对钻后修整，风化严重。器身低矮。圆形射口，四

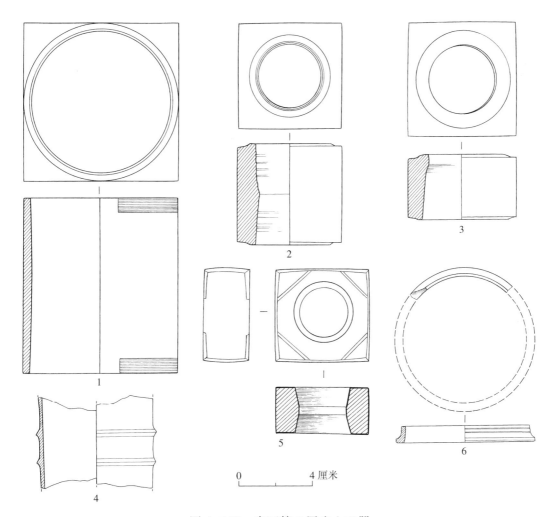

图八二五　东区第 6 层出土玉器

1. Ba 型琮（ⅠT8202⑥:3）　2. C 型琮（ⅠT8003⑥:3）　3、5. D 型琮（ⅠT8003⑥:5、ⅠT8104⑥:19）　4. B 型箍形器（ⅠT8104⑥:26）　6. C 型箍形器（ⅠT8307⑥:8）

角不分节，素面。边长 6、高 3.6、孔径 4 厘米，重 69.7 克（图八二五，3；彩版三三四，6）。

标本 ⅠT8104⑥:19，青灰色，杂白色、黑色沁斑。器身有多道细裂纹。器形极矮，素面，射口极低。外壁留有切割痕迹，器表两侧有细密的打磨痕迹。孔壁有管钻时旋转对钻留下的错位台痕。整器制作规整，造型朴实简洁。长 5.1、宽 4.8、高 2.6、孔径 2.7、壁厚 1.2 厘米（图八二五，5；彩版三三五）。

箍形器　2 件。

B 型　1 件。

标本 ⅠT8104⑥:26，灰白色，夹大量红色、黑色沁斑。顶端、底端残损。器呈圆筒形，中空。器身直，两道横向棱脊延伸形成尖凸。每道棱脊上下各阴刻一条平行线。残长 4.7、宽 6.2、厚 0.2 厘米（图八二五，4）。

C 型　1 件。

标本ⅠT8307⑥：8，灰白色，夹褐色沁斑。仅存一小段。表面磨光，孔单面钻通。环面极窄。内缘处单面起矮领。领部刻有两道平行凹弦纹。外径7.7、孔径6.7、厚0.4、领高0.9厘米（图八二五，6）。

剑璏形器　1件。

标本ⅠT8102⑥：1，灰白色，夹黑色、褐色沁斑。较宽扁一端有残损。表面磨光。器呈半方框状，平面呈长方形，内框残缺。内框一端略浑圆，一端较宽扁。璏带正面在两条平行阴线之间阴刻有一组纹饰，该组纹饰由三个部分组成，上端为阴刻交叉菱形，但菱形各边均延伸出去，其中有一端凸出呈三角旗状，中间这组纹饰由一个直线将两个菱形头饰连接起来，两个菱形头像头向一致，但菱形头之间圆点不一，朝上的头于直线两侧各有一代表眼睛的圆点，而随后的头之间未有直线相连，但饰有四个圆点；在各个菱形头之间直线两侧各有两条爬行动物的脚，该组纹饰下端则有两个镰刀交叉组成的纹饰，整组纹饰似乎在描述一种仪式场景，其与金冠带上由箭连接鱼鸟的叙事场景有着惊人的相似。长5.9、宽1.3、厚0.2厘米，重8.9克（图八二六；彩版三三四，7）。

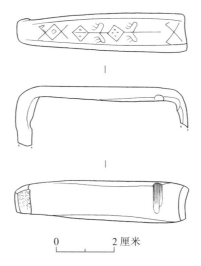

图八二六　东区第6层出土玉剑璏形器（ⅠT8102⑥：1）

璧　11件。

Aa型Ⅰ式　2件。

标本ⅠT8104⑥：28，白色透闪石软玉，半透明。受埋藏环境影响，现器表呈现黄褐色片状斑、黑色片状或点状及白色条状斑。环面较窄，环面及孔缘均打磨光滑。直径11.3、孔径6.7、领高1.5厘米（彩版三三六，1）。

标本ⅠT8106⑥：12，灰黑色透闪石软玉，不透明，器表有白色条状沁斑并附着一些土沁。领口凸起极低。直径11.8、孔径6.8、领高0.9厘米（彩版三三六，2）。

Aa型Ⅱ式　2件。

标本ⅠT8104⑥：21，灰白色，夹大量黑色沁斑。器表附着大量铜锈。平面呈圆环形。中有一圆孔，孔对钻。环面较宽。孔缘上下凸起，形成领。直径 9.5、孔径 5、领高 1.6 厘米（图八二七，1；彩版三三六，3）。

Ac 型　3 件。

标本 ⅠT8104⑥：14，牙黄色，夹红色、黑色沁斑。仅存一小段外缘残片，未见内缘。环面刻有四组等距同心圆圈纹，每组三道。残长 9.5、直径 11.9、厚 0.2 厘米（图八二七，2）。

标本 ⅠT8003⑥：1，白色透闪石软玉，半透明。受埋藏环境影响，现器表上呈现出紫红色、黄褐色和黑色片状沁斑和白色条形沁斑，使器表呈现出缤纷绚丽的色彩。领口磨制圆润，孔壁打磨光滑。环两面有五组浅细的同心圆圈纹，每组由两道弦纹组成。整器制作规整精细。直径 11.7、孔径 6、领高 1.2 厘米（图八二七，3；彩版三三六，4~6）。

Af 型　3 件。

标本 ⅠT8003⑥：9，灰白色，夹黑色、黄色沁斑，玉质不精。仅存一段。表面磨光，孔对钻后

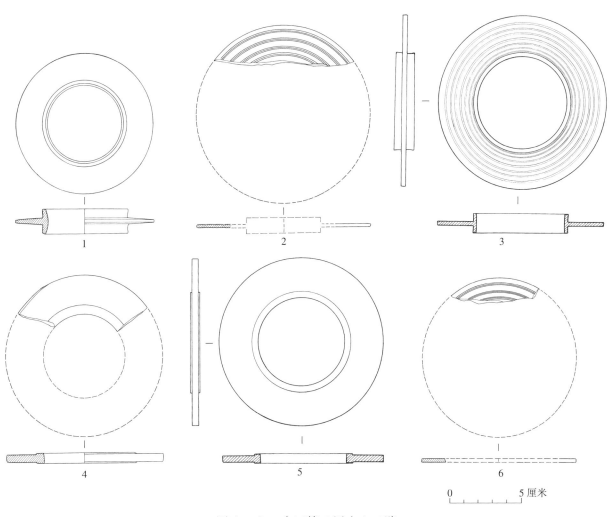

图八二七　东区第 6 层出土玉璧

1. Aa 型Ⅱ式（ⅠT8104⑥：21）　2、3. Ac 型（ⅠT8104⑥：14、ⅠT8003⑥：1）　4、5. Af 型（ⅠT8003⑥：9、ⅠT7705⑥：1）　6. Ba 型（ⅠT8104⑥：16）

修整。环面较窄，外缘呈方形面，内缘处双面起平凸唇。残长8.8、环面宽2.5、厚0.7厘米，重28.5克（图八二七，4）。

标本ⅠT7705⑥：1，灰白色，杂黑色、淡黄色、青色沁斑。孔径较大，环面较窄，近孔缘处凸起一周，形成一小环形。直径11.2、孔径5.7、高0.6厘米（图八二七，5；彩版三三七，1、2）。

Ba型　1件。

标本ⅠT8104⑥：16，牙黄色，夹白色、黑色沁斑。仅存一小段外缘残片，未见内缘。环面刻有三组等距同心圆圈纹，每组三道。残长5.9、直径10.5、厚0.2厘米（图八二七，6）。

环　4件。

Aa型　3件。

标本ⅠT8104⑥：11，粉红色，夹黑色沁斑。残存一段。单面钻孔。平面呈圆环形，剖面近梯形。两面平整。残长8、外径9、内径6.9、厚0.2厘米（图八二八，7）。

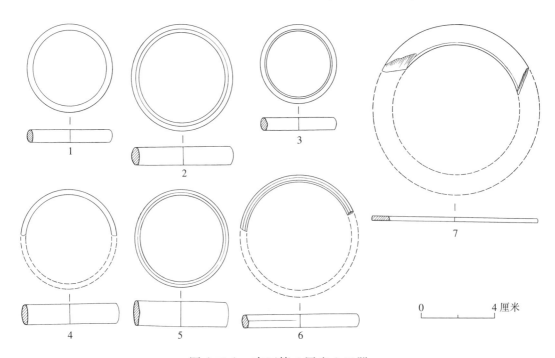

图八二八　东区第6层出土玉器

1、2. Aa型镯（ⅠT8103⑥：5、ⅠT8104⑥：36）　　3、6. Ab型镯（ⅠT8104⑥：13、ⅠT8104⑥：34）　　4. Ba型镯（ⅠT8104⑥：6）　　5. Bb型镯（ⅠT8104⑥：18）　　7. Aa型环（ⅠT8104⑥：11）

标本ⅠT8104⑥：27，黄色，夹黑色沁斑。轮部有一圈裂口。单面钻孔。平面呈圆环形。外径7.47、内径5.69、厚0.53厘米（彩版三三七，3）。

标本ⅠT7903⑥：3，器表呈现白色、黑色、褐色颗粒状交错，色彩斑驳。器体厚重。孔径较小，环面较宽。外径8.9、内径4.05厘米（彩版三三七，5）。

Ab型　1件。

标本ⅠT8106⑥：1，深紫色，夹黑色沁斑。浸蚀现象严重，缘部有一处细小的磕伤，双层环面，中间为凹槽。外径 7.72、内径 5.63、厚 1.23 厘米（彩版三三七，4）。

镯　8 件。

Aa 型　2 件。

标本ⅠT8103⑥：5，表面磨光，孔对钻。平面呈圆环形，剖面呈纵椭圆形。环面窄。外径 4.6、内径 4、厚 0.3 厘米（图八二八，1；彩版三三七，6）。

标本ⅠT8104⑥：36，灰白玉，夹大量黑色沁斑。器表附着铜锈。平面呈圆环形，剖面呈纵椭圆形。环面窄。孔对钻后修整。外径 5.7、内径 4.8、厚 0.4 厘米（图八二八，2；彩版三三八，1）。

Ab 型　4 件。

标本ⅠT8104⑥：13，红色，夹黑色沁斑。器表附着大量铜锈。表面磨光。孔对钻后修整。平面呈圆环形，剖面呈纵椭圆形。环面窄。外径 4.1、内径 3.4、厚 0.4 厘米（图八二八，3；彩版三三八，2）。

标本ⅠT8104⑥：34，红色，夹黑色沁斑。表面磨光。孔对钻后修整。平面呈圆环形，剖面呈纵椭圆形。环面窄。外径 6.5、内径 5.7、厚 0.3 厘米（图八二八，6；彩版三三八，3）。

标本ⅠT8104⑥：30，黄色，不透明，夹杂大量黑色、白色等沁斑，色彩斑驳。环面窄。外径 6.71、内径 5.82、厚 0.68 厘米（彩版三三八，4）。

标本ⅠT8206⑥：2，黄色，不透明，夹杂黑色、白色、棕色等沁斑。环面很窄。外径 6.82、内径 5.97、厚 0.84 厘米（彩版三三八，5）。

Ba 型　1 件。

标本ⅠT8104⑥：6，器表杂红色、淡黄色、黑色沁斑，色彩斑斓。表面磨光。孔对钻后修整。平面呈圆环形，剖面呈橄榄球形。环面窄。外径 5.3、内径 4.7、厚 0.3 厘米（图八二八，4）。

Bb 型　1 件。

标本ⅠT8104⑥：18，黄色，器表夹黑色沁斑。孔对钻后修整。平面呈圆环形，剖面呈橄榄球形。环面窄。外径 5.3、内径 4.6、厚 0.3 厘米（图八二八，5）。

绿松石珠　2 件。

标本ⅣT8204⑥：3，表面磨光，孔对钻。器身中部鼓，扁筒状。长径 0.7、短径 0.6、孔径 0.2、高 0.6 厘米（图八二九，6）。

美石　20 件。

标本ⅠT7907⑥：16，青色，夹黑色、黄色沁斑。表面光滑。平面呈水滴状，较厚重。长 8.2、宽 4.5、厚 1.9 厘米，重 122.7 克（图八二九，4）。

标本ⅠT8008⑥：2，灰色，质地纯净。器呈长椭圆形。长 5.33、宽 2.86、厚 2.67 厘米（彩版三三八，6）。

磨石　13 件。

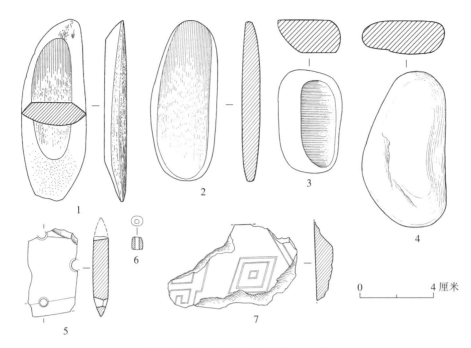

图八二九 东区第6层出土玉器

1~3. 磨石（ⅠT8103⑥：4、ⅠT8104⑥：23、ⅠT7907⑥：6） 4. 美石（ⅠT7907⑥：16） 5、7. 玉器残片（ⅠT7509⑥：2、ⅠT8002⑥：1） 6. 绿松石珠（ⅣT8204⑥：3）

标本ⅠT8104⑥：23，平面呈椭圆形。器身有切割痕迹。长8.5、宽3.6、厚1厘米（图八二九，2）。

标本ⅠT8103⑥：4，平面呈鞋底形。一面有切割痕迹。长9.6、宽3.5、厚1.2厘米（图八二九，1）。

标本ⅠT7907⑥：6，上下两面磨光。棱台状，平面呈长方形。上下两面均为平面。长5.3、宽3.4、厚1.7厘米，重58.2克（图八二九，3；彩版三三九，1、2）。

玉器残片 7件。

标本ⅠT7509⑥：2，灰白色，夹黑色、黄色沁斑。仅存顶部残片。表面磨光，孔对钻。平面近长方形。顶部呈凸脊面，较窄，与下部转折明显。顶部至下部残存三个圆形穿孔。残长4.4、残宽2.8、厚0.8厘米，重17.1克（图八二九，5；彩版三三九，3）。

标本ⅠT8002⑥：1，灰白色，夹黑色、红色沁斑，玉质不精。表面磨光。平面形状不规则。表面饰有阴刻重菱纹和云雷纹。残长7.1、残宽4.5、厚1厘米（图八二九，7；彩版三三九，4）。

（3）石器

9件。

矛 2件。

Ab型 1件。

标本ⅠT8406⑥：3，中部有残损。表面磨光。长体，窄叶，无脊，侧刃较锋利，平底，无骹。

长17.1、宽6、厚1.6厘米，重197.7克（图八三〇，1；彩版三三九，5）。

C型 1件。

标本ⅠT7907⑥：9，仅存叶上部。表面磨光，制作精细。平面呈三角形。锋尖较圆，宽叶，无脊，侧刃较利。残长11.2、宽5.2、厚1.2厘米，重97.1克（图八三〇，2）。

斧 2件。

Aa型 1件。

标本ⅠT7609⑥：2，黑色，整器打磨极为光滑，顶端保留自然断面。舌形刃，刃部有使用痕迹。长18.8、宽9.6、厚2.8厘米（图八三〇，3；彩版三三九，6）。

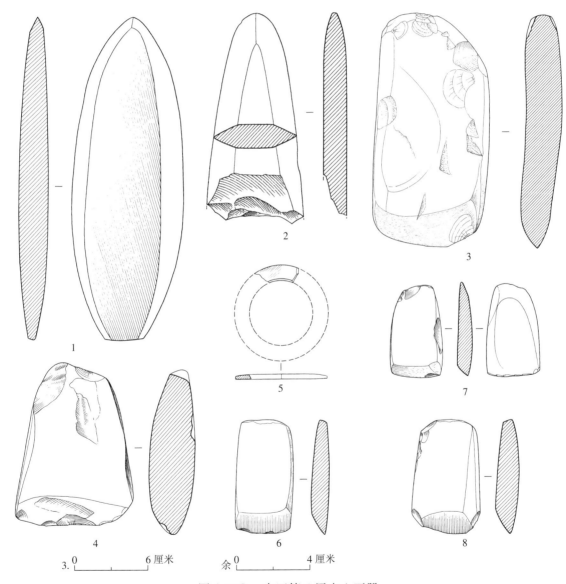

图八三〇 东区第6层出土石器

1. Ab型矛（ⅠT8406⑥：3）　2. C型矛（ⅠT7907⑥：9）　3. Aa型斧（ⅠT7609⑥：2）　4. C型斧（ⅠT7807⑥：1）
5. 环（ⅠT8207⑥：1）　6. Ab型锛（ⅠT7609⑥：1）　7. Ba型锛（ⅠT7611⑥：2）　8. Bb型锛（ⅠT7907⑥：12）

C 型 1件。

标本 I T7807⑥：1，表面打磨，中部有两道横向切割痕迹。平面近等腰梯形。顶部保留自然面，侧边直，中部鼓凸，双面平刃。长8.7、宽6.4、厚2.5厘米，重221.5克（图八三〇，4；彩版三四〇，1）。

锛 4件。

Ab 型 2件。

标本 I T7609⑥：1，刃部有少量残损。表面磨光。平面呈长方形。顶部保留自然面，侧边平直，单面平刃。长6、宽3.1、厚1厘米，重37.1克（图八三〇，6；彩版三四〇，2）。

Ba 型 1件。

标本 I T7611⑥：2，表面磨光。平面呈上小下大的等腰梯形，中部略凸。顶部呈凸脊状，侧边平直，单面平刃。长5、宽2.9、厚0.8厘米，重20.2克（图八三〇，7）。

Bb 型 1件。

标本 I T7907⑥：12，器表多处残损。表面磨光。平面呈上小下大的等腰梯形，形体宽短。顶部呈平面，侧边平直，中部微凸，单面弧刃。长6、宽3.7、厚1.1厘米，重47克（图八三〇，8）。

环 1件。

标本 I T8207⑥：1，表面磨光，孔单面钻通。平面呈圆环形，剖面呈截锥形。环面较窄，外缘呈方形面。外径5、内径3.4、厚0.3厘米（图八三〇，5）。

（4）铜器

42件。

镞 2件。Ba 型。

标本 IV T8204⑥：1-1，尖锋，双翼窄长，长铤，脊部呈"十"字形。长6.1、宽1.1、厚0.6厘米（图八三一，1）。

标本 IV T8303⑥：1，柳叶形锋，双翼不突出，短铤，脊部平面呈"十"字形。长5.1、宽1.5、厚0.5厘米（图八三一，2；彩版三四〇，3）。

戈 3件。

Bb 型 1件。

标本 I T8202⑥：1，残存援中部及以上部分。无胡，方形内。本部正中有一穿孔。中脊略凸起。表面锈蚀。残长6.3、宽3.2、厚0.2厘米（图八三一，3）。

Ca 型 2件。

标本 I T8005⑥：1，无胡，三角形援，长方形内。本部正中有一穿孔。中脊略凸起。表面锈蚀。长7.8、宽2.5、领高1.2厘米（图八三一，4；彩版三四〇，4）。

锥形器 2件。

Aa 型 1件。

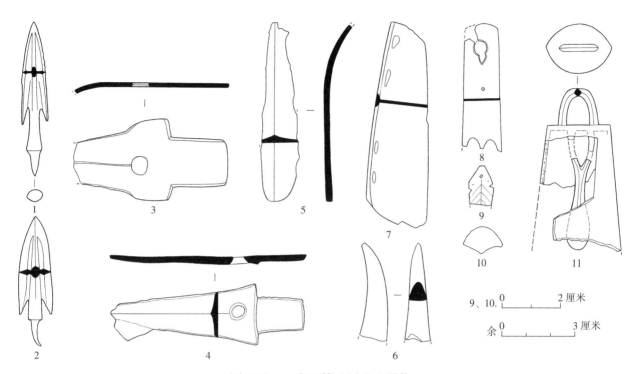

图八三一　东区第 6 层出土器物

1、2. Ba 型铜镞（ⅣT8204⑥：1 - 1、ⅣT8303⑥：1）　3. Bb 型铜戈（ⅠT8202⑥：1）　4. Ca 型铜戈（ⅠT8005⑥：1）
5. Aa 型铜锥形器（ⅠT8005⑥：8）　6. B 型铜锥形器（ⅠT8104⑥：9）　7. A 型铜长条形器（ⅠT8406⑥：1）　8. 铜
叉形器（ⅠT7507⑥：1）　9. Aa 型Ⅱ式鱼形金箔饰（ⅠT8005⑥：2 - 1）　10. 金器残件（ⅠT8104⑥：12 - 1）
11. B 型铜铃（ⅠT7809⑥：12 - 1）

标本ⅠT8005⑥：8，平面呈尖条形。器身弯曲，中部有一道纵向脊。器身两侧各有一尖凸。长 7.1、宽 1.5、厚 0.2 厘米（图八三一，5；彩版三四〇，5）。

B 型　1 件。

标本ⅠT8104⑥：9，残存尖端部分。平面呈角锥形，剖面呈三角形。中脊凸起。残长 3.9、宽 1.1、厚 0.7 厘米（图八三一，6；彩版三四〇，6）。

长条形器　1 件。A 型。

标本ⅠT8406⑥：1，平面呈梯形，形态似翼，较薄。一侧边双面起矮领。长 8、宽 2.7、厚 0.1 厘米，重 8.4 克（图八三一，7；彩版三四〇，7）。

叉形器　1 件。

标本ⅠT7507⑥：1，平面呈"叉"形，顶端略有残缺，叉部由两个"半月"形组成。长 5、宽 1.6 厘米（图八三一，8）。

铃　1 件。B 型。

标本ⅠT7809⑥：12 - 1，平面呈等腰梯形，断面呈合瓦形。顶部有一环形纽，无侧翼，口内凹，无铃舌。高 6.3 厘米（图八三一，11）。

璧　1 件。Ac 型Ⅱ式。

标本ⅠT8003⑥：12，平面呈圆环形。环面较窄，内缘处双面起领。直径6.4、孔径4.4、领高1.2厘米，重40.6克（图八三二，8；彩版三四一，1）。

环形器   1件。A型。

标本ⅠT8003⑥：4，平面呈圆环形，器身较扁。环面较窄，一面平，一面呈弧形面。表面饰重环纹。外径10、内径6.8、厚0.3厘米，重50.3克（图八三二，9；彩版三四一，2）。

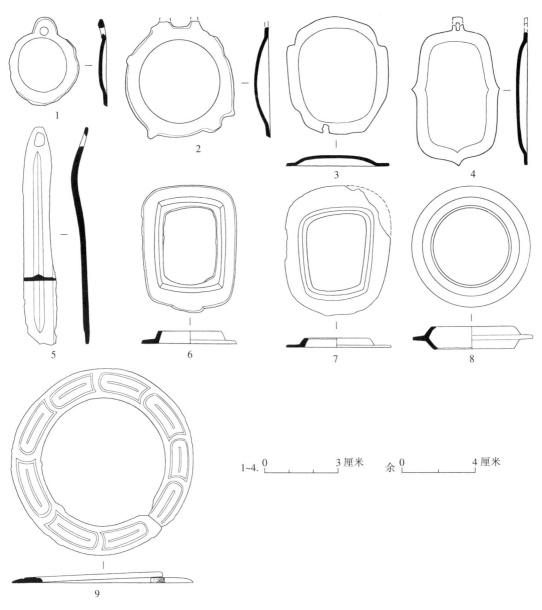

图八三二   东区第6层出土铜器

1、2.A型挂饰（ⅠT8303⑥：1、ⅠT8003⑥：6） 3.C型挂饰（ⅠT8302⑥：1） 4.D型挂饰（ⅠT8202⑥：6） 5.H型挂饰（ⅠT8003⑥：14） 6、7.Aa型Ⅱ式圆角方孔形器（ⅠT8006⑥：1、ⅠT7908⑥：4） 8.Ac型Ⅱ式璧（ⅠT8003⑥：12） 9.A型环形器（ⅠT8003⑥：4）

挂饰　6件。

A 型　3件。

标本ⅠT8303⑥：1，平面近圆形。顶部有一环形纽。器身中部隆起。侧边及底部边缘残损。残长3.5、残宽2.9、厚0.15厘米（图八三二，1；彩版三四一，3）。

标本ⅠT8003⑥：6，平面呈圆形。顶部环形纽残断。中部一面微鼓，一面凹陷。外缘有四个分布较均匀的尖凸。直径4.4、厚0.7厘米，重17.8克（图八三二，2）。

C 型　1件。

标本ⅠT8302⑥：1，平面近圆角方形。顶部环形纽残断。器身中部隆起，两侧有长条形翼。顶端有一缺口。长4.7、宽4.1、厚0.1厘米（图八三二，3）。

D 型　1件。

标本ⅠT8202⑥：6，平面呈圆角长方形。顶端有一方形纽，部分残断。器身中部隆起。两侧缘中部、末端中部各有一尖凸。残长5.6、宽3.5、厚0.1厘米（图八三二，4）。

H 型　1件。

标本ⅠT8003⑥：14，一端残断。平面呈长条形，断面呈"V"字形。中部较宽，中脊延伸至两端。残长11.6、宽1.8、厚0.3厘米，重19.5克（图八三二，5）。

圆角方孔形器　4件。Aa 型Ⅱ式。

标本ⅠT8006⑥：1，平面呈圆角方形。环面较窄。顶部有一凸起。孔壁上翻呈覆斗状。长6.7、宽5.2、孔长4.2、孔宽3、高0.6厘米，重26.8克（图八三二，6）。

标本ⅠT7908⑥：4，环面残损较严重。平面呈圆角长方形。环面较窄。长6.9、宽5.7、孔长4.1、孔宽3.2、高0.5厘米，重25.6克（图八三二，7；彩版三四一，4）。

眼泡　2件。B 型。

标本ⅠT8003⑥：13，器身呈半球状，中空。顶部呈弧形面。直径2、高1.1厘米，重12.2克（图八三三，3；彩版三四一，5）。

标本ⅠT8207⑥：8－2，边缘残破。外表面光滑，内部粗糙。中部呈半球状，中空，边缘平。残长3.4、残宽2.8、厚1.4厘米，重19.7克（图八三三，4）。

虎　1件。

标本ⅠT7509⑥：1，该器中空，应是大型器物的附件。造型为虎，仅有头部和颈部。口部大张，无虎牙，吻部发达，昂首怒目，双耳竖立，双耳上均饰卷曲纹，额头上阳刻细线纹，颈部上遍饰云雷纹。长5.2、宽4.1、高3.5厘米（图八三四，2）。

鸟　2件。仅存铜鸟尾部。

标本ⅠT8003⑥：11－3，平面呈卷云形，扁平。中部饰有依形状刻出的细凹槽。残长3.4、宽1.6厘米（图八三三，1；彩版三四一，6左）。

标本ⅠT8003⑥：11－4，平面呈卷云形，扁平。中部饰有依形状刻出的细凹槽。残长2.8、宽

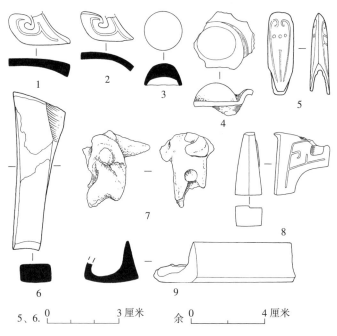

图八三三　东区第6层出土铜器

1、2. 鸟（ⅠT8003⑥：11-3、ⅠT8003⑥：11-4）　3、4. B型眼泡（ⅠT8003⑥：13、ⅠT8207⑥：8-2）　5. 蝉
（ⅠT7708⑥：4）　6~9. 铜器残件（ⅠT8104⑥：17、ⅠT8207⑥：7、ⅠT8207⑥：8-1、ⅠT8106⑥：14）

1.4厘米（图八三三，2；彩版三四一，6右）。

鱼形器　1件。B型。

标本ⅠT7809⑥：12-2，平面呈鱼形，断面近圆形。头部浑圆，无眼、口，两侧有扉棱状范痕，尾部分叉。尺寸不明。合重48.3克（彩版三四一，7）。

貘首　1件。

标本ⅠT8406⑥：2，悬挂于一环上，刻划出貘头，鼻残断。推测为铜卣上装饰。卣仅存一提梁与卣身连接的部分。提梁末端圆环与卣身圆环状耳相套扣。提梁断面呈半圆形，近末端有一貘首，大耳，圆目，鼻残。残长6.4、宽3.3、厚3.5厘米，重123.4克（图八三四，1；彩版三四二）。

蝉　1件。

标本ⅠT7708⑥：4，蝉形，尾部分叉，横剖面为椭圆形。长3.4、宽0.5~1.1厘米（图八三三，5）。

铜器残件　12件。

标本ⅠT8104⑥：17，平面形状不规则。残长6.1、残宽2.1、厚0.7厘米（图八三三，6）。

标本ⅠT8207⑥：7，平面呈不规则长方形。两端各有一个指向相反的横向尖凸。残长4.2、宽3.2、厚2.1厘米，重38.3克（图八三三，7）。

标本ⅠT8207⑥：8-1，仅存一段，平面呈"P"字状，上饰云雷纹。可能系簋式容器耳垂下扉棱。残长3.4、残宽3.2、厚1.5厘米（图八三三，8）。

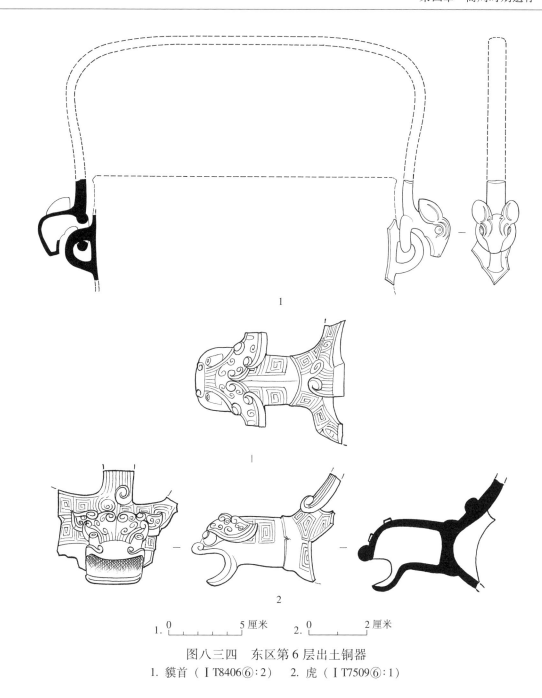

1. 0 _____ 5厘米　2. 0 _____ 2厘米

图八三四　东区第6层出土铜器

1. 貘首（ⅠT8406⑥：2）　2. 虎（ⅠT7509⑥：1）

标本ⅠT8106⑥：14，可能系铜器上构件，断面呈钩状。残长7.6、高2.3厘米（图八三三，9）。

（5）金器

5件。

鱼形金箔饰　1件。Aa型Ⅱ式。

标本ⅠT8005⑥：2-1，尾部残，平面呈柳叶形。上宽下窄。顶端有一小穿孔，左右錾刻两点。器身錾刻鱼刺纹。长1.3、宽0.8厘米（图八三一，9）。

金器残件　4 件。

标本 Ⅰ T8104⑥：12 – 1，平面形状近扇形。极薄。宽 1.4、弧半径 0.7 厘米（图八三一，10）。

（二二）第 5 层出土遗物

该层出土遗物有陶器、玉器、石器和铜器，计有陶片 6982 片、玉器 27 件、石器 11 件和铜器 12 件。陶器以夹砂陶为大宗，占 93.18%。夹砂陶中灰黑陶占 70.37%，灰褐陶占 13.45%，灰黄陶占 10.68%，黄褐陶占 3.13%，红褐陶占 1.63%，灰陶占 0.74%；泥质陶中灰黑陶占 50.84%，灰黄陶占 27.73%，灰褐陶占 13.03%，灰陶占 6.30%，黄褐陶占 1.26%，红陶占 0.63%，青灰陶占 0.21%。夹砂陶中纹饰陶片占 22.63%，以粗绳纹、细线纹、凹弦纹和凸棱纹为主，分别占 63.18%、17.93%、9.10% 和 3.40%，另有少量戳印纹、压印纹、细绳纹，极少量重菱纹、网格纹、乳丁纹、刻划纹、方格纹、镂孔等；泥质陶中纹饰陶片仅占 8.82%，以粗绳纹、细线纹、戳印纹为多，分别占 42.86%、33.33% 和 19.05%，另有极少量凹弦纹和凸棱纹（表七七）。陶片可辨器形有尖底盏、敛口罐、高领罐、矮领罐、束颈罐、绳纹圜底罐、盘口罐、长颈罐、盆、缸、瓮、簋形器、盘、纺轮等。玉器种类有戈、锛、凿、璧、珠、刀形玉器等。石器种类有斧、锛、凿、石虎等。铜器种类有镞、挂饰、铜虎等。

（1）陶器

124 件。

尖底盏　19 件

Ba 型 Ⅰ式　1 件。

标本 Ⅰ T7609⑤：282，夹砂灰黑陶。尖圆唇。口径 13.5、肩径 14.3、高 5.7 厘米（图八三五，1）。

Ba 型 Ⅱ式　1 件。

标本 Ⅰ T7705⑤：10，夹砂灰黑陶。圆唇。口径 12.1、肩径 12.6、高 4.9 厘米（图八三五，2）。

Bd 型 Ⅰ式　1 件。

标本 Ⅰ T7509⑤：4 – 1，夹砂灰黑陶。圆唇。口径 13、高 4.3 厘米（图八三五，3）。

Bd 型 Ⅱ式　4 件。

标本 Ⅰ T7609⑤：22，夹砂灰黑陶。圆唇。口径 12、高 4.2 厘米（图八三五，4；彩版三四三，1）。

标本 Ⅰ T7609⑤：29，夹砂灰黑陶。圆唇。口径 12.5、高 4.2 厘米（图八三五，5；彩版三四三，2）。

标本 Ⅰ T7609⑤：2，夹砂灰黑陶。圆唇。口径 12.2、高 4 厘米（图八三五，6）。

标本 Ⅰ T7903⑤：2，夹砂灰黑陶。圆唇。口径 12、高 4.2 厘米（图八三五，7）。

Cc 型 Ⅰ式　7 件。

标本 Ⅰ T7509⑤：158，夹砂灰黑陶。圆唇。口径 12.6、高 4 厘米（图八三五，8）。

标本 Ⅰ T7903⑤：1，夹砂灰黑陶。圆唇。腹有一道凹痕。口径 13.7、高 4.5 厘米（图八三五，9）。

表七七 东区第5层统计表

纹饰	夹砂陶								泥质陶								
陶色	灰黑	灰	红褐	灰褐	黄褐	灰黄	小计	百分比(%)	灰黑	灰	灰黄	灰褐	青灰	红	黄褐	小计	百分比(%)
素面	3645	47	75	589	133	545	5034	77.38	222	25	119	59		3	6	434	91.18
细绳纹	4		4	2	1	1	12	0.18									
粗绳纹	541	1	19	219	53	97	930	14.29	1	4	10	3				18	3.78
重菱纹	3		1		1		5	0.08									
凹弦纹	116		2	2	6	8	134	2.06			1					1	0.21
凸棱纹	29		2			19	50	0.77			1					1	0.21
刻划纹						2	2	0.03									
镂孔				1			1	0.02									
细线纹	183		3	55	5	18	264	4.06	13				1			14	2.94
压印纹	20			2		1	23	0.35									
网格纹	8						8	0.12									
戳印纹	23			5		2	30	0.46	6	1	1					8	1.68
乳丁纹	4				5	2	11	0.17									
方格纹	2						2	0.03									
小计	4578	48	106	875	204	695	6506		242	30	132	62	1	3	6	476	
百分比(%)	70.37	0.74	1.63	13.45	3.13	10.68	100.00		50.84	6.30	27.73	13.03	0.21	0.63	1.26	100.00	
合计	6982																

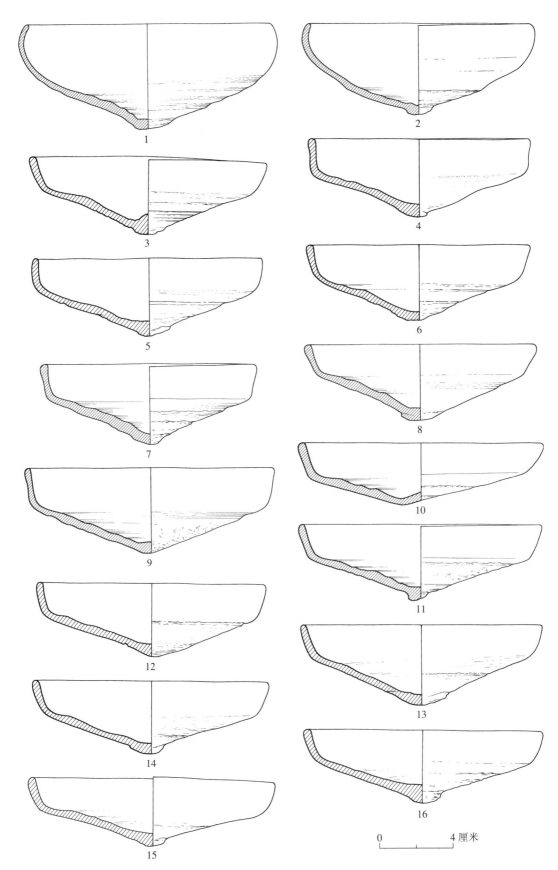

图八三五　东区第 5 层出土陶尖底盏

1. Ba 型 I 式（I T7609⑤：282）　　2. Ba 型 II 式（I T7705⑤：10）　　3. Bd 型 I 式（I T7509⑤：4－1）　　4～7. Bd 型 II

式（I T7609⑤：22、I T7609⑤：29、I T7609⑤：2、I T7903⑤：2）　　8～13. Cc 型 I 式（I T7509⑤：158、I T7903

⑤：1、I T7609⑤：39－1、I T7903⑤：3、I T7609⑤：4－1、I T7609⑤：3）　　14～16. Cc 型 II 式（I T7609⑤：4－2、

I T7609⑤：39－2、I T7609⑤：7）

标本ⅠT7609⑤:39－1，夹砂灰黑陶。尖圆唇。口径13.3、高3.2厘米（图八三五，10）。

标本ⅠT7903⑤:3，夹砂灰黑陶。圆唇。近底处饰螺旋纹。口径13.2、高4厘米（图八三五，11）。

标本ⅠT7609⑤:4－1，夹砂灰黑陶。圆唇。口径12.7、高3.9厘米（图八三五，12；彩版三四三，3）。

标本ⅠT7609⑤:3，夹砂灰黑陶。圆唇。口径13、高4.3厘米（图八三五，13；彩版三四三，4）。

Cc型Ⅱ式 5件。

标本ⅠT7609⑤:4－2，夹砂灰黑陶。圆唇。口径13、高3.9厘米（图八三五，14；彩版三四三，5）。

标本ⅠT7609⑤:39－2，夹砂灰黑陶。圆唇。口径13.6、高3.7厘米（图八三五，15；彩版三四三，6）。

标本ⅠT7609⑤:7，夹砂灰黑陶。圆唇。口径12.9、高3.9厘米（图八三五，16；彩版三四三，7）。

敛口罐 12件。

Aa型Ⅱ式 1件。

标本ⅠT7609⑤:36，夹砂灰黑陶。折沿，方唇。口径20.8、底径9.8、高29厘米（图八三六，1）。

Ba型 4件。

标本ⅠT7609⑤:16，夹砂灰黑陶。圆唇。口径12.7、肩径16.2、底径8.5、高9.7厘米（图八三六，2）。

标本ⅠT7609⑤:13，夹砂灰黑陶。方唇。口径19.1、肩径27.7、残高21厘米（图八三六，3）。

Bb型 1件。

标本ⅣT8301⑤:1，夹砂灰黑陶。圆唇。口径12.2、残高6.4厘米（图八三六，4）。

Bd型 5件。

标本ⅠT7910⑤:153，夹砂灰黑陶。方唇。口径22、残高3.6厘米（图八三六，5）。

Ca型Ⅱ式 1件。

标本ⅠT7609⑤:42，夹砂灰黑陶。沿面凹，方唇。口径30、残高3.3厘米（图八三六，6）。

高领罐 1件。B型。

标本ⅠT8108⑤:21，夹砂灰黑陶。翻卷沿，圆唇。口径18、残高7.7厘米（图八三七，1）。

矮领罐 2件。B型Ⅱ式。

标本ⅣT7908⑤:1，夹砂灰黑陶。卷沿，圆唇。领部饰一周凹弦纹。口径12.6、残高8.7厘米（图八三七，2）。

标本ⅣT8208⑤:1，夹砂灰黑陶。折沿，圆唇。口径13、残高4厘米（图八三七，3）。

束颈罐 1件。Cc型。

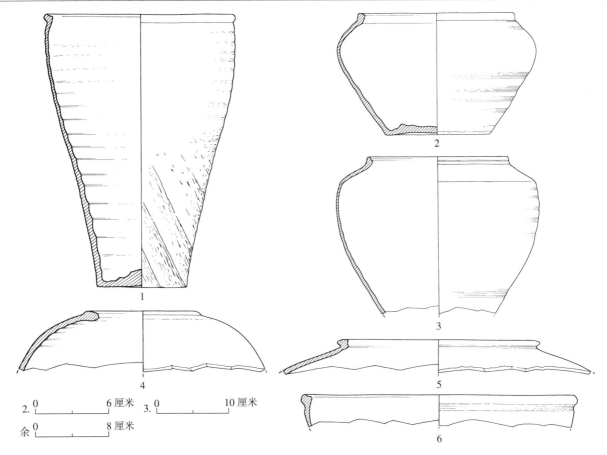

图八三六　东区第5层出土陶敛口罐

1. Aa 型 Ⅱ 式（Ⅰ T7609⑤：36）　2、3. Ba 型（Ⅰ T7609⑤：16、Ⅰ T7609⑤：13）　4. Bb 型（Ⅳ T8301⑤：1）　5. Bd 型
（Ⅰ T7910⑤：153）　6. Ca 型 Ⅱ 式（Ⅰ T7609⑤：42）

标本Ⅰ T8404⑤：7，夹砂灰黄陶。方唇。残高 3.2 厘米（图八三七，4）。

绳纹圆底罐　7 件。

Ab 型　3 件。

标本Ⅰ T7910⑤：93，夹砂灰褐陶。平卷沿，圆唇。腹部饰竖向粗绳纹。口径 30、残高 8.1 厘米（图八三七，5）。

B 型　2 件。

标本Ⅰ T8401⑤：27，夹砂灰黑陶。圆唇。口径 20、残高 4.5 厘米（图八三七，6）。

标本Ⅳ T8204⑤：5，夹砂灰黑陶。圆唇。口径 26、残高 3.9 厘米（图八三七，7）。

Cc 型　2 件。

标本Ⅰ T8301⑤：12，夹砂灰黑陶。仰卷沿，方唇。口径 26、残高 5.5 厘米（图八三七，8）。

标本Ⅳ T8302⑤：3，夹砂灰黑陶。尖唇。口径 34、残高 8.7 厘米（图八三七，9）。

盘口罐　12 件。

A 型Ⅰ式　9 件。

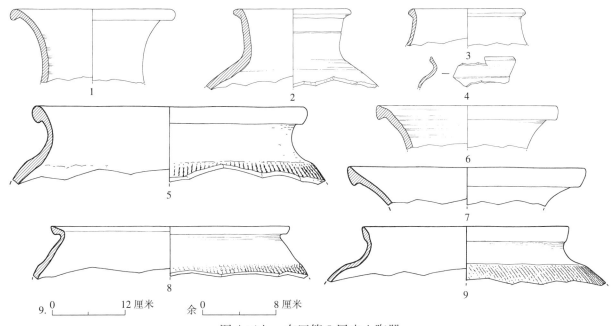

图八三七　东区第 5 层出土陶器

1. B 型高领罐（ⅠT8108⑤：21）　　2、3. B 型Ⅱ式矮领罐（ⅣT7908⑤：1、ⅣT8208⑤：1）　4. Cc 型束颈罐（ⅠT8404⑤：7）
5. Ab 型绳纹圜底罐（ⅠT7910⑤：93）　6、7. B 型绳纹圜底罐（ⅠT8401⑤：27、ⅣT8204⑤：5）　8、9. Cc 型绳纹圜底罐
（ⅠT8301⑤：12、ⅣT8302⑤：3）

　　标本ⅠT7609⑤：15，夹砂灰黑陶。圆唇。肩部饰一周凹弦纹。口径 12.1、腹径 14.7、底径 10.4、高 12.4 厘米（图八三八，1；彩版三四四，1）。

　　标本ⅠT7609⑤：19，夹砂灰黑陶。圆唇。肩部饰一周凹弦纹。口径 12.8、腹径 13.3、底径 8.6、高 12.2 厘米（图八三八，2）。

　　标本ⅠT7609⑤：24，夹砂灰黑陶。圆唇。肩部饰一周凹弦纹。口径 11.6、腹径 13.3、底径 8.9、高 12.9 厘米（图八三八，3；彩版三四四，2）。

　　标本ⅠT7509⑤：3，夹砂灰黑陶。圆唇。肩部饰一周凹弦纹。口径 12、腹径 14、底径 9.1、高 15 厘米（图八三八，4；彩版三四四，3）。

　　标本ⅠT7810⑤：11，夹砂灰黑陶。圆唇。肩部饰一周凹弦纹。口径 10.2、腹径 13.9、底径 7.4、高 14 厘米（图八三八，5）。

　　标本ⅠT7611⑤：11，夹砂灰黑陶。圆唇。肩部饰一周凹弦纹。口径 10.4、腹径 13.2、底径 9、高 12.4 厘米（图八三八，6）。

　　标本ⅠT8007⑤：50，夹砂灰黑陶。口残。肩部饰一周凹弦纹。底径 8.1、残高 11.5 厘米（图八三八，7）。

　　标本ⅠT7609⑤：37，夹砂灰黑陶。尖唇。腹部饰一周凹弦纹。口径 14.8、腹径 16、底径 9.3、高 16.6 厘米（图八三八，10）。

　　标本ⅠT7910⑤：132，夹砂灰黑陶。圆唇。口径 10、残高 2.2 厘米（图八三八，11）。

　　A 型Ⅱ式　3 件。

1~10. 0 _____ 6厘米　　余 0 _____ 4厘米

图八三八　东区第5层出土陶器

1~7、10、11. A型Ⅰ式盘口罐（ⅠT7609⑤：15、ⅠT7609⑤：19、ⅠT7609⑤：24、ⅠT7509⑤：3、ⅠT7810⑤：11、ⅠT7611⑤：11、ⅠT8007⑤：50、ⅠT7609⑤：37、ⅠT7910⑤：132）　8、9、12. A型Ⅱ式盘口罐（ⅠT7609⑤：285、ⅠT7609⑤：10、ⅠT7708⑤：25）　13. Ca型长颈罐（ⅠT7810⑤：9）　14. B型长颈罐（ⅠT7609⑤：23）

标本ⅠT7609⑤：285，夹砂灰黑陶。圆唇。肩部饰一周凹弦纹。口径10.1、腹径11.8、底径8.4、高9.5厘米（图八三八，8）。

标本ⅠT7609⑤：10，夹砂灰黑陶。圆唇。肩部饰一周凹弦纹。口径11.2、腹径12.5、底径8.2、高11.1厘米（图八三八，9；彩版三四四，4）。

标本ⅠT7708⑤：25，夹砂灰黑陶。圆唇。口径13、残高3.3厘米（图八三八，12）。

长颈罐　2件。

B型　1件。

标本ⅠT7609⑤：23，夹砂灰黑陶。圆唇。口径10.9、腹径8、底径6.5、高12.3厘米（图八三八，14；彩版三四三，8）。

Ca型　1件。

标本ⅠT7810⑤：9，夹砂灰黑陶。尖圆唇。口径11、残高3.8厘米（图八三八，13）。

盆　1件。Ad型。

标本ⅠT8301⑤：10，夹砂灰褐陶。方唇。唇部压印绳纹。口径44、残高6厘米（图八三九，5）。

瓮　10件。

Bb型　1件。

标本ⅠT8003⑤：9，夹砂灰黑陶。圆唇。口径58、残高17.2厘米（图八三九，1）。

Cd型Ⅱ式　3件。

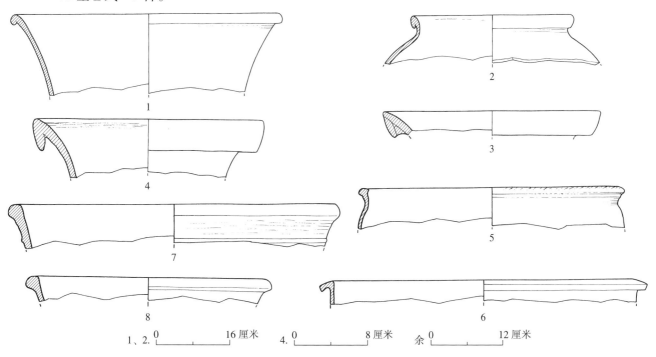

图八三九　东区第5层出土陶器

1. Bb型瓮（ⅠT8003⑤：9）　2. Cd型Ⅱ式瓮（ⅠT7910⑤：155）　3. Da型Ⅱ式瓮（ⅠT8207⑤：10）　4. Da型Ⅲ式瓮（ⅠT7607⑤：19）　5. Ad型盆（ⅠT8301⑤：10）　6～8. Ec型缸（ⅠT7810⑤：20、ⅠT8307⑤：8、ⅠT8302⑤：2）

标本Ⅰ T7910⑤：155，夹砂灰黑陶。圆唇。内壁有制作时留下的轮制痕迹。口径36、残高10.5厘米（图八三九，2）。

Da 型Ⅱ式　1件。

标本Ⅰ T8207⑤：10，夹砂灰黑陶。圆唇。口径36、残高3.9厘米（图八三九，3）。

Da 型Ⅲ式　5件。

标本Ⅰ T7607⑤：19，夹砂灰黑陶。圆唇。口径25、残高5.9厘米（图八三九，4）。

缸　3件。Ec 型。

标本Ⅰ T7810⑤：20，夹砂灰黑陶。平折沿，方唇。口径54、残高3.3厘米（图八三九，6）。

标本Ⅰ T8307⑤：8，夹砂黄褐陶。圆唇。口径54、残高6.5厘米（图八三九，7）。

标本Ⅰ T8302⑤：2，夹砂灰黑陶。圆唇。口径40、残高3.5厘米（图八三九，8）。

簋形器　18件。

Aa 型Ⅱ式　2件。

标本Ⅳ T8305⑤：1，夹砂灰黑陶。圆唇。口径38、残高8.4厘米（图八四〇，1）。

Ab 型Ⅱ式　9件。

标本Ⅰ T7910⑤：35，夹砂灰褐陶。沿面弧。内壁有制作时留下的轮制痕迹。口径36、残高

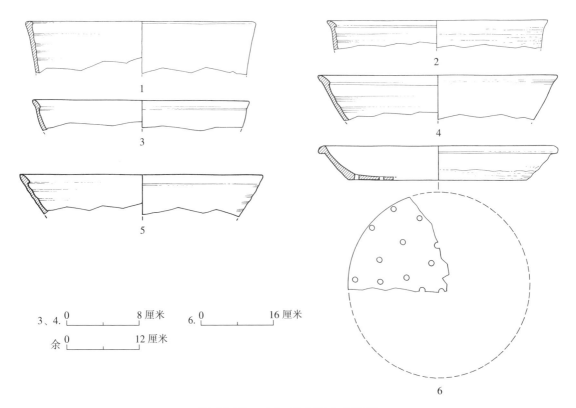

图八四〇　东区第5层出土陶器

1. Aa 型Ⅱ式簋形器（Ⅳ T8305⑤：1）　2. Ab 型Ⅱ式簋形器（Ⅰ T7910⑤：35）　3、4. Ba 型Ⅱ式簋形器
（Ⅰ T8407⑤：8、Ⅰ T7910⑤：141）　5. C 型Ⅱ式簋形器（Ⅳ T8402⑤：2）　6. 甑（Ⅰ T7905⑤：1）

4.3 厘米（图八四〇，2）。

Ba 型 II 式　2 件。

标本 I T8407⑤：8，夹砂灰黑陶。沿面弧。口径 24、残高 3.3 厘米（图八四〇，3）。

标本 I T7910⑤：141，夹砂灰黑陶。沿面平。口径 26、残高 4.8 厘米（图八四〇，4）。

C 型 II 式　5 件。

标本 IV T8402⑤：2，夹砂灰黑陶。口径 40、残高 6.3 厘米（图八四〇，5）。

甑　1 件。

标本 I T7905⑤：1，夹砂灰黑陶。盘形，圆唇。底部存规整镂孔。口径 52、残高 7.4 厘米（图八四〇，6）。

豆柄　4 件。Aa 型。

标本 IV T8008⑤：3，夹砂灰黑陶。残高 14.5 厘米（图八四一，6）。

器底　29 件。

Aa 型　10 件。

标本 I T7902⑤：1，夹砂灰黑陶。底径 15.4、残高 8.5 厘米（图八四一，1）。

Ab 型　8 件。

标本 I T7609⑤：168，夹砂灰黑陶。底径 8.7、残高 2.3 厘米（图八四一，2）。

Db 型　11 件。

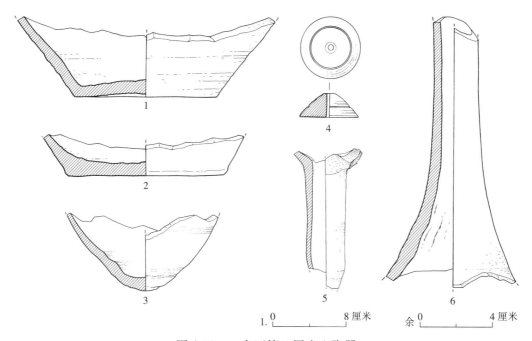

图八四一　东区第 5 层出土陶器

1. Aa 型器底（I T7902⑤：1）　2. Ab 型器底（I T7609⑤：168）　3. Db 型器底（I T7910⑤：90）　4. Ba 型纺轮
（I T7809⑤：1）　5. Ab 型袋足（IV T8106⑤：2）　6. Aa 型豆柄（IV T8008⑤：3）

标本ⅠT7910⑤:90,夹砂灰黑陶。残高4.2厘米(图八四一,3)。

袋足 1件。Ab型。

标本ⅣT8106⑤:2,夹砂灰黑陶。直径2.1、残高7.4厘米(图八四一,5)。

纺轮 1件。Ba型。

标本ⅠT7809⑤:1,泥质灰黑陶。腰部饰凹弦纹。直径3.2、孔径0.4、厚1.3厘米(图八四一,4)。

(2)玉器

27件。

戈 1件。Ab型。

标本ⅠT8106⑤:1,灰白色,不透明,杂褐色沁斑。柄部后端残缺,近锋部有一道裂纹。器前锋呈三角形,援身较长,上下边刃较直,向前锋处缓收,阑部有七枚细密整齐的齿饰。阑上部有一穿孔,两面对钻而成。阑下磨平,与柄分界不明显。长24.3、宽7.5、厚0.9厘米(彩版三四四,5、6)

锛 5件。

A型 3件。

标本ⅠT7810⑤:2,灰白玉,夹红色、黄色沁斑。顶部残断。表面磨光。平面呈长方形。侧边平直,单面平刃。残长4.1、宽3.2、厚0.9厘米,重22.7克(图八四二,5)。

B型 2件。

标本ⅠT7506⑤:1,血红色玉,整器打磨精细。平面呈长方形,弧顶,两侧边平直,刃部钝,保留明显打磨痕迹。长4、宽3.1、厚0.9厘米(图八四二,7;彩版三四五,1、2)。

标本ⅠT7801⑤:2,血红色玉,整器打磨精细。平面呈长方形,弧顶,两侧边平直,刃部钝,略有残损,保留明显打磨痕迹。长6、宽3.8、厚0.9厘米(图八四二,8;彩版三四五,3、4)。

凿 4件。

Ac型 1件。

标本ⅠT7807⑤:27,青色玉,夹红色沁斑。器形较小。平面呈长方形,中部凸起,平顶,侧边平直,平刃。长4.5、宽1.4、厚1.1厘米(图八四二,4)。

Ba型 2件。

标本ⅠT7805⑤:1,青色玉,夹红色沁斑。表面磨光。平面呈长方形,断面呈圆角方形。顶部残断,侧边平直,弧刃。残长20.1、宽2.7、厚3厘米,重259.2克(图八四二,1)。

Bb型 1件。

标本ⅠT7603⑤:1,青色玉,夹红色沁斑,半透明。整器打磨极为光滑。平面呈长条形,平顶,舌形刃。长17.6、宽1.6、厚1.2厘米(图八四二,2)。

玉凿半成品 1件。

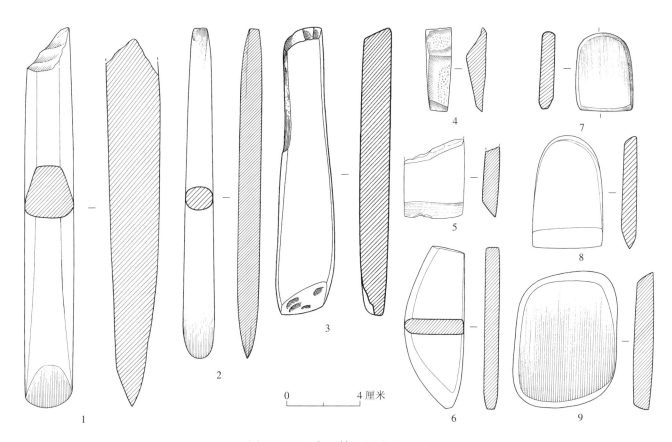

图八四二 东区第 5 层出土玉器

1. Ba 型凿（ⅠT7805⑤：1） 2. Bb 型凿（ⅠT7603⑤：1） 3. 玉凿半成品（ⅠT7907⑤：3－2） 4. Ac 型凿（ⅠT7807⑤：27） 5. A 型锛（ⅠT7810⑤：2） 6. 刀形器（ⅠT7907⑤：1－2） 7、8. B 型锛（ⅠT7506⑤：1、ⅠT7801⑤：2） 9. 磨石（ⅠT8102⑤：1）

标本ⅠT7907⑤：3－2，灰白玉，夹黑色、红色沁斑。表面磨光。细长，扁平。两侧边均呈内凹状圆弧，较规整。刃部未成型。长 15.2、宽 3.2、厚 1.7 厘米（图八四二，3）。

璧 4 件。

Aa 型Ⅱ式 1 件。

标本ⅠT7609⑤：34，灰白玉，夹黑色、红色沁斑。仅存一小段。表面磨光，孔对钻后修整，环面保留四周轮磨痕迹。平面呈圆环形。环面较宽，外缘呈弧形面，内缘处双面起领。残长 4.6、环面宽 3.3、领高 1 厘米，重 12.3 克（图八四三，1）。

Ac 型 1 件。

标本ⅠT8103⑤：1，灰白玉，夹大量红色、黑色沁斑。残存一半。单面钻孔。平面呈圆环形。孔径较大，环面较窄。孔缘上下凸起，形成领。直径 8、孔径 5.6、领高 0.5 厘米（图八四三，3）。

Af 型 2 件。

标本ⅠT8206⑤：9，灰白玉，夹红色沁斑。器表附着铜锈。仅存一段。表面打磨，孔对钻。平

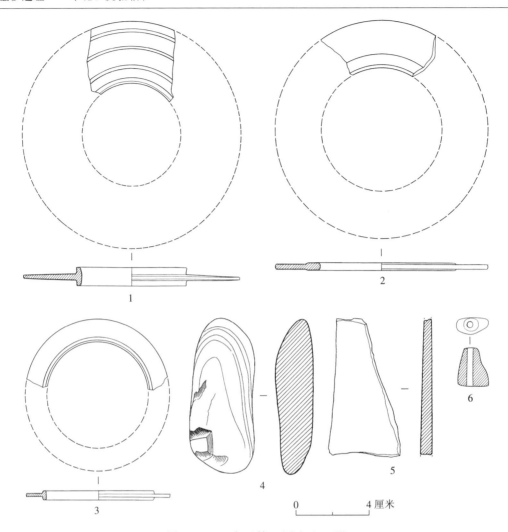

图八四三　东区第5层出土玉器

1. Aa 型 Ⅱ 式璧（ⅠT7609⑤：34）　2. Af 型璧（ⅠT8206⑤：9）　3. Ac 型璧（ⅠT8103⑤：1）　4. 美石（ⅠT7607⑤：2－2）　5. 玉器残片（ⅠT8010⑤：1）　6. 玉珠（ⅠT7907⑤：3－1）

面呈圆环形。孔径较大，环面较窄。近孔缘处比环面略高，形成一小环形。直径11.5、孔径6.5、厚0.4厘米（图八四三，2）。

玉珠　4件。

标本ⅠT7907⑤：3－1，平面形状不规则。底端宽于顶端，扁筒状。长1.8、宽0.9、孔径0.3、高2厘米（图八四三，6）。

美石　2件。

标本ⅠT7607⑤：2－2，斜长石，橙黄色。平面近平行四边形，石身较厚。长8.1、宽3.6、厚2厘米，重85.9克（图八四三，4；彩版三四五，5）。

磨石　1件。

标本ⅠT8102⑤：1，平面呈圆角长方形。两面中部平整，有切割、打磨痕迹。长7.2、宽5.6、厚1.1厘米（图八四二，9）。

刀形器 1件。

标本ⅠT7907⑤：1－2，平面呈刀状。两面中部被磨平。残长8.5、宽3.3、厚0.8厘米（图八四二，6）。

玉器残片 4件。

标本ⅠT8010⑤：1，灰白玉，表面呈黄色，夹黑色、红色沁斑。表面磨光。双面平。边缘均残失。残长7.3、残宽3.9、厚0.6厘米，重26.8克（图八四三，5；彩版三四五，6）。

（3）石器

11件。

石璋半成品 3件。

Ba型 2件。

标本ⅣT7905⑤：1，青色。整器打磨较为光滑，底端保留自然断面。长28.8、宽7.7、厚2厘米（图八四四，1）。

Bb型 1件。

标本ⅣT8004⑤：4，青色。整器打磨粗糙，底端残，器表凹凸不平。残长22.7、宽6.9、厚2.4厘米（图八四四，2）。

斧 2件。

Ba型 1件。

标本ⅠT7810⑤：3，顶部、刃部均残破，刃部残缺。表面磨光。平面呈梯形，形体较大。侧边平直，中部微鼓。残长11.2、宽5、厚1.8厘米，重144.6克（图八四四，3；彩版三四六，4）。

C型 1件。

标本ⅣT8008⑤：1，整器打磨极为光滑，底端保留自然断面，双面弧刃。长8.2、宽6.1、厚2.6厘米（图八四四，6）。

锛 3件。

Aa型 1件。

标本ⅠT7710⑤：1，顶部残损。表面磨光。平面呈长方形。一面中部微凸，侧边平直，单面平刃。残长7.7、宽3.5、厚1.7厘米，重21.5克（图八四四，7）。

Ba型 2件。

标本ⅠT8001⑤：1，平面呈等腰梯形，器身较短。表面磨光。顶部呈斜面，侧边平直，器中部鼓凸，单面平刃。长4.5、宽3.3、厚1.1厘米，重28.6克（图八四四，4；彩版三四六，3）。

标本ⅠT7607⑤：1，表面磨光，顶部和一侧边有残损。平面呈上小下大的等腰梯形。顶部保留自然面，侧边平直，中部微鼓，弧刃。长5.6、宽3.9、厚1.6厘米，重55.6克（图八四四，5；彩版三四六，1、2）。

凿 1件。A型。

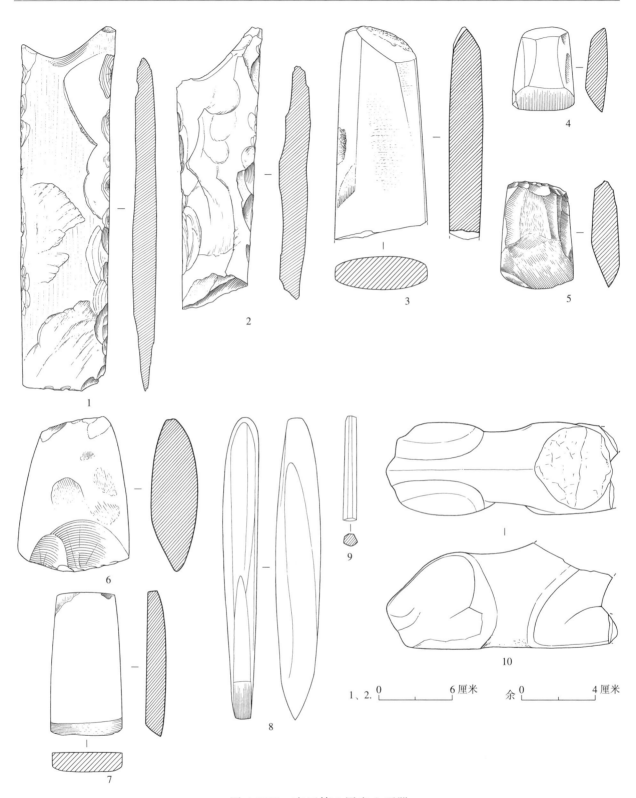

图八四四　东区第5层出土石器

1. Ba 型石璋半成品（ⅣT7905⑤：1）　2. Bb 型石璋半成品（ⅣT8004⑤：4）　3. Ba 型斧（ⅠT7810⑤：3）　4、5. Ba 型锛
（ⅠT8001⑤：1、ⅠT7607⑤：1）　6. C 型斧（ⅣT8008⑤：1）　7. Aa 型锛（ⅠT7710⑤：1）　8. A 型凿（ⅠT7803⑤：1）
9. 石簪（ⅠT8404⑤：3）　10. B 型虎（ⅠT7507⑤：1）

标本ⅠT7803⑤：1，表面磨光。平面呈纵合瓦形，断面呈长方形。顶部呈弧形面，侧边弧，端刃。长 16、宽 1.9、厚 2.5 厘米，重 132.5 克（图八四四，8；彩版三四六，6）。

簪 1 件。

标本ⅠT8404⑤：3，尾端与尖端均残。断面呈六边形，器身细长。残长 5.5、宽 0.7、厚 0.6 厘米，重 4.7 克（图八四四，9）。

虎 1 件。B 型。

标本ⅠT7507⑤：1，头部、前足、尾部均残断。卧姿。前爪前伸，后爪前屈卧于地上，脊背突起明显。残长 12.3、宽 5、高 5.7 厘米，重 410 克（图八四四，10；彩版三四六，7）。

（4）铜器

12 件。

镞 1 件。Ab 型。

标本ⅠT8307⑤：1，锋尖残断。中脊凸起，双翼，长铤。长 5.3、宽 1.1、厚 0.3 厘米（图八四五，7；彩版三四六，5）。

璧 1 件。Bc 型。

标本ⅠT8106⑤：8，锈蚀严重，环面有一处开裂。器身略有变形。外径 4、内径 2.4、厚 0.3 厘米（图八四五，5）。

圆角方孔形器 1 件。

标本ⅠT8106⑤：3，器身锈蚀严重，领及边缘缺损严重，底部有一贯穿裂纹。长 5.7、宽 3.9、厚 0.6、孔长 3.3、孔宽 2.4 厘米（图八四五，6）。

挂饰 1 件。B 型。

标本ⅠT8002⑤：2，顶部环形纽残断。平面呈纵椭圆形。器中部有一道纵向凸脊。残长 3.3、宽 2.4、厚 0.1 厘米，重 2.6 克（图八四五，8）。

虎 2 件。

标本ⅠT7509⑤：9，中空，应是大型器物的附件。造型为虎，仅有头部和颈部。口部大张，无虎牙，吻部发达，昂首怒目，双耳竖立，双耳上均饰卷曲纹，额头上阳刻细线纹，颈部遍饰云雷纹。长 4.8、宽 3.2、高 3.6 厘米（图八四六，1；彩版三四七，1）。

标本ⅣT8201⑤：1，为虎的侧视造型。器体扁平，器表正面纹饰为减地凸地兽面纹和卷云纹，背面内凹，器身中部有四个两两对称分布的小环形纽。巨头，张口露齿，昂首怒目，双耳竖立，长尾上翘，四脚呈行进状。长 21、宽 8.8 厘米（图八四六，2；彩版三四八）。

铜器残件 5 件。

标本ⅠT8002⑤：1，仅存上半部，为铜容器上残件。平面形制呈"工"字形，顶部左、右各伸出一角，中间有一尖凸。左、右器边沿下折呈弧形面，顶部呈斜面。正面饰有一组阴刻兽面纹，一侧面饰有阴刻云雷纹，另一侧由于锈蚀而模糊不清。背面对应兽面纹左眼附近有一乳丁状凸起。

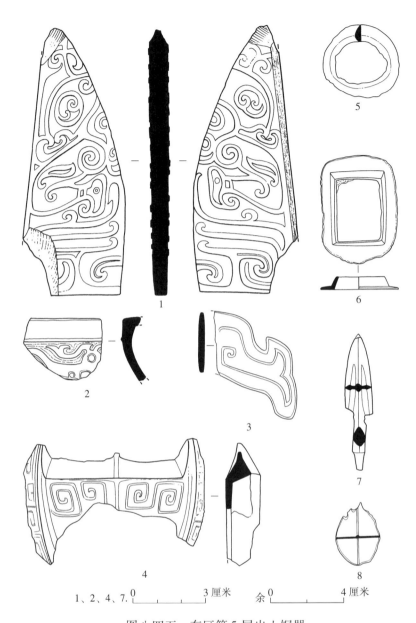

图八四五 东区第 5 层出土铜器

1. 弧形饰（ⅠT7807⑤∶26） 2~4. 铜器残件（ⅠT8307⑤∶11、ⅠT8404⑤∶1、ⅠT8002⑤∶1） 5. Bc 型璧（ⅠT8106⑤∶8） 6. 圆角方孔形器（ⅠT8106⑤∶3） 7. Ab 型镞（ⅠT8307⑤∶1） 8. B 型挂饰（ⅠT8002⑤∶2）

残长 7.4、宽 4.4、厚 1.4 厘米，重 76.2 克（图八四五，4；彩版三四七，2）。

标本ⅠT8404⑤∶1，尾部残件。器身扁平。尾部分叉。一面依器形刻有卷云纹。残长 5.5、宽 4.1、厚 0.4 厘米，重 24.3 克（图八四五，3；彩版三四七，3）。

标本ⅠT8307⑤∶11，仅存一段，正面饰有一组阴刻兽面纹。残长 3.2、残高 2.5、厚 0.5 厘米（图八四五，2）。

弧形饰 1 件。

标本ⅠT7807⑤∶26，整器平面呈半弧形，两面均阴刻凤鸟纹和云雷纹。长 10.8、宽 3.8、厚

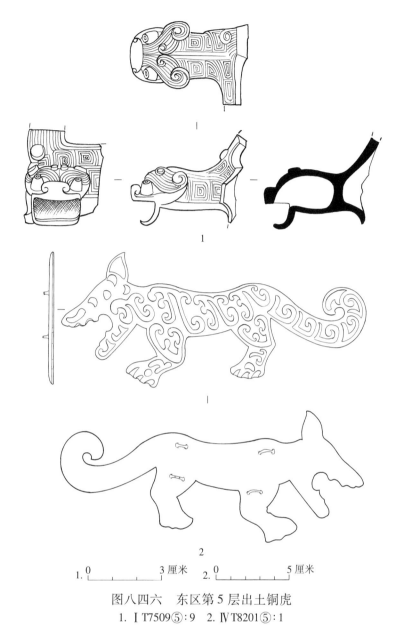

图八四六　东区第 5 层出土铜虎
1. ⅠT7509⑤：9　2. ⅣT8201⑤：1

0.9 厘米（图八四五，1）。

（二三）第 4 层下遗迹及出土遗物

开口于该层下遗迹仅有古河道 1 条。

古河道

古河道位于发掘区最东部探方内，古河道分布在ⅣT8304、ⅣT8303、ⅣT8302、ⅣT8301 的东侧，ⅣT8401、ⅣT8402 均位于古河道内；在ⅠT8301、ⅠT8302 分布于其东侧，ⅠT8403 ~ ⅠT8407 探方大部位于古河道内，从ⅠT8309 东北角穿过西北ⅠT8210 的东北角进入ⅠT7913 的东北大部，已经延伸出了发掘区外，其范围不明，古河道的东边边界因未完整揭露，其界限不明。古河道整体走向为西北—东南向。古河道上层为细砂，下层为粗颗粒沙子，遗物主要出土于下层中。遗物主要为少量陶片和玉器，另有极少量铜器和金器。

（1）陶器

33 件。

尖底盏　8 件。

Bd 型 I 式　3 件。

标本 I T8302 古河道：1，夹砂灰黑陶。圆唇。近底处饰弦纹。口径 12、高 4.5 厘米（图八四七，1）。

标本 I T8301 古河道：54，夹砂灰黑陶。圆唇。口径 12、高 4.2 厘米（图八四七，3）。

Bd 型 II 式　2 件。

标本 I T8301 古河道：1，夹砂灰黑陶。圆唇。口径 12、高 4.2 厘米（图八四七，2；彩版三四七，4）。

标本 I T8404 古河道：16，夹砂灰黑陶。圆唇。口径 12.4、高 3.1 厘米（图八四七，4）。

Cb 型 I 式　1 件。

标本 I T8301 古河道：14，夹砂灰黑陶。圆唇。口径 11.8、高 4.1 厘米（图八四七，5）。

Cc 型 I 式　1 件。

标本 I T8301 古河道：2，夹砂灰黑陶。圆唇。口径 12、高 4.5 厘米（图八四七，6）。

Cc 型 II 式　1 件。

标本 I T8404 古河道：14，夹砂灰黑陶。圆唇。口径 14、残高 2.2 厘米（图八四七，7）。

尖底罐　1 件。Cb 型 II 式。

标本 I T8404 古河道：12，夹砂灰黑陶。尖圆唇。口径 10、残高 4.8 厘米（图八四七，8）。

矮领罐　1 件。B 型 II 式。

标本 I T8404 古河道：3，夹砂灰黑陶。卷沿，圆唇。口径 17、残高 3.7 厘米（图八四七，9）。

束颈罐　1 件。Bb 型。

标本 I T8404 古河道：5，夹砂灰黑陶。方唇。口径 15.5、残高 3.4 厘米（图八四七，10）。

绳纹圜底罐　1 件。Cc 型。

标本 I T8301 古河道：38，夹砂灰黑陶。方唇。肩部饰有压印绳纹。口径 25、残高 9.2 厘米（图八四七，11）。

壶　2 件。

Ae 型　1 件。

标本 I T8404 古河道：19，夹砂灰黑陶。平折沿，圆唇。口径 12、残高 3.2 厘米（图八四七，12）。

Ba 型　1 件。

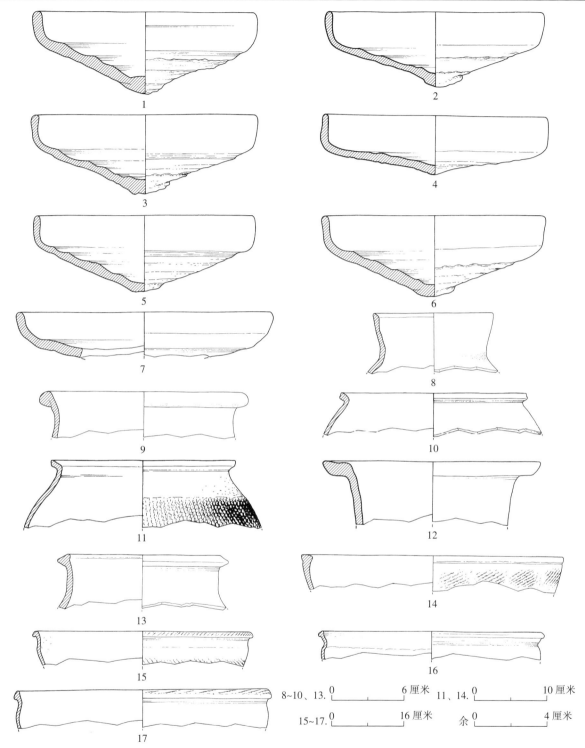

图八四七　东区古河道出土陶器

1、3. Bd 型 I 式尖底盏（I T8302 古河道：1、I T8301 古河道：54）　　2、4. Bd 型 II 式尖底盏（I T8301 古河道：1、I T8404 古河道：16）　　5. Cb 型 I 式尖底盏（I T8301 古河道：14）　　6. Cc 型 I 式尖底盏（I T8301 古河道：2）　　7. Cc 型 II 式尖底盏（I T8404 古河道：14）　　8. Cb 型 II 式尖底罐（I T8404 古河道：12）　　9. B 型 II 式矮领罐（I T8404 古河道：3）　　10. Bb 型束颈罐（I T8404 古河道：5）　　11. Cc 型绳纹圜底罐（I T8301 古河道：38）　　12. Ae 型壶（I T8404 古河道：19）　　13. Ba 型壶（I T8404 古河道：2）　　14. Aa 型盆（I T8301 古河道：49）　　15. Ac 型盆（I T8301 古河道：41）　　16、17. Ad 型盆（I T8301 古河道：47、I T8302 古河道：9）

标本ⅠT8404古河道:2，夹砂灰黑陶。外斜折沿，尖圆唇。口径14、残高4.3厘米（图八四七，13）。

盆　4件。

Aa 型　1件。

标本ⅠT8301古河道:49，夹砂灰褐陶。方唇。腹部饰斜向绳纹。口径36、残高4.7厘米（图八四七，14）。

Ac 型　1件。

标本ⅠT8301古河道:41，夹砂灰褐陶。方唇。唇部压印绳纹。口径48、残高7.3厘米（图八四七，15）。

Ad 型　2件。

标本ⅠT8301古河道:47，夹砂灰褐陶。方唇。唇部压印绳纹。口径50、残高5.2厘米（图八四七，16）。

标本ⅠT8302古河道:9，夹砂灰黑陶。方唇。唇部压印绳纹。口径56、残高8.2厘米（图八四七，17）。

簋形器　1件。C型Ⅱ式。

标本ⅠT8302古河道:8，夹砂灰黑陶。沿面平。内壁有制作时留下的轮制痕迹。口径34.8、残高12.7厘米（图八四八，1）。

豆盘　8件。Da型。

标本ⅠT8301古河道:29，夹砂灰黑陶。圆唇。口径60、残高4.5厘米（图八四八，7）。

标本ⅠT8302古河道:6，夹砂灰黑陶。方唇。口径60、残高2.2厘米（图八四八，8）。

豆柄　1件。Ab型。

标本ⅠT8301古河道:2，夹砂灰黑陶。残高23.3厘米（图八四八，3）。

器盖　1件。Bb型。

标本ⅠT8301古河道:13，夹砂灰黑陶。方唇。口径10.9、高2.8厘米（图八四八，4）。

器底　2件。Aa型。

标本ⅠT8302古河道:12，夹砂灰黑陶。底径12、残高2.8厘米（图八四八，5）。

标本ⅠT8301古河道:55，夹砂灰黑陶。底径15、残高16.5厘米（图八四八，2）。

圈足　2件。

Cb 型　1件。

标本ⅠT8404古河道:6，夹砂灰黑陶。圈足径6、残高2.5厘米（图八四八，6）。

Cd 型Ⅰ式　1件。

标本ⅠT8404古河道:13，夹砂灰黑陶。圈足径6.1、残高6.1厘米（图八四八，9）。

（2）玉器

8件。

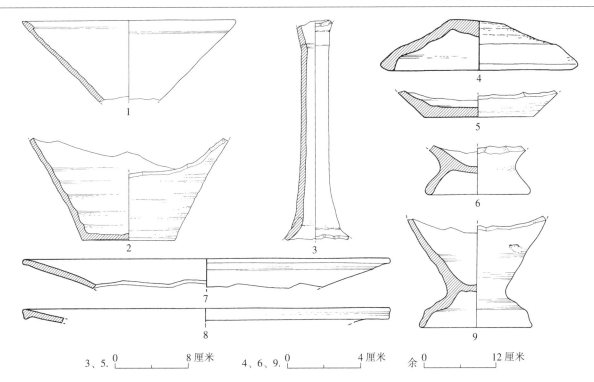

图八四八　东区古河道出土陶器

1. C 型 II 式篮形器（I T8302 古河道：8）　2、5. Aa 型器底（I T8301 古河道：55、I T8302 古河道：12）　3. Ab 型豆柄（I T8301 古河道：2）　4. Bb 型器盖（I T8301 古河道：13）　6. Cb 型圈足（I T8404 古河道：6）　7、8. Da 型豆盘（I T8301 古河道：29、I T8302 古河道：6）　9. Cd 型 I 式圈足（I T8404 古河道：13）

璧　3 件。

Aa 型 II 式　1 件。

标本 I T8302 古河道：2，平面呈圆环形。表面磨光。中有一圆孔，孔对钻。环面较窄。孔缘上下凸起，形成领。直径 9.4、孔径 5.8、领高 1.6 厘米（图八四九，1）。

Ab 型　1 件。

标本 I T8307 古河道：13，灰白玉。仅存一段。表面磨光。环面较窄。孔对钻。孔缘上下凸起形成领。直径 10、孔径 6.1、残长 2、领高 1.3 厘米（图八四九，2）。

Ba 型　1 件。

标本 I T8307 古河道：16，灰黑色玉。仅存一段。表面磨光。环面较宽。孔对钻。孔缘上下略微凸起。直径 10.4、孔径 4.3、残长 7、厚 0.5 厘米（图八四九，3）。

镯　1 件。D 型。

标本 I T8301 古河道：9，青玉。表面磨光，环面窄而厚。外径 5.7、内径 5、厚 0.6 厘米（图八五〇，3）。

绿松石珠　3 件。

标本 I T8307 古河道：6，表面磨光，孔对钻。中部略鼓，扁筒状。长径 0.6、孔径 0.2、高 0.9 厘米（图八五一，2；彩版三四七，5）。

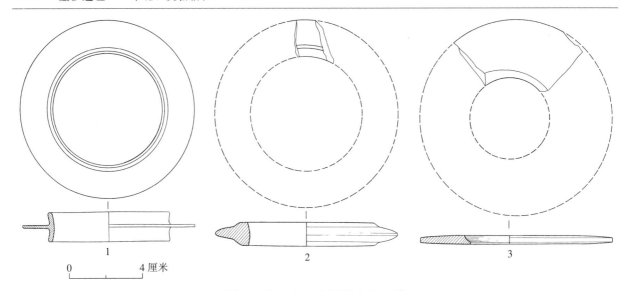

图八四九　东区古河道出土玉璧

1. Aa 型 II 式（I T8302 古河道：2）　2. Ab 型（I T8307 古河道：13）　3. Ba 型（I T8307 古河道：16）

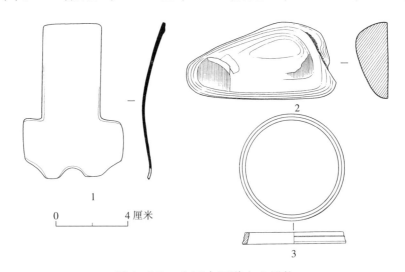

图八五〇　东区古河道出土器物

1. 铜器残片（I T8302 古河道：3）　2. 美石（I T8302 古道河：4）　3. D 型玉镯（I T8301 古河道：9）

标本 I T8307 古河道：10，表面磨光，孔对钻。扁筒状，横剖面呈椭圆形。长径 0.7、孔径 0.2、高 0.7 厘米（图八五一，1）。

美石　1 件。

标本 I T8302 古河道：4，平面形状不规则。器表分层。有打磨痕迹。长 8、宽 4.1、厚 1.7 厘米（图八五〇，2）。

（3）铜器

3 件。

镞　1 件。Bb 型。

标本 I T8307 古河道：21，尖锋，后锋作尖状。中脊凸出，双翼，长铤。长 3.9、宽 1.6 厘米

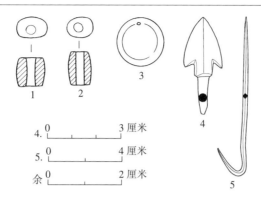

图八五一　东区古河道、第4层出土器物

1、2. 绿松石珠（ⅠT8307 古河道：10、ⅠT8307 古河道：6）　　3. 金器残片（ⅠT8307 古河道：8）
4. Bb 型铜镞（ⅠT8307 古河道：21）　　5. 铜钩（ⅣT8205④：1）

（图八五一，4；彩版三四七，6）。

铜器残片　2 件。

标本ⅠT8302 古河道：3，平面呈"十"字形。器身中部隆起。长 8.2、宽 5.5、厚 0.1 厘米（图八五〇，1）。

（4）金器

2 件。

金器残片　2 件。

标本ⅠT8307 古河道：8，平面呈圆形。器身阴刻有一圆圈纹，顶端有一小穿孔。极薄。直径 1.3 厘米（图八五一，3）。

（二四）第 4 层出土遗物

铜钩　1 件。

标本ⅣT8205④：1，长条尖锥形，横截面呈菱形，一端弯曲呈钩状。长 8.5、直径 0.4 厘米（图八五一，5）。

二　分　期

依据陶器器形组合及变化可将东区遗存分为连续发展的四期（表七八）。

第一期遗存包括第 11～13 层及 L11、L15～L17、L19。出土陶器较少，主要有 Ab 型Ⅰ式小平底罐，Bb、Bd 型敛口罐，F 型盆，A 型器纽，B 型器底，Da 型豆盘，Aa 型豆柄。不见尖底器。

第二期遗存包括第 8b～10 层、L3、L13、L14、L21～L23、L65。依据变化，分早、中、晚三段。

早段遗存包括第 9b、10 层。陶器有 Aa 型Ⅱ式、Ab 型Ⅱ式、Bc 型Ⅰ式、Ca 型Ⅱ式小平底罐，Fa 型Ⅰ式高领罐，Ba 型Ⅰ式尖底杯，Bb 型Ⅰ式尖底盏，Ab、Ca 型Ⅰ式、Ca 型Ⅱ式敛口罐，F 型矮领罐，Ab 型Ⅰ式、Ac 型Ⅰ式、Ad 型Ⅰ式、Af 型束颈罐，Cc、Cd、Ec、F 型盆，Bb 型瓮，Ba 型豆盘，Aa 型豆柄，Ca 型器座，Aa、Ac、B 型Ⅱ式、Ed 型Ⅰ式器底。小平底罐多见，尖底器较

表七八　东区典型

期段		单位＼器型	小平底罐				高领罐				瓮				
			Ad	Ba	Bc	Ca	Ab	C	Fa	Fb	Cd	Da	Db	Dd	De
一期		13 层													
		11 层													
二期	早段	10 层			Ⅰ	Ⅱ									
		9b 层							Ⅰ						
	中段	L14				Ⅰ									
		9a 层	Ⅱ	Ⅱ	Ⅰ	Ⅰ		Ⅰ	Ⅰ Ⅱ	Ⅰ	Ⅰ				
		8d 层													
		8c 层													
	晚段	8b 层					Ⅱ		Ⅰ	Ⅰ					
三期	早段	8a 层				Ⅰ	Ⅰ	Ⅰ	Ⅰ	Ⅰ	Ⅱ				
	中段 Ⅱ段	7 层	Ⅱ				Ⅱ	Ⅱ	Ⅱ		Ⅰ Ⅱ	Ⅱ	Ⅱ	√	Ⅱ
		L10													
	中段 Ⅲ段	6 层									Ⅰ Ⅱ		Ⅰ	√	
	晚段	5 层									Ⅱ	Ⅱ Ⅲ			
四期		古河道													

陶器分期表

束颈罐								敛口罐				矮领罐			尖底罐		
Aa	Ab	Ac	Ad	Af	Ba	Bd	Ca	Aa	Ca	Cb	Cc	A	C	D	B	Cb	D
	I		I						II								
		I		√					I								
√	I					II		II				I II			I		
										I							
		II	I	√								II				II	
√					II	II		I II				II				II	
√						II		I II	II	I		I II	I	II		I II	
														II			
								I	II		II			II			√
								II	II								
																II	

期段			器型 单位	尖底盏								尖底杯					
				Aa	Ab	Ac	Ad	Ba	Bb	Bd	Cc	Aa	Ba	Ca	Cb	Da	Db
一期			13层														
一期			11层														
二期	早段		10层						I				I				
二期	早段		9b层														
二期	中段		L14														
二期	中段		9a层				√	II				I	II				
二期	中段		8d层										II				
二期	中段		8c层			II							II				
二期	晚段		8b层		I			I II	I								
三期	早段		8a层		I			II	II			II		I			
三期	中段	II段	7层	II				II III	II III	II	I II	II	II III	II	I	I	I
三期	中段	II段	L10					II						I			
三期	中段	III段	6层					III			II						
三期	晚段		5层					I II		I II	I II						
四期			古河道							I II	I II						

续表七八

绳纹圈底罐						篦形器					长颈罐			釜	盘口罐
Aa	Ab	B	Ca	Cb	Cc	Ab	Ac	Ba	Bb	C	B	Ca	D	A	A
															Ⅱ
√	√	√	√	√		ⅠⅡ	Ⅰ	Ⅱ	ⅠⅡ	Ⅰ			Ⅱ	√	Ⅰ
							Ⅱ		ⅠⅡ		√			√	Ⅰ
	√	√			√	Ⅱ		Ⅱ		Ⅱ	√	√			ⅠⅡ
					√					Ⅱ					

少，不见尖底罐。

中段遗存包括第 8c、8d、9a 层及 L3、L13、L14、L21～L23、L65。陶器有 Aa 型 I 式、Ba 型 II 式、Bb 型 I 式、Bb 型 II 式尖底杯，Ac 型 II 式、Ad、Ba 型 II 式尖底盏，B 型 I 式尖底罐，Ad 型 II 式、Ba 型 II 式、Bc 型 I 式、Ca 型 I 式小平底罐，Aa、Ca、Da、Db 型瓮形器，Aa 型 II 式、Bb、Cb 型 I 式敛口罐，C 型 I 式、Fa 型 I 式、Fa 型 II 式、Fb 型 I 式高领罐，A 型 I 式、A 型 II 式矮领罐，Aa、Ab 型 I 式、Ae 型 I 式、Ca 型 II 式束颈罐，Ad 型壶，Cc、Cd、Eb、Ec 型盆，Cd 型 I 式瓮，Aa 型 I 式、B 型缸，A、Ba、Cb 型桶形器，B 型盆形器，Db 型豆盘，Aa、Ad 型豆柄，Aa、Bb 型器盖，Ab 型 I 式器座，Aa、Ac、B、Db、Dd、Eb、Ec、Ed 型 II 式器底，C 型纺轮。尖底器骤然增加，小平底罐数量相对较少。

晚段遗存包括第 8b 层。陶器有 Ab、Bb 型 II 式尖底杯，Ab 型 I 式、Ba 型 I 式、Ba 型 II 式、Bb 型 I 式尖底盏，Aa 型 II 式、Ab 型 I 式小平底罐，Ba 型敛口罐，Ab 型 II 式、D、Fa 型 I 式、Fb 型 I 式高领罐，A 型 II 式、B 型 II 式、D 型 II 式矮领罐，Ac 型 II 式、Ad 型 I 式、Ba 型束颈罐，Ab 型壶，Ac、Cd、F 型盆，Aa 型瓮，C、Da 型 I 式器纽，Ab、Ec 型器底等。小平底罐数量较少。

第三期遗存包括第 5、6、7、8a 层及 L1、L2、L4～L10、L12、L18、L20、L62、L63、G1。分早、中、晚三段。

早段遗存包括 8a 层及 L20、L63。陶器有 Aa 型 II 式、Ca 型 I 式尖底杯，Ab 型 I 式、Ba 型 II 式、Bb 型 II 式尖底盏，Aa 型 I 式、Ac、Ca 型 I 式、Db 型小平底罐，Ab、Da 型瓮形器，Aa 型 I 式、Aa 型 II 式、Db 型敛口罐，Ab 型 I 式、C 型 I 式、Fa 型 I 式、Fb 型 I 式高领罐，A 型 II 式、D 型 II 式矮领罐，Aa、Bb、Bd 型 II 式、Ca 型 II 式束颈罐，A 型 II 式盘口罐，Ad、Cb 型盆，Aa、Cb 型 II 式、Cd 型 II 式瓮，Cc、Ea、Ec 型缸，帽形器，Ba 型豆盘，Aa、Ab 型豆柄，Ba、Bb、E 型器盖，Ab、Ac、Db、Dc、Ec 型器底，Cb、E 型器座。新出现盘口罐，但数量较少，不见簋形器、釜、圜底罐、D 型瓮等。

中段遗存包括第 6、7 层及 L1、L2、L4～L10、L12、L18、L62、G1。分三小段。

I 段为开口于第 7 层下的遗迹，包括 L7、L8、L12、L18。该段仅见礼仪性遗迹，包含物陶片中未见可辨识器形。

II 段包括第 7 层和开口于第 6 层下 L1、L2、L4～L6、L9、L10、L62 及 G1。陶器有 Ad 型 II 式、Bb 型小平底罐，Ab 型 II 式、C 型 II 式、Fa 型 II 式高领罐，A 型 I 式、A 型 II 式、B 型 I 式、B 型 II 式、C 型 I 式、D 型 II 式矮领罐，Aa、Bb、Ca 型 II 式束颈罐，Aa 型 I 式、Aa 型 II 式、Ad、Bb、Bc、Bd、Ca 型 II 式、Cb 型 I 式、Cd、Da、Db 型敛口罐，Aa、Ab、B、Ca、Cb 型绳纹圜底罐，A 型 I 式盘口罐，D 型 II 式长颈罐，Bd 型壶，D 型瓶，Bb、Cb、Cc、Cd 型盆，Aa、Cd 型 I 式、Cd 型 II 式、Da 型 II 式、Db 型 II 式、Dd、De 型 II 式瓮，Ca、Db、Ea、Eb 型缸，Aa 型 II 式、Ba 型 II 式、Ba 型 III 式、Bb 型 I 式、Bb 型 II 式、Ca 型 II 式、Ca 型 II 式、Cb 型 II 式、Da 型 I 式、Db 型 I 式尖底杯，Aa 型 II 式、Ba 型 II 式、Ba 型 III 式、Bb 型 II 式、Bb 型 III 式、Bd 型 II 式、Cc

型Ⅰ式、Cc 型Ⅱ式尖底盏，Ab、Cb 型Ⅰ式、Cb 型Ⅱ式尖底罐，Da、Db 型瓮形器，Ab 型Ⅰ式、Ab 型Ⅱ式、Ac 型Ⅰ式、Ba 型Ⅱ式、Bb 型Ⅰ式、Bb 型Ⅱ式、C 型Ⅰ式簋形器，A 型釜，Db 型豆盘，Aa 型豆柄，Db、Ed 型Ⅲ式器底，Ab 型Ⅱ式、Ca、E 型器座，A、Cb 型盆形器，Cb 型桶形器，C 型盘，Aa、Ab、B、Da、Db、Dc、Dd、Ed 型Ⅱ式器底等。新出现釜、绳纹圜底罐、D 型瓮、簋形器、长颈罐等，尖底罐较之早段增加。

Ⅲ段包括第 6 层。陶器有 Ba 型Ⅲ式、Cc 型Ⅱ式尖底盏，D 型尖底罐，Aa 型Ⅰ式、Bb、Bc、Ca 型Ⅱ式、Cc 型Ⅱ式敛口罐，D 型Ⅱ式矮领罐，Cd 型束颈罐，A 型Ⅰ式盘口罐，B 型长颈罐，C 型瓶，Ac、Ec、F 型盆，Cd 型Ⅰ式、Cd 型Ⅱ式、Db 型Ⅰ式、Dd 型瓮，Cc 型缸，B 型盆形器，A、C 型釜，Ac 型Ⅱ式、Bb 型Ⅰ式、Bb 型Ⅱ式簋形器，Cb 型豆盘，Aa 型豆柄，Aa、Ab、Db 型器底。尖底罐、尖底盏、束颈罐相对少见，D 型瓮和 B、C 型敛口罐相对较多；尖底杯消失。

晚段遗存包括第 5 层。陶器有 Ba 型Ⅰ式、Ba 型Ⅱ式、Bd 型Ⅰ式、Bd 型Ⅱ式、Cc 型Ⅰ式、Cc 型Ⅱ式尖底盏，Aa 型Ⅱ式、Ba、Bb、Bd、Ca 型Ⅱ式敛口罐，B 型高领罐，B 型Ⅱ式矮领罐，Cc 型束颈罐，Ab、B、Cc 型绳纹圜底罐，A 型Ⅰ式、A 型Ⅱ式盘口罐，B、Ca 型长颈罐，Ad 型盆，Bb、Cd 型Ⅱ式、Da 型Ⅱ式、Da 型Ⅲ式瓮，Ec 型缸，Aa 型Ⅱ式、Ab 型Ⅱ式、Ba 型Ⅱ式、C 型Ⅱ式簋形器，A 型盘，Aa、Ab、Db 型器底。簋形器、盘口罐、绳纹圜底罐、D 型瓮、长颈罐盛行；B、C 型尖底盏仍然多见，但已经呈现衰微之势，除了尖底盏外，其他类型尖底器少见。

第四期遗存为开口于第 4 层下的古河道。陶器有 Bd 型Ⅰ式、Bd 型Ⅱ式、Cb 型Ⅰ式、Cc 型Ⅰ式、Cc 型Ⅱ式尖底盏，Cb 型Ⅱ式尖底罐，B 型Ⅱ式矮领罐，Bb 型束颈罐，Cc 型绳纹圜底罐，Ae、Ba 型壶，Aa、Ac、Ad 型盆，C 型Ⅱ式簋形器，Da 型豆盘等。该期出土陶器相对较少，但可辨识器形较杂，既有第三期阶段以前的器形，更多是第三期的器形，未见中原式陶器出现。

第五节　采集遗物

采集遗物均为机械施工时出土，其中绝大多数遭到不同程度的破坏，经拼对大部分器物已复原。目前能辨识器形的器物共计 1783 件。

（一）金器

59 件。分为几何形器、像生形器和其他形器。

1. 几何形器

29 件。分为多边形器和圆形器两类。

（1）多边形器

19 件。

三角形金器　1 件。A 型。

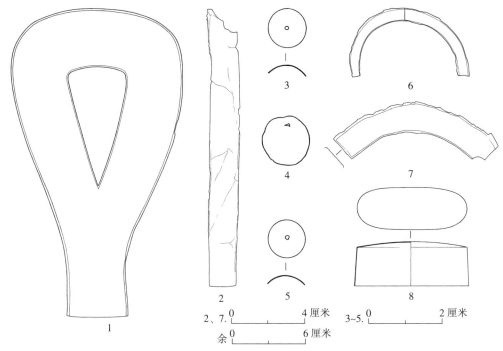

图八五二　采集金器

1. A 型三角形器（C：834）　2. A 型条形饰（C：604）　3、5. A 型圆形金箔饰（C：1404、C：1405）　4. B 型圆形金箔饰（C：1369）　6、7. 素面环形金饰（C：1398、C：221－2）　8. 金盒（C：591）

标本 C：834，平面呈圆角三角形，器物中部有三角形孔，一端有长方形柄。外缘内卷，身中部有一裂缝。长 25.3、最宽 14.5、厚 0.02 厘米（图八五二，1；彩版三四九）。

鱼纹金带　3 件。

标本 C：687－1、C：687－2，两段大小几乎相同，重量相等。器呈上长下短的倒梯形。带面平整。正面纹饰由两条首向外、尾相对的鱼纹组成。鱼嘴前有似鸟喙的长吻，吻前端上翘且略后勾，鱼为菱形眼，尖桃形腮，背、腹部有鳍，鱼尾呈"Y"字形向两侧展开。长 20.1～21、宽 2、厚 0.02 厘米（图八五三，1；彩版三五〇、三五一）。

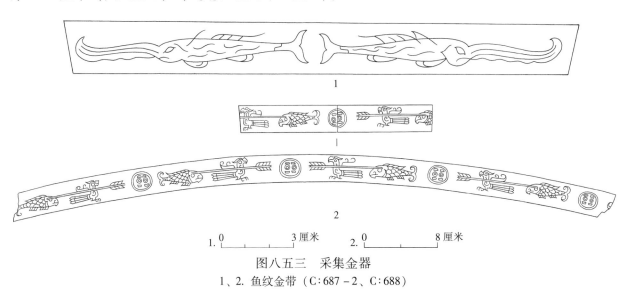

图八五三　采集金器

1、2. 鱼纹金带（C：687－2、C：688）

标本 C∶688，圆环形，直径上大下小，出土时断裂为长条形。纹饰錾刻在金带表面，由四组相同图案构成，每组图案以圆形人面为中心，在其两侧分布饰有由逆向而射的箭串联的鸟和鱼，箭杆穿过鸟颈，箭镞直射鱼眼。直径 20.4、宽 2.8、厚 0.02 厘米（图八五三，2；彩版三五二、三五三）。

条形金饰　14 件。A 型。

标本 C∶604，残长 14.7、宽 1.6 厘米（图八五二，2）。

菱形金箔　1 件。

标本 C∶689，多处折皱变形，器表粘附有铜锈。长 4.98、宽 4.4、厚 0.02 厘米（彩版三五四，1、2）。

（2）圆形器

10 件。

"四鸟绕日"金箔饰　1 件。

标本 C∶477，整器平面呈圆形，器身极薄。镂空纹饰分内外两层，内层为一圆圈，周围等距分布十二条旋转的齿状光芒；外层图案围绕在内层图案周围，由四只相同的鸟组成。鸟身体较小，翅膀短小，喙微下钩，短尾下垂，爪有三趾。鸟首、足前后相接，朝同一方向逆时针飞行，与内层旋转方向相反。外径 12.5、内径 5.45、厚 0.02 厘米（图八五四；彩版三五五）。

圆形金箔饰　4 件。

A 型　2 件。穿孔在圆心，器表略弧。

标本 C∶1404，器内壁有细微磨痕。直径 1.1、厚 0.07 厘米（图八五二，3；彩版三五四，3）。

0　　　　3 厘米

图八五四　采集"四鸟绕日"金箔饰（C∶477）

标本 C：1405，平面呈圆形。器身中部隆起，正中有一圆形小穿孔。质地极薄。直径1、厚0.06 厘米（图八五二，5）。

B 型 2 件。穿孔在器物边缘，器身平整。

标本 C：1369，器外缘略向内卷，器表抛光。直径1.36、厚0.06 厘米（图八五二，4；彩版三五四，4）。

素面环形金饰 4 件。

标本 C：1398，环内外边缘有内卷痕迹，器表有打磨痕。残长15.9、宽1.1、厚0.2 厘米（图八五二，6）。

标本 C：221－2，环形条带状。器身弯曲，边缘翘起，凹槽状。极薄。长9、宽1.5 厘米（图八五二，7）。

金盒 1 件。

标本 C：591，平面呈椭圆形，无盖，平底略外弧。近沿外有多处擦痕，器表曾作抛光处理，器壁不平整，有破损。长9.43、宽3.53、高3.55、厚0.08 厘米（图八五二，8；彩版三五四，5~7）。

2. 像生形器

12 件。分为人物形器与动物形器两类。

（1）人物形器

1 件。

金面具 1 件。A 型。

标本 C：465，圆脸，圆颐，下颌宽圆，耳朵外展，耳郭线清晰，耳垂上有穿孔，但未穿通。眉毛呈弧形向下弯曲，梭形双眼镂空，鼻梁高直，鼻翼与颧骨线相连，大嘴微张，镂空而成。器表作抛光处理，内壁则较为粗糙。宽4.92、高3.74、厚0.01~0.04 厘米（图八五五，1；彩版三五六，1、2）。

（2）动物形器

11 件。

蛙形金饰 7 件。

标本 C：217，头部略残。长6.96、宽6.16、厚0.012~0.1 厘米（图八五五，2；彩版三五六，3、4）。

标本 C：215，器表附有少量铜锈。长6.96、宽6、厚0.04 厘米（图八五五，3；彩版三五七，1、2）。

鱼形金箔饰 4 件。

Aa 型 I 式 3 件。

标本 C：1359，表面附有少量铜锈。长4.9、宽1.1 厘米（图八五五，4；彩版三五七，3）。

标本 C：1358，器物形制、纹饰基本相同。器身附有少量铜锈，器表有多处折皱变形。器身呈

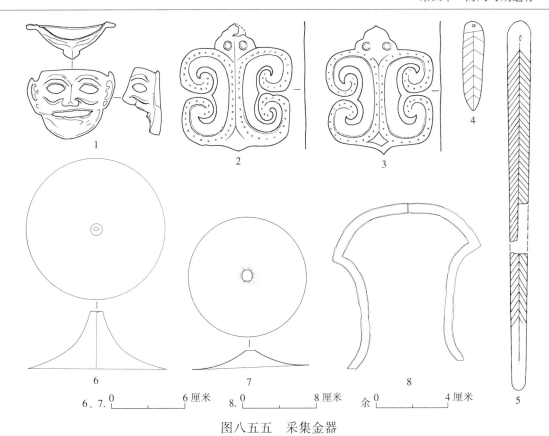

图八五五　采集金器

1. A 型金面具（C：465）　　2、3. 蛙形金饰（C：217、C：215）　　4. Aa 型 I 式鱼形金箔饰（C：1359）　　5. Ab 型鱼形金箔饰（C：1811）　　6. A 型喇叭形金器（C：31）　　7. B 型喇叭形金器（C：551）　　8. "几"字形金器（C：222）

柳叶形，头部有一圆形小穿孔，弧肩，身上錾刻有鱼刺纹和点纹。长 4.75、宽 1.12、厚 0.02 厘米（彩版三五七，4）。

Ab 型　1 件。

标本 C：1811，中部残缺。长 19.6、宽 1.3 厘米（图八五五，5）。

3. 其他形器

18 件。

喇叭形金器　3 件。

A 型　1 件。

标本 C：31，器较高。小平顶，顶上有一个近似菱形的小孔。素面，曾作抛光处理，内壁粘附有铜锈，并有较多划痕。口径 11.53、顶径 1.05、高 4.77、厚 0.02 厘米（图八五五，6；彩版三五七，5、6）。

B 型　2 件。

标本 C：551，器表不平整，内外壁均抛光，留有不规则的细密划痕。口径 9.8、顶径 0.8、高 1.42、厚 0.04 厘米（图八五五，7；彩版三五八，1）。

"几"字形金器　1件。

标本 C：222，外缘不规整，有内卷痕迹。附有铜锈，整器作抛光处理。长 49、宽 1 厘米（图八五五，8；彩版三五八，2）。

金器残片　14件。

均呈片状。器物大小不等，厚薄不一，有的器身上粘附有铜锈，有的金片外缘内卷，可能系包裹或者镶贴其他器物之用。

（二）铜　器

698件。大多为小型器物，大型铜器仅存残片。铜器多为一次浑铸而成，多为双面范铸。装饰技法有素面、墨绘、穿孔、铸纹、立体附饰等。依据器物的外部形态差异，可分为几何形器、像生形器、其他形器三类。

1. 几何形器

632件。按器物平面形态分为多边形器、圆形器两类。

（1）多边形器

280件。

戈　35件。

Aa 型　11件。

标本 C：169，援两侧有七组齿饰，援本部较宽大，上下平直。短内。通长 23.2、内长 3.2、内宽 3.4、厚 0.3 厘米（图八五六，1；彩版三五八，3）。

Ab 型　3件。

标本 C：873，援两侧有四组齿饰，援本部的穿孔较小。通长 16.8、内长 4.4、内宽 2.2、厚 0.27 厘米（图八五六，2；彩版三五八，4）。

Ba 型　15件。

标本 C：844，援上有七道短横脊，锋残。方内较短。通长 11.21、内长 1.9、内宽 1.8、厚 0.3 厘米（图八五六，3；彩版三五八，5）。

标本 C：730，平面呈十字形，援呈梯形。锋部缓收，较平直。本部两侧出阑，本部正中有一穿孔。凸出的中脊从穿孔处一直延伸到锋。援部等距离分布九道短横脊，两侧齿饰不明显。通长 17、内长 2、内宽 2.5、厚 0.3 厘米（图八五六，4；彩版三五九，1）。

Bb 型　4件。

标本 C：245，内残，平面呈十字形。锋部缓收，较平直。本部两侧出阑，本部正中有一穿孔。凸出的中脊从穿孔处一直延伸到锋。两侧齿饰不明显。残长 14.6、厚 0.3 厘米（图八五六，5）。

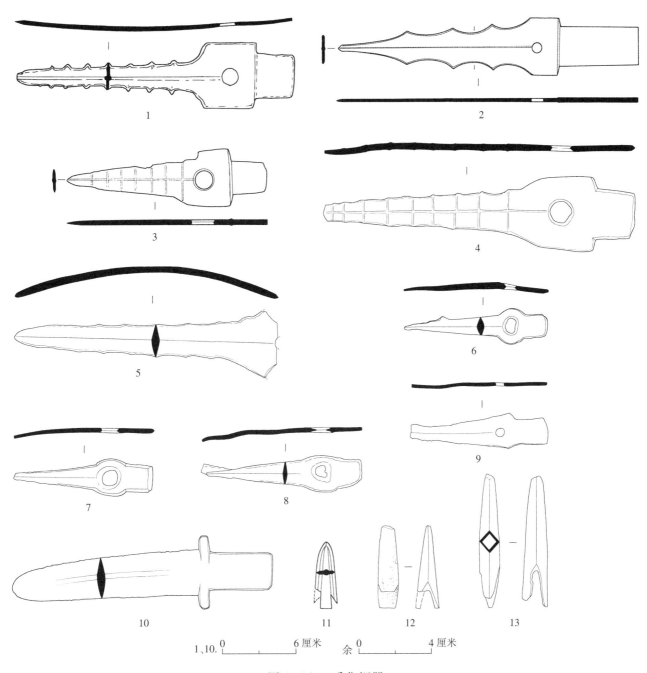

图八五六　采集铜器

1. Aa 型戈（C：169）　　2. Ab 型戈（C：873）　　3、4. Ba 型戈（C：844、C：730）　　5～8. Bb 型戈（C：245、C：694、C：695、C：747）　　9. Ca 型戈（C：384）　　10. D 型戈（C：646）　　11. Ba 型镞（C：1374）　　12、13. D 型镞（C：1314、C：1204）

　　标本 C：694，器身锈蚀严重，边缘腐蚀严重。平面呈十字形。锋部锐利。本部正中有一穿孔。凸出的中脊从穿孔处一直延伸到锋，方内，两侧无齿饰。长 7.9、宽 1.9、厚 0.3 厘米（图八五六，6）。

　　标本 C：695，器身锈蚀严重，边缘腐蚀严重。平面呈十字形。锋部锐利。本部正中有一穿孔。凸出的中脊从穿孔处一直延伸到锋，方内，两侧无齿饰。长7.6、宽2、厚0.3厘米（图八五六，7）。

标本C：747，平面呈十字形。锋部锐利。本部正中有一穿孔。凸出的中脊从穿孔处一直延伸到锋，方内，两侧无齿饰。长8.7、宽2、厚0.3厘米（图八五六，8）。

Ca型　1件。

标本C：384，锋部残缺。残长7.6、宽1.9、厚0.25厘米（图八五六，9）。

D型　1件。

标本C：646，援呈矛状，中部突起，刃部较薄。锋部缓收，长方形内，有格，窄阑，无穿。长22、内长5.4、内宽3、厚0.7厘米（图八五六，10；彩版三五九，2）。

镞　3件。

Ba型　1件。

标本C：1374，尖锋，后锋作尖状，中脊突起，双翼，短铤。长3.61厘米（图八五六，11）。

D型　2件。

标本C：1204，平面近三角形，横剖面为菱形，底部分叉，中空。长7、宽1.4、厚0.1厘米（图八五六，13）。

标本C：1314，平面近三角形，横剖面为菱形，底部分叉，中空，左边叉足残断。长4.4、残宽1.1厘米（图八五六，12）。

钺　1件。

标本C：498，身较短，顶部略残，平面近梯形，刃外弧，刃两端略上翘，高低不齐。长4.09、宽3.57、厚0.57厘米（图八五七，1；彩版三五九，3）。

璋　1件。

标本C：713，平面呈长条形，双阑，无齿，长方形柄，中有小穿孔，"V"形刃。器身极薄。长4.05、宽1.2厘米（图八五七，2；彩版三五九，4）。

锥形器　8件。

Aa型　4件。

标本C：386，长条形，中脊凸棱明显，两端圆锥形。长15.79、宽1.85厘米（图八五七，3；彩版三五九，5）。

标本C：697，器身锈蚀严重，侧边残缺严重，器身弯曲变形。平面呈尖条形，中部宽，两端窄，中间有脊直达两端。长11.1、宽1.5、厚0.2厘米（图八五七，4；彩版三五九，6）。

标本C：993，器身锈蚀严重，侧边残缺严重。长9.8、宽1.55、厚0.15厘米（图八五七，5）。

标本C：499，器身锈蚀严重，侧边残缺严重，器身弯曲变形。器呈尖条形，中部宽，两端窄，中间有脊直达两端。长11.8、宽1.5、厚0.2厘米（图八五七，6）。

Ab型　3件。

标本C：707，长条形，正面凸出外弧，边缘处由于锈蚀略有残损。长10.62、宽2.3厘米（图

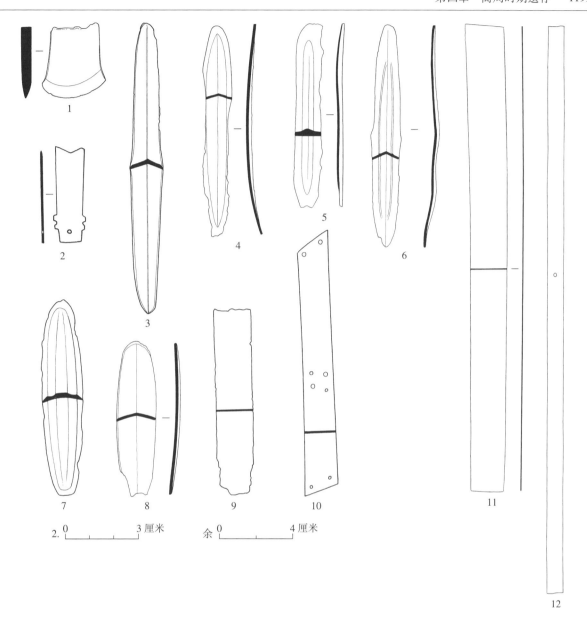

图八五七　采集铜器

1. 钺（C:498）　　2. 璋（C:713）　　3～6. Aa 型锥形器（C:386、C:697、C:993、C:499）　　7. Ab 型锥形器（C: 707）　　8. Ac 型锥形器（C:950）　　9、11. A 型长条形器（C:1286-1、C:1286-6）　　10、12. B 型长条形器（C: 1287、C:1402）

八五七，7；彩版三五九，7）。

Ac 型　1件。

标本 C:950，器身锈蚀严重，侧边残缺严重。残长8.2、宽2.2、厚0.3厘米（图八五七，8）。

长条形器　205件。

A 型　137件。

标本 C:1286-1，两侧平整，两端锈蚀残损。残长10.1、宽2厘米（图八五七，9）。

标本 C:1286-6，平面呈长条形，器身无穿孔。长24.8、宽2厘米（图八五七，11）。

B 型　68 件。

标本 C：1287，两端斜直，分别各有两个小圆孔，中部四个圆孔。整器较完整，保存相对较好。长 14.6、宽 1.7 厘米（图八五七，10）。

标本 C：1402，平面呈长条形。器身中部有一较小穿孔。长 30、宽 0.8 厘米（图八五七，12）。

铃　12 件。

Aa 型　2 件。

标本 C：44，口部内凹，有铃舌。最宽 3.8、高 6.2 厘米（图八五八，1；彩版三六〇，1）。

Ab 型　1 件。

标本 C：332，平面近梯形，横剖面呈椭圆形。平顶上小纽缺失。宽 3.1、残高 5.4 厘米（图八五八，2）。

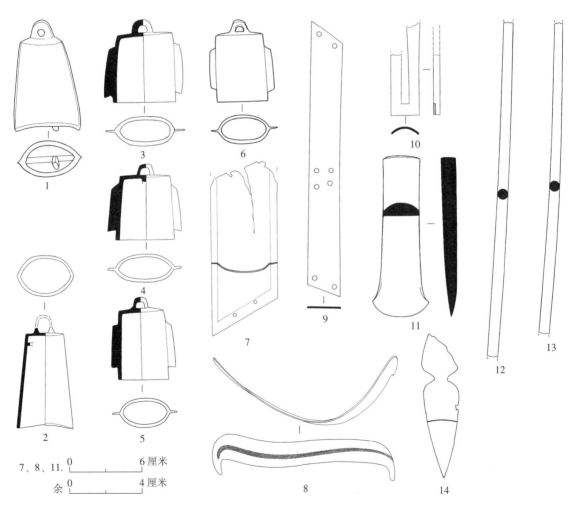

图八五八　采集铜器

1. Aa 型铃（C：44）　2. Ab 型铃（C：332）　3、4. B 型铃（C：881、C：36）　5、6. C 型铃（C：880、C：497）
7、9. 菱形器（C：600、C：1287－1）　8. 钩（C：709）　10. 回字形器（C：1158）　11. 斤（ⅠT7113－7114
采集：1）　12、13. 管形饰（C：41、C：101）　14. 柳叶形饰（C：1239）

B型　4件。

标本C:881，平面近梯形，横剖面呈椭圆形。平顶上有方形小纽。两侧有长条形翼。口部平直。最宽4.3、高4.4厘米（图八五八，3；彩版三六〇，2）。

标本C:36，平面近梯形，横剖面呈椭圆形。平顶上有方形小纽。两侧有长条形翼。口部平直，铃舌残断。最宽3.89、高4.5厘米（图八五八，4；彩版三六〇，3）。

C型　5件。

标本C:880，平面近长方形。横剖面呈椭圆形。平顶上有方形小纽。两侧有长条形翼。口部平直，无铃舌。最宽3.5、高4.4厘米（图八五八，5；彩版三六〇，4）。

标本C:497，器身近梯形，截面呈合瓦形。顶上有环形纽，两侧有长方形翼，无铃舌。最宽3.5、高4.3厘米（图八五八，6）。

标本C:138，器身近梯形，截面呈合瓦形。顶上有环形纽，两侧有长方形翼。无铃舌。长3.8、宽1.6、高4.1厘米（彩版三六〇，5）。

菱形器　2件。

标本C:600，略残。器正面中间略凸，背面略凹，周缘平直，短边近外缘处各有两个小穿孔。长13.5、宽5.5厘米（图八五八，7；彩版三六〇，6）。

标本C:1287-1，周缘平直，器物两端各饰两个圆孔，中部饰四个圆孔。长14.5、宽1.7、厚0.2厘米（图八五八，9）。

钩　8件。

标本C:709，长条状，弯钩。器身扁平，弯曲有弧度。上下端均向外弯曲成钩状。中部有一长条状墨绘装饰。长15.1、宽2、厚0.1厘米（图八五八，8；彩版三六〇，7）。

管形饰　2件。

标本C:41，平面呈长方形，横剖面呈圆形。器身略弯曲。两端残断。残长17.7、直径0.6厘米（图八五八，12；彩版三六〇，8）。

标本C:101，平面呈长条形，横剖面呈圆形。两端保留自然断面。残长16.42、直径0.59厘米（图八五八，13）。

回字形器　1件。

标本C:1158，平面呈长回形，中间分叉。剖面呈弧形，中部隆起，一端残断。残长4.9、宽1.5、高0.3厘米（图八五八，10）。

斤　1件。

标本ⅠT7113-7114采集:1，刃部明显宽于器身，平顶，两侧平直，器身长，刃外弧，刃两端上翘明显，刃部锋利。长12.8、宽4.5、厚1.2厘米（图八五八，11）。

柳叶形饰　1件。

标本C:1239，残。呈柳叶形薄片。残长7.5厘米（图八五八，14；彩版三六一，1）。

（2）圆形器

352 件。

璧 141 件。

Aa 型　3 件。均残。孔缘单面凸起，孔径小于环面宽。个别器物上有较多小穿孔。

标本 C：1202，环边缘略内卷，领较高，上缘不平整。器身极薄。直径 9.1、孔径 4.3、残高 1.6 厘米（图八五九，4）。

Ab 型　4 件。孔缘双面凸起，孔径较大，约占全器三分之一。孔壁及凸起的领成直线，器壁剖面呈"T"形。

标本 C：678，孔径较大，领高且直，形成高领，领较厚，领上缘为平缘，环面较窄而薄。直径 10.48、孔径 6.56、领高 2.66 厘米（图八五九，3；彩版三六一，2~4）。

标本 C：588，环面一侧有一矩形短柄。环两面均饰有三只首尾相接的飞鸟。直径 10.2、孔径 4.3、领高 2.9 厘米（图八五九，1；彩版三六二）。

标本 C：842，有领，环面相对略薄。器剖面呈"T"形。直径 8.1、孔径 4.5、领高 1.2 厘米（图八五九，2）。

标本 C：685，有领，领较高，孔径较小，约为环面的一半。直径 14.9、孔径 5.41、领高 3.1 厘米（彩版三六一，5）。

Ac 型　124 件。孔壁及凸起的领呈三角形，器壁剖面呈"Y"形。依据孔径变化，分二式。

Ⅰ式　8 件。直径略小，体形小。

标本 C：307，领短，环面较窄，环缘不规整，边缘较薄。直径 10、孔径 5、领高 1.5 厘米（图八五九，5；彩版三六一，6）。

标本 C：787，器表腐蚀风化，附着泥沙。直径 8.4、孔径 4.2、领高 1.6 厘米（图八五九，6）。

标本 C：677，器表呈土黄色，附着较多泥沙。直径 9.4、孔径 5.1、领高 1.5 厘米（图八五九，7）。

标本 C：1168，短领，环面窄。直径 9、孔径 6、领高 1 厘米（图八五九，8）。

标本 C：1072，环面边缘略薄，较为规整，剖面呈"Y"形。直径 9.6、孔径 5.1、领高 1.6 厘米（图八六〇，1）。

标本 C：1355，器身锈蚀严重，泛绿色，外缘和内缘有多处细小锈损。直径 7.8、孔径 4.2、领高 1.4 厘米（彩版三六一，7）。

Ⅱ式　116 件。直径较大，体量略大。

标本 C：228，领较矮，孔径大于环面宽。体量较大。直径 11.17、孔径 5.9、领高 1.9 厘米（彩版三六三，1）。

标本 C：230，领较矮，孔径略大于环面。器表多处破损。直径 11.46、孔径 6.8、领高 1.48 厘米（彩版三六三，2）。

标本 C：234，矮领，孔径略大于环面。边缘有破损。直径 11、孔径 6.4、领高 1.7 厘米（彩

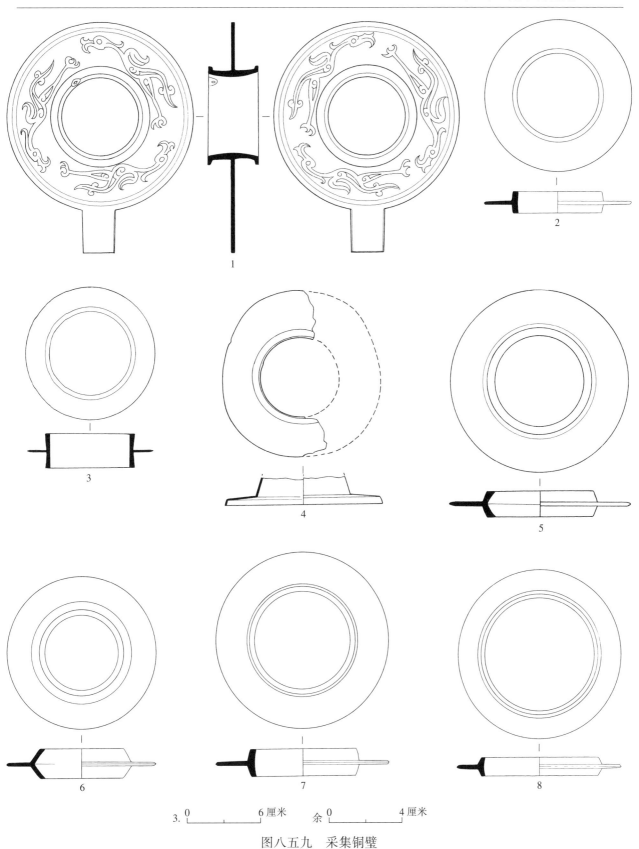

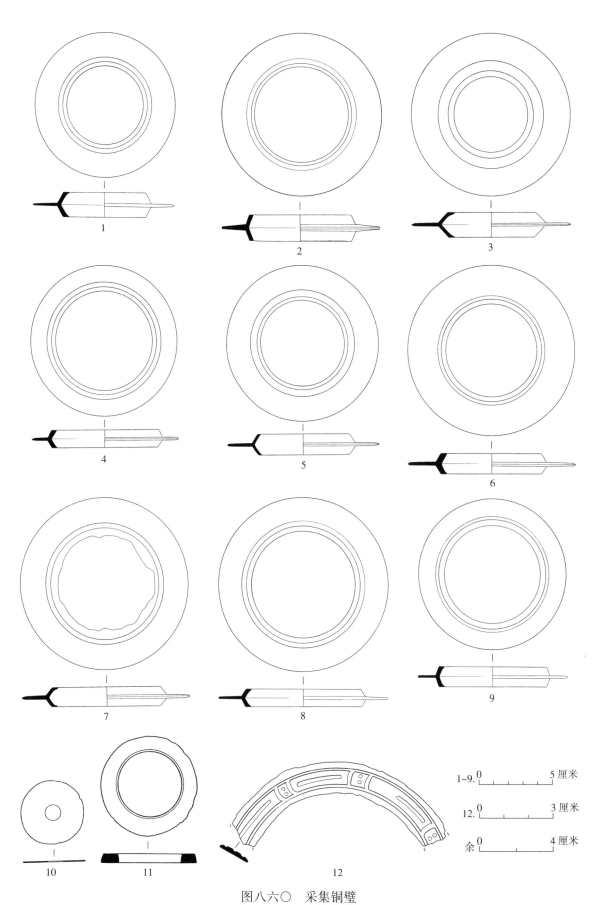

图八六〇　采集铜璧

1. Ac 型 I 式（C：1072）　　2～9. Ac 型 II 式（C：305、C：467、C：369、C：468、C：308、C：367、C：926、C：927）
10. Ba 型（C：606）　　11. Bb 型（C：552）　　12. Bc 型（C：1283）

版三六三，3）。

标本 C∶306，矮领与壁呈"Y"字形，孔径略大于环面。器表有锈蚀痕迹。直径 9.62、孔径 5.32、领高 1.42 厘米（彩版三六三，4）。

标本 C∶305，器身锈蚀严重，领较短，由外向内倾斜，环面较窄，环面近孔处较厚，边缘较薄。直径 11、孔径 6.3、领高 1.8 厘米（图八六〇，2；彩版三六三，5）。

标本 C∶467，器身锈蚀严重，领沿及环缘多处残损。孔壁有一凸起。领较短，由外向内倾斜，环面较窄，环面近孔处较厚，边缘较薄。直径 10.9、孔径 4.7、领高 1.7 厘米（图八六〇，3）。

标本 C∶369，领极短，由外向内倾斜，环面较窄，环面近孔处较厚，边缘较薄。直径 10.2、孔径 6.6、领高 1.2 厘米（图八六〇，4）。

标本 C∶468，领短，环面较窄，环缘不规整，边缘较薄。直径 10.2、孔径 5.4、领高 1.5 厘米（图八六〇，5）。

标本 C∶308，短领，环面边缘较薄。直径 11.3、孔径 6、领高 1.4 厘米（图八六〇，6）。

标本 C∶367，保存较差，锈蚀严重。领局部残缺。直径 11.4、孔径 6.6、领高 1.3 厘米（图八六〇，7）。

标本 C∶926，短领，环面较窄，边缘较薄。直径 11.6、孔径 7、领高 1.3 厘米（图八六〇，8）。

标本 C∶927，短领，环面较窄，边缘较薄。直径 10、孔径 6.4、领高 1.3 厘米（图八六〇，9）。

B 型　10 件。孔缘不凸起，无领。根据孔径与环面宽度的比例，分三亚型。

Ba 型　6 件。孔径小于或等于环面宽。

标本 C∶606，环面上有一小穿孔，器身较薄。直径 3.2、孔径 0.95、厚 0.1 厘米（图八六〇，10；彩版三六三，6）。

标本 C∶704，无领，体量较小，非常薄。孔径约为环面的一半。直径 3.27、孔径 1.1、厚 0.06 厘米（彩版三六三，7）。

Bb 型　3 件。孔径大于环面。

标本 C∶552，环面极窄。直径 5.3、孔径 3.6、厚 0.5 厘米（图八六〇，11）。

Bc 型　1 件。

标本 C∶1283，残。环面上装饰一圈窃曲环带纹。背面粗糙，器较薄。残长 8.7、环面宽 1.3 厘米（图八六〇，12）。

挂饰　86 件。

A 型　32 件。

标本 C∶940，器身锈蚀严重，边缘多处残损，纽部有一处开裂。长 3.69、宽 3.1、厚 0.14、纽长 0.62、纽宽 0.78 厘米（图八六一，1；彩版三六三，8）。

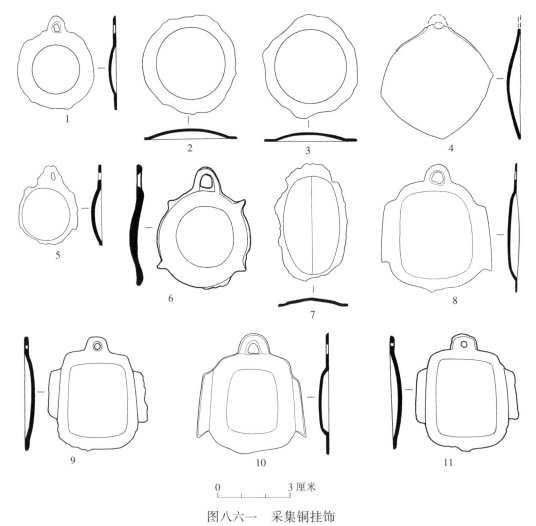

0   3厘米

图八六一　采集铜挂饰

1～6. A 型（C：940、C：974、C：702、C：703、C：1325、C：1324）　7. B 型（C：1209）　8～11. C 型（C：339、C：885、C：336、C：886）

标本 C：974，器身锈蚀严重，边缘多处残损，纽已残缺。长 3.9、宽 3.79、厚 0.18 厘米（图八六一，2）。

标本 C：702，器身锈蚀严重，边缘多处残损，已不见齿状突起。纽残失。长 4.07、宽 3.68、厚 0.18 厘米（图八六一，3）。

标本 C：703，纽残。长 4.6、宽 4.5、厚 0.2 厘米（图八六一，4）。

标本 C：1325，一侧翼残，器表凹凸不平。直径 2.22、纽径 0.3 厘米（图八六一，5）。

标本 C：1324，外缘有四个齿状突起。直径 3.8、纽径 0.53 厘米（图八六一，6；彩版三六三，9）。

B 型　1 件。

标本 C：1209，平面近椭圆形，周缘残损，中部稍隆起。残长 4.8、残宽 2.8、厚 0.2 厘米（图八六一，7）。

C型　13件。

标本C：339，器身锈蚀严重，边缘有磨蚀现象。长5.09、宽4.44、厚0.22厘米（图八六一，8；彩版三六四，1）。

标本C：885，器末端平直。长4.8、宽4、厚0.2厘米（图八六一，9；彩版三六四，2）。

标本C：336，仿铜铃形，平面近梯形。顶部有半圆形小纽，两侧有长条形双翼。周缘扁平，中部凸起。长4.8、宽4.2、厚0.18厘米（图八六一，10）。

标本C：886，器末端中间有一尖凸。长4.77、宽4.2、厚0.19厘米（图八六一，11）。

E型　34件。瓜棱状，两侧多有翼或凸齿。

标本C：883，器身锈蚀严重，边缘有磨蚀迹象。长4.69、宽4、厚0.12厘米（图八六二，1；彩版三六四，3）。

标本C：1376，纽部有不同程度的锈蚀现象。长4.4、宽3.2、厚0.3厘米（图八六二，2；彩版三六四，4）。

标本C：140，整器完整，器表略有锈蚀。长4.6、宽3.61厘米（图八六二，3；彩版三六四，5）。

标本C：388，整器完整，略有锈蚀。两侧及下侧均有凸齿。长5、宽3厘米（图八六二，4）。

标本C：1082，整器完整，略有锈蚀。两侧及下侧均有凸齿。长4.7、宽4.05厘米（图八六二，5）。

F型　3件。

标本C：341，器身锈蚀严重，边缘有磨蚀迹象。长4.87、宽3.32、厚0.21厘米（图八六二，6；彩版三六四，6）。

标本C：340，器身锈蚀严重，边缘有磨蚀现象。长4.71、宽3.23、厚0.22厘米（图八六二，7；彩版三六四，7）。

标本C：884，器身锈蚀严重，一侧翼上端有残缺。长4.83、宽3.19、厚0.15厘米（图八六二，8；彩版三六四，8）。

H型　1件。长条状。

标本C：1212，器如铲状，平面呈圆角长方形，中部稍隆起，一端残断。长5.1、宽2.3、厚0.15厘米（图八六二，9）。

I型　1件。

标本C：500，顶部纽残。器如扇贝形，中部隆起。背面从上至下有一条一条的浅凹槽。残长14、宽14.6、厚2.4厘米（图八六二，11）。

J型　1件。

标本C：26，系部残缺，锈蚀现象严重，右边中部、右下角有细小残损。长4.8、宽2.87、厚0.23厘米（图八六二，10；彩版三六四，9）。

圆涡形器　10件。

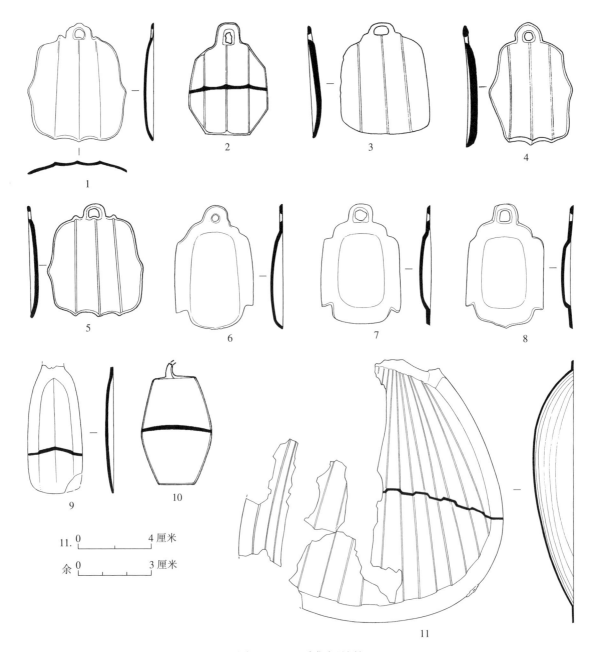

图八六二　采集铜挂饰

1~5. E 型（C：883、C：1376、C：140、C：388、C：1082）　　6~8. F 型（C：341、C：340、C：884）　　9. H 型（C：1212）

10. J 型（C：26）　　11. I 型（C：500）

A 型　8 件。

标本 C：543，器内壁附着大量黑色物质。直径 5.3、高 1 厘米（图八六三，1；彩版三六五，1、2）。

标本 C：973，平面呈圆形，部分已缺失，风化较严重。直径 5.3、厚 0.1 厘米（图八六三，2）。

标本 C：1151，平面呈圆形，部分已缺失，风化较严重。直径 10.7、厚 0.1 厘米（图八六三，16）。

标本 C：1205，平面呈圆形，部分已缺失，风化严重。直径 6、厚 0.1 厘米（图八六三，4）。

B 型　2 件。

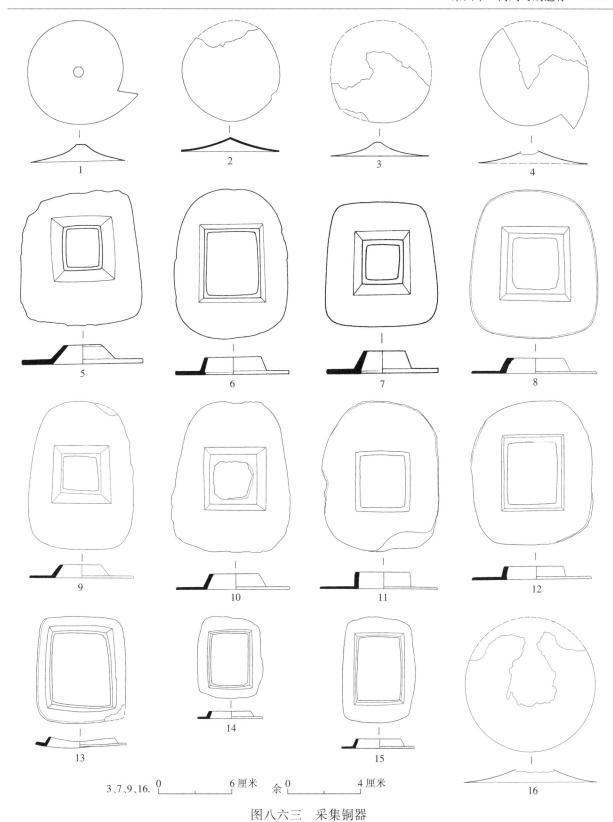

图八六三　采集铜器

1、2、4、16. A 型圆涡形器（C：543、C：973、C：1205、C：1151）　　3. B 型圆涡形器（C：542）　　5～10. Aa 型 I 式圆角方孔形器（C：323、C：377、C：686、C：863、C：33、C：909）　　11～15. Aa 型 II 式圆角方孔形器（C：866、C：865、C：381、C：700、C：705）

标本 C : 542，身较厚，收缩成有乳突的尖顶。底径 8、高 1.2 厘米（图八六三，3）。

标本 C : 541，身较厚。收缩成有乳突的尖顶。器表有浅槽状旋纹一周。直径 8、高 1.6、厚 0.3 厘米（彩版三六五，3）。

圆角方孔形器 100 件。

Aa 型 84 件。领部斜直。依据领部和直径的变化差异，分二式。

Ⅰ 式 69 件。

标本 C : 323，体形宽短，环面最宽处在下部，近长方形穿孔略偏向右侧。器上部略残。长 7.15、宽 5.72 ~ 6.72、孔长 2.08、孔宽 1.9、领高 0.94 厘米（图八六三，5；彩版三六五，4）。

标本 C : 377，体形偏长，环面最宽处在中下部，长方形穿孔。长 8.2、宽 6.3、孔长 3.5、孔宽 2.8、领高 0.96 厘米（图八六三，6）。

标本 C : 686，整器较方正，上下环面宽度基本相同。长 9.9、宽 9.2、孔长 2.8、孔宽 2.8、领高 1.8 厘米（图八六三，7）。

标本 C : 863，中有方孔，穿孔较大，环面较宽，领部斜直内凹。长 8、宽 7.1、孔径 3.2、领高 0.8 厘米（图八六三，8）。

标本 C : 33，体形较长，环面最宽处在下部，穿孔近方形。长 11.6、宽 8.4、孔长 2.7、孔宽 2.8、领高 1 厘米（图八六三，9）。

标本 C : 909，体形宽短，环面最宽处在下部，周缘磨损严重，方形穿孔。长 8、宽 6.4、孔边长 2、领高 0.8 厘米（图八六三，10）。

标本 C : 698，平面近椭圆形，中间有一近似圆角长方形的孔，孔壁凸出成领，领部较直。该器与圆形有领铜璧有相似之处。长 7.4、宽 6.3、孔长 2.9、孔宽 2.5、领高 0.6 厘米（彩版三六五，5）。

Ⅱ 式 15 件。领部较直。

标本 C : 866，器身锈蚀严重，领部缺损严重，有锈蚀层剥落痕迹。环边多处缺损，一角扭曲变形，器表多处锈蚀层剥落。方形穿孔。长 7.9、宽 6.3、孔长 2.6、孔宽 2.4、领高 0.8 厘米（图八六三，11）。

标本 C : 865，器身锈蚀严重，有大面积锈蚀层剥落迹象，孔沿有与环边多处残缺破损。平面形状大致呈圆角长方形，长方形穿孔。长 7.6、宽 6.6、孔长 3.4、孔宽 2.7、领高 0.8 厘米（图八六三，12）。

标本 C : 381，近正方形穿孔较大，孔缘略圆。长 5.77、宽 5、孔长 4、孔宽 3.3、领高 0.5 厘米（图八六三，13）。

标本 C : 700，长方形孔，器四边残。长 4.4、宽 3.6、孔长 2.6、孔宽 2、领高 0.4 厘米（图八六三，14；彩版三六五，6）。

标本 C : 705，长方形孔，边缘略残。长 5.6、宽 4、孔长 3.4、孔宽 2.2、领高 0.6 厘米（图八六三，15）。

标本 C：378，平面呈圆角梯形，中间有一近圆形方孔，孔壁一面凸出成领，领部斜直，截面呈梯形。长 11.85、宽 8.5、领高 0.92 厘米（彩版三六六，1）。

Ac 型　13 件。

标本 C：1089，平面呈圆角长方形，方形穿孔。长 7.4、宽 5.4、孔边长 2、领高 0.8 厘米（图八六四，1）。

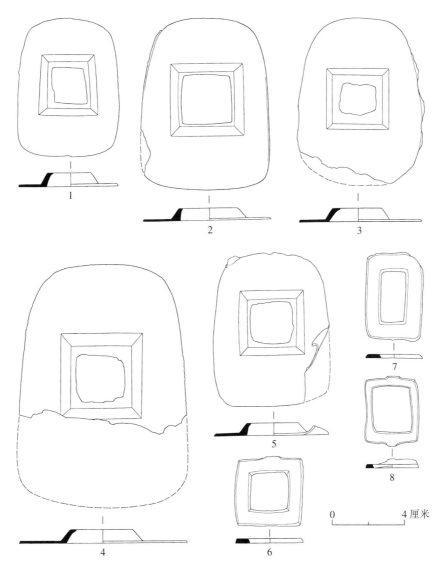

图八六四　采集铜圆角方孔形器

1～5. Ac 型（C：1089、C：375、C：327、C：328、C：906）　6～8. B 型（C：903、C：699、C：1029）

标本 C：375，器身锈蚀严重，领部缺损严重。平面呈圆角长方形，方形穿孔。长 9、宽 6.7、孔边长 2.9、领高 0.6 厘米（图八六四，2）。

标本 C：327，器身锈蚀严重，有大面积锈蚀层剥落迹象，领沿残缺，下部有一块残缺。平面大致呈圆角长方形，方形穿孔。残长 8.4、宽 6.8、孔边长 2、领高 0.6 厘米（图八六四，3）。

标本 C：328，器身锈蚀严重，下部残缺。平面大致呈圆角长方形，方形穿孔。残长 9、残宽

9、孔边长 3.2、领高 0.7 厘米（图八六四，4）。

标本 C：906，器身锈蚀严重，边缘有残缺。平面大致呈圆角长方形，方形穿孔。长 8、宽 6.6、孔边长 2.2、领高 0.6 厘米（图八六四，5）。

B 型　3 件。

标本 C：903，平面呈方形，中有方孔，环面较窄，无领。边长 3.8、孔边长 2.2、厚 0.2 厘米（图八六四，6；彩版三六六，2）。

标本 C：699，器身锈蚀严重，边缘腐蚀严重。平面呈圆角长方形，长方形穿孔，无领，器身扁平。长 4.8、宽 3.2、孔长 2.6、孔宽 1.3、厚 0.23 厘米（图八六四，7）。

标本 C：1029，器身锈蚀严重，外缘磨蚀严重，器身变形，略有弯曲。平面呈圆角长方形，边缘有两处基本对称的方凸。长方形穿孔。长 3.8、宽 3、孔长 2.6、孔宽 2.2、厚 0.2 厘米（图八六四，8）。

圆角长方形板　12 件。

标本 C：882，平面呈圆角长方形，板上有一圆圈痕迹。长 13.3、宽 11.7、厚 0.15 厘米（图八六五，1）。

标本 C：864，边缘有缺损。平面呈圆角长方形。长 14、宽 13、厚 0.2 厘米（图八六五，2）。

标本 C：189，器身锈蚀严重，局部表皮脱落，器身内部近边缘处有一条裂纹。长 13.25、宽 10.15、厚 0.2 厘米（图八六五，3）。

标本 C：391，器身锈蚀严重，有三处残缺。长 13.7、宽 10.6、厚 0.15 厘米（图八六五，4）。

标本 C：874，平面呈椭圆形，有一处裂缝。长 12.3、宽 10.6、厚 0.1 厘米（图八六五，5）。

标本 C：117，平面呈椭圆形，有一处裂缝。长 13.6、宽 10.4、厚 0.2 厘米（图八六五，6）。

标本 C：318，整体锈蚀严重，边缘有多处细小残损，一角残缺。长 12.6、宽 11.4、厚 0.35 厘米（图八六五，7；彩版三六六，3）。

桃形板　1 件。A 型。

标本 C：392，器下端平面呈桃形，上端内凹，两角上翘呈尖三角形。中部有一纹饰因锈蚀不能分辨。器身正面中部和外缘保留有包裹痕迹，器表打磨光洁，背面则较粗糙。长 9.9、宽 9.1 厘米（图八六五，8；彩版三六六，5、6）。

不规则形板　2 件。

标本 C：752，残。平面呈不规则圆形，边缘处有距离不等的三个小方孔。残长 7.8、宽 7.1、厚 0.15 厘米（图八六五，9；彩版三六六，4）。

标本 C：691，平面呈不规则椭圆形，边缘有两处残缺，扭曲不平。残长 9.8、宽 11 厘米（图八六五，10）。

2. 像生形器

31 件。分人物形器与动物形器两类。

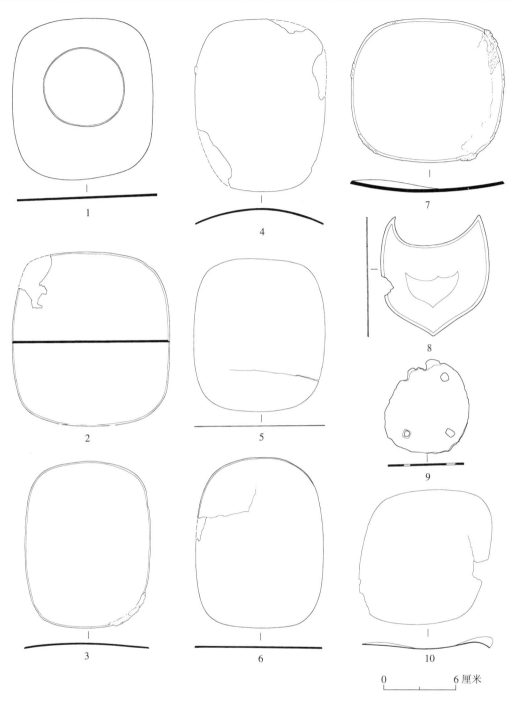

图八六五　采集铜器

1~7. 圆角长方形板（C:882、C:864、C:189、C:391、C:874、C:117、C:318）　8. A 型桃形板（C:392）
9、10. 不规则形板（C:752、C:691）

（1）人物形器

16 件。有立人像、人面形器、眼睛形器、眼泡等。

立人像　1 件。

标本 C:17，由上下相连的立人和插件两部分组成。立人身着短袍，头戴一道环形帽圈，13

道弧形芒状饰沿着帽环周缘呈反时针旋转，脑后三股发辫，当垂至后背中部时，有一宽带将三股合为一束。脸瘦，眉弓突起，椭圆形眼，颧骨高凸，直鼻方颐，两侧的耳垂有穿孔。腰间系带，正面腰带上斜插一物。左臂屈肘于胸前，右臂上举至颈下，双手腕上各有一箍形突起。通高19.6厘米（图八六六；彩版三六八、三六九）。

立人手臂　1件。

标本C：586，中间弯折，可能是铜立人像手臂。器壁较厚，推测其原本较为厚重。残长10.2、宽4.9厘米（图八六七，1）。

人面形器　2件。整器似一略有变形的人面，仅眼睛、嘴形状较为清楚，其他部分因锈蚀已模糊不清。

标本C：317，器表多处锈蚀，边缘多处残损及裂痕。长15、宽14.3、厚1.5厘米（图八六七，2；彩版三六七，1、2）。

标本C：319，器身卷曲变形，锈蚀严重，多处裂纹，边缘多处残损。残长15.1、宽14.8、厚0.13厘米（图八六七，3；彩版三六七，3）。

0　　　　4厘米

图八六六　采集铜立人像（C：17）

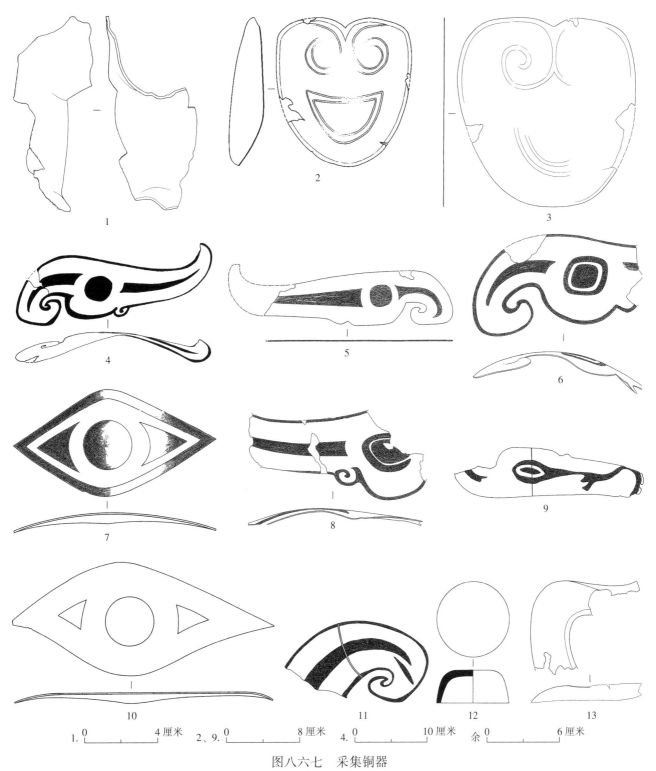

图八六七　采集铜器

1. 立人手臂（C：586）　2、3. 人面形器（C：317、C：319）　4~6、9、11. A 型眼睛形器（C：393、C：1162、C：783、C：708、C：1273）　7、8. Ba 型眼睛形器（C：692、C：1161）　10. Bb 型眼睛形器（C：1272）　12、13. A 型眼泡（C：330、C：505）

眼睛形器　10 件。

A 型　5 件。

标本 C：393，外形如鸟，器身中部略宽，前后渐小，前端向下弯曲成钩喙状，后端向上弯曲，眼珠、眼角及眼形器的周缘均用墨绘。残长 26.3、宽 8.4 厘米（图八六七，4；彩版三七〇，1、2）。

标本 C：1162，整器扁平。外形如鸟，器身中部略宽，前后渐小，前端向下弯曲成钩喙状，后端向上弯曲，眼珠、眼角及眼形器的周缘均用墨绘。残长 15.4、宽 4.4、厚 0.13 厘米（图八六七，5）。

标本 C：783，外形如鸟，器身中部略宽，前后渐小，前端向下弯曲成钩喙状，后端向上弯曲，眼珠、眼角及眼形器的周缘均用墨绘。残长 14、宽 7.2 厘米（图八六七，6）。

标本 C：1273，残。器一端向下弯曲勾卷，以墨绘来表现眼睛。残长 11.9 厘米（图八六七，11；彩版三七一，4）。

标本 C：708，残。以墨绘表现眼睛。残长 20.6 厘米（图八六七，9；彩版三七一，5）。

Ba 型　4 件。

标本 C：692，用墨绘的方式表现眼珠、眼角和眼眶。长 17、宽 8.9、厚 0.21 厘米（图八六七，7；彩版三七〇，3、4）。

标本 C：1161，仅残存中间部分。用墨绘的方式表现眼珠、眼角和眼眶。残长 14.5、宽 7.1 厘米（图八六七，8）。

标本 C：504，器身外轮廓呈菱形，中部略外弧，以墨绘来表现圆形眼珠、三角眼眶。长 20.05、宽 11.67、厚 0.06 厘米（彩版三七一，1）。

标本 C：693，器身外轮廓呈菱形，中部略外弧，以墨绘来表现圆形眼珠、三角眼眶。长 18.8、宽 11.5、厚 0.12 厘米（彩版三七一，2）。

Bb 型　1 件。

标本 C：1272，眼睛以圆形穿孔表现，眼角以三角形穿孔表现。长 21.8、宽 9.4、厚 0.23 厘米（图八六七，10；彩版三七一，3）。

眼泡　2 件。A 型。

标本 C：330，器呈半球状，中空，器顶略平。直径 6、高 2.6 厘米（图八六七，12；彩版三七一，6）。

标本 C：505，泡体大部分残缺。残长 7.5、宽 5 厘米（图八六七，13）。

（2）动物形器

15 件。有龙形器、牛首、鸟、蝉、鱼形器等。

龙形器　7 件。均保存不完整。

标本 C：506，颈部残断。器呈弧形，为一龙首形饰。圆眼，中部镂空，边缘凸起，张口露齿，下颌平直。上颌共三齿，其中前面两齿呈弧形，粗壮，后面一齿末端呈开花状，分别向两侧歧出上翘。鼻孔呈圆形，为双阴线造型，以显出鼻孔的肥大，未镂空。龙须从嘴上吻部向后翻卷形成羽翅。龙头后部可分上下两部分。上部顶有对称的犄角相对向下钩卷，下有一裂口。下部为双线条勾勒出的上小钩卷的云纹装饰。其边缘中部有一短茬，推测其后可能还有其他部分。此器原可能为镶嵌于某种柱状器上的饰件，在一个平面上作的浅浮雕。其造型新颖，雕刻简练，形象细腻而夸张。长9.76、宽5.4~6.43、厚0.15~0.2厘米（图八六八，1；彩版三七二）。

标本C：771，头部残断。器呈弧形，为一龙首形饰。圆眼，中部镂空，边缘凸起，张口露齿，下颌平直。上额共三齿，其中前面两齿呈弧形，粗壮，后面一齿末端呈开花状，分别向两侧歧出上翘。鼻孔呈圆形，为双阴线造型，以显出鼻孔的肥大，未镂空。龙须从嘴上吻部向后翻卷形成羽翅。龙头后部应可分上下两部分。上部顶有对称的犄角相对向下钩卷，下部已残缺。残长6.6、残宽2.4~3.6、厚0.15厘米（图八六八，2）。

标本C：710，仅残存龙首，器呈弧形，龙圆眼中空，张口露齿。龙首较多使用卷云纹装饰。长9.2、宽6.2、高0.16厘米（彩版三七三）。

牛首 2件。

标本C：198，牛角高翘，角向内弯曲，细尖，上饰螺旋纹。三角形双耳向两侧耸出，牛首后部呈空心圆柱状。额上饰菱形纹，菱形纹的下角处饰点纹。眼圆睁，耳朵中部下凹，吻部发达，未刻划出鼻孔及嘴。眼、眉、额、角及銎孔涂有朱砂。推测其可能是大型青铜器上的立体装饰。长2.3、宽3.35、高4.64厘米（图八六八，3；彩版三七四，1、2）。

标本C：274，牛角高翘，由外向内斜直，角部圆润，上饰螺旋纹。双耳向两侧耸出，牛首后部呈空心圆柱状。吻部发达，未刻划出鼻孔及嘴。长4.35、宽5.13、高6.3厘米（图八六八，4；彩版三七四，3）。

鸟 2件。

标本C：553，喙部、尾部及爪残断，首略上昂，圆眼突出，双翅收束上翘，尾羽折而下垂。短颈上饰鳞纹，双翅上的长羽饰卷云纹，腹下有一残断的柱。通长6.6、高5.1厘米（图八六八，5；彩版三七四，4、5）。

标本C：1215，仅存头及颈部，首略上昂，圆眼，两眼目视前方。残高3.8厘米（图八六八，6）。

蝉 1件。

标本C：1159，蝉形，尾部分歧，横剖面为椭圆形。长3.35、宽0.75~1.1厘米（图八六八，7）。

鱼形器 2件。A型。

标本C：1285，器呈细叶状，头端有一小孔，中脊凸起。表面饰有叶脉纹。长14.7、宽0.3~1厘米（图八六八，8）。

标本C：839-3，平面呈长条形，头端有一小孔，中部残缺，中脊凸起。表面饰有叶脉纹。长约19.4、宽0.7~1.2厘米（图八六八，13）。

动物形器 1件。

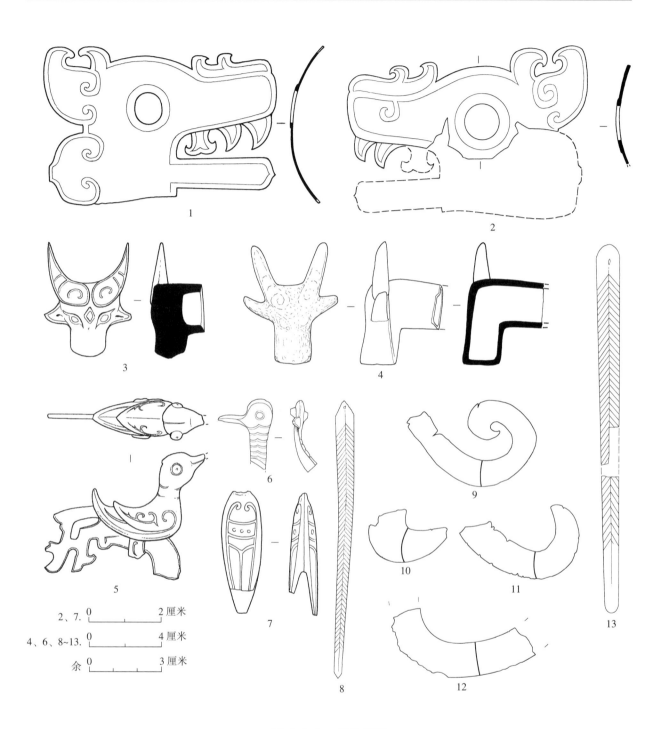

图八六八　采集铜器

1、2. 龙形器（C：506、C：771）　3、4. 牛首（C：198、C：274）　5、6. 鸟（C：553、C：1215）　7. 蝉（C：1159）
8、13. A 型鱼形器（C：1285、C：839－3）　9～12. 动物形器（C：1284－1～1284－4）

标本 C：1284，残断为 4 件，不能拼合。均为极薄的片状，勾卷，原器可能为某种动物形象。C：1284－1，残长 7.1 厘米；C：1284－2，残长 4.5 厘米；C：1284－3，残长 6.4 厘米；C：1284－4，残长 7.4 厘米（图八六八，9～12；彩版三七五，1、2、5）。

3. 其他形器

35 件。有喇叭形器、圈足残片、镂空饰件及铜器残片。

喇叭形器　1 件。

标本 C∶555，底面呈圆形，立面呈上小下大的喇叭状，小平顶，顶上一圆孔，中空。底边周缘整齐。器外壁光洁，内壁粗糙。顶径 1.4、底径 11.6、高 3.6 厘米（图八六九，1；彩版三七五，3、4）。

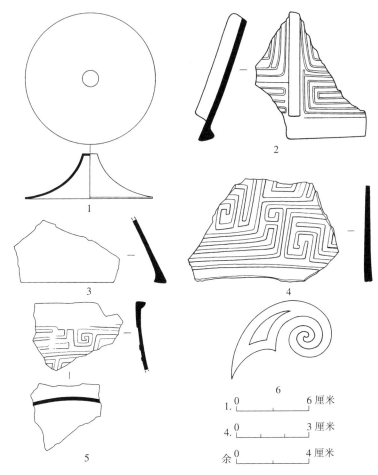

图八六九　采集铜器

1. 喇叭形器（C∶555）　　2、3. A 型圈足残片（C∶210、C∶1157）　　4. B 型圈足残片（C∶1218）　　5. 铜器残片（C∶417）　　6. 镂空饰件（C∶615）

圈足残片　5 件。

A 型　4 件。足部内敛。

标本 C∶210，残。为某器圈足之部分。长条扉棱两侧装饰多层方形回字形纹。器体较为厚重。残长 6.3、高 7 厘米（图八六九，2）。

标本 C∶1157，残高 3.2 厘米（图八六九，3）。

B 型 1 件。

标本 C：1218，表面饰有兽面纹。残长 6.2、残宽 4 厘米（图八六九，4）。

镂空饰件 2 件。

标本 C：615，器身较薄，纹饰曲线流畅。长 6.15、宽 3.4 厘米（图八六九，6）。

铜器残件 27 件。在机械施工中破坏严重，已无法辨识其器形。

标本 C：417，平面呈不规则形，扁平，侧边平直。表面装饰有兽面纹。为圈足残片。残宽 4.8、残高 3.7 厘米（图八六九，5）。

（三）玉 器

714 件。玉材以透闪石软玉为主，还有少量的阳起石、透辉石、斜长石、闪长石、滑石、大理石、绿泥石、叶蜡石、绿松石、玛瑙等。器物多数不透明或半透明，材料内部为白色、灰色、浅黄褐等基本色系，内部结构多疏松，易风化，表面则大多呈现出红、紫、褐、黑等丰富而缤纷的色泽。玉器的装饰技法有刻纹镂空、透雕、立体扉牙饰等，装饰纹样有直线纹、网格纹、菱形纹、三角形纹、曲线纹、交叉纹、兽面纹、人形纹、蝉纹等。加工技法，开料用线切割和片切割，钻孔用空心钻、实心钻，单面或双面钻孔，打磨规整，抛光细致。按器物的外部形态分为几何形器、像生形器、其他形器三类。

1. 几何形器

603 件。按器物的平面形态分为多边形器、圆形器两类。

（1）多边形器

305 件。有戈、矛、剑、钺、璋、圭、斧、锛、锛形器、凿、凹刃凿形器、刀、鞘形器等。

戈 33 件。

Aa 型 7 件。

标本 C：32，灰白色，器表有黄色、褐色、黑色沁斑。阑部与内部略残。单阑，内部一穿。通长 27.7、宽 7.2、内长 8.6、厚 0.7 厘米（图八七〇，1；彩版三七五，6）。

标本 C：400，灰白色。锋部及刃部残缺，援部刻有六道线纹。残长 23.7、宽 7.6、厚 0.7 厘米（图八七〇，2）。

标本 C：47，灰白色透闪石软玉，不透明，器表有黄褐色、淡黑色沁斑和大量绿色铜沁。器体扁平。三角形前锋，上下刃斜磨，援身中部微凹，双阑饰，齿间距离较远，阑间刻划四组阴线纹，每组三道。双面钻孔位于上阑右侧。通长 25.5、宽 5.7、援长 17、厚 0.5 厘米（彩版三七五，7、8）。

Ba 型 8 件。

标本 C：683，灰白色，有黑色、褐色、黄色沁斑，半透明，器表光洁。锋尖残断。援部方框

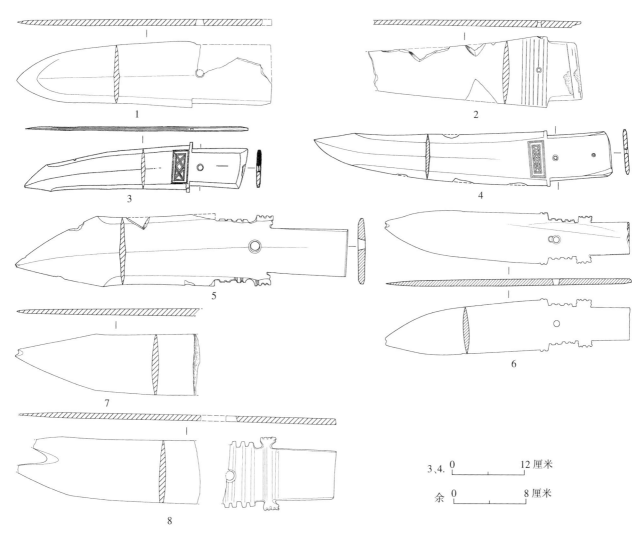

图八七〇　采集玉戈

1、2. Aa 型（C∶32、C∶400）　　3、4. Ba 型（C∶683、C∶60）　　5. Bb 型（C∶46）　　6～8. Ca 型（C∶168、C∶37、C∶45）

内纹饰由四条阴线相交叉构成的菱形纹组成。刻线相互交错，多有歧出，极不规整。阑部上齿残，内部近阑处有一双面钻孔，内上下缘及末端均斜磨，端部有残损，系原材料所致。长 36.2、宽6～7.8、内长 8.9、厚 0.67～0.71 厘米（图八七〇，3；彩版三七六）。

　　标本 C∶60，灰白色。由于受到外部埋藏环境的影响，现器表一面呈墨绿色，并间有黑、褐色沁斑，另一面呈浅灰色，器身上有大量深褐色片状沁斑和深蓝色沁斑。此器残断为四段，现经拼对复原。内前、后部有一大一小两穿孔，大孔为双面钻，小孔为单面钻。援本部有三条阴刻划直线组成的梯形框，框内部又饰有阴刻的菱形纹、交叉线纹及三角线纹，阴线内还涂有朱砂。内中部残存有切割开料时留下的台痕，器表还有少量的打磨痕。长 50.63、宽 8.6、内长 10.55、厚0.65 厘米（图八七〇，4；彩版三七七）。

　　Bb 型　3 件。

　　标本 C∶46，灰色，器表有淡褐色沁斑。援部较宽，中部起脊，两侧微凹，两刃较薄。上下刃近前锋处急收。阑部下方近内处有一穿。通长 36、宽 7.4、援长 21.6、内长 8.3、内宽 5.2、厚 0.8 厘米（图八七〇，5；彩版三七八，1、2）。

Ca 型　4 件。

标本 C：168，灰白色，器表有黄褐色沁斑。援较长，两侧边直，锋向前斜收，身中部较厚，边刃较薄，近阑上部有一穿。通长 27.8、援长 18.6、内长 4.3、内宽 3.6、厚 0.64 厘米（图八七〇，6；彩版三七八，3、4）。

标本 C：37，灰白色。援部残缺。残长 20.1、宽 6.5、厚 0.8 厘米（图八七〇，7）。

标本 C：45，灰白色。中部和牙部残缺，阑部饰平行线纹。通长约 34.6、宽 6.8、厚 0.66 厘米（图八七〇，8）。

Cb 型　2 件。

标本 C：53，灰白色，器表有褐色、黑色沁斑。阑两侧边缘刻出几道浅槽，并有突起齿饰，阑上饰细密平行直线纹。内部上方一穿。通长 28.3、援长 18.6、宽 8.2、内长 7.4、内宽 7.1、厚 0.8 厘米（图八七一，1；彩版三七九，1、2）。

Cc 型　2 件。

标本 C：27，褐色，器表有黑色沁斑。阑部有五个齿状突起，近阑上部一穿。器身上保留两条切割痕迹，长方形内较短。通长 17.3、宽 3.3、内长 3、内宽 2.8、厚 0.4 厘米（图八七一，4；彩版三七九，3、4）。

D 型　6 件。

标本 C：196，褐色，器表有黑色沁斑。下刃较直，前锋残断，长方形内末端一侧有圆形穿孔。残长 31.9、宽 5.5、内长 11.6、内宽 4.5、厚 0.73 厘米（图八七一，2；彩版三八〇，1）。

标本 C：959，灰白色。器身中部缺失。残长约 35.96、宽 6.08、厚 0.9 厘米（图八七一，3）。

Ea 型　1 件。

标本 C：478，白中泛青，器表有少量黄褐色、黑色沁斑。三角形尖锋，两侧边呈连弧形曲刃，下边刃起连弧形脊。无阑，横长方形内。援近内部有一喇叭形穿。通长 16.27、宽 5、内长 2.1、内宽 3.3、厚 0.5 厘米（图八七一，5；彩版三八〇，2、3）。

矛　11 件。

Aa 型　3 件。

标本 C：738，灰白色。器身中部粘附有一块黑色物质，整器表面夹杂黄色及灰色沁斑，风化严重。两侧刃部及锋部多处残缺。残长 21.7、宽 8.4 厘米（图八七二，1；彩版三八〇，4）。

标本 C：509，灰白色。锋部及叶部残缺。长 21.2、宽 7.8、厚 1.2 厘米（图八七二，2）。

标本 C：562，绿色，杂淡黄色、墨色沁斑。器身中下部有一圈裂纹，锋部和侧锋有多处较小面积的残损。整器打磨光滑，两侧刃较为锋利。长 7.26、宽 3.17、厚 0.63 厘米（图八七二，3）。

Ab 型　1 件。

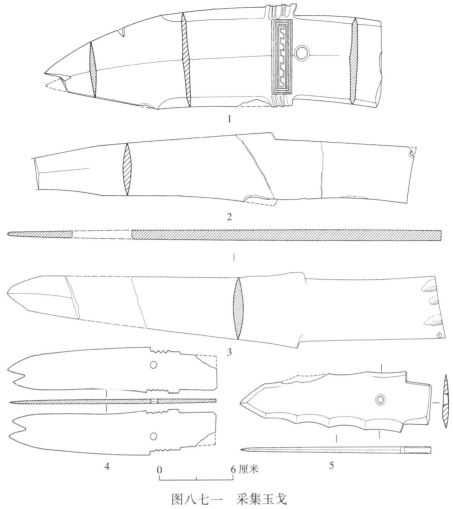

图八七一　采集玉戈

1. Cb 型（C：53）　　2、3. D 型（C：196、C：959）　　4. Cc 型（C：27）　　5. Ea 型（C：478）

标本 C：18，灰白透闪石，透明。叶呈细长柳叶形，锋刃尖锐，断面呈横六边形。拼接复原。长 24.51、宽 4.83、厚 0.66 厘米（图八七二，5；彩版三八○，5）。

B 型　4 件。

标本 C：132，灰白透闪石，透明。长体。锋刃锐利，边刃起脊较薄。器中部有一穿孔。长 17.9、宽 5.5、厚 0.88、孔径 1 厘米（图八七二，6；彩版三八○，6）。

标本 C：616，红色，夹黑色沁斑。整体断裂为两段，经后期粘接。短体，平顶，横剖面为六边形。锋刃锐利。整器打磨精细。长 4.9、宽 1.7、厚 0.5 厘米（图八七二，4）。

Ca 型　2 件。

标本 C：635，深灰色透闪石，半透明。近三角形，锋刃锐利。长 4.8、宽 2.7、厚 0.5 厘米（图八七二，7；彩版三八一，1）。

标本 C：570，黄色硅质岩，器表有黑色点状沁斑。三角形，制作简单，粗糙，边缘及刃部未经打磨，器表保留切割痕迹。长 5.9、宽 4.1、厚 0.9 厘米（彩版三八一，2）。

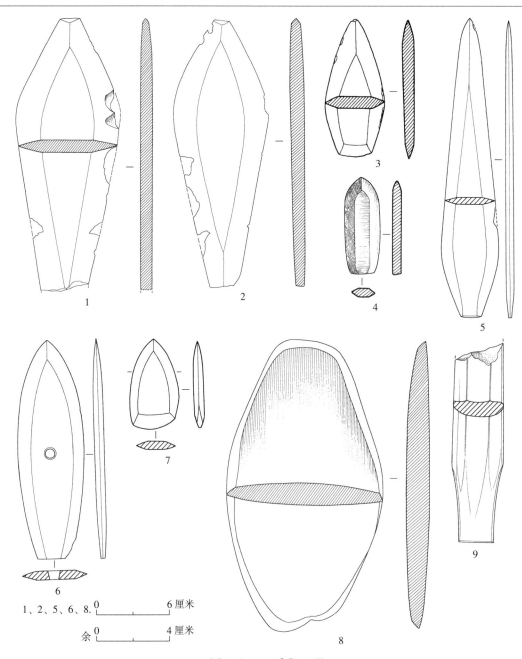

图八七二 采集玉器

1~3. Aa 型矛（C：738、C：509、C：562） 4、6. B 型矛（C：616、C：132） 5. Ab 型矛（C：18） 7. Ca 型矛（C：635） 8. Cb 型矛（C：672） 9. 剑（C：583）

Cb 型 1 件。

标本 C：672，青黄色透闪石，不透明。器厚，宽叶，中部无脊，边刃斜磨，身上粘有少量铜锈。长 23.2、宽 12.9、厚 2.1 厘米（图八七二，8；彩版三八一，3）。

剑 3 件。均残。器身呈条状，一面中部内凹，一面呈弧形凸起。扁茎。

标本 C：583，青色，半透明。锋部残缺。一面外弧，另一面中部微凹。整体打磨精细。残长 10.9、宽 2.77、厚 0.83 厘米（图八七二，9）。

钺　3件。

A 型　1件。

标本 C：775，青色，半透明。身扁平，平顶，平面近梯形。两侧各有三组齿状突起，身中部有一穿，左侧边上有一小穿。刃部较宽，外弧，两端略上翘。器表有打磨痕迹。长 15.9、顶宽 7.7、刃残宽 9.7、厚 0.38 厘米（图八七三，1；彩版三八一，4、5）。

B 型　1件。

标本 C：546，青色，不透明。扁平璧形，中有一孔，弧形顶，两侧各有两组锯齿状突起，每组两齿，刃部较宽，分四段磨成为连弧形双面刃。器表有打磨痕迹。长 13.4、宽 12.6、厚 0.3 厘米（图八七三，2；彩版三八二，1、2）。

C 型　1件。

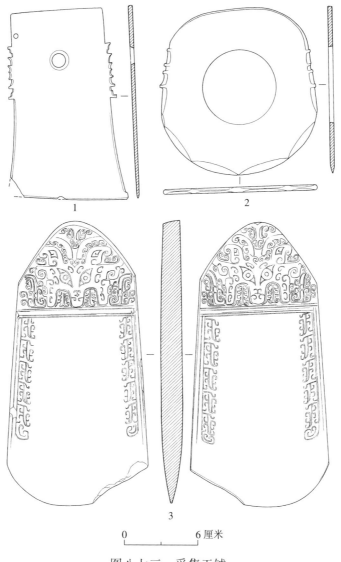

图八七三　采集玉钺
1. A 型（C：775）　2. B 型（C：546）　3. C 型（C：7）

标本 C:7，灰白色，不透明，器表有黄色、黑色、褐色沁斑。平面近梯形，顶端为尖首，末端为弧形宽刃。身两面有相同纹饰。纹饰分为上下两部分，上部用减地法和双阴线雕刻出一兽面纹。兽面双角及尖耳，呈倒八字形，臣字形眼，嘴中排列三组对称的尖齿，纹饰空白处填以云雷纹。下部纹饰在身两侧，分别饰五组对称的卷云纹。长 22.5、宽 11.5、厚 1.78 厘米（图八七三，3；彩版三八三至三八五）。

璋 101 件。可辨型式的 42 件。

Aa 型 10 件。

标本 C:71，灰白色透闪石，不透明，表面有黄色、褐色、黑色沁斑。阑上部有一穿，单面钻。柄端不平整，两侧刃尖残损。残长 21.2、宽 3.85、厚 0.46 厘米（图八七四，1；彩版三八二，3）。

Ab 型 11 件。

标本 C:6，灰白色，器身上有自然形成的黑色、褐色、黄色片状、块状沁斑，不透明。阑部分为主阑、附阑和阑间饰三部分。主阑由两组凸出的齿状饰组成，阑上有两组平行直线纹饰，上面一组由三道线纹构成，下面一组由四道线纹构成。附阑上有四道线纹，阑间有两组四道线纹，每道线纹均由两条平行的直线纹组成，线纹上还残存少许朱砂，阑与柄交接处有一穿孔，单面钻。残长 21.4、宽 2.8~3.8、厚 0.46 厘米（图八七四，2；彩版三八二，4、5）。

标本 C:50，灰白色。刃部及阑部残。残长 29.4、宽 6.9、厚 0.6 厘米（图八七四，3）。

标本 C:111，灰白色。锋部残，阑部两侧各有六颗齿突。残长 28.1、宽 6.2、厚 0.5 厘米（图八七四，4）。

标本 C:955，墨色，两侧呈现黑褐色斑纹，不透明。阑部分为主阑、附阑和阑间饰三部分。主阑为一阔嘴兽首，其上有两组由两根阴刻线纹组成的平行线纹。附阑为台阶式，其上有由四根阴刻线纹组成的平行线纹，为兽尾。阑间两侧各有两组齿突，每组齿突由两齿组成，两组齿突上分别有四根阴刻线纹组成的平行直线纹，这两组齿突共同构成兽身，阑部阴刻的平行线纹并非一条直线，而是向刃部微弧。柄部为长方形，柄端略向外弧，柄部近阑处由一双面钻穿孔。器物较完整，刃部微有硗口，柄部尾端有两处破损。长 43.4、宽 4.42~9.14、厚 0.6 厘米（图八七四，5；彩版三八六）。

标本 C:447，灰白色，杂褐色沁斑。刃部残缺。阑部饰六组平行线纹。残长 32.4、宽 8.6、厚 0.6 厘米（图八七四，6）。

标本 C:112，灰白色杂浅黄色。刃部及阑部残。残长 30.4、宽 8.8、厚 0.8 厘米（图八七四，7）。

标本 C:180，灰白色，杂黄色沁斑。刃部残缺。阑部饰平行线纹，中间有一双面钻圆孔。长 42.7、宽 8.5、厚 0.48 厘米（图八七四，8）。

标本 C:66，灰白色，夹杂大量黄色、红褐色、黑色沁斑，色泽艳丽。器身呈长条形，扁薄，刃尖残缺，刃部内弧，器身中间略起弧形脊，援中部略内收。阑部分为主阑、附阑、阑间饰，主阑为张口兽首，附阑为两组齿突状突起，自附阑至柄上端共十六道阴刻平行线纹，援阑交接处有一双面钻孔。近长方形直柄，端部倾斜，整体打磨光滑。长 31、宽 5.5、厚 0.6 厘米（图八七五，

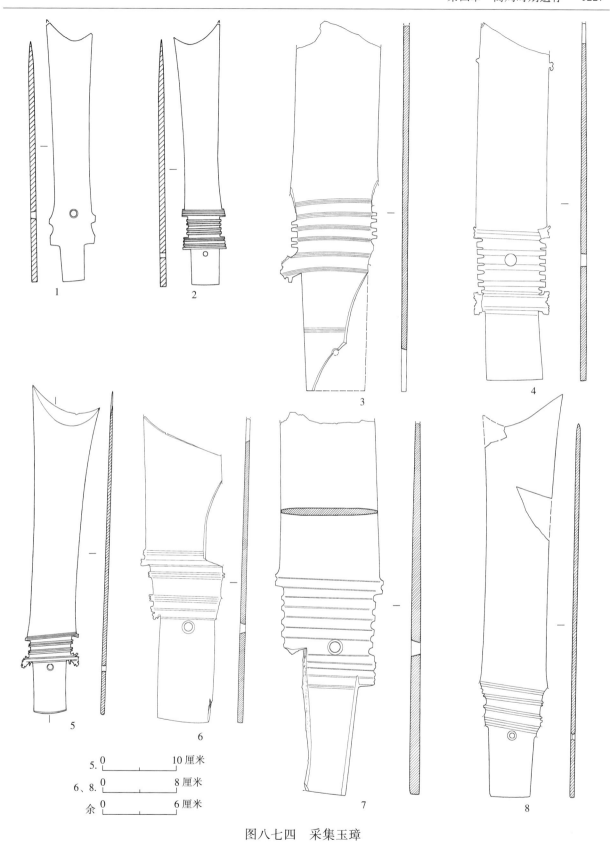

图八七四　采集玉璋

1. Aa 型（C:71）　2~8. Ab 型（C:6、C:50、C:111、C:955、C:447、C:112、C:180）

1；彩版三八七，1）。

标本 C：136，灰白色，在器身中部以下和近刃部处有酱黄、青黑、灰黑等多色沁斑和筋条状纹。刃部锋尖部分残断，附阑一侧残断。阑部装饰较为复杂，又分主阑、附阑和阑间饰。主阑为一张口双兽首，附阑为台阶式，主阑和附阑上均有六道阴刻的平行直线纹。阑间两侧各有四个齿突，四个齿突又分成两组，每枚齿突上分别有由阴刻线纹组成的平行直线纹。阑部的阴刻平行直线纹正面有，背面无。该器出土时残成四段，后拼接复原。长 67.8、宽 10.44、厚 0.71 厘米（彩版三八八）。

标本 C：213，墨色，有少量白色沁斑。柄首斜直，略呈长方形，柄上有一圆孔。双阑，主阑为简化的兽首，两阑间为两组齿饰，刻细弦纹。斜凹形刃。长 34.5、宽 7.44、厚 0.53 厘米（彩版三八七，4）。

标本 C：666，浅墨色，夹杂黄色、白色等沁斑，不透明。长方形柄，上有一圆孔。双阑，主阑两侧四组齿突，双阑及中间均饰平行的凹弦纹。身近阑处亦有一圆穿，斜凹弧形刃。长 22、宽 4.2、厚 0.7 厘米（彩版三八七，2、3）。

Ac 型　1 件。

标本 C：5，灰色，不透明，身上有黑灰色云状和淡黄色片状沁斑。柄、身不分阑，末端有三个圆孔，间距不等，连线呈等腰三角形。末端略向内弧。从两面打磨成斜刃，左边角呈圭形，打磨平整。长 19.8、刃宽 10.9、厚 0.6 厘米（图八七五，2；彩版三八七，5、6）。

Ad 型　2 件。

标本 C：141，灰白色透闪石软玉，杂有大量酱黄色、灰黑色、浅灰黑色沁斑。器体扁薄，刃部呈斜内弧形。装饰复杂，牙部饰有奔跑状的动物，援上饰有两组"蝉符"。长 39.2、残宽 4.9～7.3、厚 0.4 厘米（图八七五，3；彩版三八九）。

标本 C：4，白色，夹褐色、灰黑色沁斑，透明。本体一侧残存，有上、中、下三组镂空图案。图案图形由钻孔定位，随钻孔以砂绳切割上下左右拉动制作镂空图形。最上面一组残留一尖角，由上而下用砂绳切割，波浪切割痕明显。中间一组镂孔残存。最下面一组人面形镂孔，外围由六个钻孔定图形位置。刃部、扉牙残缺，中部有一处残缺。长 29.8、宽 7.44、厚 0.59 厘米（图八七五，4）。

B 型　2 件。

标本 C：123，灰白色，表面有黑色片状、褐色块状沁斑，不透明。多阑，身较宽，中部略突起，两侧微低，阑部分为主阑、附阑和阑间饰三部分。主阑有五个齿状凸起，阑间分两组，每组有四个齿状凸起，附阑齿突不明显，阑上有十五道距离相同的平行直线纹，每道由两条平行直线纹组成。单面钻穿孔位于阑上部左侧。长 30、宽 4.7～6.3、厚 0.6 厘米（图八七五，5；彩版三九○，1）。

Ca 型　1 件。

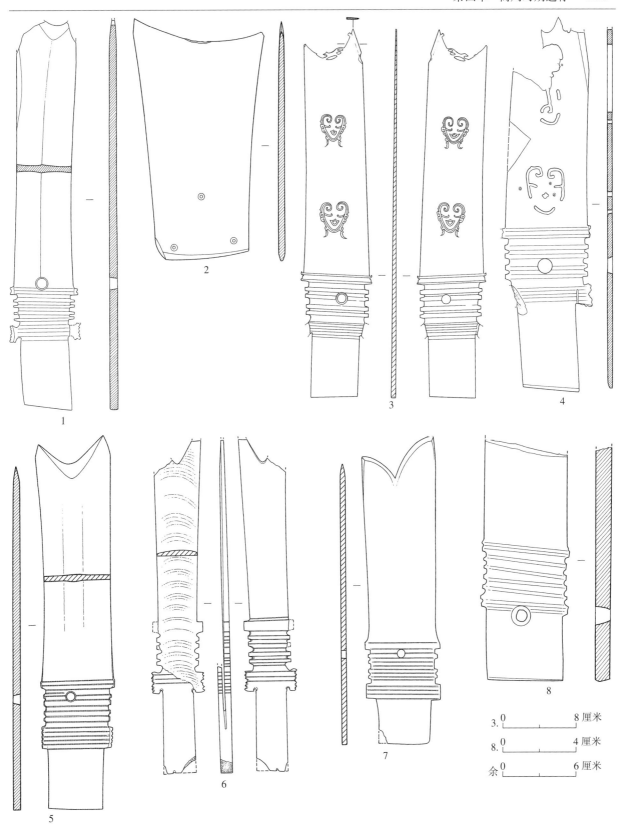

图八七五　采集玉璋

1. Ab 型（C：66）　　2. Ac 型（C：5）　　3、4. Ad 型（C：141、C：4）　　5. B 型（C：123）　　6. Ca 型（C：82）

7、8. Cb 型（C：461、C：242）

标本 C∶82，青色，器身有较多点状沁斑，不透明。该器为两件尚待分离的璋。"V"字形叉口宽而深。器至主阑部断开，柄部尚未切割完毕，璋向内的一面清楚地保留着呈抛物线的线切割痕迹。阑部分为主阑、附阑和阑间饰三部分。主阑和附阑凸出于器身。主阑由两组平行的凸起组成，每组凸起上有三个齿突，附阑上齿突较浅，阑间由两组凸起组成，每组凸起有齿突。璋向外的一面主阑上部有三道平行直线纹，附阑及阑间有十二道平行直线纹，每道平行线由两条平行线组成。刃尖残断，阑部个别齿突残损，柄部末端残。残长 27.5、宽 2.6～3.8、厚 1 厘米（图八七五，6；彩版三九〇，2）。

Cb 型　3 件。

标本 C∶461，灰白色透闪石，不透明，器表呈褐色，有少量黑色沁斑。阑部四组齿饰突出，阑上饰等距离平行直线纹，单面钻穿孔在阑上部。长 23.8～25.3、宽 4.35～6.45、厚 0.38 厘米（图八七五，7；彩版三九〇，4）。

标本 C∶242，灰白色。牙部缺失，仅存阑部，阑间饰一圆孔及六条间距相等的平行线纹。长 12.8、宽 4.8、厚 0.9 厘米（图八七五，8）。

Cc 型　5 件。

标本 C∶122，灰白色透闪石，不透明，有黄褐色块状沁斑。刃缘较斜，与身间形成"V"字形脊，阑部两侧有七道浅凹槽，单面钻穿孔位于阑部。长 28.8～30.5、宽 6.7～9.06、厚 0.8 厘米（图八七六，1；彩版三九〇，3）。

标本 C∶143，灰白色，杂褐色沁斑。援部残缺，两侧各有七颗齿突。残长 17.4、宽 6.1、厚 1 厘米（图八七六，2）。

标本 C∶114，灰白色。锋部及内部缺失，阑间两侧各有三颗齿突，四角各饰一个圆圈纹，中部一圆孔。残长 15、宽 5.2、厚 0.5 厘米（图八七六，3）。

标本 C∶240，灰白色。援部残缺。残长 25.8、宽 6.6、厚 0.9 厘米（图八七六，4）。

Ea 型　7 件。

标本 C∶479，墨色。器体短小偏薄，主阑为歧尖式，上饰三道阴刻弦纹，附阑上有两道阴刻直线纹，长方形柄，中部有一穿孔，单面钻。器身遍布斜向磨痕。保存完整。长 5.3、宽 1～1.56、厚 0.19～0.22 厘米（图八七六，5；彩版三九〇，5）。

标本 C∶162，墨色，表面上有白色沁斑。器体短小。主阑上阴刻三道直线纹，附阑上阴刻两道直线纹，长方形柄，中部有一穿孔，单面钻。器身遍布斜向磨痕。一侧刃尖残。长 5.2、宽 1～1.5、厚 0.1 厘米（图八七六，6；彩版三九〇，6）。

标本 C∶628，灰色，不透明。器顶平直，器身呈长方形，阑饰繁复。双阑，上下阑出张口兽头形饰，阑间出五齿，单面钻孔在阑间上部，柄端残损。长 6.7、宽 1.26、厚 0.33 厘米（彩版三九一，1）。

标本 C∶1173，青色软玉，不透明，有少量白色条状沁斑。器轻巧扁薄，凹形弧刃。双阑，下

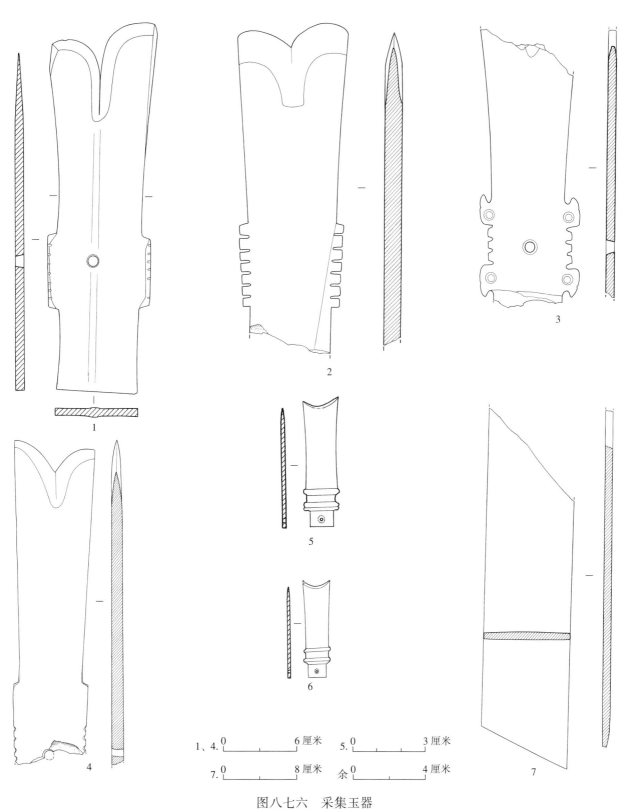

图八七六　采集玉器

1~4. Cc 型玉璋（C:122、C:143、C:114、C:240）　5、6. Ea 型玉璋（C:479、C:162）　7. 边璋（C:1172）

阑出两齿，阑部阴刻两组直线纹，第一组两道，第二组三道。单面钻孔位于柄部。长 4.8、宽 1.24、厚 0.2 厘米（彩版三九一，2）。

玉璋残片　4 件。此类玉璋体量较大，较为特殊。头首均残断，形制不明。

标本 C：199，白色，夹黑色、灰色及褐色沁斑。整体器形较大，估计原长超过 1 米，上下折断，刻划精致。阑间残留朱砂，柄部和刃部缺失，残存部分断为八部分，经后期粘接，阑部一侧扉牙残缺。长 62、宽 19.1、厚 1.2 厘米（彩版三九二，1、3）。

标本 C：554，白色，一面为褐色，器表附着锈斑，一面为灰白色。原断裂成数块，经后期粘接，一侧边残断，一侧边下端残损，中部多处残缺。长 39、宽 17.5、厚 1.3 厘米（彩版三九一，3、4）。

标本 C：214，白色，夹杂褐色及黄色沁斑。两端缺失，残存部分断为三部分，经后期粘接。长 67.2、宽 12.1、厚 1.37 厘米（彩版三九二，2）。

标本 C：441，白色，夹黑色、褐色及灰白色沁斑。顶部残断，器身多处断裂，后期粘接，侧边处有一处缺失。底端一角残断，两侧边多处磕损，底端一面有一处凹陷。长 43.5、宽 10.7、厚 1.1 厘米（彩版三九三，1、2）。

边璋　1 件。

标本 C：1172，灰白色。一端残，表面无纹饰。残长 38、宽 9.6、厚 0.9 厘米（图八七六，7）。

圭　4 件。

A 型　1 件。

标本 C：507，墨绿色，表面有灰白色筋条状斑。平面呈长方形，制作规整。身较长，阑部有五组齿状饰，上下两组各四道平行直线纹，中间三组各六道平行直线纹。长 15.9、宽 3.7～4.08、厚 0.4 厘米（图八七七，1；彩版三九三，4）。

B 型　2 件。

标本 C：956，墨绿色，表面有黑色块状、淡黄色条状沁斑，不十分规整。阑部有六组齿状饰，阑部底端磨平，无柄。刃沿有残损。长 42.2、宽 7.2～8.2、厚 0.75 厘米（图八七七，2；彩版三九三，3、6）。

C 型　1 件。

标本 C：241，墨绿色，表面有黑色块状、淡黄色条状沁斑。顶部残缺，短柄。阑部饰平行线纹和两组凸起。残长 18、宽 8.8、厚 0.6 厘米（图八七七，3）。

斧　8 件。

A 型　1 件。长方形。

标本 C：271，灰白色，不透明。器身较扁薄，刃部有磨损，器顶磨制平整。长 8、宽 2.9～3.5、厚 1 厘米（图八七七，4；彩版三九三，5）。

B 型　4 件。舌形。

标本 C：590，白色透闪石，半透明，器上附有铜锈。长 8.8、宽 2.3～3.34、厚 1.7 厘米（图

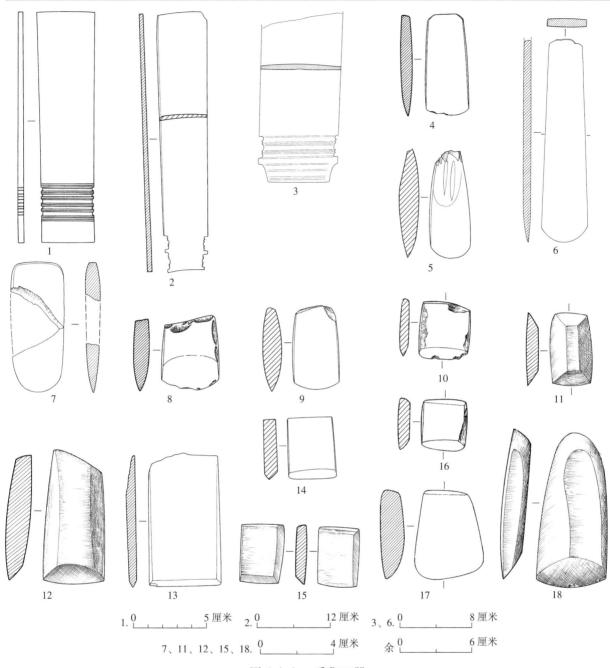

图八七七　采集玉器

1. A 型圭（C：507）　　2. B 型圭（C：956）　　3. C 型圭（C：241）　　4. A 型斧（C：271）　　5~7. B 型斧（C：590、
C：250、C：982）　　8. C 型斧（C：563）　　9、10. D 型斧（C：740、C：571）　　11~13. A 型锛（C：755、C：558、
C：200）　　14~16. B 型锛（C：557、C：575、C：574）　　17、18. C 型锛（C：1432、C：673）

八七七，5；彩版三九四，1、2）。

　　标本 C：250，灰白色，多处有铜锈遗留。顶部残缺，残存部分断裂为三节，经后期粘接，边缘多处残损，刃部多处细小磕伤。平面呈上小下大的梯形，两侧平直，刃部外弧锋利。整器打磨规整。长 21.2、宽 4.8、厚 1 厘米（图八七七，6）。

　　标本 C：982，淡黄色。中部部分缺失，平顶弧刃。长 6.8、宽 2.9、厚 0.8 厘米（图八七七，7）。

C 型　1件。梯形。

标本 C:563，淡黄色透闪石，不透明，有褐色沁斑。器身短小厚重，器表一面上部多处坑洼不平，刃部有多处缺损，器顶打磨较平。长 5.7、宽 4.6、厚 1.2 厘米（图八七七，8；彩版三九四，3、4）。

D 型　2件。方形。

标本 C:740，深灰色。器身厚重，刃部有磨损，器顶不做修磨。长 6.8、宽 3.3~3.9、厚 1.5 厘米（图八七七，9；彩版三九四，5、6）。

标本 C:571，青灰色，夹白色沁斑。近顶部有两处较大面积残损。顶部打磨不规整，两侧较为平直，刃部锋利，有多处残损，有明显使用痕迹。长 4.5、宽 4、厚 0.8 厘米（图八七七，10）。

锛　19件。

A 型　11件。

标本 C:200，灰白色透闪石，器表有片状、块状黑灰色沁斑。器顶部残，器身上部保留自然断痕，两边磨圆，刃部一角残损。长 10.8、宽 6、厚 0.7 厘米（图八七七，13；彩版三九五，1、2）。

标本 C:558，黄色。侧面中部残损。整器打磨光滑，斜弧顶，两侧边平直，单面弧刃锋利，有明显使用痕迹。长 6.9、宽 3.2、厚 1.2 厘米（图八七七，12）。

标本 C:755，紫色，夹灰白色条状、黄色片状沁斑。顶部、两侧边均打磨成斜直面，单面弧刃锋利，有明显使用痕迹。长 3.8、宽 2.2、厚 0.8 厘米（图八七七，11）。

标本 C:634，牙白色透闪石软玉，不透明，器表有褐色、黄色沁斑。整体近短长方形。两端出刃，刃口完整，中锋。长 5.48、宽 3.56、厚 0.91 厘米（彩版三九五，3、4）。

B 型　5件。方形。

标本 C:557，灰白色透闪石，表面有褐色沁斑。顶部磨制规整。长 5.05、宽 3.9、厚 1.1 厘米（图八七七，14；彩版三九五，5）。

标本 C:575，墨绿色，局部地方有轻微的侵蚀痕。平顶，两侧边平直，单面刃锋利，刃部较直。整器打磨精细。长 3、宽 2.2、厚 0.8 厘米（图八七七，15）。

标本 C:574，黄色。整器打磨晶莹剔透。弧顶，两侧边平直，单面弧刃锋利，偏锋，无明显使用痕迹。长 4、宽 3.6、厚 1.1 厘米（图八七七，16）。

标本 C:573，黑褐色斜长石，不透明。器顶打磨为斜圆弧形，刃部和两侧边有残损。器身上保留细密的打磨痕迹。长 6.7、宽 4.2、厚 1.3 厘米（彩版三九五，6）。

C 型　2件。

标本 C:673，青色。器身边缘有多处小面积残损，一角残缺，中间有两处残损，顶部有一处磕损。弧顶，刃部有多处残损，使用痕迹明显。长 8、宽 3.8、厚 1.4 厘米（图八七七，18；彩版三九六，1）。

标本 C:1432，红褐色，夹黄色沁斑。器身有多处细裂纹。整器打磨精细，弧顶，两侧边圆润，单面弧刃锋利，偏锋，有明显使用痕迹。长 6.9、宽 5.4、厚 2.2 厘米（图八七七，17）。

D 型　1 件。

标本 C∶804，黄色透闪石软玉，不透明，器表有白色沁斑。鹅卵形，下端有窄平刃，刃口有缺损。长 4.81、宽 3.34、厚 1.45 厘米（彩版三九六，3、4）。

锛形器　6 件。

A 型　2 件。器形较长，器身扁平，平刃。

标本 C∶64，青色，有黄褐色、黑色沁斑。两侧边直，横剖面近长方形。器顶端保留自然断面，但有打磨。刃沿打磨尖薄。器上附铜锈。长 15.6、宽 3.5~4.7、厚 0.5~1.1 厘米（图八七八，1）。

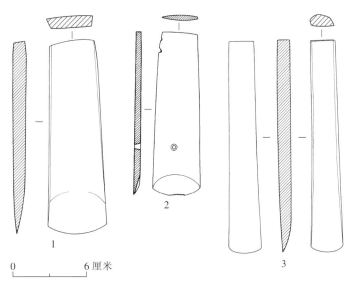

图八七八　采集玉锛形器
1. A 型（C∶64）　2. B 型（C∶127）　3. C 型（C∶40）

B 型　3 件。

标本 C∶127，白色，器表有黄色、黑色沁斑。扁薄，横剖面呈椭圆形。平顶，顶端及两侧均打磨规整。近下端有一单面钻穿孔。长 13、宽 2.9~3.8、厚 0.4 厘米（图八七八，2；彩版三九六，2）。

标本 C∶835，灰白色透闪石软玉，不透明，器表有黑色、灰色、黄色的块状、条状沁斑。整体呈上窄下宽的梯形。平顶，两侧边斜直，弧刃，刃口有缺损。器身一面平直，平直面与刃部凹相交成弧边三角形脊。长 10.37、宽 5、厚 1.25 厘米（彩版三九六，5）。

标本 C∶576，黄色透闪石软玉，不透明，器表有白色沁斑。整体呈长条梯形，顶部呈三角形。一面平直，两侧面与直面相交成纵脊。弧刃，偏锋，刃面与直面相交成脊。长 9.86、宽 3.1、厚 1.15 厘米（彩版三九六，6）。

C 型　1 件。

标本 C∶40，白色，器表有淡黄色、黑色沁斑。窄长条形，一面呈弧形，上部有一道浅凹槽；另一面平直。长 17.3、宽 2.15~2.7、厚 0.9~1.1 厘米（图八七八，3；彩版三九七，1、2）。

凿 66件。

Aa 型 1件。

标本 C：1315，黄色，不透明，夹杂褐色沁斑。平面近长方形。两端开刃，一面平直，另一面呈弧形。长 15.26、宽 2.54、厚 1.36 厘米（彩版三九七，3、4）。

Ab 型 7件。刃部小于体宽，体窄。

标本 C：56，白色，透明，上部有黑色、褐色沁斑。横剖面近方形。器顶保留自然断面，器身保留数道纵向切割痕迹，中间深，两边浅。锋刃锐利。长 12.4、宽 1.64、厚 1.2~1.5 厘米（图八七九，1；彩版三九七，5）。

标本 C：791，青色，器表有明显冰裂痕迹。器身有多处细小裂纹。上部残，器表、两侧、刃部打磨精细，刃部圆缓。残长 12.6、宽 2.6、厚 1.9 厘米（图八七九，2）。

Ac 型 1件。

标本 C：68，灰色，杂褐色沁斑。器身上端刃部有一微小凹坑，下端刃部有一小凹坑，刃部有一缺口。长 8.1、宽 1.8、厚 1.6 厘米（图八七九，10；彩版三九七，6）。

Ba 型 18件。体宽，平面形状呈长勺状。

标本 C：395，青色，器身上有大片黄色、褐色、黑色块状沁斑。横剖面呈横椭圆形。器顶保留自然断面，刃口锋利。长 13.5、宽 3.1、厚 1.7 厘米（图八七九，5；彩版三九八，4）。

标本 C：797，器表带紫色、黄色、褐色、白色沁斑，色彩斑斓。器身有多处裂痕。顶部残，器表、两侧、刃部打磨精细，双面弧刃锋利。长 15.5、宽 3.1、厚 3 厘米（图八七九，8）。

标本 C：463，灰黑色。顶部残。宽体，器表、两侧、刃部打磨平整，单面弧刃锋利，有明显使用痕迹。残长 8、宽 3、厚 2 厘米（图八七九，9）。

标本 C：81，灰黑色。顶部缺失，断裂处有多处裂纹，近刃部有一圈裂纹，刃部有两处残损。长 18.94、宽 2.51、厚 2.5 厘米（图八七九，6；彩版三九八，1）。

标本 C：272，灰黑色，杂褐色沁斑。顶部缺失，器身有多处凹点状残损，中部有多处裂纹。长 18.3、宽 2.8、厚 2 厘米（图八七九，7；彩版三九八，2）。

标本 C：1331，紫红色软玉，不透明，夹杂大片白色沁斑。顶部保留自然断面，弧刃未开。该凿体量较大。长 32、宽 5.42、厚 3.1 厘米（彩版三九八，6）。

Bb 型 32件。体窄，体细长。

标本 C：74，青色，半透明，器身有极少的淡黄色沁斑。横剖面近长方形。器顶磨尖，但不平齐，器身两侧留有切割痕迹，刃口锋利。长 16.7、宽 0.8~1.2、厚 0.8 厘米（图八七九，3；彩版三九八，3）。

标本 C：29，青色，半透明，杂有黑色、黑褐色、深褐色沁斑。横剖面呈一弧边长方形。顶端有打磨但较粗糙，器身中下部厚，刃口锋利，一侧残留有一块疤痕，上部有泥土附着。长 22.6、宽 1.7~2.17、厚 1.07~1.37 厘米（图八七九，4；彩版三九八，5）。

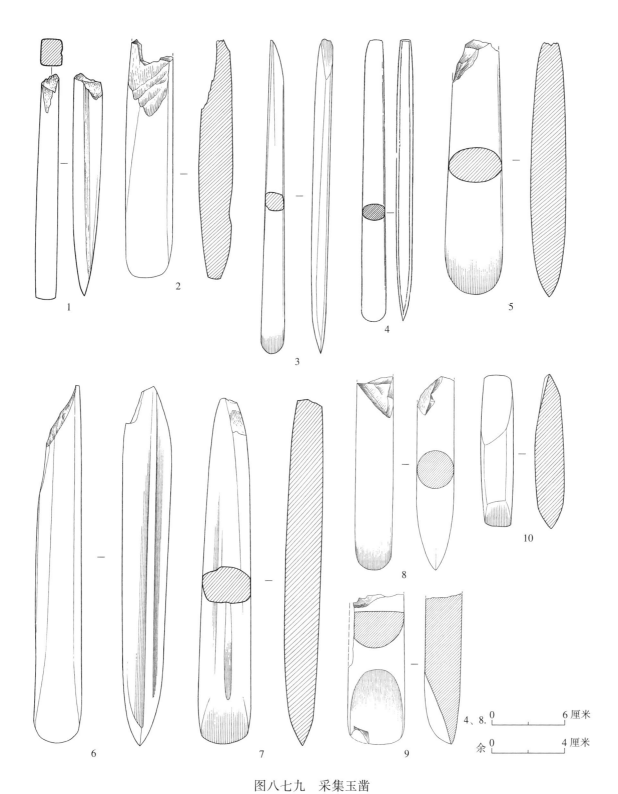

图八七九 采集玉凿

1、2. Ab 型（C:56、C:791） 3、4. Bb 型（C:74、C:29） 5～9. Ba 型（C:395、C:81、C:272、C:797、C:463）
10. Ac 型（C:68）

标本 C：662，白色，透明，器身有浅褐色、黑灰色沁斑。横剖面呈圆形。器顶不规整，保留自然断面，器身一面留有纵向浅凹槽，槽中间较深，两边较浅，下端呈锥状，刃口锋利，器身下部粘附有少量铜锈。长 20、宽 1.6、厚 1.3 厘米（图八八〇，1）。

标本 C：78，青色，夹大量褐色、白色沁斑。顶部断裂，器表、两侧、刃部打磨光滑。双面弧刃锋利，有明显使用痕迹。长 16.5、宽 2.2、厚 1.6 厘米（图八八〇，2）。

标本 C：126，青色，半透明，器表夹白色颗粒状沁斑。横剖面呈规则多边形。刃口锋利。通

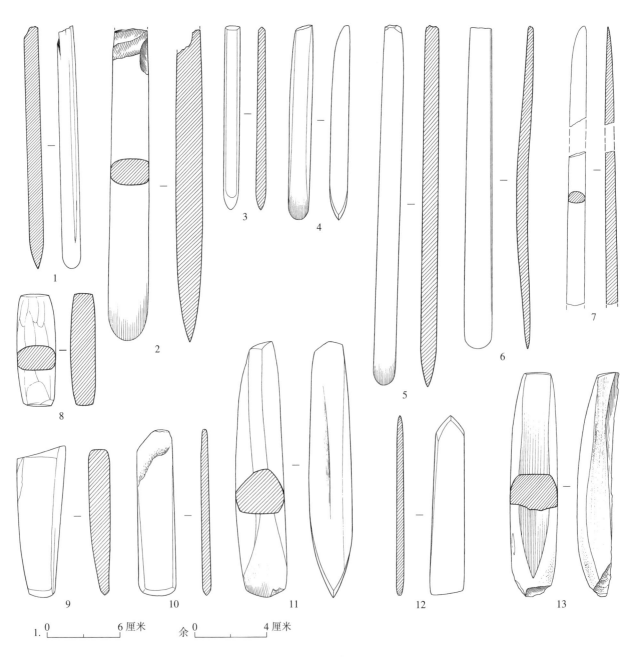

图八八〇　采集玉凿

1~6. Bb 型（C：662、C：78、C：126、C：582、C：660、C：164）　7. Bc 型（C：512）　8~10. Ca 型（C：521、C：289、C：486）　11、13. Cb 型（C：125、C：566）　12. D 型（C：643）

体打磨晶莹剔透。长9.7、宽0.9、厚0.5厘米（图八八〇，3）。

标本C：582，青灰色。顶部有一处残损。长10.23、宽1.2、厚0.9厘米（图八八〇，4；彩版三九九，1）。

标本C：660，灰黑色。顶部缺失，器身有多处细小凹坑状残损。长18.9、宽1.2、厚0.8厘米（图八八〇，5；彩版三九九，2）。

标本C：164，白色，透明。顶部缺失，整体断为两截，经后期修复，器身有多处裂纹。长17、宽1.34、厚0.5厘米（图八八〇，6；彩版三九九，3）。

标本C：67，灰色软玉，不透明，杂有白色、黑色、黄色等沁斑。宽体，一端为外弧刃，一端呈三角形尖锋。通体磨光制作规整。长13.9、宽2.5、厚1.2厘米（彩版三九九，6）。

标本C：795，墨绿色，不透明。平面近圭形，顶部呈尖状，双面弧刃，锋利。长10.3、宽2.3、厚1.1厘米（彩版三九九，7）。

标本C：170，青色软玉，半透明。窄体，横剖面为椭圆形。顶部似未经修整，器身一面有较多凹洼，双面弧刃。长16.2、宽1.3、厚0.86厘米（彩版三九九，4）。

标本C：171，白色软玉，半透明。窄体，截面呈椭圆形。顶部打磨整齐，双面弧刃略有残缺。整器温润。长13.55、宽1.4、厚1厘米（彩版三九九，5）。

标本C：48，灰白色软玉，半透明，杂有黄色、褐色等沁斑。宽体，横剖面呈椭圆形，器顶斜磨平整，弧刃打磨锋利。器身附着有铜锈及少量黑色物质。长12.3、宽2.7、厚0.7厘米（彩版三九九，8、9）。

标本C：1357，黄褐色软玉，不透明，有黑色沁斑。器顶保留切割面，弧刃打磨锋利。长7.4、宽1.95、厚0.93厘米（彩版四〇〇，1）。

Bc型　1件。

标本C：512，灰白色。器身瘦长，平面呈长条形，横剖面呈椭圆形。单面刃，刃沿外弧。顶端及中部残断。残长15、宽0.9、厚0.5厘米（图八八〇，7）。

Ca型　3件。

标本C：521，白色，杂褐色、黄色沁斑。半成品。器体较短，平面呈长方形，两端较窄。器身一面平直，一面稍外弧。两端面较平，刃部未修整成型。长5.9、宽2.2、厚1.4厘米（图八八〇，8；彩版四〇〇，2）。

标本C：289，器表有多处裂纹，近刃部有一凹坑或缺口。长8、宽2.7、厚1.2厘米（图八八〇，9；彩版四〇〇，3）。

标本C：486，灰黄色。一面近刃部有白色风化痕迹，器身局部有裂痕，刃部左右两侧有缺失。长8.8、宽2.05、厚0.6厘米（图八八〇，10；彩版四〇〇，4）。

Cb型　2件。

标本C：125，青色，夹少量白色沁斑。器身遍布裂纹。平面形制呈不规则形，横剖面为不规则多边形。器表、两侧、刃部打磨规整，双面弧刃锋利，有明显使用痕迹。长 13.66、宽 2.7、厚 2.4 厘米（图八八〇，11；彩版四〇〇，5）。

标本 C：566，黄色。整器粗磨，刃部断裂。平面形状与横剖面均为不规则形。长 11.9、宽 2.6、厚 1.9 厘米（图八八〇，13）。

D 型　1 件。

标本 C：643，灰黑色。器体扁平，器身较短，平面形制呈长方形，上宽下窄。刃部呈三角形尖锋，顶端较平整。长 9.5、宽 1.7、厚 0.4 厘米（图八八〇，12；彩版四〇〇，6）。

凹刃凿形器　39 件。

Aa 型　10 件。

标本 C：42，灰白色透闪石，不透明，器身两面有褐色、黄褐色、黑色条状和块状沁斑。器身平面右侧留有一纵向切割台痕，左侧刃口略有残损。长 15.4、宽 5.88～6.24、厚 2.06 厘米（图八八一，1；彩版四〇一，1）。

标本 C：63，黄色透闪石，表面夹褐色、灰白色、黑色沁斑。器表有多处残损。平面呈短长方形，器身较厚，顶一侧粗磨，另一侧保留自然断面，不平齐。器一面外弧，一面平直，直面近刃口处内凹，凹面与直面相交处起弧形脊，单面刃薄，器表打磨规整。长 16.7、宽 6.2、厚 1.9 厘米（图八八一，2；彩版四〇一，2）。

标本 C：65，黄色透闪石，不透明，间有黑色、灰色沁斑。平面呈长条梯形，平顶，器一面外弧，一面平直，直面近刃口处内凹，凹面与直面相交处起弧形脊，刃缘较薄外弧。整器打磨光滑。长 16.4、宽 5.6、厚 1.9 厘米（图八八一，3；彩版四〇一，3）。

Ab 型　3 件。

标本 C：657，淡黄色透闪石，表面有黄色、褐色沁斑。顶部平，刃沿中部有残损。整器制作规整。残长 14.6、宽 4.95～5.85、厚 0.3 厘米（图八八一，4；彩版四〇一，5、6）。

标本 C：8，黄色，夹黑色沁斑。两侧平直，平顶弧刃，刃部有明显使用痕迹。整器制作精细。长 14.18、宽 3.59、厚 1.42 厘米（彩版四〇一，4）。

标本 C：119，黄白色透闪石软玉，不透明，器表夹杂黑色、褐色块状、条状、丝状沁斑。平顶，顶部平面呈上窄下宽的梯形。刃口弧，基本完整。器表中部有数个未穿小圆孔。长 14.64、宽 4.8、厚 0.77 厘米（彩版四〇二，1）。

Ba 型　15 件。

标本 C：10，牙白色透闪石，不透明，弧面有褐色、黄色、黑色交织成的团状沁斑及一些铜锈，器表有由外向内的绿色沁斑。顶部右上呈斜角，器身中间有一道长 18.4 厘米的纵向凹槽，凹槽中间深，两边浅，两端收成锥状，槽内还保留有细密的从上到下的打磨痕迹，刃口锋利。弧背中部有机械刮痕，刃口有两处残损。长 20.4、宽 3.45～4.87、厚 1.47 厘米（图八八一，5；彩版四〇二，2、3）。

标本 C：208，灰白色，夹墨色、墨绿色、黄色沁斑。平面形状呈长方形，顶部残，器一面外

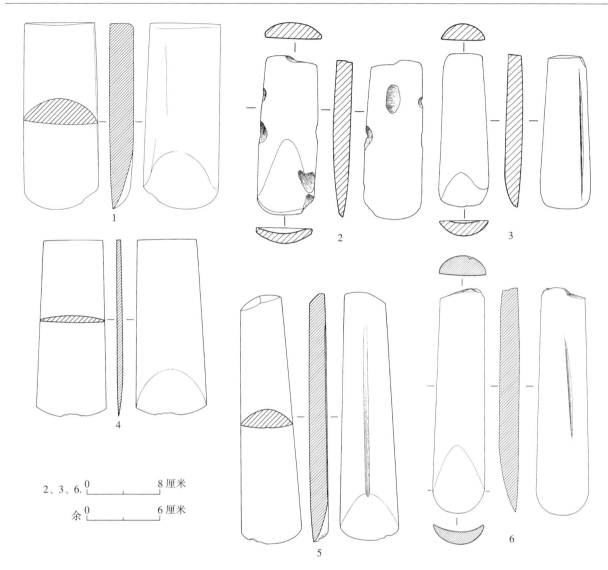

图八八一　采集玉凹刃凿形器

1～3. Aa 型（C:42、C:63、C:65）　4. Ab 型（C:657）　5、6. Ba 型（C:10、C:208）

弧，一面平直，直面近刃口处内凹，凹面与直面相交处起弧形脊，单面刃薄，通体打磨光滑。长23.8、宽5.7、厚2.4厘米（图八八一，6）。

标本 C:62，紫红色透闪石软玉，不透明，器表有黑色、白色丝状沁斑交错分布，色泽艳丽。整体呈上窄下宽的长条梯形，器顶不平，保留自然断面。刃口弧，有缺损。长21.9、宽3.6～5.9、厚2.3厘米（彩版四〇二，4）。

标本 C:482，紫红色透闪石软玉，不透明，器表有黑色、褐色的块状沁斑及白色丝状沁斑、淡黄色圆点状沁斑间杂分布。整体呈长条梯形。顶部不平，保留自然断面。器身一面平直，一面外弧，平直面内凹处与平直面间起三角形脊。刃口弧，有多处磨损。长25.8、宽3.2～6.3、厚2厘米（彩版四〇二，5、6）。

标本 C:227，灰白色透闪石软玉，不透明，器表夹杂褐色、黄色的块状和丝状沁斑，粘附有铜锈。顶部残损呈三角状，断口边缘凹凸不平。刃口弧，基本完整。长28.6、宽7.4、厚1.3厘米（彩版四〇三，1）。

Bb型　5件。

标本C:9，淡黄色，器表有大块黄色、褐色及灰色云状沁斑。横剖面呈半圆形。整器制作规整。长25.7、宽4.81~6.8、厚1.53~1.67厘米（图八八二，1；彩版四〇三，2、3）。

标本C:73，黄色，夹大量黑色、灰白色沁斑。平面形状呈长条梯形，平顶。器一面外弧，一面平直，直面近刃口处内凹，凹面与直面相交处起弧形脊，单面刃薄，刃部锋利。通体打磨精细。长28.8、宽6.2、厚1.7厘米（图八八二，2；彩版四〇三，4）。

标本C:459，黑色，夹灰白色、淡黄色沁斑。整体断裂为两段，经后期粘接。平面形状呈长条梯形，平顶。器一面外弧，一面平直，直面近刃口处内凹，凹面与直面相交处起弧形脊，单面刃薄，刃部锋利。通体打磨精细。长27.1、宽6.4、厚1.9厘米（图八八二，3；彩版四〇三，5）。

标本C:656，紫红色透闪石软玉，不透明，器表有白色、灰色平行弧带状和黑色、褐色、白色块状沁斑。平顶，刃口弧，有多处较大的缺损。长22.4、宽5.9、厚2厘米（彩版四〇三，6）。

Bc型　5件。

标本C:12，灰白色透闪石，不透明，器表紫红色、黑色、白色沁斑交错分布，色泽艳丽。器顶不平，保留自然断面，器身上部侧面也有坑洼，刃部有残损。长26.6、宽4.6~5.9、厚1.7厘米（图八八二，4；彩版四〇四，1）。

标本C:1341，灰白色透闪石，不透明，夹褐色、淡黄色沁斑。器呈长条梯形，顶部残损。器一面外弧，一面平直，直面近刃口处内凹，凹面与直面相交处起弧形脊，单面刃薄，整器打磨精细。长19.6、宽3.6~5.2、厚1.8厘米（图八八二，5；彩版四〇四，4）。

标本C:121，墨色，夹白色经脉状和黄色片状沁斑。器呈长条形，平顶。器一面外弧，一面平直，直面近刃口处内凹，凹面与直面相交处起弧形脊，单面刃薄，刃部锋利，整器打磨精细。长20.6、宽5.3、厚2.1厘米（图八八二，6）。

标本C:131，灰白色透闪石软玉，不透明，器表夹杂黑色、褐色、黄色和白色的块状、条状沁斑。整体呈长条梯形，器身一面外弧，一面平直。直面两端出刃，顶部出斜弧形刃，刃口磨薄，下端宽面近刃处起一略成弧形的脊，从脊至刃部斜磨，下刃有两处缺损。长21.4、宽5.23~7、厚1.6厘米（彩版四〇四，2、3）。

标本C:59，灰白色，器身有褐色、黄褐色、黑色条状和块状沁斑。顶部缺失，器身有多处浸蚀痕，背面有多处残损。长21.7、宽4.7、厚1.32厘米（彩版四〇四，5）。

Ca型　1件。

标本C:14，灰白色，杂褐色沁斑。平顶弧刃。整器制作规整。长11.6、宽5.2、厚0.8厘米（图八八二，7）。

刀　4件。

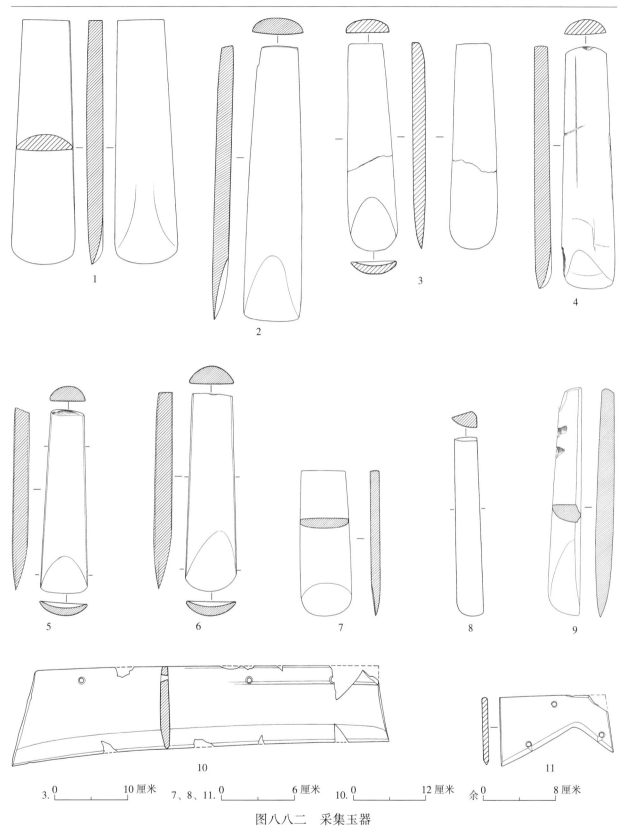

图八八二 采集玉器

1～3. Bb 型凹刃凿形器（C：9、C：73、C：459） 4～6. Bc 型凹刃凿形器（C：12、C：1341、C：121） 7. Ca 型凹刃凿形器（C：14） 8. A 型刀（C：165） 9. C 型刀（C：1366） 10. B 型刀（C：118） 11. 多边形饰件（C：129）

A 型　2 件。

标本 C：165，黄褐色透闪石，器表有白色块状及黑色条状沁斑。上端平直，身上保留一条纵向的切割痕。残长 14.7、宽 2.2、厚 1.3 厘米（图八八二，8；彩版四〇四，6）。

B 型　1 件。

标本 C：118，灰白色透闪石。器呈上小下大梯形。平背，平刃，背部有四个单面钻穿孔，器身宽大厚实。背长 56.4、刃长 62、宽 12～14.2、厚 1.45 厘米（图八八二，10；彩版四〇五，1）。

C 型　1 件。

标本 C：1366，淡黄色。弧刃，斜顶，两侧平直，一侧较薄一侧厚。长 24.3、宽 3.5、厚 1.9 厘米（图八八二，9）。

鞘形器　2 件。

标本 C：109，灰白色透闪石，不透明，器表有黄褐色沁斑。壁较薄，两侧边向内卷成槽。两侧边上有小孔，脊线上有大孔。长 30、宽 10.7～19、厚 0.3～0.6 厘米（图八八三，3；彩版四〇五，2）。

多边形饰件　1 件。

标本 C：129，青色，半透明。平面形状呈四边形，上端平，下端呈内凹三角形，单面斜刃，刃沿尖薄。器上三穿呈三角形排列，上孔较大，下端两孔用黑色物质填补。器左上角残损。长 9.2～9.6、宽 2.59～5.66、厚 0.5 厘米（图八八二，11；彩版四〇五，3、4）。

（2）圆形器

298 件。有琮、箍形器、璧、环、镯、玦、椭圆形器、球体形器、圆角镂空饰件、绿松石珠、玛瑙珠等。

琮　19 件。均为方柱体，外方内圆，中有一孔。

Aa 型　1 件。

标本 C：61，青色，透明，器表有白化现象及黑色、灰黑色条状沁斑。身瘦长，上大下小，分十节。每节上饰简化人面纹。全器共 40 个人面纹。上端一面射部上有一人形符号。器内外打磨光滑。上宽 6.9、下宽 6.4、孔径 4.8、射径 6.25～6.8、高 22.2 厘米（图八八三，1、2；彩版四〇六至四〇八）。

Ab 型　1 件。

标本 C：1，灰白色，不透明，器表有黄色、黑色、褐色沁斑及灰白色条状斑。身方正，分四节。每节上、中、下部均阴刻一组平行直线纹，每组三条线。制作规整，内壁打磨特别光滑。宽 11、孔径 6.9、射径 10.7、高 16.6 厘米（图八八四，1；彩版四一〇、四一一）。

Ba 型　8 件。

标本 C：651，八角形射口，孔用管对钻而成。器表有黑色、褐色、黄色沁斑及白化现象，器内外经打磨。宽 6.94、孔径 4.77、高 8.18 厘米（图八八四，2；彩版四〇九）。

Bb 型　7 件。圆形射口。

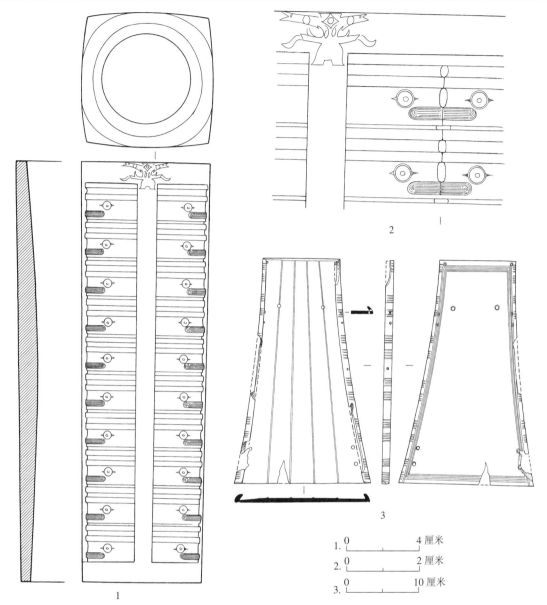

图八八三 采集玉器

1、2. Aa 型玉琮（C：61）   3. 鞘形器（C：109）

标本 C：177，残。器表有黄色、绿色、黑色沁斑。上下射大小相同，孔较大。制作规整，打磨光滑。宽 7.4、孔径 6.03、高 8.4 厘米（图八八四，3）。

标本 C：827，灰白色，器表有黑色、褐色、灰白色沁斑。上下射相同，孔径较大，制作规整。宽 7.96、孔径 6.88、高 8.56 厘米（图八八四，4）。

标本 C：178，灰白色，不透明，器表有黄色、黑色、褐色沁斑及灰白色条状沁斑。风化严重。宽 7.1、孔径 6.4、高 8.2 厘米（彩版四一二，1）。

C 型   1 件。

标本 C：712，器表有褐色、黄色、黑色沁斑。器形矮小，射矮，射口呈圆形。外壁有一道凸

图八八四　采集玉琮

1. Ab 型（C:1）　　2. Ba 型（C:651）　　3、4. Bb 型（C:177、C:827）　　5. C 型（C:712）　　6. D 型（C:556）

起，为切割时留下的台痕。器表两侧有细密划痕。孔壁内有管钻的旋转痕及台痕，可能为半成品。宽 5.55、孔径 2.2～4.14、高 3.9 厘米（图八八四，5；彩版四一二，2～6）。

D 型　1 件。

标本 C:556，灰白色，半透明。器身扁矮，素面，器表粘附有铜锈。宽 5.9、孔径 4.9、高 2.6 厘米（图八八四，6；彩版四一三）。

箍形器　10 件。

Aa 型　8件。

标本 C∶172，灰黑色，器表有大量不规则灰白色条状沁斑。上下边缘各饰两道凹弦纹。外径6.9、内径6.2、高3.68厘米（图八八五，1；彩版四一四，1）。

标本 C∶946，黑褐色。上下边缘各饰两周凹弦纹。外径6.8、内径6、高3.8厘米（图八八五，2）。

标本 C∶1118，黑褐色。外径6.5、内径5.5、高2.8厘米（图八八五，3）。

标本 C∶283，灰黑色。上下边缘各饰两周凹弦纹。外径6.8、内径5.8、高3.2厘米（图八八五，4）。

标本 C∶282，灰黑色。外径4.9、内径4.2、高2.2厘米（图八八五，5）。

标本 C∶1106，灰黑色。上下边缘各饰两周凹弦纹。外径5.9、内径5.4、高2厘米（图八八五，6）。

标本 C∶793，灰黑色，器表有大量不规则灰白色条状沁斑。上下边缘各饰两道凹弦纹。外径6.56、孔径5.8、高2.67厘米（彩版四一四，2）。

Ab 型　1件。

标本 C∶540，黑褐色。器身呈圆筒状，中空，底略大。外径6.7、内径6.1、高2.4厘米（图八八五，7）。

Ac 型　1件。

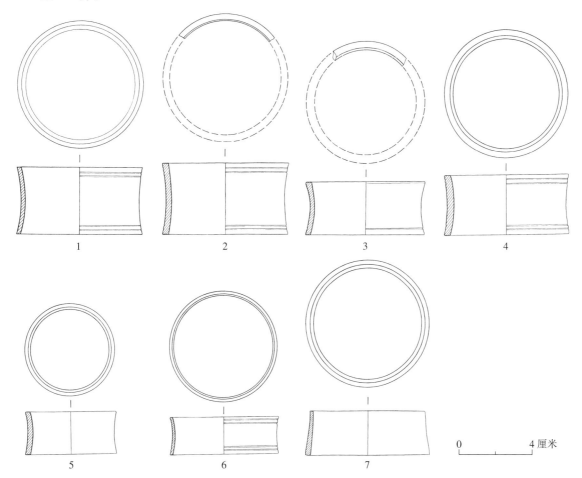

图八八五　采集玉箍形器

1~6. Aa 型（C∶172、C∶946、C∶1118、C∶283、C∶282、C∶1106）　7. Ab 型（C∶540）

标本 C：28，灰黑色。器表附着大量铜锈。外径 6.71、内径 5.75、高 3.25 厘米（彩版四一四，3）。

璧 65 件。

Aa 型 I 式 26 件。

标本 C：24，灰白色，不透明。环两面均有三周同心圆圈纹。领口、环缘均残。直径 11、孔径 5.7、领高 1.36 厘米（图八八六，1；彩版四一四，4）。

标本 C：826，灰白色，杂黄色沁斑。残，环面饰六周同心圆圈纹。直径 15、孔径 5.8、领高 1.6 厘米（图八八六，2）。

Aa 型 II 式 8 件。直径较小，束腰明显。

标本 C：2，残，灰白色，器表有深浅不等的红褐色沁斑。环两面有七组等距离的细密弦纹。直径 12.2、孔径 4.4、领高 2.6 厘米（图八八六，3；彩版四一四，5、6）。

标本 C：1351，淡黄色，杂褐色沁斑。残，仅存一段。环面饰有同心圆圈纹。直径 9、孔径 6.5、领高 1.4 厘米（图八八六，4）。

标本 C：653，灰白色，杂淡黄色沁斑。残，环面饰六圈同心圆圈纹。直径 13、孔径 6.4、领高 2.5 厘米（图八八六，5）。

标本 C：152，白色。保存完整，制作精细。环面饰九道同心圆圈纹。直径 11.3、孔径 6.5、领高 1.5 厘米（图八八六，6）。

标本 C：156，淡黄色。残。环面饰两圈同心圆圈纹。直径 8.1、孔径 5.1、领高 1.1 厘米（图八八六，7）。

标本 C：637，灰白色。仅存一段。环面饰同心圆圈纹。直径 11.2、孔径 6.8、领高 1.5 厘米（图八八六，8）。

标本 C：157，黄色，杂褐色沁斑。保存完整，制作规整。直径 11.5、孔径 6.4、领高 1.4 厘米（图八八六，9）。

Ab 型 2 件。

标本 C：799，白色，杂褐色沁斑。仅残存一半。直径 7.7、孔径 4.7、领高 1.3 厘米（图八八七，1）。

标本 C：601，淡黄色。仅残存一半。直径 8.4、孔径 5.3、领高 0.9 厘米（图八八七，2）。

Ac 型 3 件。

标本 C：277，淡黄色，夹灰色沁斑，器表附着大量铜锈。领口磨制圆润，孔壁打磨光滑。环面较窄，横剖面呈“T”字形，整器制作规整。直径 10.5、孔径 6.4、领高 1 厘米（图八八七，3）。

标本 C：406，灰白色，杂黑色沁斑。仅存一半。直径 8.8、孔径 5.8、领高 0.9 厘米（图八八七，4）。

标本 C：1122，淡黄色，杂褐色沁斑。仅存一段。直径 8、孔径 5.9、领高 1 厘米（图八八七，5）。

Ad 型 1 件。

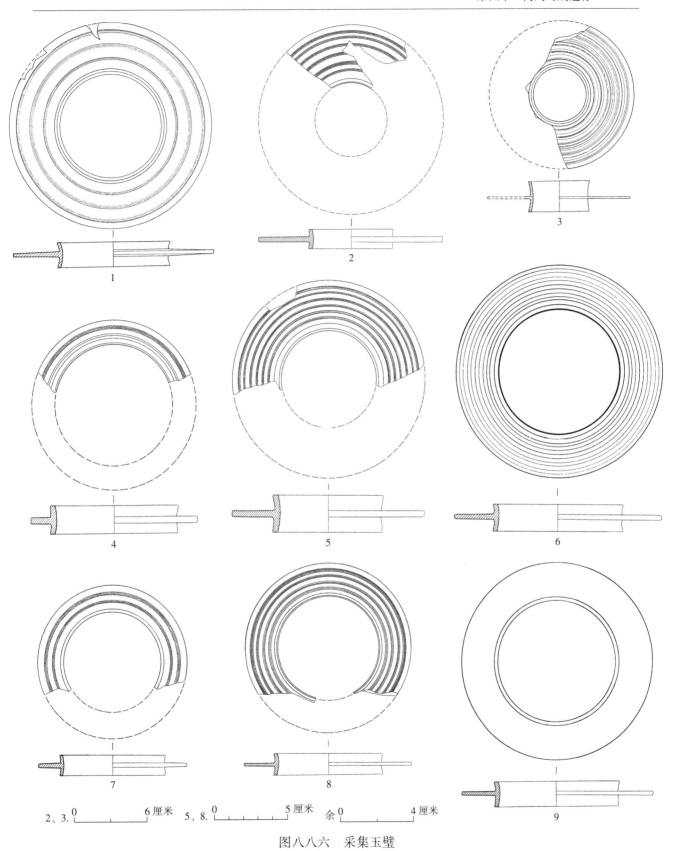

图八八六　采集玉璧

1、2. Aa 型 I 式（C：24、C：826）　3～9. Aa 型 II 式（C：2、C：1351、C：653、C：152、C：156、C：637、C：157）

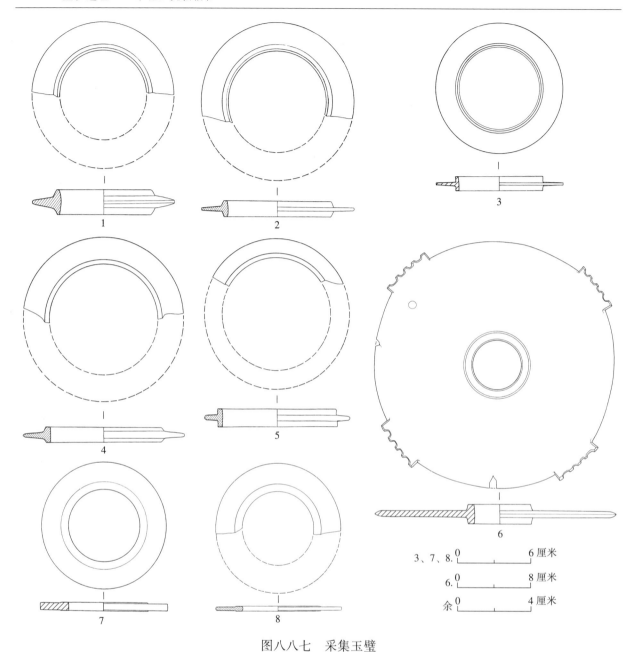

图八八七　采集玉璧

1、2. Ab 型（C：799、C：601）　　3～5. Ac 型（C：277、C：406、C：1122）　　6. Ae 型（C：11）　　7、8. Af 型
（C：474、C：780）

　　标本 C：280，青绿色透闪石软玉，不透明，器表有褐色沁斑，器上局部有风化现象。孔较大，出领不高，领直口、方唇、直缘，孔壁残留有对钻痕迹，环面较宽，环面有四组较浅的同心圆圈纹，距离相等，深浅相同。直径 16.25、孔径 6.6、领高 1.55 厘米（彩版四一六，1、2）。

　　Ae 型　1 件。

　　标本 C：11，灰白色，器表有褐色、黄色、黑色沁斑。环外沿等距伸出四组凸齿状饰，每组五齿。直径 26.77、孔径 5.3、领高 2.2 厘米（图八八七，6；彩版四一五）。

　　Af 型　19 件。

标本 C：474，器表呈紫红色、黑色、白色沁斑。制作精细。直径 10.55、孔径 5.95、厚 0.4 厘米（图八八七，7；彩版四一六，3、4）。

标本 C：780，灰白色，杂褐色、黄色沁斑。仅存一段。平面呈圆形，孔径较大，环面较窄。近孔缘处上下凸起，形成小环形。直径 10.3、孔径 5.86、厚 0.48 厘米（图八八七，8）。

标本 C：569，灰白色，夹淡黄色、紫色沁斑。环面较窄，近孔缘处凸起一周，形成小环形。整器制作精细。直径 11.6、孔径 5.8、厚 0.4 厘米（图八八八，1；彩版四一六，8、9）。

标本 C：761，灰白色，夹黄色、褐色沁斑。环面较窄，近孔缘处凸起一周形成圆环。仅残存一半。直径 11.1、孔径 6、厚 0.6 厘米（图八八八，2）。

标本 C：567，灰白色透闪石软玉，不透明，器表有黑色、灰白色沁斑。孔径较大，环面较窄，近孔缘处凸起一周，形成一小环形。环面上有三道较浅的同心圆圈纹。直径 19.4、孔径 5.5、领高 0.4 厘米（彩版四一六，5、6）。

Ba 型　4 件。

标本 C：794，青绿色。孔径小，环面宽，留有管钻痕迹。直径 2、孔径 0.2、厚 0.3 厘米（图八八八，3；彩版四一六，7）。

标本 C：1094，灰白色。孔径较大，环面较窄。周缘较薄，中部略厚。直径 14.3、孔径 10.3、厚 0.2 厘米（图八八八，5）。

Bc 型　1 件。

标本 C：609，墨绿色。孔径极小，环面较宽。环外沿等距分布有四组突起的牙饰，每一牙上有三个齿状突起。直径 3.8、孔径 0.2、厚 0.2 厘米（图八八八，4；彩版四一七，1）。

环　11 件。

Aa 型　5 件。

标本 C：278，青色。残存一半。环面较窄，单面钻孔。环面平整，其上刻划有数周弦纹。外径 8.7、内径 6.8、厚 0.3 厘米（图八八八，6）。

标本 C：247，青色。仅存一段。环面较窄，单面钻孔。中间厚于边缘。外径 7.4、内径 5.5、厚 0.25 厘米（图八八八，7）。

标本 C：1130，青色。仅存一段。外径 9.3、内径 7、厚 0.2 厘米（图八八八，8）。

标本 C：594，灰白色。仅存一段。外径 8.6、内径 6.4、厚 0.3 厘米（图八八八，9）。

标本 C：619，青色透闪石软玉，透明。器表粘附有泥土痕迹和少量铜锈。环面较宽。外径 4.97、内径 1.7 厘米（彩版四一七，2）。

B 型　6 件。

标本 C：489，青色。仅存一段。直径 8.5、孔径 6.5、厚 0.3 厘米（图八八八，10）。

标本 C：145，青色透闪石软玉，透明。器表粘附有泥土痕迹和少量铜锈。环体扁平轻薄。外径 3.94、内径 2.8、厚 0.24 厘米（彩版四一七，3）。

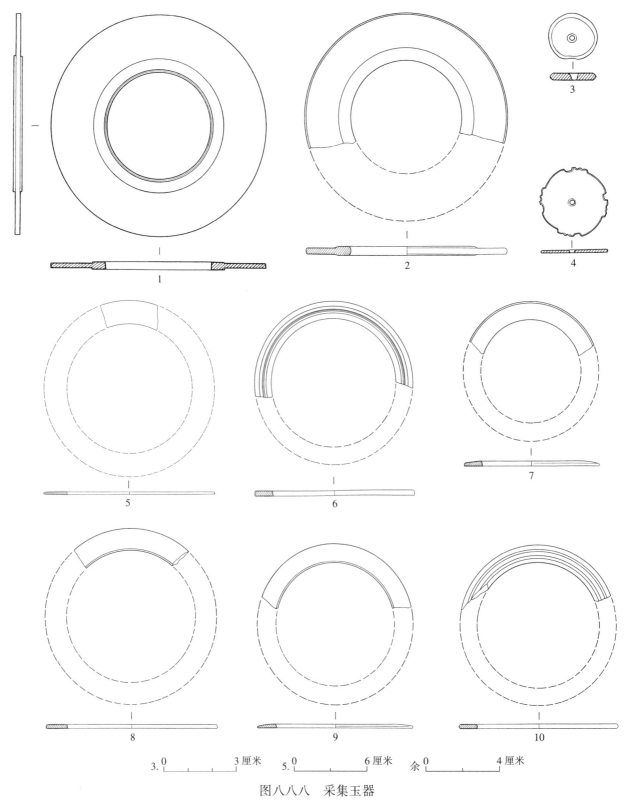

图八八八　采集玉器

1、2. Af 型璧（C:569、C:761）　　3、5. Ba 型璧（C:794、C:1094）　　4. Bc 型璧（C:609）　　6～9. Aa 型环
（C:278、C:247、C:1130、C:594）　　10. B 型环（C:489）

标本 C：620，青色透闪石软玉，透明。器表粘附少量铜锈。玉质光润细腻，器表局部有缺损。环面较窄。外径 3.6、内径 2.7、厚 0.3 厘米（彩版四一七，4）。

标本 C：1018，青色透闪石软玉，透明，器表有少量黄色沁斑，局部有缺损。外径 3.91、内径 2.61、厚 0.26 厘米（彩版四一七，5）。

标本 C：1347，青色泛白，透闪石软玉，透明，器表有少量白色沁斑，局部有缺损。中部厚、内外缘薄，内缘、外缘与器身之间起棱。外径 2.96、内径 2.15、厚 0.25 厘米（彩版四一七，6）。

标本 C：623，青色透闪石软玉，透明。器表粘附大量铜锈。环面很窄。环体小巧精致，制作规整。外径 4.4、内径 3.4、厚 0.23 厘米（彩版四一七，7）。

镯　66 件，其中 11 件保存完整。

Aa 型　37 件。

标本 C：466，青色，半透明。外径 6.9、内径 5.9、厚 0.9 厘米（图八八九，1；彩版四一七，8）。

标本 C：547，青色，有少量褐色沁斑、零星铜锈点。环外侧较鼓而内侧较直，器表磨光，环面略有残损，环外侧有制作时留下的弧棱。外径 6.15、内径 5.6、厚 0.7 厘米（图八八九，2）。

标本 C：976，残。黄色，杂灰色沁斑。外径 6、内径 5.2、厚 0.6 厘米（图八八九，3）。

标本 C：1299，仅存一段。青灰色。外径 5、内径 4.6、厚 0.4 厘米（图八八九，4）。

Ab 型　3 件。内壁有凸出。

标本 C：173，小部分残断。环面极窄，孔径大。表面磨光。外径 6.8、内径 6、厚 0.9 厘米（图八八九，5）。

标本 C：549，青色软玉，不透明，夹杂少量黄褐色沁斑。环面较宽，有裂痕。外径 7.17、内径 5.86、厚 0.73 厘米（彩版四一七，9）。

标本 C：1345，青色软玉，夹杂褐色沁斑、绿色铜沁，半透明。环外侧中间略鼓。外径 7.4、内径 6.36、厚 1.02 厘米（彩版四一八，3）。

Bb 型　2 件。

标本 C：407，青灰色。仅存一段。外径 7.3、内径 6.3、厚 1 厘米（图八八九，6）。

标本 C：490，白色软玉，透明。环体轻薄，外侧中部有一周凸棱。外径 6.3、内径 5.6、厚 0.8 厘米（彩版四一八，1、2）。

C 型　22 件。器平面形状扁平，剖面呈扁平形。

标本 C：625，青玉，透明。外径 4、内径 3.2、厚 0.2 厘米（图八八九，7；彩版四一八，4）。

D 型　2 件。

标本 C：548，黄色，夹黑色、褐色沁斑。器表打磨精细光滑。外径 6.12、内径 5.4、厚 0.85 厘米（彩版四一八，5）。

标本 C：1349，青色，夹黄色沁斑。器表打磨精细光滑。外径 7.78、内径 6.8、厚 0.79 厘米（彩版四一八，6）。

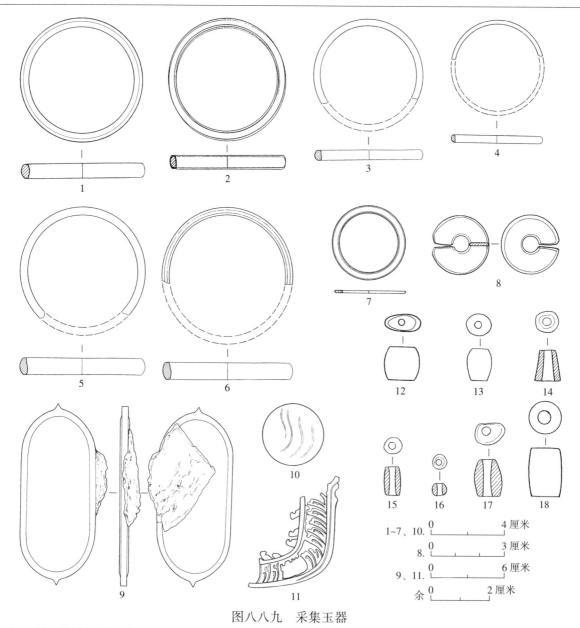

图八八九　采集玉器

1~4. Aa 型玉镯（C:466、C:547、C:976、C:1299）　5. Ab 型玉镯（C:173）　6. Bb 型玉镯（C:407）　7. C 型玉镯
（C:625）　8. 玉玦（C:610）　9. 椭圆形玉器（C:19）　10. 球体形玉器（C:144）　11. 圆角镂空玉饰件（C:130）
12~17. 绿松石珠（C:146、C:1348、C:1304-6、C:1304-10、C:1304-23、C:1303-2）　18. 玛瑙珠（C:394）

玦　1件。

标本 C:610，孔径较小，环面宽，上有一缺口。直径 2.35、孔径 0.8 厘米（图八八九，8；彩版四一八，7）。

椭圆形器　1件。

标本 C:19，器表有黄色、褐色、绿色、黑色等多色沁斑。平面椭圆形，身扁平，两端各有一向外的尖凸，周边近缘处较器面低，素面。有大块铜器与之粘连。长径 14.8、短径 6.25、厚 0.77 厘米（图八八九，9；彩版四一九，1、2）。

球体形器　1件。

标本C∶144，叶蜡石。球体规整，面上有划痕。直径3.35厘米（图八八九，10；彩版四一八，8）。

圆角镂空饰件　1件。

标本C∶130，绿色，器两面粘附有铜锈。较残，器身极薄，镂空，透雕羽状纹饰。制作精细。长8.7、宽3.9、厚0.2厘米（图八八九，11；彩版四一九，3、4）。

绿松石珠　121颗。器形均较小，加工精细程度不一。以管状居多，另有少量饼状、截尖锥形。

标本C∶146，平面呈椭圆形。直径0.68～1.37、孔径0.24、高1.29厘米（图八八九，12）。

标本C∶1348，直径0.8、孔径0.23、高1.2厘米（图八八九，13）。

标本C∶1304－6，平面呈梯形。直径0.6～0.9、孔径0.3～0.45、高1.1厘米（图八八九，14）。

标本C∶1304－10，管状。直径0.6、孔径0.24、高0.9厘米（图八八九，15）。

标本C∶1304－23，平面呈圆形。直径0.5、孔径0.2、高0.5厘米（图八八九，16）。

标本C∶1303－2，管状。直径0.75～1.05、孔径0.3、高1.2厘米（图八八九，17）。

玛瑙珠　2件。管状。双面钻孔。

标本C∶394，外壁有伤痕。直径1、孔径0.4、高1.7厘米（图八八九，18）。

2. 像生形器

3件。分为人物形器与动物形器两类。

（1）人物形器

1件。

人面像　1件。

标本C∶167，两面对称，为头部的侧视。长眉，大眼，钩鼻，阔口，口内三齿。方颐，大尖耳，头戴冠饰。高2.3、宽3.4、厚0.26厘米（图八九〇，1；彩版四一九，5、6）。

（2）动物形器

2件。

玉海贝佩饰　2件。

标本C∶632，玉质白中泛青。正面呈弧形，背面平直，两侧边圆滑，并各在中段饰四个较浅的齿状突起，中部一纵向沟槽，沟槽两侧有对称排列的十四道浅凹槽，沟槽顶端有一穿。长3.2、宽2.7厘米（图八九〇，2；彩版四二〇，1、2）。

标本C∶3，褐色透闪石软玉，器表有浅白色沁斑。器身正面呈弧形，背面平直。上下边较平，两侧边弧折，弧折处靠近一端。中部有一纵向沟槽，沟槽两侧琢出对称排列的数道浅凹槽，有的极浅，沟槽两端各有一个单向管钻的圆形穿孔，穿孔外侧有缺损，穿孔距上下两端很近。长1.4、宽1.05厘米（彩版四二〇，3、4）。

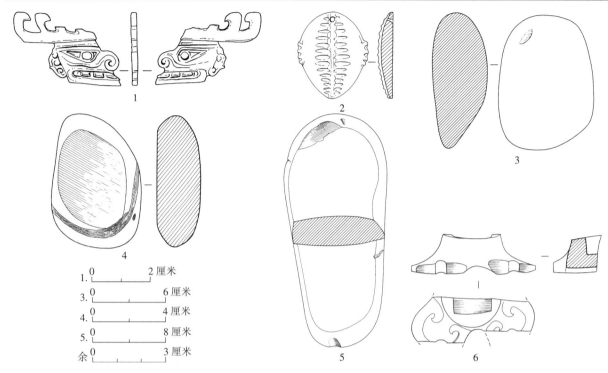

图八九〇　采集玉器

1. 玉人面像（C：167）　　2. 玉海贝佩饰（C：632）　　3. 美石（C：1332）　　4. 磨石（C：539）　　5. 特殊玉器（C：20）
6. 玉饰件（C：288）

3. 其他形器

108 件。器形有美石、磨石、特殊玉器以及玉器残件等。

美石　19 件。

标本 C：1332，斜长石。深黄色夹褐色斑块。长 11.2、宽 8、厚 4.57 厘米（图八九〇，3；彩版四二〇，5）。

标本 C：293，灰白色，器表有大片黄色沁斑，还粘附有少量土锈。器呈鹅卵形，为岩石自然形态。长 9.2、宽 5.76、厚 1.83 厘米（彩版四二〇，6）。

标本 C：665，浅黄色，器表有大片紫红色沁斑。器呈扁圆形。长 8.33、宽 7.65、厚 3.56 厘米（彩版四二一，1、2）。

标本 C：1377，灰白色。器表有多处细长的划痕，器呈"V"形，上端分叉，叉口浅而弧。长 10.65、宽 8.84、厚 3.6 厘米（彩版四二一，3）。

磨石　47 件。

标本 C：539，灰黄色斜长石。一面打磨光滑。长 7.1、宽 5、厚 2.4 厘米（图八九〇，4；彩版四二一，5、6）。

标本 C：536，褐红色斜长石，为切割剩余材料。器表两面打磨抛光，四边有修整。长 5.1、宽 2.9、厚 2.4 厘米（彩版四二一，4）。

标本 C：1340，火山岩。由于含铁高，器呈朱红色。器上下两面均磨出平面，光滑细腻，四周修磨规整。长 10.8、宽 4.9、厚 2.3 厘米（彩版四二二，1、2）。

标本 C：1383，灰白色，器表有大量黄色沁斑和条状裂痕。器呈角状，两侧面交接处成脊。长 6.6、宽 3.9、厚 2.17 厘米（彩版四二二，3、4）。

标本 C：1311，斜长石。器表两面磨平，平面上留有细密磨擦痕迹，四周保留岩石自然形态。长 7.6、宽 7.3、厚 2.4 厘米（彩版四二二，5）。

特殊玉器 34 件。

标本 C：20，透闪石。器上粘附有一些铜锈。长 25.6、宽 11.5、厚 3.2 厘米（图八九〇，5；彩版四二三，1、2）。

标本 C：523 – 2，灰白色石英砂岩，器表有大片黑色沁斑。器近椭圆形，整体磨制光滑。无使用痕迹。长 8.2、宽 2.5、厚 0.9 厘米（彩版四二二，6）。

饰件 1 件。

标本 C：288，套管状，横截面呈弧腰梯形。中空，边缘有穿孔。表面刻划有兽面纹饰，器残，形态不明。长 5、宽 1.8 厘米（图八九〇，6）。

玉器残件 7 件。由于机械施工，破坏严重，已无法分辨出器形。

（四）石器

272 件。石质有蛇纹石化橄榄岩、蛇纹岩、蛇纹石、大理岩、板岩、砂岩、千枚岩等。石器的制作工艺有简有繁，多为素面，加工技术以磨制为主，大部分未做细加工，器物表面不抛光，个别器物装饰有简单的平行直线纹、圆圈纹、垂叶纹、曲线纹等。石跪坐人像和动物类雕刻作品制作最为精细。器形分几何形器、像生形器、其他形器三类。

1. 几何形器

217 件。按器物平面形态可分为多边形器、圆形器两类。

（1）多边形器

68 件。有矛、钺、璋、斧、锛等。

矛 12 件。

Aa 型 3 件。柳叶形叶，叶略窄，中部无脊，有边刃，无骹。

标本 C：624，黑色。器底端有自然缺损，磨制较精。长 6.51、宽 3.55、厚 0.48 厘米（图八九一，1；彩版四二三，3）。

标本 C：580，青灰色板岩。平面近椭圆形。尖锋。中部无脊，有边刃，无骹，底平。器表打磨平整。长 8.8、宽 3.9、厚 0.5 厘米（图八九一，2；彩版四二三，4）。

Ab 型 2 件。

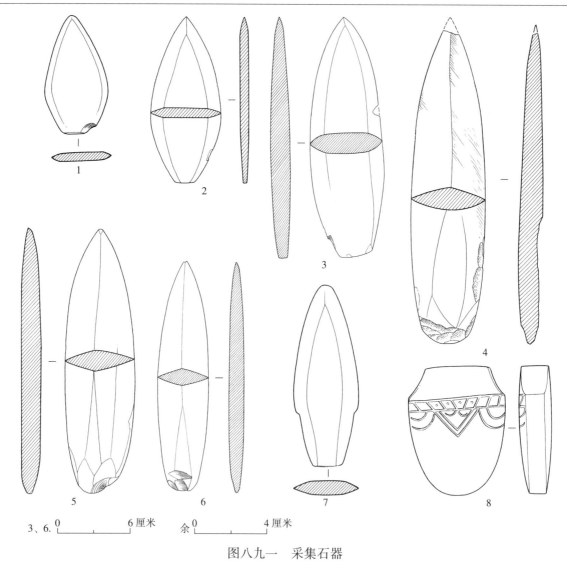

3、6. 0 _____ 6厘米   余 0 _____ 4厘米

图八九一　采集石器

1、2. Aa 型矛（C：624、C：580）　　3、4. Ab 型矛（C：756、C：25）　　5、6. B 型矛（C：102、C：128）　　7. C 型矛
（C：579）　　8. 钺（C：587）

标本 C：756，灰色板岩。平面近椭圆形。尖锋。叶较宽，中部无脊，有边刃，无骹，底平。底部及刃部微残，器表打磨平整。长 19.1、宽 5.9、厚 1.6 厘米（图八九一，3；彩版四二三，6）。

标本 C：25，灰色。锋部残缺，中部起脊，底部背面有一处较大面积的崩疤。残长 16.5、宽 4、厚 1.2 厘米（图八九一，4；彩版四二三，5）。

B 型　5 件。

标本 C：102，锋尖残，器身有擦划痕，器表磨制。长 14.1、宽 3.8、厚 1.05 厘米（图八九一，5；彩版四二四，1）。

标本 C：128，灰白色板岩。平面近椭圆形。器身细长，叶较窄，中脊高凸，叶部与骹部相交处不明显。锋尖残，器表磨制。底端有打击痕迹。长 18.2、宽 4.2、厚 1.2 厘米（图八九一，6；彩版四二四，2）。

C 型　2 件。

标本 C：579，青灰色石质。锋尖较圆，有边刃，叶部与骹部相交处略有折棱。磨制较精细。长 9.8、宽 3.6、厚 0.8 厘米（图八九一，7；彩版四二四，3）。

钺　1 件。

标本 C：587，灰色。平顶，无銎，斜肩，长舌形圆刃，较厚，正面肩上有一阑。阑内饰斜方格纹、圆圈纹，阑部饰垂叶三角纹，两边饰双半重环纹。肩宽 5.3、顶宽 3.5、高 7.1、厚 1.8 厘米（图八九一，8；彩版四二四，4～6）。

璋　17 件。

A 型　15 件。

标本 C：262，青灰色。牙尖一边高一边低，形成斜弧刃。阑部刻划平行线纹。器身有多处残端。长 52、宽 10.2、厚 1.3 厘米（图八九二，1；彩版四二五，1、2）。

标本 C：261，青灰色。微残，平面呈长方形，凹弧刃，刃尖一边高、一边低，器身较长，柄部较短。阑部有凸出的齿状饰，阑上刻划有平行直线纹。长 23.7、宽 4.3、厚 1 厘米（图八九二，3）。

标本 C：415，青灰色。整器粗磨，柄和牙部残缺。长 46.2、宽 9.8、厚 1.3 厘米（图八九二，4）。

标本 C：724，青灰色。整器粗磨，阑部残缺。残长 23.9、宽 10.4、厚 1.3 厘米（图八九二，5）。

标本 C：267，青灰色。整器粗磨，柄部残缺。长约 35.2、宽 8.8、厚 1.6 厘米（图八九二，6）。

标本 C：263，青灰色石质。整体呈长方形，射部前端呈"V"形，歧锋较宽而浅，刃较直，牙尖一边高、一边低，器身较长，柄部较短。阑部有凸出器身的四组齿状饰，阑上刻划平行直线纹。长方形柄。长 53.8、宽 11.06、厚 1.44 厘米（彩版四二五，3）。

B 型　2 件。

标本 C：258，青灰色。平面呈长方形，凹弧刃，刃尖一边高、一边低，器身较长，柄部较短，中部残断。阑部有凸出的齿状饰，阑上刻划有平行直线纹。长 33.8、宽 7.3、厚 1.1 厘米（图八九二，2）。

标本 C：260，青灰色。整器保存较差，牙和柄部残断。长 49.5、宽 8.8、厚 1.8 厘米（图八九二，7）。

斧　24 件。

Aa 型　2 件。

标本 C：296，灰黑色。顶部略残，两侧平整，弧刃。长 19.2、宽 6.5、厚 2.7 厘米（图八九三，1；彩版四二五，6）。

标本 C：1149，灰黑色。器身附着有大量绿色铜锈，局部有残损。长 12.82、宽 5.08、厚 2.06 厘米（图八九三，2）。

Ab 型　7 件。宽刃，宽体。

标本 C：252，黑色。器形大而厚重。平面呈上窄下宽的长条梯形，器身凹凸不平，保留自然

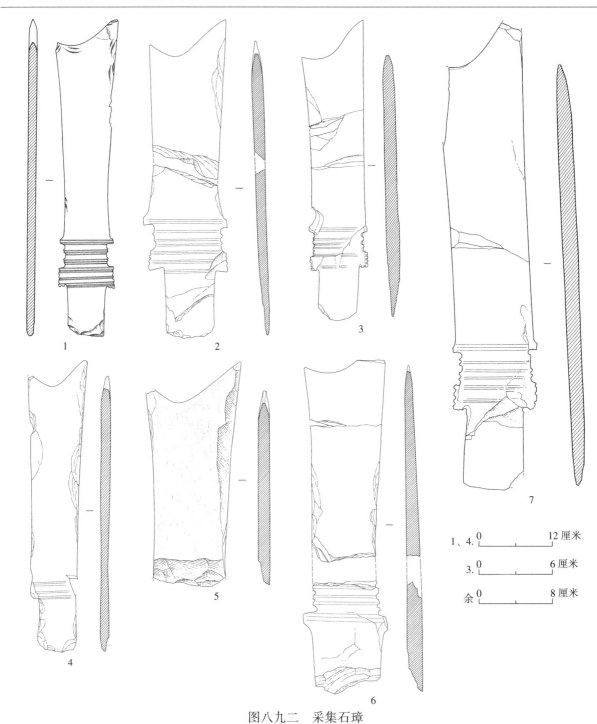

图八九二　采集石璋

1、3～6. A 型（C：262、C：261、C：415、C：724、C：267）　　2、7. B 型（C：258、C：260）

剖裂面。长 24.9、宽 9.7、厚 3.3 厘米（图八九三，3；彩版四二五，4、5）。

标本 C：251，黑色。顶部粗磨，呈三角形，器表、两侧刃部打磨规整。双面弧刃锋利。长 16.2、宽 6.9、厚 2.6 厘米（图八九三，4）。

标本 C：361，黑色。器身有多处磕缺残损，近刃部有一线状裂纹，刃部有一处较大残损。器身有土锈附着物。残长 19.83、宽 6.79、厚 2.13 厘米（图八九三，5）。

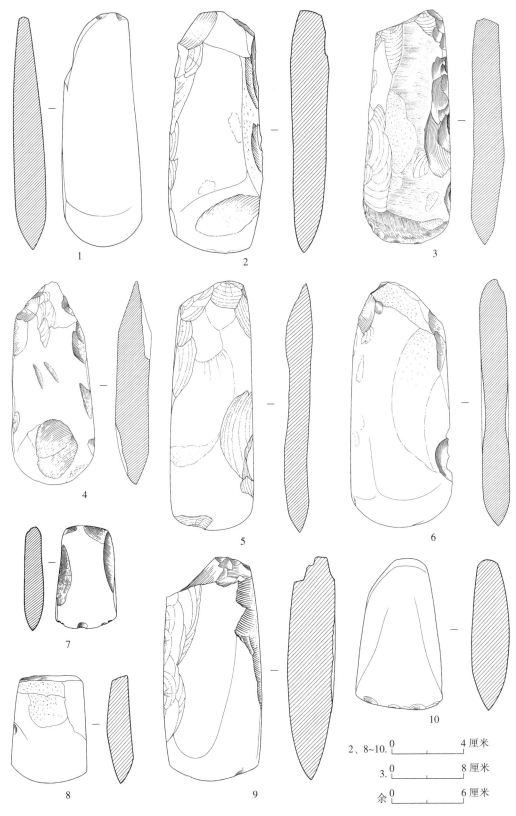

图八九三　采集石斧

1、2. Aa 型（C：296、C：1149）　　3～6. Ab 型（C：252、C：251、C：361、C：360）　　7、9. Ba 型（C：990、C：1129）

8. Bb 型（C：790）　　10. C 型（C：670）

标本 C：360，灰黑色。顶部缺失，器身有多处较大面积的残损。残长 19.5、宽 8.1、厚 2.1 厘米（图八九三，6）。

标本 C：15，青灰色。整体呈上窄下宽的长条梯形。柄部残，露出石材的自然面，弧形刃，刃口有缺，中锋，两侧边斜直。器表打磨精细。长 23.5、宽 8、厚 2 厘米（彩版四二六，1）。

标本 C：268，青灰色。整体呈上窄下宽的长条梯形，器身保留自然剖裂面。柄部残，刃口较直、有缺。器表打磨精细。长 25.6、宽 8.2、厚 2.5 厘米（彩版四二六，2）。

Ba 型　3 件。

标本 C：990，灰黑色。短体，体形较小，器身凹凸不平，未做修整。长 8.2、宽 4.8、厚 1.4 厘米（图八九三，7；彩版四二六，3、4）。

标本 C：1129，灰黑色。器呈长条形，顶部残，器表、两侧、刃部打磨平整。双面弧刃锋利。残长 11.88、宽 5.4、厚 2.7 厘米（图八九三，9）。

标本 C：1295，青灰色。整体为长方形，纵向有脊。两端均有刃。一端刃斜直，刃口有缺，刃口与侧边交界处有石片剥裂留下的疤痕，刃口与器身之间形成斜面。另一端为弧刃，刃口较完整。两侧边斜直。器表打磨光滑。长 7.6、宽 4.2、厚 1.57 厘米（彩版四二六，5）。

Bb 型　9 件。

标本 C：790，灰色。器形较小，器身较短。平面近方形，一面较平直，一面微隆起，弧刃。长 5.7、宽 4、厚 1.3 厘米（图八九三，8；彩版四二六，6）。

C 型　3 件。

标本 C：670，灰色。器形较小，平面呈上窄下宽的长条梯形。器身略微修整。双面刃，刃部较平直。长 8、宽 4.8、厚 2.1 厘米（图八九三，10；彩版四二七，1）。

锛　10 件。

Aa 型　5 件。

标本 C：560，灰黄色板岩。平面近长方形。器身打磨平整。弧刃，偏锋。刃部有一缺口。器顶有切割。长 11.4、宽 4.1、厚 1.3 厘米（图八九四，1；彩版四二七，2）。

标本 C：751，灰白色。整体呈上窄下宽的长条梯形。上端弧，下端有平刃，刃口有缺。器表打磨光滑，局部有崩疤。长 6.2、宽 2.7、厚 0.9 厘米（图八九四，2；彩版四二七，4）。

Ab 型　3 件。

标本 C：397，灰白色。平面为上窄下宽的长条梯形，体较薄，平顶，两侧边平直，近顶部左侧有一单面钻圆孔，刃部残缺。器身磨制光滑。长 14.4、宽 5、厚 1.2 厘米（图八九四，4；彩版四二七，3）。

标本 C：636，灰色。刃部一角磕缺，顶部损伤较严重，周身多处残缺。长 6.09、宽 3.88、厚 1.47 厘米（图八九四，5；彩版四二七，5）。

Ba 型　2 件。

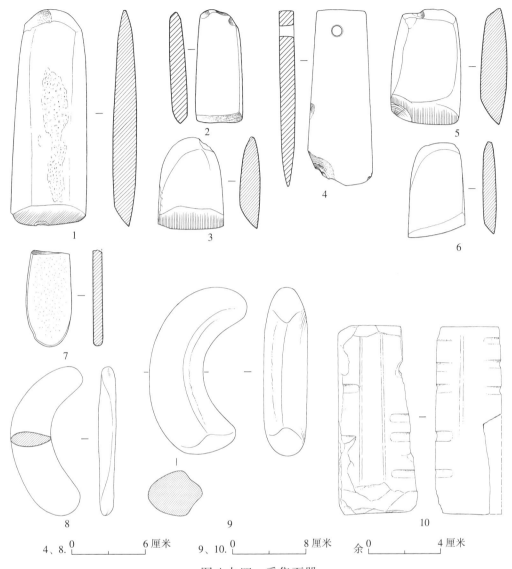

图八九四 采集石器

1、2. Aa 型锛（C：560、C：751） 3、6. Ba 型锛（C：561、C：1333） 4、5. Ab 型锛（C：397、C：636） 7. 锛形器（C：759） 8、9. 半月形器（C：803、C：1388） 10. Aa 型 III 式石琮半成品（C：1386）

标本 C：1333，灰黄色。平面近长方形。器身打磨平整。单面刃，微弧并向一侧倾斜。长 4.8、宽 3、厚 0.7 厘米（图八九四，6；彩版四二七，6）。

标本 C：561，灰色。顶部一处缺口，刃锋多处磕缺。长 4.96、宽 3.6、厚 1.08 厘米（图八九四，3；彩版四二七，7）。

锛形器 1 件。

标本 C：759，灰色。一端呈弧形，一端残缺，近底部有一处残损；一面保留自然面，另一面经过磨制。长 4.96、宽 2.5、厚 0.65 厘米（图八九四，7；彩版四二八，1）。

半月形器 2 件。

标本 C：803，黑色。整器打磨光滑。平面呈半月状，牙尖一边大一边小。长 11.6、宽 5.8、厚1.3厘米（图八九四，8；彩版四二八，2）。

标本C：1388，辉绿岩。平面呈月牙状。长17.84、宽10.1、厚4.9厘米（图八九四，9；彩版四二八，3）。

石琮半成品　1件。Aa型Ⅲ式。

标本C：1386，灰黄色。风化严重，保存较差，一端残缺一段。全器可分为五节，每节角面上下用减地法各刻有一条横向凹槽刻纹，这些刻纹平直规整，线条纤细流畅；柱体四壁中轴有两条平行的竖槽刻纹。整器打磨粗糙，上下台面边缘遗留有较多崩口痕迹。宽8.7、高20.2厘米（图八九四，10）。

（2）圆形器

149件。有石璧、环、石璧坯料等。

璧　100件。

Aa型　13件。

标本C：430，灰黑色。整器制作规整，打磨精细，孔壁留有管钻痕迹，边缘较薄，中部略厚。直径11.8、孔径4.4、厚1.1厘米（图八九五，1）。

标本C：412，灰黑色。整器制作规整精细，器表光滑，周缘较薄，中部略厚，双面钻孔。直径13、孔径2、厚1.1厘米（图八九五，2）。

标本C：433，灰黑色。整器制作规整精细。直径8.9、孔径3.8、厚0.9厘米（图八九五，4）。

标本C：424，灰黑色。环面残损。直径11.7、孔径5.3、厚1.3厘米（图八九五，3）。

标本C：1431，灰黑色。器身有多处残损。直径11.1、孔径4.1、厚1.2厘米（彩版四二八，4）。

标本C：38，青黑色。穿孔略偏向一侧，环面较宽，环面宽于孔径。近孔处薄，近缘处厚。器表凹凸，局部平滑。直径10.4、孔径3.5、厚1.2厘米（彩版四二八，5）。

标本C：98，青黑色。穿孔居中，环面较宽。系单向钻孔，孔壁留有管钻痕迹，钻孔下部边缘未穿透，形成内凸的窄沿。环面及轮边打磨精细，局部有崩疤。直径9.97～10.4、孔径3.9、厚1.21厘米（彩版四二八，6）。

标本C：97，黑色。穿孔偏向一侧，孔径较大。系单向钻孔，孔壁留有管钻痕迹，钻孔下部边缘未穿透，形成内凸的窄沿。环面及轮边打磨精细，局部有崩疤。直径9.2、孔径3.9、厚1.2厘米（彩版四二九，1）。

标本C：100，青灰色。穿孔居中，孔径较大。系单向钻孔，孔壁留有管钻痕迹。环面及轮边打磨精细。直径9.93～10.2、孔径4.3、厚1厘米（彩版四二九，2）。

标本C：726，青黑色。孔壁留有管钻痕迹，并涂有朱砂。环面及轮边均打磨。直径10、孔径4.8、厚1厘米（图八九五，5；彩版四二九，3）。

Ab型　58件。剖面呈长条状，穿孔居中，孔径较大。

标本C：299，黑色。孔壁留有管钻痕迹，环面及轮边粗磨。直径11.4、孔径5.3、厚1.1厘米

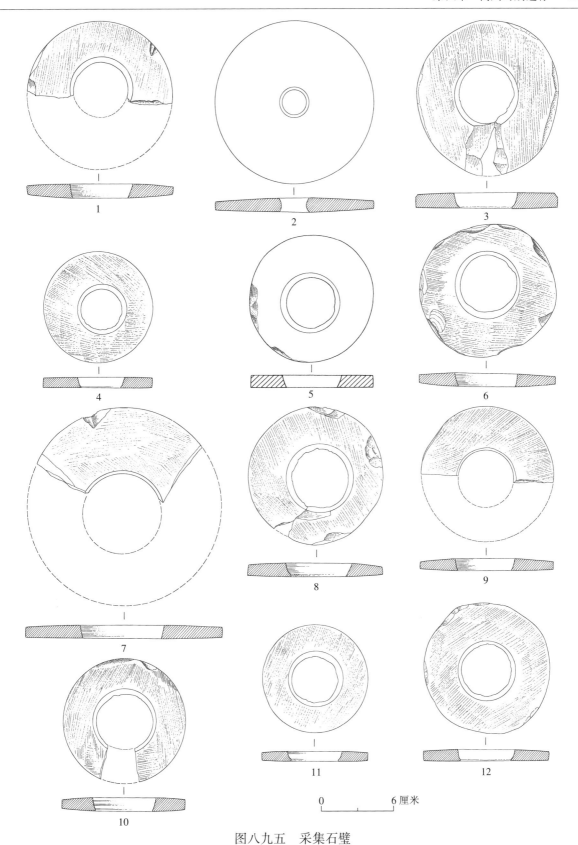

图八九五　采集石璧

1～5. Aa 型（C：430、C：412、C：424、C：433、C：726）　6～12. Ab 型（C：299、C：806、C：823、C：808、C：432、C：300、C：1391）

（图八九五，6；彩版四二九，4）。

标本 C:806，黑色。整器制作规整，打磨精细，孔壁留有管钻痕迹。直径 15.9、孔径 6.4、厚 1 厘米（图八九五，7）。

标本 C:823，黑色。整器制作规整、精细。直径 11、孔径 4.6、厚 1.1 厘米（图八九五，8）。

标本 C:808，灰黑色。整器制作规整、精细，边缘较薄，中部略厚。直径 10.7、孔径 4.5、厚 1 厘米（图八九五，9）。

标本 C:432，黑色。整器制作规整、精细。直径 9.9、孔径 5.1、厚 1 厘米（图八九五，10）。

标本 C:300，黑色。整器制作规整、精细。直径 8.6、孔径 4.3、厚 0.9 厘米（图八九五，11）。

标本 C:1391，灰黑色。整器制作规整。直径 10.3、孔径 4.7、厚 0.9 厘米（图八九五，12）。

标本 C:301，青黑色。穿孔居中，环面较宽。系单向钻孔，孔壁留有管钻痕迹。环面及轮边打磨精细。直径 9.9、孔径 5.1、厚 1 厘米（彩版四二九，5）。

Ba 型　24 件。穿孔居中，体量较小，可能为石芯。

标本 C:721，灰黑色。孔壁留有管钻痕，器身有打磨痕。直径 4.55、孔径 1.16、厚 1.23 厘米（图八九六，1；彩版四二九，6）。

标本 C:986，灰黑色。穿孔较小，留有对钻痕迹，环面及轮边打磨精细。直径 5、孔径 1.2、厚 1.1 厘米（图八九六，2）。

标本 C:988，灰黑色。穿孔较小，留有对钻痕迹，环面及轮边打磨精细。直径 6、孔径 1、厚 1.25 厘米（图八九六，3）。

标本 C:987，灰黑色。穿孔较小，留有对钻痕迹，环面及轮边打磨精细。直径 5.1、孔径 0.96、厚 0.8 厘米（图八九六，4）。

标本 C:1418，黑色。环面起台，穿孔略偏向一侧。系单向钻孔，孔壁留有管钻痕迹。环面及轮边打磨精细。直径 4.36、孔径 1.45、厚 1.25 厘米（彩版四三〇，1）。

标本 C:104，黑色。穿孔居中，孔较小而环面宽。系单向钻孔，孔壁留有管钻痕迹。环面及轮边打磨精细，局部有崩疤和划痕。直径 4.34、孔径 1.3、厚 1.1 厘米（彩版四三〇，2）。

标本 C:106，青黑色。器体较厚。穿孔略偏向一侧，孔小而环面宽，系单向钻孔。环面和轮边均打磨精细。直径 3.77、孔径 0.82、厚 0.99 厘米（彩版四三〇，3）。

Bb 型　5 件。

标本 C:1424，青黑色。穿孔偏向一侧，孔壁留有管钻痕迹，环面及轮边打磨精细。直径 3.3～3.6、孔径 1.7、厚 1 厘米（图八九六，5；彩版四三〇，4）。

标本 C:989，灰黑色。穿孔较小，留有对钻痕迹，环面及轮边打磨精细。直径 5.4、孔径 1.3、厚 1.2 厘米（图八九六，6）。

标本 C:630，青灰色。穿孔偏向一侧，系单向钻孔，孔壁留有管钻痕迹，钻孔下部未完全穿透。环面及轮边打磨精细。直径 3.12、孔径 0.93、厚 0.89 厘米（彩版四三〇，5）。

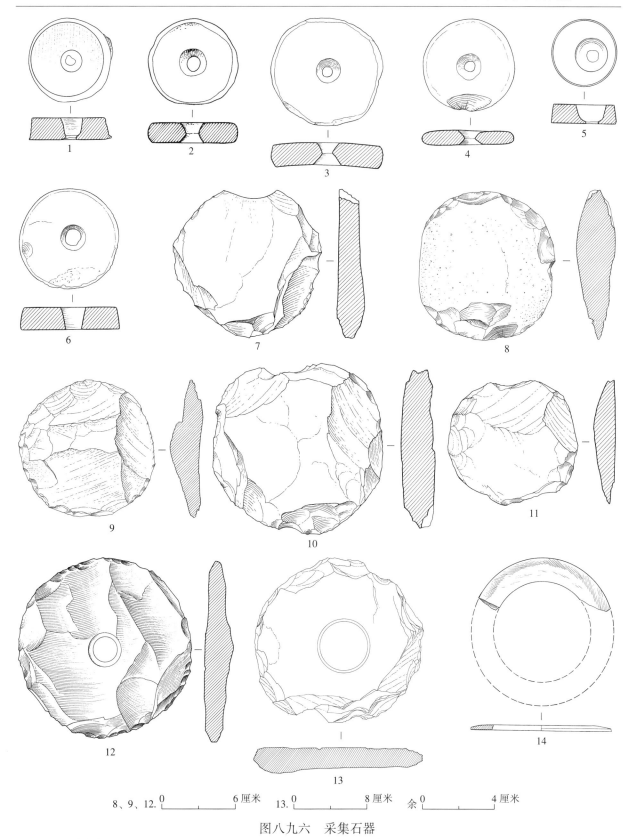

图八九六　采集石器

1～4. Ba 型石璧（C:721、C:986、C:988、C:987）　　5、6. Bb 型石璧（C:1424、C:989）　　7～11. A 型石璧坯料
（C:1001、C:1005、C:1003、C:1019、C:1011）　　12、13. B 型石璧坯料（C:39、C:1013）　　14. 环（C:1020）

标本 C：810，灰白色。穿孔略偏向一侧，系单向钻孔，孔壁留有管钻痕迹。环面及轮边打磨精细。直径 4.54、孔径 1.35、厚 1.55 厘米（彩版四三〇，6）。

标本 C：1420，黑色。器体较厚。穿孔略偏向一侧，孔小而环面宽。系单向钻孔，孔壁留有管钻痕迹。环面和轮边均打磨精细。直径 3.95、孔径 1.02、厚 0.86 厘米（彩版四三〇，7）。

石璧坯料 48 件。

A 型　44 件。璧面无穿孔。

标本 C：1001，灰黑色。整器未经打磨，保留自然面，边缘略薄。直径 8.1、厚 1.45 厘米（图八九六，7）。

标本 C：1005，灰黑色。剖裂面及轮边未经打磨。周缘较薄，中部略厚。直径 11.9、厚 3 厘米（图八九六，8）。

标本 C：1003，灰白色。器身有多处擦痕和微小剥落。直径 10.7～10.9、厚 2.2 厘米（图八九六，9；彩版四三〇，8）。

标本 C：1019，灰黑色。器身有多处残缺。直径 9.4～9.5、厚 1.8 厘米（图八九六，10）。

标本 C：1011，灰黑色。保留自然断面，边缘较薄，中部略厚。直径 7.1、厚 1.2 厘米（图八九六，11）。

B 型　4 件。环面上有管钻痕，但孔未钻通。

标本 C：39，灰黑色。周缘未经打磨。直径 14.6、孔径 2.7、厚 2.3 厘米（图八九六，12；彩版四三一，1）。

标本 C：1013，灰黑色。边缘有多处残损，风化严重。长 18.5、宽 17.5、高 2.5 厘米（图八九六，13；彩版四三一，2）。

环 1 件。

标本 C：1020，灰黑色。残。圆环状，孔径较大，环面较细。外径 8、内径 5.4、厚 0.3 厘米（图八九六，14）。

2. 像生形器

30 件。分人物形器与动物形器两类。

（1）人物形器

11 件。均为跪坐人像。

跪坐人像 11 件。

A 型　5 件。

标本 C：716，人像平胸圆肩，身体微前倾，面部表情作惊讶状。眼、口及顶部发饰均以阴线刻划，部分位置施以彩绘。左右眼不完全对称，耳垂双面钻孔，左耳孔穿通，右耳未穿，左耳垂残缺。由于石质风化，人像腰部及下腹有一条裂纹。高 21.72 厘米（图八九七，1；彩版四三二、四三三）。

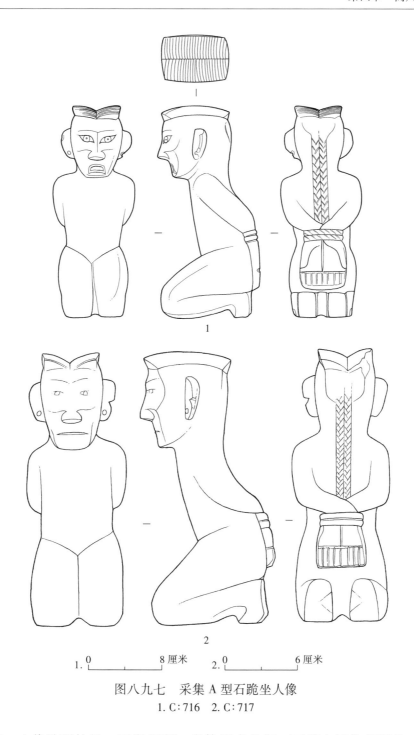

图八九七 采集 A 型石跪坐人像
1. C：716 2. C：717

标本 C：717，人像脸形较长，圆肩短颈，身体挺直前倾，面部表情作苦涩状。眼睛以彩绘形式描绘，身后发饰以阴线表现，头顶发饰没有具体刻划，嘴部涂有鲜艳的朱砂，双耳单面钻孔尚未穿透。人像左耳中部、头顶后侧有缺损，由于石质风化，人像身上从颈部至左腿有一道细小裂缝。高 21.5 厘米（图八九七，2；彩版四三四、四三五）。

标本 C：13，人像膝盖及腿部残缺。平胸圆肩，身体微前倾、面部表情作苦涩状。眼、口及顶部发饰均以阴线刻划，部分位置施以彩绘。未刻划眼珠。耳垂双面钻孔均已穿透，左耳垂残缺。

高 21.6 厘米（图八九八，1；彩版四三一，3）。

标本 C：357，面部至颈部有一道裂缝，双肩、膝盖残缺，左耳残损。人像脸形较宽，平胸圆肩，身体微前倾，面部表情较为平和。眼、口及顶部发饰均以阴线刻划，部分位置施以彩绘。左右眼不完全对称，右耳垂双面钻孔，孔已穿通。高 26.3 厘米（图八九八，2）。

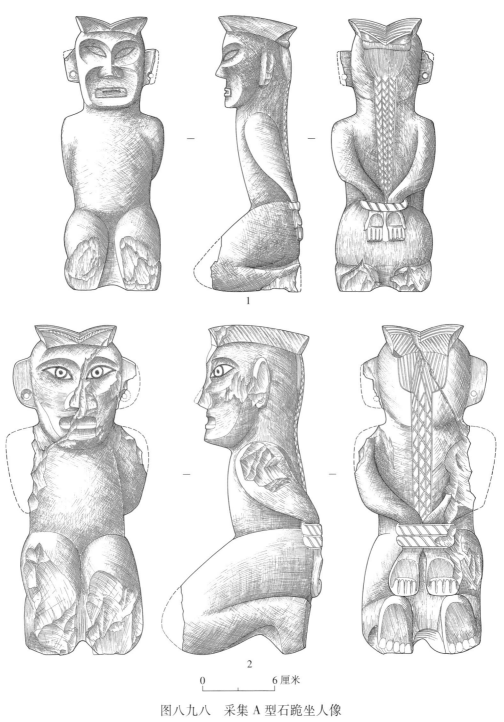

0 ——— 6厘米

图八九八　采集 A 型石跪坐人像
1. C：13　2. C：357

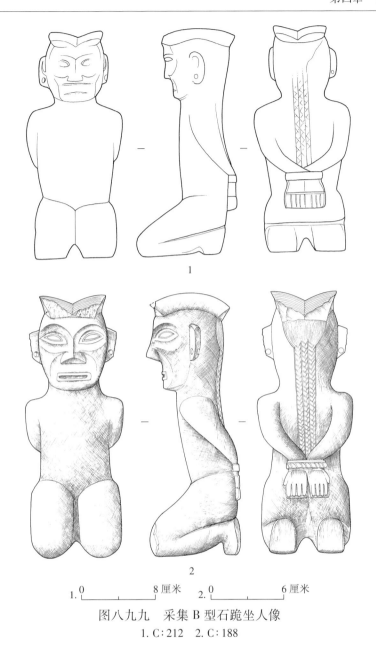

1

2

1. 0 |____| 8 厘米　2. 0 |____| 6 厘米

图八九九　采集 B 型石跪坐人像
1. C：212　2. C：188

B 型　3 件。

标本 C：212，体形偏高，上身较直而平，脸部宽扁，肩部较宽，人体比例不太协调。眼、口及顶部发饰均已阴线刻划。鼻翼与嘴之间有一道浅槽。高 24 厘米（图八九九，1；彩版四三六）。

标本 C：188，体形偏高，上身微前倾，脸部略宽。面部表情作苦涩状。眼、口及顶部发饰均以阴线刻划。双耳钻孔尚未穿透。高 21.2 厘米（图八九九，2；彩版四三一，4）。

C 型　3 件。

标本 C：159，人像头大身小，短颈，长眉由一道凸棱表现，其下未雕出眼睛，眼眶和瞳孔用朱、白两色颜料描绘。人像左腿略短于右腿，致使人像摆放不平，微向左侧倾斜。出土时残断为两段，现已拼接复原。高 17.8 厘米（图九〇〇，1；彩版四三七）。

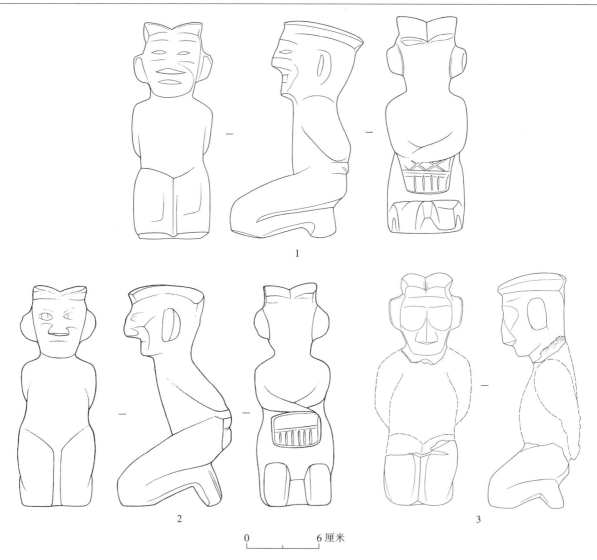

1

2

0　　　　　　6厘米

3

图九〇〇　采集C型石跪坐人像
1. C:159　2. C:166　3. C:603

标本C:166，面部雕刻较为粗糙，左眼已模糊不清，右眼仅残存一部分阴线，嘴仅用一条阴线表示。双手于背部交叉处未刻划出绳索，手指仅刻划出七个，手指与掌间阴刻一条凹线，两手掌间也未见分界线。头顶两侧有残损，鼻尖、下颌和胸部有划痕，出土时头、身断开，现已拼接复原。高17.4厘米（图九〇〇，2；彩版四三八）。

标本C:603，仅存头及腿部，头饰未细刻，眼眶及嘴未刻画。双腿弯曲形成跪姿。高18.4厘米（图九〇〇，3）。

（2）动物形器

19件。器形有虎、蛇、鳖、獠牙形器。

虎　8件。

A型　3件。体形较大，石质选择较好。

标本 C∶211，整器呈灰黑色，有大量灰白色条状斑纹，石料的自然斑纹近似虎斑纹，虎头和颈较虎身大。从正面看虎口呈方形，四角各雕一个硕大的三角形犬齿，上、下颌各雕四颗门齿。虎口的后壁上沿存两个大小基本相等的管钻痕。从侧面看虎口呈三角形，上、下颌各雕三颗门齿，虎口的后部两侧各有一个小钻孔。虎额的两侧各阴刻五道胡须，其后阴刻两个"目"字形眼和三角形卷云耳，两耳间阴刻四条平行线纹。前爪伸，后爪前屈卧于地上。长 28.4、宽 8.94、高 19.8厘米（图九○一，2；彩版四四○、四四一）。

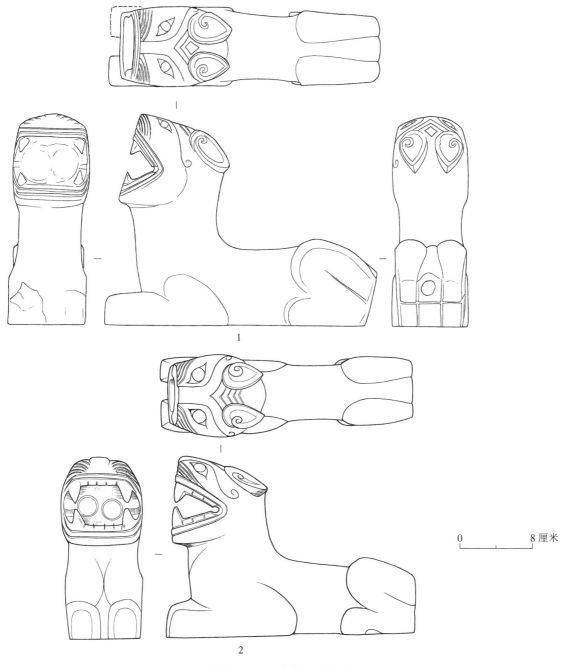

图九○一　采集 A 型石虎
1. C∶684　2. C∶211

标本 C：1254，该器呈灰色，器身有大量锈斑。虎头和颈较虎身大。从正面看虎口呈方形，四角各雕一个硕大的三角形犬齿，上、下颌各雕五颗门齿。虎口的后壁存管钻痕，从侧面看，石虎大嘴张开呈半椭圆形，嘴的四角各有一颗犬齿。弧边菱形立眼。直鼻，鼻翼两侧分别有五道阴刻线纹作胡须。脑后双耳作杏仁状且向内卷。臀部留有接尾巴的管钻圆孔。右前肢残损一块，左前肢残断。长 25、宽 8.3、高 19.4 厘米（图九〇二，1；彩版四三九）。

标本 C：684，该器呈灰色，石虎大嘴张开呈等腰三角形，嘴的四角各有一颗犬齿，四周有两道阴刻线纹。弧边菱形立眼。直鼻，鼻翼两侧分别有五道阴刻线纹作胡须。额头中部用重菱纹的一半装饰。脑后双耳作杏仁状且向内卷。在喉部残留有两个相交的管钻痕，左前肢残损一块，后

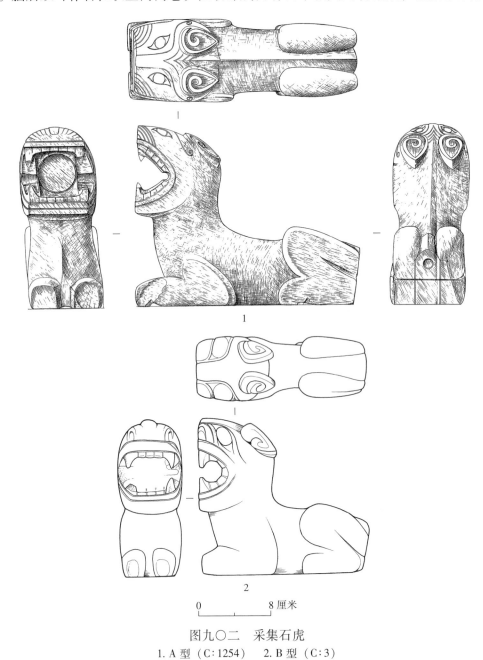

0　　　　　8厘米

图九〇二　采集石虎
1. A 型（C：1254）　　2. B 型（C：3）

拼接复原。右前肢残断。长 28.8、宽 8.42、高 21.5 厘米（图九〇一，1；彩版四四二）。

B 型　5 件。

标本 C∶3，头部偏大，身躯稍短。口较 A 型更大，虎口侧视呈半椭圆形，右侧下部一齿已缺失。虎须雕琢不明显。臀部后面圆孔边缘涂有胶状物。长 18.5、宽 7、高 17 厘米（图九〇二，2；彩版四四三）。

标本 C∶187，灰色，器表有大量锈斑。头部偏大，身躯较短。从正面看虎口呈方形，四角各雕一个硕大的三角形犬齿，上、下颌各雕五颗门齿。虎口的后壁涂抹朱砂，从侧面看，石虎大嘴张开呈半椭圆形，嘴的四角各有一颗犬齿。弧边菱形立眼。直鼻，鼻翼两侧分别有四道阴刻线纹作胡须。脑后双耳作杏仁状且向内卷。臀部留有接尾巴的管钻圆孔。长 19.85、宽 7.7、高 15.5 厘米（图九〇三；彩版四四四，1）。

0　　　　　6 厘米

图九〇三　采集 B 型石虎（C∶187）

蛇　9 件。

A 型　2 件。

标本 C∶719，圆眼向上，黑眼眶，眼珠涂朱，黑色瞳孔，眼珠与瞳孔间为白色填充。扁嘴大张，蛇信上卷，眼后与颈间朱绘一道弧线。长 42.8、宽 12.33、高 6.2 厘米（图九〇四，1；彩版四四五）。

标本 C∶629，青灰色。蛇身盘绕，蛇首呈三角形，昂首。口内涂朱砂，圆眼向上，朱色眼眶、瞳孔，黑色眼珠，扁嘴大张，眼后与颈之间朱绘两道弧线。长 22、高 6.9 厘米（彩版四四四，2）。

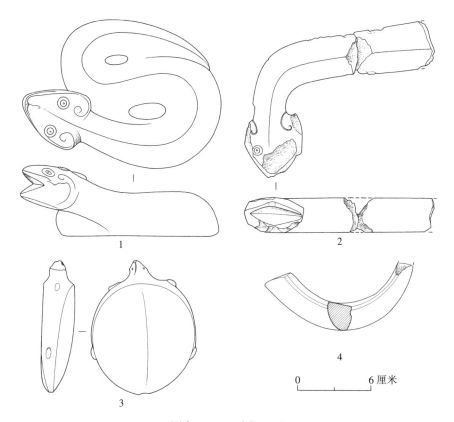

图九〇四　采集石器

1. A 型蛇（C：719）　　2. B 型蛇（C：457）　　3. 鳖（C：642）　　4. 獠牙形器（C：627）

B 型　7 件。

标本 C：457，平面呈"L"形，质地较差，风化严重，头部具体情况不明。残长 15.6、高 2.9 厘米（图九〇四，2）。

鳖　1 件。

标本 C：642，砂岩。平面呈卵形，体肥硕，三角形头部前伸，四肢短小后缩，腹部扁平，全身打磨。长 10.9、宽 8.8、厚 2.73 厘米（图九〇四，3；彩版四四六，1）。

獠牙形器　1 件。

标本 C：627，器呈獠牙状，平面呈月牙形，牙尖残。整器打磨光滑，制作规整。长 11.9 厘米（图九〇四，4）。

3. 其他形器

25 件。有不规则形器、石料、石器残片。

不规则形器　3 件。形态不规则，器身多磨制。

石料　19 件。形制和表面均保留自然形态。个别器物上保留有加工痕迹。

石器残片　3 件。由于机械施工，损毁严重，无法辨识器形。

（五）骨角器

23 件。骨角器主要以象牙、鹿骨、鹿角、牛骨等制成，有矛、镞、锥形器、圆形器、鹿角等。器表都有打磨痕迹，有的磨制非常光滑。

骨矛　1 件。

标本 C∶2188，白色，以象牙臼齿做成。三角形锋，后部残。残长 5.3、宽 1.9、厚 0.8 厘米（图九〇五，1）。

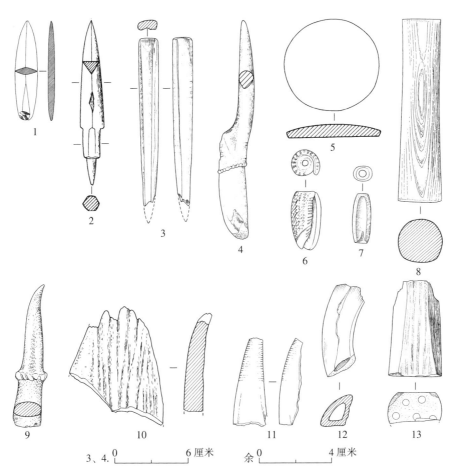

3、4. ⊢0──────6厘米⊣　　余 ⊢0──────4厘米⊣

图九〇五　采集骨角器

1. 骨矛（C∶2188）　2. 骨镞（C∶1290）　3. 锥形骨器（C∶246）　4. 鹿角（C∶1021）　5. 圆形骨器（C∶599）　6. 螺形骨器（C∶244）　7. 骨网坠（C∶1312）　8. 圆柱象牙器（C∶1342）　9、10. 角器（C∶1289、C∶725）　11、12. 兽牙（C∶1306 - 1、C∶1306 - 2）　13. 象牙器（C∶1300）

骨镞　1 件。

标本 C∶1290，黄色，由鹿角制成。器呈三棱形，尖锋，双翼，圆锥形铤。整器磨制精细。长 8.7、宽 1.3、厚 0.6 厘米（图九〇五，2；彩版四四六，2）。

锥形骨器　2 件。由鹿趾骨或掌骨制成。呈扁长条形，器顶较平。

标本 C∶246，一面微弧，一面有一内凹浅槽。刃部残断。残长 13.9、宽 1.7、厚 0.8 厘米

（图九〇五，3）。

标本 C：426，两面均磨有浅槽，刃尖略有残损。长 14.2、宽 1.8、厚 0.7 厘米（彩版四四六，3）。

圆形骨器 2 件。

标本 C：599，表面呈黑色，由象牙制成。一面微凸，一面较平，出土时器表光洁。直径 5.2、厚 0.7 厘米（图九〇五，5）。

鹿角 9 件。

标本 C：1021，黄色，一端保留器身骨节，另一端磨尖。制作精细。长 17.9 厘米（图九〇五，4）。

螺形骨器 1 件。

标本 C：244，平面近椭圆形。完整。宽 1.6、高 3.2 厘米（图九〇五，6）。

骨网坠 1 件。

标本 C：1312，平面近长方形，呈管状，横剖面近圆形。器表打磨。中心有孔，只有一端穿通。长 2.6、宽 1、孔径 0.4 厘米（图九〇五，7）。

圆柱象牙器 1 件。

标本 C：1342，圆柱状，中部微束。表面和截面打磨精致，实心。长 9.7、直径 2.4 厘米（图九〇五，8）。

角器 2 件。

标本 C：1289，角锥状，剖面近椭圆形。锥部磨制，实心。长 7.6、宽 1.5、厚 0.8 厘米（图九〇五，9）。

标本 C：725，边缘有多处残损。长 6.3、宽 5.2、厚 1 厘米（图九〇五，10）。

兽牙 2 件。顶端均残。

标本 C：1306－1，长 4.7 厘米（图九〇五，11）。

标本 C：1306－2，长 5 厘米（图九〇五，12）。

象牙器 1 件。

标本 C：1300，器形不明。一端残缺，另一端磨制规整，且有五个圆形穿孔。长 5.2 厘米（图九〇五，13）。

（六）陶器

18 件。由于机械施工破坏较严重，且又失去地层关系，仅采集到少量陶片，可辨器形主要有纺轮、猪首等。

纺轮 9 件。

Ba 型 1 件。

标本 C：452，泥质灰黑陶。立面近半圆形，横剖面呈圆环形。中部有一圆形穿孔，双面钻孔。器表有数圈弦纹。直径 4、孔径 0.7、厚 1.5 厘米（图九〇六，1）。

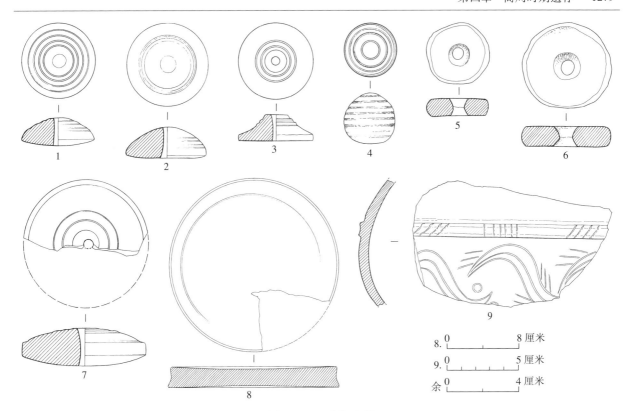

图九〇六　采集陶器

1. Ba 型纺轮（C：452）　　2. Bb 型纺轮（C：771）　　3. D 型纺轮（C：995）　　4. E 型纺轮（C：520）　　5、6. F 型纺轮（C：996、C：986）　　7. G 型纺轮（C：997）　　8. 饼形器（C：1000）　　9. 陶片（C：1268）

Bb 型　2 件。

标本 C：771，泥质灰黑陶。立面近半圆形，横剖面呈圆环形。中心有一圆形穿孔，双面钻孔。底部平。器表有数圈弦纹。直径 4.4、孔径 0.9、厚 1.7 厘米（图九〇六，2）。

D 型　2 件。

标本 C：995，泥质灰黑陶。立面近梯形，横剖面呈圆环形。中部有一圆形穿孔，双面钻孔。顶部、底部平整。器表呈阶梯状增宽。直径 1.8～4.1、孔径 0.5、厚 1.4 厘米（图九〇六，3）。

E 型　1 件。

标本 C：520，泥质灰黑陶。立面近圆形，横剖面呈圆环形。中部有一圆形穿孔，双面钻孔。顶部、底部平整。器表饰数周弦纹。直径 2.9、孔径 1、厚 2.7 厘米（图九〇六，4）。

F 型　2 件。

标本 C：996，夹砂灰黑陶。直径 3.5、孔径 0.8、厚 1 厘米（图九〇六，5）。

标本 C：986，夹砂灰黑陶。直径 4.9、孔径 1.1、厚 1.1 厘米（图九〇六，6）。

G 型　1 件。

标本 C：997，泥质灰黑陶。直径 6.8、孔径 0.5、厚 2.1 厘米（图九〇六，7）。

猪首　1 件。

标本 C∶985，夹细砂灰黑陶。拱嘴，圆眼，刻划折曲纹将头部分为上下两部分。长 6.2、宽 3.95、高 3.7 厘米（彩版四四六，4、5）。

饼形器　1 件。

标本 C∶1000，器呈圆饼状，边缘高，中间凹。一端残缺。直径 18.5、厚 2.3 厘米（图九〇六，8）。

陶片　7 件。

标本 C∶1268，残缺，纹饰为鸟翼尾部。长 13.8、宽 8.5 厘米（图九〇六，9）。

（七）木器

仅发现 1 残件。呈棍状，上涂有朱砂。